경성대학교
한국한자연구소 번역총서 05

遠
去
的
牧
歌

바람결에
새겨진
중국역사

자오지엔민 **趙劍敏** 지음
곽복선 **郭福墡** 옮김

한국한자연구소 학술번역총서 05

바람결에 새겨진 중국역사

遠去的牧歌

저자 짜오지엔민(趙劍敏)

역자 곽복선(郭福墡)

표지 디자인 김소연

초판 1쇄 인쇄 2021년 2월 15일

초판 1쇄 발행 2021년 2월 25일

펴낸곳 도서출판 3

출판등록 2013년 7월 4일 제2020-000015호

전화 070-7737-6738

팩스 051-751-6738

전자우편 3publication@gmail.com

ISBN: 979-11-87746-57-7(93910)

값 27000원

바람결에 새겨진

중국역사

遠去的牧歌

자오지엔민(趙劍敏) 지음

곽복선(郭福墡) 옮김

저자 서문

"하늘이시여! 다시 한 번 크게 빛을 발하도록 중국역사학을 지켜주소서! 제가 힘도 미약하고 재능도 모자라지만 병치레가 많은 이 한 몸이라도 바치겠나이다."

비록 태산 꼭대기나 동해 바닷가까지 가지는 못했지만 나는 나의 누추한 서재에서 이렇게 소원을 빌었다.

이 소원은 결코 문자유희가 아니다. 역사학을 배웠고, 상당기간 역사학을 고심하며 다루었으며, 역사학에 일생을 바치겠노라고 다짐한 사람으로서 중국역사학의 현실에 직면하여 감흥이 일어나 소원을 빈 것이다.

양계초梁啓超 1873~1929 청말 민초 사상가, 교육가, 정치가는 일찍이 자신만만하게 말하였다.
"중국은 각종 학문 중에서 역사학이 가장 발달하였다. 역사학은 세계 각국 중에서 중국이 가장 발달하였다."
그렇다. 세계에서 중국만이 끊어지지 않고 이어져 내려온 역사기록을 가지고 있다. 오천년 중국 전통문화의 대부분이 여기에서 나왔으며, 서방사람들이 주목하는 동방문화의 반 이상이 여기에서 나왔다.
그러나 중국에서 제일 발달한 이 학문이 세계에서 가장 발달한 학문으로 우뚝 서서, 하나하나 기적을 창조하고 풍성한 기념비를 세우며 거인의 발걸음으로 아득한 고대로부터 현대로 향하긴 하였으나, 앞으로 나아가지 못하고 그만 골짜기로 굴러 떨어졌다. 감당하기 어려운 지경으로 굴러 떨어져 그동안 나타났던 기적들이 연기처럼 사라지고, 기념비들이 큰 소리를 내며 쓰러졌다. 흐르는 물에 떨어지는 꽃잎처럼 애처롭고 처량하게 바닥에서 헤매는 상황이 되어버려 차마 눈을 뜨고 지켜볼 수 없는 상황이 되었다.

역사학의 쇠퇴를 간단하게 사물의 흥망법칙에 따른 것이라고 할 수는 없다. 역사학은 사람의 생활에 대한 기록으로 사람이 존재하는 한, 사람의 활동이 있는 한 영원한 가치를 갖는다.

오늘날 중국역사학이 쇠퇴한 원인은 일일이 열거할 수 없을 정도로 많은데, 그 요점을 들자면 내적인 요인과 외적인 요인을 들 수 있다.

중국은 오랜 기간에 걸쳐 농업을 중시하고 상공업을 경시하는 경제사상重本抑末으로 인해 이익을 거론하는 것 자체를 부끄러워하는 도덕관념과 순전히 문화적인 역사학 관념이 생겨났다. 현재, 국력경쟁의 필요와 물질생활조건의 개선 필요에 따라 중국 땅에서 천시되어왔던 경제지상의 관념이 서쪽에서 동쪽으로 불어오면서 우리에서 뛰쳐나온 맹수와 같은 모양으로 신속하게 전국토를 가득 채우고 있다. 이와 같은 생태환경 아래 직접적으로 경제효율과 이익을 창조할 방법이 없는 학문은 모두 길가에 버려진 풀과 같이 되었으며 철지난 물건으로 여겨지고 있다. 자연스럽게 중국역사학이 가장 먼저 그 충격을 받았으며 이를 피해갈 수 없었다.

내적인 요인은 역사학 그 자체에 있다.

중국역사학은 원래 뛰어난 것으로 간단한 문자기호의 나열이 아니라 역사기록을 일상사의 기록부로 만들어 사람들이 겪는 현실 생활을 남김없이 드러낸 것이다. 역사학의 성인인 사마천司馬遷이 나타나 역사학의 빼어난 표현방식으로 엮어낸 것이 『사기史記』이다. 이 불후의 고전작품은 문학과 역사 두 영역에서 우뚝 섰으며, 보는 이들의 마음을 격동시켜 천년이 지나도 여전히 생기발랄한 역사학의 전통을 형성하였다. 유감스러운 것은 청나라 초기에 범람한 '문자의 옥'文字獄 신하들이 작성한 문장 중에서 황제의 이름에 들어간 한자를 쓰거나 황제가 싫어하는 글자를 사용하거나, 왕조를 비판한 듯한 글자를 썼다는 그야말로 코에 걸면 코걸이 귀에 걸면 귀걸이 식으로 죄를 뒤집어 씌워 관직을 박탈하거나 비판적 지식인을 사형까지 시킨 황제의 전횡을 일컫는 말이다.

으로 인해, 건륭乾隆 1711~1799년(집권기 1736~1796년)과 가경嘉慶 1796~1820년시대 학파들이 한漢나라 시대에는 역사학의 부속물로 여겨졌던 고증학을 역사학 전당의 정통으로 받들면서, 역사학에 대한 공헌은 전혀 없이 역사학을 극히 무미건조하고 잡다한 지경까지 이르게 하였다. 이로인해 역사학과 일반 사람들의 생활이 분리되게 되었고 사람들에게 경원시 되었다. 근세 들어서 상황은 더욱 나빠져 역사학은 학자들의 생계수단으로 변해버려 영성도, 재기도, 대범함도, 역사학의 핵심인 사람의 근본적 생활환경 및 생존의의도 모두 내다 버리고 '박실한 학문樸學'이란 아름답지만 껍데기뿐인 이름만 남았다. 생각해 보라! 이와 같이 마른 뼈다귀로 변해버린 역사학이 다시 생명력을 가질 수 있겠는가? 다시 한 번 문화적인 호소력을 가질 수 있겠는가? 현시대를 윤택하게 할 예술적 매력을 만들어 낼 수 있겠는가?

외부적 요인은 시대적 조류이기에 사람의 힘으론 잠깐 동안에 돌이킬 수 없는 것이다.

* * *

그러면 내부적 요인은 어떠한가? 내부적 요인은 역사학의 우수한 정통적 흐름이 '문자의 옥'같은 강제적인 상황으로 인해 단절되면서, 창조성 부족이 역사학의 타성이 된 채 계속 이어져 내려왔다. 그러나 세월이 흐르고 새로운 시공간이 형성되면서 이제는 이를 완전히 변화시킬 수 있게 되었다. 기존의 서술방식, 대중이 받아들이는 독서 감각, 금 그릇을 가지고 있으면서도 거지노릇을 하고 있는 역사학의 형편을 바꿀 수 있는 상황이 되었다.

이런 것들을 바꾸려면 변화 경로와 적절한 방법이 있어야 한다. 이 경로와 방법은 보기에는 거친 바다요 끝이 없는 것처럼 보이고, 심지어는 쇠로 바닥을 댄 신발이 다 닳아 없어지도록 찾아 헤매야 하는 것처럼 불가능해 보일지도 모른다. 그러나 사실은 불빛이 가물거리며 보이는 곳에 답이 있다. 즉, 당唐시대 고문운동古文運動 화려하지만 내용이 없는 위진남북조 시대의 사륙변려문四六駢儷文을 배척하고 선진先秦·양한兩漢 때 고문을 부흥시키고자 한 운동의 정수를 빌려오면 되는 것이다.

육조六朝 위진남북조 시대 건업(建業 남경)을 수도로 삼았던 오, 동진, 송, 제 양, 진을 말한다.시대 유행한 화려한 병려문騈儷文 변려문이라고도 한다. 4자와 6자로 이루어지며 대구對句를 많이 쓴 다.은 어휘의 아름다움에 온 힘을 쏟았으나 문장 속에 사색할 내용은 거의 없 었으며, 공허한 껍질뿐인 문장으로 생동감이 전혀 없었다. 육조를 지나 당의 시대로 접어들자 이러한 문학기풍이 더욱 강력하게 문단을 지배하였다. 본래 사람의 진실한 감정과 뜻을 드러내야하는 시문이, 부인들의 의복에 부착된 반 짝이는 보석처럼 장식물로 변하였다. 시문詩文이 시간마다 교태를 부리며 아양 을 떠는 하녀가 되어버렸고, 문인들의 무료한 놀이거리에 불과하였다.

세월이 흐르면서 이러한 문학적 기풍을 반대하는 사람들이 계속해서 나타 났다. 유주대幽州臺에 올라 노래를 불렀던 진자앙陳子昻 시인 659년경~700년경이 그러 했고 '연허燕許의 대문필가'로 같이 일컬어지던 장열張說 667~730년 당 왕조 재상. 연국공 (燕國公) 작위과 소정蘇頲 670~727년 당 왕조 재상. 허국공(許國公) 작위이 그러했으며, 뒤이어 소영사蕭穎士 717~768년, 이화李華 715~766년 등 일군의 사람들이 속된 것에서 벗어나 옛것으로 돌아가자고 주장하였다.

말조차 머뭇거리며 나아가지 않으려할 정도로 눈이 가득 쌓인 험난한 변방 요새를 지나가야하듯, 한유韓愈 768~824년 퇴지(退之), 창려(昌黎). 당 중기 대신. 고문운동 주창 자. 당송8대가가 선봉에 서서 가시밭길을 헤쳐 나가며 고문운동이란 큰 깃발을 세 웠다. 한漢 이전의 산문체를 빌려와 병려문에 대항하였다.

"내가 고문을 주창하는 것이 어찌 그 구절만을 가져다 오늘의 사람들에게 읽히려는 것이겠는가? 옛사람을 그리워해도 만날 수 없으니 옛사람의 도를 배 워 그 문장을 관통하려고 한다. 문장을 관통하려는 원래의 뜻은 옛사람의 도에 있지 않은가?"

한유는 '고문은 수단이며 도를 깨우치는 것이 본질'이라고 소리를 높이며 문단을 흔들었다.

한유의 고문운동파 출신인 이고李翶 772~842년 당 중기 대신는 '의義'로써 한유의 '도道'를 드러내려 하였다.

"의가 깊은즉 뜻이 넓어지고, 뜻이 넓어지면 사물의 이치가 분별된다. 사물의 이치가 분별되면 그 사람의 기질이 곧아지고, 기질이 곧아진즉 어휘가 풍성해지며, 어휘가 풍성해진즉 문장이 기묘해진다義深意遠理辨氣直辭盛文工."

의의 깊어짐, 뜻의 넓어짐, 사물의 이치를 분별함, 기질이 곧아짐, 어휘가 풍성해짐, 문장의 기예가 이루어짐…… 이고의 지적은 단계마다 깊이를 더하면서 구체적이고 철저하였다.

이외에도 황보식皇甫湜 777~835년, 유종원柳宗元 773~819년 당송8대가의 한 사람, 유우석劉禹錫 772~842년 등이 이론을 종합하거나 몸소 본을 보이면서 고문운동을 성숙시키며 성공의 길로 몰고 갔다.

누군가는 참지 못하고 물어본다. 고문운동은 문단의 일인데 역사학과 무슨 관계가 있는가?

나는 그에 대답한다. 관계가 있는 정도가 아니라 아주 깊은 관계가 있다고.

문학-역사-철학은 원래 긴밀하게 연결되어 그 간격이 없는 것이었다. 춘추전국시대 제자백가로부터 위진魏晉시대 현학玄學의 현인들, 당송팔대가唐宋八大家 당나라의 한유, 유종원, 송나라의 구양수, 소순, 소식, 소철, 증공, 왕안석 등 8명의 산문작가, 명말청초의 3대 사상가 황종희黃宗羲 1610~1695년, 고염무顧炎武 1613~1682년, 왕부지王夫之 1619~1692년에 이르기까지 문학 안에 역사가 있었고, 역사 안에 문학이 있었으며 그 둘 속에 철학적 사변이 가득하였었다. 자신만만하며 구애됨이 없는 그들의 문장은 읽고 또 읽어도 질리지 않으며, 책을 덮고 나서도 오랜 시간 사색에 빠지게 하며, 책을 읽은 맛이 오랜 여운을 남긴다.

중국의 문학적 정통, 역사학적 정통, 철학적 정통은 삼위일체로 하나의 정통에서 나왔다. 후대에 문학-역사-철학을 억지로 찢어놓아 서로 관련이 없는 과목으로 만들어 그들 간의 관계를 막아버리고, 각자가 각자의 분야만을 다루게 된 것은 중국학계가 서방학문의 영향을 받아 그리된 것이며, 결코 중국의 전통은 아니다.

누군가는 여전히 추궁한다. 고문운동은 화려한 문학적 기풍에 반대한 것으로, 오늘날 역사학의 문장들은 질박하여 화려함이 없는데 이것이 바로 고문운동을 부지런히 추구한 뜻에 부합되는 것이 아닌가?

이에 대한 나의 대답은 "이러한 말은 현실과 거리가 있습니다."이다.

그렇다. 고문운동이 화려한 것을 반대하였지만, 반대한 것은 창의도 격정도 사상도 없는 화려함을 반대한 것이지, 문자 그 자체의 화려한 기능을 반대한 것은 아니다. 고문운동을 이끌던 선두주자들을 한 번 살펴보라! 그 중 누구의 시문이 아름다움이 뿜겨져 나오지 않으며 하늘에 오를듯한 기이한 구상이 없는지? 현대 역사학의 문장들은 질박하기는 질박하다. 그러나 육조의 병려문과 마찬가지로 창의성도 격정도 사상도 없으며 문장의 실력도 없어, 자기가 쓴 문장을 자기도 읽기 싫어하는 대단히 괴이한 현상이 나타나니, 다른 사람에게 읽히려 하는 것은 논할 필요가 없다. 육조의 화려함은 잘못된 길로 간 것이며 오늘날의 질박함은 잎이 말라붙어 땅에 떨어지는 것과 다름이 없다. 겉모습은 양극단이지만 실질적인 내용을 보면 똑같은 것으로 독자를 저 멀리 발로 차 버리는 것이다.

어느 문장이든 그 문장은 사람들에게 보여주려는 것임을 말할 필요도 없다. 오늘날의 사람들 나아가 미래의 사람들에게 보여주려는 것이다. 이렇게 명백한 원리는 사실상 가장 달성하기 어려운 것으로 이고李翱의 말을 빌어서 말하자면 깊은 의미, 당연한 이치, 교묘한 어휘를 융합시키는 것이 어려움 중의 어려움이다. 이러한 어려움을 극복하지 못하면 '한 시대에 홀로 서되 후대에도 사라지지 않는' 문장을 이룰 방법이 없다.

역사학이 이러한 곤경을 벗어나려면 유일한 묘책이 문학, 철학의 도움을 통해 문학-역사-철학 즉 문사철文史哲을 하나로 합한 학통을 계속이어 나가, 그 찬란함을 다시 건설하는 것이다.

역사학은 중국인과 세계가 공동으로 소유한 자산으로 당연히 같이 누려야 한다. 이로 인해 역사학의 저작물은 반드시 그 시대 사람들의 감상능력과 독서 특징을 고려해야만 한다. 화려함이나 담백함이나, 주제에 도움이 되는 문체나 언어의 뜻을 충분히 드러내는 예술적 수단이 무엇이든지 우아함과 통속적인 것을 같이 감상한다는 대전제 아래 각각 자기분야에서 앞서 달리는 실력과 지속적인 매력을 뿜어내야 한다.

사람은 역사를 구성하는 주체로 역사를 쓸 때 당연히 사람에 대해 쓰는 것이 우선되어야 한다. 사람에 대해 쓸 때 인물을 죽은 시체처럼 쓰는 것은 반드시 피해야한다. 단편적 문장과 비문에 남겨진 사람의 기호들은 이미 상당한 정도로 생명의 원천적 활발함을 잃어버린 것이다. 옛사람들은 단지 오늘날 사람이 볼 때 옛사람인 것이지 그들이 생활하던 시대에서 보면 당연히 생생하게 살아 움직이는 '오늘날의 사람'인 것이다. 전체 역사가 바로 이러한 끊임없이 이어져오는 살아있는 '오늘날의 사람들'로 이루어진 것이다. 각 시대의 풍습과 특징을 철저히 소화하고 사람의 본성은 영원히 변하지 않는 것이며, 변화는 단지 외관물질의 상태가 변하는 것이란 원리를 장악하면 오늘날의 사람으로 옛사람의 수법을 헤아려볼 수 있게 된다. 즉, 옛사람이 일찍이 가졌었던 생명의 활력을 회복시켜 기민하고 살아 움직이는 사람, 연기와 먼지 자욱한 세상 속의 사람, 피가 뛰는 분노의 얼굴이나 서릿발 같은 얼굴, 봄바람처럼 기뻐하는 사람, 울고 웃고 뛰고 소리치는 등의 정서표현을 그들의 생활 속에 재현하여 그들의 풍모를 다시 빚어내고 그들의 정신을 부활시킬 수 있다.

사람을 묘사하려면 인물의 심리를 써내려가야 한다.

인물의 심리를 써내려면 역사자료와 그 자료에 대한 분석을 결합시켜 물과 기름이 분리되는 식의 추상적 개념들의 소굴이 되는 것을 피해야한다. 물과 우유가 서로 섞이듯 인물과 시대를 긴밀하게 연결시켜야 한다. 그 기초 위에 사람의 일상적 감정과 사리를 가지고 죽순을 층층이 벗겨내듯 사람과 사회의 교류가 만들어내는 각종의 모순과 충돌하는 심리를 써내려 가야한다. 인물들을 입체적으로 묘사하여 글에 나타나는 옛사람이 피와 살이 있으며 각종 감정과 욕망이 있으며 자유의지를 가진 '살아있는 사람'으로 그려내야 한다.

사람을 묘사하려면 영웅과 명인들을 쓰는 것에서 벗어나지 않아야 한다.

역사가 영웅숭배를 제창하고, 명인효과를 중시하는 것은 기록하는 기술의 한계가 있기 때문이기도 하지만, 더욱 중요한 것은 그것이 극히 어려운 생존의 상태를 반영해내기 때문이다. 생존은 일종의 도전이자 영원히 쉼이 없는 도전이기 때문에 영웅과 명인이 중시되는 것이며, 바로 그들이 강력한 도전에 부딪혔을 때 그 도전에 맞서 인생의 가치를 드러냈기 때문이다. 뜨거운 생명력이 운명이 부여한 자리에서 자연과 사회와 자신과 부딪혀 나간다. 그 결과 성공하기도 실패하기도 하고, 높은 산 큰 강처럼 웅장한 기세가 있기도 하고, 머리가 터지고 피를 쏟기도 한다. 결과가 어떠하든지 간에 일단 현실에 부딪히고 나면 생명은 그때서야 비로소 그 의미를 드러내게 되고, 사람의 성품이 비로소 넓어지고 높아지게 된다. 전체 인류역사는 도전과 응전 속에서 걸어 온 것으로 이러한 과정 속에서 특별한 공헌과 특별한 행동을 하면서 특별한 문화인격을 가진 영웅들과 명인들을 만들어 내게 된다. 따라서 이들을 비석에 새기고 글을 지어 칭송하는 것이다. 영웅과 명인은 썩어 없어지지 않는 존재로 긍정적으로 아름다움이 후대에 전해지든 부정적인 악취가 만대에 전해지든 다시 평가한 후의 시대감이든 모두가 생존의 곤혹스러움을 만난 사람들에게 모종의 계시를 주며, 생활에서 쌓이게 되는 가슴속 장벽들을 없애주게 된다.

핵심 중의 핵심은 역사를 살아 움직이게 쓰는 것이다.
살아 움직이게 쓰는 작법은 아득히 먼 시대를 오늘로 '부활'시키는 것이다.
살아 움직이게 쓰는 작법은 최대한도로 옛사람과 오늘의 사람 사이의 거리를 줄이는 것이다.
살아 움직이게 쓰는 작법은 글자의 이면을 꿰뚫어서 독자의 시각에 충격을 주는 것이다.

결론적으로 살아 움직이게 쓰는 작법은 역사학의 활력을 회복시키는 유일한 방법이다.

아는 것은 쉬워도 실행하기는 어려운 법이다. 곤경과 혼돈 속의 중국역사학을 진흥시키는 것은 한 두 사람이 담당할 수 있는 것은 아니다. 관점이 같은 역사학계의 학자들이 길고긴 노정 속에서 서로 힘을 합하여 탐구하며, 어려움 속에서도 새 지경을 구하고, 큰 지혜를 통해 새 빛을 찾아내는 것이 필요하다.

내가 망령되이 스스로를 크게 여기지도 작게 여기지도 아니하고, 그저 추위가 감도는 창문가에서 차가워진 의자 위에서 이십여 년을 탐구하다보니 어느새 쌓이게 된 약간의 외적인 미와 내적인 충실함이 있게 되었다. 이러한 미와 충실함으로 한 사발 탁주를 대신한다.

천지만물의 상호 교통함이 교대로 일어나고, 화와 복이 서로 의존하며, 흥함과 망함이 서로 뒤섞인다. 사람의 길이 그러하고 역사학의 길 역시 그러하다. 오늘날 역사를 다루는 것은 마치 소식蘇軾의 『야범서호夜泛西湖』의 시에서 말한 것과 같다.

> 부들과 풀잎 끝없이 펼쳐지고 물길은 아득한데,
> 菰蒲無邊水茫茫
> 한 밤중에 핀 연꽃 바람결에 이슬과 향기를 나른다.
> 荷花夜開風露香
> 먼 곳의 절에서 켜지는 등불이 점점 더 드러나니,
> 漸見燈明出遠寺
> 다시 한 번 달빛 어둑할 때 호수에 어린 빛을 보려 하노라.
> 更待月黑看湖光

여러 차례 책의 서문을 썼었는데, 서문을 쓸 때마다 이백李白의 『촉도난蜀道難』의 시구가 생각나곤 한다.

『돈키호테』의 작가인 세르반테스가 일찍이 "내가 이 책을 쓰느라고 심혈을 기울였지만, 이 서문을 쓰는 것만큼 이렇게 힘들지는 않았다."고 말했다.

나 역시 이 말에 상당히 동감한다.

상하이에서 자오지엔민

역자 서문

자오지엔민 교수의 책들을 읽다보면 한 글자 한 글자가 살아서 말하는 듯한 느낌을 준다. 20여 년 전 상하이에서 그의 제자를 통해 맺어진 인연의 실타래가 오늘까지 이어져 오고 있다.

통사적 스타일로 쓴 『바람결에 새겨진 중국역사 遠去的牧歌』에서 자오지엔민은 황제黃帝로부터 시작되는 중국의 역사를 그의 유려한 필치로 써내려간다. 전설시대—춘추전국시대—진시황—서한—동한말—죽림칠현—당현종—오대십국으로 이어진 그의 저작들에서 중요한 부분들을 발췌하고 다시 윤색한 이 작품은 그의 역사인물을 이해하는 방식과 중국 역사를 바라보는 시각을 짙게 느끼게 하는 책이다. 이들 이야기 중 대나무 숲의 바람은 『죽림칠현, 빼어난 속물들(푸른역사 2007)』에 실렸던 내용의 일부를 발췌하고 여기에 좀 더 가필을 한 것이며, 치세의 바람은 『개원의 치세(출판시대 2002)』 중에서 몇 부분을 발췌하였고, 난세의 바람은 『속물들이 빚어낸 어둠의 역사(신아사 2019)』에서 몇몇 주요 인물을 추려낸 내용이어서 관련 저작들과 중복되는 느낌이 있었지만, 오히려 통사적 관점으로 다시 이들 책들을 보게 되어 새로운 시각을 갖게 하였다. 죽림칠현, 개원의 치세, 오대십국에 대해 보다 자세한 내용에 관심이 있는 독자들은 역자가 번역 출판한 이들 책자를 보시길 바란다.

부족한 실력이란 것을 늘 절감하면서도 이번에도 역사이야기꾼인 자오지엔민 교수의 저작을 다시 한 번 독자들에게 소개하고 싶은 마음에서 번역에 나섰다. 부족하지만 그의 필치가 살아나서 독자들에게 재미있는 책이 되었으면 하는 바람이다.

2021.2
경성대학교 연구실에서 곽복선

목 차

제1부
춘추春秋의 바람

황제黃帝—역대왕조의 정통성

춘추오패春秋五覇

오·월吳越 와신상담臥薪嘗膽

미녀의 얼굴에 아른거리는 봉화烽火

제1부

황제黃帝——역대왕조의 정통성

1

섬서성 황릉현黃陵縣 교산橋山은 육만여 그루의 오래된 측백나무가 그윽하고 깊으면서도 아득한 푸르름의 기세를 보여주고 있다. 그 동쪽 기슭 능원의 대문 위에 금빛 글자로 '헌원묘軒轅廟'라고 새겨진 편액이 높이 걸려 있다. 문 양측의 비석에는 각각 '무관은 이곳에서 말에서 내리라', '문관은 이곳에서 가마에서 내리라'는 글귀가 새겨져 있다. 정전의 대문을 들어서면 위쪽에 '인문초조人文初祖 인류문화의 첫 조상'라는 큰 금색글씨가 빛나고 있다.

황제릉
출처: 百度 www.baidu.com

이곳이 훤원軒轅 즉, 황제黃帝의 능이다.

그 이름으로 뜻을 생각해보면 황제의 능원임을 알 수 있다.
그러나 황제의 능에는 황제의 뼈가 묻힌 적도 심지어 의복조차 묻힌 적이
전혀 없다. 그럼에도 중국 사람들은 매 세대마다 이곳에서 그를 숭배하였다.

황제는 중국의 신화전설 속의 가장 위대한 정치인이자 군주로 염제炎帝와
싸웠으며 치우蚩尤를 평정하여 처음으로 천하를 통일하였다. 천하통일은 어려운
일이지만 최초로 천하통일을 하는 것은 더 더욱 쉽지 않은 일이었다.
'누군가보다 앞서서 처음으로 무언가를 시도한 사람들은 그 뒤를 잇는 자
가 없는 법이다.'라는 말이 있다. 그러나 이 옛말은 황제에게는 적용되지 않는
다. 그의 뒤를 잇는 자가 있었을 뿐만 아니라 그는 중국인의 시조로 추앙되었
으며, 그와 염제를 같이 일컬어 중국인들을 '염황의 자손炎黃子孫'이라고 불렀다.
그 자손이 지금은 이미 십억 명이 넘고 국내외에 널리 퍼져있다.

황제의 천하통일은 고대세계에서 중국문명의 시발점으로 여겨졌으며, 이로
인해 '인문초조'로 존경을 받았다.

사람들이 끊임없이 황제릉에 절을 하러오면서, 향불연기가 쉼 없이 피어올
랐으며 세월이 갈수록 연기가 더욱 짙어졌다.
황제는 당연히 중국 사람들에게 존경과 숭배를 받아야한다. 그는 중국 사
람들에게 무한한 응집력을 주어, 날이 갈수록 중국 사람이 눈덩이처럼 불어나
게 하였기 때문이다.
어떠한 역사적 폭풍이나 사회적 동란에도 황제의 혼이 중국인들을 일깨워
주어 중국인들의 멸절을 가져오지 않았으며 오히려 대융합의 계기를 가져왔다.

황제는 중국인들의 첫째가는 대 족장이었다.
황제릉은 중국인들의 대 사당祠堂이었다.
황제혼은 중국인의 혼을 넘쳐나게 하였다.

어째서 황제는 이렇게 큰 매력을 지녔으며, 이렇게 큰 응집력을 가졌는가? 어째서 이렇게 큰 신통력을 가졌으며, 중국인들은 이런 인물을 가졌는데 다른 민족들은 갖지 못하였는가? 아무리 생각해보아도 알 수 없는 일이다.

책을 펼쳐보고, 역사서를 읽으면서 특별히 이십사사二十四史 이십사사는 사기史記(서 한西漢 사마천司馬遷), 한서漢書(동한東漢 반고班固), 후한서後漢書(남조南朝 범엽范曄), 삼국지三國志(서 진西晉 진수陳壽), 진서晉書(당唐 방현령房玄齡 등), 송서宋書(양梁 심약沈約), 남제서南齊書(양梁 소자현 蕭子顯), 양서梁書(당唐 요사겸姚思廉), 진서陳書(당唐 요사겸姚思廉), 위서魏書(북제北齊 위수魏收), 북제 서北齊書(당唐 이백약李百藥), 주서周書(당唐 영호덕분令狐德棻 등), 수서隋書(당唐 위징魏徵 등), 남사南 史(당唐 이연수李延壽), 북사北史(당唐 이연수李延壽), 구당서舊唐書(후진後晉 유구劉昫 등), 신당서新唐書 (송宋 구양수歐陽修, 송기宋祁), 구오대사舊五代史(송宋 설거정薛居正 등), 신오대사新五代史(송宋 구양수 歐陽修), 송사宋史(원元 토크토脫脫), 요사遼史(원元 토크토脫脫), 금사金史(원元 토크토脫脫), 원사元史(명 明 송렴宋濂, 왕위王褘 등), 명사明史(청淸 장정옥張廷玉, 만사동萬斯同 등)의 24부의 역사서를 말한다.를 읽으면서 그 심오한 이치를 읽어내게 되었다. 원래 황제가 세상에 전해져 온 것은 중국의 역사가들과 관련이 있다는 것을 알게 되었다. 그들은 황제를 크게 빛나게 하여 황제의 혼을 중국인들의 혈관 속에 집어넣었다.

양계초梁啓超 1873~1929 청말민초 정치가, 사상가가 말했다. "여러 학문 중에서 중국은 유일하게 역사학이 가장 발달하였다. 역사학은 세계 각국 중에서 중국이 가장 발달하였다." 세계 최고의 역사학이 세계 최고의 황제를 빚어냈다.

황제 출처:百度 www.baidu.com

황제를 빚어낸 중국역사에서 이전 시대와 아래 시대를 연결시키는 핵심인물은 역사가인 사마천司馬遷 BC145 또는 BC135~미상 서한 역사가, 태사령이었다.

서한西漢 이전에 황제의 전설이 이미 황하와 장강 전역에 널리 퍼져있었으며, 『오제덕五帝德 『대대예기大戴禮記』의 편명)』, 『제계성帝系姓 『공자가어孔子家語』편명)』, 『춘추春秋』, 『국어國語』같은 옛 책에 대략적으로 기재되어 있었다.

역사학의 비조鼻祖인 사마천은 전설을 듣고 옛 서적을 들추어보고 관련 지역을 실사하고 나서 황제가 실제로 존재한 인물이라고 믿었다.

사마천은 『사기』에서 황제를 오제五帝 황제헌원(黃帝軒轅), 전욱고양(顓頊高陽), 제곡고신(帝嚳高辛), 제요방훈(帝堯放勳: 陶唐氏), 제순중화(帝舜重華, 有虞氏)중의 제일 처음으로 삼았으며 그의 전기를 『사기』를 시작하는 첫 편으로 삼았다.

사마천은 황제를 실제 인물로 삼아 역사를 써내려갔으며, 그를 문명사에 있어 확실히 새로운 국면을 열어간 사람으로 기록하여 순서가 없었던 고대 역사를 질서 정연한 역사로 변화시켰다.

사마천은 황제를 첫 번째 군주로 삼아 역사를 써내려가 중국정치사와 관련 제도가 그 시작점을 갖게 하였다.

사마천 출처:百度 www.baidu.com

사마천은 황제를 핵심으로 삼아 역사를 써내려가 중국인들이 이른 시기부터 하나로 결집하도록 하여 화하족華夏族 중국인을 역사적으로 일컫는 용어이 본래부터 대가족을 이루게 하였다.

사마천은 황제를 오제의 제일 처음으로 써내려가 전설 속의 군주들을 일직선으로 연결시켰다. 사리있고 명확한 필치로 전후맥락을 분명하게 하여 위아래가 서로 연결되는 왕조를 형성하여 후대 사람들이 모호한 전설 속에서 헤매지 않도록 하였다.

사마천은 황제를 화하족의 시조로 써내려감으로써 이를 통해 화하족 사이에 존재하는 자연스런 혈연관계를 보여주었다.

이와 같은 사고와 이와 같은 안배에서 출발하여 역사학의 대가 사마천은 전설을 다듬어 처리하였으며, 역사자료를 재단하여 황제黃帝, 전욱顓頊, 제곡帝嚳, 당요唐堯, 우순虞舜의 다섯 군주를 일직선으로 연결하여 『사기·오제본기五帝本紀』를 썼다. 중국의 첫 번째 본기本紀 중에서 황제는 여타 네 명의 군주에 대해 혈연상의 조상이 되었다.

오제五帝가계도

시조	황제黃帝
2대	현효玄囂, 창의昌意
(현효라인) (창의라인)	현효→교극矯極→고신高辛(제곡帝嚳)→설挈·방훈放勳(당요唐堯) 창의→고양高陽(전욱顓頊)→궁선窮蟬→경강敬康→구망句望→교우橋牛→고수瞽叟→중화重華(우순虞舜)
제위계승	황제→고양(전욱)→고신(제곡)→지→방훈(당요)→중화 (우순)

황제에게 두 아들이 있었다.

황제는 헌원의 언덕에 거주하였으며 서릉西陵의 여자를 아내로 맞았는데 그녀가 누조嫘祖이다. 누조는 황제의 정실부인으로 두 아들을 낳았다. 그 후에 천하를 얻었다. 첫째는 현효玄囂로 청양靑陽이라 하였다. 청양은 강수江水로 내려가 거주하였다. 둘째는 창의昌意로 약수若水에 내려가 살았다. 창의는 독산씨獨山氏 여자를 아내로 맞아 창복昌僕이라 칭했으며 고양高陽을 낳았는데 고양은 대단히 덕스러웠다.

전욱은 황제의 손자이다.
군주 전욱은 고양으로 불리며 황제의 손자이자 창의의 아들이다.
제곡은 황제의 증손자이다.

제곡은 고신高辛으로 황제의 증손자이다. 고신의 아버지는 교극橋極이라 불리며, 교극의 아버지가 현효이며, 현효의 아버지가 황제이다. 현효와 교극은 제위에 오르지 못하였으며 고신에 이르러서야 제위에 올랐다. 고신은 전욱의 조카이다.

당요唐堯는 황제의 고손자이다.

제곡이 진봉씨陳鋒氏의 딸을 취해 방훈放勛을 낳았으며, 취자씨女取訾氏의 딸을 택하여 설挈을 낳았다. 군주 곡이 죽자 설挈이 제위를 이어 받았

요임금 출처:百度 www.baidu.com

으나 제대로 정치를 못하여 군주 방훈이 세워졌는데 바로 군주 요이다.

우순虞舜은 황제의 구대손이다.

우순은 이름을 중화重華라고 한다. 중화의 아버지는 고수瞽叟이다. 고수의 아버지는 교우橋牛이며, 교우의 아버지는 구망句望이며, 구망의 아버지는 경강敬康이며, 경강의 아버지는 궁선窮蟬이며 궁선의 아버지는 군주 전욱이며, 전욱의 아버지는 창의이다. 순까지 9대이다.

사마천은 오제를 한 가문으로 만들고 황제를 시조의 자리에 앉혔다. 이로부터 정제되고 질서있는 신화전설의 역사이자 조부와 손자세대가 서로 정권을 이어가는 정치사이며, 혈통으로 이어지는 가족사를 이끌어냈다.

이 역사가 중국민족의 처음을 여는 역사이다.

4

사마천의 붓 아래, 오제는 한 줄기로 서로 이어져내려 갔으며, 긴밀하게 연결되어 나타난 하-은-주 삼대의 군주는 외부인이 아니라 모두 증거가 확실하여 부인할 수 없는 황제의 후예들이었다.

『사기·하본기夏本紀』에 따르면 치수治水 영웅인 하夏왕조 개국군주인 계啟의 아버지 대우大禹는 황제의 현손玄孫 고손자, 즉 황제가 고조할아버지가 된다.

> 하우는 이름이 문명文命이다. 우의 아버지는 곤鯀이며, 곤의 아버지는 군주 전욱이며, 전욱의 아버지는 창의이며, 창의의 아버지는 황제이다. 우는 황제의 현손이며 군주 전욱의 손자이다.

『사기·은본기殷本紀』는 상商 은(殷) 왕조의 원조인 설契을 황제의 현손으로 인정한다.

> 은의 설의 어머니는 간적簡狄으로 융씨娀氏의 딸이며, 제곡의 둘째 부인으로,……설을 잉태하여 출산하였다.

『사기·주본기周本紀』는 주왕조의 원조 후직后稷을 황제의 현손이라고 적고 있다.

> 주의 후직은 기弃라고 불렸다. 어머니는 태씨邰氏의 딸로 강원姜原이라고 불렸다. 강원은 군주 곡의 정부인으로, ……시기가 되자 아들을 낳았다. ……이름을 기라고 불렸다.

이러한 논법으로 하왕조의 군주들은 전욱의 계통에서 나왔고, 은(상), 주왕조의 군주는 모두 제곡의 후예였다. 만일 적통과 서자로 나누어 논하자면 주왕조의 시조인 후직의 모친 강원은 제곡의 정비로 당연히 적자계열(적통)이 되고 은(상)의 시조인 설의 모친 간적은 제곡의 둘째 부인으로 서자계열이 된다.

하-은-주 삼대의 개국군주는 모두 자신의 기반을 가지고 있었는데, 이러한 기반은 일정 정도 천하통일의 변혁을 가로막던 부락의 우두머리들에게 파멸적인 타격을 주어 일원적인 권력중심을 다시 구축한 것이다. 탕湯, 무武의 혁명은 이전 왕조의 무력에 대항한 것으로 격렬한 신구정권의 교체 속에서 그 판도를 한 단계 한 단계 넓혀간 것이다.

하-은-주 삼대의 출현은 적어도 세 번의 통일이 있었다는 것이다. 매 번 통일을 한 후에 통치자는 통제의 필요성 때문에 여타 강대한 부락들과 수많은 정치적인 혼인을 하였다. 또한 정치국면의 변화로 인해 적잖은 민족들의 부락이 여러 차례 장소를 옮기면서 이루 헤아릴 수 없는 '이민족'간의 통혼이 이루어졌다. 이러한 위로부터 아래계층으로의 혼인상태의 변화는 서로 다른 혈연들의 혼합을 가져왔다. 화하족의 혈액은 혼인을 통해 다른 소수민족의 혈관 속으로 흘러 들어갔다.

정치적 혼합, 문화적 혼합은 결국 혼인을 통한 혼합을 가져왔으며, 황제를 조상으로 받드는 화하족은 역사적으로 거듭거듭 이러한 방식을 통해 무수한 소수 민족을 동화시키면서 중화민족을 이루었다. 동화의 시간이 길어지면서 사실적인 유전자가 어떠하든지 간에 적어도 중화민족의 권역내로 흡입된 사람들은 모두 심리적으로 자기의 몸에 황제의 피가 흐른다고 느끼게 되었다.

사마천은 하-은-주 삼대의 군주계보를 모두 황제의 후예로 기술하여 세 왕조가 중국의 최고정치권력을 전승해 가게 하였으며, 그 움직임 속에서 정통正宗의 의미를 확립하였다. 세 왕조의 군주가 황제의 후예가 되었으니 세 왕조의 신하와 백성들은 자연스럽게 황제의 자손이 되었으며 세 왕조의 국토는 의심의 여지없이 황제의 혼이 떠돌아다니는 영토가 되었다.

사마천은 탁월한 역사학의 대가여서 이러한 전설들을 맹목적으로 믿은 것은 아니었다. 그가 오제의 혈연과 하-은-주 세 왕조의 혈연을 이렇게 안배한 것은 대량의 전설자료를 수집한 후에 정밀한 사고를 거쳐 의도를 가지고 그렇게 한 것이다. 그는 이러한 전설들에 대해 사실이 아니라는 태도보다는 그러한 일이 있었다는 자세를 가졌는데 이는 힘을 덜 들이려고 간단히 처리한 것도 사람들을 놀라게 하려는 것도 아니었다. 근본적으로 민족문화에 대한 깊은 고려와 민족의 응집력에 대한 전망적 고려를 한 것이었다. 이를 통해 광활한 국토를 가진 대민족이 시종일관 영혼의 인도를 통해 지속적으로 발전하고 장대해지면서 영원히 왕성한 생명력을 갖도록 하려는 것이었다.

황제 조각상 출처:百度 www.baidu.com

사마천의 멀리 내다보는 통찰력은 확실히 장기적인 효과가 있었음을 역사가 증명하고 있다.

사마천이 없었다면 황제는 그 광채를 잃었을 것이 확실하다. 적어도 이렇게 큰 광채는 없었을 것이다.

공자孔子가 자공子貢으로 인해 명성을 얻었듯이, 황제는 사마천으로 인해 세상에 전해졌다.

황제의 무덤에 올리는 향불은 마땅히 사마천에게도 올려야한다.

5

하은주 삼대를 다 쓰고 나서 당연히 진秦을 써야했는데 사마천이 다시 일대 난제에 부딪혔다. 어떻게 진의 뿌리를 써야 한단 말인가? 진은 본래 일개 제후국으로 어떻게 써도 역사의 큰 국면에 영향을 줄 수 없었다. 관건은 진에서 진시황秦始皇이 나타났다는 것이다. 그는 역사상 전례가 없는 높이에서 강력한 무력으로 중국을 통일하였으며, 통일된 문화로 사회의 준칙을 통일하였다. 그는 중국역사에 거대한 이정표를 세웠으며 이 이정표 위에 역사상 첫 번째 황제皇帝가 되었다. 이러한 사람이 있었기에 또한 이러한 일이 있었기에, 진은 중국역사에 있어 절대 무시할 수 없는 위치를 차지하게 되었으며 중화민족에게 의미심장한 대통합을 가져오게 하였다.

진의 뿌리를 찾는 것은 어려운 일이었다. 찾을 뿌리가 없어서 어려운 것이 아니라 그 계통이 복잡하였기 때문에 어려웠다.
누군가는 진의 조상이 서융西戎에서 나왔다고 하였다.
누군가는 진이 황제黃帝의 후예라고 하였다.
여러 사람의 다양한 이야기가 있어서 하나로 확정하기가 지극히 어려웠다. 사마천은 여러 가지를 참작한 후에 이전과 마찬가지로 이미 정한 원칙을 관철시켰다. 즉, 민족의 큰 뜻을 중심 줄기로 삼아 역사를 써내려갔다.

『사기·진본기秦本紀』를 펼치면 이야기가 바로 우아하게 시작한다.

진의 조상은 군주 전욱의 몇 대 후손 손녀로 여수女脩라 불렸다. 여수가 직물을 짤 때 제비(검은 새)가 알을 낳았는데, 여수가 이를 삼켰으며 아들 대업大業을 낳았다. 대업은 소전少典부락의 여자인 여화女華를 아내로 맞아들였다. 여화가 대비大費를 낳았다. 대비는 우禹를 따르며 물과 땅을 다스렸다. 큰 공적을 이룬 후에 군주(순 임금)가 우에게 현규玄圭 흙색의 옥판(玉板)를 하사하였다. 우가 이를 받으며 아뢰었다. "제 혼자만으론 능히 이룰 수 없었으며, 대비가 보좌한 공이 큽니다." 군주 순舜이 말하였다. "대비야 네게 말하노니 네가 우를 도운 공이 크므로 네게 흑색의 정기旌旗와 기에 달린 장식을 하사하노라. 너의 후손들이 반드시 창성하리라."……순이 대비에게 영씨嬴氏라는 성을 하사하였다.

진의 계보를 열거하면서 사마천은 한 구절을 삽입하였다.

(대비의 후예)……중휼中潏이라 불렸는데 서융西戎에 주재하면서 서쪽 변경을 지켰다.

이러한 문장들을 통해 사마천은 고도의 역사학적 재능을 발휘하여 전설과 역사적 자료를 교묘하게 하나로 결합하였다. 그는 진이 황제의 한 줄기라는 것을 긍정하였으나, 우회적인 수법을 사용하여 진의 뿌리가 전욱의 손녀인 여수의 몸에서 이어지도록 하였다. 그러나 진의 시조인 대업을 전욱의 외증손자로 만들지 않고 간접적으로 황제의 외가 쪽 4대손이라고 표명하였다. 진의 조상이 서융에서 나왔다는 것을 맞추기 위하여 그는 중휼이 서융에서 열심히 싸웠던 역사를 집중적으로 강조하였다. 이렇게 처리함으로써 순조롭게 진의 조상이 도대체 어디에서 나왔는지 하는 어려운 문제를 해결하였다.

진의 뿌리는 황제黃帝에게 닿아있었다. 이로써 황제의 혼이 편히 거할 장소가 더욱 커졌다.
진의 땅에서 황제가 으뜸이 되면서 황제는 더욱 많은 자손들을 거느리게 되었다.

6

진과 한의 교체기에 초楚와 한漢의 싸움이 있었다. 고대를 뒤 흔들었던 이 전쟁은 산을 뽑을 만한 힘을 지닌 초패왕楚覇王 항우項羽 BC232~BC202년와 그의 상대인 한왕漢王 유방劉邦 BC247~BC195년을 낳았다. 일반적인 논리로 보자면 초楚는 정식의 왕조가 될 수 없으며, 초패왕 역시 본기로 쓰기 어려웠다. 그러나 사마천은 항우의 사람됨을 중시하였다. 그의 인자함과 의기를 중시하였으며, 거의 이룰 뻔 했던 대업을 이루지 못한 것을 안타깝게 여겼다. 이에 따라 초를 진과 한 사이를 이어주는 왕조로 기술하였으며 항우를 일대 군주로 써내려갔다. 이로 인해 『진시황본기秦始皇本紀』바로 뒤에 정중하게 『항우본기項羽本紀』를 넣었다.

항우를 본기本紀로 다룬 것은 사마천이 그를 좋아하였기 때문이다. 그러나 좋아하는 것이 단지 여기에 그치지 않았다. 태사공太史公 사마천은 기묘한 생각을 발휘하여, 항우의 가계도 방면에서 이 영웅에게 빛나는 모습을 부여하였다.

> 태사공 왈: 내가 주생周生이 "순舜의 눈동자가 쌍 겹이다."라고 말하는 것을 들었다. 그런데 항우 역시 쌍 겹의 눈동자를 가졌는데 항우가 그 후손이 아닐지?

태사공은 이 부분에서 가계도에 근거하여 말하지 않고 이미지를 비교하는 방법을 사용하였으며 또한 완곡한 의문구절을 사용하여 항우가 순의 후예일지 모른다는 생각을 집어넣었다. 앞에서 기술한 오제五帝의 관계에 근거하여 항우는 순의 후예일 뿐만 아니라 자연스럽게 황제의 후예가 되었다.

왕조는 흥망을 거듭하였지만 황제의 혼은 일관되게 흘러내려 갔다.
항우와 황제가 연결되면서 황제의 영웅주의가 더 크게 이채로움을 보였다.

7

역사의 연기와 운무가 사마천의 서가에서 맴돌고 있을 때, 역사의 큰 붓은 천천히 움직이며 한漢의 시초로 옮겨 갔으며, 여기서 붓을 멈추게 되었다. 역사 서술의 대가는 깊은 생각에 잠겼다: 유劉씨 황제의 조상에 대해 어떻게 기록해야 하는가?

이 문제는 그에게 대단히 어려운 문제였다; 도대체 계속해서 황제와 연결을 시켜야하는지 아니면 다른 계파를 세워야하는지? 이 문제에 대해 그는 수 없이 한 숨을 내쉬었는데, 한 숨을 쉰 원인은 복잡하게 얽히고설켜있지만 간단하게 말하자면 두 가지 원인이 있었다. 하나는 객관적인 원인으로 이 왕조가 황제와 연관되어있다고 볼 수 있는 현존하는 자료가 없었다는 것이며, 다른 하나는 주관적인 원인으로 유방이 깡패들의 수단으로 천하를 취하였다는 인식과 자신이 이 왕조에서 너무 심한 치욕을 겪었다는 것이다. 흉노의 포위 속에서 부득이하게 투항하지 않을 수 없었던 이릉李陵 BC134~BC74년 명장 이광(李廣)의 큰 아들로 본인도 명장으로 이름을 날렸다. 장군을 변호하다 황제인 무제의 노여움을 사서, BC 99년 사마천의 나이 48세 되던 해 남자로서 가장 치욕스러운 궁형宮刑 거세형을 받았다.

이 대가의 뛰어난 역사학적 재능과 역사자료를 수집하는 정밀한 능력으로 본다면, 그가 한漢 황실을 위해 황제와 관련된 전설 자료들로 그 관계를 입증하는 것은 결코 어려운 일이 아니었을 것이다. 그는 단지 이와 같이 할 생각이 없었던 것이다.

외적 요인은 주요한 것이 아니었으며 관건은 내적 요인으로 너무나 뼛속 깊이 박혀있었기 때문이다.

그는 오랫동안 숙고하였으나 결단을 내리기 어려웠다. 만일 유씨 황실을 완전히 황제와 관계없는 것으로 만든다면, 역사기술의 일관성을 위반할 수 있었다; 만일 이렇게 하지 않는다면 자신의 양심을 달래주기가 어려웠다. 그는 오랜 시간 고려한 끝에 영감을 얻었다: 겉으로는 다른 방식을 사용하여 유씨 조상의 가계를 기록함으로써 옛 시대에 대한 상식이 없는 사람은 유씨가 황제의 계보에서 나오지 않았다고 느끼게 하였다. 속으로는 도리어 우회적인 필법을 통해 역사를 이해하는 사람들이 유씨가 여전히 황제와 관계를 유지하고 있다고 이해하도록 하였다.

대가의 재능과 학식, 그의 성격과 감정, 그의 기질, 그의 명철한 지혜가 하나로 합쳐지면서 대가의 필법을 이루었다.

『사기·고조본기高祖本紀』에 다음과 같이 썼다.

> 고조高祖는 패현沛縣 풍읍豊邑 중양리中陽里 사람으로 성은 유劉씨이며 자는 계季이다. 아버지는 태공太公이며 어머니는 유온劉媼이다. 이전에 유온이 큰 호수의 둑에서 휴식을 취하다 잠이든 적이 있는데 꿈속에 신神과 만나 성교를 하였다. 이 때 우레와 번개가 치며 하늘이 어두워졌다. 태공이 그녀를 찾으러 나갔는데 교룡蛟龍이 그녀의 몸 위에 있는 것을 보았다. 유온이 얼마 지나지 않아 임신을 하였고 고조를 낳았다.

사마천은 한편으론 유방의 출신이 미천하다는 것을 사실대로 기록하였으며, 한편으론 그를 용龍의 후손이 되게 하였다. 이렇게 유씨 조상의 진실한 성분을 드러냈으며 또한 왕권신수王權神授 절대주의 국가에서 왕권은 신으로부터 주어진 것으로, 왕은 신에 대해서만 책임을 지며, 백성은 저항권 없이 왕에게 절대 복종하여야 한다는 정치 이론의 이야기로 당시의 조정에 체면을 세워주어 『사기』가 세상에 퍼지게 하는데 편리를 주었다. 이러한 형식 속에서 유방을 황제와 관련짓는 내용이 극도로 은밀하게 반은 신화적인 전설 속에 함축되도록 하였다. 『사기』에 이러한 것이 기재되어있다.

> 고조는 정장亭長으로 현縣의 역군들을 여산驪山으로 인솔하고 가야했는데 ……(중략)…… 칼을 뽑아 뱀을 동강내어 죽였다. ……(중략)…… 뒤에 온 사람들이 뱀이 있는 곳에 오자 한 늙은 여인이 한밤중에 울

고 있었다. 그가 왜 우느냐고 묻자 늙은 여인이 말했다. "누군가 우리 아들을 죽여서 울고 있는 것이오." 그가 물어 보았다. "당신의 아들이 어떻게 죽게 되었소?" 그녀가 답하였다. "내 아들은 백제白帝인데 뱀으로 변해 있다가 오늘 적제赤帝의 자손에게 칼베임을 당했습니다. 그래서 내가 울고 있는 것이오."

응소應劭 153~196년 동한시대 학자는 『사기·집해集解』에서 다음과 같이 주석을 하였다: '적제 요堯의 후손으로 한漢이라 불린다.' 이러한 논법으로 적제가 요이며, 요는 황제의 후손이므로, 적제의 자손인 유방은 또한 의심의 여지없이 황제의 후손이 되었다. 그러나 사마천은 단지 '적제의 자손赤帝子' 세 글자만을 남겼기 때문에 사람들이 여러 가지 가설적 생각을 하도록 대량의 사유공간을 남겨 놓았다.

사마천은 처음이자 마지막으로 왕조의 군주에 대해 문장 상으로 황제와 관계에서 벗어나게 하였다.

그가 이렇게 한漢의 역사를 쓰면서도 한 왕조의 백성들이 여전히 황제의 혼에 얽혀있는 백성들이라는 것을 부정하지 않았다. 그는 오제五帝, 삼대三代 하-은-주, 여기에 통일을 이룬 진秦을 더하여 황제와 전혀 벗어날 수 없는 튼튼한 관계를 확립하였기 때문에, 이 땅에 사는 백성들은 어떻게 왕조가 바뀌고 세대가 바뀌더라도 이미 그들은 자자손손 황제의 자손이 되도록 운명이 정해져 있었다.

하나의 작품이 얼마나 위대한 작품이든지 간에 결국은 작자의 주관적 의지를 벗어날 수 없다. 『사기』와 같은 불후의 작품들도 마찬가지로 이러한 법칙을 벗어나지 못하였다.

한 왕조의 군주가 황제黃帝를 조상으로 받들게 하는 방법을 사마천이 더욱 발전시킨 후에, 후세의 역사가들도 대부분 이를 따라했다.『사기』이후의 역사서에서 왕조의 군주와 황제를 한 족보로 연결시켰을지라도, 다시는 순수하게 사마천의 원래 의도를 갖고 있지 않았다.

사마천의 원래 의도는 통일된 천하에 하나의 통일된 영혼을 주려는 것이었다. 이들 역사가들은 사마천의 수법을 변용하여 황제를 정통正統을 대표하는 표지로 삼았다. 황제를 어느 왕조 군주의 시조로 인정하게 되면, 이 왕조의 군주가 무슨 방법을 사용하여 정권을 얻었던지, 어떤 형식으로 왕조를 건립하였던지, 그 군주의 가문이 얼마나 비천하였든지, 그 민족이 얼마나 멀리에 있었든지 관계없이 이 군주는 감정과 도리, 법과 명분이 있는 화하華夏의 군주가 될 수 있었다. 또한, 이로부터 범위를 넓혀 가면, 이 왕조가 앞 시대를 이어받고 이후 시대를 연결하는 도통道統에 적합한 정통왕조가 되었다.

명분과 도통은 눈을 부시게 하는 용포를 한 벌 한 벌 만들어 갔으며, 위엄 가득하고 위풍당당한 황궁을 하나하나 건설하였다.

왕조를 다룬 역사서의 순서로 보면『사기』를 그대로 따라서 쓴『한서漢書』이후에 처음으로 황제의 혼을 불러낸 것은『진서晉書』이다. 사마司馬씨 부자의 조상을 추적하면서『선제기宣帝紀』서두에 아주 명확하게 기술하고 있다.

> 그의 조상은 군주 고양(전욱)의 아들 중려重黎로 하관夏官 축융祝融이다. 당唐, 우虞, 하夏, 상商을 거치면서 그 직위를 계속 세습하였다. 주周나라에 이르러 하관의 명칭을 사마司馬로 바꾸었다.

글 속에 직접적으로 황제를 점찍지 않았지만 식견이 있는 사람은 한 눈에 아주 명확하게 줄거리를 꿰뚫어 볼 수 있다. 이러한 논법에 따라 사마 황실은 전욱의 아들 중려를 원조로 받들었으며, 중려는 황제의 증손자여서 그들은 자연스럽게 황제의 적통을 잇게 되었다.

『진서』는 당나라 초엽 방현령房玄齡 579~648 년 당 초기 명신 등이 편찬한 것으로 책이 완성된 시간이 정사正史를 편찬하는 최고의 시기였으며, 편찬에 참여한 사람들은 일군의 고수들로 학술을 이해하며, 식견이 있고, 논점이 비교적 공정하고 객관적이었다. 책이 좋은 책이며 사람도 일군의 능력 있는 인물들인데 그러면 왜 책 속에서 이와 같은 가계도 서술논법이 나타날 수 있었는가?

역사자료를 들추어 보면 이러한 일이 발생한 원인이 있는데 사마 황실에서 일찍이 이러한 가계도를 만든 적이 있었다. 그러나 이해하기 어려운 일은 이들 역사가들이 어찌해서 이와 같이 그 진실성을 믿게 되었는지 이다.

믿고 안 믿고는 별개의 문제이며 필요에 따라 써야하느냐 역시 별개의 문제이다. 그들이 이렇게 사마씨의 가계도를 편집 배열한 것은 자연스럽게 사마천의 관점을 계승하려는 뜻이 있었지만, 진晉왕조에게 정통의 명분을 주려는 뜻도 있었다. 오랜 기간 진 왕조의 명분은 시종일관 큰 문제로 다루기가 거북한 처지였다. 유劉씨의 한漢왕조를 정통으로 받들던 역사가, 유학자, 정객들은 진晉 황실을 정식으로 인정하려 하지 않았다. 그들은 아주 당연하게 조위曹魏가 한漢을 찬탈하였기에 이미 거짓된 적통인데, 진이 조위를 다시 찬탈하였으니 그릇된 적통의 그릇된 적통이 되니 무엇을 논하고 할 가치도 없다는 것이었다.

혼란을 없애고 정통으로 돌아오는 것에 기초하여, 또한 역사적 사실을 정면으로 응시하는 것을 기초로 삼은 당 왕조 초기의 역사가들은 사마씨 가계보를 인정하였다. 황제黃帝의 이름으로 진 왕조에 명분을 주었으며, 황제의 계통에 의지하여 진 왕조에게 정통의 지위를 부여하였고, 황제의 혼에 기대어 진 황실의 영혼을 위로하였다. 이렇게 역사를 처리한 진정한 뜻은 여기에 그치는 것이 아니다.

진 왕조에게 정통의 명분을 준 것은 사실 당 왕조에게 정통의 명분을 주는 것이었다. 진이 위魏의 제위를 강제로 빼앗았지만 여전히 정통에 속하게 됨으로써, 군웅들이 다투는 시기에 수隋의 천하를 자기의 천하로 만든 당唐은 진晉 보다 더욱 명분이 정당하고 이치에 맞는 것이 되기 때문이다.

역사적 사실을 처리하는 수법은 간단하였지만 그 안에 담긴 속뜻은 깊고도 깊었다. 황제가 구름위에서 머리를 끄덕이며 미소를 짓고 있는 듯하다.

진 왕조 이후는 남북조시대였다. 북조 중 기백이 있었던 대국은 북위北魏 386~534년이다. 북위의 역사는 북제北齊 550~577년 사람인 위수魏收 506~572년가 편찬하였으며 책명은 『위서魏書』였다.

위수는 일찍이 북위 말기에 국사편찬에 참여하였던 적이 있었다. 그는 북위왕조와 인척관계가 있었기 때문에 북위와 감정적으로 연결되어 있었다. 그는 군주에게 봉록을 받았던 은혜를 보답하려고 하였다. 그는 역사가였기 때문에 제일 좋은 보답의 방법은 붓을 사용하여 북위 탁발씨拓跋氏 황실을 미화하는 것이다. 탁발씨 황실은 선비鮮卑족 출신으로 당시에는 그 종족의 지위가 남조보다 약간 낮았다. 위수는 그들 종족의 기원을 바꾸어 선비족을 중원의 정통인 화하족華夏族으로 만들었다. 이를 통해 남북조의 출현은 선비족이 중원을 침략하였기 때문이 아니라 화하족 내부의 싸움이라고 표명하였다. 미화의 방법은 이미 있는 것을 사용하였다. 즉 사마천의 수법을 그대로 본받아 황제黃帝와 탁발씨가 한 계보라고 서술하면 그것으로 끝이었다.

『위서·서기序記』는 단도직입적으로 본론으로 들어갔다.

> 이전에 황제黃帝에게 25명의 아들이 있었는데 중원지역에 배치하거나 황막한 외부지역에 파견하였다. 창의昌意는 작은 아들로 북쪽지역의 땅을 받았는데 그 지역에 대선비大鮮卑산이 있었다. 이에 따라 나라이름을 선비라고 하였다. 그 후에 여러 대에 걸쳐 수령을 하면서 유도幽都 이북의 지역을 다스렸으며, 광대무변한 사막과 들판에서 방목하면서 이리저리 옮겨 다니며 수렵을 업으로 삼았다. 풍속이 순박하고 가르침이 간단하여 쉽게 행할 수 있었으며, 문자를 사용하지 않고 나무를 조각하여 사실을 기록하였다. 사관들이 역사를 기록하듯이 세상의 멀고 가까운 일들은 사람들이 서로 서로에게 이를 전수하였다. 황제黃帝는 흙土의 덕으로 왕이 되었다. 북쪽 지방에서는 세속에서 흙을 탁拓이라 불렀으며 우두머리를 발跋이라고 불렀다. 그래서 탁발을 성씨로 삼았다. 그 후손인 시균始均은 요임금 때 조정에 들어갔으며

가뭄의 신인 여발女魃을 약수弱水의 북쪽으로 내쫓았다. 백성들이 그의 부지런함에 크게 기대었으며, 순임금은 이를 장려하여 그를 농업의 신이라고 부르게 하였다. 하·은·주 3대를 거쳐 진한秦漢에 이르러 훈육獯鬻, 험윤獫狁, 산융山戎, 흉노匈奴의 무리들이 여러 대에 걸쳐 잔혹한 폭력으로 중원에 해를 주었지만, 시균의 후손들은 남쪽의 중원과 교류를 하지 않아 고대의 서적에 기록되지 않았다.

이와 같이 탁발씨를 위해 조상을 찾아내는 위수의 교활하면서도 치밀함에 또한 그의 높은 식견을 보여주는 방법에 탄복하지 않을 수가 없다. 그는 '무無' 속에서 '유有'를 만들어내고 거기에 가지와 잎사귀를 붙이면서 이미 정해진 사실을 반대로 서술하면서 이를 읽는 사람들이 오리무중에 빠져 얼떨떨한 상태에서 이러한 가계도를 인정하게 하였다. 이러한 가계도를 기술하면서 위수는 여러 가지 뜻을 이루었다.

이름도 성도 없는 창의라는 작은 아들을 중개자로 삼아 탁발씨와 황제黃帝를 연결 지었다.

창의가 대선비산이 있는 나라를 받고, 이를 국명으로 삼았다고 말함으로써 선비가 종족의 이름이란 논법을 부인하고 간접적으로 선비족이 사실은 화하족의 한 가지라고 표명하였다. 이 '화하족' 가지는 오랜 기간 중원에서 떨어져 있었기 때문에 문자가 없었으며 그 역사가 입으로 전해져 왔고, 이로 인해 문자증거를 필요로 하지 않게 되었다.

탁발이란 성씨를 한 글자 한 글자 분해하여 해석하여 말하길 탁은 북쪽의 세속에서 흙을 가리키는 글자라고 하여 황제黃帝의 토덕土德에 상응시키고, 발은 북쪽지역에서 우두머리를 즉 군주의 뜻을 갖는 것이라고 말함으로써, 두 글자를 합하여 황제黃帝를 조상으로 떠받드는 군주가 되게 하였다. 탁발씨 계보에 영웅적 인물이 있게 하였다. 즉, 순임금에 의해 농사의 신으로 불림을 받는 시균이 백성의 생계에 큰 공을 세운 인물이 되게 하였다. 탁발씨를 어째서 사람들이 오랫동안 잘 알지 못하였는가? 그들이 종래 남방지역과 왕래하지 않았기 때문에 즉, 북쪽의 궁벽된 지역에서 지냈기 때문에 역대 역사서적에 일찍이 기록된 적이 없다는 것이다.

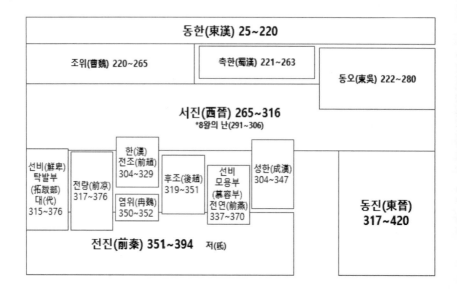

이러한 가계도는 비록 말이 공허하여 실제와 동떨어지며, 심지어는 가계도가 거짓으로 가득 찼을지라도, 작자의 정성들인 편집을 거쳐 가계도 상단에 누구도 정확히 이야기할 수 없는 상고시대를 가져다 놓았으며 중간에 수많은 기술적인 처리를 하여 누구도 입증할 수도 반박할 수도 없고 사실여부를 따질 수도 없게 하였다.

위수가 저지른 잘못은 역사를 다루는데 엄밀하지 못하였다는데 있다.

위수가 세운 공적은 황제黃帝를 중국의 각 종족의 공동 조상으로 인정하였다는데 있다.

염제·황제의 자손들에게 기쁨이 되고 위안이 되는 것은 위수의 '걸작'을 통해 분열시기가 있어 국토는 찢어졌을망정 마음이 찢어진 적이 없다는 것을 알 수 있다는 것이다. 판도가 쪼개지고 파괴되고 하였지만 문화는 변함이 없어 황제의 혼은 태양과 달처럼 밤낮없이 중국의 대지를 비추어주었다.

황제의 혼은 무지개다리처럼 중국의 강남과 강북을 관통하며 날아다닌다.

이후 다른 왕조사에서는 작자들이 해당 왕조 황실의 가계도를 황제와 직접적으로 연결시키는 경우는 거의 없었다. 그러나 이러한 현상이 나타난 것은 그들이 황제의 혼을 잊어버리거나 무시한 것이 결코 아니며, 황제의 혼이 깊이 사람들의 마음속에 뿌리를 내려 이미 중국인들의 신앙이 되었기에 중요한 문제로 다룰 필요가 없었기 때문이다.

한시대의 왕조만을 다루는 단대사斷代史에서는 황제黃帝를 거론하고 있지 않지만, 이로 인해 역사학계에서 황제의 위치가 사라진 것이 아니다. 반대로 황제에 대한 논쟁이 그의 능위에 자라난 동백나무같이 날이 갈수록 더욱 많아져 더 이상 셀 수 없을 지경이 되었다.

황제가 역사상 진짜 인물인지 아닌지 관계없이, 역사학자들이 각자 어떠한 증거에 근거하여 그에 대한 논쟁을 격렬하게 하든지 말든지 관계없이, 이미 약정되어 세속에 확립된 "염황의 자손炎黃子孫"이란 단어가 중화민족에게 그가 영원한 승인을 받았음을 결정짓고 있다.

> 황제는 중화문명의 기원이다!
> 황제는 중화민족의 시조이다!

춘추오패 春秋五覇

제환공

춘추시대春秋 BC770~BC476년에 다섯 명의 패자覇者가 있었다. 다섯 명의 패자 중 첫 번째가 바로 제환공齊桓公 미상~BC 643년. 성은 강(姜). 씨는 여(呂), 이름은 소백(小白). 강태공(姜太公) 여상(呂尙)의 12대손이다.

패업을 이루는 것은 어려운 일이다. 더욱이 가장 먼저 패업을 이루는 것은 대단히 어려운 일이다. 군웅들이 다투며 호걸들이 여기저기에서 몸을 일으키던 시대에, 패주覇主가 되었다는 것은 그가 영웅 중에 영웅이며, 호걸 중에 호걸이라는 것을 의미한다.

패업을 이루려면 아주 높은 수준의 머리, 넓은 가슴, 민첩한 수단, 뛰어난 담력, 대량의 인재, 아주 좋은 기회가 있어야 한다. 제환공은 자신의 장점을 발휘하면서 외부의 유리한 조건을 장악하고 형세를 정확히 판단하여 웅장한 국면을 열어갔다.

패업을 이루려면 좋은 기회를 얻어야하지만, 그 기회는 사람이 장악해야한다. 제환공은 그러한 기회를 잡은 뛰어난 사람이다. 고국에서 변란이 발생했을 때, 당시 외국에 있던 그와 그의 형 공자公子 규糾가 군주자리를 차지하기 위해 속도와 지혜를 겨루는 귀국경쟁을 벌였다. 귀국 도중에 형의 모사였던 관중管仲 B.C.723~B.C.645년의 화살에 맞았을 때 죽은 척을 하여 상대방을 속이고 시간을 벌은 후에, 지름길로 달려가 형보다 먼저 용상에 오름으로써 군주의 자리를 탈취하였다.

정치는 인사人事다. 정치를 잘 하냐 못하냐는 결국은 인재운용을 잘 하냐 못하냐에 달려있다. 제환공은 이 도리를 정확하게 이해하고 있어서 어떠한 인재를 써야하는가를 가장 중요한 일로 보았다. 군주가 되기 전에 그가 의지하였던 사람은 포숙아鮑叔牙 BC723~BC644년였으며, 군주가 된 후에는 이전의 잘잘못을 가리지 않고 자기를 죽이려했던 관중을 등용하였다.

패업을 이루기 위하여 그는 군주로서의 허세를 내려놓고, 솔직하게 관중에게 자기의 단점을 이야기 하였다.

"나는 사냥과 여인을 무척 좋아하오. 이것이 패업을 이루는데 방해가 되겠소?"

답변은 "현자를 알고, 현자를 기용하며, 현자를 믿고, 소인을 멀리하면 이러한 단점은 별로 중요하지 않습니다."였다.

제환공은 마음속에 품은 뜻이 있어, 적극적으로 관중의 개혁을 지지하였으며 제나라를 일등 강국이 되게 하였다.

일등 강국의 실력에 기대어 그는 천하제패에 눈길을 주기 시작하였다.

정치와 군사를 아우르면서, 내무와 외교 양 바퀴를 굴리며 제환공은 천하제패의 꿈을 차근차근 밀고 나갔다.

춘추시대에 접어들면서 이미 '정의'로운 전쟁義戰은 없어졌다. 그러나 그는 자신의 전쟁을 '정의로운 전쟁'으로 변화시켜 '왕실을 높이고 오랑캐를 물리친다.尊王攘夷'라는 기치를 높이 들었다. 주왕周王의 천하를 공동으로 지킨다는 명분으로 제후들과 연락을 하면서, 그들을 억누르거나, 격파하여 그들이 그의 요구를 따르도록 하였다. 주의 천자도 그를 중심으로 선회하게 하였다.

그는 무력을 숭상하였지만 무력을 무조건 믿지는 않았다. 그는 싸울 때와 화해할 때를 잘 구분하였으며, 계략을 쓸 때와 진심으로 속을 드러내야할 때를 잘 파악하고 있었다. 즉, 어느 시기에 어떤 일을 해야 하는지를 알고 있었다. 그는 노魯를 정벌하고 연燕을 구출하였으며, 채蔡를 토벌하였고 초楚의 죄를 물었다……승리하지 않은 적이 없으며 성공하지 않은 적이 없었다.

여러 차례 제후들의 회합을 주도하여『춘추경春秋經』에 따르면 제환공이 제후들을 소집하였던 회합은 16차례에 달한다. 천하질서를 바로잡으면서 제환공은 의기양양하였으며, 자

연스럽게 패자 역할을 하였다. 다른 사람들이 이의를 제기할 필요가 전혀 없을 정
도로 이 역할을 잘 하였다.

제환공은 성공을 이루자 득의만만해졌으며, 교만함과 우쭐거림이 생겨났다.
사실 이러한 교만함과 우쭐거림은 그가 패권을 다투는 과정에서 일찍이 그 단
서를 보였었다.

그가 위대한 사업을 빌인 것은 백성들의 어려움을 해결하려는 것과는 거리
가 멀었으며, 천자의 어려움을 해결해 주려는 의도는 전혀 없었다. 그는 자신
의 허영심을 만족시키고, 향락을 즐기며, 권력욕을 채우려고 사업을 벌였던 것
이다.

그는 자신만만하게 말하였다: 자신의 사업은 예나 지금이나 보기 드문 것
이다.

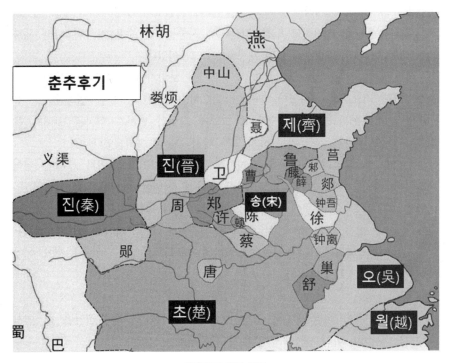

춘추후기 주요 국가

패권을 얻는데 성공하였고 더욱이 제일의 패자가 되자 그가 원래 억누르고 있던 사치심이 폭발하였으며, 숨기고 있던 자만심이 드러났다. 그는 궁궐을 화려하고 장대하게 지었으며, 천자를 모방하여 차량과 의복을 만들었다. 또한 천자의 기세를 배워 사람을 보내 태산泰山에서 봉선封禪 제왕이 하늘과 땅에 왕의 즉위를 고하고, 천하의 태평함에 감사하는 의식이다.을 행하였다. 그는 그의 인간적 욕심을 전부 드러냈으며 전혀 절제하지 않았다.

관중은 그를 잘 이해하였으며, 천기를 누설하듯 한 마디로 말하였다.

"군주가 되어 이러한 사업을 힘들여 이루려는 것은 언젠가 이를 마음껏 누리려는 것이다."

정사를 다루느라 정치가들(조정대신들)과 같이 지내었지만 그들과 사이에선 훈훈한 인간미가 흐르지 않았기에, 일반 사람들과 마찬가지로 따뜻한 인간미를 필요로 하였던 제환공은 서서히 자기의 비위를 맞추어주는 세 명의 소인배들과 가까이 하기 시작하였다: 아들을 죽여 사람고기 맛을 보게 해준 역아易牙, 자기의 음낭을 제거하고 그를 지근에서 시중들었던 수표豎貂, 위衛나라 세자의 자리를 버리고 그의 친신이 된 개방開方이 그들이었다.

세 명의 간신배는 겉으로 보면 충성스러워 보였기에 제환공은 이들이 진짜 충성스러운 것으로 오해하였다. 관중이 죽으며 환공에게 그들을 멀리하라고 유언하였다. 처음에는 그렇게 하였으나, 그렇게 그들과 떨어져 얼마를 지내자 음식 맛도 없고 잠도 잘 이루지 못하게 되자 다시 그들을 불러들였다.

신변에 한 무리의 소인들이 포진한데다가 군주자리의 후임자 문제에 있어 제환공이 여러 차례 결정을 뒤집으면서 끝내는 정변이 발생하였다. 정변이 일어났을 때 제환공은 중병에 걸려있었으며, 그 혼자만이 내궁에 갇혀있었다. 누구도 물이나 밥을 주지 않아 처량하게 굶어죽었다. 죽은 지 67일이 되도록 누구도 그가 어떻게 되었는지 둘러보지 않았고 결국 시신에서 벌레가 생겨 이것들이 실외로 기어 나오게 되었다.

일세의 영웅이 이런 식으로 끝을 보게 되자, 그의 생명이 끝났을 때 역사는 그를 대신하여 마침표를 찍지 않고 큰 의문부호를 붙였다.

송양공

춘추오패 중 네 명의 패자 제환공齊桓公 미상~BC 643년, 진문공晉文公 BC697~BC628년, 진목공秦穆公 BC 682~BC621년, 초장왕楚莊王 미상~BC591년 은 모두 이론의 여지없이 패자로 인정되지만, 송양공宋襄公 미상~BC637년을 패자라고 할 수 있는지에 대해선 의견이 엇갈린다. 부정적 견해를 갖는 사람들은 그를 대신하여 월왕越王 구천句踐 미상~BC464년을 패자로 추천하고 있다.

공평하게 논하자면 송양공은 확실히 패업을 이루었었다. 그러나 그 기간이 너무 짧았고, 케케묵은 모양이었으며, 그 장면이 익살스럽기까지 하여 그런 일이 없었던 느낌이 들게 하였다.

패업을 이룬 기반을 논하자면 송양공은 부족함이 없다고 할 수 있다. 송은 서주 초기 제후들에게 땅을 나누어 줄 때 왕가와는 다른 성씨로 확립된 제후국으로, 은殷나라의 유민들로 구성되었으며, 덕성과 명망이 높았던 미자微子 성은 자(子), 씨는 송(宋), 이름은 계(啓)로 후세에 미자, 미자계, 송미자로 불리었다. 미자는 상(商)왕 제을(帝乙)의 큰 아들이다. 같은 어머니에서 난 형제가 전부 세 명이었는데 미자계가 첫째고, 중연(中衍)이 둘째며 수덕(受德) 즉, 주(紂)왕이 막내였다. 미자계의 모친이 미자계와 중연을 날 때는 첩의 신분이었는데 후에 정부인이 되었으며, 정부인이 된 후에 주(紂)를 낳았다. 부모는 장자인 미자계를 태자로 세우려고 하였으나 태사(太史)가 법전을 근거로 이 일을 논하여 정부인의 아들이 있을 때는 첩의 자식을 세울 수 없다고 주장하였다. 이로 인해 미자계가 왕이 되지 못하였다.가 우두머리였다. 송은 건국 때부터 중요한 제후국의 하나로 짙은 문화적 바탕과 지극히 강렬한 정치적 소양을 가지고 있었다. 송의 지리적 위치는 얕잡아 볼 수 없는 중원지역에 있었으며 현재의 하남성 상구(商丘)일대, 정치적으로는 제후의 작위가 가장 높은 공公 제후의 작위는 공-후-백-자-남 5등급이었다. 춘추 초기에 이르면 송은 여러 대에 걸쳐 주변 국가들이 인정하는 발언권을 가지고 있었다.

조상들이 상당한 기업을 남겨주었지만 군주가 된 송양공은 자신의 성읍을 지키는 것에 만족하지 않았으며, 제 자리에서만 맴도는 것을 원하지 않았다. 조상의 기업을 가일 층 확대시켜 송나라를 일류의 강국으로 만들려고 하였으며, 제환공의 뒤를 이어 두 번째 패자가 되려고 하였다. 그는 자신의 국력을 믿었으며, 자신의 능력을 믿었다. 그는 자신의 목적을 능히 이룰 수 있을 것이라고 믿었다.

일부 신하들은 앞날이 그리 밝지 않음을 느껴 송나라는 국토가 작으며, 인재가 적고 자연재해가 심각한 국가여서 패권을 다툴 수 없다고 하였다. 만일 그렇게 한다면 그 뒷감당을 할 수 없을 것이라고 하였다.

송양공은 그렇지 않다고 여겼다. 그는 원대한 목표만 있으면 장점을 키우고 단점을 없앨 수 있으며 불리한 요소를 유리한 요소로 변화시킬 수 있다고 생각했다.

패업을 이루려면 시기를 잡아야한다. 송양공이 잡은 시기는 제환공이 죽은 후 제나라에 대란이 일어나고 후계자 문제가 발생하였을 때였다. 또한 교묘하게도 옹무雍巫, 역아易牙, 수표竪貂가 정변을 일으켜 공자 무휴無虧를 군주로 옹립하였을 때, 세자 소昭가 송나라로 정치적인 피난을 하였다. 하늘의 뜻! 이 것은 하늘의 뜻이 아닌가? 송양공은 이러한 사태가 하늘의 뜻이라고 생각하였으며 하늘의 뜻은 어길 수 없다고 생각하였다. 그는 하늘이 준 기회를 잡아 세자 소를 도와 나라를 얻도록 하겠다고 결정하였다.

위세 당당한 송나라 군대는 송양공의 직접적인 지휘아래 위衛, 조曹, 주邾 세 나라 군대와 합세하여 임치臨淄를 공략하였다. 대군이 국경을 압박해오자 제나라에서 내분이 일어나 간신들과 무휴가 피살되었으며, 세자 소가 군주의 자리에 올랐다. 그러나 송나라 군대가 회군하여 막 자기나라의 변경에 이르렀을 때 제나라에서 다시 한 번 내란이 발생하여 세자 소가 다시 송나라로 도망쳐 왔다. 송양공은 의로운 일을 위해서는 물불을 가리지 않는다는 정신으로 군대를 증원하고 직접 본진을 이끌고 원래 갔었던 길로 다시 돌아갔으며, 마침내 세자 소를 진정한 군주제효공(齊孝公) 미상~BC633 제환공의 아들. 성은 강(姜) 씨는 여(呂) 이름은 소(昭)가 되게 하였다. 제효공은 송양공의 큰 덕에 감격하여 송나라 군대에게 큰 상을 내렸다.

이러한 성공으로 말미암아 송양공의 자신감은 하늘을 찔렀다. 좋아도 더 이상 좋을 수 없다고 느꼈다. 그는 자신이 이미 패업을 이루는 문에 들어섰다고 생각했다. 그 다음 발걸음은 '이 바람이 불 때 어떻게 돛을 활짝 펴느냐?' 라고 생각했다. 그의 마음속 계산은 제환공을 따라하는 것이었다. 즉, 제후들의 회합을 열어 자신을 중심으로 맹약을 맺게 하는 것이었다. 대국이 오지 않을 수 있음을 고려하여 그는 먼저 등滕, 조曹, 주邾, 증鄫 네 개 소국을 소집했다. 그런데 증나라 군주가 약속된 날짜보다 이틀이나 늦게 도착하였다. 송양공은 동쪽의 각 이족들을 경계하기 위하여 증나라 군주를 죽인 후에 그를 삶아서 신에게 제사를 지냈다.

이 살인사건이 일을 그르쳤다. 조나라 군주가 먼저 냉담해져서 작별을 고하고 돌아가 버렸다. 첫 번째 회합이 흐지부지 끝났다.

초楚나라가 정鄭, 노魯, 제齊, 진陳, 채蔡의 군주들을 불러 맹약을 하려한다는 소식을 듣자 송양공이 계책을 생각해내 자신도 그 회합에 참여하겠다고 요구하였다. 초나라를 이용해서 여러 제후들을 압박하고, 다시 여러 제후들을 이용하여 초나라를 압박하려는 심산이었다. 초성왕楚成王 미상~BC626년이 이러한 계략을 역이용하여 회합이 열렸을 때 송양공을 억류하였다. 두 번째 회합 역시 참담한 실패로 끝나고 말았다.

그래도 그에게 운이 따라주어 초나라 군대가 그를 억류하면서 송나라를 공격하였으나 실패하였으며, 어쩔 수 없이 그를 놔주었다.

패권쟁탈전에서 좌절을 겪었으나 송양공은 이를 받아들이지 못하고 군대를 휘몰아 정鄭나라를 공격하였다. 이를 통해 자신의 체면을 세우려고 하였다. 초나라 군대가 정나라를 구원하려고 왔으며, 송나라와 초나라 두 군대가 홍수泓水 BC638년. 지금의 하남성 자성현(柘城縣) 양안에서 서로 대치하였다. 초나라 군대가 강을 건너올 때 그는 공격을 하지 않았다. 초나라 군대가 강을 건너 물가에서 아직 전열을 정비하지 않았을 때도 여전히 공격하지 않았다. 이유인즉 '군자는 군진을 이루지 않은 적군을 공격하지 않는다.'는 것이었다. 초나라 군대가 전열을 정비한 후에 싸움을 하였으나 송나라 군대가 대패하였으며, 송양공은 중상을 입었다.

송양공은 패권쟁탈에 있어 어떠한 성과도 얻지 못하였으나, 도리어 홍수에서의 전쟁으로 명성 아닌 명성을 얻게 되었다. 이 '명성'은 누구나 다 아는 것으로 '어리석은 돼지의 인의도덕'이라는 후세에 길이 남는 웃음거리가 되고 말았다. 웃음거리를 선사하면서 송양공은 춘추오패의 대열에 들어갔다. 역사적으로 이를 '송나라 양공의 인 宋襄之仁'이라고 하여 그의 어리석음을 두고두고 비웃었다. 그러나 송양공 나름의 이유는 있었다. 송은 소국이지만 중원의 정통성을 가지고 있었으며 이에 따라 도의에 맞는 즉, 규범적인 전쟁을 중시했었기에 마지막까지 이를 지키고자하였던 것이다. 시대를 읽지 못하였다고 할 수 있으며, 전쟁을 지나치게 명분론적으로만 보았다고 할 수 있다.

진문공

송양공의 뒤를 이어 패업을 이룬 사람은 진문공晉文公 B.C.697~B.C.628년, 성은 희(姬) 이름은 중이(重耳)로 진나라 22대 군주(B.C.636~B.C.628년)이다.

춘추시대 크고 작은 수백 명의 군주 중에서 온갖 인간세태의 변화, 인생의 굴곡과 어려움, 인간세상의 파란만장함을 어느 누구보다도 중이重耳가 가장 많이 겪었다.

일반적인 상황이었다면 중이의 일생은 본래 그렇게 복잡할 수 없었으며, 평온한 삶, 즉 세상과 다툴 필요도 다른 사람과 아웅다웅할 필요도 없이 여유 있고 부유한 귀공자의 삶을 살았을 것이다. 그러나 운명은 그를 다른 극단으로 몰고 갔다. 그는 전쟁이 그치지 않던, 도덕이 보편적으로 사라져버린, 인정미라고는 조금도 없던 시대에 태어났다. 더욱 불행했던 것은 그가 정치를 그 어떠한 것보다 더 중시하는, 사욕을 채우기 위해서는 수단방법을 가리지 않는, 음모와 애정이 뒤섞인 죄악 가득한 가정에서 태어났다는 것이다.

중이는 진헌공晉獻公 미상~B.C.651년, 26년간 재위의 둘째 아들로 모친은 견융犬戎 군주의 조카딸인 호희狐姬였다. 중이는 서자로 태자의 자리는 이미 형인 신생申生 미상~BC656년, 신생은 제 환공의 딸인 제강(齊姜)의 아들이다. 제강은 원래 진 무공(武公)의 부인이 되었으나 무공이 나이가 많아 육체관계를 가질 수 없었다. 이에 헌공과 제강이 간통을 하였으며 신생을 낳았다. 헌공이 군주가 된 후에 제강을 부인으로 삼고 신생을 세자로 삼았다.이 차지하고 있었으며, 또 다른 서자인 동생 이오夷吾 진혜공(晉惠公) 미상~BC637년가 있었다. 형제들 간의 우의가 아주 돈독하였으며 서로 간에 평안히 지내며 아무 탈 없이 지냈다.

그러나 상황이 급변하였다. 아버지 헌공이 여희驪姬 여희. 지금의 섬서성 임동(臨潼)에 위치했던 여융(驪戎)국 군주의 딸를 부인으로 취한 후에, 특히 아들 해제奚齊를 낳은 후에 전체 가정상황에 거대한 변화가 일어났다. 여희의 농간으로 신생이 자살을 할 수 밖에 없었으며, 중이와 이오는 다른 나라로 도망갔다. 헌공이 죽은 후에 진나라 군주자리는 여러 번 바뀌었다.

대란이 일어난 후에 군주의 자리는 당연히 중이의 것이었다. 그는 어려서부터 정치에 대해 강렬한 흥미를 드러냈으며, 이름 있는 대신들과 비교적 깊은 관계를 맺었었다. 그는 처세를 잘 하였기에 조정의 주요 정치세력이 그를 마음에 들어 하였다. 정변을 일으켰던 우두머리인 리극里克, 미상~B.C.650년, 성은 영(贏), 씨는 리(里), 이름은 극(克)으로 헌공이 가장 신임하는 부하였다. 세자 신생을 흔들림 없이 지지했으며, 전쟁을 잘 싸웠던 장군이다. 헌공 사후에 발생한 '여희의 난중에 진나라 군주가 되었던 여희의 아들 해제(奚齊), 탁자(卓子)를 살해하였다. 진 혜공(惠公)이 즉위한 후에 자신도 해제와 탁자처럼 살해될 까봐 권신 리극에 대해 마음을 놓지 못하였다. 리극을 견제하기 위하여 군대의 주요 업무를 맡는 자리에 자신의 친신들을 앉혀 리극의 군권을 약화시켰다. 혜공은 극예(郤芮)에게 그의 병력을 이끌고 가 리극의 집을 포위하도록 하였으며, 리극은 자살하였다. 등이 그를 조정에 맞아들여 군주로 삼으려고 할 때 그는 형세가 지극히 불안정한 것을 보고 이를 거절하였다.

원래 사이가 대단히 좋았던 형제들 이었지만 정치적 역할이 변화하면서 관계 역시 변화가 일어났다. 동생 이오는 명망이 높은 중이가 뒷날 자신에게 해가될까 두려워하여 그를 암살하려고 자객을 적국翟國에 보냈다. 중이가 위급을 알리는 전갈을 받자 바로 수종들을 데리고 기약이 없이 여러 나라를 떠도는 망명생활을 시작하였다.

오랜 망명생활에서 때로는 냉대를 받았고 때로는 환영을 받았으며, 때로는 귀빈으로 접대 받았고 때로는 거지대접을 받았다.

길고도 긴 망명의 길을 배회하면서 그는 격앙되기도, 풀이 죽기도, 천하강산을 가리키며 웅대한 뜻을 펼치기도 하였고, 또한 한 때는 미인의 치마폭에 쌓여 다시는 전진할 생각을 하지 않았었다. 그러나 끝에 가서는 이를 악물고 길을 떠났다.

위衛, 제齊, 조曹, 송宋, 정鄭, 초楚, 진秦을 유랑하였다. 진秦나라에 이르렀을 때 그를 구원해줄 별을 만났다. 진무공秦繆公 미상~BC 621년이 병력을 동원해 그를 귀국시켰다. 그는 진의 군주인 어圉 진 혜공의 아들를 쫓아내고 권력을 장악하였다. 바로 진晉문공文公이다.

43세에 적국翟國으로 도망가 62세에 귀국하였으니 19년을 유랑한 것이었다. 오랜 망명생활을 통해 그는 고생을 할대로 다 했으며, 이런 생활을 통해 각국의 상황을 깊이 알게 되었다. 비교할 데 없이 노숙한 정치경험을 한 것이다.

노년의 진문공은 근본을 파악하여 백성들의 생활을 개선시키면서 민심을 얻었다; 내정을 정돈하고 폐단을 개혁하였으며, 군대를 강화하여 국력을 제고하였다. 국가의 기초인 국력을 갖추게 된 진문공은 외부로 발전방향을 돌렸다. 그는 '주周 왕실을 떠받든다.', '왕을 떠받든다.'는 큰 깃발을 내걸고 병력을 출동시켜 주 왕실의 내란을 평정하고 반란주동자인 왕의 아우 희대姬帶를 주살하고 주양왕周襄王 미상~BC620년이 왕위에 다시 오르도록 도와주었다.

대의명분이 있는 큰 깃발을 내걸자 만인이 이를 주시하였으며, 반란제압에 성공하자 천하가 이를 주목하였다.
천하의 주목을 받게 되자 진문공은 공개적으로 패업霸業을 추구하였다.

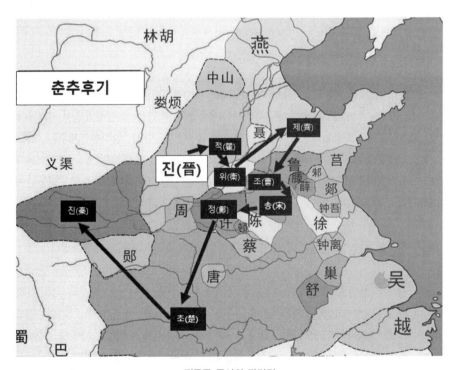

진문공 중이의 망명길

패업을 다투는 것은 실력의 경쟁이자 지혜와 모략의 경쟁이다. 초성왕楚成王 미상~BC626년이 예전에 자신을 후대하였던 은혜를 공개적으로 보답하기 위하여, 실제로는 군사전략의 일환으로 진문공은 자신의 군사를 초나라와 대치하고 있던 장소에서 90리나 물러나게 하였다.퇴벽삼사(退避三舍) 진문공이 초나라로 망명하였을 때 초성왕이 그를 '제후'의 격으로 대접하자 이에 대해 깊은 감사의 뜻을 표하였다. 이에 성왕이 그가 나중에 진나라로 귀국하게 되면 어떻게 보답할지를 묻자 이에 대해 '부득이 왕과 평원에서 전쟁을 치르게 된다면 (그 대치 장소로부터) 90 리를 물러서겠습니다.'라고 대답하였으며, 실제로 전쟁 중에 90 리를 물러섰다.『사기·진세가(晉世家)』. 퇴각을 통해 초나라 군대가 진나라 군대를 얕보도록 유인하였으며 '성복城濮 지금의 지금의 산동성 견성(甄城)서남지역'에서 일거에 초나라 군대를 격파하였다.

성복의 전쟁(城濮之戰) 기원전 634년경. 초나라는 자신의 세력이 강성해지자 중원을 제패하려고 하였다. 진문공은 초나라 성왕이 패업을 도모하려는 것을 알고 있었기에 먼저 손을 써서 이를 막으려고 하였다. 이에 성복에서 중원패권을 차지하기 위한 대규모의 전쟁이 벌어졌다. 진문공은 초나라 망명 시 초성왕에게 약속했던 '초와 부득이 전쟁을 하게 되면 전쟁터에서 90 리를 양보하겠다.'고 한 약속을 지킨다는 명분으로 초와 대치한 장소에서 진나라 군대를 후퇴시켰다. 사실은 초나라 군세가 강하여 그 예봉을 피하려는 전략이었지만, 초나라 대장인 자옥(子玉)이 초성왕의 경고를 듣지 않고 군대를 이끌고 진나라 진영으로 돌진하였다. 이미 만반의 준비를 하고 있던 진나라 군대는 초의 삼군 중 좌우 양군을 섬멸하였으며, 초나라가 대패하였다.

초나라 군대를 격파한 진문공은 천토踐土 정확히 고증하기 어려우나 일부 역사가에 따르면 지금의 하남성 원양현(原陽縣) 서쪽 지역에서 제후들의 회합을 소집하였으며 패자霸者가 되었다. 이 회합을 천토지맹踐土之盟이라고 한다. 당시 참가한 제후는 진晉, 노魯, 제齊, 송宋, 채蔡, 정鄭 등 국가이며 진이 맹주로 추대되었다. 주周의 천자도 이를 인정하였으며 그를 제후 중 첫째라는 뜻으로 후백侯伯으로 책봉하여 영예를 더 해주었다.

진문공의 사업은 번쩍번쩍 빛났으며, 만년 역시 마음에 드는 상황이었다.

이십 년 가까운 유랑생활을 통해 진문공은 몸에 깊이 밴 위기의식을 가지게 되었다. 그가 이러한 위기의식을 나라를 다스리는데 사용하자 국가의 면모가 바뀌게 되었다. 위기의식을 천하의 대업에 사용하자 패업을 이루게 되었다. 그의 인생전체가 위기의식 속에서 거듭되는 어려움을 겪게 되었고, 위기의식 속에서 사업을 이루게 되었다.

진목공

춘추오패를 시간 순서로 보면 진목공秦穆公 미상~BC621년은 네 번째이다.

진목공이 진晉의 군주에게 신생申生의 누나인 백희伯姬를 아내로 맞으려고 청혼을 하였다. 진헌공이 점을 쳐 본 후에 진목공의 요청에 동의하였다. 대국과 대국 간의 정치적 결혼은 절대로 사람만을 맞아들이는 일반적인 혼사가 아니다. 진목공에게는 그 의미가 더욱 컸다. 중원에 있는 진晉나라와 이러한 관계를 맺는 것은 서쪽 오랑캐西戎의 이미지를 가지고 있던 진나라에게 적지 않은 광채를 더 해 주는 것이었다. 이 한 번의 거래로 정치적 식견이 극히 뛰어났던 새 군주가 세상에 그 모습을 드러냈다.

『사기·진본기秦本紀』에서는 진목공秦穆公을 진무공秦繆公이라고 부르고 있는데, 그에 대해 기록된 첫 번째 일은 그가 직접 군대를 이끌고 서융의 모진국茅津國과 싸워 대승을 거둔 일이다. 그 일이 있은 이후에 그는 신생의 누나를 아내로 맞아들였다.

진목공의 두드러진 장점은 자격에 구애받지 않고 사람을 잘 기용하였다는 점이다. 지위나 출신, 연령을 묻지 않았으며, 재능만 있으면 최고의 대우를 해 주었고, 전폭적으로 신뢰하면서 성의를 가지고 대하였다. 또한 기용된 인재들과 과감하게 책임을 나누어 가졌으며, 인재들이 활동할 수 있는 여유로운 공간을 만들어 주었다. 예리한 통찰력과 두둑한 배포, 성의와 간절함이 있는 태도로 백리해百里奚 미상~BC 621년, 성은 강(姜), 씨는 백리(百里), 이름은 해(奚), 자는 자명(子明)으로 춘추시대 우(虞)나라 사람이다. 원래 오나라 대부였으나 후에 진목공(秦穆公)에게 등용되었다. 현신이자 명재상으로 꼽힌다. 종살이 시절 진목공이 다섯 장의 흑양가죽으로 백리해를 사왔다는 고사에서 그를 오고대부(五羖大夫)라 부른다., 건숙蹇叔 BC 690~BC 610년, 송(宋) 질읍(銍邑)사람으로 진목공 시대 상대부, 우상을 역임하였다.,유여由余 생몰연대 미상. 성은 희(姬), 이름은 유여(有余), 자는 회충(懷忠)이다. 진목공을 도와 서융(西戎) 정벌에 공을 세워 일천여리에 달하는 땅을 개척하였다.,공손지公孫枝 생몰연대 미상. 성은 영(嬴), 이름은 지(支), 자는 자상(子桑)으로 기주(岐州, 지금의 섬서성 봉상현 남부) 사람이다.,맹명시孟明視 생존연대 미상. 백리해의 아들로 진목공의 주요 장군 중 한사람이다.,백을병白乙丙, 생몰연대 미상. 씨는 건(蹇), 이름은 병(丙), 자는 백을(白乙)이며 세상에서 그를 백을병이라고 불렀다. 건숙(蹇叔)의 아들로 맹명시, 서걸술과 함께 진목공 시대 주요 장군이다.,서걸술西乞術 생몰연대 미상. 이름은 술(述), 자는 서걸(西乞)이며 세상에서 그를 서걸술이라고 불렀다. 건숙의 아들로 여겨지고 있다. 등 대량의 걸출한 인물들을 수하에 포진시켰으며 나아가 그들이 충분히 실력을 발휘하도록 하였다.

일류정치가의 수완에 일류 인재들의 도움을 받으며 진목공은 조상의 일을 계승하였으며, 대업을 이루었다.

어떠한 대업도 착수 지점 즉 시작점이 있게 마련이다. 진목공의 대업은 서융西戎의 주군인 적반赤斑과 싸운 정복전쟁의 승리로부터 시작되었다. 이 승리는 단순한 전투의 승리가 아니라 휘황찬란한 전략적인 효과를 가지고 있었다. 여러 오랑캐들이 벌어진 상황을 보고 귀순함으로써 진나라가 서쪽지역에서 종주권을 확보하게 되었다.

서쪽에서의 승리로 진나라의 실력을 빠르게 확대시켰으며, 형세를 면밀히 살펴본 진목공은 순풍에 돛을 펴듯 이 승리를 계기로 중원의 일에 관여하기 시작하였다.

그가 첫 번째로 중원의 일에 관여한 것은 『동주열국지東周列國志』목차에서 『목공이 진나라의 난리를 평정하다穆公一平晉亂』라고 한 일이었다. 진나라 헌공獻公이 죽은 후에 해제奚齊, 탁자卓子가 연이어 제위에 올랐으나 대신 리극里克이 연속해서 정변을 일으켜 두 사람을 죽였을 때, 진목공이 병력을 내어 이오夷吾가 귀국해 군주가 되도록 하였으며 이로써 진나라의 형세를 안정시켰다.

병력을 내어 다른 나라의 일에 간섭하는 것은 대량의 인력과 재력을 동원해야하는 일이어서, 당시 이오는 하서河西의 다섯 개 성을 보답으로 주겠다고 약속하였다. 그러나 이오는 일이 끝난 후에 약속을 어겼으며 진목공의 투자는 실패로 끝났다. 진나라 조정의 상하가 이를 분개해하고 있던 바로 그때에 진나라에서 대기근이 발생하였다. 진혜공晉惠公 이오夷吾는 얼굴도 두껍게 진나라에 도움을 요청하였다. 진목공秦穆公은 여러 신하의 반대를 무릅쓰고 이전 일을 탓하지 않고 적시에 원조의 손길을 내밀었다. 그러나 그 다음해에 진秦나라에 기근이 들었을 때 진혜공은 은혜를 저버리고 불난 집에서 도둑질하듯 군대를 일으켜 오히려 진秦나라를 공격하였다. 격전 끝에 뜻밖에도 진혜공이 진목공에게 사로 잡혔다. 주周천자의 변호와 진목공의 부인인 백희伯姬 진헌공의 딸이자 진혜공의 이복 누나의 호소와 진혜공의 아들 자어子圉가 인질이 되고 다섯 개 성을 할양해 주는 대가로 진혜공이 겨우 석방되었다.

진목공이 진晉나라가 위축된 기회를 틈타 먼저 량梁, 예芮 두 나라를 멸망시키고 영토를 확장하였다. 진晉나라에 대한 정책을 정함에 있어 진秦목공은 작은 것을 얻고 잃고 하는 것에 매달리지 않고, 대국적 견지에서 패업을 이루기 위해 필요한 어질고 의롭다는 명성을 구축하려고 하였다. 이를 통해 대국과 관련된 일들을 잘 해결한다는 이미지를 만들어, 진秦나라에 친한 진晉정권을 세우려고 하였다.

그 이후 그가 두 번째로 중원의 일에 관여하였는데, 그 일은 『동주열국지東周列國志』 목차에서 『목공이 다시 진의 난리를 평정하다木公再平晉亂』라고 하는 일이었다. 진혜공이 죽은 후에 자어子圉 진회공(晉 懷公) B.C.655~B.C.636년가 권력을 이어받았는데 대규모로 노신들을 살육하고 자기와 뜻이 맞지 않는 사람들을 박해하여 진晉나라 정국이 혼란에 빠졌다. 진목공은 다시 한 번 병력을 내어 오랜 기간 외국에서 유랑중인 중이重耳 뒷날 진문공(晉文公)를 귀국시켜 자어를 대신하도록 하였다.

진문공晉文公이 재위하던 시기에는 진晉과 진秦이 그래도 우호적인 관계를 유지하였으나, 정鄭나라를 정벌하는 전쟁에서 서로 간에 불쾌한 일이 발생하였다. 진양공晉襄公 미상~BC 621년이 문공의 뒤를 이어 군주가 된 후에 두 나라의 관계가 급전직하하였다. 그 시기에 진秦나라 군대가 정鄭나라를 습격하였으나 뜻을 이루기 어렵게 되자, 내친김에 옆에 있던 활滑나라를 멸망시켰다. 그러나 그 일이 진晉나라의 이익을 손상시키는 일이 되자, 진晉나라 군대가 이를 보복하기 위하여 회군 길목인 효산崤山에서 매복하였다가 진秦의 군대를 공격하였으며, 진秦의 전군이 전사하였다. 다시 한 번 두 나라가 전쟁을 하였으나 또다시 진秦이 대패하였다. 세 번째에는 진목공秦穆公이 직접 대군을 이끌고 공격에 나섰다. 그는 황하를 건너면서 배를 전부 불살라 버리고 죽을 각오로 전쟁에 나섰으며 끝내는 두 번의 패배를 설욕하였다.

진晉나라와의 싸움에서 대승을 거둔 것은 대단히 중요한 일이었다. 진秦나라 군대가 두 번이나 참패를 당하자 적반赤斑을 우두머리로 한 서쪽의 많은 융戎족들이 비밀리에 진나라에 반기를 들었다. 진목공이 승리를 거두고 돌아와 군대를 이동시켜 정벌에 나서려고 하였다. 그러자 적반이 융족들을 이끌고 신속하게 조정에 들어와 땅을 바치면서 진 목공을 서융西戎의 최고 주군伯主으로 존칭하였다.

진의 위세와 명성이 수도에 전달되면서 주周의 천자가 사절을 보내 축하하였다.

여러 어려움을 겪으면서 진목공이 드디어 패업을 이루게 되었다. 그러나 그는 대업이 이루어진 정상에서 부귀공명이 공허한 것임을 보게 되었고, 신선술을 추구하게 되었다. 그는 "용과 봉황이 와서 과인을 맞아준다면, 과인은 낡은 신발을 벗어버리듯 천하를 버릴 것이다."라고 하였다.

그는 봉황이 자기를 맞아주는 꿈을 꾸며 광한궁廣寒宮에서 거닐었는데, 꿈에서 깨어난 후에 한질寒疾이 걸려 죽고 말았다.

초장왕

중원의 나라들은 남쪽에 웅거하고 있던 초楚나라를 얕잡아 보았으며, '형만荊蠻' 즉. 형荊 지방의 오랑캐라고 낮추어 불렀다. 그러나 이 오랑캐 국가에 적지 않은 유능한 군주들이 등장하였다. 그들은 현명한 신하와 능력 있는 장군, 독특한 시대적 흐름과 지리적 이점, 용감하며 근면하게 일하는 백성들에 기대어 초나라를 강대국으로 만들었다.

할아버지와 손자에 걸친 국가경영은 초장왕楚莊王 미상~BC 591년, 성은 미(芈), 씨는 웅(熊) 이름은 여(旅 또는 侶, 呂)이다. 초목왕(楚穆王)의 아들로 BC 613~BC 591년 재위. 시호는 장(莊)이며 기산(紀山)에 장사하였다.에 이르렀으며, 마침내 그가 패업을 이루면서 몇 대에 걸친 소원을 달성하게 된다.

만일 초장왕의 혁혁한 전공에 근거하여 그가 군주가 되자마자 대단한 군주가 되었다고 생각한다면 틀려도 한참 틀린 것이다.

초장왕이 처음 등장하였을 때 그는 완전히 혼용한 군주였다. 즉위한지 삼년이 되었지만 한 번도 국정명령을 내린 적이 없었으며 날마다 말 타고 사냥만 다녔다. 여인들과 술과 환락에 빠졌으며, 심지어 조정의 대문 앞에 '누구든지 감히 간언을 하려는 자는 반드시 죽이겠다!'는 방을 붙여 놓았다.

대신 신무외申無畏, 미상~BC 595년 성은 미(芈), 씨는 문(文), 이름은 무외(無畏), 자는 자주(子舟)이다. 신(申)지방에 봉읍을 받았기에 신(申)씨로 불렸다. 초나라 좌사마(左司馬)로 제나라의 사신으로 가면서 송나라를 거쳐 가다 살해당하였다. 이로 인해 초나라와 송나라 사이에 전쟁이 벌어졌다.가 왕을 알현하려 들어가 보니 초장왕은 오른편에는 정鄭나라 여인을, 왼편에는 채蔡나라 여인을 껴안고 종과 북 사이에 가부좌를 하고 앉아있었으며, 무엇 때문에 왔냐고 물어 보았다.

신무외가 간언을 하려고 하였으나 직접적으로 하지 못하고 완곡하게 은어로 이야기하였다.

"다섯 빛깔을 가진 큰 새가 초나라의 높은 언덕에 살고 있은지 이미 삼년이 되었습니다. 하지만 그 새가 나는 것을 보지 못하였으며, 우는 것도 들어본 적이 없습니다. 이 새가 무슨 새인 줄 아시는지요?"

초장왕은 자신을 풍자하는 말인 줄을 알고 웃으며 대꾸하였다.

"과인이 잘 알고 있소. 이 새는 일반 새가 아니오. 삼년을 날지 않고 있지만 일단 날갯짓을 하면 하늘 높이 날아오를 것이며, 삼년을 울지 않았지만 일단 울고 나면 사람들을 놀라게 할 것이오. 그대는 기다려 보시오."

신무외와 대신들은 물론 백성들도 기다리고 기다렸지만 큰 새는 날아오르지도 울지도 않았다. 참다 참다못해 대신 소종蘇從 BC 600년 전후, 춘추시대 초나라 대부 이 군주를 만나 큰 소리로 울며, 마음속의 말을 건네었다. 초나라의 멸망을 막을 수 있다면 자기의 생명을 취하여도 좋다고 아뢰었다. 눈물이 범벅된 그의 말은 정말 진솔하고 간절하였다. 잔뜩 화가 났던 초장왕도 그의 그러한 모습을 보자 경외심이 일어나 숙연해졌다. 그리곤 그 말대로 따르겠다고 하였다.

장왕은 그 자리에서 악공들을 쫓아버리고 정나라 여인을 물리쳤으며, 채나라 여인은 드문드문 만났다. 현숙하고 마음이 넓은 번희樊姬를 부인으로 삼고 중궁을 주재하도록 하였다.

젊고 패기 있는 인재들인 위가蔿賈, 미상~B.C.605년, 초나라 사마였다. 영윤 투월초 반란시에 투월초에게 살해 당하였다. 그의 아들이 나중에 영윤을 지낸 명신 위오(蔿敖) 즉 손숙오(孫叔敖)이다., 반왕潘㫿, 굴탕屈蕩 등을 등용하여 영윤令尹 투월초鬪越椒 미상~B.C.605년, 성은 미(芈), 씨는 투(鬪), 이름은 초(椒), 자는 월(越)이다. 고대에는 이름과 자를 연속해서 불렀기 때문에 역사서에 투월초(鬪越椒)로 기록되어있다. 재상인 약오(若敖)씨의 후예로 사마였던 투자량(鬪子良)의 아들이다. 초나라 영윤을 지냈으며 야심이 만만하였다. 사람됨이 오만하고 살인을 즐겼으며, '투월초의 난을 일으켰으나 실패하여 일족이 전부 도살 당하였다.의 권력을 나누었다. 초장왕이 완전히 변하였다. 큰 새가 날아오르듯 힘차게 날아오르며 울기 시작하였다.

초나라의 정치 속사정을 들여다보면 당시의 초장왕은 드러내기 어려운 어려움을 안고 있었다. 원로 투월초가 권력을 쥐고 흔들면서 아직 어린 장왕을 전혀 거들떠도 보지 않았기 때문이다. 그가 무엇을 할 수 있었겠는가? 정치대사는 손을 댈 수 없었고, 작은 일은 할 필요도 없었다. 오로지 여인들과 가무를 즐기고, 수렵하며 우선은 자신을 마비시키려는 것이었다. 둘째, 자신은 큰 뜻을 품고 있지 않음을 보여주어, 권력을 쥐고 있는 대신들이 그를 염려할 필요가 없다는 생각을 가지도록 하려는 것이었다. 속내를 전혀 드러내지 않고 색과 가무 속에 자신을 숨기고는 인내하며 기다렸다. 높이 날아올라 크게 울 때를 기다렸다. 시기가 일단 무르익자 그는 비로소 뛰어난 재능과 원대한 전략의 바탕을 드러내며 자신의 설계에 따라 일체를 바꾸어나갔다.

　방탕한 사람이 정상으로 돌아오는 일은 금을 주고도 못 바꾸는 귀한 일이다. 고충을 가지고 있던 방탕자 중의 방탕자인 초장왕은 방향을 돌리자마자 조상들의 웅장한 기세를 다시 일으켰다. 『사기·초세가楚世家』에 '초장왕이 잘못을 돌이킨 후에 음란함과 음악을 폐하고 정치를 돌보며 (간악한 무리) 수백 명을 죽이고, (능력있는 자들) 수백 명을 기용하였다. 이에 초나라 사람들이 크게 기뻐하였다. 그 해에 용국庸國 춘추시대 파(巴), 초(楚), 진(秦) 삼국 사이에 있던 국가을 멸망시키고 송宋을 공격하여 전차 오백 대를 획득하였다.'고 기록되어있다.
　초장왕이 중원으로 발전을 도모하도록 격려하였던 것은 그가 송나라를 정벌하러 갔을 때 진晉나라와 발생했던 전쟁에서 진나라 장군 해양解揚을 포로로 잡으며 대승을 거둔 일이었다. 진나라에 대한 승리로 중원 대국들의 실력을 이해하게 되었으며, 자신의 역량을 명확히 알게 되었다. 이로써 초나라의 전략계획을 확정지었다.

　그의 전략은 지극히 웅대하여 앞의 패업을 이루었던 군주들이 감히 생각하지 못했던 것이다. 즉, 주周의 천자와 천하를 나누어 가져 각각 남과 북을 다스리는 것이었다. 그는 무엇을 하려고 생각하면 그것을 그대로 행하였다. 그가 육혼陸渾, 동주 춘추시대 융(戎)의 국명으로 낙양 근처에 소재하였었다. BC525년 진(晉)에게 멸망되었다. 을 토벌할 때 대군이 낙수雒水를 건너게 되었다. 그는 주나라 교외에 병력을 늘어놓고 천자를 향하여 무력을 뽐내면서 천자의 권위를 상징하는 구정九鼎 천하를 표시하는 대명사로 왕권과 국가통일을 상징한다. 하-은-주 삼대에 걸쳐 국가의 보배로 여겨졌다. 전설에 따르면 하나라 초기에 우(禹)임금이 천하를 9주(州)로 나누고 주의 주목(州牧)들에게 청동을 바치도록 하여 아홉 개의 정(鼎)을 만들어 한 개의 정이 한 개의 주를 상징하게 하였으며 아홉 개 정을 모두 하왕조 도성에 배치하였다.의 무게를 물어보았다.문정(問鼎)이라하며 천하 제패의 야심을 드러냈다. 주나라 사절 왕손만王孫滿이 천명天命을 들어 그를 꾸짖자, 그때서야 그는 생각을 접었다.
　초장왕이 순조롭게 외부로 발전을 할 때 대권을 빼앗겼던 투월초鬪越椒가 국내에서 정변을 일으켜 병사를 거느리고 정권을 빼앗을 준비를 하고 있었다. 그는 벼락 치듯이 신속하게 병력을 움직여 투월초의 반란을 제압하였다.

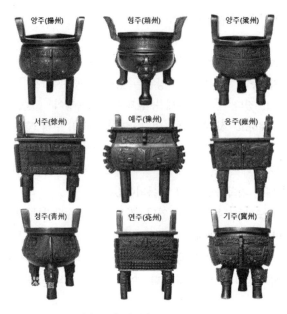

양주(揚州)   형주(荊州)   양주(梁州)

서주(徐州)   예주(豫州)   옹주(雍州)

청주(青州)   연주(兗州)   기주(冀州)

구정(九鼎) 출처:百度 www.baidu.com

웅대한 포부를 가진 군주가 있을지라도 이를 뒷받침하는 현명한 재상이 있어야 한다. 현명한 재상인 손숙오孫叔敖 BC630년경~BC593년 성은 미(芈) 씨는 위(蒍) 이름은 오(敖) 자는 손숙(孫叔)으로 초(楚)의 영윤(令尹)의 출현으로 초나라는 흥왕하였다. 초장왕은 강력해진 국력에 기대어 서舒 안휘성 지역에 있던 소국를 멸망시키고, 진陳을 격파하였다. 정鄭을 정벌하면서 천하를 호령하였으며, 가는 곳마다 상대가 없었다.

진晉나라가 패권을 유지하기 위하여 또한 이전의 원수를 갚고 정나라를 구한다는 명분으로 초나라와 전쟁을 하였다. 전쟁이 벌어진 지역은 필邲이었다. 초장왕은 적군의 수뇌부가 의견이 서로 통일되지 않는 틈을 타서 공격을 가하였으며 진나라 군대가 어찌할 줄 몰라 허둥대다가 전패하였다.

필邲 하남성 정주(鄭州) 북부의 전쟁에서 새로운 패자霸者 초나라가 등장했다.

패자는 패자의 품격이 있는 법이다. 초나라 군대가 송宋을 포위하여 공격하자 성안의 양식이 떨어져 서로의 아이를 바꾸어 먹는 일이 벌어졌다. 이에 송나라 장수인 화원華元 미상~BC 573년 송(宋)의 대신이 성 밖으로 나와 성 안에서 벌어지고 있는 사실을 있는 그대로 말하자, 초장왕은 손을 흔들어 자신의 군대를 철수시켰다.

강력한 무력을 마음 내키는 대로 휘둘렀던 초장왕이지만 만년에 이르러 '인의仁義'의 중요성을 알게 되었던 것이다.

[참고자료] 초장왕이 왕위에 오른 후 3년 내내 사냥과 주색잡기에 빠져 정사를 돌보지 않았으며, 궁궐 문에는 '간언을 하는 자는 용서없이 죽이겠다'라고 쓴 큰 패찰을 걸어놓았다. 어느 날 대부인 오거(伍擧)가 초 장왕을 만나러 갔다(일설에는 신무외(申無畏)라고 함). 초장왕은 손에 술잔을 들고 입에는 사슴고기를 씹으면서 술에 취해 가무를 감상하고 있었다. 그는 게슴츠레한 눈으로 말하였다. "대부께서 여긴 웬일입니까? 술을 드시려는 겁니까? 가무를 즐기시려는 겁니까?" 오거는 의미심장한 말을 꺼낸다. "어떤 사람이 저에게 수수께끼를 냈는데 어떻게 해도 풀 수가 없어서 폐하께 가르침을 받으려 이렇게 왔습니다." 초장왕은 술을 들이키면서 물어보았다. "무슨 수수께끼인데 그렇게 풀기 어렵단 말입니까? 말해보시구려." 오거가 입을 열었다. "수수께끼는 이렇습니다. 초나라 수도에 큰 새가 한 마리 있는데 집을 대궐에 지어놓았습니다. 그런지 삼년이 되었는데도 도대체 울지도 않고 날아오르지도 않고 있습니다. 정말 이해하기 어려운 것은 도대체 어느 말뚝에 거하려는지 모르겠습니다. 폐하 알려주시옵소서! 울지도 날지도 않는 이 새는 도대체 어떤 새입니까?" 초장왕이 이 말을 듣고 나자 오거의 뜻을 명확히 알아차리고는 껄껄 웃으며 말하였다. "내 맞추어 보리이다. 이 새는 보통 새가 아니오. 이 새가 3년을 날지 않고 3년을 울지 않고 있지만, 일단 날아오르면 하늘 높이 날아오를 것이며, 일단 한번 울면 세상을 놀라게 할 것이오." 오거는 초장왕의 뜻을 명확히 알아듣고는 기뻐하며 대궐에서 물러났다.

그러나 이 일 후에 몇 개월이 지나도 초장왕은 여전히 변함이 없었다. 울지도 날지도 않았다. 계속 주색잡기에 빠져 있었다. 대부 소종(蘇從)이 더 이상 참지 못하고 장왕에게 나아갔다. 그는 궁궐을 들어서자마자 통곡하기 시작하였다. 초장왕이 말하였다. "대부! 무슨 일로 그리 상심하십니까?" 소종이 이에 답하였다. "내가 바로 죽을 것이기에 상심하였으며, 초나라가 곧 망할 것이기에 상심해서 그렇습니다." 초장왕이 크게 놀라며 물어보았다. "대부가 어찌 죽게 되며, 국가가 어찌 망한단 말이요?" 소종이 답하였다. "제가 폐하께 권고할지라도 제 말을 듣지 않으시고 틀림없이 나를 죽일 것입니다. 폐하가 하루 종일 주색잡기에 매달리고 사냥을 즐길 뿐, 정사를 살피지 않으니 초나라의 멸망이 눈앞에 있지 않습니까?" 초장왕이 이 말을 듣고 나자 대노하여 소종을 나무랐다. "네가 정말 죽으려하느냐? 내가 일찍이 말하지 않았더냐? 누구든지 내게 권고를 하는 자가 있으면 지위여하를 막론하고 죽이겠다고 말이다. 오늘 네가 이를 알고도 고의로 이를 범하였으니 참으로 어리석기 짝이 없구나!" 소종이 처절하게 말하였다. "제가 어리석지만 폐하는 저보다 더 어리석습니다. 폐하가 저를 죽이면 저는 죽은 후에 충신의 아름다운 이름을 얻게 될 것입니다. 그러나 폐하가 계속해서 이런 식으로 간다면 초나라는 멀지 않아 멸망할 것이며, 폐하는 망국의 군주가 될 것입니다. 그러니 폐하가 저보다 더 어리석지 않습니까? 제 말은 여기까지입니다. 죽이시려면 바로 죽이십시오!" 초장왕은 그 자리에서 벌떡 일어서더니 감격하여 말을 하였다. "대부의 말은 구구절절 옳습니다. 정말 충언이구려. 지금부터는 내가 반드시 대부가 이야기하는 대로 할 것입니다." 초장왕은 말을 끝내자마자 바로 명령을 내려 악공들과 무녀들을 물러가게 하였다. 그는 대업을 이루겠노라고 굳게 결심하였다. 초장왕은 먼저 내정을 정비하였으며 신무외, 오거, 소종 같은 유능한 인재들을 기용하여 적재적소에 배치하였으며, 드디어 패업을 이루었다.

오 · 월吳越, 와신상담臥薪嘗膽

합려 · 부차

『춘추春秋』의 역사를 이리저리 들춰보면 한줄기 가장 큰 선을 읽어낼 수 있는데 바로 제후들이 패권을 다투었다는 것이다. 앞서 패권을 차지했던 군주들이 역사의 무대에서 물러난 후에 강남江南 땅에서 새로운 패주霸主인 오吳나라가 등장하였다.

합려

오나라의 패업은 두 사람에 의해 이루어졌는데, 바로 오왕 합려闔閭 BC 537년경~BC 496년, 합려(闔廬)라고도 한다. 성은 희(姬)이며 이름은 광(光)으로 오왕 제번(諸樊)의 아들이다. 와 그의 손자인 부차夫差 BC 528~BC 473년이다.

합려는 본래 공자 광光이라고 불렸는데 그가 군주자리에 오른 경력은 항주杭州에 있는 아홉 계곡 18개 골짜기처럼 구불구불 복잡하기 이를 데 없었다. 일찍이 오왕 수몽壽夢 BC 620~BC 561년에겐 제번諸樊, 여제餘祭, 여매餘昧, 계찰季札 네 아들이 있었다. 막내아들 계찰이 가장 현명하고 능력이 있어 수몽이 왕위를 그에게 전하려고 하였으나 받지 않았다. 수몽이 죽기 전에 유언을 하였다: 제번이 왕위를

합려 출처:百度 www.baidu.com

이은 후에는 형이 죽으면 반드시 동생이 왕위를 잇도록 하여 계찰이 군주에 자리에 오르도록 하라. 형제들이 유언에 따라 일을 처리하였으나 여매가 눈을 감은 후에 계찰이 여전히 이를 회피하여 여매의 아들 료僚 미상~BC 515년가 왕관을 썼다. 왕위를 료가 얻게 되자 제번의 아들인 공자 광光이 이에 불복하였다. 겉으로는 아무 일도 없는 듯이 꾸몄지만 속으로는 그를 대신할 생각을 마음 깊이 품고 있었다.

공자 광은 확실히 큰일을 이룰 수 있는 그런 부류의 사람이었다. 정치를 다루는데 있어 깊은 생각을 가지고 있어서 아무 때나 자신의 패를 드러내지 않았다. 모략이 풍부하였고 필요한 경우에는 수단방법을 가리지 않았으며, 위험을 무릅쓰고 충분히 자기의 우세를 발휘할 수 있었다. 군사적인 일을 다루는데 있어서도 달인으로 웅대한 전략적 안목을 가지고 천하의 형세를 꿰뚫어 보았다. 실전경험을 가지고 있었으며, 전쟁에서 패배보다 승리가 많았다. 본인의 신분에다 높은 수준의 정치군사적 실력을 갖추면서 그는 오나라에서 가장 뛰어난 인물이 되었다. 오랜 시간 칩거하면서 자신의 정치집단을 형성하였다. 오나라에 망명 중이던 오자서伍子胥, B.C.559~B.C.484년, 이름은 원(員), 자는 자서(子胥)로 초나라 사람.를 끌어들이고, 자객 전제專諸를 매수하여 공개적인 암살을 통해 왕위를 빼앗았으며, 그 후에 자신의 이름을 합려閤閭로 바꾸었다.

합려는 웅대한 기상이 있었다. 그는 군사부문의 건설과 경영을 강화하여 오나라를 천하제일의 강국으로 만들었다. 합려는 웅대한 기상만 있었던 것이 아니라 그 기상을 실천하는 기본적인 조건을 잘 갖추고 있었다. 그의 수하에 일류의 통솔자, 장군, 정치가들을 불러 모았다: 손무孫武 BC 545년경~BC 470년경 자는 장경(長卿), 원래 춘추말기 제(齊) 출신, 오자서, 백비伯嚭 미상~BC473년 경, 부개夫槪 오왕 제번의 아들로 합려의 동생 등등.

일류의 인재들은 일류의 전략을 설계하였다. 천하를 뒤흔들기 위하여 또한 각국을 떨게 만들기 위하여 합려와 그의 집단은 특대국가인 초나라를 전략적인 공격목표로 선정하였다. 전쟁은 오나라에게 유리한 추세로 전개되어 오나라 군대가 초나라 수도를 점령하였다. 초소왕楚昭王 BC523년경~BC489년 평왕(平王)의 아들은 수도에서 도망쳤다. 만일 진秦나라가 병력을 내어 간섭하지 않았다면 초의 대신 신포서가 진나라에 가서 7일 밤낮을 울면서 구원병을 요청하였다. 이에 감동한 진나라 왕과 조정에서 병력을 내주었으며 이로써 오나라의 침공을 막게 되었다. 초나라는 멸망의 운명을 면치 못하였을 것이다.

초나라와의 전쟁에서 대승을 거두면서 합려는 일약 천하의 주목을 받는 사람으로 떠올랐다. 그러나 합려는 초나라 정벌 중에 일어난 동생 부개의 정변을 막기 위해 귀국할 수밖에 없었으며, 그 정변을 잘 막아냈다. 초나라 수도를 점령한 오왕 합려가 초왕을 찾아내려 초나라에 상당기간 머무는 사이에 동생인 부개가 오나라로 돌아가 자신이 스스로 왕이 되었다. 이 소식을 들은 합려는 초나라 공략을 멈추고 오나라로 돌아가 부개를 격퇴하였다. 부개는 초나라로 도망쳤다. 이와 동시에 국경을 침범해 온 월越나라를 격퇴하였다. 제齊와 초楚가 잘 지내는 것을 와해시키기 위하여 다시 정치적 압력을 사용하여 제경공齊景公, 미상~BC 490년, 성은 강(姜), 씨는 여(呂)로 제영공(齊靈公)의 아들이 오나라와 화친을 맺도록 강요하였다.

국경침범에 대한 복수와 영토를 확장하려는 현실적인 고려와 후환을 없애려는 깊은 전략적 견지에서 합려는 중원의 일이 어느 정도 안정되자 인근 국가인 월越나라에 대해 전면전을 벌였다. 전쟁의 결과는 비참하였다. 정예부대의 반수이상을 잃어버렸으며 합려 자신은 발에 상처를 입었다. 귀국 도중에 상처가 도져 죽고 말았다.

군주자리를 이어받은 사람은 손자인 부차夫差로, 그의 아버지는 일찍 죽었기 때문에 그가 직접 할아버지의 왕위를 계승하게 되었다. 그는 뛰어난 인물로 영명한 기질을 갖고 있었으며 위풍당당하였다. 그러나 당초 후계자를 결정할 때에 부차에 대한 인상이 좋지 않았던 할아버지(합려)는 그가 어리석고 어질지 못하다고 하면서 계승자로 그를 선택하는 것에 동의하지 않았다. 당시 상국相國이었던 오자서가 부차의 부탁을 받아 아름다운 말로 합려를 겨우 설득시켜, 그를 태손太孫으로 세웠다.

부차가 할아버지를 장사지낸 후에 효자이자 현명한 손자임을 드러냈다. 그는 시종을 드는 열 사람에게 뜰 앞에 차례로 서 있다가 그가 출입할 때마다 반드시 외치도록 하였다.
"부차야! 구천句踐이 네 할아버지 죽인 것을 잊었느냐?"

그 때마다 그는 눈물을 흘리며 대답하였다.

"결코 잊을 수가 없습니다!"

말로만 잊을 수 없다고 한 것이 아니다. 그는 정말로 할아버지를 죽인 원수인 구천을 가슴에 각인하였다. 삼년 후에 그는 직접 대군을 이끌고 월나라를 정벌하였으며 거의 망할 정도로 쳐부수었다.

월왕 구천句踐, B.C.520년경~B.C.465년, 성은 사(姒), 본명은 구천(鳩淺)으로 월왕 윤상(允常)의 아들이 화해를 구하였다. 몸을 낮추어 무릎을 꿇고, 미녀를 바치고 막대한 예물을 보내며 온갖 아름다운 찬사를 부차에게 올렸다. 부차는 자신이 적을 용서할 만큼 대단하다는 자만심을 만족시키려고 오자서의 극력 반대에도 불구하고 백비의 간청을 받아들여 구천의 화해 요청을 받아들였다.

부차는 월나라가 더 이상 언급할 가치도 없다고 여겼다. 그는 방향을 전환하여 한구邗溝 양자강과 회하를 연결하는 옛 운하로 현재 강소성 지역에 위치를 파고 북쪽을 향해 패업을 전개하여 제나라 군대를 대패시켰다. 이후에 황지黃池 안휘성 당도현(當塗縣)에서 제후들과 회합을 가졌으며 진晉나라와 패권을 다투었다.

황지에 있던 부차는 자기 발바닥 밑에서 설설 기던 구천이 오나라가 빈틈을 타 침범하여 오리라고는 전혀 생각지 못하였다. 월나라는 그간의 형세를 뒤집어 오나라에 강력한 타격을 가하였다. 부차가 회군하여 이번에는 반대로 월나라에 화해를 요청하였다. 그런지 몇 년 후에 월나라 군대가 오나라를 완전히 멸망시켰다.

눈앞에 구천이 높은 자리에 남면하고 앉는 모습이 떠오르고, 귓가에 오자서가 죽기 전에 내뱉었던 유언이 들리면서, 아녀자의 어짊으로 나라를 망친 부차가 칼을 빼들고 자결하였다.

오자서

그는 줄곧 원한 속에서 전전하였다. 원수를 갚기 위해, 다른 사람은 도저히 참을 수 없는 것을 참아내고, 온갖 고생을 다 겪으면서, 머리를 짜내고 짜내어 마침내 마음속의 소원을 이루었지만, 다시 막다른 골목으로 들어가게 되어 한스러움을 머금은 채 인생을 마감하였다. 그는 '원수仇'란 글자로 역사의 무대에 등장하여 '한스러움恨'이란 글자로 퇴장하였다. 그의 전 인생은 이 두 글자에 칭칭 동여매어졌다.

이 사람은 모략이 남보다 훨씬 뛰어났으며, 정치가로서의 재간을 가지고 있었다. 병법에 정통하였으며 군사전략가로서 소질이 충분하였고, 무예도 출중하여 대장으로서의 자격을 갖추고 있었다. 그의 아버지가 생전에 그를 평가하였던 말은 '어려서 문文을 좋아하였고, 커서는 무예를 익혔다. 문文으로 능히 나라를 안돈시킬 수 있으며, 무武로써 능히 나라를 안정시킬 수 있다. 치욕스런 일을 참아낸다면 능히 대사를 이룰 수 있다.'였다.

오자서 출처:百度 www.baidu.com

그의 원한과 재능이 서로서로 보완작용을 하였다. 재능이 없었다면 그가 일찍이 겪은 원통함은 중도에 흐지부지 되었을 것이다. 또한 뒷날의 한스러움이 생겨날 수 없었을 것이다. 원한이 없었다면 그의 재능도 이처럼 크게 발휘되지 않았을 것이다. 또한 온 세상을 뒤 흔든 일을 해내지 못하였을 것이다.

그는 진정 비극의 화신으로 그가 죽은 후에 신神으로 떠받들어졌으며, 그를 제사하는 향불이 강남지역에서 오랜 기간 끊임없이 피어올랐다. 그의 이야기는 계속 전해져서 부녀자와 아이들도 다 아는 이야기가 되었다. 그의 이름이 바로 오자서伍子胥이다.

종을 울려 식사시간을 알리고 솥들을 죽 늘어놓고 수많은 사람들이 식사를 하는 대갓집. 부친 오사伍奢 미상~BC 522년 초평왕 때 태자태부(太子太傅)는 초나라의 중신이었다. 오자서는 고귀한 신분이었다. 그가 풍모와 재능이 풍성해지는 나이에 접어들어 인생의 큰 뜻을 점차 펼쳐 나가려는 시기에 돌발사건이 발생하면서 그의 전 가정을 초토화시켰다. 혼용한 군주였던 초평왕楚平王 미상~BC 516년 성은 미(芈) 씨는 웅(熊) 이름은 기질(棄疾) BC 528~BC516년 재위이 정직한 그의 부친을 감옥에 집어넣고 나서, 그와 그의 형 오상吳尙을 아버지에게 오도록 유인하여 한꺼번에 참수하려고 하였다. 형은 왕의 부름을 받고 갔지만 그는 어리석은 충성에 반대하였으며, 이유 없이 혼용한 군주의 희생품이 되길 거부하고 도망을 쳤다. 사실 형인 오상도 본인이 죽을 것을 알았지만 아버지 혼자 형장에서 처형되지 않게 하려는 즉, 같이 죽어 마지막 효도를 하겠다는 효심으로 간 것이다. 그는 피는 반드시 피로써 갚겠다고 맹세하였다. 아버지와 형의 원수를 갚기 위해, 초나라 군주가 편안하게 지내지 못하게 하려 하였다.

초평왕은 전국 각지에 방을 붙이고 오자서 체포령을 내렸다. 그는 온갖 어려움을 겪으면서 이리저리 도망 다녔다. 이곳저곳에서 허송세월을 보내다가, 여러 나라를 거친 후에 간신히 오吳나라로 가는 길에 올랐다. 관문인 소관昭關을 가까스로 뚫고 지나가고, 큰 강을 건넜으며, 가는 길마다 밥을 구걸하였다. 그래도 운이 좋은 편이라고 할 수 있었다. 도망가는 중에도 끊임없이 그의 의로움을 높이 사서 그를 도와주는 사람들이 있었으며, 어느 경우에는 자기 몸을 바쳐 도와주는 사람까지 있었다. 가까스로 목적지인 오나라에 도착하였다. 어려움과 위험을 계속 겪으면서 그의 머리카락과 수염은 어느새 전부 하얗게 되었다.

그가 오나라를 목적지로 선택한 것은 오나라가 그때 막 국력상승기에 있어 대외로 활발하게 확장을 하고 있었기 때문이다. 그는 반드시 오나라 정권의 핵심에 들어가야 했다. 그래야만 비로소 오나라의 군대를 동원하여 원수를 갚을 수 있기 때문이었다. 형세를 깊이 살펴 본 후에 그는 실력파 중의 한사람인 공자 광光에게 몸을 맡겼다. 자객 전제專諸를 추천하여 오왕 료僚를 살해하고 공자 광을 오나라 군주 합려로 변하게 하였다. 그 후에 다시 자객을 사용하여 희료姬僚의 아들 경기慶忌를 찔러 죽여, 합려가 장래의 일을 걱정하지 않도록 하였다.

두 번의 암살계획을 주도면밀하게 주선하면서 조금도 소홀함이 없이 일을 처리하였다. 오자서는 정치를 다룰 줄 아는 재목이었다. 합려는 그를 높이 평가하였으며 그에게 의지하였다. 그를 자신의 무인집단의 군사軍師로 삼았다.

합려를 도와주는 것은 수단에 불과하였고 원수를 갚는 것이 그의 목적이었다. 오자서는 정책을 결정하는 계층에 진입하였으며, 천하를 제패하려는 합려의 마음을 만족시킨다는 전제 아래, 그의 원수도 갚는 계획 즉, 초나라를 공격하는 방안을 제시하였다.

합려의 웅대한 뜻과 군사전략가 손무孫武의 모략과 계책, 정예부대와 강한 장수들. 이에 더하여 오자서 본인의 재능과 원수를 갚겠다는 소원에 기대어 오나라군대는 순조롭게 진군하였다. 가는 곳마다 승리를 거두며 초나라 수도 영도郢都 호북성 강릉(江陵) 북쪽 지역를 직접 공격하였다. 초소왕楚昭王 BC523년경~BC489년 초평왕의 아들, 성은 미(芈) 씨는 웅(熊) 이름은 임(壬) 초나라를 중흥시킨 군주은 다른 지역으로 달아났으며, 초나라는 멸망의 문턱에 서있었다.

원수를 이 정도까지 갚았지만 오자서는 여전히 마음에 흡족함을 느끼지 못하였다. 여한을 해결하기 위하여 그는 합려를 부추기어 초소왕의 처첩들을 가지고 놀도록 하였다. 또한 자신과 손무, 백비 등은 초나라 신하들의 처첩들을 데리고 놀았다. 또한 한을 풀기 위하여 초평왕의 시체를 무덤에서 파내어 채찍으로 삼백 대를 후려쳐 황야에 내버렸다.

그의 옛 친구인 초나라 신하 신포서申包胥 생몰년대 미상 초나라 대부가 그가 지나치다고 책망을 하자 그가 답변하였다.

"난 날이 저물고 갈 길이 이제 막힌 처지일세. 어쩔 수 없이 순리를 거슬러 거꾸로 행할 수밖에 없네!"

소왕을 찾아내기 위하여 그는 계속해서 군대를 움직였다. 정鄭나라를 포위하고 수隨나라를 압박해 갔다.

신포서는 더 이상 두고 볼 수 없었다. 그의 조국을 구하기 위하여, 그가 당초 오자서와 했던 "네가 초나라를 멸한다면 나는 초나라를 반드시 구할 것이다."라는 약속을 이행하기 시작하였다. 그는 멀고 먼 길을 지나 진秦나라에 갔다. 그의 가는 길은 그야말로 발자국마다 피가 흐르는 어려움의 길이었다. 그는 진나라 조정에서 초나라를 구해달라고 칠일 밤낮을 울면서 진애공秦哀公 미상~BC 501년을 감동시켰으며, 진나라 병력을 빌려서 돌아왔다.

두 강국이 대치하게 된데다 오나라 장군 부개夫概가 귀국하여 정변을 일으키는 바람에 오나라는 철군할 수밖에 없었다.

원수를 갚은 오자서는 철두철미 오나라 신하가 되어 한 마음으로 제이의 고향을 위해 힘을 다하였다. 그러나 합려가 죽고 부차가 왕위에 오른 후에 오나라는 중원의 패권을 얻는 데는 진전이 있었지만 월越나라에 대한 경계를 소홀히 하였다. 오자서는 계속해서 부차에게 간언하였다. 아무것도 개의치 않고 월나라의 위험성을 간언하였지만, 끝내는 부차가 화를 내게 되었으며, 그에게 자살을 하도록 명령하였다.

오자서는 한을 품고 죽었다. 그는 부차가 충언을 듣지 않고 스스로 화를 자초하는 것과 간신이 개인적인 이익을 추구하며 나라를 망치는 것을 한스럽게 여겼다. 또한 자신의 운명이 아름답게 맺어지지 못하는 것을 한스러워하면서 죽기 전에 한 마디를 남겼다.

"내가 죽은 후에 내 눈을 파내어 동쪽 문에 높이 걸어 놓아라! 월나라 군대가 오나라로 들어오는 것을 보게 되리라."

손무

중국의 군사 전략가(병법가)들의 명단을 순서대로 늘어놓을 때, 어떻게 늘어놓더라도 제일 처음자리는 춘추시대 오나라의 손무孫武 BC545경~BC470년. 자는 장경(長卿)이며, 춘추말기 제(齊)나라 낙안(樂安, 산동성 북부지역)사람. BC532년 제나라에서 내란이 일어나자 손무는 오나라로 피하여 병법을 연구하여 13편으로 구성된 병서를 썼다. BC512년 오자서의 여러 차례에 걸친 추천을 통해 오왕 합려에게 병서를 바치고 기용되었다. BC506년 오나라와 초나라 전쟁 시 삼만의 군사를 이끌고 초나라 깊숙이 쳐들어가 5전5승을 하면서 탁월한 공적을 세웠다.에게 돌아간다.

그의 『손자병법孫子兵法』은 군사적인 일을 대립하는 힘의 상호견제 및 균형을 다루는 주요 학문으로 변화시켰으며, 오묘함이 무궁무진한 인문과학으로 변화시켰다. 병법은 전쟁터에서 유용하였을 뿐만 아니라 정계에서도 쓸모가 있었다. 오늘날에는 경제와 기업경영에서도 채용되고 있다. 인류사회가 존재하는 한 이 병법서는 영원이 유용할 것이라고 해도 조금도 지나치지 않다.

후세에 전 세계에 이름을 남긴 병법가는 인생의 전반부를 전혀 이름 없이 은자로 지냈다. 그는 나부산羅浮山에 은거하여 농사를 지었고 다른 한편으로는 병서를 썼다. 만일 오자서의 적극적인 천거가 없었다면 그는 줄곧 은자로 살아갔을 것이다.

손무 출처:百度 www.baidu.com

오자서는 일편단심 나라의 병력을 동원하여 초나라를 공격하길 바라고 있었다. 그러나 오자서는 합려가 자신이 초나라 사람이라 생각하여 그의 계책을 받아들이지 않을 것이라고 생각하고 있었다. 이에 그는 오나라 사람인 손무를 합려에게 추천하였다.

"이 사람은 군사적인 책략에 정통한 자로, 귀신도 예측하지 못하는 기법과 하늘과 땅을 감싸는 묘책을 가지고 있습니다. 스스로 13편의 병법서를 저술하였습니다. 이 사람을 군사로 얻게 된다면, 천하도 그의 적이 될 수 없는데 하물며 초나라 한 나라 정도는 문제가 되지 않습니다!"

자기 나라에 이런 군사기재가 있다는 것을 합려는 들은 적이 없었으며, 믿기 어려워서 그를 직접 만나 보겠다고 하였다. 오자서가 풍성한 예물을 준비하여 나부산으로 갔다. 손무 역시 시원시원하게 합려에게 직접 오라고 요구하지도, 오자서에게 여러 차례 오라고 하지도 않고 바로 하산하였다.

아마도 공업을 이루고자하는 마음이 간절하였기에 오왕과 처음 만나는 자리에서 손무는 그의 『병법』을 바쳤다. 『병법』도 괜찮고 사람도 괜찮았지만 합려가 걱정했던 것은 자신의 국가가 실력이 부족하여 이에 상응하기 어렵지 않을까 하는 것이었다. 그러나 손무가 말하였다. 그의 병법은 군대에게 사용할 수도 있지만 심지어는 부인들에게도 사용할 수 있다고 하였다. 기재가 기이한 말을 내뱉자 오왕 합려는 자기 앞에서 한번 시연해 줄 것을 요청하였다.

오왕이 아끼는 두 명의 애첩을 대장으로 삼아 궁녀 삼백 명을 임시로 두 무리의 군대로 편성하였다. 손무가 대에 올라가 지휘하며 여러 차례 명령을 내렸으나 여군들은 웃으며 노닥거릴 뿐이었으며, 도대체 대오가 형성되지 않았다. 손무가 다시 한 번 명령을 내렸으나 여전히 효과가 없자, 오왕의 요청에도 불구하고 도부수로 하여금 두 명의 대장을 끌어내어 참수하도록 하였다. 두 사람의 머리가 땅에 떨어지자 대오가 갑자기 정연해졌으며, 아주 엄숙하게 대오를 갖추었다. 명령대로 척척 움직였으며 불길에라도 뛰어들 정도로 변하였다.

사랑하는 애첩을 잃은 오왕은 손무를 기용하려고 하지 않았다. 그러나 오자서의 사리분별이 있는 말을 듣자 마침내 깨닫게 되었다: 두 명의 애첩이 한 명의 군사전략가에 못 미친다는 사실, 미인은 널려 있지만 뛰어난 전략가(기재)는 얻기 어렵다는 것을, 기재는 그를 위해 천하를 얻게 해줄 수 있으며, 천하를 얻게 되면 미인이 없음을 근심할 필요가 없다는 것을……

생각이 정리되자 오왕 합려는 손무를 상장군으로 임명하고 군사軍師로 호칭하였다.

손무가 군사로 부임한 후에 취한 최대의 군사행동은 초나라 정벌이었다.

이 전쟁은 군사이론과 실전을 결합시킨 것으로 현실 속에서 대성공을 거둔 것이었다. 이로 인해 『손자병법』은 손무의 이름을 천대에 전하는 걸작이 되었다.

외국과 전쟁을 하려면 먼저 내부를 안정시켜야 했다. 우선 오왕 료僚의 잔류세력을 깨끗이 청소하여야 했다: 오나라는 군대를 동원하여 서국徐國과 종오국鍾吾國에게 그곳에 머물고 있는 오왕 료의 동생인 엄여掩餘와 촉용燭庸 두 공자를 내어놓으라고 요구하였다. 그들은 어디론가로 도망쳤다. 이로써 손무는 정치와 군사적 책략을 모두 동원하여 오나라 내부를 안정시켰다.

초나라의 두 개의 읍을 취하면서 손무는 큰 전쟁을 연습하는 소규모 전쟁을 이겼다.

정식으로 대규모 전쟁이 벌어진 후에 그는 동맹군을 얻어 적군을 고립시켰으며, 병력을 보내 채蔡나라를 구하였다; 일반적이며 상식적인 법칙과는 반대로 강을 건너 육지에 상륙하면서 돌아갈 배를 없애버리고 적군이 생각지 못한 곳을 기습하였다. 이른바 배수진(背水陣)으로 병사들이 목숨을 걸고 싸우게 만드는 전법이다. 뒷날 서한의 한신이 이 전법으로 승리하였으나, 임진왜란 당시 신립은 이 전법으로 전멸 당하였다. 미리 준비를 갖추고 있다가 각각의 초나라 군대를 대적하였다; 기남성紀南城 호북성 형주(荊州)고성 부쪽 5km 지역. 기산(紀山)의 남쪽에 있어 기남성이라 하였으며 당시 영도(郢都)로 불렸다.을 물로 침수시켜 초나라의 수도 영도郢都가 스스로 무너지게 하였다……오나라 군대가 전승을 하였을 뿐만 아니라 대승을 거두었다.

전쟁이 끝난 후에 초나라를 깨뜨린 공을 따져보니 손무가 제일이었다.

그러나 가장 공을 많이 세운 손무는 오나라에 머물지 않고 떠나려고 하였다. 그는 다시 합려의 부하로 힘을 바치고자 하지 않았다. 그가 하산한 것은 본래 부귀영화를 얻으려는 것이 아니었고 자신의 능력을 점검해보고 『병법』의 적용을 탐구해보려는 것이었다. 군사에 정통하였던 그는 정치에도 정통하였다. 원래 때가 되면 떠나려고 준비를 하던 그는 오나라의 정치상황을 보고는 그 기간을 앞당기며 오자서에게 함께 가자고 하였다.

"하늘의 도리를 알지요? 더위가 가고나면 추위가 오고, 봄의 따뜻함이 지나고 나면 가을이 오는 것 말입니다. 오왕이 그 강성함과 사방에 걱정거리가 없음을 뽐내고 있으니 교만하고 즐거움을 탐닉하는 일이 반드시 생겨날 것입니다. 공업을 이루고 나서 물러서지 않는다면 장차 후환이 있을 것입니다. 내 스스로가 완전치 못하지만 또한 그대를 위해 생각하는 것입니다."

그러나 오자서는 그렇게 여기지 않았다. 그러자 손무는 미련 없이 오나라를 떠나갔다. 그는 오왕이 선사했던 여러 대의 마차에 실린 금과 비단을 백성들에게 나누어주고는 표연히 길을 떠나갔다. 그가 어디로 갔는지, 그 끝은 어떠했는지 알 수 없었다.

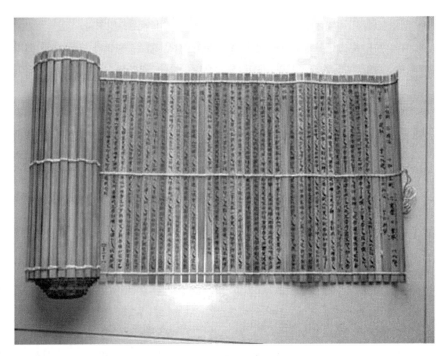

죽간에 쓰여진 손자병법 출처:百度 www.baidu.com

백비

가장 특색이 있으며, 가장 형상이 뚜렷하였던 간신은 오나라의 대신 백비伯嚭. 미상~BC473년. 씨는 백(伯), 이름은 비(嚭) 또는 백희(白喜, 帛喜). 초나라 태재(太宰) 백주리(伯州犁)의 손자. BC514년 초나라에서 오나라로 도망가 대부가 되었다.를 꼽을 수 있다. 그는 오왕 부차를 미혹하였고, 충신 오자서를 음해하여 죽였으며, 강대한 오나라를 멸망케 하였다.

백비의 얼굴에 덧 입혀진 간신의 분가루는 그의 인생 후반에 조금씩 입혀진 것이다. 그는 원래 그러한 사람이 아니었다.

젊은 시절의 백비는 오자서와 유사한 경력을 가지고 있다. 그는 본래 초나라 사람이었다. 그의 부친 백극완伯郤宛은 초나라의 고관을 지냈으며, 대단히 현명하였으나, 박해를 받아 자살했기 때문에 그는 오나라로 도망쳤다.

아버지가 죽은 원한, 가문이 훼파된 원한. 같은 깊은 원한이 있었기에 그가 오나라에 온 후에는 오자서와 뜻이 맞았으며, 줄곧 원한을 풀기위해 초나라에 보복할 수 있기를 희망하였다.

그가 오나라에 온 시기는 아주 적당한 시기였다. 오나라가 전략적으로 창끝을 초나라로 향하고 있었기 때문이다. 그는 명문출신으로 초나라의 국정을 깊이 알고 있었기에 오나라가 그를 필요로 하였다. 거기에 오자서의 보호와 추천이 더해지면서 그는 순식간에 오나라의 주요 인물이 되었다.

백비가 오나라의 핵심인물이 능히 될 수 있었던 것은 앞에서 말한 두 가지 요인이외에도 자기의 재간과 사람됨이 뛰어났기 때문이었다. 그는 출중한 정치적인 머리를 가지고 있었으며, 뛰어난 군사적 재능을 갖추고 있어서 정치를 하든 군사적 일을 처리하든 모든 것을 들었다 놓았다 하였다. 사람됨이 기민하여 굽히고 펼 때를 잘 알고 있었으며, 분별력을 갖고 있었다. 어떤 사람을 언제 써야하며, 언제 발로 내차야하는지를 너무 잘 알았으며, 어떤 장소에서 어떤 말을 해야 하는지를 잘 알고 있었다. 그가 위엄을 보이면 큰 인물의 기세를 느끼게 할 수 있었으며, 공손할 때는 다른 사람이 아주 편안함을 느끼게 하였다.

범려 문종 월왕구천 오왕부차 오자서 백비

와신상담의 주인공들 출처:百度 www.baidu.com

백비는 말 그대로 정객이며 대단히 수준 있는 정객이었다.

이 정객이 오나라에 들어간 후의 전반기 생애는 오나라에 대해 진심과 성의를 다했다고 할 수 있다. 그는 의지할 집도, 돌아갈 나라도 없었기에 오나라에서 가정을 꾸리며 오나라를 자신의 나라로 삼을 수밖에 없었다. 초나라를 공격할 때 그는 한 방면의 대장으로 지혜와 힘을 다해 자신의 군대를 이끌었으며 위험을 무릅쓰고 출격하여 적지 않은 성들을 함락시켰다. 마지막에는 주력부대와 보조를 맞추어 초나라 수도를 공략하여 성공적으로 지휘부가 그에게 준 전략적 임무를 완수하였다.

역사서의 기록에 따르면 초평왕의 무덤을 파내어 채찍질을 한 것은 그와 오자서가 같이 한 일이었다.

유감스러운 일은 진秦나라 군대가 원정을 와서 초나라를 구하려고 하였을 때 그가 상대방의 실력을 너무 낮추어 보았다는 것이다. 맹목적으로 용기만 믿고 출전하였다가 진나라 군대에게 포위되었다. 오자서의 구출이 없었다면 그 결과가 어찌되었을지 모르는 일이었다.

공적과 과실을 비교해 보면 그는 여전히 공이 컸으며, 또한 큰 공을 세웠다. 이 공적은 그가 오왕에게 그와 만나는데 대한 첫 선물을 헌상한 것이었으며, 그가 오나라에서 자리를 잡고 출세하는데 든든한 기초를 제공하였다. 이 공적을 통해 그는 불구대천의 원한을 종결지었으며, 가슴 속에 원망을 다 드러내고, 효도를 다하였다.

백비가 상승세를 보이면서 오왕이 그를 중시하였고 오자서도 그를 높게 쳐주었으나 오직 손무만이 그렇지 않다고 여기며 잘라 말했다.

"백비는 사람됨이 공적을 뽐내고 스스로를 대단하게 여기니, 오랜 시간이 지나면 반드시 오나라의 큰 우환이 될 것이다."

오자서는 손무의 말을 믿지 않았으며, 여전히 백비를 친밀하고 허물이 없는 좋은 친구로 여겼다. 좋은 친구이자 동반자가 다른 길로 걸어가며 물과 불처럼 서로 용납하기 어려운 정적이 되고, 자신을 사지로 몰아넣는 저격수가 되리라고는 전혀 생각하지 못하였다.

그러나 시간이 지나면서 오자서의 계산이 어긋나기 시작하였고 결국 각자의 길을 걸어가게 되었다. 성공적인 복수가 그들 둘의 협력기반을 없애버렸으며, 이때부터 각자의 생각에 따라 각자의 길을 걸어갈 수밖에 없다는 것을 오자서는 알지 못하였다.

변화의 출발점은 월나라 공격에 승리한 때부터였다. 문제는 월나라의 항복을 받아 들이냐 월나라를 계속 유지하도록 할 것이냐는 문제였다. 결단코 월나라를 멸망시켜야한다는 오자서의 주장과는 반대로 백비는 월나라로부터 풍성한 뇌물을 받은 후에 적극적으로 월나라의 존속과 월왕 구천句踐의 구명과 귀국을 위해 힘을 썼다. 그는 '인의도덕仁義道德'이란 말로 부차夫差를 움직였으며, 인생의 향락을 즐기도록 부차를 유도하면서 월나라를 절망적 상황에서 구출해 냈다.

큰 고난을 겪으며 험난한 길을 걸었던 백비는 세상을 '꿰뚫어'보고 있었으며, 인간관계를 '꿰뚫어'보고 있었다. 그가 믿는 것은 그때그때 즐거움을 누리며 자신이 잘 지내는 것이었다. 그는 천변만화를 만들어내면서 처음부터 끝까지 자신의 '이익'만을 고려하였다.

자신의 위치를 강화하기 위하여 오왕 부차를 극진히 떠받들었다.

퇴로를 남겨놓기 위하여 월왕에게 관용을 베풀었다.

정치적 장애를 없애기 위하여 오자서에게 타격을 가할 수밖에 없었다.

월나라가 보내준 미인들의 가슴속에 누워서 그는 자신이 영원히 주동적인 위치에 있으리라고 생각하였다. 그러나 그의 계산은 완전히 빗나갔다.

오자서와 비교해보면 그는 더욱 참혹하게 죽었으며 일족이 멸문을 당하였다. 그의 말로는 '나쁜 일을 하면 반드시 나쁜 일을 당한다.惡有惡報'라는 민간의 속담을 그대로 보여주었다. 오나라가 멸망당한 후에 그는 구천을 보호해주고 귀국을 주선해준 공이 있다고 생각하여 득의만만한 표정으로 월나라 조정에 들어갔다. 새로운 주인에게 자신을 맡기면서 풍성한 상을 받을 것이라고 생각하여 선물 받을 준비를 하였다. 그러나 그는 일찍이 자신에게 머리를 조아렸던 구천을 전혀 이해하지 못하였다. 이전에 자신이 베풀었던 '어질고 의로운' 행위가 이미 자신의 '사형'을 선고해 놓은 것이란 것을 모르고 있었다.

구천은 개인적 이익을 추구하기 위하여 나라를 배반한, 주인을 팔아먹고 영화를 추구한 '소인'을 깔보았다. 그는 백비의 머리를 매개로 그의 신하들에게 피가 철철 흐르는 살아있는 '충성' 교육을 하였다.

구천

구천句踐 BC 520년경~BC 465년 성은 사(姒), 본명은 구천(鳩淺), 월왕 윤상(允常)의 아들이란 말이 떨어지면 머릿속에서 '와신상담臥薪嘗膽'이란 사자성어가 바로 떠오를 수 있다. 겨우 네 글자이지만 깊고도 넓은 의미를 담고 있으며, 비범한 정신이 응결되어 있는 이 성어는 일찍이 수많은 지사와 정객들이 치욕을 참아내고, 자신을 굽혀 후일의 발전을 도모하며, 결국에는 원한을 갚는 목표를 실현하도록 격려하였다.

땔나무薪는 거칠기 때문에 그 위에서 잠을 자기가 어려우며, 쓸개膽는 쓰디 쓴 것이어서 먹기가 어려운 것이다. 막다른 상황에 처해보지 못하거나 지극한 인내력을 갖추지 못한 자는 땔나무를 침대에 깔아놓고 쓸개를 매달아 맛을 볼 수 없다. 초기의 구천은 자신이 뒷날 이런 막다른 상황에 처하여 이러한 방식으로 그 상황을 벗어나리라고는 전혀 생각하지 못하였다.

구천은 월나라 왕이었으며 그의 나라는 크지도 작지도 않았다. 패권쟁탈이 풍조가 된 시대에 큰 포부를 가지고 있던 군주인 그는 다른 선택의 여지없이 그의 국가를 이러한 큰 물결 속으로 끌고 들어갔다. 이렇게 하지 않는다면 군주의 허영심을 만족시킬 방법이 없었으며, 국가의 생존 역시 큰 문제가 되었다. 전진하지 않으면 후퇴뿐이었다. 약소국이 계속 공격을 받으면 언제 대국에게 집어삼켜질지 모르는 일이었다. 전략적으로 볼 때 비교적 가능성이 있는 방안은 기회를 얻어 인근 강국인 오나라를 공격하여 강남지역의 패권을 확정한 후에 형세를 살피며 전진을 도모하는 것이었다.

처음 몇 번의 전쟁은 서로 이기고지고 하였으나 그리 큰 의미는 없었다. 그러나 이미 패권을 잡은 오왕 합려의 월나라 정벌을 맞받아치는 국가수호전쟁에서 그의 용병술이 빛을 발하였으며, 운까지 따라서 합려가 중상을 입고 죽었고, 오나라 군대가 반수 이상 죽었다. 이 전쟁으로 양국의 관계는 서로서로 대치하는 냉전국면이 되었다.

삼년 후에 오나라의 신군주인 부차가 할아버지(합려)의 원수를 갚으려고 대군을 이끌고 다시 쳐들어왔다. 전쟁의 결과 월나라 전군이 붕괴되었으며 구천은 어쩔 수 없이 강화를 요청하였다. 오나라 대신 백비에게 뇌물을 주어 이를 주선토록 하였고 부차는 강화요구에 동의하였다. 그러나 아주 가혹한 조건을 제시하였다. 월나라는 오나라의 속국이 되며, 제일 좋은 재물을 오나라에 헌납하며, 구천은 오나라에 와서 노비로 일을 하여야 한다는 조건이었다.

직면한 조건은 굴욕적이었으며 거의 나라가 망한 것과 차이가 없었다. 그러나 불행 중 다행은 아직 완전히 망하지 않았다는 것이다. 최후의 보루를 남겨놓기 위하여 또한 뒷날을 생각하여, 대신 범려范蠡 BC536~BC448년, 자 소백(少伯)와 문종文種, 미상~BC472년의 의견을 들은 후에 구천은 모든 조건을 받아들였으며 부인을 데리고 범려와 함께 오나라에 갔다.

오나라에서 그는 망국의 군주가 되어 부차의 노비가 되었다.
경멸하는 눈빛을 참아냈다.
치욕적인 말들도 참아냈다.
도저히 말로 표현할 수 없는 어려움도 참아냈다.
그는 참았을 뿐만 아니라, 아주 자연스러운 모습으로 참아냈다.
아무런 원망도 아무런 후회도 없는 듯이 참아냈다.
그가 이미 나라를 되찾을 뜻이 전혀 없다고 부차가 여길 정도로 참아냈다.
부차가 외출을 하면 그가 앞에서 말을 끌었다.
부차가 병이 들자 그의 똥을 취하여 맛을 보았다.
그는 남들이 도저히 참지 못할 것들을 참아냈다.
부차가 오히려 미안해하며 그를 귀국하게 할 정도로 참아냈다.

귀국한 후에 구천은 부차에 대해 더욱더 경의를 표하여 가장 아름다운 여인 서시西施를 보냈다. 또한 가장 진귀한 보물들을 보냈다. 이렇게 '진심 어린' 충성심을 보여주면서 더 많은 땅을 '봉지封地'로 받았다. 오나라에 대해 기쁜 듯이 웃는 얼굴 뒤에서, 그의 마음은 피눈물을 흘리고 있었다. 그의 영혼은 치욕의 뜨거운 고통을 늘 느끼고 있었다. 그의 생각은 오직 하나! 복수를 하는 것이었다. 원수를 잊지 않기 위하여 그는 일부러 몸을 괴롭게 하면서 마음을 다그쳤다: 피곤하여 눈꺼풀이 감기려고 하면 고추로 눈을 자극하였다. 발이 시려워 움츠려 들려하면 찬물로 발을 적셨다. 겨울에는 얼음을 가슴에 안았으며, 여름에는 불을 가까이에 피워놓았다. 와신상담臥薪嘗膽!

자신의 몸을 지옥에 집어넣어 두들겨 패는 동시에, 구천은 백성들에게 혜택을 주는 조치를 취하여 인구를 증가시키고, 이를 통해 노동력과 병력을 확대하면서 국력을 키웠다.

십년간 인구를 늘리고 국력을 키우면서, 또 십년간 백성들을 가르쳤다. 이십 년 후 월나라는 원기를 회복하였다.

월나라가 원기를 회복한 것을 부차는 알지 못하였다. 그런 상황을 알게 된 후에도 그는 개의치 않고 일심으로 북방을 향해 패권을 다투었다. 구천은 오나라가 빈틈을 타서 행동을 개시했다. 대군을 이끌고 오나라 국경을 직접 공략하여 오나라 군대를 궤멸시켰으며, 급히 귀국한 부차를 무찔러 수도의 성 밑에서 반대로 강화를 요청하도록 하였다. 형세가 변하였다. 이 전쟁을 통해 월나라는 속국의 지위를 벗어 버렸으며, 다시 오나라와 대등한 지위를 갖게 되었다. 군사실력 또한 원 종주국인 오나라를 뛰어넘었다.

구천은 자신의 목표를 반쯤 이루게 되었다.

평화는 잠시였고 몇 년 후에 구천은 절대적이며 압도적인 우위를 가지고 다시 한 번 군사를 일으켜 오나라를 멸망시켰다.

승리자인 구천은 오나라의 국토로 자신의 마음속 상처에서 흐르던 피를 멈추게 하였다. 왕관이 땅에 떨어진 부차를 보게 되었지만, 그는 측은한 마음을 이겨내고 그에게 자살하라는 말을 내뱉었다.

이렇게 치욕을 참고 무거운 짐을 견뎌내며 여러 곡절을 겪으며 원수를 갚은 구천은 진정한 강자였다. 이 강자는 오나라를 멸망시킨 후에 오나라의 패업을 이어받아 적극적으로 중원 경영에 나섰다. 서주徐州의 회합을 주재하면서 춘추시대 최후의 패자가 되었다.

범려 · 문종

중국의 정치계에는 경전이 된 정치명언이 있다. 바로 '교활한 토끼가 죽으면 사냥개를 삶아 먹으며, 적국이 파멸되면 모략을 꾸몄던 신하가 내쳐지게 된다.狡兎死狗烹,敵國破謀臣亡'는 말 '토사구팽兎死狗烹'이었다. 이 말이 널리 알려지게 된 것은 서한 초기 한신韓信 미상~BC 196년 회음현(淮陰縣 江蘇省)에서 출생하였다. 사마천이 쓴 『사기·회음후열전(淮陰侯列傳)』의 기록에 따르면 한신은 어려서 매우 가난했으며 항상 칼을 차고 다녔다고 기록하고 있다. 진나라 말 난세가 되자 항우(項羽) 휘하에 들어갔으나 중용되지 못하여 결국 유방(劉邦)의 진영에 가담하였다. 승상 소하(蕭何)를 통해 재능을 인정받은 그는 항우가 최종적으로 패배한 해하(垓下)의 결전에 이르기까지 유방의 군사를 지휘하여 위(魏), 조(趙), 제(齊) 등 여러 나라를 격파하였다. 한신은 군사 면에서 크게 공을 세우자 유방에게 제나라 왕(齊王) 자리를 요구했으며, 항우와의 싸움이 급한 유방은 한신을 제나라 왕으로 임명했다. 유방이 항우를 물리치고 한(漢)의 황제로 등극하자 한신의 병권을 빼앗고 초(楚)나라 왕으로 임명하였다. 유방이 황제로서 제후국인 초나라를 방문하자 한신은 유방을 안심시키고자 자신에게 의탁해온 항우 휘하에 있던 명장 종리매(鐘離昧)의 목을 베어 유방에게 바쳤다. 하지만 이 일로 한신은 민심을 잃었고 모반죄로 체포되어 장안(長安)으로 압송되었다. 이때 한신은 유방을 원망하며 토사구팽(兎死狗烹)이라는 유명한 말을 남겼다. BC 201년 장안으로 압송되어 회음후(淮陰侯)로 격하된 그는, 결국 유방의 부인 여후(呂后)와 승상 소하에 의해 참살 되었다.의 말로 때문이다. 그러나 이 말이 생겨난 전거는 춘추시대 말기 오나라 대신 범려와 문종의 결말을 묘사한 모습에 따른 것이다.

　　범려와 문종은 가장 아름다운 정치동반자로 둘 다 순수하면서도 노련한 정치가였다. 지혜, 견식, 모략, 수단, 행위 등 각 방면에서 그들의 표현은 그 시대에 모두 탁월한 것이었다. 만일 그 두 사람이 없었다면 아마 월나라는 일찍이 멸망하였을 것이며, 구천의 두 번째 정치생명은 없었을 것이다. 뒷날의 월나라 패업도 당연히 없었을 것이다.

　　당시 오왕 부차가 할아버지 합려의 원수를 갚기 위하여 전국의 병력을 다 동원하여 월나라로 쳐들어갔을 때, 적군은 강하고 아군은 약한 형세와 마주하여 범려는 군대를 거두어들여 굳게 지키면서 적의 군대를 피곤케 하자고 하였다. 문종은 겸손한 언사를 사용하여 강화를 요청하여 훗날을 도모하는 것이 좋겠다고 여겼다. 그러나 구천은 이전에 승리했던 감각과 혈기에 기대어 두 사람의 의견을 무시하고 전쟁을 불사하였다. 결과는 전군이 붕괴되고 월나라의 운명이 경각에 달리게 되었다.

월나라가 망하고 구천이 망국의 군주가 되려는 찰나였다. 문종이 감연히 몸을 일으켜 오나라 대신 백비에게 뇌물을 주는 계책을 사용하여 월나라의 운명을 바꾸었다. 망국은 피하였으나 상대방의 강화허용 조건이 너무 치욕적이었다. 월나라가 오나라 속국이 되고, 구천이 오나라에서 노비가 되어야 한다는 것이었다. 문종은 역사적으로 굴욕을 참고 다시 일어선 사례들을 들어 군주를 일깨워 주었으며, 군주를 도와 장기간 칩거하면서 고생 끝에 낙이 오는 것을 기대하는 심리를 갖게 하였다. 문종과 짝을 이룬 범려는 신하들이 충성을 다하는 분위기를 조성하여 군주가 뒤를 걱정하는 일 없이 희망의 별을 바라보게 하였다.

누가 남아서 나라를 지키며, 누가 군주를 따라 가야하는가? 범려와 문종이 분업을 하였다.

문종이 국가를 지키길 원하며 말하였다. "국가를 다스리고 백성을 관리하는 것은 범려가 저만 못합니다. 군주와 같이 움직이며 임기응변을 하는데 있어서는 제가 범려만 못합니다."

범려가 군주를 따라가기를 원하며 말하였다. "문종의 안배가 타당합니다. 그가 국사를 관리하면 농사와 전쟁을 잘 준비하며 백성들을 화목하게 할 수 있습니다. 위기에 빠진 군주를 보좌하며, 치욕을 참고, 오나라에 갈지라도 다시 모시고 돌아와 군주와 함께 복수하는 것을 저는 감히 사양하지 않겠습니다."

문종은 국내에 남아 일체의 일을 깔끔하게 처리하였으며, 월나라가 점점 더 회복되었다.

범려는 구천을 따라 오나라에 가서 부역을 하였으며, 오왕의 등용제의를 거절하고 군주와 함께 노동을 하며 같이 근심을 나누었다. 군주를 대신하여 월나라로 돌아가는 데 효력을 미치는 방안들을 설계하였다.

구천이 귀국한 후에 문종은 국정을 다스리고 범려는 군대를 정비하였다. 남보다 훨씬 뛰어난 두 날개에 기대어 월나라가 자기가 세운 목표를 향해 날아오르기 시작하였다.

오나라가 강하고 월나라가 약하며, 오나라가 영광을 누리며 월나라는 치욕을 겪는 국면 속에서 문종은 군주에게 오나라를 깨뜨릴 일곱 가지 계책을 아뢰었다.

첫째, 돈을 보내어 오나라 군주와 신하들을 기쁘게 한다. 둘째, 식량과 사료를 비싼 값에 사서 오나라의 비축미를 없어지게 한다. 셋째, 미녀들을 보내 그 심지를 약하게 한다. 넷째, 공교하고 좋은 재료를 보내어 궁궐을 만들도록 하여 그 재물을 바닥나게 한다. 다섯째, 간신들에게 뇌물을 써서 국가전략을 혼란스럽게 한다. 여섯째, 충신은 스스로 자살하도록 만들어 군주를 보좌하는 인물들을 없앤다. 일곱째, 재물을 모으고 군대를 훈련시키며 오나라에서 폐단이 일어나길 기다린다. 문종은 이 일곱 계책으로 오나라의 국가상황을 조준하였다. 특징은 간접적이지만 전면적이며, 아주 신랄하여 허허로움으로 실질을 감추고, 근본부터 문제를 해결해가는 계책이었다.

범려는 문종의 세 번째 계책에 따라 미녀 중의 미녀인 서시西施 왕소군(王昭君), 초선(貂蟬), 양귀비(楊貴妃)와 함께 4대 미녀, 정단鄭旦을 오나라 궁궐에 보냈다. 색에 미혹되는 오왕 부차의 얼굴을 보자, 그의 머릿속엔 눈앞의 화려하고 웅장한 오나라 궁전이 사슴과 노루가 뛰놀고 잡초만 우거진 폐허의 모습으로 변하였다.

군주를 보좌하는데 방도가 있었으며, 국가를 다스리는데 전략이 있었고, 적을 이기는데 계책이 있었다. 범려와 문종은 몰골이 말이 아닌 구천이 웅대한 기상과 뜻을 가진 군주로 변하도록 힘을 다하였으며, 퇴락한 월나라가 발랄한 생기를 되찾도록 하였다. 이십 년 후에 월나라가 오나라를 멸망시켰으며, 노예가 되었던 구천이 천하의 패권을 잡았다.

범려와 문종이 너무나 큰 공을 세웠다. 그러나 너무 큰 공적은 오히려 보상을 받지 못하며, 너무 큰 덕은 보답을 받지 못하는 법이다. 구천은 이에 보답하기는커녕 오히려 범려와 문종을 의심하고 시기하였다. 겉으로는 드러내놓고 이야기하지는 않았지만 마음으로는 이미 계산하기 시작하였다.

정치원리를 이해하고 있던 범려가 그 기미를 눈치 채고 자리에서 물러나겠다고 하였다. 구천의 '간절한' 만류에도 불구하고 일엽편주를 타고 오나라를 떠나갔다. 그는 삼수三水 장강(長江), 한수(漢水), 회하(淮河)를 전전하고, 오호五湖 즉 동정호(洞庭湖), 파양호(鄱陽湖), 태호(太湖)를 돌아다녔고, 바다로도 나갔으며 이름을 치이자피鴟夷子皮로 고치고 제나라에 가서 상경上卿이 되었으나, 마지막에는 벼슬을 하는 것이 실제로 아무런 의미가 없다고 여겨 도산陶山으로 가서 은둔하였다. 가축을 기르고, 대금업을 하며 돈을 많이 벌어 부자가 되었다. 스스로 자신을 도주공陶朱公이라 불렀다. 후대에 전해진 『치부기서致富奇書』가 그의 저작이란 이야기도 있다.

　　문종은 떠나지 않았다. 범려가 그에게 떠나도록 권유하였으나 그는 여전히 구천에 대해 희망을 품고 있었다. 그렇게 같이 어려움을 겪었는데, 반드시 부귀도 같이 하리라는 환상을 품었다. 구천이 그를 보러 와서는 "네가 내게 말한 일곱 계책 중에서 세 계책을 사용하여 오나라를 멸망시켰는데, 그러면 남은 네 가지 계책은 어디다 사용할 것이냐?"고 물었다. 이 말을 끝내고는 오자서가 자살할 때 사용하였던 속루검屬鏤劍을 문종 앞에 집어 던지고는 나가버렸다.

　　문종은 그때서야 옛 친구 범려가 남긴 말을 이해하고는 하늘을 우러러 자신이 어리석기 그지없음을 길게 탄식하고는 칼을 목에 대고 비스듬히 그었다.

미녀의 얼굴에 아른거리는 봉화烽火

포사

중국역사를 다루는 사람들에겐 습관적인 사고방식이 있다. 어느 왕조가 쇠퇴와 혼란에 빠지거나 멸망을 당하면 그 책임을 그 당시 군주신변에 있던 절세가인이자 총애를 받은 여인을 찾아내어 그녀에게 책임을 묻는 것이었다. 그녀를 요망하며, 재앙의 뿌리라고 단정하는 것이었다.

하夏 임금 걸桀 신변의 매희妹喜, 산동지역 출생, 생졸년도 미상, 말희(妹喜)라고도 불리며 유시(有施)부락 출신, 상商 임금 주紂 신변의 달기妲己, 유소(有蘇)씨 부락, 소국(蘇國 지금의 하남성 온현(溫縣)) 출신. 성은 기(己),이름은 달(妲)가 그러하였고, 주유왕周幽王에 이르면 포사褒姒가 그러하였다. 일개 궁정의 여자이지만 일단 국가의 불행과 연결이 되면 그녀들은 육체적으로나 명성에 있어 큰 불행을 겪을 뿐만 아니라, 엄청난 치욕을 겪게 된다.

포사는 망국의 군주인 주유왕周幽王 미상~BC771년 성 희(姬), 이름 궁생(宮湦). 주선왕(周宣王) 희정(姬靜)의 아들. 서주 12대 군주(BC781~BC771년 재위), BC771년 견융(犬戎)이 서주 수도 호경(鎬京)을 공격하여 유왕을 살해함으로써 서주가 멸망하였으며, 제후들이 그의 아들 희의구(姬宜臼 주평왕(周平王))를 세웠으며, 이때부터 동주(東周)가 시작 된다.과 너무도 친하고 정다운 관계였기 때문에 역사 속에서 치욕의 기둥에 못 박혔으며, 수천 년을 그렇게 내려왔다.

여인으로서 포사는 정말 고달픈 운명이었다. 태어나고 자라고, 궁궐에 들어가게 되고, 비참한 말로를 맞은 그녀의 삶 전체가 고통이었다. 인간 세상에 등장하면서부터 생을 마칠 때까지 말 그대로 고통이었다. 삶의 전반기는 너무 궁핍하여 고통스러웠고, 후반기는 정신적인 시달림으로 고통스러웠고, 말로는 짐승 취급을 받게 되어 고통스러웠다. 진정 고통이 끝없이 이어져 도저히 무어라 말 할 수 없는 지경이었다.

그녀의 출생은 기이하기 이를 데 없다. 전설에 따르면 용의 침이 거북이로 변하였다고 한다. 어느 날 열두 살 된 어린 궁녀가 거북이의 발자국을 밟고 나서 바로 임신을 하였는데, 사십 년이 지나서야 그녀를 낳았다. 출생하자마자 강姜왕후王后 서주 주선왕(周宣王)의 왕후. 제(齊) 무공(武公)의 딸. 주 선왕이 일찍 잠자리에 들고 늦게 일어나기를 거듭하자, 강후가 비녀를 뽑아 머리를 풀어헤치고 귀고리 등 장식품을 모두 벗어놓고 궁중의 긴 골마루에서 군왕이 색에 빠져있는 것은 그 죄가 자신에게 있다고 죄를 청하였다. 주 선왕이 이에 감동하여 힘써 정치를 하면서 서주시대 마지막 중흥을 가져왔다가 그 아이가 요녀가 될 것이라고 여겨 풀로 짠 돗자리로 싸서 깨끗한 물속에 집어던지라고 명령하였다. 명이 길긴 길어서 그녀를 싼 포대기는 물결 따라 흘러갔는데 그때 백조들이 그 포대기를 힘을 다해 물 위로 끌어주었으며, 주周선왕宣王에게 억울하게 살해된 여인의 남편이 이를 건져서 포褒성으로 도망갔다.

그 무렵 주선왕周宣王 미상~BC783년 성은 희(姬), 이름은 정(靜), 자는 정(靖)이며, 주려왕(周厲王)의 아들. 서주 제 11대 군주이 악몽을 꾸었다: 미녀가 꿈에 나타나 크게 소리치며 세 번을 웃더니, 다시 크게 소리치며 세 번을 울고는 묘당에 있는 신주神主를 전부 묶어서 동쪽으로 던져버리고는 사라졌다. 주선왕은 꿈에서 깨어나자 요녀가 아직 죽지않았다고 의심하여 전국을 샅샅이 뒤지어 찾도록 명령하였다. 다행히도 그 남자는 포褒지방에 와서 포사를 사대姒大라고 불리는 부인에게 양딸로 주었는데 워낙 궁벽진 산골에 살았기 때문에 전국에 걸친 수사에서도 무사하였다.

자라나 소녀가 되고 보니 절대가인, 절세미녀였다. 눈썹이 가지런하고 깨끗하며 눈이 아름다웠다. 붉은 입술과 하얀 이, 구름 같이 치렁치렁한 검은 머리카락을 가지고 있었다. 정말 옥을 깎아놓은 듯 달처럼 희고 꽃처럼 아름다운 모습으로 말 그대로 경국지색傾國之色이었다.

만일 훗날의 기회와 인연이 없었다면 그녀는 기껏해야 당지의 큰 부자에게 시집가서 풍족한 나날을 보냈을 것이다. 그러나 그녀는 포홍덕褒洪德을 만나게 되었는데, 그는 주유왕周幽王에게 죄를 얻은 부친을 구출하기 위하여 엄청난 재물을 아끼지 아니하고 그녀를 사온 후에 궁궐에 헌납하였다.

겨우 열네 살의 소녀에 대해 근본적으로 인격적인 고려가 있었을 리가 없었다. 명의상 미인을 바친 것이지 실제로는 성적 가치가 엄청난 살아있는 노리개를 군주에게 보낸 것이다. 주 유왕은 희대의 보기 드문 미인, 아름다움이 한껏 뿜어져 나오는 뛰어난 여인을 보자 놀라움을 금치 못하며 바로 빠져들었다. 그는 온 힘과 마음을 다해 그녀의 격정을 불러일으키려 하였으며, 이를 통해 그의 바싹 메마른 마음 밭을 윤택하게 하고 생명의 활력을 찾으려고 하였다.

남녀 간의 애정과 정치가 혼연일체가 된 궁정에서 포사와 주 유왕은 아교풀같이 딱 붙어서 떨어지지 않는 관계가 되었으며 얼마 지나지 않아 큰 풍파를 일으켰다.

왕후인 신후申后 성은 강(姜).생몰연대 미상. 신국(申國)의 군주인 신후(申候)의 딸로, 주 유왕의 첫 번째 왕후이며 태자 의구(宜臼 훗날 주 평왕)의 생모가 군사들을 데리고 가 남편인 주 유왕을 황음무도하게 하였다며 포사의 죄를 물었다. 그 얼마 뒤에는 태자가 포사의 정원에 들어가 피어있는 꽃들을 다 꺾었을 뿐만 아니라, 항의하는 포사를 때리기까지

포
사
褎
姒

明刻歷代百美圖 - 褎姒
포사 출처:百度 www.baidu.com

하였다. 궁녀들과 군사들 앞에서 포사의 체면을 완전히 짓밟았을 뿐만 아니라 신체적 고통도 주었던 것이다. 그녀는 자신의 생명을 보전하고 뱃속의 아기를 보호하기 위하여 도저히 참을 수 없는 듯한 표정으로 남편에게 호소하였다. 남편은 그녀의 편을 들었으며, 그녀를 위해 신 왕후와 태자에게 크게 화를 내었다.

신 왕후 세력에 반격을 가하기 위하여 또한 자신을 보호하고, 세력을 업고 더욱 발전하기 위하여 그녀는 자신의 절묘한 수단—울음, 원망, 성냄, 교태-을 모두 동원하였다. 마침내 남편이 그녀의 연적과 정적인 신후와 태자를 그 지위에서 폐하였으며, 왕후와 태자 자리를 그녀와 아들伯服이 대신하도록 하였다.

참혹한 투쟁을 통해 그녀는 권모술수를 익혔으며, 마음을 강하게 단련시켰다. 정치세계의 약육강식의 요체를 이해하였으며, 자신의 앞길을 위해 어떠한 걸림돌이라도 제거할 수 있었다.

여성의 최고 지위인 왕후 자리를 차지하였지만 그녀는 조금도 즐거움을 느끼지 못하였으며, 자신은 결국 남편의 노리개에 불과하다는 것을 명확히 알게 되었다. 생존을 위해, 아들을 위해 그녀는 힘을 다해 남편에게 성적인 즐거움을 제공하였다. 남편은 그녀를 즐겁게 하려고 하였지만 그녀는 즐거워하지 않았고 웃음을 띠는 적이 없었다. 그녀는 차가운 성격의 미인으로 전혀 웃지 않을 정도로 냉랭하였다. 마음속에 즐거움이 있을 수가 없었다. 주 유왕은 그녀가 웃는 모습을 보지 못하자 유감을 느껴 그녀를 웃기려고 하였다. 그녀는 채색비단을 찢는 소리를 듣기 좋아하였으나 수백 필의 비단을 찢어도 그녀의 얼굴은 조금도 웃음기를 머금지 않았다. 주 유왕은 어쩔 수 없이 그녀를 웃게 하면 큰 상을 주겠다고 상금을 걸었다.

간신 괵석부虢石父가 계책을 헌상하였다: 급보를 알리는 봉화를 피워 올려 인근의 제후들이 급히 몰려와 어가를 구하도록 하라는 것이었다. 봉화연기가 올라가자, 인근의 제후들이 바쁘게 달려왔지만, 아무 일도 없었다는 것을 알자 그들은 낭패한 모습으로 발길을 돌렸다. 그러한 우스꽝스러운 모습을 보자 포사가 갑자기 손뼉을 치며 크게 웃었다.

그러나 천금을 주고 산 이 한 번의 웃음이 결국 서주西周를 잃게 하였다. 신후申侯가 견융犬戎과 연합하여 공격해 왔으나, 거짓 봉화로 희롱을 당했던 제후들이 주 왕실을 구출하기 위한 출정을 거절하였으며, 결국 주나라가 망하게 되었다. 혼용한 군주가 그녀의 환심을 사기 위하여 저지른 일들이 결국 조신들의 공격과 백성들의 분노와, 제후들의 경멸을 불러오고, 마지막에는 '망국'이란 두 글자와 연결되리라고는 포사는 전혀 알지 못하였으며 이해할 수도 없었다.

그녀는 영문도 모른 채, 천고에 욕을 들어먹는 죄인이 되었다.

큰 난리를 겪은 후에 포사는 망국의 노예가 되어 견융의 군주에게 잡혀 갔으며, 장막안의 노리개가 되었다. 제후들이 견융을 쫓아버리자 그녀는 그들을 쫓아갈 시간을 얻지 못해 목을 매어 자살하였다.

제양공 · 문강

제양공齊襄公 미상~BC 686년. 성은 강(姜), 씨는 여(呂), 이름은 제아(齊兒), 제 희공(僖公)의 장자이며 제 환공(桓公)의 배다른 형. 제나라 14대 군주로 BC698~BC686년 재위. BC686년 양공은 연칭(連稱), 관지부(管至父), 공손무지(公孫無知) 등에게 살해당하였으며, 공손무지가 스스로 군주가 되었으나 BC685년 옹늠(雍廩)이 공손무지를 습격하여 살해하였으며 제 양공의 동생 소백(小白, 제 환공)이 즉위 하였다.이 부정적 평가를 받는 것은 정치업적의 문제가 아니라 윤리도덕상 실족을 한데 따른 것이다. 그는 배다른 여동생인 문강文姜 BC720~BC673년과 성관계를 지속하였으며 결국은 군주자리를 잃고 죽임을 당하게 된다. 난륜이 정치적인 국면에까지 파급효과를 가져오면서 그는 부정적인 평가를 받을 수밖에 없게 되었다.

제양공은 이름이 제아諸兒로 체격이 우람하였으며 분을 바른 듯 하얀 얼굴과 붉은 입술을 가진 타고난 미남자였다. 그는 제희공齊僖公 미상~BC698년의 장자로 부친에 의해 계승자로 지정되었다. 호방하고 시원시원한 성격과 말끔한 겉모습과 어울리게 그는 술과 여인을 좋아하였으며 풍류가 넘쳐났다. 그의 신분과 용모에 비추어보면 그가 풍류를 즐길 조건을 충분히 가지고 있었으며, 국가의 정치적 문제와 충돌이 일어나지 않는다면 몇몇 여인들을 자기 것으로 만드는 것으로 인해 다른 사람의 비난을 받을 수 없었다. 그러나 풍류가 지나쳐 여동생의 몸에까지 이르면서 사정이 복잡하게 되었다.

제아는 혈연관계인 문강文姜 미상~BC673년. 그녀의 언니 선강(宣姜)과 함께 절세미인으로 유명하였으며, 그녀의 풍류는 천하 각국을 떠들썩하게 하였다. 사람들은 그녀의 음탕함을 비평하면서도 그녀의 아름다움을 칭송하였다. 『시경』에도 문강과 관련된 문장들이 있다. 언니 선강(宣姜)은 위(衛)나라 선공(宣公)의 태자비로 선택되었으나 선공이 그녀의 미모에 반해 본인의 부인으로 삼았다이라 불리는 배다른 여동생이 있었다. 그녀는 오빠와 비교할 때 전혀 뒤지지 않은 용모로 절세미인이었다. 그녀를 묘사한 글에 따르면 그녀가 가을물 같이 맑고 명징한 정신과 연꽃같이 아름다운 얼굴을 가지고 있으며, 말로 표현할 수 없는 향기로움과 조금도 흠이 없는 옥과 같은 몸체를 가지고 있는 고금에 드문 여인이었다. 그녀의 미모가 출중하였지만 단순히 꽃 같은 미모가 아니라 고금의 일들을 잘 알고 있어 내뱉는 말들이 그대로 문장이 되었다. 용모가 오빠와 대등하게 뛰어난 것 외에도 성격도 비슷하여 행동이나 말이 요염하였으며, 남녀 간의 일을 좋아하여 사회적인 스캔들을 불러일으켰다.

오빠와 여동생이 어려서부터 궁궐 안에서 같이 자라났다. 천진난만한 소꿉장난을 하며 같이 놀 때 두 어린 아이들은 천진무구하였다. 제아가 사춘기가 되고 문강이 인간사를 알게 되는 나이가 되자 두 사람이 서로를 연모하였으며 결국 사랑의 감정이 싹터 늘 같이 모여 어깨를 맞대고 손을 잡았으며, 나누지 않는 이야기가 없었다. 다만 주변 사람들의 눈이 있어 같이 잠자리에 드는 일은 발생하지 않았다.

두 사람이 지나치게 친밀하게 굴자 부친이 보기가 좋지 않다고 여기게 되었다. 한 번은 제아가 문강의 방에 들어가 병문안을 할 때에, 부친이 그에게 비록 오빠와 여동생의 관계이지만 예법에 따르면 혐의를 불러일으키는 일은 피해야 한다고 나무랐다.

이 후로 두 사람은 서로 지척에 있었지만 서로 만나기가 어려웠다.

남자가 자라면 결혼을 해야 하고, 여자가 크면 시집을 가야한다. 제아가 여러 명의 처첩을 들인 후에 제희공은 외교정치적인 혼인의 관례를 따라 문강을 노환공魯桓公 BC731~BC694년에게 시집을 보내기로 허락하였다. 여동생이 다른 나라로 멀리 시집가는 것을 보게 되자 제아는 슬퍼하였으며, 오빠를 떠나 멀리 떠나야하는 문강도 견디기 어려워했다. 그들은 남몰래 서로 연애시를 교환하며 마음을 전하였다.

문강이 마침내 길을 떠나게 되자 두 사람은 서로 헤어지가 어려워 훗날 만나자고 서로 밀약을 하였다. 이 은밀한 약속이 큰 사건을 가져왔다.

제희공이 죽은 후에 제아가 군주 위를 물려받아 제양공이 되었다. 즉위하자 그가 하려고 생각한 첫째 일은 문강을 데리고 와 서로 간의 그리운 정을 푸는 것이었다. 그러나 서로 만나야할 이유가 없었으며, 서로 만나기도 어려웠다. 그는 온갖 생각을 다 한 끝에 방법을 생각해 냈다. 문강을 친정에 오게 한다는 명분으로 노환공 부부가 제나라에 같이 오도록 초청하였다. 기록에 따르면 문강이 노환공에게 시집 간지 15년 후이다.

노나라 군주 부부가 제나라 수도 임치臨淄에 오자 제양공의 열정적이고 성대한 환영을 받았다. 대단한 연회 후에 문강은 이전에 알던 궁궐의 비빈들과 만난다는 핑계를 대고 남편을 내버려 둔 채 미리 설치된 밀실로 가서 사랑하는 오빠와 만났다. 두 사람은 수년간을 애태웠기에, 마침내 아무도 없는 곳에서 서로 만나게 되자 즉시 뒹굴며 사랑에 빠졌다. 그러기를 해가 중천에 뜰 때까지 하였는데 여전히 헤어지지 못하였다.

노환공이 문강을 밤새 기다리며 조바심을 내었으며, 마음속에 의혹이 일어났다. 그 후에 소식을 알아보니 무슨 궁궐 비빈들이 참가하는 연회 같은 것은 없었다는 것을 알게 되었고, 일이 크게 잘못되었음을 알게 되었다. 정오가 되자 문강이 비로소 우아하고 한가한 걸음으로 환공의 숙소로 돌아왔다. 환공이 끈질기게 계속해서 물어대자, 문강은 극력 꾸며서 말을 했지만 이미 허점이 드러났다. 환공은 다른 나라에 있었기 때문에 화를 내긴 했지만 공개적으로 말을 내뱉으려 하지 않고 급하게 귀국하려 했다. 제양공은 추문이 여러 제후들에게 노출될까 두려워하였으며 또한 노환공이 한을 품고 서로 원수가 될 것을 두려워하여, 차라리 이미 저지른 일을 철저하게 마무리 짓기로 하였다. 그는 환공을 죽이기로 결심하고 심복 공자인 팽생彭生에게 그를 찔러 죽이고 죽은 자가 과음하여 중독으로 죽었다고 하도록 하였다.

노나라 조정이 그 소식을 들었지만 노나라가 힘이 약하고 제나라가 강하여 병력을 출동시켜 토벌에 나서면 적수가 되지 않는다는 것을 고려하여 외교적인 문서만을 보냈다. 흉악한 범인인 팽생을 엄벌에 처하라고 요구하였다. 제양공은 사람들의 눈을 가리기 위하여 팽생을 속죄양으로 삼았다. 팽생이 이에 불복하여 죽을 때에 진실을 이야기하며 제양공과 문강에 대해 욕지거리를 하였다.

남편이 갑자기 죽었으나 문강은 조금도 상심하지 않았고 오히려 자유의 몸이 되어 오빠와 같이 지내게 된 것을 기뻐하였다.

노나라의 새 군주는 문강의 아들인 노장공魯莊公 BC706~BC662년이었다. 표면적으로는 공경하는 모양새였지만 강경하게 모친을 귀국하도록 조치하였다. 문강은 노나라 사람들을 대하기가 껄끄러워서 또한 오빠와의 밀회를 위해 두 나라 변경에 거처를 정하였다.

제양공은 주나라 왕실의 왕희王姬를 정실로 맞아들였었는데 그녀가 남편의 추문을 듣자 근심과 억울함을 안고 죽었다.

외부에 그와 여동생이 성관계를 가진다는 추문이 전해져도 양공은 조금도 개의치 않고 변경지역에 있는 군대에 대해 고압적인 정책을 폈다. 군관인 연칭連稱, 관지부管至父가 그의 추문을 이용하여 정변을 일으켰으며, 제대로 변명할 말이 없게 된 군주를 살해하였다.

제양공은 스스로 자신의 무덤을 팠기에 죽어도 원망할 것이 없었다. 그러나 그는 제나라에 대해 정치적 업적은 있었다. 기紀나라를 없애고 제나라의 영토를 확대하였으며, 정鄭나라의 불법을 저지른 군주와 신하를 유인하여 죽임으로서 제나라의 위신을 크게 드높였다.

문강은 그래도 운이 좋았다. 노장공이 효자였기 때문에 모친의 잘못을 따지지 않았다. 그러나 사랑하는 오빠가 죽은 후에 그녀는 밤낮으로 슬퍼하였으며 가래가 계속 나오는 기침에 걸렸다. 의원이 문진을 한 후에 그녀는 욕망을 억제하지 못하고 그 의원과 애매한 관계가 되었다. 그녀는 나이가 들수록 더욱 음탕하여져서 여러 번 남자를 바꾸었으나 끝내는 제양공에 미치지는 자가 없음을 한하며 병이 들어 죽었다.

식규

　정치와 애정은 일반인의 생활 속에서는 전혀 상관이 없는 두 가지일이지만 상층사회 특히 궁정에서는 그 둘이 아주 밀접한 관계가 있다. 끊임없이 이야기 되지만 어떻게 해도 말끔하게 정리되지 않는 것이 정치와 애정의 관계이다. 이 러한 관계에 등장하는 여주인공은 대부분 미인이다. 그것도 그녀를 만나는 사 람마다 사랑을 품게 되는 절세미인으로 미인들 속에서도 독보적인 자태 때문 에 그녀들은 군주들에게 불려 궁중으로 들어가 그들의 애호를 받으며 일류여 인의 생활을 했다. 그러나 겉보기에 존귀한 생활이 교묘하게 그녀들을 애정의 격랑 속으로 끌고 들어가며 정치의 소용돌이에 빠지게 하였다.

　그녀들은 자신의 희망과 관계없이 자신이 조금도 어찌해 볼 수 없는 상황 에 처하게 되곤 하였다. 정치와 애정이라는 두 맷돌 짝은 쉼 없이 돌고 돌아 그녀들에게 수많은 재난을 가져다주었으며, 그녀들의 마음과 육체에 상처가 쌓 이고 핏자국이 얼룩지게 하였다. 이제 이야기할 식규息嬀 생졸연대 미상. 성은 규(嬀)이 며, 씨는 진(陳)으로 춘추시대 4대 미인 중 하나이다. 진국 군주 장공(莊公)의 딸로 완구(宛丘, 지금의 하남 성 회양현(淮陽縣))에서 태어났으며 식국(息國)의 군주에게 시집을 갔기 때문에 식규(息嬀)라 불린다가 바로 행운으로 인하여 불행을 겪는 여인 중의 하나이다.

　그녀는 제후의 가정에서 태어나 부귀하게 자랐으며 어린 계집아이에서 여러 번 변화를 거치면서 청춘의 꽃다운 나이에 이르자 절세의 미모를 지닌 미인으로 변하였다. 진陳나라 군주의 딸 식규의 몸값은 수백 배가 되었다. 여자 나이가 차면 시집을 가야하였기에 그녀는 신분에 걸맞게 식息나라 군주에게 시 집을 갔다. 한나라의 군주의 딸에서 다른 나라 군주의 부인으로 변하면서 식규 의 신분은 날로 높아져서 천하의 유명여인의 반열에 이름을 올렸다.

　식息은 비록 작은 나라이지만 식규는 여자가 시집을 가면 좋든 싫든 남편 에게 순종해야한다고 여겨 남편과 잘 지내면서 군주의 부인으로서 정성을 다 하였다.

그녀에게 언니가 있었는데 채애후蔡哀侯에게 시집을 가 부인이 되었다. 이로 인해 그녀는 채애후의 처제가 되었다. 그녀가 친정으로 가는 길에 채나라를 들렀다. 형부가 연회를 베풀어 융숭하게 환대를 하였다. 술이 거나해지자 처제의 미모가 너무 매혹적이어서 형부의 가슴이 요동치기 시작하였다. 내뱉는 말속에 희롱조의 언사가 가득하였다. 식규는 희롱을 당하자 크게 화를 내며 궁정을 떠나갔으며 이후로 다시는 채나라를 단 한 발자국도 밟지 않았다.

식규가 비록 화를 내 염치를 알게 하였지만, 도리어 이 한 번의 성냄이 엄청난 풍파를 만들어 내고 말았다.

식의 군주가 이 소식을 알게 되자 더욱 화가 났다. 아내가 다른 사람에게 희롱을 당했다는 것은 치욕 중의 치욕이었다. 동서에게 보복하기로 결심하였다. 그는 사신을 초나라에 보내 헌물을 올리면서 초문왕楚文王 미상~BC677년. 성은 미(芈), 씨는 웅(熊), 이름은 자(訾)로 초무왕(楚武王)의 아들 을 설득하여 채나라를 공격하도록 꾸몄다.

초나라 군대가 식息나라를 포위하자 채애후蔡哀侯는 계책인줄도 모르고 대군을 이끌고 와 포위를 풀어주려고 하였으나, 초나라 군대의 매복에 걸려 포로가 되었다. 초 문왕은 이 최고급의 포로를 죽여서 조상들에게 제사를 지내려고 준비하였으나, 대신 육권鬻拳 미상~BC675년 강직하기로 유명한 초나라 관리. 초 왕실 후에 이 칼을 차고 위협하며 강제로 말리는 바람에 채애후를 사면하였다.

초문왕은 여색을 즐겼는데 채애후는 죽이지 않은 은혜를 갚는 형식으로 희대의 미녀 식규에 대해 꿍꿍이를 품고 이야기 하였다. 식나라가 초나라를 끌어들여 채를 공격한 원수를 갚고 식규가 보여준 거절의 원한을 삭이려는 것이었다. 초문왕은 식규가 '가을물 같은 맑은 눈, 복숭아꽃 같은 얼굴, 나올 데 나오고 들어갈 데 들어간 신체를 지녔으며, 행동이 때깔이 나는 천하에 가장 뛰어난 미색을 지닌, 진정 하늘이 낸 여인'이라는 소리를 듣자, 천하의 제일 예쁜 여자를 자기 것으로 만들려는 생각이 들었다. 그는 순시한다는 명분으로 식나라에 가서 식규를 강제로 요구하였다. 식규가 우물에 몸을 던져 자살하려고 하였으나, 남편이 해를 입는 것을 막기 위하여 폭력으로 애정을 구하는 상사병 걸린 자의 뜻을 따를 수밖에 없었다.

그녀는 군대의 장막 안에서 새 남편에 의해 부인으로 세워졌으며 얼굴이 복숭아꽃 같다고 하여 '도화부인'이라 불렸다.

부인을 빼앗기고 국가는 망하고 자신은 겨우 십여 채의 봉읍을 받은 식나라 군주는 울분을 참을 수 없어 울화병으로 죽었다.

도화부인은 원한과 상심을 안고 어쩔 수 없이 운명의 안배를 쫓을 수밖에 없었다. 시집을 가면 좋든 싫든 남편에게 순종해야할 수밖에 없었던 그녀는 새 남편에게 웅간熊囏, 웅운熊惲 두 아들을 낳아주었다. 초문왕이 죽은 후에 큰아들인 웅간이 왕위를 이었으나 그의 지혜와 재능은 평범하였다. 그는 정사를 게을리 하고 수렵을 좋아하였는데 왕위에 오른 지 삼년이 되어도 이룩한 것이 아무것도 없었다. 오히려 능력 있고 모친의 마음을 얻고 있던 동생 웅운을 시기하고 원망하였으며, 온갖 방법을 동원하여 그를 제거하여 후환을 없애려고 하였다. 웅운은 죽음을 무릅쓸 군사들을 은밀히 준비하고 있다가 정변을 일으켜 형을 죽이고는, 형이 급작스런 병으로 죽었다고 하였다.

식규는 마음속으론 어떻게 된 일인지 알고 있었지만 겉으로는 어리벙벙한 척하였으며, 대신들이 그를 군주로 옹립하도록 하였는데 그가 초성왕楚成王 미상~BC 626년이다. 초 성왕은 숙부인 자원子元 미상~BC664년 초문왕의 동생을 영윤令尹 재상으로 삼고 국무를 맡아 하도록 하였다.

식규는 전혀 생각하지 못하였는데, 도화부인은 다시 도화운桃花運, 애정운, 도화살을 만나게 되었다. 자원이 은밀히 그녀를 연모하고 있었던 것이다. 자원은 비록 일인지하 만인지상의 재상이란 지위에 있었지만 여전히 마음으로 부족함을 느껴 정치와 애정 모두 진전이 있기를 갈구하였다. 즉, 조카의 천하를 빼앗고 형수를 애인으로 만들고 싶은 욕망이었다. 그는 내궁 옆에 큰 규모의 관사를 짓고 매일 대규모의 노래와 춤이 곁들여진 연회를 베풀어 과부인 형수의 마음을 어지럽혔다.

얼마 지나지 않아 식규는 시동생을 책망하였다: 영윤이 군사를 동원하여 중원을 경영하지 않고 미망인 근처에서 가무를 크게 즐기고 있는데 도대체 그 뜻이 어디에 있는가? 책망이 아주 엄하자 자원은 뭇사람들의 이목을 피하기 위하여, 또한 형수의 마음을 얻기 위하여 대군을 조직하여 정鄭나라를 공격하였다. 출정 결과는 아무런 공적없이 돌아오는 것이었으나 그는 도리어 개선장군 같은 모습을 연출하였다.

자원의 형수를 향한 마음이 간절하여 마침내는 함께 자려고 내궁으로 들어갔다. 그는 일석이조를 노렸다: 같이 있음으로서 형수의 마음을 빠른 속도로 움직여 풍류적 숙원을 이루는 동시에 형수의 정치적 지지를 받으려 하였다. 그러나 그의 계산은 크게 어긋났다. 초 성왕과 왕에게 충성하는 정치세력이 비밀리에 모의하여 기회를 틈타 정변을 일으켜 그를 처형하였다.

좋은 남편이었던 식나라의 군주가 죽은 후에, 원수의 집안이자 자신의 시댁인 초나라에서 문왕이 죽었으며, 물건이 되지도 않는 자원 역시 죽었다. 살아있는 식규는 그저 석양을 바라보며 길게 탄식하였다: 미인의 팔자가 참으로 기구하구나!

번희

초장왕楚莊王이 대업을 이룬 데는 번희樊姬의 내조의 공이 컸다. 만일 번희라는 현명한 아내가 없었다면 장왕의 남자대장부로서의 기개는 형편없었을 것이다.

번희가 장왕의 현명한 내조자라는 것은 역사가 그녀에게 정해준 운명이었다. 그러나 이 현숙한 내조자의 명성이 역사적으로 드높았지만 일찍 내궁에 들어간 그녀가 처음부터 남편에게 도움을 주었던 것은 아니다. 처음에 장왕이 정말로 여색과 가무에 빠져있었든, 또는 자신의 칼날을 숨기려 그렇게 행동하였던지 간에, 내궁에서 광채를 크게 발하면서 남편의 총애를 받았던 여인은 그녀가 아니고 정희鄭姬와 채녀蔡女였다. 그녀는 일찍이 남편에게 정력을 수렵에 쏟지 말라고 권고하였었다. 그러나 장왕은 그녀의 말을 듣는 둥 마는 둥 하였다. 이에 그녀는 그때부터 새 종류나 짐승의 고기를 먹지 않음으로써 항의를 표시하였다.

번희는 계략이 있는 여인으로 남편에게 사냥에 빠지지 말라고만 권하였지 여색에 탐닉하지 말라고 권유한 적은 없었다. 잘못하면 질투하여 다툰다는 혐의를 받을 수 있었기 때문이다. 사냥에 관한 그녀의 권고는 효과가 없었지만 그녀의 정치적 소질은 이미 일부 모습을 드러낸 것이었다.

번희의 항의는 항의이고 장왕은 여전히 사냥과 여색의 즐거움을 버리지 않았다. 신무외申無畏 미상~BC595년, 소종蘇從 등 대신들이 죽음을 무릅쓰고 간언을 하였다. 이일로 인해 그가 철저히 자신의 행위를 돌이키게 된 후에, 내궁에 번희라는 현명한 비빈이 있다는 것에 생각이 미치게 되었다. 그는 아주 정성을 다하여 그녀를 모셔오게 하고 정비로 세워 내궁의 일을 다스리도록 하였다. 방향을 완전히 바꾼 장왕은 정비에 대해 "이 사람이야말로 나의 현명한 내조자이다!"라고 하였다.

그녀는 평소에 말이 많지 않았으며 중요한 순간이 되어야만 비로소 말을 하였다. 일단 말을 하면 남편이 진정으로 기뻐하며 신실하게 따르게 하는 내용의 말이었다. 한번은 장왕이 대신 우구자虞丘子와 밤늦도록 담소를 나누고 침소로 돌아와 우구자가 진정 현명한 신하라고 하였다. 그러나 번희는 그렇게 여기지 않았으며, 이렇게 말하였다. "신하가 군주를 섬기는 일은 아내가 남편을 섬기는 일과 같습니다. 첩이 중궁에 있지만 궁궐 내에 미색을 갖춘 여인을 왕에게 못 들어가게 한 적이 없습니다. 오늘날 우구자는 왕과 정치를 논하며 밤늦도록 같이 있지만 한 번도 현명한 사람을 추천한 적이 없는데 어찌 현자란 말을 들을 수 있습니까?"

장왕은 번희의 말이 옳은 말이라고 여겼으며, 그 말을 전해들은 우구자는 진정 이치에 맞는 말임을 인정하였다. 이 한마디로 장왕은 두루두루 인재를 구하였으며, 사람들이 손숙오孫叔敖 BC630년경~BC593년를 추천하도록 하였다. 손숙오는 나라를 다스리는데 전략이 있었으며, 초나라가 강국이 되는 꿈을 현실이 되게 하였다.

번희가 없었다면 손숙오도 없었으며, 손숙오가 없었다면 초나라가 언제 강대국이 될 수 있었을지는 의문스러운 일이었다.

[참고]
전해지는 이야기에 따르면 초장왕이 여러 비빈 중에서 정비(正妃)를 선택하려고 삼일의 기간을 주고 예물을 바치라고 하였다. 장왕의 마음에 쏙 드는 예물을 바친 사람을 정비(정궁)로 삼는다는 것이었다. 수많은 비빈들이 모두 예물을 마련하느라 바쁜데 번희 혼자 아무런 준비도 하지 않았다. 삼일이 지나자 비빈들이 앞 다투어 진귀한 예물들을 왕에게 드렸으나 번희 혼자 빈손으로 나아왔다. 장왕이 그녀에게 물어 보았다. "빈은 내게 줄 예물을 준비하지 않았는가?" 번희가 답하기를 "대왕! 사실대로 말씀드리자면 폐하께 예물을 준비하는 일을 생각해 본 적도 없습니다." 장왕이 이상히 여겨 다시 물어 보았다. "설마 그대는 나의 정궁이 되고 싶지 않은 것이요?" 번희가 고개를 흔들며 말하였다. "대왕께서는 첩의 말을 들어주셨으면 합니다. 대왕께서 예물을 드리되 대왕이 현재 가장 필요로 하는 것을 드리라고 하셨습니다. 대왕께서 현재 제일 필요한 것이 무엇이겠습니까? 정궁을 세우는 것, 이것보다 더 중요한 것이 있겠습니까? 그래서 저는 빈손으로 나왔습니다.(내가 바로 당신이 찾는 그 예물입니다 라는 뜻이다.)" 초장왕은 그녀의 이야기가 너무나 일리가 있다고 생각하여 그녀를 정궁으로 삼았다.

번희가 정비가 되고 나서 세월이 흐른 어느 날, 장왕이 우구자(虞邱子)라는 대신을 총애하여 식사하는 것도 잊을 정도로 늘 그의 말만을 듣는다는 것을 알고는 기쁨과 근심이 교차하였다. 어느 날 조정일을 처리하고 장왕이 침소로 돌아오자 번희가 특별히 정중하게 장왕을 맞아들이면서 말했다. "요즘 무슨 중요한 일이 있습니까? 대왕께서 늘 식사조차 잊으시게 하는 일이 도대체 무엇인지요?" 장왕이 기쁜 낯빛으로 말했다. "현명하고 능력 있는 충신과 이야기를 하다 보니 정말로 배고픔과 피로함도 모르겠습니다." 번희가 다시 물었다. " 대왕께서 말씀하시는 그 신하가 누구신지요?" 장왕은 깊이 생각하지 않고 바로 대답하였다. "당연히 우구자이지요." 장왕의 답을 듣자 번희는 마음속으로 깜짝 놀랐으나 곧 냉정을 찾았을 뿐만 아니라, 도리어 손으로 입을 가리지 못할 정도로 크게 웃었다. 장왕이 의아스러운 표정으로 물어보았다. "부인은 왜 이처럼 크게 웃는 것이오?" 번희가 대단히 진지하게 대답하였다. "만일 우구자가 총명한 사람이라면, 억지로 그렇다고 칠 수도 있겠지만 그는 결코 충신이라고 할 수는 없습니다." 장왕이 이 말을 듣자 더욱 의아스러운 표정으로 물었다. "부인! 어째서 그렇게 말하십니까?" 번희는 얼굴 가득 의혹스러운 표정을 짓는 장왕에게 부드러우면서도 차근차근하게 이야기하기 시작하였다. "신첩이 따져보니 대왕을 모신지 십일 년이나 되었습니다. 제가 일찍이 정(鄭)나라와 위(衛)나라에 사람을 보내 현숙한 여인을 구하여 왕에게 바치고자 하였습니다. 현재 저 보다 더 현숙한 여인이 두 사람이 있으며, 저와 비슷한 여인도 일곱 명이 있습니다. 신첩이 어째서 온갖 방법을 다 생각하여 그녀들을 배제하고 혼자서 대왕의 총애를 독점하려 하지 않았을까요? 제가 그렇게 한 것은 내궁에 여인들이 많아야 그녀들의 재능을 두루 살필 수 있다고 들었기 때문입니다. 그래야 제가 독단적으로 국가대사를 숨기는 일을 할 수 없게 되기 때문입니다. 나아가 대왕이 더욱 많은 여인들을 살피시다보면 다른 사람들의 재능들을 더욱 잘 이해할 수 있게 되기 때문입니다. 제가 듣기론 우구자가 초나라의 승상을 십여 년이나 맡았는데 그동안 그가 추천한 사람들은 자기의 자제나 동족의 형제들뿐이었습니다. 저는 그가 현명한 자를 천거하고 현명치 못한 자를 쳐냈다는 말을 들어 본 적이 없습니다. 그런 식으로 일을 처리하는 것은 군주의 눈을 가리고 현명한 자들의 등용의 길을 막는 것입니다. 현명한 자를 알면서도 추천하지 않는 것은 충성스럽지 못한 것이며, 어느 사람이 현명한 사람인지 아닌지를 모른다면 이것은 지혜롭지 못한 것입니다. 제가 이런 까닭으로 그가 충신이란 말을 듣고 웃은 것인데 이것이 적합하지 않은 일인지요?" 번희의 말을 듣고 나자 장왕은 정말 도리에 맞는 말이라고 여겼고, 깊이 생각해보니 사실이 그러하였음을 알 수 있었다. 그 다음날 조회에 나아가자 장왕은 번희가 한 말을 우구자에게 말해주었다. 우구자가 그 말을 듣고 놀라서 자리에서 일어나 고개를 깊이 숙였으며, 무슨 말을 아뢰어야 할지 알지 못하였다. 이에 우구자가 조정에서 퇴청한 후에 한동안 집안에 틀어박혀 감히 다시 조회에 나올 생각을 하지 못하였다. 우구자가 사람을 물색하여 현명하고 능력있는 충신 손숙오(孫叔敖)를 초청할 수 있게 된 후에야, 비로소 본인이 직접 장왕에게 그를 추천하였다. 장왕이 여러 가지 일을 통해 손숙오를 살펴 본 후에 그를 중용하여 영윤(令尹)에 임명하여 초나라 통치를 돕도록 하였다. 삼년의 세월이 흐른 후 과연 손숙오는 그 현명함과 능력으로 장왕이 제후국들 중에서 으뜸이 되도록 도왔으며 패업을 이루도록 하였다.

서시

중국에는 4대 미인이 있다. 그녀들이 미인으로 불리는 것은 문자의 뜻 그대로 '미美'자 한 글자에 있다. 오랜 세월 사람들은 그녀들의 아름다움은 최상으로 누구도 거기에 미칠 수 없다고 여겨왔다. 사실은 그렇지 않다. 그녀들이 아름다울 뿐만 아니라 어떠한 형용사를 사용해도 과분하지 않을 정도로 아름다웠지만, 그녀들에 비해 더 아름다운 여인들도 있었다. 그러나 대부분은 일상속에서 매몰되거나 도태되었으며, 근본적으로 다른 사람들에게 발견된 적이 없었다. 4대 미녀가 두각을 나타낸 것은 아름다움이란 선결 조건 외에 더욱 중요하게는 다른 사람들이 갖추지 못한 핵심적인 요소들을 갖추었다는 것이다: 중대한 정치적 사건과 연관이 되며, 혁혁한 역사적 인물과 연결되었다는 것이다.

4대 미녀 명단의 첫 번째를 차지하는 여인은 서시西施라고 불린다.

엄격히 이야기해서 역사상 첫 번째 미인은 근본적으로 성은 있지만 이름은 없었다. 그녀는 월越나라 안에 있는 저라산苧蘿山 지금의 절강성 소흥(紹興)시 소재 자락에서 태어났다. 그곳에는 동서 두 촌락이 있었는데 시施 성을 가진 사람들이 많았다. 그녀는 서쪽 촌락에서 살았기 때문에 사람들이 그녀를 서시서쪽에 사는 시씨란 뜻 라고 불렀다.

서시 출처:百度 www.baidu.com

서시는 불행하였다. 그녀가 풋풋한 나이가 되었을 때 마침 월나라가 오나라에게 대패하여 월왕 구천이 오왕 부차의 환심을 사기 위하여 그녀를 예물로 오나라에 보냈기 때문이다.

그러나 한편으론 운이 좋았다. 만일 이런 정치적 변고가 없었다면 그녀는 절대로 모든 사람들이 주목하는 미녀 중의 미녀가 될 수 없었으며 역사의 기념비 위에 그녀의 이름이 새겨질 수 없었다.

불행과 행운이 교차하면서 불행인지 다행인지 구분하기 어려웠으며, 서시의 희비가 섞인 운명이 펼쳐졌으며, 그녀가 죽은 후에 그녀에 대한 평가는 일치된 결론을 내릴 수 없었다.

서시가 미녀가 되어 오나라에 보내지면서 그녀는 역사의 무대를 향한 인생의 첫 계단을 올라갔다. 그러나 그녀가 이 계단으로 올라간 것은 무의식적이며 조금도 자신을 주장할 수 없었던 피동적인 것이었다. 아주 높은 지위에 있는 어른들이 그녀를 가게 하였기 때문이다. 그녀가 원하든 원하지 않던 운명의 안배에 따라야 했으며, 그저 운명을 인정하고 갈 수 밖에 없었다. 차마 헤어지기 어려운 고향의 부모와 눈물을 흘리며, 그녀는 꽃가마 안으로 들어갈 수밖에 없었다.

타향에 와서 오왕의 총애를 받았는데, 이는 그녀가 꿈에도 잊지 못하고 구하던 것이며, 자신이 예상했던 것을 넘어서는 것이다. 그녀도 여인이다. 여인들의 최소한의 요구는 좋은 남편을 만나 좋은 생활을 하는 것이다. 오왕이 자신을 잘 대해주고 또한 다함이 없는 부귀영화를 누리게 하였다. 그를 거절하고 거리를 두며 사는 어려움을 자초하기보다, 그에게 순복하여 복을 누리는 것이 나았다. 시간이 쌓이면서 감정도 생겨나기 시작했다.

다시 말해 부차도 확실히 위대한 남편에 속하는 사람으로 남성미도 있고, 그의 사업도 대단하며 거기에 풍류와 시원스러움까지 있으니 서시도 어쩔 수 없이 그를 사랑하게 되었다. 사랑의 강물에 빠진 서시는 온몸과 마음을 다해 부차를 사랑하였다. 낭만적이며 쾌활한 사랑을 나누며 그녀는 부차의 마음을 그녀에게 묶어 놓았다. 그녀의 사랑은 곁의 다른 미인들이 그녀를 질투하게 만들었으며 오나라 대신들이 의심을 품을 정도가 되게 하였다. 그러나 서시는 이러한 것들을 전혀 개의치 않고 사랑의 강물 속을 여전히 활발하게 헤엄쳐갔다.

누군가는 그녀가 월나라의 간첩이라고 의심하였다. 그녀를 보내 오왕을 미혹하여 여색과 가무에 빠지도록 하여 월나라에 대한 경계심이 풀어지게 하려는 것이란 의심이었다. 이것은 실제로 서시의 능력을 지나치게 높게 평가한 것이며, 오나라 첩보기관의 분석력을 지나치게 낮게 평가한 것이다. 그녀는 본래 산촌 민가의 여인으로 근본적으로 정치가 무엇인지 애국주의가 무엇인지 알지 못하였다. 비록 그녀가 간첩이 되기를 원하였다할지라도 이것은 절대 가능성이 없는 것이었다. 왜냐하면 부차는 절대로 마음을 놓을 수 있는 사람이 아니었다. 그녀가 고국을 위해 일부 역성을 드는 것은 피하기 어려운 것이지만 그것은 일반인들의 일반적인 정서일 뿐이다.

부차는 진심으로 서시를 좋아하였다. 그녀를 단순히 노리개로 여기지 않고 그녀를 기쁘게 하려고 힘을 다하였다. 그녀를 위해 누각을 짓고 숙소를 지었으며, 아름다운 풍경을 조성하여 그녀가 고향을 그리워하는 슬픔을 잊어버리고 오나라에서 안심하고 생활하도록 하였다.

서시가 내궁에서 부차와 한 쌍의 원앙이 되자 그녀는 외부세계에 대해 알아보려 하거나 소식을 들으려 하거나 간섭하려 하거나 하지 않았다. 고국과 지아비 나라의 관계가 변하여, 고국이 강해지고 지아비의 나라가 쇠약해졌다. 그녀는 그런 일들은 남자들의 일로 자기는 관여할 수 없으며, 혹시 관여하더라도 최소한으로 하는 것이 좋다고 여겼다.

옛 군주인 구천이 마침내 나라를 다시 세우고 끝내 오나라를 멸망시키자 부차는 망국의 군주가 되어 자살하였다.

남편의 나라가 망하자 서시는 고향으로 돌아갔다. 그녀는 자유민의 신분으로 돌아 간 것이 아니라 전승국 백성의 신분으로 돌아 간 것이다. 전리품으로 구천이 데리고 돌아 간 것이다. 고국이 승리하였으나 그녀는 승리로 인해 밖에 버려지게 되었으며 망국의 노비가 되었다.

구천 역시 그녀의 미색에 여전히 미혹되었을지도 모르지만 그의 부인은 이를 받아들일 수 없었다. 구천의 부인은 은밀히 사람을 보내 그녀를 끌어내어 큰 돌을 그녀의 몸에 묶어 강물에 그녀를 집어 던졌다. 물속에서 거품이 올라오는 것을 보며 구천의 부인이 한 마디를 내뱉었다. "이 나라를 망치는 요망한 것을 남겨서 어디에 쓰랴!"

그러나 당唐 말엽의 시인 나은羅隱은 도리어 다음과 같이 말했다.

"가문과 나라의 흥망은 다 그 때가 있는 법, 어찌 서시에게 그 잘못을 씌울 수 있는가? 서시가 만일 오나라를 망하게 하였다면, 월나라는 또 누가 망하게 하였단 말이냐?"

(참고) 서시의 죽음에 대해서는 여러 가지 설이 있다. 본문에 나오는 구천의 부인(월왕후)에 의해 강에 던져져 죽었다는 설이 대표적이지만, 오왕부차에 대한 미안함으로 자살하였다는 설, 범려 대부가 구천을 피해 도망갈 때 그녀를 데리고 갔다는 설(소동파도 이런 내용으로 '오호문도,편주귀거,잉휴서자(五湖問道扁舟歸去仍携西子)'라고 글을 쓴 바 있다.)이 있으며, 그 외에도 범려, 구천, 오나라 사람들에 의해 강에 빠트려져 죽었다는 설이 있다.

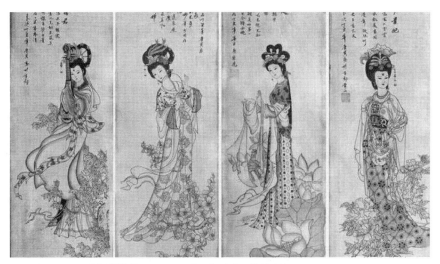

당백호唐伯虎 1470~1523 의 4대 미녀도 출처:百度 www.baidu.com

종리춘

제나라에는 기인이 많았다. 전국시대戰國時代 BC475~BC221년에 또한 기인이 나왔는데 종리춘鍾離春이라는 여성이었다.

이 여인의 기이함은 괴기스러웠으며, 아주 대범하여 사람들이 경탄과 존경을 표하며 이를 따라 할 수가 없을 정도였다.

일반적으로 여인이 기대는 것은 용모로, 용모가 아름다운 것이 최대의 자본이란 일상적인 말이 있다. 이 말로부터 반대로 추론할 수 있는 것은 여인이 되어 이러한 자본이 없을 때는 그녀가 가장 큰 자연적 우세를 잃어버린다는 것이다.

노인들의 흔한 말로 하자면 이 여인은 고단한 운명을 타고난 것이다. 그의 고단함은 생활의 어려움이 아니라 그녀의 부모가 그녀에게 다른 집의 규수들과 비슷한 평범한 용모조차 주지 못하였다는 것이다. 그녀는 정말 추하게 생겼는데, 극도로 추하였으며, 추해서 그녀를 만나본 사람은 누구도 두 번 다시 그녀를 보고자 하지 않았다. 이 여자아이의 추한 용모는 어렸을 때는 크게 문제가 되지 않았다. 기껏해야 다른 사람들이 좋아하지 않는 정도였다. 그러나 장성해서 시댁을 찾아야하는 시기가 되자 문제가 찾아왔다. 아무도 그녀를 원하지 않았기 때문이다. 부모는 온갖 방법을 다하였으나 쓸 데 없었으며, 중매자도 온갖 언변을 동원하였지만 쓸 데 없는 짓이었다. 밀리고 밀려 그녀는 어느새 노처녀가 되었고 나이 사십이 되도록 여전히 혼자였다.

종리춘은 추한 용모로 태어났으나 그녀의 마음은 도리어 아주 밝고 지혜로웠다. 그녀는 수많은 날들을 정치를 연구하였으며, 나라의 상황과 천하의 일들을 아주 명확하게 알게 되었다. 이러한 상황들을 알게 되자 적지 않은 문제들이 있음을 발견하였다. 그녀는 여자였고 어쨌든 시집을 가기는 가야했다. 적지 않은 정치적 문제들을 찾아낸 후에 그녀는 자신의 용모가 추한 것을 더 이상 슬퍼하지 않고 다른 사람들을 놀래주려고 마음먹고 가장 존귀한 시댁을 찾기로 하였다.

그녀는 대담하기도 하였고 또한 무지막지하기도 하였다. 직접 제齊나라 왕궁을 찾아가 제선왕齊宣王 BC 350년경~BC 301년에게 시집가겠다고 한 것이다.

당시 선왕은 스스로가 강국이라 생각하여 주색을 즐겼으며, 연회와 오락을 즐기려 설궁雪宮 제선왕의 치박(淄博) 소재 별궁을 지었다. 왕궁 외곽에 40여리에 이르는 어원을 지어 수렵을 하는 장소로 만들었다. 또한 문학과 유세에 뛰어난 인사들의 말을 듣고자 직문稷門에 강연장을 여러 개 짓고이를 직하학궁(稷下學宮)이라 한다 유세객 수천 명을 불러들였으며, 그들 중 비교적 이름이 있는 자는 순우곤淳于髡, 추연騶淵, 전병田騈, 접여接與, 환연環淵 등 70여명으로 모두 상대부의 대접을 받았다. 이들과 매일매일 여러 사항을 의논하였지만 실질적인 정치는 다루지 않았다. 총애 받는 친신인 왕환王驩이 제멋대로 일을 처리하였으며, 전기田忌 등 충신들이 여러 차례 선왕에게 간언하였으나 받아들여지지 않았다.

하루는 선왕이 설궁에서 여인들과 성대한 잔치를 하고 있는데 돌연히 이마가 넓고, 코가 뾰족하며, 목소리가 쉰데다 낙타 등처럼 굽은 등과 두꺼운 목, 긴팔과 큰 발을 가진 여인이 나타났다. 그녀는 머리카락이 가을 마른풀처럼 푸석하였으며, 피부는 검었고, 다 떨어진 옷을 입고 있었는데 밖에서 궁으로 들어오면서 크게 소리쳤다. "대왕을 뵙고자합니다." 호위병들이 그녀를 저지하며 말하였다. "못생긴 여인은 누구인데 감히 대왕을 뵙고자 하느냐?" 그녀는 답하길 "저는 제나라 무염無鹽 사람으로 성은 복성인 종리鍾離이고 이름은 춘春입니다. 금년 40세로 시집을 가고자하였으나 갈 수 없었습니다. 듣기에 대왕께서 별궁에 나와 연회를 여신다고해서 폐하를 뵈오려 특별히 왔습니다. 원하기는 후궁에 들어가길 바랍니다." 이 말에 좌우에 섰던 모든 사람들이 입을 가리며 웃으며 말하였다. "정말 천하에 얼굴 두꺼운 여인이로다!" 선왕에게 이 상황을 보고하자 선왕이 그녀를 불러들였다.

같이 연회를 하고 있던 신하들이 그 추한 모습을 보고 모두 웃음을 터뜨렸다. 선왕이 그녀의 입궁 요구에 답하였다. "내 궁중에는 비빈이 이미 많다. 지금 그대의 용모가 추하여 시골의 사내들도 그대를 받아들이지 않는데, 평범한 여자로 어찌 대국의 군주를 원하는가? 특별한 재능이 있는가?" 종리춘이 이에 대해 말하였다. "저는 특별한 재능은 없고 은어隱語의 기술은 있습니다." 제선왕이 이르길 "은어의 기술을 한번 보여주길 바란다. 과인이 헤아려 보겠다. 만일 그 말이 적합하지 않으면 당장에 네 목을 베겠다." 이에 종리춘이 눈을 치켜뜨고 이를 드러내며 손을 네 번이나 들었다 내렸다하고 무릎을 치며 외쳤다. "위태롭다! 위태롭다!"

선왕이 그 뜻을 헤아릴 수 없어 신하들에게 물어보았으나 그들도 답을 할 수 없었다. 이에 선왕이 "종리춘은 내 앞으로 와서 무슨 뜻인지 명확히 이야기 해보라!"고 하자, 종리춘이 머리를 조아리며 이야기 하였다. "대왕께서 첩의 처형을 면해주신다면 그 뜻을 이야기 하겠나이다." 이에 선왕이 말하였다. "좋다. 무죄로 사면해주마."이에 종리춘이 말하였다. "첩이 눈을 치켜뜬 것은 대왕 대신에 봉화불이 피어오르는 것을 보았기 때문입니다. 이를 드러낸 것은 대왕 대신 간언을 거절하는 입을 징벌한 것입니다. 손을 쳐든 것은 대왕을 대신하여 아첨하는 신하들을 내리 친 것입니다. 무릎을 친 것은 대왕을 대신하여 연회자리를 제거한 것입니다." 이 말에 선왕이 대노하였다. "과인이 이러한 네 가지 잘못이 있다는 말이냐? 시골 계집이 요망한 말을 하는구나! 당장 참수하라!"

그러나 종리춘은 눈 하나 깜빡이지 않고 침착하게 말하였다. "대왕께 네 가지 과실을 명확히 설명하겠습니다. 그 후에 저를 죽이십시오. 신첩이 듣기로는 진秦이 상앙商鞅을 등용하여 부강해졌다고 합니다. 언제든지 진나라가 관문을 나와 제와 승부를 겨룬다면 반드시 제나라가 먼저 그 환난을 당할 것입니다. 대왕! 국내에는 훌륭한 장수가 없으며 변경의 준비 역시 헐거운 상황입니다. 이것이 신첩이 눈을 치켜뜬 까닭입니다. 신첩이 듣기로는 '군주에게 간언하고 쟁론하는 신하가 있으면 국가가 망하지 않으며, 아비에게 간언하고 쟁론하는 아들이 있으면 그 집은 망하지 않는다.'고 합니다. 대왕은 내부에서 여색을 탐하고 국정을 황폐케 하며 충성과 간언을 하는 신하들의 말을 거절하고 있습니다. 신첩이 이를 드러낸 것은 이러한 상황을 대왕이 인지하시고 간언들을 받아들이길 바랐기 때문입니다. 또한 왕환王驩 등은 아첨하며 어진 자의 등용을 막고 자리를 차지하고 있으며, 추연 등은 실질적인 것이 없는 허탄한 이야기만을 하고 있어 공허하고 실질이 없습니다. 대왕이 이들을 신뢰한다면 사직이 위태로워질까 두려워하여 신첩이 손을 들어 대왕 대신 휘두를 것입니다.

왕께서 궁궐을 짓고 어화원을 만들고, 누각과 연못 등을 만들며 민간의 힘을 다 없애고 있습니다. 국가의 재정을 고갈시키고 있기에 신첩이 무릎을 두드려 대왕을 대신하여 이를 허물려는 것입니다. 대왕！이 네 가지 과실로 인해 제나라는 누란의 위기를 맞고 있습니다. 현재의 편안함만을 구할 뿐 장래의 환란을 돌보지 않으시고 있습니다. 이에 신첩이 목숨을 걸고 말씀을 올리는 것입니다. 이를 간압하여 주신다면 신첩은 죽어도 여한이 없습니다.”

선왕이 이에 감탄하며 말하였다. “종리춘이 말하여주지 않았다면 과인은 그 잘못을 알지 못하였을 것이다!” 그 자리에서 연회를 파하고 종리춘을 수레에 태워 궁궐로 돌아가 그녀를 왕후로 책봉하였다. 종리춘이 말하기를 ”대왕께서 신첩의 말은 받아들이지 않으면서 신첩의 몸뚱이는 어디에 쓰시렵니까?“ 이에 선왕이 현명한 자들을 불러들이고 아첨하는 무리들을 다 내쫓고 직하학궁稷下學宮의 유세객들도 모두 내쫓았으며, 전영田嬰을 상국으로 삼고 추鄒지방 사람인 맹자孟子를 상빈으로 받아들였다. 제나라의 정치가 바로 잡혀 융성하게 되었다. 무염의 땅을 종리춘 집안에 하사하고 종리춘의 호를 무염군이라 하였는데 이것은 한참 뒤의 일이다.

선왕은 그녀의 말에 탄복하여, 그녀를 그 시대 천하의 기인으로 인정하고 그녀를 정실 왕후로 세웠다. 종리춘을 얻은 후에 현명한 자들이 점차 많아지기 시작했으며, 폐단들이 점차 개선되기 시작하였다. 제나라는 정치쇄신을 이루게 되었다.

종리춘이 하사받은 땅이 무염無鹽에 있었기에 사람들은 그녀를 무염군이라 불렀다. ‘무염같은 모습(貌似無鹽)’이란 말로 추녀를 묘사하곤 하는데 무염은 전국시대 제나라의 무염현(현재 산동성 동평(東平)현 동부지역)의 추녀 종리춘을 가리키는 말이다. 종리춘은 종무염(鍾無艶), 종무염(鍾無鹽)으로도 불렸다.

정수

전국시대 여류 명사를 들어보라면 사람들은 대체로 정수鄭袖를 거론한다.

정수가 여류 명사가 될 수 있었던 까닭은 그녀의 신분과 관계가 있다. 초회왕
楚懷王, BC 355 ~ BC 296년 성은 미(芈), 씨는 웅(熊), 이름은 괴(槐)로 초 위왕(威王)의 아들이며 경양왕(頃
襄王)의 아버지로 BC 328~BC 299년 재위의 아내이자, 내궁에서의 그녀의 경력과 관련이 있
다. 또한 왕의 총애를 빼앗아온 후에, 총애를 계속 받은 것과 그녀가 펼친 정치생
애 그리고 당시의 정치국면에 말려들어 간 것과 관계가 있다.

이 여류 명사는 전통적인 관점에서 보면 나쁜 여인이며, 군주를 망치고 나
라를 망친 화근이었다.

『동주열국지東周列國志』에 그녀를 처음 소개하는 장면에서 그녀는 이미 초회
왕의 부인으로 나오며, 그녀가 어떻게 이러한 위치를 차지하게 되었는지에 대
해 작가는 이야기를 하지 않고 있다. 역사서에는 정수가 바로 남후(南后)라고 나온다. 작가는
정수를 남후로 보고있으나, 『전국책(戰國策)』에 따르면 장의(張儀 미상~BC309년. 종횡가(縱橫家))가 초나
라에 갈 때에 '남후, 정수는 초나라에서 귀한 사람이었다.南后,鄭袖貴於楚'라고 기록되어 있는 것을 보면
남후가 정수가 아니라 별도의 두 사람임을 알 수 있다. 남후는 초 회왕의 왕후이고 정수는 총애를 받던 비
빈임을 알 수 있다.

정수는 아주 아름답게 생겼으며, 상당히 좋은 머리를 가지고 있었다. 이 두
가지가 합쳐진 그녀는 극히 매력적이며 맛깔스러운 뛰어난 여인이었다. 회왕은
그녀를 너무너무 좋아하여 모든 총애를 그녀에게 쏟아 부었다. 그러나 천하의
미색을 두루두루 살필 권한을 군주들이 갖고 있었기에 그 사랑을 한 여인에게
만 전적으로 쏟아 붓지는 않았다. 새 미인『전국책』에 따르면 위(魏)나라 왕이 보내준 위나
라 여인이 출현한 이후에 그는 애정과 사랑을 점차 그녀에게 옮겨갔으며 정수에
게 냉담해졌다.

이러한 상황이 되자 정수는 상당히 화가 났다. 그녀는 남편이 새로운 사람
을 좋아하고 옛사람은 혐오하는 것에 화가 났다. 그녀는 새 미인이 잔인하게
사랑을 빼앗아 간 것에 화가 났다. 그녀는 참으려야 참을 수 없는 상황이 되었
다. 무한히 참는다면 마지막에 가서는 버려질 가능성이 높으며 전혀 생각하기

싫은 처지에 몰릴지도 몰랐다. 그녀는 약한 여자가 아니었다. 그녀는 자기의 총명함을 사용하여 국면을 만회하려 하였다. 눈앞에서 그녀를 화나게 하는 두 남녀를 마주하면서도 그녀는 냉정하게 둘을 구별하여 상대하였다: 남편은 그녀의 생존뿌리이기 때문에 절대로 그의 미움을 사서는 안 되었다; 새 미인은 그녀가 물과 불처럼 용납할 수 없는 정적이었기 때문에 반드시 제거하여야 했다.

정수는 나름의 수단이 있었다. 그녀는 소동을 부리지 않고 아무런 일도 없었던 듯이 지내며 은근히 올가미를 만들어 갔다.

그녀는 깊은 관심을 가진 듯이 새 미인에게 말했다.

"대왕은 다른 사람들의 콧김을 아주 싫어하니 대왕을 만날 때 반드시 당신의 코를 가리도록 하세요."

새 미인이 이 말에 감격하여 그대로 따라 하였다. 회왕은 어찌된 일인지 어리둥절해 하며 이 사실을 정수에게 물어보았다. 그가 얻은 답은 "그녀가 대왕의 체취를 싫어하고, 역겹게 느껴 냄새를 맡을 수 없다고 합니다."

초회왕이 대노하였다. 화를 억제할 수 없었던 그는 새 미인의 코를 자르게 하였다. 새 미인은 이미 역겨운 존재가 되었다. 게다가 코까지 베어졌으니 더욱 역겹게 되었다. 회왕은 정수를 다시 총애하게 되었다.

총애를 잃었다가 다시 얻은 정수는 교훈을 얻게 되었고 자신의 세력을 강화하여 지위를 확고히 하려하였다. 그녀는 내궁에서 권위를 확립하면서 조정에서 지지하는 세력을 찾기 시작하였다. 강력하게 기댈 수 있는 산을 줄곧 찾고 있던 대신 근상靳尙, 미상~BC 311년, 성은 미(羋), 씨는 근(靳)으로 영(郢, 호북성 강릉(江陵) 기남성(紀南城)) 사람이다. 초 회왕 18년(BC 311년) 진(秦)에게 속은 것을 안 회왕이 장의를 죽이려 하였을 때, 장의의 뇌물을 받고 정수를 움직여 장의를 석방토록 하였으며, 그를 감시한다는 명분으로 진나라로 가는 도중에 위(魏)나라 사람 장모(張旄)에게 살해당했다.이 즉각 정수의 마음 쓰는 내용을 알아 차렸다. 두 사람은 각자 필요로 하는 것을 얻기 위해 단번에 짝꿍이 되었다.

정수의 이야기는 발이 없는 말이 천리를 간다고 각 나라에 전해졌으며, 장의張儀 미상~BC309년. 종횡가의 귀에도 들어갔다. 각종의 정치관계를 잘 이용하던 장의는 엄청난 보석을 얻은 듯이 정수의 신변에 주의를 기울이기 시작하였다. 그는 당시 진秦나라를 위해 힘을 쏟고 있었는데 일찍이 토지를 미끼로 초회왕을 유인하여 초나라와 제나라가 동맹을 깨도록 하였으며, 뒤에 가서는 땅을 주지도 않고 식언을 하였다. 회왕은 그를 원망하며 이를 부득부득 갈았다. 넓은 땅을 주고서라도 그의 목숨을 빼앗길 원하였다. 이런 상황을 이리저리 따져본 본 장의는 전혀 두려워하지 않고 자신의 초나라 가는 길을 반대하는 진혜문왕秦惠文王 BC356~BC311년 상앙(商鞅)을 제거하고 장의(張儀)를 기용하였으며 무신으로는 공손연(公孫衍), 사마착(司馬錯) 등을 기용하여 진의 천하통일을 위한 기초를 다졌다. 진나라 역사상 처음으로 '공(公)' 대신 '왕(王)'의 호칭을 사용하였다.을 설득하여 호위병도 없이 단신으로 초나라에 갔다.

그가 초나라 국경에 발을 들여놓자마자 회왕은 불문곡직하고 차꼬를 채워 감옥에 집어넣었다. 회왕은 날을 택해 그의 목을 벨 준비를 하였다.

장의는 조금도 당황하지 않고 다른 사람을 통해 근상과 관계를 맺었다.

근상은 정수를 찾아 사정을 제대로 밝히지 않고는 여인이 계속 총애를 차지하려는 특징을 이용하여 문장을 써갔다. 그는 먼저 그녀에게 그녀가 총애를 받을 시간이 길지 않다고 말하여 그녀를 놀라게 하였다. 그녀가 놀라서 그 이유를 묻자 그는 다음과 같이 말을 꾸며냈다.

"진에서 초의 토지를 돌려줄 때 왕가의 여인을 대왕에게 시집을 보낼 것이고 능히 가무를 할 수 있는 미녀를 같이 보내어 장의의 목숨을 구할 것입니다. 일단 진나라 여인이 초에 들어오면 대왕은 반드시 그 만남을 존중할 터인데 부인이 어찌 다시 총애를 얻을 수 있겠습니까?"

정수는 거듭거듭 놀라서 교활하기 짝이 없는 근상 앞에서 한 마리 작은 고양이로 변해 그가 놀리는 대로 행동하였다. 그녀는 놀라면서 대책을 물어보았다. 근상의 대답은 간단했다. 방법을 생각해서 장의를 돌려보내기만 하면 상황이 좋아질 것이라는 것이었다.

초회왕 신변으로 돌아 온 그녀는 일상의 지혜와 기지를 회복하여 아무 말도 하지 않았다. 잠자리에 들어 한 밤중이 되자 그녀가 울기 시작하였다. 이에 놀란 남편이 자초지종을 묻자

"대왕이 토지와 장의를 맞바꾸려 하시는데, 토지는 아직 보내지 않았는데 장의는 이미 왔습니다. 진이 먼저 예의를 갖춘 것입니다. 진나라는 강대한 나라로 초나라를 집어삼키려는 태세입니다. 만일 장의를 죽인다면 반드시 군대를 일으켜 초를 공격할 것입니다. 그때가선 우리 부부도 서로서로를 보전하기 어렵습니다. 장의를 후대하여 돌려보내 양국 간의 관계를 좋게 하는 것이 좋을

것 같습니다."

정치에 대해 아는 척했지만 실상은 잘 모르는 정수는 정치의 큰 도리를 들어 나라와 군주 나아가 부부의 앞날을 걱정하는 어투로 어리둥절해 하는 침상의 남편에게 말하였다. 결국 남편의 입에서 다음 같은 말이 튀어나왔다.

"그대는 염려하지 말라! 과인이 천천히 신중하게 처리할 것이야."

신중히 처리한 결과는 장의를 잘 대접하여 진나라로 돌려보내는 것이었다.

정수의 최후가 어떠했는지는 알려져 있지 않다. 초회왕은 다시 진나라에게 속아 진나라에서 억류되었으며, 그곳에서 죽었다.

(참고자료: 어리석은 군주 초회왕) 초회왕이 BC328년 왕위에 올랐을 때 초나라의 국력은 최고조에 달해있었다. 진(秦), 제(齊)와 더불어 3대강국이었다. 왕위에 오른 그 해에 즉, 국상을 치르는 기간에 위(魏)나라가 쳐들어와 초나라의 경산(徑山)을 취하였으나 초나라는 국내사정으로 반격을 가하지 않았다. BC323년 초나라는 위나라 공자를 귀국시키는 것처럼 하여 대사마 소양(昭陽)이 병력을 이끌고 위나라를 공격하였으며, 양릉(襄陵)에서 위나라 군대를 대파하여 결정적인 승리를 거두면서 8곳의 성을 빼앗으면서 경산의 치욕을 갚았다.

BC319년 위(魏)혜왕(惠王)은 초회왕이 제나라를 압도하는 것을 보자, 한(韓)선혜왕(宣惠王)과 신속하게 초나라 편으로 돌아서서 위나라가 줄곧 초나라와 같이하고 있음을 표시하고, 또한 진(秦)나라의 압박으로 인해 초와 계속 연합할 수밖에 없으니 진나라를 어떻게든 물리쳐달라고 회왕에게 건의하였다. 이로써 초나라는 제나라와 위나라 두 대국에 대해 우세를 확보하게 되었다. 원래 초 회왕은 날로 강성해지는 진나라를 공격하려는 생각을 가지고 있었다. 그는 공손연(公孫衍)을 기용하여 초와 다른 나라들이 연합하여 진나라를 공격하는 전략 즉 합종(合縱)책을 추진하였다. 공손연은 원래 위나라 사람이었는데 그가 위나라에 가서 위혜왕과 진나라를 공격할 계획을 상의하였다. 위혜왕은 당시 위나라 재상 장의(張儀)를 파면하고 공손연을 새 재상으로 임명하였다. 공손연이 초(楚), 제(齊), 조(趙), 위(魏), 한(韓), 연(燕), 의거(義渠 진나라 서쪽에 있던 국가) 7국이 하나로 연결되어 진나라를 공격하는 합종전선을 구축하였다. BC318년 한, 조, 위, 연 등 나라가 공동으로 초 회왕을 합종장으로 추대하고 동서양면에서 진나라를 공격하였다. 이에 초 회왕의 명성이 높아져 위 혜왕 이후의 패자(覇者)가 되었다. 그러나 국가별로 다른 마음을 품고 있어 결국 진나라를 공략하려던 합종전선이 무너졌으며, 진-제-초가 3대 세력이 되었다. 제와 초는 동맹을 결성하였다 BC313년 제-초 연합군이 진의 곡옥(曲沃)을 공략하여 취득하였다.

BC312년 진나라 장의(張儀)가 초회왕을 속여 초나라가 제나라와 동맹관계를 끊으면 진나라가 상(商)지역 600리의 땅을 떼어주겠다고 하였다. 땅 욕심이 과했던 초회왕은 제와 연합하여 진나라에 대응해야 살 수 있는 길을 버리고 장의의 유혹하는 말에 속아 제나라와 관계를 끊었으나 돌아온 것은 겨우 6리의 땅이었다. 회왕은 분노와 부끄러움 속에 진나라를 공격하였으나 진나라 장수 위장(魏章)에게 단양(丹陽)에서 대패하였다. 초회왕이 다시 전국의 부대를 재소집하여 진나라를 공격하였으나 남전(南田)에서 또 참패하였다. BC311년 진나라가 초나라 소릉(召陵) 지역을 점령함에 따라 초나라가 진나라와 세 번을 싸웠으나 전부 패하였다. 한나라와 위나라가 그 기회를 틈 타 초나라의 중원 땅을 공략하면서, 초나라의 대국지위가 무너졌으며 이때부터 초나라가 몰락의 길로 들어섰다.

BC306년 초나라가 월(越)나라의 국내가 소란한 틈을 타서 제나라와 연합하여 월나라를 공격하여 월나라의 수도(월나라가 멸망시킨 옛 오나라 도읍)를 점령하고 월왕 무강(無彊)을 살해하였으며, 옛 오나라의 절강(浙江)지역을 전부 공략하여 획득하고 강동(江東)에 군(郡)을 설치하였다. 월나라가 이로 인해 붕괴되었고 남은 인원이 월나라 옛 땅으로 도망갔으며, 각 부족의 자제들이 서로 권력다툼을 벌이면서 양자강 남부 바닷가 지역으로 밀려났다.

BC301년 제나라가 한나라와 위나라와 연합하여 수사(垂沙)에서 초나라를 대파하였으며, 이와 동시에 진나라 역시 병력을 일으켜 초나라를 대파함으로써 초나라가 다시 한 번 쇠락하였다.

BC299년 진나라가 초나라 8개성을 점령한 후에, 진(秦) 소양왕(昭襄王)이 초 회왕에게 무관(武關)에서 만나서 문제를 해결하자고 하자, 초회왕은 소수(昭睢), 굴원(屈原)의 만류에도 불구하고 무관에 갔으나 결국 진나라 군대에 의해 억류 되었다. 진 소양은 회왕에게 목숨을 건지려면 땅을 내어놓으라고 협박하였다. 여전히 국가에 대한 책임감을 갖고 있던 초회왕은 이 제안을 거절하였다. 진나라는 초회왕을 협박하여 초나라 땅을 가뿐하게 얻으려던 생각이 무산되자 초회왕을 감옥에 가두었다. 초회왕이 갇혀있는 동안 초나라는 태자 미횡(羋橫)을 왕으로 세웠는데 그가 경양왕(頃襄王)이다.

BC297년 초 회왕이 감옥을 탈출하였으나, 진나라 복병이 초회왕이 초나라로 돌아가는 길을 절단하여 초 회왕을 억류하여 땅을 얻으려고 하였다. 초회왕은 진나라 사람들의 말을 거절하고 조(趙)나라로 도망갔으나 조나라가 초 회왕의 입국을 거절하였으며, 이에 위나라로 도망갔으나 중도에 진나라 군대에게 붙잡혔다. 초회왕은 어쩔 수 없이 진나라로 다시 붙들려가게 되었고 BC296년 울화병으로 함양(咸陽)에서 죽었다. 진나라는 그의 시체를 초나라에 보냈으며, 초나라 사람들은 모두 그를 가엾게 여겨 친척이 죽은 것처럼 슬퍼하였다.

제2부

진한秦漢의 바람

꿈속의 한비자

영원한 제국을 꿈꾸며

겉모양만 위대한 유학자

이류二流 열전

오호장군五虎將軍

제2부

꿈속의 한비자

1

어젯밤 어둠이 내리고 등불을 아직 밝히지 않았을 때, 창밖의 차가운 달이 점차 하늘로 떠오르며 서가에 달빛을 뿌렸다. 달빛에 비친 『사기』 중에서 손가는 대로 한 권을 뽑아들고는 등불을 켜고 침대위에 비스듬히 기대어 아무렇게나 펼쳤는데 『한비전韓非傳』이었다. 글을 읽다 피로하여 천장을 보며 누웠다.

갑자기 서북지역의 황토지역에 내가 가있었다. 양고기 파오모중국 서북지역의 식품으로 빵을 으깨어 양념한 다음 끓는 소고기 국물이나 양고기 국물에 말아서 먹는 음식.음식점에 들어갔다. 한비자韓非 BC 280~BC 233년, 한왕의 아들이며 순자(荀子)의 학생으로 이사(李斯)와 동문이다가 창가의 구석진 곳에 앉아서 왼손으로는 자그마하게 구운 밀가루 떡을 잡고, 오른 손으로는 소고기·양고기 탕을 내밀고 울적해하며 먹고 있었다. 머리에 흰 두건을 두른 사환이 이 모습을 이상하게 여기며 눈을 크게 뜨고 손님들과 귓속말을 나누고 있었다. 갑자기 옆에서 검객이 뛰어 들어오며 펄펄 끓는 소고기·양고기 탕을 빼앗아서는 정면으로 한비를 향해 쏟아 부으며 큰 소리로 한마디 내뱉었다.

"당신은 양고기 파오모를 먹는 방법을 모르는가?" 그리곤 칼을 휘둘렀다.

깜짝 놀라 깨보니 한바탕 꿈이었다.

기괴한 일이었다. 어찌해서 이런 꿈을 꾼단 말인가? 자세히 곱씹어 보니 양고기 파오모를 먹는 방법은 먼저 자그마하게 구운 밀가루 떡을 찢어서 가루로 만들어 빈 그릇에 집어넣은 후에 소고기·양고기 탕을 부어넣어 잘 섞는 것이었다. 한비자는 밀가루 떡과 탕을 분리하여 먹었으니 뚜렷하게 당지 민속의 먹

한비자 출처: 百度 www.baidu.com

는 법을 어긴 셈이다. 이로 인해 사람들에게 백안시되고 비난을 받았으며 칼베임을 당했다.

다시 『한비전』을 들추어보고 또한 프로이트의 『정신분석론』을 통해 내 꿈을 해석하면서 홀연히 한 깨달음을 얻었다. 원래 한비자의 생애는 굴절된 것이었다. 그의 학술은 너무 뛰어났지만 자신을 세속이란 탕 속에 녹여서 사회와 혼연일체가 되기 어려웠다. 즉, 다른 사람들에게 받아들여지기 어려웠다. 이로 인해 결국은 죽음의 화를 불러왔다.

한비자는 대단한 인물이다. 법가法家 학설을 집대성하여 이를 크게 알린 사람으로 제자백가 중에서 몇 손가락에 꼽히는 인물이었다. 당시에도 명성이 자자했으며 후세에도 그 이름이 널리 전해졌고, 큰 지혜와 슬기로움으로 칭송되었던 인물이었다. 그러나 역사적으로 큰 인물이었지만 평생 그 뜻을 펼치지 못하였으며, 화를 복으로 돌릴 힘도 없었고, 끝내는 자신의 생명조차 온전히 보전할 수 없었다. 사상가들이 생전에 얼마나 많은 곡절을 겪고, 초라하게 되며, 좋은 결말을 맺지 못하게 되는지를 한비자가 먼저 보여주었다. 선진先秦의 사상가들 중에서 헤아려보면 그가 가장 처참하였다.

2

인간 세상에 정통의 귀족 출신으로 태어나 부귀한 가문의 일원이 되면서 한韓나라의 공자公子 한비자의 인생은 화려하게 시작되었다. 그러나 그 처음이 태평성세가 아니라 난세에서 시작되었다. 한韓나라의 생존 가능성이 역사상 가장 밑바닥에 처한 시기이자, 진秦이 강제로 한을 집어삼키려 위협을 가하던 시기였다.

성인이 된 후에 그의 나라를 걱정하는 의식은 날이 갈수록 커졌다. 그는 종친의 아저씨들이나 형제들처럼 금빛안장이 있는 준마 위에서 시간을 보내거나, 그의 성욕性慾을 꽃같이 아름답고 백옥같이 고운 여인들에게 쏟아 부으며 지내기를 원하지 않았다. 그는 한 마음으로 나라를 구하고 모국을 약한 나라에서 강대한 나라로 변화시키려 하였다. 그는 대유학자인 순자荀子 BC 313년경~BC238년를 스승으로 삼아 그 시대 가장 필요한 제왕학을 배웠다.

학문을 이룬 후에 그는 다른 이들 보다 뛰어난 깨달음으로 밤낮없이 연구를 하여, 스승과 신도慎到 BC390~BC315년. 법가 창시자의 한 사람. 제나라 직하학궁(稷下學宮)에서 가장 영향력있던 학자 중 한 사람. 조(趙)나라 한단(邯鄲)사람, 신불해申不害,BC385~BC337년 정(鄭) 경읍(京邑)사람. 법가 창시자 중 한 사람.의 사상을 제련하여 정수를 뽑아내고 이를 엮어 발전시킴으로써 법가의 학설을 집대성하였다.

책을 저술하고 자기의 이론을 세우는 단계에서 한비자는 자부심과 진솔함, 동경이 충만하였다. 그는 일단 군주가 자신의 학설을 받아들인다면 한나라를 천하에서 중심이 되는 위치로 변화시킬 수 있다고 생각하였다.

그가 자신의 의견을 개진하기 시작하였으나 바라던 결과와는 반대로 한나라 왕 한안韓安성은 희(姬), 씨는 한(韓), 이름은 안(安)으로 환혜왕(桓惠王)의 아들로 BC239년 즉위하여 9년간 통치하였으며 BC230년 진(秦)에 의해 멸망하였다.은 전혀 그의 말을 받아들이지 않았다. 찬물을 계속 뒤집어썼지만 그는 이를 바로 받아들이지 않고, 어려움을 무릅쓰고 계속해서 왕에게 자신의 의견을 말하였다. 정말 입술이 부르트고 혀가 헤어질 정도로 수없이 이야기하였으나 결과는 여전히 똑같았다.

한안은 그의 의견을 소중하게 여기지 않았으며, 곁에 있는 사람들도 힐끗거리며 그를 경멸하였다. 아무도 그에게 반응을 보이지 않았고 지지하지도 않았다. 그는 실망하여 마음이 아팠다. 내심으로부터 외양으로 그 아픔이 내비쳐졌다.

눈썰미가 있는 사람은 한비자가 확실히 잘못된 사람에게 헌책을 하였다는 것을 명확히 알고 있었다. 한안은 성격이 우유부단하였으며 그릇이 작고 기개가 없는 평범하기 짝이 없는 사람이었다. 만일 운명의 안배가 아니었다면 절대로 한나라의 군주가 될 수 없었다. 요행히 군주가 되었으나, 나라의 대세가 기우는 국면을 맞이하였다. 그는 이런 국면에서 다른 사람들의 뜻을 맞추어주려는 노력을 하였으나 조금도 효과를 볼 수 없자 소극적으로 현실을 인정하였다. 진秦나라의 살기등등한 기세에 그저 땅을 조금씩 떼어주며 화평을 구하는 임시방편의 정책을 취하였다.

비록 제일 무능한 군주일지라도 국토가 재산인데, 다른 사람에게 땅을 떼어주면 군주로서 가슴 아프지 아니하였겠는가? 그러나 땅을 내주어야만 하는 지경에 이르자 한안은 어쩔 수 없는 일이라고 여겼다.

한비자가 말하였다: 문제는 외부에 있는 것이 아니라 내부에 있으며, 현재의 유학자들은 문장으로 법을 혼란케 하고, 협객들은 무력으로 금지된 것들을 범하고 있다. 간신과 소인배들이 어디에서나 활개치고 있으며 아랫사람과 윗사람이 서로 맞지 않고 도처에 혼란이 계속되어 한韓은 이미 가장 위험한 시기에 처해 있다.

한비자가 또 지적하였다: 국면이 이렇게 나빠진 것만 볼 필요가 없다. 문제를 해결하는 방법은 내가 이미 찾아내었으니, 당신이 있는 이곳에서 시작하면 된다. 정신을 차리고 나의 법法, 술術, 세勢 삼위일체의 법가학설을 받아들여, 법法으로써 법도와 기강을 변화시키고, 술術로써 군왕의 존엄과 권위를 높이며, 세勢로써 지고무상의 왕권과 통치력을 강화하여, 한나라의 정치상황을 조정해야한다. 이렇게만 한다면 모든 것을 할 수 있으며 모든 문제를 손쉽게 해결할 수 있다.

한비자가 왕에게 올린 말들을 한안은 은밀히 생각하였다: 이 귀공자의 말은 이치적으로 보면 확실히 의미가 있지만 실제와는 거리가 너무 멀다. 지금은 한국이 근본적으로 이렇게 하는 것을 허용할 수 없는 상황이다. 네가 너의 학설을 사용하여 나부터 일어서라고 하지만, 개개인들이 모두 자기의 이익만을 추구하는 국가의 기풍에서 위와 아래가 모두 썩었는데 나 혼자를 의지하는 것이 무슨 소용이 있겠느냐? 만일 너의 학설을 억지로 사용한다면 내가 견디지 못할 정도로 피곤하게 되고, 관료들은 새로운 것에 익숙하지 못하게 되며 백성들 역시 그러할 것이다. 그렇게 되면 종국에는 여기저기서 원망하는 소리가 생겨날 텐데 현재 존재하는 질서가 더욱 혼란스러워져 수습하기 어렵게 될 것이며 한국의 패망을 더욱 빠르게 할 것이다.

수년간 군주의 자리에 앉아있었고 장기간 항상 보고 들어 익숙해진 정치적 영향으로 비록 능력은 떨어질지라도 한안은 국가의 일을 어떻게 처리할지에 대한 자신 나름의 생각을 갖게 되었다. 그의 정치경험이 그 자신에게 말하였다: 아름다운 생각은 아름다운 생각일 뿐이다. 현실을 무시할 수는 없다. 군주로서 비현실적인 생각을 할 수는 없고 실질적이어야 하며, 국가의 상황에 맞게 문제를 고려해야 한다.

한비자의 건의를 사용할 수 없으며, 절대로 사용할 수 없다고 한안은 명료하게 생각하였다.

그는 한비자가 너무 젊으며, 혈기가 지나치게 왕성하고, 서생 기질이 지나치다고 여겼다. 세상 경험이 너무 일천하며 아직 상황의 복잡성, 인간관계의 험악함, 일처리의 어려움을 제대로 이해하지 못한다고 생각하였다.

그는 장탄식을 했다: 이 나라는 내 것인데, 내가 어찌 내 나라가 부유해지고 강대해지는 것을 바라지 않겠는가? 천하대사에 중요한 역할을 하여 아주 당당하게 빛을 발하며 제후들의 존경을 받기를 바라지 않겠는가? 그러나 현실이 이를 허락하는가? 근본적으로 누구도 능히 천하의 대세를 뒤집을 수 없다. 설사 신선이 이 세상에 내려올지라도 마찬가지 일 것이다. 단지 작은 부분을 수리하고 보완하는 것, 작은 수술만하면서 국가를 유지해 나가는데 힘을 쏟을 수밖에 없지 않은가?

한 걸음 한 걸음 내딛으며 한안의 마음은 타버린 재와 같이 변해갔다.

나라를 구할 방도가 없게 되자 한비자는 한韓왕의 어리석음과 용렬함을 원망하며, 국가를 심연 속에서 끌어내올 수 있는 학설을 내려놓은 채 한나라가 멸망의 길로 가는 것을 지켜볼 수밖에 없었다.

그는 오로지 강력한 약을 써서 임금을 돕고 나라를 구하고자 하여, 이 약 방문을 썼으나 병자가 받아들이지 않으리라고는 전혀 생각하지 못하였다. 여러 차례 퇴짜를 맞은 후에 환상이 깨지자 대단히 불쾌하고 분기가 가득하게 된 그는 고상한 정신의 봉우리에서 떨어지면서 삐딱한 방식으로 『설난說難』을 써 내려갔다. 겉으로는 군주에게 제언을 하는 방식으로 서술하였으나 속으로는 도리어 상대방이 좋고 나쁨을 알지 못하는 것을 나무라는 것이었다. 이를 통해 가슴 속에 있는 응어리들을 없애려고 하였다.

군주가 사용을 하지 않자 한비자는 집으로 돌아가 문을 걸어 닫고 책을 쓰며 자기의 이론을 세우는데 힘을 쏟았다. 사상을 문자로 변환시키면서 인생의 적막과 고독을 스스로 달래었다.

한비자는 한안을 혼용한 군주로 여겼으며, 한안은 한비자를 세상물정 모르는 서생원으로 여겼다. 서로가 서로를 낮추어 보았다.

군주와 학자. 그 사이에 썩어문드러지는 현실이 가로 막고 있어 서로를 이해할 방법이 없었다.

한비자는 고립되었다. 그는 신릉군信陵君 미상~BC243년. 위무기(魏無忌) 위나라 공자, 평원군平原君 미상~BC251년. 조승(趙勝) 조(趙)무령왕(武靈王)의 아들, 춘신군春申君 BC314~BC238년 황헐(黃歇) 초나라 대신, 맹상군孟嘗君 미상~BC279년 전문(田文), 제(齊)위왕(威王)의 손자 같은 군자들처럼 그를 위해 계책을 마련해, 군왕과 유효적절한 대화를 하도록 도와줄 문객들이 없었다. 그는 지위가 낮았기 때문에 당연히 있어야할 권위도 없었으며, 조정에서 자기의 세력범위를 갖추어 군왕에게 영향을 줄 수도 없었다.

만일 뒷날의 형세가 변하지 않았다면 군주와 대립하는 정서가 날이 갈수록 심해진 한비자가 자신의 모국에서 어떠한 결말을 맞았을지 낙관하기 어려운 일이었다.

3

한비자의 학설은 뜻밖에 담장 밖에서 꽃을 피웠다.

줄곧 운이 순조롭지 못했던 한비에게 홀연히 전기가 찾아왔다. 그의 운이 전환된 이유를 그는 전혀 짐작할 수 없었다. 왜냐하면 그 전기를 마련해 준 것이 한韓나라를 늘 협박하고 있던 진秦나라였으며, 한안이 그 이름만 들어도 안색이 변하는 진왕秦王 영정嬴政 BC259~BC210년, 훗날 진시황이었다.

한번은 영정이 손가는 대로 책 한권을 뽑아서 훑어보았는데 보면 볼수록 점차 그 책에 빠져 들어갔다. 그가 열심히 책을 읽기 시작하였는데 읽으면 읽을수록 놀라움을 금치 못하였으며, 흥미진진하여 앉아서만 읽을 수 가 없었다. 그 책을 다 읽고 나자 장탄식을 하였다.
"아아~ 과인이 이 사람과 같이 거닐 수 있다면 죽어도 한이 없겠구나!"
그는 이 너무나 놀라운 책의 저자가 누구인지 전혀 몰랐다. 옆에 서있던 이사李斯, BC284~BC208년가 말했다.
"이것은 한비자가 저술한 책입니다."

통일대업을 이루고자하는 영정은 일찍이 자신을 이끌어 줄 이론의 근거가 될 일종의 사상을 필요로 하고 있었다. 이 사상은 반드시 맹렬하면서 악랄해야 하며, 굳세고 강하여 강력함·폭력·무력과 능히 서로 적용이 될 수 있어야 했다. 이 사상은 사람의 손발을 묶는 도덕을 제거하며, 일을 하는 것에 장애가 되는 중용中庸에 대항할 수 있고, 피가 흥건한 목 베인 머리들이 여기저기 뒹구는 사업을 떳떳한 천하의 대의로 말할 수 있어야 했다. 이 사상은 자신을 누구와도 비교할 수 없는 가장 높은 자리에 올려줄 수 있으며, 신하와 백성들이 그의 지휘에 절대복종하도록 다스릴 수 있어야 했다. 또한, 진나라의 위아래를 하나로 뭉치게 할 수 있어야하며, 현재의 국가 간 균형을 능히 깰 수 있어 제후들이 바라만 보아도 두려워하게하며 나아가 통일을 이룰 수 있는 사상이어야 했다.

이러한 사상은 실제 찾기 매우 어려웠으며 비상한 예지를 가진 작가가 아니라면 절대로 명백히 논할 수 있는 것이 아니었다.

아무리 찾아도 찾을 수 없었는데, 돌연히 이러한 사상을 가진 저자를 찾게 되자 그는 너무나 흥분했으며, 감격했다.

영정은 하려고 맘먹은 일은 반드시 추진하는 사람이었다. 그가 원하는 사람도 반드시 수중에 넣어야 했다. 한비자를 손에 넣기 위하여 그는 병력을 동원해 한韓나라를 공격하였다. 상대방이 견딜 수 없어서 평화회담을 제시하였다. 그는 가는 사람 편에 말을 전하였다: 평화회담은 가능하다. 단, 한비자가 진나라에 와서 담판을 해야 한다.

진왕이 뜻밖에도 한비자가 와서 담판해야한다고 요구하자 한안은 한비자를 다시 생각하지 않을 수 없었으며, 갑자기 이 서생이 자기가 생각하는 것처럼 그렇게 간단한 인물이 아니라 아마 인재일 것 같다고 여기게 되었다. 그는 더 일찍이 한비자를 기용하지 못했던 것에 대해 약간 후회를 한 것 같았다. 그러나 시간이 워낙 촉박하였기 때문에 더 이상 생각하지 않고 어떠한 여지도 남기지 않으며 한비자를 협상사절로 임명하였다.

국가에 어려움이 닥치고 군왕의 명령이 있으니 한비자는 달리 선택할 여지가 없이 길을 떠날 수밖에 없었다.

진나라 국경에 들어서자 그는 융숭한 환영을 받았으며, 진왕의 고품격의 접대를 받았다. 그는 의혹을 풀지 못한 채 주인이 하루 빨리 회담을 안배하기를 희망하였다. 그러나 상대방은 대충 얼버무리면서 정면으로 답을 하지 않았다. 며칠이 지나 몇 번의 대화를 통해 비로소 진왕이 그가 와서 담판을 하라고 한 것은 구실에 불과하고 진정한 원인은 진왕이 그를 마음에 들어 하여 고급참모로 삼으려한다는 것이었다. 진왕은 한비자와의 협력이 필요했다. 그의 책을 통한 지도가 필요했을 뿐만 아니라 그가 더욱 민첩하게 말로써 지도하는 것을 필요로 하였다. 자신의 신변에서 그의 사상을 해석해주면서 새로운 사상, 새로운 전략을 제공해 주는 것을 필요로 하였다.

한비자는 자기의사와 관계없이 이미 진나라에 왔기 때문에 떠나려야 떠날 수도 없었다. 어쩔 수 없이 주인이 안배한 것을 따를 수밖에 없었다. 강제로 남게 되어 천천히 현실에 부딪히면서 그는 마음속으로 시달리는 과정을 겪게 되었다. 이상과 현실, 감정과 이성이 부딪쳐 편안히 잠을 잘 수도 없는 지경이었다. 그러나 운명에 순종할 수밖에 없었다.

자신의 학설이 자신의 국가에서는 벽에 부딪혔으나, 오히려 최대의 적으로 여기던 영정에게 최대의 찬사를 듣게 되자 그의 심정은 복잡해졌다. 그는 한안이 인재를 알아보지 못하여 수년간 뜻을 펴지 못한 것에 유감을 느끼면서도 끝내 누군가 자신을 알아 준 것이 기뻤다. 명성이 좋지 않은 영정이 자신을 알아주는 반면, 모국을 위해 힘을 쓸 수 없는 것에 유감을 느끼면서도 끝내는 자신의 능력을 펼쳐볼 곳이 있다는 것에 기쁨을 느꼈다.

유감 속에서 솟아나온 기쁨이 있었지만, 이 기쁨에는 극단의 고통이 함께 하였다.

고통스런 마음으로 지내는 생활 속에서 그는 하나의 도리를 깨닫게 되었다: 모든 사람에게 받아들여지며, 온 세상이 모두 표준으로 삼는 이론은 아주 드물다. 어느 이론이 아무리 심오하다고 할지라도 이 세상의 만사만물과 마찬가지로 적합한 시기와 지역과 사람을 얻어야 비로소 적합하게 쓰일 수 있다. 그렇지 않다면 단지 쓸모없이 버려지는 죽간竹簡에 불과하다.

진, 한 두 나라에서 자신의 학설이 취급받는 상황을 보자 그는 그의 학설이 그 기세가 지나치게 크다는 것을 인식하게 되었다. 또한 구체적으로 운용하려면 지나치게 복잡하고 힘이 든다는 것을 알게 되었다. 일반 군왕의 성격, 소질, 수준, 문화성향으로는 이러한 학설을 받아들이기 어려우며 한안도 그 중의 한 사람에 불과하다는 것과 그의 학설을 높이 평가하고 사용할 수 있는 사람은 뛰어난 재능과 원대한 계획을 갖추고 있는 영정贏政외에는 이 세상에 다른 사람이 있을 수 없다는 것을 깨닫게 되었다.

그의 학설을 진왕이 마음에 들어 하자 한비자는 난처하였다. 수년간 그가 연구한 목적은 바로 어떻게 하면 한나라를 강국으로 만들어 진나라에 유효적절하게 대처할 것인지, 천하제패를 호시탐탐노리고 있는 진왕 영정에 대항하여 한나라의 땅이 잠식되는 것을 막을 수 있을지에 대한 것이었기 때문이다. 이 때문에 그는 한왕의 냉대를 받았으며 현실에 맞지 않는 고루한 서생으로 여겨졌었다. 뜻밖에도 운명의 장난으로 상황이 뒤집혀 한 바퀴를 돌아 그의 학설을 영정에게 바치게 되었다.

세상사의 변화는 실제로 그를 웃을 수도 울 수도 없게 만들었다.
조물주가 안배하는 상황에 쓴 웃음을 질 수 밖에 없었다. 무슨 말을 더 할 수 있었겠는가?
자신이 자신의 주인이 될 수 없는 상황이라 영정과 협력하는 길을 걸어갈 수밖에 다른 도리가 없었다.
말은 협력이지만 사실은 영정을 위해 힘을 쏟는 것이다. 이러한 관계가 시작되자 쌍방의 지위가 두 사람의 주종관계를 결정지었다. 영정은 그의 생활에 상응하는 대우를 제공하고 한비자는 그를 위해 어려운 문제에 대한 답변을 하였다. 영정이 필요한 것은 무엇이든지 물어볼 수 있었으나, 그는 상대방의 전체적인 정책에 간섭할 수는 없었다. 영정은 그의 태도와 품질을 가지고 상과 벌을 정할 수 있는 반면에 한비자는 자신의 심경에 기대어 떠나고 남는 것을 결정할 수 없었다.
주종관계는 근본적으로 공평하게 같이 일을 할 수 없다.

부드럽고 기쁜 낯빛으로 상빈으로 대접을 해주었기에 처음 얼마동안 영정의 한비자에 대한 태도에는 무어라 말할 수 있는 것이 없었다. 그는 그와 만나기를, 생명을 걸고서라도 만나기를 기대했었다. 아마 기대치가 너무 높았던 탓이리라. 정말로 그를 만나게 되고 어느 정도 같이 지내게 되자 점차 상대방이 자신이 생각했던 능력을 갖추고 있지 않다고 느끼게 되었다. 얼굴을 마주하는 대화를 통해 한비자는 다시 어려움에 빠졌는데 그 상황이 이전에 한나라에 있을 때보다 나을 것이 없었다. 그는 조용히 앉아 마음을 다스리며 글을 쓰는데 능했으며 그의 사상은 이미 기본적으로 모두 책에 기록되어 있었다. 자유롭게 말을 나누는 것은 그의 장기가 아니었다. 그는 말을 더듬거렸으며, 힘들여 말을 하였다. 영정과 마주하자 그는 책속에 있는 말을 그대로 옮겼으며 무슨 새로운 것을 말하지 않았다. 그의 말재간이 너무 떨어졌다. 죽은 것도 산 것으로, 다 썩은 쇠도 금으로 만들어 내는 유세객과는 전혀 달랐으며, 그저 있는 그대로 이야기할 뿐 에둘러 이야기하거나 기회를 틈타 일을 추진하는 것과는 거리가 멀었다. 그의 말은 기교도 없고, 감정적 호소력도 없어 듣는 사람이 강렬한 흥미를 느낄 수가 없었다.

정말 제대로 말하기가 어려웠다! 한비자는 말로 표현해내는데 있어서의 장애를 넘어설 수 없었으며, 요구가 대단히 높은 영정을 설복할 힘이 없었다.

영정이 마지막에 내린 결론은 '군대를 동원해서까지 얻어 온 이 자는 거시적 이론은 연구할 수 있지만, 일단 실질적인 문제를 만나게 되면 이를 꿰뚫지를 못하는 구나. 이 자의 책은 소용이 있지만 이 자 자체는 별로 쓸모가 없구나.'였다.

이러한 결론을 얻은 후에도 영정은 여전히 겸손하게 그를 대우해 주었으나, 처음 만났을 때의 진지함은 없었다.

민감한 한비자는 이를 눈치 챘으며, 영정이 다시는 그를 믿고 사용하지 않으리란 것을 알았다.

군왕이 인재를 필요로 할 경우 그는 제일 좋은 태도를 보여주어 그 인재가 군왕에 대해 호감을 갖도록 하지만, 일단 절박한 필요를 해결하고 나면 그 때는 또 다른 문제가 된다. 이러한 면에 있어 영정은 아주 뛰어난 능력을 발휘하였는데, 그는 자신이 필요로 하는 인재를 대할 때는 군왕의 자세를 철저히 내려놓고 인재가 필요로 하는 것들을 다 채워주며 아주 겸손하게 처신하였다. 그러나 그 인재의 소용이 사라진 후에는 이전의 태도를 백팔십도 바꾸어 냉대하였으며 심지어 한달음에 그를 내쫓았다. 이러한 것에 대해 그는 조금도 꺼려하는 것이 없었으며 상당히 자연스럽게 처리하였다. 그렇지 않았다면 그는 자신의 짐이 너무 무겁다고 느껴, 새 인재를 받아들여 새 문제를 해결하려는 정력을 갖지 못하였을 것이다.

영정을 위해 대전략을 만들었던 위료尉繚는 영정의 사람됨에 대한 그의 관점을 다음과 같이 생동감 있게 말하였다.

내가 진왕의 사람됨을 자세히 살펴보니 코가 뾰족하고 눈이 길고 매의 가슴과 늑대의 목소리를 가지고 있으며, 성질이 거칠고 사나워서 잔인하고 은혜가 적다. 사람을 사용할 때 능히 자신을 굽힐 수 있으며, 사용하지 않을 때는 가볍게 내쳤다. 오늘날 천하가 아직 통일되지 않았기 때문에 그가 몸을 굽혀 서민의 인재를 구하지만, 만일 그가 뜻한 바를 얻는다면 천하를 마음대로 짓밟을 것이다.

위료는 일찍이 그의 기지에 기대어 앞으로 나가기 위해 먼저 물러났다. 즉, 여러 차례 영정의 요구를 거절하며 도망치는 것으로 영정을 위협하였으며, 이를 통해 상호간의 관계를 다시 조정하였다. 그러나 서생기질이 극히 농후하였던 한비자는 비록 인간관계의 오묘함에 대해 아주 깊은 식견을 가지고 있었으나, 자신의 처세 방편으로 삼을 방법이 없었고, 영정과의 관계가 바닥을 친 후에도 속수무책으로 그저 운명의 안배만을 따를 수밖에 없었다.

영정의 눈에 들었을 때가 한비의 인생에 있어 유일하게 휘황찬란하였던 시기였다. 그러나 천년에 한번 피는 우담바라 꽃이 순식간에 사라지듯 그의 찬란함은 번쩍하고는 사라지며 바로 암담함으로 변하였다.

4

한비자는 영정의 신뢰를 얻지 못하였으나 도망갈 수가 없었고, 진왕 신변에서 특수 대우를 받는 '죄수'가 되어 타향의 외로운 과객이 되었다.

그와 영정은 연분이 있었지만 그 인연은 너무나 얕았고 너무나 순식간이었다. 인연이 다하자 화로 변하였다. 화는 겹쳐서 온다고, 이사와 사이에도 화가 되었다. 영정과 이사 두 사람과의 화가 겹쳐지면서 큰 재난이 되었으며, 그를 멸망의 구렁텅이로 빠지게 하는 큰 재난이 되었다.

이사는 모르는 사람이 아니라 그와 동문으로, 순자荀子문하에서 같이 수업을 하였다. 두 사람은 각각 뛰어난 점이 있었다. 스승의 적절한 가르침 속에서 각자 마음을 다하여 제왕학의 정수를 세심하게 탐구하였다. 한비자는 학술적으로 심층연구를 하는데 뛰어났으며 이사는 이론을 실제에 적용하는데 실력이 있었다.

학문을 익힌 후에 한비자는 모국으로 돌아가 힘을 다하였으며, 이사는 진秦나라 조정에 들어가 쉽지 않은 경쟁과 노력을 거쳐 끝내 뿌리를 내렸으며, 영정의 신임을 받아 수석 재상이 되었다. 누가 알았겠는가? 세상은 좁아서 돌고 돌아 영정의 한 마디말로 두 사람은 다시 동료가 되었다. 여러 해를 동문수학하였기 때문에 서로 너무 익숙하였으며 서로를 너무나 잘 알고 있었다. 어쩔 수 없이 같이 일을 하게 된 날로부터 두 사람은 동문의 우정 속에 서로 정중하게 대했지만 무심결에 서로를 얕보게 되었고 충돌이 일어났다.

한비자가 등장한 것에 대해 이사는 끄집어내어 말하기 어려운 맛을 마음속으로 느끼고 있었다. 한비자의 귀족적 기질이 그를 귀퉁이로 몰아넣어 자신이 아주 속된 기질을 가진 것처럼 느끼게 하였다. 한비자의 깊으면서도 고상한 견해에 비하면 자신의 견해는 천박하기 이를 데 없는 듯한 느낌을 갖게 하였다. 그의 앞에서는 자신이 부끄럽고 더러운 것 같은 느낌을 떨쳐버릴 수 없게 되었다. 그는 옛 동문의 학문수준이 자신보다 훨씬 높으며 영정이 이러한 큰 학문을 필요로 한다는 것을 알고 있었다. 벼슬길에서 여러 해를 구른 그는 이러한 상황이 자신에 대해 무엇을 의미하는 것인지 명확히 알고 있었다. 군왕은 스승을 필요로 한다. 스승이 그가 어떻게 해야 할지를 가르쳐 주길 바란다. 그

한비자 출처:百度 www.baidu.com

러나 진정한 스승은 한 사람만 있을 뿐이다. 만일 한비자가 어느 날 이 자리를 차지하게 된다면 이사 자신의 앞길이 반드시 영향을 받게 될 것이다.

한비자가 무시무시한 상대이자 또한 유일한 적수라고 이사는 재빠르게 판단을 내렸다.

지방의 작은 관리로부터 군왕의 수석재상이 되는 길은 아주 멀고먼 길이었다. 이사는 어렵게 걸어갔으며, 시고 쓴 맛을 다 맛보며 걸어갔다. 어느 때는 걸어가고 싶지 않았지만 부귀영화를 위하여 또한 남들보다 앞서기 위하여 억지로 견디며 두꺼운 얼굴로 세상을 걸어갔다. 마치 쥐가 곡물창고에 있느냐 변소에 있느냐에 따라 다른 경우를 만나듯이 그는 세상의 환경 속에서 높은 자리의 보장이 없다면 사람은 바로 어려움을 겪게 되고 비천함과 초라한 처지가 되어 평생 머리를 높이 쳐들지 못하며, 사는 것이 사는 것 같지 않게 된다는 것을 알고 있었다. 그는 자신이 잡은 지위에 전부를 걸고 있었다.

그는 자신의 스승 즉, 순자와 헤어지는 서신 속에서 다음과 같이 말한 바 있다.

제가 듣건대 한번 온 기회는 놓칠 수 없으며, 그 시간은 다시 돌아오지 않는다고 합니다. 지금 제후들이 서로 다투고 있어 각지에서 유세객들이 중용되고 있습니다. 이제 진秦왕이 천하를 평정하고 제帝를 칭하며 천하를 다스리려 하고 있어, 평민들이 앞 다투어 유세객으로 등장하여 자신을 나타내려 하고 있습니다. 비천한 자리에 있으면서 분투노력하여 앞으로 나아가지 않으려는 자는 짐승들과 다를 바가 없으며 사람의 탈을 쓰고 있는 것일 뿐입니다. 비천함보다 더 큰 치욕이 없으며, 곤궁함보다 더 큰 비애가 없습니다. 오랫동안 비천한 자리와 곤고한 자리에 있게 되어, 무위無爲만을 이야기한다면 이는 진정한 유세객의 정리가 아닙니다. 이에 저는 서쪽으로 가서 진왕을 설복시키려고 합니다.『사기史記.이사전李斯傳』

온갖 머리를 쓰고, 상당한 대가를 치르면서 사회 밑바닥에서 간신히 그 자리에 오른 이사는 다시 그 자리를 잃고 싶지 않았다. 그는 어느 누구도 그의 앞에 제멋대로 끼어드는 것을 절대로 용납하지 않았다. 각종 도전을 받으면서 각종 장애를 모두 쓸어버리고 자신의 인생목표가 순탄하게 실현되는 것을 보장하려고 하였다.

경쟁상대는 반드시 제거하여야했다. 옛 동문이라도 절대로 봐줄 수 없다고 이사는 굳게 마음먹었다. 그는 일체를 조심하여야 하며, 일을 처리하는데 도리가 있어야하며, 시기가 무르익기 전에 어떠한 흔적도 남기지 않아야함을 잘 알고 있었다. 진왕에게 허점을 드러내면 안 되며, 적합한 시기를 기다리되, 기다림 속에서도 적당히 손발을 놀려 시기가 앞당겨지도록 하여야 한다는 것을 잘 알고 있었다.

이사와 달리 한비자는 부귀의 결핍을 느끼지 못하였으며, 오랫동안 낮은 지위에 있어 이를 뒤집어보려는 감각도 없었다. 이로 인해 그는 부귀를 지나치게 중시하지 않았으며, 높은 지위도 지나치게 중시하지 않았다. 그가 부지런히 추구하는 이상은 그의 학설이 능히 최고의 통치사상으로 변화되는 것이었다. 그는 높은 지위를 거절하지 않았다. 높은 자리에 오르면 그의 학설을 밀고 나가는데 도움이 될 수 있었고 그와 진왕과의 교류를 강화하는데 도움이 될 수 있었다. 그가 진나라에 온 것은 어쩔 수 없이 온 것이지만, 의도와 달리 옛 동문과 대결하게 되었으며, 그의 밥그릇을 빼앗을 판이었다. 그러나 그는 자신이 이사에게 장애가 되리라고는 조금도 생각하지 않았다.

이러한 충돌에 있어 한비자는 낯설고 물 설은 환경에서 피동적일 수밖에 없었다. 잠재의식적으로 얕보는 것 외에 그는 이사에 대해 무슨 편견을 갖지 않았으며 어떤 방비책도 없었다. 그는 옛 동문이 동창의 정분을 다하여 자신을 부축해주며 함께 일을 하였으면 하고 바랄 뿐이었다.

이사는 한비자의 이러한 건의에 미소로 반응하였다.

차가운 눈초리로 한비자를 관찰하던 이사는 일찍이 그의 근본이 한韓나라이기 때문에 그가 자신의 학식을 조국에 해가 되는 쪽으로 사용할 수 없을 것이라는 것을 꿰뚫어 보고 있었다. 바로 이 부분이 공교롭게도 영정이 가장 개의치 않는 부분이었다. 조만간에 볼만한 상황이 생길 판이었다.

모든 것이 이사의 계산에서 벗어나지 않았다. 잠시 멋진 광경을 연출한 후에 한비자는 이러지도 저러지도 못하는 상황이 되었다. 그는 진나라를 그의 학술의 실험기지로 삼아 영정이 지고한 군권을 확립하고 천하를 통일하는 것을 돕고자 하였다. 그러나 비록 한왕韓王이 그를 잘 대우해 주지 않았지만 고향과 사랑하는 사람들을 그리워하는 그는 자기가 태어나고 자란 조국이 진나라의 통일대업 중에 멸망당하는 것을 보고 싶지 않았다. 그는 모순과 고통 속에 있었다. 이로 인해 진왕秦王과 구체적인 문제를 의논할 때 그는 이러지도 저러지도 못하여 일치된 결론을 내리지 못하였다. 이에 따라 어리벙벙한 말만 내뱉게 되었으며 새롭고 유효한 방안을 내어놓지 못하였다.

서로 의기투합이 되지 않자 진왕秦王 영정嬴政은 점차 한비자에 대한 흥미가 크게 감소하였다. 이사가 이런 징후를 보자 시기가 도래했다고 느끼며 손을 쓰기 시작하였다. 그는 동료인 요가姚賈와 한통속이 되어 영정에게 아뢰었다.

"한비자는 한나라의 공자입니다. 오늘날 대왕께서 제후들을 통합하려고 하시는데, 그는 결국 한나라를 돕지, 진나라를 도울 수 없습니다. 이것은 사람들의 일반적인 정서입니다. 이제 대왕께서 그를 상당기간 기용하시지 않으신 채, 그를 한나라로 돌아가게 하시면 스스로 화를 남겨 놓는 것입니다. 구실을 만들어 그가 법률을 위반하였다고 하여 주살하느니만 못합니다."

논리에 맞는 말이라고 여긴 영정은 법관에게 한비자의 죄를 찾아내도록 명령하였다.

무슨 죄? 영문도 모르는 채 한비자는 쇠사슬에 묶여 감옥에 갇히었다.

습하고 어두운 감옥, 돌 섞인 쉰밥, 썩어문드러진 짚자리, 감옥 울타리의 어둡고 어두운 그림자가 헝클어진 머리, 더러운 얼굴을 한 한비자의 몸을 감싸고 있었다. 지혜로움으로 이름을 떨친 학술계의 거장도 탄식을 하며 죽음을 기다리는 것 이외에 조금도 지혜로운 분위기가 없었다. 그는 사형수로 그 시기 다른 감옥의 대도, 도적, 강간범, 살인범과 구별 없이 똑같이 더럽고, 비천하고, 암담하였다.

이사는 처형을 기다리지 못하였다. 기다리다보면 영정이 생각을 바꿀까봐 두려웠다. 그는 시간을 끌다 문제가 생기는 것을 막으려고 선수를 쳐서 일을 깨끗이 마무리하려고 하였다. 그는 사람을 시켜 독약을 한비자에게 보냈으며, 그가 상황을 판단하여 목숨을 끊도록 하였다.

심부름 온 사람을 만나게 되자 한비자는 방연龐涓 미상~BC341년. 전국 초기 위(魏) 나라의 명장. 손빈(孫臏)과 함께 귀곡자(鬼谷子)문하에서 동문수학하였으나 손빈의 재능을 질투하여, 흉계 를 꾸며 손빈의 무릎을 잘라 불구를 만들었다. 나중에 흉계를 알아차린 손빈은 미친 척을 하여 겨우 위나 라를 탈출하여 제(齊)나라로 도망갔다. 위(魏) 혜왕(惠王) 28년(BC342년) 위나라가 한(韓)나라를 공격하였으 며, 그 다음해에 제나라가 한나라 구출에 나섰다. 제나라 군주는 손빈의 계책을 받아들여 직접 위나라 수 도 대량(大梁)을 공격한 후에 바로 철병을 하면서 방연이 추격하도록 유인하였다. 방연은 마릉(馬陵 지금 의 하남성 범현(范縣) 서남쪽)에서 손빈의 매복에 걸려 대패하였으며 대세가 기울자 "잔챙이가 명성을 얻 게 하였구나!"라고 한탄하면서 자살하였다.(일설에는 수없이 날아오는 화살에 맞아 죽었다고 한다.)이 손 빈孫臏 생졸연대 미상을 해쳤던 장면을 떠올리며 스스로 죽으려 하지 않고, 영정과 다시 한 번 만나서 자신의 억울함을 토로 하려고 하였다. 그러나 그 사람이 그 의 요구를 거절하였다.

어쩔 수 없이 그는 마지막 길을 걸어가야 했다. 그가 독약을 들 때 그는 억울해서 이를 부드득 갈았다. 잔인한 마음을 가진 진왕이 잘잘못을 전혀 가리 지 않고 자기를 처형하는 것을 원망하였다. 또한 어리석게도 폭력이 난무하는 학설을 발명한 자신이 한스러웠다. 뱀과 전갈처럼 악독한 이사가 자신을 해치 는 것을 한스러워 했다. 그는 생명을 대가로 '선비를 가장 박해하는 자는 바로 자리를 탐하며 그 자리를 지키려고 하는 선비다.'라는 도리를 깨닫게 되었다.

한비자가 쓰러졌다. 권모술수와 임기응변의 술수를 잘 이해하며 여러 책 속의 어떠한 정치원리라도 모두 이해하는 대가였지만 순간적으로 다양하게 변 해가는 정계에서 그의 총명함과 기지를 모두 잃어버리고, 망연자실하여 끝내는 현실의 다양한 정치 투쟁을 이기지 못하고 쓰러지고 말았다.

얼마가 지난 후에 영정은 후회하였다. 한비자를 사형시키려 감옥에 넣은 것이 지나쳤다고 느끼게 되었고 그를 풀어주라고 하였으나, 들려온 소식은 그의 혼이 이미 하늘로 돌아갔다는 것이었다.

영정은 탄식을 하였으나 이사의 책임을 추궁하지는 않았다. 현실적으로 유능한 이사가 필요했기 때문이다. 실무적인 능력을 갖추고 있으며 이론을 현실로 바꾸는 인재였던 이사가 그를 위해 계속 중요한 역할을 해주길 바랐기 때문이다.

한비자의 육신은 사라졌지만 영정은 줄곧 그의 저작을 군주의 서고에 놔두었다. 천하통일을 이루고, 그의 뒤를 진이세秦二世 BC 231~BC 207년 진시황의 18째 아들, 이름 호해(胡亥)가 잇고, 진 제국이 붕괴될 때까지 놔두었다.

영원한 제국을 꿈꾸며

1

진秦의 깃발이 가득 휘날리며, 기세 좋게 앞으로 나아간다. 펄럭펄럭 소리를 내며 휘날리는 진나라 깃발 아래 가지런히 대오를 갖춘 병사들이 말과 전차와 함께 뭉게뭉게 피어오르는 뿌연 황토먼지를 일으키며 관중關中. 동쪽의 동관(潼關 즉 함곡관(函谷關)), 서쪽의 산관(散關 즉 대진관(大震關)), 남쪽의 무관(武關 즉 남관(藍關)), 북쪽의 소관(蕭關 즉 금쇄관(金鎖關))의 네 관문 안에 있는 지역이란 뜻. 현재의 섬서(陝西)성 중부지역으로 서안(西安), 보계(寶鷄), 함양(咸陽), 위남(渭南), 동천(銅川), 양릉(楊陵)지역에서 관동關東으로 떠나간다. 이 황토 먼지는 기원전 230년부터 기원전 221년까지 10년 동안 피어올랐다. 십년의 기간, 이 먼지가 황토평원인 중원을 휩쓸고 지나갔으며, 모래바람 몰아치는 북방을 휩쓸었다. 푸른 잎사귀 물결 출렁이는 강남을 휩쓸었고, 바다와 하늘이 서로 맞닿아있는 산동을 휩쓸었다. 전국칠웅 가운데 여섯 나라 즉 한韓, 위魏, 연燕, 조趙, 초楚, 제齊의 관동지역 여섯 나라가 황토먼지 아래 차례차례 성들이 함락되고 국가가 망하였다.

진의 깃발 아래 잘려진 머리가 산을 이루었고 선혈이 강을 이루었으며 백골이 온 들판에 가득했다. 진의 깃발 아래 전쟁포로가 줄을 지었으며, 복속한 신하들이 떼를 이루었고, 항복하는 왕들이 줄을 이었다. 진의 깃발이 황하의 양안을 오갔으며, 장강 남북에 휘날리면서 전국의 국기가 되었다.

통일! 통일이 되었다! 오백년 가까이 분리되었던 중국이 마침내 통일이 되었다! 통일을 이룬 나라는 진나라였으며, 진왕 영정贏政이었다.

진나라가 이 날을 맞게 된 것은 정말 쉽지 않은 일이었다.

서쪽 변에 자리 잡은 이 나라는 일찍이 서융西戎 즉, 서쪽 오랑캐라고 경멸적으로 불렸으며, 국력이 약하고 지위도 낮아 제후들이 얕보았으며 주周왕도 경시하였다. 여러 세대 사람들의 경영과 여러 군왕들의 노력과 수많은 뜻있는 자들의 노력을 통해 힘들게 변방의 귀퉁이에서 발버둥 치며 나와 강대국의 일원이 되었고, 중원의 국가들과 천하를 놓고 경쟁하며 통일대업을 꿈꾸었다. 그 과정은 너무나 길고 길었다. 그 길고 긴 과정 속에 네 명의 위대한 군주가 두드러졌다.

첫째는 춘추오패의 한 사람인 진목공秦穆公 미상~BC621년으로 그는 백리해百里奚 BC725년경~BC621년, 건숙蹇叔 BC690~BC610년 , 유여由余 생졸연대 미상를 모사로 삼아 서쪽 12개 국가를 멸망시키고 서부에서 패권을 차지하였다.

둘째는 진효공秦孝公 BC381~BC338년으로 상앙商鞅 BC395년경~BC338년의 변법을 통해 강대한 국력의 기초를 확립하였다.

셋째는 진소왕秦昭王 BC325~BC251년으로 범수范雎 미상~BC255년의 원교근공遠交近攻 먼 나라와 친교를 맺고 가까운 나라를 공격하여 적의 연합을 깨는 전략의 계책을 사용하여 관동에 있는 나라들에 대해 무시무시한 공세를 펼쳤다.

넷째는 진왕 영정으로 이사李斯가 제시한 제후국을 하나하나 격파하는 전략을 채택하여 전쟁을 통해 갈수록 강해지는 관성의 힘을 빌려 일곱 개 나라를 하나의 나라로 만들었다.

영정嬴政이 이 날을 맞게 된 것은 정말 쉽지 않은 일이었다.

그의 인생초반은 뒤돌아보기조차 어려울 정도로 쓰라리고 괴로웠다. 아버지 영이인嬴異人 진장양왕(秦莊襄王) BC281~BC247년. 성은 영(嬴), 씨는 조(趙)이며 본명은 이인(異人), 후에 이름을 초(楚), 뒤에 자초(子楚)로 바꾸었다. 진시황 영정의 아버지로 여불위(呂不韋)의 도움으로 왕위에 올랐으며 왕이 된지 3년(BC247년)만에 35세로 사망하였다.은 총애를 받지 못한 왕자로 진소왕秦昭王이 조나라에 인질로 보냈으며, 타향에서 온갖 수모를 겪었다. 영정은 태어나는 순간부터 바로 남의 나라에 인질로 기숙하고 있는 사람 밑에 기숙하는 아주 작은 난민이었다.

상인이었던 여불위呂不韋 BC 292~BC 235년. 위(衛) 복양(濮陽)사람. 조나라에 볼모로 와 있던 진(秦)의 왕손 자초(子楚)를 도와 군주(장양왕(莊襄王))가 되도록 도와주었다. 장양왕 시대 승상(丞相)이 되었으며 문신후(文信侯)로 책봉되어 식읍(食邑) 10만 호를 하사받았다. 영정이 진왕이 되자 장양왕에게 헌납해 왕후로 삼게 했던 조희(진시황의 어머니)와 사통을 하는 관계가 되었다. 진시황이 장성한 후에는 실권을 잃었으며, 자기대신 남자파트너로 조희에게 받쳤던 노애(嫪毐)의 변란에 연루되어 쫓겨 다닌 끝에 자결하였다.의 투기를 통해 그의 아버지가 요행히 귀국하여 왕위를 이었다. 아버지가 죽은 후에 솜털이 보송보송했던 어린 아이인 영정은 얼떨떨한 상황에서 왕이 되었다. 비록 한 나라의 군주라고 말하였지만 내궁에서는 모친 조희趙姬 미상~BC228년의 관리와 가르침을 받아야했고 조정에 나가면 승상인 여불위에게 제약을 받아 근본적으로 군주라고 할 수 없는 지경이었다. 그가 장성하여 젊고 재기 발랄한 청년이 된 후에도 모든 것이 여전히 그대로였다. 그대로일 뿐만 아니라 도리어 감당하기 어려우면서도 도저히 참을 수 없는 일들이 잇달아 발생하였다.

풍류를 즐기는 모친이 먼저 여불위와 간통을 하더니 뒤이어 가짜 내시인 노애嫪毐 미상~BC238년와 '부부'가 되었으며, 뒤에 가서는 노애가 병력을 일으켜 그를 죽이려하는데 까지 협력하였다. 여불위는 그의 집안에 대해 은혜가 있다는 것에 기대어 한 손으로 조정을 장악하고 그를 꼭두각시로 만들었다. 모자의 정도 존엄함도 없는데다 눈앞에서 벌어지는 추악한 일들이 그의 명성을 더럽히는 눈앞의 광경들을 보며 그는 무능한 삶을 이어갔다. 그는 참고 또 참았으며 치욕을 꾹꾹 뱃속에 삼키면서 오랜 시간을 참아냈다. 생존의 극점 즉 생명을 지키기 위하여 그렇게 하였지만 끝내 더 이상 참을 수가 없게 되자 아주 과감하게 반격을 하였다: 노애를 진압하고 모친은 냉궁에 가두었으며, 여불위는 자살하도록 하였다.

(참고자료: 노애와 진시황의 어머니 조희)관현악이 울려 퍼지고 즐거운 음악, 아름다운 맛, 유혹하는 향기가 가득했다. 진(秦) 상국(相國) 여불위는 큰 잔치를 열어 손님들을 맞아들였다. 술이 거나해졌을 때 주인의 지시 아래 역사상 유례가 없었던 모습이 연출되었다. 시정잡배인 노애(嫪毐)가 성기를 축 삼아 오동나무 바퀴 가운데 넣고 돌리면서 잔치자리를 세 번이나 돌도록 하였다. 이 일은 발 없는 말 천리를 간다고 더욱더 무성한 소문과 함께 홀로 지내고 있던 진시황의 모친의 귀에 들어갔으며, 노애는 남자의 성(性)능력을 대표하는 신기한 인물로 변하였다. 이것은 여불위가 정성을 다해 꾸며낸 연극이었다. 그와 태후와는 여러 해 동안 간통을 하는 관계였기 때문에 일이 새어나가 자기 지위와 생명에 위험이 닥칠지 모른다고 우려하여 온갖 방법을 다 동원하여 자신을 대신할 적합한 인물을 찾아내어 태후와의 관계에서 벗어나려고 하였던 것이다. 이번에 여불위의 수법은 비범하였다고 할 수 있는데 대담하고도 기이한 연출을 통해 태후가 노애에게 아주 짙은 흥미를 느끼게 하였다. 노애가 태후와 완전히 엮이도록 하기 위하여 여불위는 형벌을 집행하는 자를 매수하여 가짜로 노애를 궁형에 처하게 하고 환관을 사칭하여 궁궐에 섞여들어 가

도록 하였다. 몇 번의 성관계 후에 태후는 이 새로 온 환관을 절대로 손에서 놓지 않을 정도로 사랑하게 되었으며, 자연스럽게 여불위와 관계가 점차 덤덤해졌다. 이때 이후로 고귀한 태후와 비천한 가짜 환관이 진시황과 많은 사람들을 속이면서 부부가 되었다. 봄에 꽃이 피면 가을에 열매가 맺어지듯이 여자가 임신을 하게 되었다. 그들은 그런 소문이 새어 나갈까봐 옹현(雍縣: 지금의 산서성 봉상(鳳翔)현 남부지역)의 비교적 외지고 한적한 궁궐로 가서 둥지를 틀었다.

몇 년이 흐르면서 그들은 두 명의 아들을 낳았다. 이 시기의 노애는 이미 예전의 그가 아니었다. 신분이 아주 낮은 채 총애만을 받는 자가 아니라, 태후의 은총과 발탁에 기대어 장신후(長信侯)의 작위를 받았으며 내궁의 일을 결정하는 대권을 장악하였다. 몸값이 엄청나게 오르면서 그는 내궁에 웅크리고 살기를 원치 않았으며, 궁궐 밖에 화려하고 으리으리한 저택을 짓고, 그 안에서 기세가 등등한 주인 역할을 하였다. 대량으로 막료와 식객들을 끌어 모았는데 그 무리가 수천 명에 달하였다. 태후는 노애에게 정치적인 영향력을 확대하여 세력을 키우도록 부추겼다. 그녀는 그녀 자신의 생각이 있었기 때문이다. 즉, 옛 애인이었던 여불위와 보좌에 앉아있는 자신의 아들을 정치적으로 견제하려고 하였던 것이다. 그녀는 현실 속에서 누리고 있는 것과 직감을 통해 권력의 오묘한 점을 잘 이해하게 되었으나, 자신이 직접 머리를 내밀고 권력을 장악할 방법이 없었다. 한편으론 역사적으로 태후가 전권을 휘두른 사례가 없었고 다른 한편으론 여불위와 진시황이 이미 권력의 최고봉에 서 있었기 때문이었다. 그녀가 노애를 키워준 것은 최고 권력의 일부를 나누어가져 자신의 지위를 유지하려고 하였던 것이다.

노애는 본래 교양이 없는 자로 높은 지위를 얻게 되자 자신의 본분을 잊어버리기 시작하였다. 한번은 연회 중에 술에 취해 그와 태후 사이의 관계를 제 멋대로 지껄여댔으며, 아무런 거리낌도 없이 자기가 지금의 진왕(秦王)의 양아버지라고 떠벌렸다. 진시황이 이를 알게 되고 대노하여, 그를 잡아다 죄를 물으려고 하였다. 노애는 상황이 심상치 않음을 보고 먼저 손을 썼다. 옥새와 태후의 인장을 훔쳐서 병사들을 동원하여 진시황이 거주하는 기년궁(蘄年宮)을 공격하였다. 진시황은 군대를 동원하여 장수들이 인솔케 하고 큼직한 상(賞)을 걸고 반격을 가하였다. 두 군대가 혈전을 벌인 결과 노애가 잡혔으며 나머지 무리들은 속속 투항하였다. 치욕을 씻기 위해 진시황은 자기 어미와 사통한 가짜 환관을 거열(車裂)형에 처하고 삼족을 멸하였다. 그런 후에 화가 머리끝까지 난 그는 태후 궁으로 가서 직접 어미가 낳은 두 아들을 죽였으며, 동시에 불안해 어찌할 줄 모르는 어미에게 엄격하기 짝이 없는 조서를 내려 즉시 옹현의 함양궁으로 옮겨가라고 하였다. 다시는 어미와 보지 않겠다는 명확한 표시였다.(「치마폭에 흐르는 중국역사」 마인드탭 출간, 자오지엔민 지음, 곽복선 역, p170~172)

대권을 찾은 그는 비로소 진정한 군주가 되었다.

오랜 기간 억눌려 있었던 영정은 가슴속에 쌓여있던 답답함을 내뱉기 시작하였다. 그는 특수한 인생경력을 겪으면서 일국의 군주같이 존귀한 자라 할지라도 권력이 없으면, 다른 사람의 눈치를 살펴야하며, 권력이 없으면 다른 사람이 하자는 대로 할 수밖에 없는 걸어 다니는 시체에 불과하며 살아있어도 사람 꼴이 말이 아니라는 것을 잘 이해하게 되었다.

그는 굶주린 사람처럼 권력을 누리기 시작하였으며, 온갖 모략을 다 짜내어 권력을 공고하게 다졌으며, 수단 방법을 가리지 않고 권력을 강화하였다. 권력을 통해 그는 사람위에 있는 최고의 사람이 되었으며, 모든 것을 얻었으며, 자기가 말한 대로 다 하였다. 비록 엄청난 고민과 피로를 대가로 지불하여야 했지만 그는 권력을 통해 인생의 쾌감과 가치를 체득하였다. 그는 어떠한 것도 다 내려놓을 수 있었다. 천륜의 즐거움도, 휴식과 오락도, 좋은 술과 미녀도 다 내려놓을 수 있었지만 권력만은 포기할 수 없었다.

권력을 내려놓게 되면 사람이나 지푸라기가 조금도 다를 것이 없었다.

한바탕 권력을 휘두르고 나서 세상을 돌아보자 영정은 진나라의 판도가 너무 작다는 것을 느끼기 시작하였다. 그의 포부를 펼치기에는 무대가 너무 좁다는 것을 느끼게 되었다. 원래 괜찮다고 여겼던 권력 역시 너무 한계가 있었다. 그는 모사들의 도움을 받아 관동關東, 함곡관(函谷關) 동쪽 지방, 즉 지금의 하남(河南), 산동(山東) 지역으로 진출하여 천하를 겸병한다는 조상들의 정치적 사고를 진지하게 고려해 보았다. 그렇다! 한줄기 빛나는 대로가 그의 앞에 놓여있었다. 그 길은 자신이 더욱 분발하여 조상들의 유지를 이어받아 옳다고 마음먹은 일은 뒤도 돌아보지 않고 강력히 추진하는 것이었다. 적합한 전략을 갖추고 앞으로 전진해간다면 판도를 극대로 넓히고, 권력을 지극히 높여 왕 중의 왕, 만백성의 왕이 될 수 있는 길이었다.

그러한 생각은 아름다웠지만 실제로 추진하면서, 곤란과 위험과 장애가 수도 없이 많아, 매일매일 마음이 무거웠으며 늘 밤잠을 이루지 못하였다. 비록 그가 직접 전쟁터에 나가 생명을 걸고 피를 뒤집어쓰며 분전하는 걱정은 없었다할지라도 그는 알게 모르게 생과 사의 시험을 겪었다.

진나라 군대가 연燕나라를 압박하는 시기에, 대협 형가荊軻, 미상~BC227년가 연나라 태자 단丹의 부탁을 받아, 그 유명한 '소슬한 바람 불고, 역수의 물이 차구나/ 장사가 한번 가면 다시는 돌아오지 못하리!風蕭蕭兮易水寒,壯士一去兮不復還'라는 시를 읊은 후에, 영정이 변함없이 요구했던 번어기樊於期, 미상~BC227년, 진나라 장군으로 조(趙)나라 공격 시 이목(李牧)에게 패했으며, 귀국 시 전쟁 패배의 죄를 물을 것을 두려워하여 연나라로 도망갔으며, 연의 태자 단이 그를 받아 들였다.의 머리와 지도를 가지고 함양(咸陽)의 진나라 궁궐로 들어갔다. 영정이 그것을 보자 기쁨이 넘쳤는데, 형가가 지도를 다 펼치자 비수가 나타났다. 형가가 비수를 들고 다가들자 그는 당황하여 궁궐의 기둥을 붙들고 빙빙 돌면서 형가를 피하였다. 시종의 도움을 받아, 또한 형가가 어쩌지 못하는 상황에 힘입어 겨우 위험에서 벗어나 목숨을 구하였다.

사실 여섯 나라가 진나라 군대의 심각한 압박 아래 어찌할 바를 모를 때, 자객이 형가 한 명에 그쳤겠는가? 단지 상황발생의 장면이 대단하여 역사가들이 이것만 기록한 것일 뿐이다. 이외에도 기록된 대표적인 사례가 있다. 한(韓)나라 승상의 후예였던 장량(張良 미상~BC189년 서한 개국공신)이 자객을 시켜 박랑사(博浪沙 지금의 하남성 원양현(原陽縣) 동쪽교외 고박랑사에서 진시황의 마차대열을 공격하였으나 실패하였다.

통일대업은 너무 어려운 일로 그는 대량의 인재, 특히 세상을 흔들만한 고급 인재들이 필요하였다. 특수한 인재들을 영정은 아주 잘 사용할 수 있었다. 그는 필요하다면 아랫사람에게 물어보는 것도 부끄러워하지 않았으며, 격식을 차리지도 않

형가의 진왕 공격도(후한시대 석각화) 출처:百度 www.baidu.com

앉고, 거리낌 없이 대담하게 인재를 사용하였다. 정도에 꼭 맞게 사용하였으며, 그 인재가 자기 재능을 다 발휘하도록 사용하였으며, 어렵고 막중한 일을 가볍게 처리하듯 사용하였다. 그의 출중한 이해력과 독특한 성격으로 한비자의 '법法, 술術, 세勢'의 법가학설을 융합하였다. 그는 인재를 적재적소에 사용하였다. 이것을 예술이라고 부른다면 그는 최상의 정치예술에 정통하였다고 할 수 있다.

인생의 쓴맛단맛을 다 맛본 영정의 눈에는 모든 인재가 각각 그 사용처가 있는 도구였다. 유용하기만 하면 모든 방법을 다 동원하여 데려다 사용하였다. 일단 누군가가 필요하면 문안을 하고, 머리를 조아리며 무릎을 꿇는 자세로 가르침을 청하며 모든 비천한 자세를 취하였다. 만일 그의 용도가 끝나면 그는 전혀 망설임 없이 그를 내버렸다. 조금의 고려도 없이 마치 이전에 아무 일도 발생한 적이 없는 것처럼 그러하였다.

자세히 살펴보면 영정이 도덕상으론 여론의 비난을 받았지만 그렇게 할 수밖에 없었다. 그의 성격이 그러하였으며, 그가 겪은 경험들이 그렇게 하게 하였다. 그의 지위가 그렇게 해야 한다고 결정하였으며, 그의 사업이 반드시 그렇게 하도록 하였다. 그렇게 하지 않으면 인정에 손발이 묶여 다른 사람들에게 끌려 다니게 되며, 그의 조정의 인물들을 형세에 따라 그가 필요로 하는 새로운 인재들로 채울 방법이 없었다. 그렇게 되면 그의 원대한 계획은 그림의 떡이 될 뿐이었다.

엄청난 성과를 이루는 군주가 되려면 그 심리상태가 일반 사람과 달라야하며, 행동 역시 일반 사람과 달라야 했다.

일반 사람과 다른 영정은 이러한 수단에 기대어 광범위하게 인재를 사용하였으며 새로운 인재들을 계속 기용하였다. 정치재능을 가진 인재들을 기용하여 천하통일의 큰 그림을 그렸으며 군사재능을 가진 인재들을 사용하여 매번의 전쟁을 이겨나갔다. 또한, 경제재능을 가진 인재들을 기용하여 국가부강을 도모하면서 진나라를 천하의 최강국으로 변화시켰으며, 진나라 군대를 천하제일의 군대로 훈련시켰다.

이러한 인재들과 이러한 국가와 이러한 군대에 기대어 영정은 천하를 다투었으며, 적수가 없었다.

영정은 중국을 하나로 통일하였으며, 마침내 큰 그림을 현실로 만들었다.

꿈속에도 갈망했던 그날이 오자 영정은 함축적이면서도 늠름한 기상을 드러내고, 깊은 의미를 갖는 웃음을 지었다. 여유 있고 마음에 맞는, 추위 속에 핀 매화향기 같은, 하늘 위에서 땅을 내려다보는 웃음을 지었다. 그가 이렇게 웃기위해 십년도 넘게 기다리고 기다렸다.

전국통일은 업적 중의 업적이었다. 영정은 이러한 업적을 이루자 득의만만
하였다. 그는 용상에 앉아 군신들을 바라보며 여섯 나라 군주들의 죄악과 혼용
한 점들을 헤아렸다. 그들 군주들이 자신들의 역량을 고려하지 않고 진나라를
여러 차례 침범하였으며, 그들의 패망은 완전히 그들 스스로가 취한 것이라고
말하였다. 그런 후에 그는 이미 천하가 하나로 섞였다고 낭랑하며 힘차게 선포
하였다.

"과인이 보잘 것 없는 몸으로 군대를 일으켜 조상의 영靈에 기대어 폭동과
민란을 제거하고 여섯 나라 왕들이 그 죄를 고하게 하여 이제 천하대세를 결
정지었다!"

전국통일은 예전에 없었던 대성공을 거둔 것 이었다! 이러한 대성공은 사실
이전에 없었던 일이다: 삼황오제三皇五帝, 천황(天皇), 지황(地皇), 태황(泰皇), 백제(白帝), 청제(青
帝), 황제(黃帝), 염제(炎帝), 흑제(黑帝)는 일종의
신화와 같았다: 하계夏啟 우임금의 아들, 상
탕商湯, 은나라 탕임금은 아주 좁은 지역에
국한되었다. 주周무왕武王 미상~BC 1043년경.
성은 희(姬) 이름은 발(發)로 문왕(文王) 희창(姬昌)의
둘째 아들은 천하 제후들이 공동으로 받든
군주였지만 제후들을 가신家臣으로 두지
못했다.

이제 영정의 성공으로 천하는 한 덩
어리로 뭉쳐졌다. 그 시간 그곳의 영정은
완전히 자신에 도취되었다. 이 대성공은
그의 웅대한 전략의 산물이며 그가 전심
전력을 다한 결과이며, 천리 밖의 승리를
그가 전술전략을 세워 얻은 것으로 여겼
다. 그가 없었다면 이러한 대성공은 없었
을 것이라고 여겼다. 틀림없이 영입된 인

진시황(秦始皇) 출처: 百度 www.baidu.com

재들, 대전략을 짠 신하들, 전쟁터에서 싸운 장군들이 적지 않은 역할을 하였다. 그러나 그가 없었다면 그들은 근본적으로 자신들의 재능을 펼칠 곳이 없었으며, 심지어는 잘 먹고 잘 지낼 수 있는 곳도 없었을 것이다. 그들이 공을 세우긴 하였지만 많아봤자 손발의 공적이며 졸개들의 공적일 뿐이었다. 기왕 다른 사람이 아닌 자신의 성공이라면, 그 성공은 자신의 신상에서 체현되어야 하며, 새로운 국면을 여는 최고의 형식으로 표출해내고 고정시켜야 했다.

이에 따라 그는 신하들에게 분부를 하였다.

"오늘날 이전의 명칭을 변경하지 않고 그대로 사용한다면 성공했다고 칭하기가 어려우며 후세에 전하기도 어렵소. 군주의 호칭을 어떻게 해야 할지 논의해 보시오!"

그의 말속의 '성공'이란 단어는 영정이 원래 내뱉은 말이며 원본 그대로이다.

신하들이 다함께 이를 의논하기 시작하였다.

박사들이 경전을 뒤적여 근거를 찾아내며 제안하였고, 대신들은 각자 주견을 가지고 견해를 내세웠다. 열심히 제안을 내놓았으며 자신들의 견해들을 뜨겁게 주장하였다. 그들은 힘을 다 바쳐 군주를 기쁘게 하는 한편, 자신들을 위해 계략을 꾸미고 있었다. 즉, 수위가 올라가면 물 위의 배도 그 높이가 높아진다고, 그들이 모시는 군주의 명칭이 크고 높아지면, 그들의 관작이나 녹봉이 높아지고 많아지면서 부귀를 누리게 되기 때문이었다. 그들이 온갖 머리를 다 짜내어 군주의 의도를 추측하면서 말하였다. 대개 다음과 같은 뜻이었다.

> 이전의 오제는 그 다스리는 땅이 천리에 불과하였으며, 제후들이 조정에 들고나는 것을 천자가 통제할 수 없었습니다. 오늘날 폐하께서 의로운 군사를 일으켜 잔적들을 주살하고 천하를 평정하여 전국에 군현郡縣이 설치되고 법령도 하나로 통일되었습니다. 예로부터 이러한 일은 없었으며 오제도 이에 미치지 못합니다. 신들이 황공하게도 존호를 올려 왕을 '태황泰皇'으로 하고자합니다. 명령은 '제制', 법령은 '조詔'로 하며, 천자는 자신을 지칭할 때 '짐朕'으로 하셨으면 합니다.

의도했던 뜻은 어느 정도 충족 되었지만 영정은 여전히 불만스러워했다. 마지막에는 자기 자신이 책상을 치며 말했다.

"태泰자는 없애고 황皇자는 남기되, 옛 시대의 제帝를 택하여 지위를 나타내는 호칭으로 삼아 '황제皇帝'라고 하라. 기타는 경들의 뜻대로 하라."

'황皇'자와 '제帝'자를 통해 삼황오제 모두의 후광을 전부 담아냈다. 이를 통해 '황제皇帝'를 군주의 새로운 호칭으로 삼았다. 사실을 말하자면 영정은 문자를 다루는데 있어 수준급이었으며, 이 명칭은 높고 크며, 빛나고, 호방하며 또한 기백이 드러나는 것이었다. 그의 사후에 어느 왕조, 어느 군주를 막론하고 이 명칭을 모두 공손하게 받아들였으며 한 자도 한 뜻도 바꿀 수 없었다. 영정이 그 기초를 정해놓자 황제는 국가의 우상이 되었으며 가장 높은 정치적 상징이 되었다.

'황제'의 칭호가 생겼지만 영정은 아직 미진한 느낌이었다. 곰곰이 생각해 보니 이 강산도 조정도 백성들도 자기의 것이며, 그 모든 것들이 자기의 가산이었다. 그의 것일 뿐만 아니라 세세무궁토록 자손들의 것이었다. 이에 따라 관련 제도를 만들어 명확한 규정을 확립해야 마땅했다. 황제의 자리는 영원히 영嬴씨 가문의 것이며, 어떠한 상황에서도 절대로 주인을 바꿀 수 없는 것이어야 했다.

거대한 판도를 바라보며 영정은 천하를 향하여 장중하게 선포하였다. "짐은 시황제始皇帝가 되며, 짐의 후세는 수자로 계산하여 이세二世, 삼세三世로 불러 만세에 이르도록 하여 무궁히 전하도록 하라!"

선포를 하고나자 진왕秦王이 진시황秦始皇으로 변하였다. 전설에 따르면 그는 또한 전국옥새傳國玉璽에 다음과 같은 여덟 자를 새기도록 명령하였다. '천명을 받았으니受命於天 백성들이 장수를 누리게 하고 국가를 영원히 창성케 하리라.旣壽永昌'

무한히 전해내려 가며 백성을 장수케 하고 국운을 창성케 하려는 진시황의 생각은 너무도 아름답고 너무도 자신만만하였다. 그는 천하가 다시는 분열될 리가 없고, 자신의 자손이 영원히 그 보좌의 주인이 되리라고 생각하였다.

그는 생각할 수 있는 것은 무엇이든지 생각해냈다. 신하들을 어떻게 복종하게 할 것인가? 백성의 움직임을 어떻게 막을 것인가? 어떻게 칼과 피를 사용하여 아주 견고한 사직을 세울 것인가? 그러나 거대한 성공의 충격으로 그가 냉정함을 잃으면서, 사유의 수준이 평범하기 그지없는 우스꽝스러운 사람으로 변하였고 이에 따라 상식적인 문제를 소홀히 하였다. 그것은 세상이 늘 변하고 있어, 시대의 조류도 형세도 사람도 만사도 모두 변할 것이란 것이었다. 이러한 변화의 원리에 따르면 어떠한 군주체제나 정치조직, 어떠한 왕조의 운수도 모두 태어나고 성장하고 쇠망하는 과정을 거친다는 것이다. 만일 주의를 기울여 잘 보살핀다면 그 과정이 약간 길어지지만, 국가경영에 거듭거듭 큰 실수가 생기면 그 과정이 짧아지게 된다. 이것은 누구도 피할 수 없는 정치적 주기로 인간의 수명이 기한이 있는 것과 같다.

이 당시 득의양양했던 진시황은 그의 왕조와 황제 자리가 겨우 삼세까지만 전해졌고(그가 선언한 내용의 전반부 구절), 처음부터 끝까지 겨우 칠년에 불과하리라고는 조금도 생각하지 못하였다. 1911년 신해혁명辛亥革命 발발 때까지 모든 왕조와 황제를 계산해보면 2천여 년에 불과하며 만세와는 거리가 너무 멀었다.

진시황이 세상을 가소롭게 여기며 이러한 기풍을 열어가자, 후대의 모든 통치자들도 그를 따라가며 세상을 우습게 여기기 시작하였다. 그들은 하늘의 뜻과 민심을 얻었다는 것을 표방하였고, 또한 영명하고 위대함을 표방하며 백성들이 그들을 만세라고 부르게 하였다. 그러나 사실 일백세를 넘긴 군주는 없었으며, 일천년을 넘긴 왕조도 없었다.

역사발전은 사람의 뜻대로 움직이지 않으며 일체가 모두 변하게 되어 있다. 이러한 도리를 깨닫지 못한 진시황은 절대로 훗날을 예측할 수 없었다: 자기가 죽고 나서, 대나무 창을 든 일군의 농민들이 만세불변으로 생각했던 정권을 무너뜨리리라고는 상상도 할 수 없었다.

만세로 전해지지 못하고 겨우 삼세에서 망한 상황은 세상의 모든 군주를 심사숙고하도록 만들었다.

3

통일된 국가가 건립되자 진시황 앞에 놓인 형세가 일순간에 변하였다. 천하를 차지하려는 싸움이 천하를 다스려야하는 싸움으로 변하였다. 농경지는 씨 뿌려 농사짓는 것을 회복하여야 하였고, 도시들은 수리정비를 하여야 했으며, 교통은 연결망을 확대해야했다. 법률을 다시 조정해야 했으며, 사회질서를 정돈해야했다……. 일이 계속 늘어나면서 이루 헤아릴 수 없을 정도로 많아졌다.

황제로서 위풍당당하였고 신성한 기운이 넘쳤지만 황제 노릇하기는 쉽지 않았다. 특히 새로운 국면을 풀어가야 하는 황제 노릇은 더욱 어려웠다. 통일대업을 이룬 황제 노릇을 하기 위하여 진시황은 자신의 모든 정력을 쏟아 사무를 처리하였으며, 난제들을 해결하면서 신하들의 보고를 청취하고, 각양각색의 인물들을 접견하였다. 이외에 그는 매일 120근에 달하는 죽간竹簡문서를 자신이 직접 열람하고 비준하였다. 이에 따라 늘 밤을 꼬박 새우다시피 하였으며 먼 곳에서 은은히 들려오는 닭울음소리를 듣고서야 겨우 휴식을 취하였다.

진시황은 온 마음을 쏟았으며 온 힘을 다 기울였다. 다행히 신체기초가 튼튼하였고, 어의들이 세심하게 돌보고 충분한 영양을 취하였으며 또한 의지력이 강하여 스스로를 잘 통제하였기에 왕성한 정력을 뿜어내면서 끊임없이 정무를 처리할 수 있었다.

진시황이 극도로 열심히 업무를 하였다고 즉, 업무를 온 힘을 다해 아주 세밀하게 처리한 사람이라고 생각할 필요는 없다. 그는 구체적인 사무에 집중하였지만 더욱 큰 주의력은 국가의 전체적인 정치에 대해 기울였다. 원래 전국 칠웅 일곱 나라에 있던 각자의 정치체계, 제각각인 혼란스러운 법규규장, 각국의 상황 차이가 빚어낸 국면에 부딪히게 되자, 이미 통일이 되었지만 통일국가는 단순히 영토의 통일만이 아니라 다른 사물들도 통일 되어야한다는 것을 깨닫게 되었다. 위에서 아래까지 내부에서 외부까지 모두 통일된 원칙을 확립해야만 했다.

피와 살이 흩날리는 영토 통일전쟁에 이어 진시황은 봉화연기는 보이지 않지만 또 다른 통일전쟁을 더욱 열심히 해야 했다. 이 전쟁은 앞전의 통일전쟁보다 규모와 범위가 더욱 크고 넓었으며 그 심도가 더욱 깊은 전쟁으로 정치, 문화, 경제, 생활 및 천하의 구석구석에 모두 걸친 것이었다. 그는 도량형, 법률, 화폐, 마차바퀴의 규격, 문자, 행정제도를 통일하였으며 마지막에는 사상을 통일하였다.

진시황은 모든 부분 부분들을 통일하였다. 그가 그렇게 한 것은 정부의 통치를 편리하게 하고, 백성들이 준칙에 따라 일을 처리하게 하며, 문화적으로 광범위하게 동질감을 얻게 하고, 재정수입을 안전하게 확보하며, 상업적인 교환의 바탕을 구축하여, 각 지방을 유기적으로 융합하여 온 천하가 한 가정을 이루게 하려는 것이었다.

모든 분야를 통일시키려는 정책은 근본적으로 대개혁이란 성질을 가지고 있었다.

누군가는 진시황의 통일정책은 지나치게 모든 것을 획일화시켜 전국시대 찬란하였던 백화제방의 자유로운 사상경쟁의 다양한 국면을 사라지게 하였으며, 이로써 중국이 흑암의 완강한 전제정치의 진흙 속으로 빠지게 하였다고 비평하였다.

누군가는 진시황이 모든 것을 하나로 통일시킨 것은 큰 업적을 이룬 것으로 그 업적이 통일전쟁에 못지않았다고 평가하였다. 중화민족의 요람을 만들었으며, 문화를 만들고 중국인이란 응집력을 만들었으며, 분열의 요소들을 심층적으로 제거하였으며, 만일 이런 업적이 없었다면 중국은 아마 모래알과 같이 되어 그 이후의 한漢과 당唐같은 고도의 문명을 이루지 못하였을 것이라고 평가하였다.

좋게 평가하는 사람과 나쁘게 평가하는 사람 사이에는 마치 어진 자와 지혜있는 자 사이에 놓여있는 큰 골짜기처럼 차이가 있었다.

이러한 논쟁은 오늘날까지도 해결되지 않고 있다. 사실 영원히 해결이 불가능한 논쟁이다. 모든 일은 일마다 이로운 점과 해로운 점 양면이 있게 마련이며 하나를 얻으면 하나를 잃게 되는 법이다. 전부다 이롭고 해로운 것은 하나도 없는 세계는 현실이 아니라 유토피아적 몽상일 뿐이다. 역사의 문제는 마치 시소와 같아서 한쪽을 높이면 다른 쪽은 반드시 내려가게 되어있다.

진시황의 통일은 정합적인 국력을 얻게 하였지만 침체의 길로 접어들게 하였다.

유방劉邦 한(漢) 고조(高祖)의 봉건제도는 중앙정부를 보호하는 울타리가 되었지만, 결국 칠왕七王의 난을 불러일으켰다.

이융기李隆基 당(唐) 현종(玄宗)가 설치한 절도사節度使제도는 변경을 지키는 실력을 확보하게 되었지만, 결국 어양漁陽에서 봉화가안록산(安祿山)의 난 피어올랐다.

조광윤趙匡胤 송(宋) 태조(太祖)은 권신들의 병권을 술좌석에서 거두어들임으로써 번진藩鎭이 할거하는 것을 막았지만, 점차 가난과 쇠약함이 쌓이는 결과를 가져왔다.

진시황이 통일 후 국가를 운영하였던 방법에는 흥미진진한 부분이 적지 않게 있었다.

왕실의 구성원들이 서로 칼을 겨누는 것을 막기 위하여, 이사李斯의 건의를 받아들여 주周왕조에서 널리 제후들을 책봉하였던 방법을 폐지하고 군현제郡縣制의 형식으로 전국을 36군郡으로 나누어 중앙정부와 지방간에 새로운 관계를 시작하였다.

민간에서 서로 다투는 것을 피하기 위하여 전국의 병기를 다 거두어들여 그 수량대로 함양咸陽으로 운반하여 큰 종鐘을 만들고 각각 중량이 20만근이 되는 철인 12개를 만들어 궁전에 배치하였다.

각 지역의 옛 귀족세력이 다시 일어나는 것을 근절하기 위하여 12만호의 부자들을 함양으로 옮겨오게 하여 이들이 옛 근거지를 떠나게 하였다. 당연히 이것은 일석이조의 조치로 수도의 번화함을 증가시켰다.

......

일을 처리하면서 계속 생각하였으며, 생각하면서 일을 처리하였다. 진시황은 온갖 궁리를 다하여 제도를 생각해내고 이를 남김없이 현실에서 실행하였다. 어떤 생각이 떠오르면 그 생각을 바로 실행하였다. 그가 유일하게 생각하지 않은 것은 백성들이 편안하게 즐기며 사는 일이었고, 민심을 얻는 일을 조금도 하지 않았다.

민심을 잃으면 다른 사업을 어떻게 하든 이를 메꿀 수 없다.

중국인의 인상 속에 황제는 노란색黃色의 황제 옷皇袍을 입고 있는 모습이다. 황제의 옷 즉, 황포皇袍는 노란색으로 인해 황포黃袍라고 부른다. 황제는 노란색을 떠받들었는데 이것은 확실히 중국역사의 한 현상이긴 하지만 진秦나라부터 시작된 것이 아니라 서한西漢에 이르러서야 그렇게 된 것이다.

진시황은 검은색黑色을 미신하였는데 천성적으로 좋아한 것이 아니고 운명에 대한 쏠림 때문이었다. 속사정은 전국시대 음양가陰陽家 추연鄒衍 BC324년경~BC250년의 오덕종시설五德終始說이 바탕에 있다.

추연의 학설에 따르면 왕조의 흥망은 일종의 규율을 내포하고 있다. 수水, 화火, 금金, 목木, 토土의 다섯 가지 덕五德이 순환하며 서로 상극相克 두 사물이나 사람 사이가 서로 상충하여 맞서거나 해를 끼쳐 어울리지 아니함이 되는데, 수는 화와, 화는 금과, 금은 목과 목은 토와, 토는 수와 조화를 이루지 못하고 극이 된다. 삼황오제三皇五帝, 중국 고대의 전설적 제왕을 말함. 3황은 일반적으로 복희씨(伏羲氏)·신농씨(神農氏)·여와씨(女媧氏)를 말하며, 여신인 여와씨 대신 수인씨(燧人氏)와 축융씨(祝融氏)라는 이름으로 기록된 경우도 있다. 복희씨는 사람들에게 물고기 잡는 법을 전수해 주었으며, 신농씨는 농사법을 전해주었다. 여와씨는 인간을 창조하였다고 한다. 사마천이 5제로 든 것은 황제헌원(黃帝軒轅)·전욱고양(顓頊高陽)·제곡고신(帝嚳高辛)·제요방훈(帝堯放勳: 陶唐氏)·제순중화(帝舜重華: 有虞氏)이며, 별도로 소호(少昊) 등을 드는 경우도 있어 일정하지 않다.의 교체가 바로 이러한 규율에 따라 진행되었다는 것이다.

오덕五德 즉, 오행五行은 수水, 화火, 금金, 목木, 토土로 각각 흑색, 홍색, 백색, 청색, 황색의 오색과 대응되며, 북, 남, 서, 동, 중의 다섯 방위와 대응되며, 현무玄武, 주작朱雀, 백호白虎, 청룡靑龍, 황토黃土 다섯 가지 물체와 대응된다.

제齊나라가 멸망당한 후에 제 사람들이 추연의 오덕종시설五德終始說을 진시황에게 헌상하였다.

진시황이 들어보더니 마음이 끌려 이를 받아들였다.

사회에 대변혁을 가져 온 이 군주는 비범할 정도로 자신에 차 있으며, 자존감이 무한하였으며, 눈에 보이는 것이 없을 정도로 우쭐하여, 자신이 이루지 못할 일이 없으며, 돌파하지 못할 난관이 없다고 생각하였다. 비록 함께 속마음을 드러내며 의논할 사람이 없었을지라도 자신이 남보다 훨씬 뛰어나며, 하늘 높이 우뚝 솟아있는 군계일학 같은 존재라고 여겼다. 그러나 그가 아무리 오만할지라도 결국은 자신을 일반 사람들과 비교한 것일 뿐이다. 속으로 고독감, 공허감, 열등감이 시시때때로 몰려오면, 신령의 보살핌과 하늘의 돌보심이란 외부로 드러나지 않는 지시를 필요로 하였다. 또한 그와 그의 왕조가 오덕의 연결고리 속에 들어가 천명의 안배에 따라 인생무상의 길고긴 길을 충실하게 따라가는 것이 필요하였다. 이와 같이 해야 비로소 복잡다단한 세계를 조용히 대응할 수 있다고 여겼다.

음양가의 추산에 따르면 주周왕조는 화덕火德이며, 진秦이 주를 이겼기 때문에 진은 당연히 수덕水德이 되고, 수덕은 검은 색으로 상징되기 때문에 흑색이 자연스럽게 국가의 색깔이 되었다. 이로 인해 그의 용포도 흑색이며, 의복도 흑색이고, 사절의 기와 부절符節도 흑색이며, 깃발도 흑색이었고 군대의 갑옷도 흑색이었다. 무릇 빛나는 것은 모두 흑색이었다.

철저하게 흑색의 정신을 체현하기 위하여 그는 백성을 '검수黔首'라고 불렀는데 검黔은 바로 검다는 뜻이었다.

황제의 온몸이 흑색이며, 신하들도 온몸이 흑색이며, 백성들도 온몸이 흑색이었다. 통일이 된 후에 진제국은 철저하게 흑색이 되었다. 전국대지가 검은색으로 하나가 되어 흑색이 눈을 자극하였다. 검은 모자, 검은 옷, 검은 신발을 신고 검은 깃발 아래 천천히 걷는 진시황은 수덕水德의 보살핌에 진정 감사를 느껴, 황하를 덕수德水로 이름을 바꾸고 경건하면서도 장엄하게 대제사를 주재하였다.

진시황이 왜 수덕을 숭배하였는가에 대해 다른 이야기도 있다. 그의 조상인 진문공秦文公 출생년도 미상, 재위 BC765~BC716년이 기업을 이루고 국가를 경영할 때한 마리 흑룡黑龍을 얻었다. 문공은 그 용을 물의 상서로운 것으로 여기게 되었으며, 이로 인해 후손인 진시황이 수덕을 받들게 되었다고 한다.

수덕은 색상은 흑색을 숭상하고, 숫자로는 육을 숭상하였기에 진시황은 이에 따라 규정을 하였다: 육을 기紀로 즉 기준으로 삼았다. 신분을 입증하는 부절信符, 사절과 법집행관이 쓰는 모자法冠는 모두 육촌六寸, 수레와 가마는 육척六尺으로 통일하였으며, 육척을 일보步로 하고, 여섯 마리의 말이 끌게 하였다.

흑색을 국가의 색으로 지정하는 것은 오늘날의 중국 사람들이라면 상당한반감을 갖게 될 것이다. 육을 길한 숫자로 여기는 것은 오늘날의 중국 사람들도 '육육대순六六大順 본래 음력 6월6일을 가리키는 말로 중년에 접어든 사람들의 가정행복과 사업성공, 신체건강을 축복하는데 많이 사용되고 있음'의 민속으로 받아들일 것이다. 그러나 찬성여부와 관계없이 진시황 시대에는 흑색과 육 그 둘을 수덕의 상징으로 삼았으며 동시에 숭고한 지위를 부여하였다. 이 두 가지에 대해 진시황이 문장을쓴 것은 기껏해야 일종의 원시종교이거나 혹은 토템숭배로 국가와 민생에 크게 관련된 것은 아니다.

문제는 수덕과 연관된 문장이 아직 완결되지 못한 상황에서 진시황은 연이어 문장을 지었으며, 심지어는 더욱 성심을 다하여 자세하게 쓰고 한 글자한 구절을 따지고 따졌다는 것이다. 만일 수덕을 대단한 문장으로 구성한다면철저한 삼단론의 구조가 되리라는 것이다. 첫째 단은 흑색을 논하고, 둘째 단은 육을 논하고 셋째 단은 법法을 논하는 것이다.

수덕은 법法을 숭상하였으며 만일 흑색과 육을 수덕의 형식을 표현하는 것으로 본다면 법은 수덕의 구체적인 실행이었다. 수덕은 법으로 백성과 신하와국가를 다스리는 것을 주장한다. 그 법은 본래 일반적인 의미의 법률, 법도 및법제였다. 진시황은 본래 뼛속 깊이 법을 좋아하였으며, 특히 법가의 법을 마음에 들어 하였다.

한비자는 일찍이 법과 백성의 관계를 비유를 들어 설명한 바 있다.

> 품행이 나쁜 자식이 있었는데, 부모가 화를 내도 전혀 행실을 고치지
> 아니하였고, 마을 사람들이 욕을 해도 고치지 않았으며, 스승이 가르
> 쳐도 행실을 고치지 않았는데, 이 셋은 그와 극히 가까운 사람들이지
> 만 오히려 그를 조금도 변화시킬 수 없었다. 만일 지방장관이 관병을
> 이끌고 그가 범한 법조문에 따라 그를 잡아오면 그는 곧 두려움을 느
> 끼고 그 태도를 고쳐 행동을 바꿀 것이다. 그러므로 부모의 사랑은
> 자식을 교육시키기에 부족하며, 품행이 나쁜 자식은 지방의 형법과
> 법률로만 고칠 수 있다. 실제로 백성은 사랑을 받으면 교만해지며 위
> 엄을 보면 말을 듣게 되어있음을 알 수 있다. 『한비자韓非子.오두五蠹』

이러한 말을 진시황이 듣고 받아들였으며, 정말 도리가 있는 말이라고 소
리쳤다.

법을 사용하여 통일전쟁에서 승리를 얻게 되자 그는 법을 미신하게 되었
다. 수덕에 부응하기 위하여 또한 수덕이 자신과 자손들을 보호하도록 하기 위
하여 법을 이해하고 법을 운용할 때에 극단으로 치우쳐 법을 무한히 확대하였
으며, 법을 기타 모든 행정수단이 절대로 비길 수 없는 정도로 까지 확대하였
다. 그가 인정한 법은 관대함과 가혹함 두 길 중에서 관대함을 버리고 오직 가
혹함만을 강조한 법이며, 은혜와 위엄 두 바퀴 중에서 은혜를 고려하지 않고
위엄만을 말하는 법으로 덕과 어짊과 왕도는 완전히 내버린 법으로 속칭 엄벌
위주의 가혹한 법이었다.

그가 엄벌위주의 가혹한 법을 사용한 것은 비록 그의 본성과 일치하는 면
이 있지만 또 다른 고충도 있었다. 멸망한 여섯 나라의 옛 귀족들이 여전히 대
량으로 남아있어서 복위를 꾀할 수 있어 이를 예방하여야 했다. 정권 내부인사
들의 마음을 가늠하기 어려웠기에 다른 뜻을 품는 것을 미리 막아야했다. 백성
들이 자족할 줄 모르니 시끄러운 일이 발생하는 것을 막아야했다. 각종의 숨겨

진 위험에 대해 조금도 마음을 놓거나 소홀히 할 수 없었다. 어떻게 이것들을 막느냐? 유일한 방법은 엄벌위주의 잔혹한 법이었다.

그는 법을 일관되게 철저히 시행하면 모든 죄악과 음모와 일탈행위를 유효적절하게 막을 수 있어, 전체 신하와 백성들이 규례를 잘 지키게 되고 그가 의도한 대로 아주 말을 잘들을 것이라고 굳게 믿었다.

그는 법의 효력을 과대평가하였고 법의 폐단은 무시하였다.

권위만을 중시하고 민심을 중시하지 않은 진시황은 폭력으로 모든 것을 정복할 수 있다고 생각하였다. 그는 폭력을 끊임없이 극단의 수준으로 끌어올렸으며, 조금의 여지도 남기지 않아 백성들의 인내력을 바닥나게 하였다. 이로 인해 전체 사회를 화산의 불구덩이로 밀어 넣었다.

잔혹한 환경에서 자란 진시황은 잔혹함을 통해 심한 시련을 겪었었는데 잔혹함을 싫어하기보다 정반대로 잔혹함을 굳게 믿게 되었다. 잔혹함을 첫 번째 신조로 삼고 이를 이용하여 천하를 평정하였으며, 이를 이용해 천하를 다스렸다. 그의 아들이 그의 잔혹함을 이어 받아 극으로 밀고 갔으나 백성들이 더 이상 참을 수 없게 되자 죽창을 들고 봉기하였다.

경건과 정성을 다해 수덕水德을 믿었던 진시황은 자기도 모르게 역설에 빠지고 말았다. 진왕조가 수 천 년 이어지기를 바라며 소리 높여 외쳤을 때, 그는 도리어 자신의 왕조를 오덕의 순환 고리 속에 밀어 넣었다. 자신의 창으로 자신의 방패를 찌르는 것처럼, 때가 이르게 되면 도래하게 되는 토덕土德에 대해 그가 어떻게 대처하며 영원무궁토록 왕조가 계속되는 것을 보장할 수 있었겠는가?

만일 정말로 오덕이 물고물리며 시작과 종말을 반복한다면, 이 순환의 고리는 결국 진시황을 차버리게 될 것이었다. 결국 몇 년 지나지 않아 한漢나라의 살구 빛 황색기발이 흑색깃발을 대신하여 전국 방방곡곡에 휘날리게 되었다.

4

잔혹함에 대해 말하자면 진시황은 당연히 잔혹한 군주라고 할 수 있다. 또한 그는 넓고 넓은 전 국토에 잔혹한 바람을 일으킨 첫 번째 군주로 후세의 잔혹한 군주들의 표본이 되기에 족하였다.

그러나 만일 이로 인해 진시황이 잔혹함에 열심이었으며 잔혹함을 기호로 삼았고, 생명의 가장 아름다운 체험으로 여겼다고 생각하면 틀려도 한참 틀린 것이다. 그는 결코 남을 학대하는 것에 미친 사람이 아니며 그에게 아주 불리한 역사자료를 가지고 보아도 그는 사람의 생명을 가지고 노리개로 삼았던 행동은 없었다. 그는 商상의 주왕紂王 BC 1105~BC 1046년에 비해 온화한 편이었으며, 齊제의 후주後主 고위(高緯) 556~577년에 비해 인자하였으며 해릉왕海陵王 1122~1161년 금(金)의 네 번째 군주 완안량(完顔亮). 정치외교적 업적이 뛰어났으나, 신하들의 예쁜 아내를 자기 아내로 삼는 음란한 짓을 서슴없이 저지르다가 결국 신하들에게 살해됨에 비해 정도正道를 걸었다. 이렇게 이야기하면 수많은 사람들은 틀림없이 그렇게 여기지 않을 것이며 헐뜯는 말을 할 수 있지만, 앞의 이야기는 사실이다.

그의 잔혹함은 성격적인 취향을 제외한다면 아마 반 이상은 어쩔 수 없이 그러한 것이었다. 그가 비록 '황제'같은 위대한 이름을 창조해 냈지만 주옥珠玉이 열두 가닥으로 꿰어져 흘러내리는 면류관을 쓰고 신하와 백성들이 머리를 한껏 조아리는 것을 관상하면서, 사방에서 찾아오는 추장들의 조공을 받았지만, 그는 넓고 넓어야하는 왕자의 가슴, 혼연일체로 두터워야하는 왕자의 표상, 멀리 내다보는 식견, 정상적인 왕자의 심리가 극히 부족하였다. 그다지 적절한 말은 아니지만 비유하자면 양의 몸에 호랑이 가죽을 걸쳤다고 할 수 있다.

그는 현존의 통치 질서를 유지하고 얻기 어려웠던 통일대업을 공고하게 하며 영嬴씨 왕조를 계속이어가기 위해서 비록 하책일지라도 잔혹함 외에는 다른 방법이 없다고 여겼다. 사정이 이와 같이 확정되었다면 진시황의 잔혹함은 약간의 타당성을 얻게 되고 역사적으로 덜 욕을 먹게 되었을 것이다. 유감스러운 것은 그가 개인의 향락, 황가의 위신, 변방개척의 필요로 인해 무수한 검은 머리黔首라 불리는 백성들을 끔찍하기 그지없는 비참한 지경으로 몰고 갔다는 것이다.

대규모로 궁궐을 짓는 토목공정은 진시황이 생활 속에서 가장 좋아했던 분야로 전국통일을 위한 전쟁을 진행하는 과정과 보조를 같이 하였다. 그의 이러한 애호는 하나씩 하나씩 그 모양을 달리하며, 기름진 들판이 천리에 달하는 관중關中 땅에서 진행되었다. 위수渭水의 남쪽 강변에 그는 먼저 각종 모양의 묘당廟堂과 각종 아름다운 꽃이 피어있는 장대원章臺苑, 상림원上林苑 두 황실화원을 건축하였다.

진나라 군대가 매번 나라를 하나씩 없앨 때마다 그 나라 궁궐의 양식을 따라 함양咸陽 북쪽의 언덕 위에 똑같은 궁월을 반드시 짓게 하였다. 여섯 나라가 망하자 그 나라들의 궁궐이 함양지역에 오색 찬란 화려하게 지어지면서 건물들이 층층이 겹겹이 빽빽하게 들어선 대궁궐이 되어 만국건축박람회를 하는 것 같았다. 이와 동시에 제후들의 미인들과 종각들이 전리품으로 그에 적합한 궁궐로 옮겨졌다.

왕들의 기운을 한 곳에 모아놓게 되자 진시황의 황제로서 기운이 의지할 곳을 갖게 되었다.

천하가 하나로 통일되자 그의 애호도 장족의 발전을 하였다. 함양에 방대한 궁궐들을 짓는 외에도 무수한 행궁行宮과 화원으로 관중 땅을 채웠으며 흩뿌려져있는 별들처럼 관중 외에 지역에도 지었다. 수많은 정자와 누각, 누대, 기화요초, 진기한 새들과 짐승들, 금 그릇과 은 장식품들이 그 곳들을 채웠다. 학자들의 대략적인 통계에 따르면 동쪽 함곡관函谷關에서 서쪽 용현龍縣, 대산관大散關, 북쪽으로는 양산梁山, 황룡산黃龍山까지 남으론 무관武關과 호북湖北 접경까지의 엄청나게 넓은 땅 거의 모두에 이궁離宮, 별관別館, 임원林苑이 있었다.

진시황의 모든 궁전 중에서 가장 유명한 곳은 아방궁阿房宮이었다.

아방궁은 옛 시대에는 아성阿城이라고도 불렸는데 '아阿'는 가깝다는 뜻이다. 즉, 아방궁은 함양에서 아주 가까운 곳으로 처음에는 진혜문왕秦惠文 BC356~BC311년이 만든 것으로 반쯤 지었을 때 그가 죽었다. 진시황은 함양에 사람이 너무 많고, 선왕이 남겨 놓은 궁궐도 너무 작다고 여겨서 통일을 한 후

삼년 째 되던 해 즉 진시황 28년에 아방궁을 넓혀 짓기로 하였다. 공사의 규모는 엄청나서 상상을 뛰어넘는 크기로 고대 로마 원형경기장의 몇 배에 달하는 규모였다.

역사기록에 따르면 동서 오백 보步, 남북 오십 장丈 1장은 약 3미터, 높이 십 인仞 1인은 약 2.1~2.4미터로 맨 위 기단에는 만 명이 앉을 수 있었으며, 아래에는 다섯 장丈의 기를 세울 수 있으며, 곁에는 담장이 쳐진 이중도로가 함양까지 연결되었다.

고고학계의 보고에 따르면 아방궁 앞쪽 궁전前殿의 유적지는 지금의 서안西安 교외 조가보趙家堡와 대고촌大古村 사이에 있으며, 기단 땅을 단단하게 다졌고, 규모는 동서 넓이 4 리華里 1화리는 500미터이므로 2km, 남북 2리에 달하였다.

원래 진시황은 아방궁 명칭이 듣기 좋지 않다고 여겨 준공을 한 후에 마음에 맞는 이름으로 바꾸려고 하였다. 그러나 아방궁을 건설하는 일에 있어 그의 운명은 뜻밖에도 혜문왕과 같았다. 공사가 완성되기 전에 그는 유감스럽게도 이 세상과 작별하였다. 비록 아방궁이 철저하게 완공은 되지 못하였지만 이 궁전은 중국의 궁전역사에 있어 가장 걸출한 대표작이 되었으며 높고 크고 아름다운 전형이 되었다.

두목杜牧 803~852년경 당(唐)대 걸출한 시인이자 문장가은 이에 감탄하여 종이 위에 아방궁의 장려함을 신기루같이 재현하였다.

> 여섯 나라 없어지고 하나 된 천하
> 촉 땅의 산들처럼 솟아오른 아방궁
> 삼 백리 펼쳐진 웅장한 궁궐, 하늘조차 가리네.
> 여산 북쪽 기슭부터 시작하여, 서쪽 함양까지 바로 이어지고
> 위수渭水, 번천樊川 두 줄기 강물 구비구비 궁궐 안으로 흘러든다.
> 발걸음마다 걸리는 누각들
> 회랑들이 비단 띠처럼 이어져
> 처마 끝은 날아오를 듯 뾰족하게 솟아있네
> 땅의 굴곡 따라 늘어서서 궁궐중심을 향해 자신을 뽐내고 있네
> 빙글빙글 도는 듯하며 구불구불 둘러져

벌집 같기도 소용돌이 같기도.

우뚝우뚝 솟은 건물 셀 수 없이 많네.

물위에 걸린 긴 다리들은 어디서 온 용들인가? 구름도 없는데

누각들을 잇는 공중의 다리는 맑은 하늘에 무지개로다.

높고 낮은 누각들 어렴풋이 보여 동서를 분간치 못하겠네.

무대 위에 노랫소리 부드럽게 울리니, 봄볕의 따사로움이로다.

전각에서 춤추는 옷소매에서 바람이 일어, 비바람처럼 서늘하네.

하루사이에도 또 궁궐 사이에도

날씨가 다른 듯하네.

六王畢四海一／蜀山兀阿房出／覆壓三百餘里隔離天日

驪山北構而西折直走咸陽／二川溶溶流入官墻

五步一樓十步一閣／廊腰縵廻 ／簷牙高啄／各抱地勢鈎心鬪角

盤盤焉囷囷焉／蜂房水渦／矗不知其幾千萬落

長橋臥波未雲厚龍 ／複道行空不霽何虹

高低冥迷不知西東 ／歌臺暖響春光融融／舞殿冷袖風雨凄凄

一日之內一宮之間 ／而氣候不齊

「아방궁부阿房宮賦」

중국 문화사에서 공자를 첫 손가락으로 꼽듯이 아방궁은 중국 궁전 건축사에 있어 첫 째로 평가된다. 공자의 지위는 다섯 수레가 넘는 책 속의 방대한 지식으로부터 온 것일 뿐만 아니라, 더욱 중요한 것은 어려움 속에서도 굴하지 않고 분투한 그의 생애로부터 온 것이다. 아방궁의 지위는 방대하고 장려한 누각들로부터 생겨난 것일 뿐만 아니라 더욱 중요한 것은 수년 후에 항우項羽가 내던진 횃불로부터 유래된 것이다.

공자는 하나의 비극었지만 그의 비극은 문화사에 그친 것은 아니다; 아방궁 역시 비극으로 그것의 비극은 건축사에 그치지 않는다. 비극은 둘의 부족한 점을 없애버렸고 둘의 장점만을 끝없이 확대시키면서 역사적으로 그 지위를 확고하게 하였다. 뒤에 나타난 사람이나 건물이 얼마나 대단하든지 간에 절대로 이 둘을 넘어설 수 없었다.

중국의 길고 긴 역사 속에 무수한 화재가 났으나 전체적으로 보면 두 번의 대화재를 곰곰이 음미해 볼 만하다. 한번은 기원전 206년 아방궁의 대화재였고 다른 한번은 1860년 원명원圓明園의 대화재로 두 사건은 거의 2000년의 시간을 격하고 있다.

　첫 번째 화재는 항우가 불을 놓은 것으로 진秦나라의 폭정에 기인하며, 뒤의 화재는 영국과 프랑스 연합군이 놓은 것으로 청淸나라 조정을 압박하여 땅을 할양하고 배상을 하도록 하려는 목적이 있었다. 두 번의 대재난은 불을 놓은 자가 다를 뿐만 아니라 그 내포한 뜻도 같지 않으니 전자는 내란에 후자는 외국의 침략에 기인한다. 두 번의 대화재는 중국 봉건역사의 처음과 끝을 장식하는 주제라 할 수 있다.

　화재 후에 아방궁은 완전히 잿더미로 변했고, 그 유적지에는 사람의 그림자조차 드물었으며 내란은 완전히 잊혀졌다.

　만일 중국인의 머리가 명료했다면 풍부한 백성들의 재산을 통치자의 사치를 위해 사용하는 것이 아니라 국력을 끌어올리는데 사용했어야 했다. 놀라운 지혜가 끝없는 내부소모에 쓰이지 않고 국가의 큰 그림을 그리는데 사용되어야 했다. 크고 멋진 강산은 피비린내 진동하는 전쟁이 아니라 백성들을 안정시키는데 사용되어야 했다. 이렇게 되었었다면 이 두 번의 대화재는 없었을 것이다. 내란이 사라졌다면 외환이 어찌 있을 수 있었겠는가!

　유학에서 선비는 하루에 세 번 자신을 살펴본다고 하였는데, 군주는 더더욱 하루 세 번 자신을 돌아보아야했다. 백성을 잘 대해주었는가? 정치는 밝고 깨끗하였는가? 국가를 강대하게 만들고 있는가? 자기 자신의 부족한 점에 대해 여러모로 생각하는 것은 결국 이익이 되는 일이다. 진시황은 자신을 그리 돌아보지 않았다. 그래서 아방궁의 대화재가 발생했다. 아이신쥬에루어愛新覺羅 청(淸) 황제의 성씨가문의 말기 자손들도 자신들을 잘 돌아보지 않았다. 그래서 원명원에 대화재가 발생했다.

　후대의 정치지도자들도 자신을 돌아보는 반성이 없다면 또 다시 대화재가 발생할 수 있으며, 그 경우 불길이 절대로 이 두 번보다 작지 않을 것이다.

오늘날 섬서陝西 임동현臨潼縣의 남쪽에 해발 천여 미터가 되는 산이 있는데, 푸른 솔과 비취빛 측백나무가 온 산에 가득했다. 산의 모양이 쾌속으로 달리는 청려마靑驪馬같아서 사람들은 그 형상을 살려 여산驪山이라고 불렀다. 여산의 동서에 두 고개가 있는데 무성한 푸르름이 눈에 가득 찬 아주 빼어난 경치여서 사람들은 두 고개를 각각 동수령東繡嶺, 서수령西繡嶺으로 불렀다.

풍류를 즐겼던 주유왕周幽王 BC 795년경~BC 771년은 강산을 사랑하지 않고 미인을 사랑하였기에, 절세미녀 포사褒姒의 웃음을 보기 위하여 그녀를 데리고 이곳에 와서 놀았으며, 놀이에 흥이 나면 봉화대에 봉화를 올리게 하여 제후들이 하릴없이 달려오게 하는 촌극을 벌였다. 풍류남아 이삼랑李三郎 당(唐)현종(玄宗)은 이곳의 풍수를 마음에 들어 하여 적당한 토지를 택하여 여산궁驪山宮을 짓고 깊이 사랑했던 양귀비楊貴妃 719~756년와 어깨를 나란히 하며 거닐었으며, 피로해지면 온천에 몸을 담그고 계속해서 애정을 펼쳐갔다. 두 풍류 군주가 어떻게 놀았던지 간에 그 사이에 그들보다 더 풍류를 즐겼던 황제가 있었으니 그가 바로 풍류의 대가 진시황이었다.

진시황은 아름다운 경치, 아름다운 이름, 아름다운 옥의 생산지이자 머리는 남산南山을 베개 삼고 다리는 위수渭水에 걸쳐있는 형국의 여산을 사모하여, 제위에 오르자마자 이곳을 자신이 죽은 후의 영원한 거주지로 선택하였다. 그는 황제였다. 그것도 새로운 세계를 연 첫 번째 황제였으며, 통일대업을 이루어 최대의 영토와 가장 많은 신하와 백성을 거느린 황제였다. 기왕에 이렇게 위대한 군주로 태어났으니 죽은 후에도 위대한 군주의 기상을 발현하여 계속적으로 최고의 존엄함, 최대의 부요, 세계 정복을 가장 잘 할 수 있는 태세를 갖추어야한다. 그는 이렇게 생각하였으며, 그대로 실행하였다.

태사공太史公 사마천은 어디에서 가지고 온 자료인지 알 수 없는 극비자료에 근거하여 여산릉驪山陵의 내부 상황을 묘사하였다.

진시황이 막 즉위하였을 때 여산을 굴착하고 정리하였다. 통일을 이룬 후에 전국에서 보내 온 죄수 칠십만 명을 동원하여 세 개의 연못을 파고, 구리물로 채운 후에 관을 그 위에 놓았다. 그 후에 궁궐의 모양과 문무백관을 제작하였으며, 그곳에 진기한 보물을 운송해와 가득 채웠다. 장인들로 하여금 누군가 침입하여 가까이 가면 자동으로 화살을 쏘아 죽이도록 하는 발사 장치를 만들도록 하였다. 수은을 이용하여 수많은 강과 하천, 바다를 만들고 서로가 서로에게 흘러가게 하는 장치를 만들도록 하였다. 상면에는 천문도를 만들고 아래에는 지리모형을 만들어 사람모양의 물고기娃娃魚기름으로 초를 만들어, 오랜 기간 불이 꺼지지 않을 수 있도록 하였다.『사기·진시황본기秦始皇本紀』

사마천이 기록한 것은 대체로 확실하며, 일부 내용은 이미 현대의 발굴 작업을 통해 그 사실성이 입증되었다. 아리송한 일은 사마천이 진시황릉의 병마용에 대한 정보를 전혀 다루지 않았다는 것이다. 기록을 빠트린 것인지 원래 자료가 없었던 것인지 아니면 이를 기록할 가치가 없었던 것인지 알 수 없다. 부분적으로 출토된 병마용이지만 이미 세계 8대 기이한 경관에 들어갔는데, 여산릉의 전모가 다 드러나게 된다면 그것은 세계 몇 대 기이한 경관이 되어야할지? 그 전망은 실제로 상상을 불허한다.

기이한 경관은 여기에 그치지 않는다. 진시황이 이룩한 거대 경관은 중국인들이 여전히 자랑으로 여기며 외국인들은 감탄을 금치 못하는, 또한 유엔이 세계 칠대 기이한 경관으로 열거한 만리장성이다.

여산 진시황릉 출처: 百度 www.baidu.com

흉노를 막기 위하여 진시황이 장성을 축조하도록 명령하였는데 장성은 극히 길어서 만리에 달하였으며 임조臨洮로부터 구불구불 펼쳐나가 요동遼東에 이르는데 일반적으로 만리장성이라고 일컫는다. 만리장성은 오늘날 감숙성甘肅省 민현岷縣에서 시작하여 영하寧夏회족자치구, 내몽고內蒙古자치구를 가로지르고 하북성河北省을 거쳐 요녕성遼寧省에 이르며 한반도에 닿았다. 장성을 따라 가면 각종의 지형과 기후를 거치게 된다. 포효하며 꿈틀거리는 황하, 열기가 파도치는 고비사막, 얼음과 눈이 뒤 덮인 산들과 푸른 풀들이 깔려있는 오아시스…… 장성은 전부 새롭게 만든 것이 아니다. 설계자가 진秦, 조趙, 연燕 삼국의 옛 장성들을 교묘하게 이용하여 상당 구간의 흙벽과 석벽을 연결하는 방식으로 일의 성과를 훨씬 높여 완성한 건축 역사상의 장대함을 이루었다.

장대함은 장대함일 뿐이다. 그 공사를 위해 오십만 명의 장정을 징발하였다. 열악한 공사조건, 비인간적인 잔인한 대우, 극심한 더위의 여름과 추위의 겨울, 몇 명이나 이를 견디어 낼 수 있었는가? 참을 수 없어도 견뎌야했고, 가죽채찍도 나무방망이도 칼등도 다 받아 넘겨야 했으며, 부상을 입어도 버텨야 하고, 배가 고파도 참아야 하며, 죽으면 끌어내 묻어버려야 했다. 장성은 본래 국가와 가정을 보호하려고 쌓은 것이며, 평화롭게 지내려고 건설한 것인데, 공사가 완공되자 수십만의 장정들은 오히려 엉망이 되어버렸다. 오히려 큰 전쟁을 한바탕 치르더라도 이렇게 많은 사람을 필요로 하지 않았을 것이다.

장성 건축은 쉽지 않은 일이었다. 남편과 아내, 아버지와 아들이 헤어져야 했으며 수많은 가족들이 일단 헤어지면 영원히 작별해야 했다. 과부는 장성이 아니라 남편이 필요하다고 울부짖었으며, 아이들은 아버지가 필요하지 장성은 필요 없다고 슬피 울었다. 부르짖음, 통곡, 울음소리가 엉켜져 괴기한 소리를 내며 하늘가에 사무쳤다.

장성은 '짐朕 즉, 황제'의 장성이었다. 필요 없다고 해도 지어야 했다. 장성이 있어야 비로소 흉노의 침범을 막을 수 있다. 진시황의 그 뜻에 의해 화목했던 가정들이 이 세상과 저 세상으로 나뉘어졌다.

남편이 도대체 이 세상에 살아있는지 없는지를 명확히 알기 위해, 일부 부녀자들은 산을 넘고 물을 건너, 심지어는 구걸을 하면서 길 따라 가며 발에 물집이 잡히고 피가 나면서도 공사하는 땅을 찾아 갔다. 맹강녀孟姜女는 본래 전국시대 사람인데 꽃을 옮겨 심고 나뭇가지를 접붙이듯이 그녀를 장성 밑으로 가져다 놓았다.

　　돈황곡敦煌曲 20세기 초에 당과 송 중간시기인 오대시대 필사본이 감숙성 돈황 막고굴(莫高窟), 천불동(千佛洞)이라고 불리는 곳에서 대량으로 발견되었다. 이에 따라 당나라 및 오대시대 민간에서 불린 사곡(詞曲)이 다시 세상에 모습을 보였는데 이를 돈황곡자사(敦煌曲子詞) 또는 돈황가사(敦煌歌辭)라고 부른다.중에 『도련자搗練子』란 곡에 다음 내용이 실려 있다.

　　맹강녀 孟姜女
　　기량의 아내 杞梁妻
　　연산에 한 번 가더니 돌아오지 않네. 一去燕山更不歸.
　　추위를 막을 옷을 만들었지만 보낼 사람이 없어 造得寒衣無人送
　　어쩔 수 없이 옷을 스스로 가지고 가네. 不免自家送征衣.
　　장성 가는 길 長城路
　　정말 험하고 험하구나. 實難行

만리장성 출처: 百度 www.baidu.com

유락산 자락에 눈발이 이리저리 흩날리네. 乳酪山下雪紛紛.
술 마시는 것은 그저 음식 탈을 없애려는 것, 喫酒只爲隔飯病
몸이 건강하여 어서 돌아오길 바라네. 愿身强健早歸環.

사실상 이 여인의 본명이 무엇인지는 근본적으로 관계가 없으며, 중요한 것은 그녀의 울음소리, 그녀의 눈물이다. 중요한 것은 그녀가 장정 아내들의 비참한 처지를 대표한다는 것이다. 이야기 속에서 그녀는 천신만고 끝에 공사장에 갔는데 남편이 이미 죽었으며, 그녀는 남편의 시체를 베고 열흘이나 계속 울어 결국 장성이 무너져 내렸다. 이야기 속에서 장성이 무너져 내린 것은 민간의 미약한 반항의 소리를 반영하고 있다.

이 소리들에 진시황은 주의를 기울이지 않았으며, 거의 개의치 않았다. 개의치 않았기 때문에 몇 년 후에 이 소리가 확대되어 장성은 여전히 우뚝 서있었으나 그의 사직은 무너졌으며 영원히 제위를 이어가려던 꿈도 깨졌다.

오늘날 서쪽 끝인 가욕관嘉峪關 감숙성 북서쪽 관문 위에 서서, 또는 중도의 팔달령八達嶺가에 기대어서서, 또는 동쪽 끝의 노룡두老龍頭 하북성 산해관(山海關)에서 남쪽으로 4km 지점의 발해만 물가로 명나라 장성이 바다로 들어가는 입구 앞에서 눈을 들어 먼 곳을 바라보며 또한 머리를 숙여 생각해보면 장성의 웅대한 기세와 그 교묘한 솜씨에 감탄을 금하지 못하게 된다. 그러나 이 장성의 노선에 일찍이 밤하늘에 귀신의 울음소리와 늑대의 울부짖음으로 가득 찼으며, 여기 저기 흩어진 무덤과 백골이 여기저기 나뒹굴었었다는 것을 생각하는 사람은 극히 적다.

아방궁, 여산릉을 짓는데 칠십만 명, 장성 축조에 칠십만 명, 여기에 수백 개의 궁전과 산실, 마차길의 건설에 적어도 일백만 명이 필요하였으니 전체로 보면 이삼백만 명이 동원되었다. 대략 이천만 명의 인구를 가진 나라(진나라의 호구수자는 존재하지 않지만, 전국말기에 대략 일천만 명의 인구수를 참고하여 추산)에서 이렇게 많은 인력이 휴식도 없는 토목공사에 동원되었다는 것은 진시황의 궁극적인 동기가 무엇이든지 간에 일 그 자체로 보면 어떻게 보아도 큰 실책이었으며, 이 실책으로 인해 도저히 빠져나갈 수 없는 재난을 맞게 되었다.

비상한 사람은 비상한 행동을 하게 된다. 진시황은 일반의 격을 뛰어넘는 비상한 일을 함으로써 비상한 결과를 얻게 되었다.

5

진시황은 여인들을 무척이나 좋아하였다.

생리와 심리가 정상이라면 일반적인 남자는 여인을 좋아한다. 그러나 진시황과 일반 사람이 좋아하는 것은 크게 다른데, 그 원인은 지극히 간단하다. 그는 황제 그것도 통일을 이룬 황제로 일부다처제의 정점에 서있었기 때문에 천하의 미인들을 모두 뽑아서 가질 수 있었다. 이로 인해 방대한 여인왕국을 이루었다. 향기가 날리는 옥같이 윤택한 이 왕국은 황후, 비빈, 궁녀들이 구성하는 것으로 그가 정사를 다루는 여가에 심신의 유쾌함을 얻고 당당하게 천하 남자들의 가장 높은 자리에 서며, 가장 많은 재산을 소유하듯이 가장 많은 여인을 소유할 수 있게 하였다.

그가 지은 그렇게 많은 궁전들은 중요한 역할이 있었는데 바로 여인들을 그 곳에 감추는 것이었다. 궁전마다 모두 여인들이 그를 위해 그곳에 머물렀으며, 그 중에서 중궁전에 속하는 지역에는 여인들이 가장 많았다. 사람들이 말하길 후궁의 여인들이 만 명으로 그 기상이 하늘을 찔렀다고 한다. 두목杜牧 803~852년 당나라 걸출한 시인은 『아방궁부阿房宮賦』를 쓰기 위해 그곳에 가서 풍경을 살폈는데 현지에 널리 전해져오는 말들이 있었다.

> 당시 아방궁은 아침에 미녀들이 거울을 마주하여 머리를 빗고 화장을 하는 모습이 마치 뭇별들이 반짝이는 것 같았으며, 머리를 빗은 후의 머리카락은 푸른 구름이 일어나는 듯하였다. 세수를 한 물을 쏟아내면 위수渭水에 향기를 더 해주었다. 초란椒蘭 향기가 좋은 훈향을 태우니 향기가 천지간에 가득 찼다.

이러한 말들은 문학적 색채가 가미된 것이지만 여인이 많았다는 것은 거짓이 아니다.

황후와 비빈은 그의 정식 배우자로 그의 처첩이다. 궁녀는 그의 비정식 배우자로 어떠한 명분도 없다. 이처럼 많은 정식 배우자와 비정식 배우자를 진시황이 하루에 한 사람씩 하루도 쉬지 않고 만난다고 하면 무려 삼십년의 시간을 필요로 한다. 사실상 황제와 이불을 같이하며 즐거워하는 사람은 극소수였다. 그리고 용의 씨 즉 아들을 잉태할 수 있는 사람은 요행 중에 요행이었다. 대대수의 여인들은 차가운 비바람 부는 창가의 등불 앞에서, 촛불이 붉게 흔들리는 침대 가에서, 눈가에 잔주름이 지고 흰서리가 머리에 내릴 때까지 기다려도 남편의 얼굴을 한번 보기도 어려웠다. 들리는 말에 따르면 일부 궁녀들은 삼십육 년을 기다리며 하릴 없이 가을 물만 뚫어지게 바라보았다.

> 아방궁에 수없이 늘어선 궁궐들 阿房周閣百重環
> 미녀들이 정원을 채우며 종일 한가로이 거니네. 美女充庭盡日閑.
> 빈번히 종남산의 취화봉을 바라보지만 아득할 뿐 頻望翠華終杳渺
> 마치 신선들이 사는 삼신산을 바라보듯. 亦如天子望三山.

청淸대 마세걸馬世杰의 『진궁秦宮』은 정말 사실적이면서, 간절한 마음을 읊었으며, 궁녀들이 죽을 때까지 겪는 처량함을 읊어냈다.

여인들은 진시황의 장난감이어서, 갖고 놀다 그가 더 이상 갖고 놀지 않게 되고 거들떠도 보지 않게 되면, 그녀들은 장식품, 꽃병이 되어 아름다운 궁궐의 내실들에 던져져 장식물 역할을 하였다.

이러한 여인들이 불행하다고 말한다면 정말 불행한 것이지만, 살아서 겪는 불행은 단지 그녀들 불행의 절반에 불과하다. 그녀들이 맞은 결말과 비교해 보면 오히려 그러한 불행은 다행에 속한다고 할 수 있다. 진시황이 죽자 새 황제가 된 진이세秦二世 BC 230 또는 221~BC 207년 호해(胡亥) 진시황의 18째 아들가 명령을 내렸다; 무릇 선제의 후궁 중에 자녀를 낳지 않은 자는 일괄적으로 순장하라. 진시황은 이십여 명의 아들이 있었는데 한 여인이 한 아들을 낳았다고 계산하면 다행스럽게 죽음을 면한 자는 겨우 이십여 명뿐이며, 나머지 만여 명의 여인들은 여산릉에 전부 순장되었다. 한 사람이 죽자 만인이 순장되었으니, 하늘과 땅이 이를 비통해 하였으리라!

6

진시황은 여인들, 부귀, 권력, 권세, 천하를 원하였으며 운명은 그에게 이러한 것들을 이루어주어서 그가 갖고자한 것은 무엇이든 다 갖게 하였다. 자족할 줄 모르는 것이 사람의 마음이라고 하는 속담이 있는데 진시황 역시 마찬가지였다. 그는 거의 모든 것을 손에 넣고도 자족하지 못하고 불로장생을 원하였다.

사실을 말하자면 그는 죽음을 두려워하지 않았었다. 대업을 위해 늘 자신을 거침없이 내던졌다. 노애繆毐, 여불위, 그의 모친과 투쟁 시에도 죽음을 두려워하지 않았다. 여섯 나라를 공략할 때 자객들이 그를 죽이려 함양咸陽에 들이닥쳐도 죽음을 두려워하지 않았다.

그러나 대업을 이루고 나자, 그는 자신의 생명의 값이 극히 귀해졌다는 생각에 도리어 두려움을 느끼게 되었다. 누구나 피할 수 없는 죽음과 많이 남지 않은 자신의 인생에 직면하면서 그는 날마다 너무너무 고민하였다. 일단 인생의 마지막 날이 오면 그가 일생 분투하며 심혈을 기울여 얻은 성과를 내려놓아야 할 수 밖에 없었다. 그는 이렇게 얻기 쉽지 않았던 성과들을 계속 누리고 싶어 했다. 시일을 연장하여 누리고 싶었으며, 제일 좋기로는 영원히 끝없이 누리고 싶었다. 유감스러운 일은 그가 비록 천하를 소유하는 부귀함이 있었지만 하루하루 자신이 늙어가며 죽음에 가까이 가는 것을 막을 방법이 없었다는 것이다. 그는 자나 깨나 기적이 이루어지길 바랐으며 이러한 기적이 상당한 대가를 요구해도 상관이 없었다.

황제가 무엇인가를 갖고자 하면 사회는 바로 이에 응하여 그 무엇인가를 만들어내야 했다.

진시황이 불로장생을 필요로 하자, 이에 맞추어 불로장생의 술법을 가졌다고 하는 방사方士들이 나타났다. 방사들이 나타난 것은 진정으로 영정贏政이라 불리는 황제를 위해서가 아니라 그의 수중에 있는 권력을 얻기 위해서였다.

이 권력이 그들에게 부귀함을 가져다 줄 수 있기 때문이었다. 그들은 어느 학설이 황당하든 말든 관계없이 일단 황제가 수긍하게 되면 황당함이 진리로 바뀌게 되고 먹을 것, 쓸 돈, 관직으로 변화될 수 있다는 것을 잘 이해하고 있었다. 황제가 불로장생을 생각하고 있는 것이 현실이었기에, 불로장생에 관한 논리와 방법이 있게 되면 그것이 바로 가장 유용한 학문이 되는 것이며, 이러한 학문의 힘을 이용해 풍성한 생활을 하는 것은 절대로 문제가 되지 않았다.

불로장생의 방도가 있고— 방사들이 황제를 속이든 아니면 그들 자신이 이를 진짜로 믿든지 간에— 황제와 연결할 수 있는 통로를 갖게 되면 현실 속에서 나타나는 어려운 문제에 대한 답을 가지고 있어야 했다; 난제는 '방사 그들 자신 모두가 팽조彭祖, 800세를 살았다는 전설 속의 인물와 같은 장수노인과 닮았느냐? 즉, 장생불사의 살아있는 실례를 제공할 수 있느냐?'였다.

방사들은 조상들이 전해준 기교를 배워 이러한 난제를 우회하여 확실한 것처럼 황제에게 대답하였다. "신선과 불로장생약은 모두 존재합니다. 발해渤海 안에 있는 봉래蓬萊, 방장方丈, 영주瀛州 세 신령스러운 산 위에 제위왕齊威王, 제선왕齊宣王, 연소왕燕昭王이 일찍이 사람을 보내 이것들을 가져오라고 보냈는데 그 곳에 그들이 남아있으며 아직도 돌아오지 않고 있습니다."

본래 당연히 의문을 가져야 했지만 불로장생하고 싶은 마음이 너무나 간절했던 진시황은 이를 경건하게 믿었다. 방사들은 앞 다투어 글을 올리면서 황제가 삼신산에 선약을 구하러 가는 일을 자신에게 맡기기를 희망하였다. 서시徐市라고 하는 방사가 있었는데 민간에서는 그를 서복徐福이라 바꾸어 불렀다. 그는 너무나 사람을 미혹시키는 말을 잘 하여 없는 것도 정말 있는 것처럼 여기게 하였다. 진시황이 그를 마음에 들어 하여 그가 추가적으로 요구한 조건을 들어주었다. 즉, 풍성하게 제사를 지낼 물품과 수천 명의 소년소녀들을 갖추어 주었다.

서시는 예정된 날짜에 닻을 올리고 항해를 시작하였으며 어느 정도 시일이 지나 사람을 보내 진시황에게 보고를 하였다: 항해 도중에 큰 바람을 만나 배가 전진할 수 없었지만 그러나 삼신산은 이미 또렷하게 보인다는 보고였다.

진시황은 불로장생을 추구하는 일은 등한시할 수 없는 대사로 불로장생을 하려면 틀림없이 우여곡절을 많이 겪게 되리라고 생각하였다. 그는 이전에는 없었던 인내심을 보이며 서시가 개선하여 오기를 기다렸다.

몇 년이 흘러갔다. 서시는 그 사이 산동 반도 북쪽의 육지와 바다 사이를 사람을 데리고 왔다 갔다 하면서 수많은 자금을 썼지만 여전히 아무 것도 얻지 못하였다. 진시황의 견책을 피하기 위하여 그는 다시 신화를 날조하여 말하였다; 봉래산의 선약을 가져 올 수 있지만 늘 큰 상어의 방해를 받아 배를 접안시킬 수가 없습니다. 폐하께서 활을 잘 쏘는 자를 보내어 같이 가게하시면 큰 상어를 쏘아 죽이겠습니다.

당시 진시황 본인이 이 곳 바다 위를 순행하고 있었는데 꿈속에서 바다의 신神과 큰 싸움을 벌였다. 꿈을 해석하는 박사가 큰 상어는 바다의 신이 책봉한 제후로 큰 상어를 죽이지 않으면 선한 신神이 올 수 없다고 하였다. 서시가 그렇게 말하였고, 박사도 그렇게 말하자 진시황은 이를 진짜로 여기게 되었다. 거대한 물고기가 괴기한 행동을 하는 것을 없애기 위하여 그는 서시에게 큰 고기를 잡는 기구를 가지고 가도록 하고, 자신이 직접 화살을 쏘는 궁수가 되어 연속으로 발사할 수 있는 쇠뇌(석궁)을 옆에 대기시켜 조금도 한눈을 팔지 않고 며칠을 기다린 후에 마침내 한 마리 거대한 물고기를 쏘아 죽였다.

거대한 물고기를 쏘아 죽였으나, 서시의 선단은 도리어 한 번 가고는 다시는 돌아오지 않았다. 수백 년 후에 다음과 같은 재미있는 이야기가 민간에 전해졌다: 진시황이 불로장생을 구하자 서복이 그를 속여, 삼천 명의 소년소녀와 대량의 재물을 얻어 바다를 건너 동영東瀛 일본의 별칭으로 갔으며, 그곳에서 자손이 번성하였으며 일본 최초의 국왕이 되었다.

서복에 관한 재미난 이야기가 오늘날까지도 전해져 내려오는데, 저자가 어릴 적 어머니가 말씀하시는 것을 들었었는데 그 내용은 앞에 쓴 이야기와 크게 차이가 없었다.

이 일은 허무맹랑한 것이다. 그러나 일본에서는 오늘날에도 서복을 극히 숭배하여 사당을 세우고 기념을 하며 향불을 피워 올리고 있다. 더 나아가 그가 동쪽으로 건너간 노선 및 옛 지역을 발견했다는 설도 있다.

불로장생을 추구한 일은 진시황이 인생에서 마지막으로 시도한 큰일이었다. 생각이 깊었던 그는 그 일의 성패를 서복 한 사람에게만 걸지 않았으며 다양한 통로를 통해 행동을 취하였다. 그는 연燕지방의 방사인 노생盧生에게 명령하여 해상에 가서 선인仙人을 찾도록 하였으며, 한종韓終, 후공侯公, 석생石生 세 방사에 다른 방도를 찾아 선약을 구해오도록 명령하였다.

한종은 소식이 감감하였다. 노생은 해상에서 돌아왔는데 가져온 것은 선인이 아니라 『녹도서錄圖書』라는 한권의 책으로 그 안에 '진秦나라를 망하게 하는 자는 호胡이다.'라는 구절이 있었다.

'진을 망하게 하는 자'는 '호이다.'라는 말에 진시황의 마음이 떨렸다. 그는 마음을 진정시킨 후에 생각을 해보았다. 이 '호胡'가 확실히 진秦을 망칠 수 있다면, 그의 대진제국을 망칠 수 있는 것은 개인일 리가 없고 응당 방대한 역량을 가진 무리일 터인데 아무리 둘러보아도 흉노匈奴를 빼고 나면 그러한 역량을 갖춘 무리는 없었다. 이것은 경계하라는 하늘의 뜻으로 못들은 척 그대로 놔둘 수는 없었다. 그는 대장 몽염蒙恬을 불러서 그날로 대부대를 이끌고 영靈, 하夏, 승勝 등 하남河南지역에 가서 흉노의 침입을 대비하라고 하였다.

노생은 후에 또 진시황에게 선약을 어째서 못 얻게 되었는지 그 원인을 설명하였다.

"신들이 기이한 약을 만드는 선인을 찾았지만 줄곧 만나지 못한 것은 이를 방해하는 사물이 있었기 때문입니다. 폐하께서 응당 시시때때로 암행을 하셔서 악귀를 피하셔야 합니다. 악귀를 피하시면 진인眞人이 오게 될 것입니다. 폐하의 거처는 신하들이 알고 있는데 이것은 진인이 강림하시는 것을 가로막는 것입니다. 진인은 물에 들어가도 젖지 않고, 불에 들어가도 훼파되지 않으며, 그 기운이 구름을 뚫고 하늘에 닿아 천지처럼 오래오래 사는 자입니다. 오늘날 폐하께서 천하를 다스리시지만 고요하며 깨끗함에 머물 수 없는 상황입니다. 원컨대 폐하의 거주하시는 궁宮을 사람들이 알지 못하도록 한다면 불사약을 비로소 얻을 수 있게 될 것입니다."

이 말은 원래 노생이 진시황에게 어물어물 넘어가려는 간사한 말이었다. 그가 스스로 생각하기에 진시황이 절대로 황제의 위풍당당함을 버리고 곳곳에서 사람을 피하는 진인이 될 리가 없다고 여겼다. 그러나 어찌 알았으랴? 이 시기의 진시황은 이미 상황을 명확하게 구분하지 못하는 지경이어서 황제의 위풍당당함을 버릴망정 정말 진인이 되고 싶었다. 비록 곳곳에서 사람을 피해야한다 할지라도 그는 늙지 않고 장생하기를 원했다.

그는 칼로 무를 베듯이 단호하게 말했다.

"나는 진인을 흠모한다. 나 스스로 '진인眞人'이라 부를 것이며 다시는 '짐朕'이라고 칭하지 않겠다."

그가 명령을 내렸다: 함양咸陽 주위 이 백리 이내의 궁궐들을 270가닥의 복도와 주랑으로 서로 연결시키고 장막과 휘장을 두른 후에 종과 북, 미인들로 그 곳들을 다 채우도록 하며, 업무를 보는 정부기구들은 원래 위치에서 꼼짝도 하지 말라. 황제가 어디로 가는 지를 발설하는 자는 이유여하를 막론하고 죽여라. 이때부터 우연히 조회에 나오는 경우를 제외하곤 대신들이 황제의 그림자도 보지 못하였다.

한번은 진시황이 비밀통로로 지나가다가 외부에서 행차하는 승상의 대열이 너무 화려한 것을 보게 되자 불만의 말이 그의 입에서 나왔다. 누군가가 이 말을 승상에게 전하였으며, 승상이 놀라서 즉각 행렬의 규모를 줄였다. 진시황은 시종들이 기밀을 발설한 것을 증오하여, 즉각 그 사건을 심리하기 시작하였다. 그러나 누가 발설하였는지 알 수 없게 되자 당시 그 현장에 있던 시종들을 전부 처형하였다.

이로부터 우연히 조회에 나오는 경우를 제외하곤 대신들도 다시는 황제의 소식을 듣지 못하였다. 진시황은 진정으로 '진인'이 되고 싶어서 두더지와 같이 종일 지하로 다녔지만 어떤 성과도 없었으며, 조금 씩 조금씩 늙어갔으며, 끝내 방사들이 장생약을 가져오는 것을 보지 못하였다.

그러나 그는 여전히 멍하니 기다리고 기다렸다.

한편으로는 여산릉驪山陵을 축조하면서 한편으론 불로장생을 추구하는 모순된 행보를 보인 진시황은 그 두 가지를 전부 직접 관리하면서, 전혀 고삐를 늦추지 않았다. 아무튼 그 둘 중 하나가 그가 돌아갈 곳이라고 생각하였다.

7

전통적 역사평가를 보면 진시황을 좋게 평가한 것보다 나쁘게 평가한 것이 더 많다.

칭찬할 부분은 적고도 적었다.

가의賈誼 BC 200~BC 168년 서한 초기 저명한 정치인, 문학가, 유종원柳宗元 773~819년 당송 팔대가의 한 사람 등 소수의 문인들의 글 속에서 그가 호랑이 등에 올라타 여섯 나라를 통합한 천고의 제왕이라고 평가한 것 외에 그는 거의 '폭군'의 대명사가 되었다.

진시황은 역사적으로 거듭거듭 비난을 받았는데 이것은 뒷날 역사학계를 장악한 유가와 관계가 있다.

유가는 너무나 진시황을 원망하여, 치를 떨었다. 유가에 속한 사람은 누구나 진시황을 손가락질하였으며, 대대로 마음을 툭 털어놓고 그를 받아들일 수 없었다. 그러한 근원을 따라 가보면 그들의 원망은 진시황이 당시에 취한 대규모 조치인 분서갱유焚書坑儒에서 기인한다.

기원전 213년에 전체로 묶여진 죽간竹簡들을 관료의 저택에서, 부호들의 장원에서, 유학자들의 기와집에서 들고 나와 인력거나 마차 위에 실어서 관청이 지정한 넓은 땅으로 운반해 갔다. 사람들이 시끌벅적하게 겹겹이 둘러싸고 지켜보는 가운데 집행관이 명령을 내리자 산더미처럼 쌓여있는 죽간에 불이 붙었다. 불길이 맹렬히 타오르며 짙은 연기가 뭉게뭉게 피어올랐다. 누런 바탕에 검은 글자가 있는 죽간들이 달구어지면서 딱딱 소리를 내었으며, 죽간에서 진액이 흘러내린 후에 시커먼 석탄, 하얀 재로 변하여 층층이 쌓였다.

불길은 오랫동안 타 올랐다.
불길은 변경으로 번져나갔으며 농촌지역까지 불타올랐다.
책을 전부 태우라! 지역 행정장관들이 엄격하게 성지를 따라 조치하였다.

진시황이 각지에 올라온 보고를 받은 후에 이를 비준하면서 지시를 하였다. 더욱 엄격하게 집행하여 반드시 철저하게 처리하도록 힘쓰라.

책을 태우는 것 즉 분서焚書는 승상 이사李斯가 주장한 것으로 진시황은 아주 좋은 생각이라고 여겼다.

본래 진시황 본인 역시 책보기를 좋아하였다. 천하를 통일하기 위하여 그는 목숨을 걸고 각종 지식을 습득하였다. 법가의 책은 물론 유가의 책을 잡다하게 읽었으며 제자백가를 거의 다 보았다. 사실을 말하자면 그는 책에 대해 악감을 갖고 있지 않았을 뿐만 아니라 상당한 호감을 가지고 있었다. 천하를 통치하는 과정에서 그는 점차 책이 그렇게 간단한 것이 아니라는 것을 알게 되었다. 책이 자신을 위해 도움이 되었지만, 또한 자기에게 불리한 것들을 내뿜어 통치에 모종의 곤란함을 일으키는 것 같았다. 책이 어떠한 물건인지 명확하게 말하기 어려웠다.

역시 이사가 문제의 난점을 벗겨냈다. 그가 말하기를

> 의약, 점술, 나무심기 등 실용서와 진秦왕조의 역사서를 제외한 나머지 책들은 통치에 대해 모두 이익이 없고 해로움만 있습니다. 책이 있게 되면 선비들이 현재가 옛날보다 못하다고 느끼게 되고, 현시대에 대해 심각한 불만을 가지게 되며, 나아가 백성들의 머리를 미혹할 것입니다. 책이 있게 되면 선비들이 도처에서 개인적인 학당을 열고 모든 법령과 가르침을 비난하며 말을 꾸며 현실을 어지럽게 됩니다. 책이 있게 되면 선비들이 내실에 들게 되면 마음에 비판적 생각을 가지며 밖으로 나가면 마을에서 비난적 의견을 말하며, 정서를 왜곡하여 일을 꾸미며 자신이 기준이 되고 위험한 말들이 사방에서 일어나게 됩니다. 책이 있게 되면 선비들이 황제의 권위를 파괴하고 아래에서 수많은 무리가 집단을 구성하게 됩니다. 아무튼 책이 있게 되면 신하와 백성들에게 정도를 떠나게 하는 사상을 제공하게 됩니다.

이사가 강조하였다.

책을 금하지 않으면 천하에 편안한 날이 없게 됩니다.

이사가 제시한 해결책은 『시詩』, 『서書』 및 제자백가서는 관청에서 보관하는 이외에 전부 불살라 없애는 것이었다. 감히 사적으로 이러한 책들을 말하는 자들은 참수하여야 한다. 감히 옛 것으로 오늘을 비방하는 자는 그 일족을 절멸시킨다. 관리 중에서 이를 알고도 보고하지 않으면 같은 죄로 처벌한다. 이후로는 백성들은 농업과 공업에 힘을 쏟아야 하며, 선비들은 법령을 반드시 익혀서 금지하는 일들이 무엇인지 알아야 한다. 만일 법령을 배우고자하는 자는 관리들을 스승으로 모셔야 한다.

최후의 엄격한 명령은 책을 삼십일 이내에 태우라는 것이었다. 그 기간이 지나 책을 내놓는 자는 얼굴에 죄명을 새기는 벌을 받게 하고 장성을 축조하는 노역을 하도록 하여야 한다.

이사는 아주 철저하게 말하였으며, 진시황이 건의를 전부 다 받아들였다.

각종 학파의 책을 불사르며, 특히 유가의 책들을 불사르면서 진시황은 온몸에 쾌감을 느낄 정도였다; 이단사상이 깨끗하게 청소되었으며 통치를 위한 혈맥이 순조롭게 통하게 되었다.

그는 일찍이 이단의 사상을 편애하였었다. 전국이 아직 하나로 섞이지 않는 시기에 그러하였다. 그때 그는 이단을 필요로 하였으며 이단을 가지고 각국의 이단에 대항하였으며, 이단으로 자신의 사고방식을 확충하였으며 이단을 사용하여 천하를 탈취하였다. 이러한 이유로 그는 겸손히 독서를 하였으며 모든 이단의 책들을 읽었다. 이러한 이유로 현명한 자들을 예로써 대하였으며, 이단의 선비들을 예로써 대우하였다.

이제 형세가 달라졌다. 상황이 완전히 달라지면서 이단이 통치를 하는데 가장 큰 적이 되었다. 이단은 다양한 국면을 제창하고 천하민심을 어지럽게 하였으며, 황제의 권위를 얕보고 통일적인 정령을 파괴하였다. 모든 이단의 사상 중에서 가장 혐오하였던 것은 유가의 어짐과 덕스러움이었다. 이 사상은 어짐과 덕이라는 큰 깃발을 휘두르며, 복잡하게 얽혀있는 종법宗法관계, 뒤죽박죽인 예교와 인정, 구별하기 어려운 어두운 배경을 조정과 사회에 가득 차게 하고 법의 관철을 배척하였다. 진秦 왕조는 법으로 나라를 다스리는 왕조였기에, 오직 법과 서로 대립하는 이단사상을 제거하는 것, 특별히 유가학설을 제거하여야 법이 비로소 막힘없이 시행될 수 있었다.

책을 태우면서 진시황은 그동안 가슴 속에 쌓였던 것을 태워버렸다.

사실 각종 학파의 서적은 한 장의 책을 태우라는 명령으로 전부 재난을 겪지 않았다. 황가 자신이 일부분을 남겨서 통치경험을 증가시키려는 용도로 사용하였다. 유생들이 위험을 무릅쓰고 일부를 숨겼으며, 책을 필요로 하는 밝은 세상을 기다렸다. 공자의 팔세손인 공부孔鮒 BC264년경~BC 08년 자는 자어(子魚). 진시황의 전국 통일 후에 벼슬길에 나아가지 않았다. 서한 초기 유명한 학자인 숙손통(叔孫通)이 그의 제자다. 는 평생의 재난을 겪으면서도 옛 시대의 찬란한 문화를 빛나게 한 조상들을 본받아 생명과 명예를 대가로 문화의 씨앗을 보존하였다.

그 이전이나 이후에 책과 사상이 통치자의 명령으로 인해 철저하게 소멸되었던 적은 없었다. 분서 이후 겨우 일 년, 아마 일 년이 되지 못해 유생들을 구덩이에 묻는 일이 발생하였다.

유생들을 묻어 죽인 일坑儒은 종이 위의 글로만 보면 이사는 참여하지 않고 진시황 한 사람이 혼자 그 일을 한 것처럼 보인다. 그러나 적어도 이사는 책을 태우는 사건 속에서 황제의 유생들에 대한 원한을 아주 깊게 하였다. 진시황은 본래 유생들을 묻어 죽이려는 생각이 없었다. 있었다면 책을 태울 때 같이 시행했을 것이다. 그가 유생에 대해 살기를 품게 된 것은 돌연히 폭발한 것이었다. 물론 얼음이 두껍게 얼려면 하루의 추위로 되지 않는다는 말처럼 단시간에 그렇게 된 것은 아니었다.

유생들을 죽이게 된 사건의 도화선은 방사方士들이었다.

방사들이 한 번은 이렇게 한 번은 저렇게 말하면서, 진시황이 이렇게 저렇게 행하여 불로장생을 추구하도록 하였다. 진시황은 그들이 요구하는 대로 그대로 따라서 하였으나 자신의 얼굴과 피부가 날이 갈수록 늙어가는 것만을 볼 수 있었을 뿐이다. 노생 등 방사들이 더 이상 좋은 방법을 생각해 내어 진시황의 요구에 대응할 수 없게 되자 죄를 물을까봐 무서워 진시황을 배반하고 한바탕 욕설을 퍼뜨리곤 도망쳤다.

> 진시황의 사람됨은 강퍅하고 자신만 알았다. 제후들을 멸망시키고 천하를 집어 삼키면서 아주 득의만만하여 예로부터 자신에게 미칠 수 있는 사람이 전혀 없다고 생각하였다. 그는 전문적으로 옥리獄吏들을 뽑았으며, 그들을 총애하였다. 박사博士가 비록 칠십 명이지만 대기요 원일 뿐 결코 중용되지 않았다. 승상, 대신들은 단지 그의 뜻을 집행할 뿐이며 모든 것은 그가 독단적으로 결정하였다. 그는 형벌과 살인으로 위세삼기를 즐겨 해서 신료들이 죄를 얻을까 두려워하고 벼슬과 녹봉을 보전하기 위하여 감히 진정한 충성을 다하지 아니하였다. 그는 잘못을 들으려하지 않았고 날이 갈수록 교만해졌으며, 아랫사람들은 공포에 쌓여 그를 떠받들었다. 진나라 법의 규정은 한 사람의 방사가 두 가지의 술법을 겸하여 할 수 없으며, 만일 술법을 시험하여 효과가 없으면 처형되었다.
> 천하의 크고 작은 일을 모두 그가 결정하였으며, 밤낮으로 대량의 문서를 검토하였으며 완결을 짓지 못하면 쉬지 않았다. 그의 권세를 탐하는 정도가 이 지경이었으니 선약仙藥을 구할 수 없었다.

이러한 말들로 그들이 욕설을 퍼부은 것은 전혀 도리가 없는 것은 아니지만 대부분은 그들의 특수한 시각에서 나왔다. 근본적으로 자신들의 사기술을 감추려는 것으로 마치 사기꾼이 미친 자를 욕하는 것처럼 그 욕설이 적당하지 않았다.

노생 등 방사들이 도망갔다는 것과 그를 욕한 사실이 진시황의 귀에 아주 빨리 들려졌다. 그는 엄청나게 화를 냈다. 그가 엄마의 뱃속에서 나온 이래 이렇게 화를 내본 적이 없었다.

그는 반은 가련하게 반은 위엄을 부리며 그들을 욕하였다.

"내가 이전에 천하에 쓸모없는 책들을 수집하여 불에 태웠다. 그 후에 널리 문사文士와 방사方士들을 불러 모았는데 이는 천하태평을 이루기 위하여서였다. 방사들이 기묘한 약을 얻을 수 있다고 하였으나, 한종은 소식이 묘연하고, 서시 등은 거대한 자금을 썼으나 아직까지 한 알의 약도 얻지 못하였으며, 오히려 간사한 무리들의 쓸데없는 말들이 끊임없이 올라오고 있다. 노생은 내가 그를 존경하여 후하게 상을 내렸지만 그는 도리어 나를 비방하여 내가 덕이 없는 군주라고 하였다."

진시황은 이때가 돼서야 비로소 노생의 사기극을 어느 정도 깨닫게 되었다. 그러나 노생은 그보다 한 수 위여서 재물과 복을 누린 후에 빠져나갔다. 그는 노생을 뼛속 깊이 미워하였지만, 미워해봤자 사람 그림자조차 보이지 않았으니 아무 소용이 없었다. 그는 여전히 발해 일대에서 요리조리 빠져나가는 서시와 결판을 내지 못하고 여전히 불로장생의 희망을 가지고 있었다. 그는 가슴 가득 찬 분노를 쏟아내려고 하였는데 노생은 존재하지 않았기에 그 분노를 유생들의 머리 위에 퍼부었다.

그는 잠시 멈춘 뒤에 말머리를 돌려 말하였다.

"내가 일찍이 사람을 보내 몰래 살펴보았는데 함양의 유생들이 요사스러운 말로 백성을 유혹하여 어지럽히고 있다!"

그가 유생들에게 불만을 품은 것은 이미 그 이전이었다. 태산泰山에서 봉선封禪의 의식을 치루기 전에 노魯땅에서 70명의 유생이 조서를 받고 찾아와 봉선의식에 대해 토론을 하였는데, 각자 옛 경전에서 근거를 끄집어내어 의견이 분분하였다. 반나절을 토론하였지만 일치를 보지 못하고 간결하고 상쾌한 방안을 내놓지 못하였다. 너무 우유부단하고 너무 옹색하였다. 그야말로 한 무리의 밥통들이었다. 진시황이 그들의 이야기를 들으며 혐오감을 갖게 되었고 이로부터 유생들에 대해 반감을 갖게 되었다.

반감은 반감이고 전체적으론 유생을 잘 대접해 주었다. 그 전에 서적을 불태운 것은 단지 책에 대한 것이지 사람들에 대해 그랬던 것은 아니다. 그는 그들의 잘못을 추궁하지 않았다. 왜냐하면 그들이 문학을 이해하고 있었기 때문에 계속해서 그들에게 물질을 제공해주면 조정의 구색을 맞추는데 도움이 되었기 때문이다. 황가皇家를 대가족으로 친다면 일부 인사들을 봉양하는 것은 아무것도 아니며, 풍류와 아취, 시끌벅적함, 겉치장을 하는 것도 나름대로 재미있는 일이었다.

그러나 그들이 좋은 것을 마다하고 황가의 밥을 먹으면서 만족하지 못하고 밥그릇을 집어던지며 집주인을 욕하고, 감사하지도 기뻐하지도 않고 도리어 대결태세를 취한다면 그들은 옳고 그름을 알지 못하는 것이다. 너희 유생들이 존엄을 요구한다면 그러면 나의 존엄은 어디에 놓아야 하는가? 너희들이 스스로를 어떤 자라고 생각하느냐? 실은 노생盧生과 한통속의 나쁜 놈들로 모두 속임수로 밥을 먹는 자들이 아니냐?

유일한 구별은 노생은 사기를 친 후에 도망갔다는 것이며 너희들은 여전히 사기치고 있으며, 한편으론 사기를 치면서 한편으론 소란을 피우고 있다는 것이다. 너희들은 꼴사나운 문화에 기대어 하늘 높은 줄 모르고 도처에 유언비어를 퍼뜨리며 조정의 단점을 드러나게 하고 황제의 옳지 않은 점을 말하여 백성들이 다시는 순한 백성이 되지 못하도록 하고 있다. 너희들은 너무 어리석어서 그 조그만 목숨으로 황제권력과 대항하려 하는구나. 너희들이 스스로 나와 대항한 것이니 내가 정이 없다고 탓하지 말라.

그가 명령을 내렸다: 신속히 함양에서 비방혐의가 있는 유생들을 적발하여 심문하라!

그 결과 유생들에게 잔혹한 형벌을 가해 진술을 강제하면서, 서로가 서로를 고발하도록 하여 460명에 달하는 유생들을 한 두루미로 엮었다.

전부 땅에 파묻어 죽여라! 진시황이 명단위에 큼지막하게 붉은 표시를 하였다.

460명 유생이 꽁꽁 묶여서 차례차례 거대한 흙구덩이로 끌려 내려갔다. 그들 위로 흙이 날리기 시작하였다. 죽음의 문턱에 서서 유생들은 몸을 꼼짝할 수도 없었다. 점차 이성을 잃어가기 시작하였다.

누군가 기개 있게 외쳤다: 이 무도한 폭군아! 내가 너를 욕하고 죽을 장소를 제대로 얻었다. 만일 죽지 않는다면 여전히 너를 욕할 것이다!

누군가 위축되어 말하였다: 난 몇 마디 시끄러운 말을 하였을 뿐인데 이런 큰 화를 당하다니 하늘이 무심하구나!

누군가는 원망하며 말하였다. 난 줄곧 조심조심하여 조정에 대해 나쁜 말을 한 적이 없는데 결국 못된 동료들에 의해 같이 구덩이에 들어왔으나 정말 억울하다!

죽음을 앞둔 유생들이 어떻게 생각하였던 흙이 점점 차올라 다리를 덮고 허리를 지나 눈썹에 닿은 후에 머리를 덮어 버렸다. 함양에 새로운 흙더미가 생겨났다.

천하에 이를 알려 경고를 삼도록 하라! 진시황이 그와 같이 말하였다.

다행히 살아남은 유생들은 장탄식을 하였다: 유생들이 너무 고지식하여 방사들의 속죄양이 되었다.

먼저 책을 태운 후에, 뒤에 유생들을 구덩이에 묻었다. 그 두 일이 합쳐져서 역사의 전거가 되었으며 고대 유생들은 물론 오늘날의 서생들까지 모두 놀라 어쩔 줄 모르게 하는 전거가 되었다.

분서焚書, 갱유坑儒는 진시황이 각각 진행한 두 가지 일이었으나 자세히 살펴보면 사실은 한 가지 일이었다. 만일 이를 하나의 곡조로 비유하자면 분서는 갱유의 전주곡이었으며 갱유는 분서를 결론짓는 곡이었다. 이곡은 때론 높고 격앙되었으며 때론 낮고 처참하였다. 불타는 소리, 칼날 휘두르는 소리, 생매장 당하는 절규. 이 소리들이 멀리멀리 황무한 땅으로 떠돌았으며 시공을 뛰어넘어 오늘에 전해져 온다.

8

진시황은 통일을 한 후에 거의 전국을 다 돌아보았다. 그가 이렇게 돌아다니는 것을 '순행巡行'이라고 불렀다.

순행을 위해 그는 광범위하게 천자가 다니는 길을 닦았다. 넓찍한 길로 중앙과 동서남북이 서로 연결되었다. 그는 마차를 타고 가마에 앉기만 한 것이 아니라 큰 배를 타고 큰 바람과 거센 파도에 흔들리며 바다 위로도 다녔다.

상당히 고생스러웠다. 호화설비와 방대한 의장대, 정성을 다하는 접대가 있었지만 고생스런 여행으로 몸과 마음이 지친 상황을 해소시킬 수는 없었다. 그러나 힘들어도 그는 기뻤다. 자기에게 속한 땅에서 돌아다녔기 때문이다. 이러한 감각은 말로 표현하기 어려웠다. 순행은 그에게 많은 이득을 가져다주었다. 수도에 있으면 답답하였다. 정무처리도 머리가 아팠다. 수도를 벗어나 산천을 유람하면 정서가 균형이 잡히면서 가장 자연스런 상태가 되었다. 나라의 형편을 이해하고 백성들의 상태를 이해하며 전체적인 정치구도를 실제적으로 제정하는 것에 큰 도움을 주었다. 황제의 권력을 드러나게 하고, 법률체제를 널리 알리면서 전체 신하와 백성들이 더욱 복종하도록 하였다. 결국 도성을 떠나 이리저리 다니며 형편을 살핀 것이다. 아니 도성을 떠나 순시를 하였다고 해야 하리라. 개인의 심신에서 사직의 대업에 이르기까지 모두 극히 좋은 조율작용을 하였다. 그래서 그만두려고 해도 그렇게 할 수 없었으며 여러 차례 대규모 순행을 하였다.

순행의 정점은 태산에서 봉선의 의식을 거행한 것이다.

태산泰山은 이전에는 대종岱宗이라 불렸는데 지금의 산동성 중부지역에 위치해 있으며 산세가 웅장하며 불쑥 솟아 오른 형태여서 그 기세가 공중에 드러났다. 태산(1533m)은 중악인 하남성 소재 숭산(嵩山 1492m), 서악인 섬서성 소재 화산(華山 2155m), 남악인 호남성 소재 형산(衡山 1300m), 북악인 산서성 소재 항산(恒山 2016m)과 함께 오악(五岳)으로 불린다.

훗날 한무제漢武帝 BC 156~BC 87년가 태산에 올라 감탄을 금치 못하였다.

태산 출처:百度 www.baidu.com

높기도 극히 높도다!
크기도 특별히 크도다!
웅장하게 빛나는 도다!
놀랍고 미혹되도다!

전설에 따르면 하夏, 상商, 주周 삼대에 걸쳐 72명의 군주가 태산에 와서 봉선
의 의식을 거행했다. 봉선封禪은 한 단어로 보이지만 사실은 두 가지 일이다. 봉封
은 태산 정상에 올라 하늘에 제사를 지내는 것이며, 선禪은 태산 산록의 작은 산인

양부산 출처:百度 www.baidu.com

양부梁父 산동성 태안(泰安)시 남록 288m에서 땅에 제사를 지내는 것이다. 하늘과 땅에 제사를 지내며 공적을 고하고 하늘과 땅의 보살핌을 구하는 것이다.

봉선의식을 정식으로 기록한 것은 진시황이 첫 번째 황제이다.

첫 번째 황제가 천리 길을 멀다하지 않고 달려와서 그의 불세출의 공적을 하늘과 땅에 아뢰고 산 정상에 높이 3장 1척 넓이 3척의 거석을 세우고 상면에 글을 새겼다.

> 황제께서 제위에 올라 제도를 창안하고 법을 밝게 하시니 신하들이 예의를 다해 존경한다. 등극하신지 26년, 천하를 통일한 이래 신하로 복종하지 않는 자가 없도다. 황제께서 친히 방방곡곡의 백성을 돌아보시며 이곳 태산에 올라 동쪽의 변경지역을 둘러보셨다. 따르는 신하들이 옛일을 생각하며 위대한 사업의 공훈을 추구하며 황제의 거룩한 덕을 칭송한다. 나라를 다스리는 도를 실행하니 각 분야에 그 적합함을 얻게 되고 모두 제격이 되었다. 위대한 도의는 아름답고 밝게 빛나며, 후대에 전해지되 전혀 고칠 것이 필요 없으리라. 황제는 영명함과 거룩한 덕으로 천하를 평정한 후.에도 게을리 함이 없이 국가를 다스리신다. 새벽에 일어나시고 밤늦게 주무시며 나라의 먼 미래의 이익을 위해 계획을 세우시고, 특별히 신하들을 가르치는데 주의를 기울이셨도다. 옛 가르침과 경전이 충분히 전파되고, 원근 각처가 잘 다스려짐에 모두 성상聖上의 뜻을 받든다. 귀하고 비천함이 뚜렷이 나누어지고, 남녀가 각자의 예의를 잘 지키며, 직책을 삼가 지키는 도다. 안과 밖을 명확히 분별하니 깨끗하지 않은 것이 없으며, 이 모두 후세에 전하여지리라. 교화가 미치는 곳이 무궁무진하니, 조서를 받들어 영원하고 거룩한 계율로 삼으리라.

천하통일, 천하통치. 그 모두가 궤도에 접어들었기에 다시 개혁과 변화를 줄 필요가 없었으며, 계승자들이 정사를 잘 지키기만 하면 되는 일이어서 진시황은 하늘을 우러러 자손들에게 경고하였다.

하산하는 길에 폭우가 갑자기 내렸다. 『사기』에는 태산을 오를 때 큰 비가 내렸다고 기록되어 있다. 진시황은 한 큰 나무 밑에 몸을 피하였다. 그 공을 드러내기 위하여 그 나무에 '오대부송五大夫松'란 이름을 하사하였다.

진시황은 수많은 산을 올랐으며 또한 수많은 비석을 세웠다. 이런 바위들의 형태는 같지 않았으며 문장의 글자들도 같지 않았지만 뜻은 태산석과 크게 다르지 않았다. 그는 천하제일의 위인으로 비문에 새겨진 위업을 이루었으며, 천하의 표준을 정하였다.

위인의 만년에는 귀찮은 일들이 끊임없이 일어났다.

진시황 29년(B.C. 218년) 순행 중에 박랑사博浪沙 하남성 원양현(原陽縣) 동쪽 교외에 이르렀을 때 자객의 습격을 받았다.

진시황 31년, 함양咸陽을 미복으로 시찰할 때 도적을 만났다.

진시황 36년, 동군東郡에 운석이 떨어졌는데, 누군가 그 위에 '시황이 죽고 땅이 나누어진다.'라는 문장을 새겼다. 같은 해 사신이 야밤에 화음華陰 섬서성 위남(渭南)시을 지나갈 때 중간에 사람들이 서로 "금년에 조상의 용이 죽을 것이다."라고 서로 말하는 것을 들었다.

10일간 대규모로 세상을 수색하여 자객을 찾아 나섰다. 20일간 대규모로 세상을 수색하여 도적을 잡으려 하였다. 운석주변의 주민들을 전부 처형하였다. '조상의 용'이 자신이 아니라고 자신을 스스로 위로하였다. 진시황은 악운과 악한 징조를 제거하기 위하여 온 힘을 다하여 상대방의 술책을 깨나갔다. 상대방의 술책을 깨려고 온 힘을 다하였으나 여전히 제 효과를 내지 못하였다. 자객은 찾아내지 못하였으며, 도적은 잡지 못하였고, 마음속의 악몽은 뿌리치지 못하였다.

사람의 힘이 다하자 귀신에게 영험을 구할 수밖에 없었다. 점을 쳐보니 외지로 순행하는 것이 길하다는 괘였다.

시황 37년 진시황이 다섯 번째로 순행길에 올랐다. 따르는 무리가 도도한 물결 같았고 그 기세가 웅장하였다. 그는 이 순행을 통해 악마를 내쫓고 다시 한 번 휘황찬란함을 이루려고 하였다. 그는 남쪽으로 내려가 순舜임금과 우禹임금에게 제사를 지낸 후 발길을 돌려 발해渤海로 갔으며 그가 친히 서복徐福을 도와 불로장생의 선약을 얻으려고 하였다.

불로장생의 선약은 찾지 못하고 북으로 돌아가는 도중에 사구沙丘 현재의 하북성 형태(邢台)시평대平臺에서 죽었다.

그의 시체의 체온이 여전히 따듯한데 궁정음모가 비밀리에 조성되었다.

만세萬世! 그가 설계한 만대를 이어가려던 계획은 그 시작만을 열었을 뿐이다. 여산능속에 묻혀 광풍이 울부짖고 모래가 휘날리는 외부에 대해 그가 어찌 2세, 3세를 돌볼 수 있었겠는가?

겉모양만 위대한 유학자

1

설薛은 고대 나라이름이다. 아주 작은 지방으로 오늘날 산동성 등현滕縣 동남지역에 위치하며, 아주 고요한 미산호微山湖를 등에 지고 있다. 미산호는 고요하였지만 설 지방은 결코 고요하지 않았다. 이 조그만 나라는 그 먼 상고시대에는 더욱 고요하지 않았다. 그 곳에서 하-은-주 세 시대에 걸쳐 연이어 세 명의 뛰어난 인물이 나타났다.

설의 조상인 해중奚仲은 마차를 창조하였으며, 이를 통해 인류의 교통운수 혁명을 일으켰다. 그 공로를 통해 그는 하夏왕조의 거정車正이 되었다. 즉, 마차를 관리하는 최고 장관이 되었다.

이어서 일어난 사람은 중훼仲虺로 그는 풍부한 정치경험으로 상商왕조 탕湯임금의 주요한 조수가 되었다.

서주西周 초기에 봉토封土를 나누어 주었을 때 그들의 후대들이 제후가 되었다. 비록 국가가 작을지라도 명분이 뚜렷한 한 지역의 제후였다. 동주東周 BC 770~BC 256년시대 열국들이 경쟁하면서 토지의 주인이 바뀌게 되어 설나라는 제齊나라의 판도에 들어갔다. 제나라가 다시 분봉을 하면서 전영田嬰 BC 356년경~BC 298년 제(齊)위왕(威王)의 작은 아들, 맹상군의 아버지에게 봉지로 주었다. 전영의 계승자는 천하에 이름을 떨쳤던 전국시대 사군자 중 한 명이었던 맹상군孟嘗君 전문田文 미상~BC 279년이다.

옛말에 '인자요산仁者樂山, 지자요수知者樂水'라고 하였다. 물은 자양분을 주고 윤택하게 하는 것이다. 그 지역을 윤택하게 하는 미산호는 설薛지방에서 지혜로운 자들을 연이어 배출하였다. 그들은 지혜에 기대어 뛰어난 기술로 문화를 전진시키며 마차바퀴를 굴려갔다. 지혜에 기대어 전략전술을 세우며 연이어 국가를 다스리는 큰 계책을 내놓았다. 지혜에 기대어 정치외교적 수완을 부리며 큰 인격을 빚어갔다.

중국의 이 오래된 토지 위에선 관官본위가 모든 것을 하나로 꿰뚫고 있었다. 이러한 핵심적 문화의 체계 아래서 지혜로운 자는 대업을 이루어 나라를 다스리고 천하를 평정하고자 하였다. 부귀영화를 얻고 조상을 빛나게 하며 역사에 이름을 남기고자 하였다. 그러려면 관리의 대열에 들어가야만 했다. 관리가 되어야할 뿐만 아니라 높은 관리 그것도 아주 큰 실권을 가진 고관이 되어야 했다. 해중奚仲이 그러하였으며, 중훼仲虺가 그러하였고 맹상군孟嘗君 역시 그러하였다.

어떠한 출신이든 어떻게 장성하였던 관계없이 설 지방의 뛰어난 인재들이 모두 정치에 뛰어 들었다.

조상의 전통이 경험과 함께 전해져 내려와 설 지방의 후대에 전해졌다. 진한秦漢의 시기에 이르러 성이 숙손叔孫 이름이 통通인 사람에게 그 전통이 전해졌다.

숙손통叔孫通 생졸연대 미상, 설현(薛縣 지금의 산동성 등주(滕州)시 관교진(官橋鎭)사람은 전통을 이어받는 동시에 그의 지혜, 성격, 천부적 재질로 조상들이 벼슬길에서 좌절한 교훈을 받아들였다. 후대의 시문에 나타난 비유를 사용하면 그는 '청출어람승어람靑出於藍勝於藍'이었다.

조상들보다 뛰어난 숙손통, 그에 대해 길고 긴 역사는 전혀 다른 두 가지의 평가를 하고 있다.

누군가는 말하였다. 숙손통은 통치자와 같이 뒹군 더러운 선비의 전형으로, 전혀 절조 없이 인격을 팔아 쳤으며 이 정권 저 정권에 빌붙어 충견의 역할을 하였다. 적극적으로 나라를 훔치기 위해 모략을 꾸미고 책략을 꾸민 자로 선비들 중 패역한 종류이다.

누군가는 말하였다. 숙손통은 선비들의 모범이며, 지혜자의 화신이며, 유가의 경세치용經世致用의 관점을 실상에 녹여 넣었으며, 세상 형세를 잘 살펴서 정치의 분수를 파악하여 성공적으로 선비들과 당국이 유효한 협력을 한 모범적 사례이다.

2

숙손통의 명성은 오늘날 별로이지만, 진秦나라 말기와 한漢나라 초기에는 누구나 다 아는 명성이 자자한 대유학자이자 문인이었으며, 대학자이자 뛰어난 관료였다.

그러나 그가 처음으로 세상에 섞여 들어갔을 때는 이러한 명예, 지위와 전혀 상관이 없었으며 단지 설薛 지방의 애송이였다. 애송이는 문학을 좋아하고, 유학을 좋아하였다. 좋아하는 정도가 아니라 상당히 정통하였으며 자기 동네에서는 명성이 자자했다. 한 분야에서 장기를 가지고 있는데다 명성이 더해지면서, 진秦조정의 눈에 들어 대조박사待詔博士가 되었다.

운수 대통한 숙손통은 한 걸음에 높은 벼슬길에 올라가는 행운을 얻었다. 층층이 걸림돌이 있는 벼슬길을 우회하여 지방정부를 건너뛰고 중앙정부에서 곧바로 직책을 갖게 된 것이다. 그의 행운을 동년배들이 부러워하였으며 가족들의 영광도 끝이 없을 정도였다.

일정기간 벼슬을 하고나자 숙손통은 본래 영화로운 직위가 조금의 권력도 없는 자리임을 알게 되었다. 단지 자문을 해주는 껍데기에 불과하다는 것을 알게 되었다. 황제가 필요로 할 때 그의 주변을 빙빙 돌며 그가 제기한 문제들에 대해 회답하는 것이 전부였다. 군주를 모시는 것은 호랑이와 같이 있는 것과 같아서, 황제가 제기하는 문제는 대답하기 쉬운 것들이 아니었으며, 회답의 효과는 문학대조文學待詔인 그의 운명을 결정짓는 것이었다.

숙손통이 받들게 된 황제는 유명을 날조하여 용상에 오른 진이세秦二世 호해 (胡亥) BC 221~BC 207년였다. 그는 아버지 진시황과 같은 통일대업을 이룬 불세출의 공적도 없었고, 천하를 자신의 책임으로 생각하는 원대한 포부도 없었으며, 더욱이 정무를 게을리 하지 않는 근면분투의 정신도 없었다. 그러나 유전과 이어받은 것은 있었다. 터무니없이 무거운 세금징수, 무분별한 지나친 노동력 동원, 엄격한 법과 참혹한 형벌, 인명을 들풀같이 여기는 것, 더욱이 이러한 것들이 너무 지나쳐 극에 달하였다.

여러 차례의 접촉과 자세한 관찰을 통해 남달리 총명했던 숙손통은 이세황제를 철저히 꿰뚫어 보았다: 진이세가 황제가 된 것은 원래 쾌락을 마음껏 누리기 위한 것으로, 정무의 번잡함을 처리하기 위한 것이 아니었다. 그는 생명의 위험을 무릅쓰고 군주보좌를 탈취하였는데, 지극히 높은 황제의 권력, 생사여탈권을 쥔 위풍당당함을 중시하였다. 또한 절세미인들의 운치와 혼을 쏙 빼놓는 풍류, 화려하기 그지없는 금은보석과 호화롭고 사치스러운 낭비적 생활, 신선이 거니는 듯한 정취와 꾀꼬리가 노래하고 제비가 춤추는 듯한 인생을 중시하였다. 만일 번뇌가 너무 많다면 호해는 결코 황제가 되는 것을 원치 않았을 것이다.

숙손통은 냉정하게 당시의 형세를 살펴보았다: 이세 황제는 수많은 문인을 거느리고 있었다. 자신을 포함하여 적지 않은 수가 고급의 문학대조가 되었지만, 그는 문학에 대해서 흥미가 없었을 뿐만 아니라 또한 그들에게 나라를 다스리는 좋은 방책을 제시하라고 요구하지도 않았다. 그는 그들을 정치적인 꽃병으로 여겨 조정의 장식품으로 삼았으며, 화려한 깃털을 가진 앵무새처럼 태평성세와 자신의 영명한 지도를 찬양하며, 대진제국이 조금도 흔들림 없는 강산임을 노래하도록 하였고 또한 그들이 엎드려 그를 향해 '만세"를 부르짖도록 하였다.

숙손통은 명확히 알고 있었다: 진정한 정치적 책략은 문인들의 수많은 언설과 직언의 차지가 될 수 없다. 많은 말을 하지 않아야할 때 많은 말을 하면 망신을 자초하는 것이기에, 유일한 방법은 입술을 꽉 깨무는 것이다. 직언을 하지 않아야할 때 직언을 하면 반드시 화를 자초하게 됨으로 적절한 행동은 군주가 듣고 싶어 하는 말만을 골라서하는 것이다. 나라는 군주의 나라이건만 군주 스스로가 나라를 망치고 있으면서 스스로는 조금도 책임을 지지 않고 있는데 옆에 있는 사람이 그 책임을 지는 것이 무슨 소용이 있단 말인가!

숙손통은 원칙을 세웠다. 사업은 물론 중요하다. 그러나 물건은 마땅히 물건을 알아보는 쪽에 팔아야한다. 그것이 가능하면 그렇게 하고 그것이 불가능하면 절대로 그렇게 하면 안 된다. 어리석은 충성을 본받을 필요는 없으며 더욱이 무너져 내리는 건물과 함께 목숨을 바칠 필요는 전혀 없는 것이다.

진왕조의 위기가 더 이상 어찌할 수 없는 상황이 되어 구할 방도가 없게 되었으며, 군주 또한 그 상황을 회피하고 이를 고칠 사람들을 멀리 하였다. 상황을 고칠 '약'을 가지고 있던 숙손통은 그 '약'을 끄집어내어 '약광주리'에 담기를 원치 않았다. 진秦이세 황제를 어떻게 응대할지, 자신의 퇴로를 어떻게 할지를 계산하게 되었다.

세월이 흐르고 흘러 편안함이 극에 달하면 이윽고 재앙이 닥쳐오는 법이다. 어리석게도 그저 구중궁궐에 앉아있던 진 이세는 아버지가 건립을 선포한 만세의 기업이 이제 막 시작한 것이어서, 일체의 사회적 문제는 통상적인 문제에 불과하며 근본적으로 쓸데없는 걱정을 할 필요가 없다고 여겼다.

아버지와 아들 두 대에 걸쳐 더욱 숨통을 조이게 하는 실정으로 말미암아 당시 검은 머리로 불리던 백성들은 절망의 길로 내몰렸다. 어쩔 수 없는 상황에 몰린 진승陳勝 미상~BC208년, 오광吳廣 미상~BC208년이 대택향大澤鄕 지금의 안휘성 숙주시(宿州市) 숙현(宿縣)에서 봉기하였다.

진승, 오광의 무리가 성을 점령하고 땅을 차지하게 된 것을 알게 된 후에도 이세 황제는 이일을 대수롭지 않은 일로 여겼다. 단지 현실에 불만을 품은 남방의 변경을 지키는 군졸들이 소란을 일으킨 것으로 여겼다. 그는 박사와 유학자들을 불러 모았다.

"초楚 변경의 군졸들이 기蘄縣를 공략하였는데 그대들은 이를 어떻게 생각하는가?"

군주의 녹을 먹는 자는 군주의 일에 충성을 다 해야 한다. 머리 가득 교조적인 문인들은 근본적으로 군주의 생각을 이해하지 못하고, 앞서거니 뒤서거니 활발하게 발언하였다. 자신들의 주장을 정직하게 말하여 그들이 황제에게 충성을 다하고 있음을 증명하려고 하였다. 표현은 달랐지만 말한 뜻은 모두 같았다: 백성은 결코 역모의 마음을 품어서는 안 되며, 만일 역모의 마음이 있다면 남김없이 죽여야 합니다. 폐하께서는 빨리 군대를 보내 그 근거지를 쓸어버려야 합니다.

이세 황제는 그 말을 듣고 화를 냈으며 얼굴에 불쾌한 기색이 역력하였다.
모두 다 어리둥절하였다.

줄곧 말을 하지 않고 있었던 숙손통이 이때 앞으로 나아가 뭇 사람과는 다른 주장을 하였다.

"여러분들이 말한 것은 틀렸습니다. 천하통일 후에 조정에서 군현郡縣의 성들을 허물고 병기를 다 없애버려, 천하에 다시는 이들을 사용하지 않을 것임을 보여주었습니다. 오늘 명군께서 보좌에 올라 법령을 천하에 반포하였으며, 모든 관료들이 자기 직무를 다하고 있어 온 천하가 한 마음인데 어찌 반란이 있겠습니까? 초 변경의 군졸은 한 무리의 소규모 도둑놈들에 불과하니 어찌 이를 입에 올리겠습니까? 그저 지방관원들을 파견하여 그들을 체포하여 안건을 처리하면 됩니다. 무슨 염려할 것이 있겠습니까?"

이세 황제가 얼굴 가득 기쁜 낯빛으로 말하였다. "그렇지. 좋아."

그가 몸을 돌려 박사, 유학자들에게 다시 물어보았다. 여러 사람들이 여러 의견을 냈다. 반란이라고 하는 자도 있고, 도적이라고 하는 자도 있었다. 이세 황제가 정색을 하고 선포하였다: 무릇 반란이라고 하는 자들은 어사가 일괄적으로 입안하여 이들을 조사하고, 그들이 그렇게 말하는 동기가 무엇인지 명확히 알아내도록 하라. 무릇 도적이라고 말한 자는 전부 파면하도록 하라. 숙손통에게 비단 20필, 옷 1벌을 하사하고 정식으로 박사 지위를 내리도록 하라.

궁궐을 나와 거주지로 돌아가자 유일하게 군주의 상을 받은 숙손통은 문인 친구들에게 비난을 받게 되었다.

"선생은 어찌해서 면전에서 아첨을 하시는 것입니까?"

아첨? 숙손통은 입술을 지그시 깨물며 설명조로 말했다.

"그대들은 모르네. 나는 겨우 호랑이 입을 빠져 나온 거네."

상황해석을 해주고 나서, 그는 이들 '유학자 나부랭이'들을 일별한 후에 남몰래 짐을 꾸려서 밤빛이 몽롱한 진秦제국의 수도 함양咸陽을 떠나 고향으로 도망갔다.

길을 따라 걸으면서 천하가 무너져 내리는 세계 속으로 걸어들어 갔다. 변방 군졸의 봉기, 농민의 봉기가 일어나면서 진에게 망한 전국시대 여섯 나라연(燕), 초(楚), 제(齊), 조(趙), 한(韓), 위(魏)의 구 귀족들이 들고 일어났으며, 봉기를 한 집단의 깃발이 강남강북 여기저기 휘날렸다. 도처에서 승부를 구분하기 어려운 전쟁들이 벌어졌으며, 점차 격렬해졌다. 그가 설薛 지방에 돌아와 보니 고향의 장로들이 이미 초楚의 군대에 귀순한 상황이었다.

세상을 둘러보니 초나라 군대의 세력이 가장 컸다. 항량項梁 미상~BC208년, 초나라 귀족 항연(項燕)의 아들, 항우의 작은 아버지이 설 지방에 오자 숙손통은 초나라 진영에 들어갔다. 정도定陶의 전쟁이세 황제 2년(기원전 208년) 8월, 항우, 유방의 진나라를 멸망시키려는 전쟁 중에 진나라 장군 장한(章邯)이 항량의 군대를 정도(定陶 오늘의 산동성 하택시(荷澤市) 정도구(定陶區) 서북지역)에서 격파한 전쟁에서 항량이 죽자 그는 초회왕楚懷王(의제義帝)을 따랐다. 이름 뿐인 의제를 항우項羽 BC232~BC202년 서초패왕가 장사長沙로 옮겨가게 하자, 그는 남아서 항우에게 힘을 바쳤다.

항우項羽 출처:백도 www.baidu.com

산을 옮길만한 힘을 가진 서초패왕 즉 항우는 힘이 셀뿐만 아니라 군대도 잘 지휘하여 성을 공략하여 땅을 점령하는데 뛰어난 능력을 발휘하였다. 겉으로 보기에는 교활해 보이지만 진정한 지혜는 오히려 모자랐으며, 든든한 밑천이 부족하였다. 천하를 떨게 하는 일련의 행동을 한 후에, 오히려 아녀자의 어짐으로 군웅들의 마음을 거두어들이려고 시도하였다.

그는 겉보기에는 영웅의 기상이 있었지만 속은 연약하였다. 우두머리의 기풍은 있었지만 우두머리의 모략은 없었다. 큰일을 이룰 수 있었지만 끝내는 대업을 이루지 못하였다. 그는 무武를 숭상하여 제멋대로 무력을 사용하였으나, 자신만을 믿을 뿐 다른 사람들은 경시하였다. 대량의 인재들을 압박하면서 사용하지는 않았다. 한신韓信 BC231년경~BC196년, 서한의 개국공신, 명장도 진평陳平 미상~BC 178년 서한 개국공신, 여태후가 죽은 후에 여씨들의 반란을 평정도 기용하지 않았으며, 자기에게 찾아온 숙손통도 중용하지 않았다. '작은 아버지亞父'라고 불렀던 범증范增 BC277~BC204년 항우의 모사 조차 진정으로 중용했다고 말하기 어려울 정도였다.

항우는 인재를 기용하지 않고 기를 펴려고 하는 인재, 남보다 뛰어나려는 인재들을 억눌렀다. 이로 인해 그들의 가슴에 불만이 생겨났다.

억눌림을 받은 숙손통은 초패왕의 하늘을 찌를 듯한 기세 속에서 그 근저가 심각하게 부족하며 패배할 모습이 연달아 나타나고 있음을 꿰뚫어 보았다. 자신의 앞날을 위해 새로운 주인에게 가려는 마음을 갖게 되었다.

얼마 지나지 않아 새로운 주인을 물색했다. 그 주인은 초패왕과 비교할 때 그 역량이 한참 못 미치는 한왕漢王 유방劉邦이었다.

숙손통은 항우를 떠나 유방에게 자신을 맡겼다.

그가 이러한 행동을 한 것은 유방이 팽성彭城에서 항우에 의해 거의 전군이 궤멸되고 부모와 처자가 항우의 전리품이 되어 심연으로 굴러 떨어진 듯 심히 곤란할 때였다. 초나라가 특히 강하고 한나라는 특히 약한 시기로 천하의 제후들이 모두 한을 등지고 초를 쫓는 그야말로 항우가 승리의 노래를 목청껏 부르던 시기였다.

이러한 상황 이러한 지경에 숙손통이 그와 같은 행동을 한 것은 정말로 어려운 일이었다고 말할 수밖에 없다. 만일 엄청난 기백과 예지와 각성이 없었다면 절대로 그렇게 할 수 없었을 것이다.

당연히 이것 역시 정치적 모험이자 인생과 운명을 건 도박이었다.

숙손통이 유방을 높게 평가하게 된 것은 모든 제후들을 비교해 본 후에 갖게 된 것이었다. 정말로 사람들은 유방을 무뢰배이자 건달이며, 수단방법을 가리지 않는 소인이며 심지어 인물이 될 수 없는 개잡종이라고 늘 욕하였다. 그러나 변화를 전혀 가늠할 수 없는 풍파 속에서 이러한 형상과 소질을 가진 유방은 거리낌 없이 일하며, 자유자재로 움직이면서 실패를 두려워하지 않았다. 체면을 잃게 돼도, 집안이 쫄딱 망해도 두려워하지 않았다. 그때그때 형세의 필요에 따라 일을 처리하였다. 부드러움과 딱딱함, 개구멍을 기어들어가는 것과 용문龍門을 뛰어 오르는 것, 관대함과 엄격함, 의리를 배신하는 것과 신용을 지키는 것, 비천함과 존엄함……상황이 그렇게 해야만 하는 상황이라면 그에 맞게 행동하면서 조금도 수줍어하지 않았다. 어떠한 장애가 있더라도 넘어가지 못할 구덩이는 없었다. 이러한 인생을 끝까지 놀아보는 방법으로 유방은 정치무대에서 영원히 주동적인 상태를 유지하였으며, 이러한 주동적인 상태가 득의만만함으로 이끌든 실의함으로 이끌든 이 모두는 그가 끊임없이 분투 전진하도록 지탱해 주었으며, 목적을 달성하지 못하는 한 결코 손을 놓지 않도록 하였다. 다른 사람에게 욕을 먹을 때 그는 또한 적지 않은 사람들의 칭찬을 받았다. 의제 주변에 있던 장군들은 그를 관대한 대인이라고 칭찬하였다. 진나라를 멸망시킨 후에 번잡한 법을 간략하게 한 소위 약법삼장約法三章의 조치로 관중지역 백성들이 그를 떠받들었다.

이러한 자야 말로 진정한 불량배이며 정치판에서 가장 값비싼 불량배이다. 큰 불량배가 정치를 갖고 놀면서 조금도 손색이 없는 대정치가가 되었다.

정치의 도리를 아는 숙손통은 유방의 정치적 가치를 꿰뚫어보고 있었다.

숙손통의 마음을 가장 뛰게 하였던 것은 유방이 비록 실질적인 일을 하는 능력은 많지 않았지만, 다른 사람을 잘 사용할 수 있다는 것, 과감하게 사람을 기용하여 사람을 부릴 수 있다는 것이었다. 재능이 있기만 하면 즉, 그가 필요로 하는 재능이 있기만 하면, 어느 곳 어느 지방에서 왔던지, 도둑질을 하였든 간음을 하였든, 사타구니 사이에서 기어 나왔든 전혀 관계없이 모두 기용하였다. 조금도 거리낌이 없이 기용하였다. 기존의 견해나 격식을 차리지 않았으며, 다른 사람들이 기용하지 못하는 인재들을 기용하였다. 그 인재들이 가지고 있는 장점을 다 발휘하도록 하였으며, 그들이 마음속 내장 속에 있는 것을 모두 다 끄집어내어 일을 하도록 만들었다.

대학자의 명성이 있었지만 숙손통은 통상 문인들이 세상을 오만하게 내려다보는 심리가 없었다. 그는 약육강식의 사회 속에서 숭상을 받는 것은 약간 문화적 포장을 거친 원시적 야만으로 이러한 야만적 기질은 공부를 그렇게 많이 하지 않은 사나운 사람만이 갖출 수 있는 것이란 것을 알고 있었다. 그들이야말로 세상의 패권을 쫓는 주인공이었다.

유방劉邦 출처:백도 www.baidu.com

문인들은 문화적인 수양을 많이 쌓아 야만적인 기질이 거의 전부 사라졌으며 입으론 신랄하고 아주 지독하게 잘 떠들지만 실제로 일을 하는데 있어서는 전혀 그렇지 못하고 거리가 멀었다. 자기가 말한 것처럼 그러지 못했다. 아무리 수준이 높든, 아무리 그 견식이 깊든, 아무리 그 모략이 뛰어나든 피를 철철 흘려야하는 사업의 우두머리가 되긴 어려웠다. 그들은 기껏해야 모사, 보필자, 두뇌로 그 뿌리를 야만적이고 사나운 자의 가죽에 박고 있는 터럭에 불과하였다. 가죽에서 떨어지게 되면 필연적으로 아무 일도 이루지 못하게 되며 평생 초라한 꼴이 된다.

평생 초라한 꼴이 되지 않으려는 숙손통은 기꺼이 터럭이 되려고 하였으며, 유방이라는 야만적 기질이 충만한 가죽에 착 달라붙었다.

문화수준이 높지 않은 유방은 비록 인재를 널리 기용한다는 기조로 찾아오는 문인들을 거절하지 않고 받아들여 그들이 장점을 발휘하도록 하였지만, 도리어 뼛속 깊이 문인들을 경시하였다. 문인들이 어려운 말을 즐겨 쓰며 시건방진 맛을 풍기는 것을 마음에 들어 하지 않았다. 그들이 모든 일을 마치 진짜처럼 조작하는 그러한 케케묵은 정서를 마음에 들어 하지 않았다. 그는 고의로 문인들을 예의 없이 대했으며, 유학자들이 쓰는 관冠을 오줌통으로 삼아 소리를 내며 오줌을 갈겨 문인들의 자존심을 짓밟았다.

숙손통은 이런 것들을 전혀 따지지 않았다. 따지지 않았을 뿐만 아니라 대다수의 유학자, 문인들에 대해 유방과 별로 차이 없는 인식을 가지고 있었다. 그들이 변통을 모를 뿐만 아니라 세상사도 이해 못하면서, 그저 책을 껴안고 책의 내용만 뜯어먹는 책벌레이며, 명예와 관직을 가지려는 욕심은 있지만 제왕을 보좌할 힘은 없는 자들이라고 여겼다.

한나라 진영으로 옮겨온 처음시기에 숙손통은 먼저 외모상 유방과 같은 편이 되었다. 그는 본래 유학자의 복장을 하고 있었는데 유방이 이러한 복장을 싫어하자, 그는 즉각 초나라 방식의 짧은 옷으로 갈아입어 상대방의 환심을 샀다. 사람은 그 무리로 구분을 짓는다고 숙손통이 옷차림을 바꾸자 유방은 그를 다시는 글이나 파고 시건방을 떠는 유학자로 보지 않고 아주 친절한 형님으로 생각하게 되었다.

한왕과 가까워지자 그는 의견을 개진하기 시작하였다. 그의 의견은 지극히 사리에 맞았으며 유방의 마음에 꼭 맞았다. 그는 큰 도둑, 용사 등을 하나하나 추천하였다. 닭을 잡을 힘도 없는 숙손통이지만 그는 유방에게 위험을 개의치 않고 전쟁터에 뛰어드는 일군의 장령들을 제공하였다.

숙손통이 초나라를 버리고 한나라로 간 것은 혼자 간 것이 아니라 일백여명의 유생제자들을 함께 데리고 간 것이다. 이들 제자들이 위험을 피하지 않고 스승을 따라 강자를 버리고 약자를 쫓은 목적은 아주 명확하였다. 벼슬자리를 얻기 위한 것이었다. 그러나 숙손통의 추천명단에 그들의 이름은 전혀 보이지 않았다.

제자들은 일정 기간 인내하였지만 다시는 더 이상 참을 수 없게 되자 스승이 그들을 잊어버렸다고 원망하였으며, 등 뒤에서 욕지거리를 하였다. "우리들은 여러 해를 선생님을 쫓아다녔으며 한나라에 같이 투항하였는데, 오늘날 우리들을 조정에 들이지 않고 정말 교활한 자들을 들여보내는 것은 도대체 무슨 도리란 말인가?"

숙손통과 제자들 출처:百度 www.baidu.com

원망의 목소리가 숙손통의 귀에까지 들어가자 그는 제자들을 불러 모으고는 한 마디를 던졌다.

"한왕은 화살과 돌멩이가 날아오는 것을 무릅쓰고 천하를 얻으려 하고 있다. 너희들이 능히 그를 위해 전쟁터에서 살육전을 할 수 있느냐? 그래서 내가 먼저 적진으로 돌격하여 적의 깃발을 빼앗아오는 용사들을 추천한 것이다. 너희들은 좀 더 기다려라. 내가 결코 그대들을 잊지 않을 것이다."

제자들은 이 말에 할 말을 잃었다.

숙손통이 추천한 장령들은 죽음을 가볍게 여기고, 능히 싸울줄 알고 전쟁이 습관이 된 자들로 연달아 공적을 기록하였다. 이 공로를 유방은 장령들의 몫으로 기록하였으며, 또한 숙손통의 몫에 기록하였다.

숙손통이 공을 세우자 그를 박사로 임명하면서 '직사군稷嗣君'이란 호를 내렸다. 후대의 학자들은 직사군의 호칭은 유방의 숙손통에 대한 최대의 찬사라고 말하였다. 숙손통의 덕업이 전국시대 제齊나라의 직하학궁稷下學宮의 풍류를 잇기에 족하다는 찬사였다. 당대의 사람들은 숙손통의 행동이 유방의 문인들에 대한 편견을 바로잡은 것이라고 여겼다.

4

숙손통은 보물을 정확히 담보물로 잡았던 것이었다. 유방은 과연 항우를 멸망시키고 황제의 관을 머리에 썼다.

유방의 천하는 일군의 형제들에 의지하여 이루어 낸 것으로 맏형이 황제가 되었지만 형제들은 이전과 다르지 않다고 여겨 여전히 피아구분을 못하였다. 즐거울 때는 조정안에서 형님동생하며 희희낙락하고 찰싹 붙어 어깨동무를 하며 곤죽탕이 되도록 술을 마셔댔다. 서로 공적을 다투며 술 냄새를 뿜어대고 고성과 괴성을 지르며 난리를 피웠다. 심지어는 칼을 빼어들고 대전의 기둥을 칼로 찍는 지경이 되었다. 형제들이 존귀와 비천을 구분치 않고 소란을 피우며 규례도 체통도 없이 굴자 유방은 머리가 아팠다. 그러나 그들은 공신들이었다. 마음속으로만 머리 아파할 뿐 입으로 어떤 말을 내뱉기가 어려웠다.

유방의 머리가 점점 더 무거워졌으며 점차 화를 내기 시작하였다.

형제들은 이를 중요한 일로 여기지 않고 쉴 틈 없이 소란을 피워댔다.

장량張良 BC250~BC186년, 자 자방(子房), 서한 개국공신, 유방의 일급 모사도 소하蕭何 BC257년경~BC193년 서한 개국공신, 후방 보급책임, 승상도 진평陳平 미상~BC178년 서한 개국공신, 승상 도 이를 처리할 방법이 없었다.

상당기간 아무소리도 내지 않던 숙손통이 계책을 생각해냈다: 유가의 예의 규범과 조정의 절차를 이용하여 황제 권위를 높이는 것으로, 제멋대로 구는 공신들을 제약하고 최고통치그룹의 내부질서를 잡는 것이었다. 이를 통해 유가를 정치무대로 끌어올리는 것이었다.

그가 유방에게 말하였다.

"유학자는 같이 앞으로 전진하기는 어렵지만 이루어진 것을 지킬 수는 있습니다. 신이 원하옵기는 노魯 지역의 유학자들을 불러들여 신의 제자들과 함께 조정의 예의법도를 정하고자 합니다."

유방은 그러한 조치의 오묘한 점을 이해하지 못하였다. 오랜 세월 제멋대로 지내는 것이 습관이 되었기에 복잡하고 세세한 절차의 속박을 받을 까봐 두려워하면서 어조를 엄청 낮추며 말하였다.

"너무 어렵지 않을까?"

숙손통이 일깨우듯이 말하였다.

"예의규범은 변하는 것입니다. 시대의 필요에 따라 변할 수 있습니다. 신이 옛 시대 예의범절과 진秦의 예의규례를 혼합하여 새로운 예의규례를 만들고자 합니다."

다른 계책이 없었던 유방은 부득이 답변을 하였다.

"시험 삼아 해봅시다. 그러나 좀 쉽게 만들기 바라오. 무엇보다 내게 맞아야 합니다."

황제의 비준을 얻자 숙손통은 급히 공자의 고향에서 온 유생들을 자신이 직접 찾아 나섰다. 두 사람이 숙손통의 사람됨을 깔보며 협력하기를 거절하고 풍자적으로 말하였다.

"공은 십여 명의 주군을 섬기면서 모두 그들의 뜻을 맞추며 아첨하여 귀한 자리를 얻었소. 오늘날 천하가 확정된 지 얼마 되지 않아 죽은 자들도 장사지내지 못하였으며, 다친 자들은 아직 상처가 낫지 않았는데 예악을 일으키려고 하고 있소. 예악을 일으키려면 오랜 기간 덕을 쌓아야 비로소 일으킬 수 있는 것이오. 공이 하는 일이나 방식이 옛 규례에 맞지 않으니 다른 데로 가보시오. 우리를 더럽히지 마시오."

한마디로 거절당한 숙손통은 화를 내지 않고 웃으며 답례하였다.

"정말 비루한 자들이로다. 시대의 변화를 읽지 못하니⋯⋯"

노魯지역 출신 30여 명에 제자 백여 명이 계통이 없는 악기들을 억지로 한곳에 모았다. 숙손통의 지휘 아래 교외에 나가 악기들을 벌려놓고 예의범절을 연습하였다. 녹슨 쇠종과 낡은 북이 같이 소리를 내며 한 달여를 연습하였다. 유방이 이를 보러 와서는 한번 시험해 보니 효과가 상당히 좋았다.

"이러한 예의규례라면 나도 할 수 있겠소."

명령을 내리자 군신들이 모두 와서 연습을 하였다.

서한西漢은 시월이 새해의 첫 달이었다. 새해가 시작되는 그날에 마침 장락궁長樂宮이 완공되었으며 제후, 군신들이 모두 도착하여 황제를 알현 하였다. 하늘이 막 밝아올 때 외부예식을 담당하는 관원 즉, 알자謁者가 무리들을 인도

하여 대열을 짓도록 하고 천천히 궁전 문으로 들어갔다. 궁중의 기상이 옛날과 같지 않고 장엄하며 엄숙함을 보게 되었다. 깃발들이 죽 늘어서 있으며 병기들이 기세 있게 배열되고 전차, 기병, 병졸들이 질서 있게 늘어섰으며 사방을 둘러보며 다 함께 큰 소리로 외쳤다.

"빨리! 빨리! 빨리!……"

궁전 안에 수백의 낭중郎中 귀족의 자제들이 담당으로 구성된 대규모 황제 호위부대가 보좌를 배치한 계단형식의 대臺를 지키고 있었다. 내부예식을 맡고 있는 관원 즉, 대행인大行人이 주례周禮의 아홉 가지 의례의 순서에 따라 높이 외쳤다. "공公! 후侯! 백伯! 자子! 남男! 고孤! 경卿! 대부大夫! 사士!" 무장들을 이끌어 서쪽을 등지고 동쪽으로 얼굴을 향하고 서도록 하였으며, 문신들을 이끌어 동쪽을 등에 지고 서쪽으로 얼굴을 향하여 서도록 하였다. 양쪽 낭하가 가득차게 신하들이 서자 유방을 태운 가벼운 수레가 유연하게 문 입구에 나타났다. 전후좌우로 기수들이 모시고 섰다. 유방이 용상에 앉자 대행인이 대소 관원들을 이끌어 순서에 따라 알현하도록 하였다.

예식이 끝나자 술을 배열하여 술을 마시도록 하였는데, 왕과 귀족, 장군과 승상이 존비귀천에 따라 황제를 향해 잔을 높이 들어 올리며 장수를 빌도록 하였다. 예식에 어긋나는 자는 그 자리에서 법을 집행하는 어사가 끌어내도록 하였다.

조정의 예식은 아주 질서정연했으며, 전체 과정에서 누구도 감히 시끄럽게 소란을 부리지 못하였다. 아주 존경하는 태도로 공손하게 행하며, 눈썹을 아래로 하고 머리를 조아리지 않는 자가 없었다. 예전과 같이 거리낌 없이 제멋대로 구는 자가 한 사람도 없었다.

조정이 비로소 조정의 모습을 갖추게 되었다. 신하는 신하의, 군주는 군주의 모양을 갖추게 되었다. 이와 같은 위풍을 누려보지 못했던 유방은 말할 수 없이 기뻐서 큰 소리로 말했다.

"내가 오늘이 되어서야 비로소 황제의 존귀함을 알게 되었다!"

유방은 숙손통에게 감사를 표하며, 그를 구경九卿의 하나인 태상太常의 지위를 주고 황금 오백 근을 하사하였다.

숙손통은 흡족한 미소를 지었다. 쾌감을 느끼며 드러내지 않고 웃음을 지었다. 그는 조정의 예의규례의 형식을 창조하는 기회를 빌려 신神을 만들어내는 운동을 성공적으로 전개하였다.

그는 유방을 하늘의 아들이라는 새로운 신으로 만들고 신성한 분위기를 조성하였다. 새로운 '신'의 강림은 모든 사람이 한 사람에게 복종하는 국면을 만들어 냈다. 신격화의 성공을 통해 숙손통 자신의 성공을 만들어 냈으며 마침내 문화를 관장하는 최고의 자리에 올라 꿈에도 잊지 못하고 추구하던 이상을 실현하였다. 황제가 직접 인정한 관방의 유학 영도자가 되었다.

유학의 영수가 되려면 대량의 유생들이 그를 떠받들고 그를 위해 힘을 다 바치며 그들 도와 뿌리 깊이 얽혀있는 경영체계를 결성하도록 도와주어야 했다. 이로 인해 그는 태상의 벼슬을 받자 감사를 표시한 후에 보좌에 앉아있는 '신神'에게 허락을 구하였다.

"제자들이 소신을 따른 지 오랜 시간이 흘렀습니다. 그들이 소신과 함께 조정의 의례를 제정하였사오니 원컨대 폐하께서 그들에게 관직을 내려주셨으면 합니다."

'신神'이 한 마디로 허락하였다: 모두에게 낭郞 벼슬을 내리라!

자신의 관아府로 돌아온 후에 숙손통은 오백 근 황금을 전부 제자들에게 나누어 주었다. 관직을 얻은 데다 황금까지 얻어 부함과 귀함을 동시에 갖게 된 제자들은 흥분하여 이전에 쏟아냈던 원망의 말들을 다 잊어버렸다. 약속을 실현한 스승을 둘러싸며 앞 다투어 이야기 하였다.

"스승님은 정말로 성인이시다. 현시대의 중요한 일을 꿰뚫고 계신다."

5

숙손통은 유학을 어려우며 행하기 쉽지 않은 맑고 높은 경지에서 끌어내어, 철저하게 황제권력을 핵심으로 하는 현실정치를 위해 봉사하게 하였다. 그와 동시에 개인의 세속적인 가치를 실현하였다. 칭찬과 폄훼가 엇갈리는 여론 속에서 그는 당대에 '성인'급의 대학자가 되었다.

신격화된 위치에 선 유방은 이전에 갖지 못했던 감각으로 숙손통을 새삼 인식하게 되었고, 유학과 사인士人들을 인식하게 되었다. 그는 문화의 역량과 사인들의 용도를 알게 되었다. 용상에 오른 지 3년 후에 그는 숙손통에게 태자 태부太子太傅의 벼슬을 내려 용의 후손중국인들은 자신들을 용의 자손(龍의 傳人)이라고 칭한다인 태자 유영劉盈, BC210~BC188년. 혜제(惠帝)을 자신을 대신하여 가르치는 지극히 중요한 사명을 감당하도록 하였다.

태자를 가르치고 키우는 일에 숙손통은 열심을 다하였으며 조금도 태만하지 않았다. 그는 이일을 중요한 큰 사업으로 여겼다. 유가관념을 가진 미래의 군주를 만들어 내어, 그가 등극한 후에 유학을 국학으로 삼게 하고 사인들이 정치를 지배하며 조정에서 자신이 더욱 큰 발언권을 갖게 되기를 기대하였다.

세월이 흘러 또 3년이 지났다. 유방이 돌연히 후계자 문제에 대해 마음을 바꾸었다. 유영은 첫 부인 여呂황후가 낳은 아들로 전통적인 적장자嫡長子제도에 따르면 당연히 황제자리를 계승하게 되어 있었다.

유감스럽게도 여 황후는 고향 동네에서 데리고 나온 마누라로 비록 사납고, 능력 있고, 적지 않은 공로를 세웠지만 나이가 이미 많아 얼굴에 주름이 많았다. 더욱이 부부가 오랜 기간 서로 떨어져 있었기 때문에 유방의 그녀에 대한 감정은 썰물처럼 빠져나간 지 오래였다.

그는 미모로 사람을 미혹하는 척戚부인夫人을 좋아하여 전쟁을 하러가면서도 그녀를 신변에 데리고 다녔으며 서로 사이가 너무 좋았다. 아내가 귀여우면 처갓집 말뚝에다 대고 절을 한다고 이 여인의 환심을 사기위하여 척부인의 아들인 유여의劉如意, 미상~BC194년, 여태후에게 독살됨로 유영을 대신할 생각을 갖게 되었다.

여 황후가 눈물을 철철 흘리며 반대하였지만 남편의 마음을 돌려놓지 못하였다. 조신들 역시 대부분 반대하였지만, 나서서 간하는 사람이 적었으며 간언하는 말도 정곡을 찌르지 못하면서 문제를 해결할 수 없었다.

태자의 스승인 숙손통은 태자를 보호할 책임이 있었다. 점차 자신의 생각을 굳혀가는 유방과 대면하여 숙손통은 태자를 위해 또한 자신의 앞날을 위해 일어섰으며 도박을 하였다. 그는 펑펑 소리가 나게 대전바닥에 머리를 찧으며 충신의 기개로 간언을 하였다. 그의 이마에서는 피가 흘러내리고 있었다.

"옛적에 진헌공晉獻公 미상~BC651년이 여희驪姬를 총애하여 태자를 폐하고 해제奚齊로 바꾸어 세워, 진나라가 수십 년간 동란에 휩쓸리게 되고 천하의 웃음거리가 되었습니다. 진泰은 일찍이 부소扶蘇 미상~BC210년를 태자로 세우지 않음으로써 조고趙高 미상~BC207년가 사기를 칠 수 있었고, 결국 호해胡亥 BC230~BC207년를 황제로 세움으로써 진나라가 멸망하였습니다. 이 일은 폐하가 직접 목격하신 일입니다. 오늘날 태자가 어질고 효성스러운 것은 천하가 다 아는 사실입니다. 여황후와 폐하는 같이 어려움을 헤쳐 나왔는데 어찌 이를 배척하시려 하십니까? 폐하께서 정녕 적장자를 폐하고 나이 어린 자를 태자로 세우신다면 소신이 먼저 죽어 제 피로써 대전을 더럽히고자 합니다."

그가 칼을 빼들고 자살하려는 모양을 취하였다.

권모술수에 뛰어난 유방은 대학자가 정말 피를 대전에 뿌리면 자신의 체면을 완전히 구기게 되는 것은 물론 조정의 여론이 나빠질 것을 우려하여 가벼운 어조로 급히 말을 하였다.

"경은 그럴 필요가 없소. 내가 그저 희언을 한 것뿐이요."

숙손통은 여전히 물러서지 않고 한걸음 더 나아가 책망하는 말을 하였다.

"태자는 천하의 근본입니다. 근본이 한번 흔들리며 천하가 요동하게 되는데 어찌 천하를 상대로 희언을 하실 수 있습니까?

숙손통의 압박으로 유방은 더 이상 물러설 곳이 없게 되었다. 어쩔 수없이 부연하여 말을 할 수 밖에 없었다. "내가 경의 말을 따르겠노라."

상황은 최종적으로 장량의 묘한 계책을 통해, 유방이 태자를 세우려는 생각을 완전히 접게 되었다. 유방이 이때 숙손통에게 답변을 한 것은 궁지에 몰려 어쩔 수 없이 임기응변을 한 것이었다.

그러나 이러한 양보적인 자세를 취한 것은 나라를 세운 귀한 신분의 군주인 유방으로서는 쉽지 않은 일이었다. 그는 전통적인 규례에 처음으로 경의를 표한 것이며, 유학에 대해 처음으로 양보를 한 것이며, 사인士人들에게 처음으로 타협을 표한 것이었다.

숙손통의 간언은 서한 초기에 사인들이 빛을 발하였던 한 점이었다.

숙손통은 이전의 명철보신의 태도에서 완전히 돌아서서 파직도, 투옥도, 형벌도, 피흘림도, 목이 잘림도 두려워하지 않는 정신으로 용의 비늘을 건드리며 다른 사람은 감히 하지 못하는 진실한 말을 하여 신과 같은 권위의 유방이 도리어 그에게 웃음을 보이며 동의하게 하였다. 이렇게 하는 것이 비록 모험이긴 하지만 숙손통은 위험 속에서 승산을 갖고 있었다.

유방은 진시황과는 비교할 수 없었다. 그는 인심의 중요성을 알고 있었기 때문에 결코 분서갱유焚書坑儒를 저질러 천하의 금기사항을 무시할 수 없었다. 새 왕조는 옛 왕조에 비해 정치적 안정, 사회적 안정을 꾀하고 있기 때문에 적어도 각 분야의 의견을 청취하여야 하였다.

형세를 깊이 헤아릴 줄 아는 숙손통은 도리있게 간언하였으며, 수준 있는 간언을 통해 간언의 예측된 목표를 달성하였다.

6

아버지가 죽고 아들이 보위를 잇게 되어, 숙손통이 지켜낸 태자가 황제(한漢 혜제惠帝)가 되었다. 새 황제는 너무나 인자하였으나, 지나치게 유약하였기에 대권은 여呂태후가 차지하였다.

비록 숙손통이 그들 모자에 대해 상당한 도움을 준 은혜가 있었으나 여 태후의 문인들에 대한 인상은 이미 고인이 된 남편에 미치지 못하였다. 그녀는 숙손통에게 더욱 중요한 정치적 지위를 주지 않았으며, 의례를 주관하는 태상太常을 다시 맡도록 하였을 뿐이다. 겉으로는 중심부로 돌아온 것 같으나 실질적으로는 꽃병의 역할에 불과하였다.

몇 차례 꽃병으로서 구색을 맞춘 후, 숙손통은 생명의 여정을 다 마치었다

이류二流 열전

원소

원소袁紹, 미상~202년, 자 본초(本初), 여남(汝南) 여양(汝陽, 하남성 주구(周口)시)인, 동한말기 군벌, 사공(司空) 원봉(袁逢)의 아들. 동한 명문가 '여남 원씨' 출신. 원소의 증조부부터 4대 5명이 삼공(三公)의 자리에 올랐으며, 본인도 삼공에 올랐다. 원소는 중군교위(中軍校尉), 사예교위(司隷校尉)를 지냈으며 환관들 주살을 지휘하였다. 초평(初平) 원년(190년) 동탁(董卓)과 대립하여 관동연합군의 수령으로 추대되었다. 동한 말기 군웅이 할거하던 과정에서 원소는 기주(冀州)를 점령하였으며 이어서 청주(靑州), 병주(幷州) 2주를 점령하였다. 건안(建安) 4년(199년) 역경(易京)의 전쟁에서 유주(幽州) 지역의 군벌 공손찬(公孫瓚)을 격파하고 하북(河北)지역을 통일하였으나, 건안 5년(200년) 관도(官渡)의 전쟁에서 조조(曹操)에게 대패하였다. 건안 7년(202년) 기주(冀州)의 난을 평정한 후에 병사하였다.는 삼국시대 전반기 주요 영웅 중에서 몇 손가락에 꼽히는 인물이다.

원소는 4대에 걸쳐 삼공사마(司馬), 사도(司徒), 사공(司空) 또는 태사(太師), 태부(太傅), 태보(太保)를 삼공이라고 하며 진(秦) 왕조에서 가장 높은 벼슬이었으나 진 왕조 이후에는 실권이 없는 명칭에 불과한 최고직인 경우가 많았다.을 지낸 가문에서 태어난 표준적인 사족士族으로 우월한 출신에 기대어 중요한 관직을 얻었다. 원씨 가문의 도움으로 관리가 된 자들과 관련 인사들이 천하에 깔려 있어서 그 세력의 뿌리로 관료세계에서 가장 큰 발언권을 가지고 있었다.

그가 행한 첫 번째 큰일은 대장군大將軍 하진何進 미상~189년과 함께 환관을 주살하려고 모의한 것이다. 동한시대 환관의 화를 뿌리 뽑기 위하여 불후의 공로를 세웠다. 그의 과감성은 하진의 우유부단한 것과 선명한 대조를 이루었다. 그러나 역사서에는 원소가 환관을 지나치게 많이 죽였다고 기록하고 있다. 옳고 그름을 구분하지 않고 이천여 명을 죽였으며, 수많은 무고한 자와 그럴 필요가 없는 일반인들까지 재난을 입었다고 되어있다.

동탁董卓 미상~192년이 동한 황제를 폐위시키는 일에 있어, 그가 동탁과 반목하여 원수가 되었으며 홧김에 소매를 뿌리치고 떠나버렸다. 그는 당시의 실력파 중에서 첫 번째로 동탁과 싸운 사람으로, 겉으론 한漢 황실의 존엄성을 극력으로 유지하려고 하는 것 같았다.

그러나 실제로는 이를 통해 자신만이 국가의 동량이며, 동한 조정의 기둥이라는 것을 보여주어 자신의 몸값을 올리려고 하였던 것이다. 비록 이렇게 하려면 상당한 위험을 무릅써야했지만 뒷날 동탁의 반대파를 이끄는 영수가 되는 기초를 다지게 되었던 것이다. 그가 동탁과 결별한 후에, 명성이 상당히 좋은 종실宗室 유우劉虞 미상~193년 단양(丹陽)태수 유서(劉舒)의 아들. 유주자사(幽州刺史)역임를 천자로 세워 동탁과 조정을 나누려고 하였지만 거절을 당하자 중지하였다.

그는 당당한 용모에 사람이 겸손하였으며 현인과 선비들을 예의로 대했기 때문에 많은 지식인들과 협객들이 그에게 몸을 맡겼다. 지방 세력들이 거사를 일으킬 때마다 많은 사람들이 그의 이름을 빌려 백성들에 대한 호소력을 확보하였다. 군웅들이 연맹을 결성하여 동탁에 반대하는 군대를 일으켰을 때 그는 그의 특수한 지위로 인해 맹주로 추대되었다. 이로 인해 군웅들의 영수가 되었다. 18개 진鎭의 제후들이 구름처럼 그의 휘하에 모이자 그 세력이 대단하였으며 위풍당당하였다.

원소가 대중의 주목을 받는 사람이 되어 득의만만할 때, 일찍이 동탁 진영의 대신 오경伍瓊이 그가 겉보기와 달리 대단한 인물이 아니라고 한 적이 있다.

"원소는 계획을 잘 세우지만 결단력이 없으니 근심할 필요가 없습니다."

오경은 사람을 잘 알아보았다. 원소는 맹주로서의 능력이 없었으며 반동탁 연맹은 완전히 공중 분해되었다. 원소는 영수로서의 실력, 자격, 풍채를 갖추었지만 영수로서의 기개도 전략도 없었다.

동탁 토벌이 실패한 후에 그는 하북河北지역 경영에 나서서 그 지역 세력이었던 공손찬公孫瓚 미상~199년을 멸망시키고 기주冀州 하북성 일대를 근거지로 얻었다. 강성한 병력에 기대어 성을 점령하고 땅을 차지하면서 유주幽州, 병주幷州, 청주靑州, 기주冀州 네 개 주를 손에 넣어 하북지역의 패자가 되었다. 역사의 기록을 보면 원소는 본래 동한 헌제獻帝, 유협(劉協) 181~234년, 동한 마지막 황제(189~220년 재위)를 영접하여 업성鄴城으로 데리고 갈 기회가 있었으나 그렇게 하지 않았으며, 조조曹操 155~220년가 천자를 옆에 끼고 제후들을 호령하게 된 후에야 후회하였다고 한다.

원소는 줄곧 천하를 얻고자 생각하였지만 대장부의 모든 것을 버리고 투쟁하려는 호연지기가 부족하였다. 조조가 유비를 정벌할 때 그는 본래 병력을 보내 유비와 함께 조조를 앞뒤에서 협공할 수 있었으나 자신이 좋아하는 어린 아들이 병이 나자 마음이 어지러워져 출병을 거부함으로써 중요한 기회를 날려 버렸다.

조아만曹阿瞞 조조(曹操)과 유현덕劉玄德, 유비(劉備) 161~223년이 원소에 대해 이야기를 나눈 적이 있다.

"원소는 겉모습은 대단하지만 담력이 없으며, 모략을 잘 꾸미지만 과단성이 없다. 대사를 추진하는데 있어 몸을 사리며, 작은 이익을 탐하여 운명을 잊어버리는 자니 결코 영웅이 아니다."

영웅인지 아닌지는 전쟁터에서 뚜렷하게 갈라진다. 원소와 조조가 관도官渡, 중국역사상 약한 군대가 강한 군대를 이긴 전쟁 중 하나로 원소의 11만 대군과 조조의 2만 대군이 지금의 하남성 중모(中牟) 동북방에서 199년(건안 4년) 6월부터 200년(건안 5년) 10월까지 치룬 전쟁으로 원소가 참패하였고 조조가 승리를 통해 북방통일의 기틀을 다졌다.에서 맞붙으면서 자웅을 겨루었다.

원소는 겉모습은 호랑이처럼 보이나 속은 양과 같았으며, 겉으론 관대하였으나 속으론 의심이 많았으며, 충언을 받아들이지 못하고 고까와 했다. 휘하의 모사들은 서로 시기 질투하였으며 무장들은 서로가 다투었다. 백만 대군은 사람만 많았지 마음이 제각각이어서 말 그대로 오합지졸이었다. 상대방은 적은 병력으로 대병력을 맞아 약한 군세로 강한 군세를 대적하였다. 맞붙어 싸우며 격전을 벌였지만 식량저장고가 불에 타게 되면서 원소는 처절하게 패배하였다.

일반적으로 사람들은 관도의 전쟁으로 원소가 원기를 크게 잃었으며, 그의 군사적 정치적 종착역이 되었다고 생각하지만 사실은 그렇지 않다. 원소는 이 대규모 전쟁에서 확실히 원기를 잃기는 하였지만 완전히 잃었다고 할 수 없었다. 그가 비록 대병력을 잃기는 하였지만 근거지를 여전히 차지하고 있었다. 승패는 병가에서 늘 있는 일이므로 그가 다시 힘을 비축하며 정예를 길러 권토중래할 수 있었다.

그러나 그는 인내심이 부족하였기 때문에 기다리지 못하고 조조와 다시 한 번 전쟁을 치러 체면을 살리고 잃어버린 땅을 회복하려고 하였지만, 또 한 번의 전쟁결과는 관도전쟁의 복사판이었다. 이에 그는 화를 참지 못하고 피를 토하며 죽었다.

원소는 더욱이 후계자를 제대로 결정하지 못한 결정적인 문제를 갖고 있었다. 그에게는 세 아들이 있었는데 장자 원담袁譚 미상~205년, 둘째 원희袁熙 미상~207년, 어린 아들 원상袁尙, 미상~207년이 각각 청주, 유주, 기주 세 주를 나누어 지키고 있었다. 전체적으로 보면 원씨의 세력은 여전히 천하를 들었다 놓았다 할 수 있는 역량을 가지고 있었으며 조조 역시 단번에 그들을 어떻게 처리할 수 없었다.

유감스러운 것은 원소가 생전에 원상을 너무 편애하여 임종 시에 장자를 폐하고 어린 아들을 후계자로 세웠다는 것이다. 원상이 아버지의 자리를 이은 후에 원담이 이에 불복하였다. 게다가 대신들도 분파가 갈라져 각기 한 사람씩 떠받들면서 형제들이 서로 싸우게 되었다. 이런 상황이 지속되면서 원희와 병주幷州 산서성 태운(太原) 일대를 지키던 고종사촌인 고간高干 미상~206년 동한말 병주자사이 조조에게 모두 소멸되었다. 일이 이 지경에 이르게 되자 동탁 이후 천하에서 가장 강력했던 원씨 세력은 철저히 소멸되었다.

원술

원술袁術, 미상~199년 자 공로(公路), 동한 말 지방군벌, 원소의 배다른 형제, 원소袁紹 형제는 귀족 자제들의 표준으로 좋은 환경에서 귀하게 자라 세상물정을 잘 몰랐지만, 담력은 다른 사람들보다 컸다. 어려서부터 자란 환경의 영향으로 관료세계에 익숙했으며, 거기에다 가문의 배경으로 인해 등한시할 수 없는 인물이 되었다.

『삼국지三國志』에 따르면 원술은 원소의 친동생이 아니며 또한 배다른 형제도 아니고 사촌동생이다. 그 역시 4대에 걸쳐 삼공 벼슬을 지낸 가문의 출신답게 의협기질로 세상에 이름을 떨쳤으며, 가문의 힘으로 벼슬길이 대단히 순조로워 다양한 지위에 올랐었다.

하진何進, 미상~189년, 동한 말기 외척대신이 환관들을 주살할 때에 그는 정병을 이끄는 우두머리인 원소의 조수가 되었으며, 생사를 개의치 않는 용맹함으로 이 일에서 중요한 역할을 하였다. 동탁이 전권을 휘두를 때, 비록 높은 관직을 받았으나 동탁과 정치적 견해가 달랐기에 박해를 피해 남양南陽 지금의 하남으로 떠나갔다. 그는 그 지역을 자기 것으로 삼았으며, 이때부터 자신의 근거지를 갖게 되었다. 남양은 인구가 수백만 명이었지만 그는 백성들의 어려움을 돌보지 않고 자신의 음란하고 사치스런 생활의 필요를 만족시키느라 대규모로 재물을 거두어들이는데 열중하여 그 지역이 감당하기 어려울 정도로 무너지게 하였다.

그는 도량이 크지 못했다. 능력보다는 주로 가문의 배경을 보고 사람을 뽑았다. 동탁을 대항하는 연맹이 구축되었을 때 그는 식량 공급을 담당하였으나, 선봉부대인 손견孫堅, 155~192년 자는 문대(文臺), 동한 말기 장수로 삼국시대 오나라 기틀을 놓았다. 이 연달아 적군을 격파하자 손견이 최고의 공을 세울까봐 두려워하여 식량 공급을 질질 끌었으며 이로 인해 손견이 승리를 눈앞에 두고 패배하게 되었다. 관우關羽가 화웅華雄과 대결하려고 하자 그는 관우의 지위가 낮다는 이유로 그를 꾸짖었다.

그가 영웅호걸들을 제한적으로 선택함으로써 식견과 재능이 있는 인물들이 배척받게 되었고 그의 집단은 처음부터 끝까지 2, 3류 집단에 머물렀다. 그는 이 2,3류 집단에 기대어 대사를 이루려고 하였으나 매번 상황과 반대되는 행동을 하였다. 여포呂布 미상~199년 자는 봉선(奉先)가 그에게 투항하려고 하자 여포의 변

덕스러움을 두려워하여 감히 그를 기용하려 하지 않았다. 대정치가로서 사람을 부리는 수단과 기백이 부족하였다. 그는 자신이 사용하는 인물들이 자신에 대해 위협이 되지 않으면서 중요한 순간에는 그들을 사용할 수 있기를 바랐다. 이로 인해 그는 어려운 처지에 빠지게 되었다. 실제 그가 사용한 인물들은 모두 평범하기 그지없었으며, 중요한 순간에 그 누구도 그의 근심이나 어려움을 해결해 주지 못하였다. 그는 매우 오만하여서 여러 영웅들과의 인간관계가 상당히 좋지 않았다. 사회적으로 미친 영향은 원소와 비교할 수 없었다.

가장 유감스러운 일은 그가 형인 원소와의 관계조차 제대로 처리하지 못하였다는 것이다. 원씨 가문의 형제 사이는 모두 형편없었다. 결국 서로 군대를 동원해 싸움질을 하였다. 원술과 원소의 관계가 그러했으며, 원소의 아들들인 원담과 원상의 관계도 마찬가지였다. 형제 사이에 서로 권력과 이익을 다투었으며 서로가 서로를 용납하지 못하였다. 최후에는 각자 갈라서서 지역들을 차지하고는 서로 공격을 멈추지 않았다. 원소는 조조와 연합하여 동생의 군대를 완전히 박살내었다. 이 싸움은 오히려 한 사람의 황제가 등장하는 계기가 되었다. 원술은 싸움에 패하자 무리를 이끌고 구강九江으로 도망쳤으며, 그 후에 양주자사揚州刺史 진온陳溫 미상~193년을 살해하고 본인이 그 직위를 차지한 후에 회남淮南을 손에 넣었다. 이 부요한 곡창지대를 손에 넣은 후에 그는 용포를 만들어 오도록 명령하였다.

원술은 동한 말기 여러 영웅들 중에서 첫 번째로 황제를 칭한 자였다. 그는 사대에 걸쳐 삼공을 지낸 가문의 세력과 비교적 강한 실력을 바탕으로 건안建安 2년(197년) 수춘壽春 현재 안휘성 회남(淮南)시에서 제위에 올랐다. 이러한 행동으로 그는 금기를 범하면서 결코 돌이킬 수 없는 잘못을 저지르게 되었다.

첫째는 유劉씨의 한漢왕조를 배반함으로써 전통적인 세력들에게 대역무도하다는 비난을 받게 되었다는 것이다.

둘째는 이러한 조치로 그의 지위를 여러 영웅들 중에서 제일 꼭대기에 두게 함으로써 그들이 치욕을 느끼게 하였다는 것이다. 객관적으로 보자면 그는 덕망이나 공적에 있어 황제가 될 자격을 갖추었다고 말하기 어려웠다. 그의 이러한 행동은 개인적인 심리만족을 가져다 준 것인지는 모르지만 하늘 높은 줄 모르고 지나치게 날뛴 것이었다. 사회적인 각도에서 보자면 그는 대중들의 분노를 크게 불러일으킨 것이다.

그는 나름대로 총명한 사람이었다. 그는 한 왕조가 확실히 기울어서 일어나지 못하며 왕조를 바꾸어야하는 시기가 되었음을 간파하였다. 그러나 그는 시기가 아직 무르익지 않았음을 알지 못하였다. 즉, 누군가 새 황제가 될 수 있었다하더라도 당시의 조건으로는 절대 그의 차례가 올 수 없다는 것을 알지 못하였다. 이로 인해 그는 당시 천하의 금기사항을 어겼을 뿐만 아니라 그 뒤의 정통 역사가들도 이를 인정하지 않아서 국호나 연호 모두 전해지지 않고 있다.

원술이 제멋대로 황제를 칭한 후에, 그는 여러 영웅들 속에서 이전에 없는 고립상태가 되었다. 그 스스로는 자신을 황제로 여겼지만 다른 사람들은 그를 재능도 없이 함부로 날뛰며 소란을 피우는 자로 여겼기 때문에 형세가 그에게 불리하였다.

곤경에 처해있으면서도 그는 여전히 깨닫지 못하고 내궁에 수백 명의 여인들을 데리고 있었으며 온종일 그녀들과 술을 마시면서 꽃밭에서 뒹굴며 즐거움만을 추구하였다. 그러나 수하의 사병들이 추위와 배고픔을 견디지 못하는 것은 전혀 고려하지 않았으며, 그가 다스리던 지역의 백성들이 다 사라져 가는 것을 전혀 돌아보지 않았다. 제후들의 마음을 잃은 데다 백성의 마음도 잃었다. 거기에 여포와 조조가 타격을 입히면서 그의 집단은 완전히 붕괴되었다. 더 이상 갈 곳이 없게 되자 염치불구하고 황제의 칭호를 원소에게 바치고 생명을 유지할 기회를 찾으려고 하였으나, 그에게 가는 도중에 병이 나서 죽고 말았다. 이로써 후대사람이 국호조차 모르는 작은 조정이 연기처럼 사라졌다.

공손찬

동북지역은 많은 호걸들을 배출했는데 특히 동한 말엽에 더욱 많았다. 그들은 담력이 있었으며, 생사를 가볍게 여기고, 맘먹은 일들을 용감하게 추진하였다. 그들은 기세 드높게 필생의 사업을 해나가면서 감동과 눈물이 있는 역사를 써내려갔다. 공손찬公孫瓚 미상~199년이 바로 그런 호걸 중 한 사람이었다. 『삼국연의三國演義』에서 공손찬은 영웅적인 면모를 보여주었으며, 비교적 초기에 출현한 영웅이었다.

그러나 주역을 담당하지 못하였으며 다른 사람을 두드러지게 보이는 역할을 한 인물이었다. 그는 상당히 높은 차원에서 다른 이들을 두드러지게 보이는 역할을 하였는데 유비와 원소가 그로 인해 두드러져 보이게 되었다. 이러한 역할 속에서 그는 자신의 사업을 마치었다.

공손찬은 무예가 뛰어났으면서도 일찍이 유비와 함께 대유학자인 노식盧植 미상~192년에게서 유가 경전을 배운 사람으로 당시 많지 않은 유가적 기풍을 지닌 장수로 문무를 겸비하였다. 그의 벼슬길은 상당히 순조로웠으며 윗선의 인정을 받으면서 몇 계단을 거쳐 지방의 고위관원이 되었다.

한번은 수십 기의 기병을 거느리고 가다 수백 명의 선비족鮮卑族 기병들과 조우하게 되었다. 피할 수 없는 상황이 되자 그는 자신을 사지에 던지면서 생명을 건지었다. 직접 긴 창을 휘두르며 병사들을 이끌고 적진으로 돌격해 들어갔다. 병력의 반가량을 잃었지만 사지에서 살아 나왔다. 그 후에 선비족 기병들은 오랫동안 감히 변경을 넘어오려고 하지 않았다. 이일 후에 그는 연달아 전공을 세워 동북지역의 평화를 유지하는데 적지 않은 역할을 하였으며 이로써 동북, 하북 지역 등에서 고관이 되었다.

오환烏丸의 수령 구력거丘力居 등이 반란을 일으켰을 때 그 세력이 엄청나 그 일대의 성들을 파괴하고 그 지역을 노략질 하였다. 공손찬은 이전의 위세를 잃고 계속 퇴각하였으며 막을 힘이 없었다. 조정에서 덕망이 높고 비중 있는 황가의 일원인 유우劉虞를 보내 대응하도록 하였다. 그는 무력을 동원하기보다 주로 심리전을 펴서 구력거 등이 창칼을 휘두르는 대신에 보물과 비단을 받고, 각기 원래 지역으로 돌아가 편안히 거하도록 하였다. 공손찬은 유우의 공을 시기 질투하였다. 그는 도처에서 트집을 잡아 싸움을 걸면서 서로 원수가 되었으며, 자신의 마음에 원했던 대로 유우를 생포하여 참수하였다. 이로써 다시 동북, 하북 일대의 지배자가 되었다. 동탁을 토벌하는 연맹을 결성하였을 때 그는 한 지역을 담당하는 병력이었지만 전혀 전공을 세우지 못하였으며, 동생인 공손월公孫越이 진지에서 사망한 일로 맹주인 원소와 원수가 되었다. 연맹이 무너진 후에 원소는 하북에 눈독을 들였으며 그 지역으로 가서 패권을 다투면서 혈전의 서막을 열었다.

그는 덕이 있고 의로운 인물이라고 할 수 있었다. 스승, 부하, 강호의 손님들에 대해 예의를 다해 대접했으며 늘 후하게 도와주었다. 유비가 첫 번째로 관료세계에서 좌절을 겪었을 때, 옛 동문인 그가 조정에 다시 추천을 하였기에 비로소 관직을 새로 얻을 수 있었다. 그가 비록 덕과 의를 갖추었지만 표면적인 것에 그쳐 사람들의 마음을 깊이 사지 못하였다. 그의 의로움은 평범한 심복들에게만 그러하였고 세상의 인재들에게까지 널리 미치지는 못하였다. 유비와 비교해보면 상대가 되지 않았으며 차이가 컸다.

당당한 체격과 잘 생긴 용모, 크고 밝은 목소리. 공손찬은 남자다운 강렬한 매력이 가득 찬 사람이었다. 그는 겉모습만 당당한 머저리가 아니었다. 겉모습과 어울리게 사람들을 감탄시키는 영웅적 기질과 행동을 보여주었다. 이로 인해 그는 세상에서 영웅으로 일컬음을 받았으며 적지 않은 사람들이 그에게 끌리면서 상당한 추종자들을 얻었다.

그러나 사람들이 그와 가까이 지내는 시간이 길어지면 그의 대한 호감이 옅어지고 점차 실망을 하였다. 명성이 높은 만큼 그에 맞게 행동하기는 사실 어려운 법이다. 그의 이름을 듣고 찾아온 조운趙雲 미상~229년 조자룡(趙子龍)은 겨우 몇 개월 그를 따라 다닌 후에 조금도 유감스러워함이 없이 유비에게 말하였다.

"이전에 공손찬을 영웅이라고 잘못 생각했습니다. 이제 와서 그의 행위를 보니 원소같은 부류에 불과합니다."

조운은 공손찬을 원소의 부류로 여겼지만 사실상 그는 원소에게도 못 미쳤다. 원소는 천하를 자신의 목표로 하였지만 그의 안목은 너무 단기적이고 얕았다.

역사상의 진정한 공손찬은 어진 성격의 군자와는 거리가 멀었다. 그는 득의하면 우쭐거리며 교만하게 굴었다. 사람을 대할 때 잘못은 오래도록 기억하고 잘해준 것은 쉽게 잊어버렸다. 편견이 너무 심하여 자기에게 잘못을 저질렀던 사람은 반드시 기회를 잡아 제거하였다. 다른 사람이 받들어 주는 것을 좋아하였기에 그의 주변에는 아첨하며 떠받드는 소인들이 적지 않았다.

그는 인생의 대부분을 싸움터에서 지냈기 때문에 영웅호걸들의 능력을 깊이 이해하고 있었다. 스스로 자신이 자신을 잘 안다고 생각했으며, 자신은 천하를 통일할 재목은 아니라고 여겨 역경易京 하북성 웅현(雄縣) 서북지역, 본래 역현(易縣)이었으나 공손찬이 유주(幽州)를 차지한 후에 성벽을 쌓고 여러 누각을 지으면서 역경이라고 이름을 바꾸었다.에 여러 건물을 지어 곡식 삼 백 만 두斗를 쌓아놓고 장기간 할거할 자본으로 삼았다.

그는 하나만 알고 둘을 몰랐다. 치명적인 전략적 실수를 저질렀는데 군웅들이 패권을 다툴 때 부득이 뒤로 물러나 있으려면 공격이 최선의 수비라고 자신이 강력한 실력이 있음을 다른 사람들에게 보여주어 그를 얕보지 못하게 하였어야 했는데 그는 작은 지역을 지키는 것에 만족하였다. 얼마 지나지 않아 다른 사람들이 그의 진정한 상황을 알게 되었다. 원소가 강력하게 공격하면서 공손찬의 요새 밑으로 땅굴들을 파고 들어가 수많은 누각을 무너뜨렸다. 결국 그는 아내와 아들들을 자신의 손으로 다 죽인 후에 자살하였다.

공손찬은 일세를 풍미하였지만 결국은 원소의 손에 죽었다. 두 사람의 자질을 비교해 볼 때 그의 패배는 일찌감치 정해져 있었던 것이다.

도겸

도겸陶謙 132~194년은 공손찬과 같은 부류의 인물로 한 지역을 차지하였으며, 어느 정도 덕행을 갖추었고 유비와 밀접한 관계를 갖고 있었다. 그 역시 일장 춘몽을 꾸었었으나 공손찬이 자살한 것과 달리 천수를 누리고 죽었다.

도겸은 문인으로 독서의 경로를 통해 벼슬길에 나섰다. 현령을 거쳐 자사剌史로 승진하여 유주幽州 하북성 북부 및 요녕성 일대 지역 최고 장관의 자리에 올랐다. 후에 중앙정부에 들어갔으나 관직은 보통이었다. 량주涼州의 한수韓遂 미상~215년 자는 문약(文約)를 토벌하는 대군에 참여하여 참모를 맡았을 때 재능을 드러내면서 정계의 주목을 받기 시작하였다. 황건적의 난이 일어나자 그는 서주徐州로 파견되어 전쟁을 주재하게 되었는데 단번에 현지의 황건적 군대를 격퇴하였다.

역사서에 기록된 도겸은 에누리 없이 정객 스타일의 군벌로 도덕적 원칙은 없었지만 극히 강력한 처세원칙은 있었다. 조정에서 대권을 장악한 자가 누구든지 그의 명령을 따랐으며, 실력이 강하고 발전전망이 있는 자가 누구든지 그와 관계를 맺었다. 바로 이러한 원칙에 따라 동탁이 발호하여 천자를 장안長安 지금의 서안(西安)으로 강제로 옮겨갔을 때 각 지방정부는 중앙에 공물납부를 끊어버렸지만, 서주자사를 맡고 있던 도겸은 유일하게 이전과 마찬가지로 끊임없이 대량의 재물을 장안으로 보내 빛나는 고관의 자리를 얻으려고 하였다. 그는 동탁이 기염을 토하도록 하였을 뿐만 아니라 천자에게 충성을 다한다고 동탁의 이름을 높여 주었다.

나관중羅貫中, 1330년경~1400년경, 삼국지(삼국연의) 작가의 필치에서 도겸은 중후한 장자로 백성들에게 인자하고 국가에 충성을 다하며, 현자를 예의로써 대한 난세 중에 국가와 현자를 사랑한 유일한 제후로 유비 다음가는 인자한 사람으로 묘사되어있다.

조조가 산동지역에서 세력이 커진 후에 아버지 조숭曹嵩 등 가족들을 맞아들여 복락을 누리도록 하려고 했다. 조숭은 일가족 남녀노소 40여 명을 데리고 서주徐州를 거쳐 가게 되었다. 도겸은 이 일이 조조와 잘 지낼 얻기 어려운 좋은 기회라고 생각하여 조조의 부모를 아주 잘 대접하였으며 사람까지 파견하여 산동가는 길을 호위하도록 하였다. 하지만 호위를 하던 자들이 전부 황건적이었던 것을 몰랐다. 그 자들이 조숭 등 전 가족을 가는 도중에 전부 살해하였다. 조조는 서주를 공격하여 보복을 하였으며, 도겸은 이에 서주를 유비에게 넘겨주는 장면을 몇 차례 연출하게 되었다.

나관중은 결코 자기 멋대로 도겸을 높게 평가한 것이 아니다. 그가 그렇게 한 것에는 중요한 요인이 숨겨져 있다. 나관중은 유비를 지극히 선하고 아름다운 사람의 전형으로 여겼기 때문에 유비와 좋은 관계를 가지고 있는 사람들은 아내가 예쁘면 처갓집 말뚝에 절한다는 식으로 모두 높게 평가하였다. 도겸은 유비를 높게 평가하여 공손한 태도로 거듭 서주를 양보하였는데 이 점만 보아도 작가의 식견을 새로운 안목으로 보게 된다.

도겸이 서주를 넘겨준 것은 표면적으로 볼 때는 현자에게 자신을 대신하도록 한 것이지만 실제로는 지극히 큰 고충을 안고 있었기 때문이다. 만일 고충이 없었다면 그가 고심경영해서 얻은 풍요로운 땅을 아무 관계도 없는 유비에게 넘겨줄 수 있었겠는가? 그는 한 지역을 분할하여 가진 자로 토지는 그의 생명줄이었다. 그가 수차례 그의 본거지를 양보한 것은 군사적 실력이 부족하여 펼치게 된 정치적 유희였다.

도겸의 자는 공조恭祖로 삼국연의의 관련 회차 제목은 '도공조가 서주를 세 번 넘겨주다.陶恭祖三讓徐州'였다.

첫 번째는 조조의 대군이 서주성 밑에 진을 치자 유비가 군사를 휘몰아 와서 구출하였다. 그는 성을 넘겨줌으로써 유비에게 보답하려고 하였다.

두 번째는 조조가 퇴각하였을 때 성을 넘겨줌으로써 유비의 환심을 사려고 하였다. 유비가 그를 도와 서주를 지켜주길 바랐다.

이 두 번의 서주를 넘겨주려는 조치는 역사적 사실로 볼 때 비록 연극적인 요소가 있기는 하였지만 완전히 가짜는 아니었다. 도겸은 서주를 지키려고 하였으나 마음과 달리 힘이 부족하였기 때문이다.

서주는 병력을 거느린 자는 반드시 쟁취하여야하는 군사적 요충지로 대업을 이루고자하는 누구나 다 호시탐탐 노리고 있었으며 그 압박이 너무 큰 지역이었다. 이에 반해 그가 거느린 부하들은 평범하기 짝이 없었으며, 괜찮은 모사도, 뛰어난 무장도 없었다. 본인은 충직함이 부족하고 소인배들을 가까이 하였으며 정치가 부패하여 상황이 날로 나빠지면서 인심의 응집력이 상당한 차이를 보였다. 이러한 곤란한 지경에 처하면서 그는 상황이 미묘함을 느끼게 되었다. 두려웠다. 일이 발생하여 서주를 잃어버릴까봐, 목숨을 잃게 될지도 모를까봐 두려웠다. 이에 따라 하고 싶지 않은 생각도 들었다. 그러나 일단 정말 다른 사람에게 넘겨주려면 막다른 골목에 이르지 않는 한 내놓을 수 없는 법이다. 그는 상당한 모순을 느꼈다.

세 번째로 서주를 넘겨준 것은 도겸이 죽으려는 시기여서 그가 넘겨주든 아니든 관계없이 유비가 현지에서 이미 민심을 얻고 있어 그가 죽은 후에 서주는 조만간 유비의 수중에 들어갈 것이라는 것을 깊이 이해하고 있었기 때문이다. 껍데기뿐이지만 인정을 만족시키며 정말로 넘겨주었다.

도겸의 이야기는 주로 서주를 세 번 넘겨주려한 것인데, 서주가 넘어간 후에 그의 이야기도 끝나게 되었다.

장수

'춘추시대에 의로운 전쟁이 없었다.'는 말이 있다. 마찬가지로 동한 말기 수많은 전쟁은 똑같이 무자비하였다. 군벌들은 서로 창칼을 겨누고 싸우다가 서로 호형호제하기도 하고, 상대방을 집어삼킬 수 있을 때는 전혀 망설임 없이 크게 입을 벌렸으며, 상대방을 이길 수 없을 때는 즉시 무릎을 꿇고 머리를 조아리며 신하가 되었다. 인격도 존엄함도 없었으며 일체를 실력과 필요에 따라 하였기에 염치를 차릴 것도 없었다.

장수張繡 미상~207년 동한 말엽 완성(宛城)을 지배했던 군벌가 바로 그러한 자들 중 하나였다.

그는 동탁의 네 장군 중 하나인 장제張濟 미상~196년의 조카로 젊을 때는 현의 하급관리에 불과하였다. 폭동이 일어났을 때 이를 제압함으로써 현지에서 이름을 떨쳤다. 그는 혈기왕성한 소년들을 모아 자신의 부대로 만든 후에 장제의 군대에 합류하여 여포呂布 미상~199년와의 전쟁에 참여하였다. 장제가 죽은 후에 그는 삼촌의 지위를 이어받아 남양南陽에 주둔하면서 유표劉表 142~208년 자는 경승(景昇) 황가 종친와 우호협정을 맺었다.

장수의 일생은 조조와 풀 수 없는 인연으로 얽힌 일생이었다. 은혜와 원한, 싸움과 화해가 얽혀 있었다. 은혜도 깊었으며 원한도 깊었기에 너무 친밀하게 지냈으나 싸움도 치열하였다. 서로 만났을 때는 원한들을 흔쾌히 없애버렸다.

장수와 조조의 첫 만남은 서로 간에 아직 상대를 가볍게 여길 때였다. 장수는 삼촌의 부대를 자기 수중에 막 장악하였을 때였고, 조조는 천자를 그의 세력의 보호 아래에 넣었을 때였다.

둘 다 세력을 키우려던 시기로 자신이 상대방보다 강하다고 여길 때여서 서로의 실력을 겨룰 수밖에 없었다. 사단은 장수가 일으켰다. 그는 당시 몇 손가락 안에 꼽히는 군대를 거느리고 천자를 조조에게서 빼앗아 오려고 하였다. 조조는 장수가 아직 부대를 동원하기도 전에 15만 대군을 이끌고 남양성으로 쳐들어감으로써 선수를 쳐서 제압하려고 하였다. 장수의 모사가 쌍방의 역량을 비교분석한 후에 조조의 세력이 강대하니 투항을 하여 모두 망하는 것을 면해야 한다고 권고하였다. 장수는 이 말대로 따랐다. 창칼을 예물로 바꾼 것이다.

조조는 갑자기 대부대를 거두어들이게 되었을 뿐만 아니라 장수가 매일 성대한 연회를 열어 대접하자 너무 너무 기뻤다. 기쁜 나머지 난잡한 일을 저질렀다. 장수의 숙모인 아름다운 추鄒씨 즉 장제의 아내를 자신의 장막으로 불러들여 같이 뒹군 후에 자신의 첩으로 삼았다. 장수는 엄청난 치욕을 겪었다고 느꼈다. 치욕을 갚기 위해 비밀리에 거사를 행하여 조조가 낭패하여 도망가도록 하였다. 조조 자신은 몸에 화살을 맞았으며 아들과 조카, 대장 전위典韋 미상~197년를 잃었다. 쌍방이 예물을 주고받다 창칼을 주고받게 된 것이다.

정사 『삼국지』의 『위서魏書·장수전張繡傳』에는 이일에 대해 다르게 말하고 있다. 조조가 장제의 아내를 첩으로 삼자 장수가 원한을 품게 되었다. 조조가 상황이 좋지 않음을 보고 장수를 죽여 후환을 없애려고 하였으나, 소식이 새어나가 장수가 조조를 습격하였으며 조조의 군대가 대패하였다.

조조가 한숨을 돌린 후에 군대를 휘몰아 보복에 나섰다. 장수는 유표와 연합하여 멀리 떨어져서 호응하였다. 같은 처지에 있는 사람끼리 서로를 아낀다고 삼, 사류의 제후들이 한 무리로 결속하였다. 조조가 수년간 공격하였으나 쓸데없이 병력만 동원하고 군량만 축냈을 뿐 공략하지 못하였다. 쌍방 간에 이기고 지고하였으나 결정적인 승부는 없었다. 조조 군대는 성만 바라보며 탄식할 뿐이었다.

장수가 처음에 이 권세있는 조조를 건드렸을 때는 하룻강아지 범 무서운 줄 모르는 격이었다. 몇 년 동안 천하영웅들을 관찰한 후에 특히 조조와 몇 년간 대결한 후에 그는 웅대한 전략을 가지고 있는 조조를 이해하게 되었으며, 두려움을 느끼게 되었고 감탄하게 되었다.

관도官渡의 전쟁에서 원소, 조조 양진영의 참여 요청에 강대한 원소를 거절하고 약한데다 원수관계인 조조 쪽에 가담하였다. 그가 다시 한 번 조조 측에 가담한 것은 나름대로의 계산이 있었기 때문이다. 원소가 강하고 조조가 약한 상황이니 조조 측에 가담해야 중시를 받을 것이며, 이러한 결정적인 순간에 조조를 도와주면 그와의 지난날 원한을 해소할 수 있을 것이란 심산이었다.

장수가 자기에게로 오자 조조는 너무 기뻐하였으며 딸을 장수의 아들에게 시집보냈다. 원수 가문이 사돈가문으로 변한 것이다. 팔이 안으로 굽는다고 장수는 조조를 위해 힘을 다하였으며 결전 중에 큰 공을 세웠다. 원소를 격파하고 원담袁譚을 연달아 격파하면서 거듭 공을 세웠다. 사돈인데다 공을 세우면서 장수의 관직은 날로 높아져 제후로 봉해졌으며 영지가 그 누구보다도 많게 되었다. 두 가문이 같이 오환烏丸 정벌에 나섰는데 그는 가는 도중에 사망하였다.

『위략魏略』에 장수의 사망원인이 적혀 있다. 그가 여러 차례 조식曹植 192~232년 조조의 셋째 아들, 건안(建安)시기 문학의 대표인물과 만났을 때 조식이 마음속으로 그를 싫어하였기 때문에 그에게 한바탕 욕을 하였다. "네가 우리 형을 죽이고도 무슨 낯짝으로 아직도 나를 만나느냐?" 장수는 신변의 불안을 느꼈으며 자살하였다.

유표

한漢 고조高祖 유방이 나라를 세운 후에 대규모로 종친들을 왕과 제후로 책봉하여 전권을 갖고 한 지역을 통치하면서 중앙 왕조의 바람막이가 되도록 하였다. 제후들의 세력이 커져 중앙을 위협하는 상황이 되자 문제文帝 BC203~BC157년, 유항(劉恒) 유방의 넷째 아들, 경제景帝 BC188~BC141년, 유계(劉啓) 문제의 적장자, 무제武帝 BC156~BC87년, 유철(劉徹), 경제의 아들 3대에 걸쳐 이들을 제재하고 세력을 약화시킴으로써 제후국은 이름만 있을 뿐 실권이 없게 되었다.

동한 말엽이 되면 중앙정부가 약해지고 지방호족들의 세력이 강대해지면서 국면이 바뀌게 되었다. 중앙정부는 점차 자사刺史를 지방최고장관으로 하는 제도를 갖추어 중앙의 지방에 대한 관리를 강화하였다. 임명되는 자사에 대해 황실은 다른 성씨의 인물들에 대해 경계심을 갖게 되어 최대한 유劉씨 종친들을 임명하였다. 유표劉表 142~208년는 바로 이 시기에 형주荊州자사로 임명되었다.

유표는 진상陳翔, 범방范滂, 공욱孔昱, 범강范康, 단부檀敷, 장검張儉, 잠지岑旺 등 명사들의 친구였는데 사람들은 그를 포함하여 그들을 '강하의 여덟 준걸江夏八俊'이라고 불렀다. 『후한서後漢書 유표전劉表傳』에는 그가 명성을 날렸으나 상당한 위험을 맛보았다고 한다. 전권을 휘두르던 환관들은 그를 이단적인 무리의 한사람으로 여겼다. 일찍이 수배를 받은 적이 있어, 정치활동 금지가 풀린 후에야 비로소 관료계통으로 돌아올 수 있었으며 대장군 하진何進 미상~189년의 막료가 되었다.

그는 형주자사 직을 어렵게 수행하였다. 부임 시기에 지방에서 세력을 형성하고 있던 호걸들이 즐비하였으며, 또한 원술袁術이 그의 길을 가로막았다. 그는 단 한명의 병졸도 없는 상황에서 인재들과 사귀면서 계략을 써서 이들 호걸들을 죽이고 그들이 거느리던 무리들을 제압하여 거두어 들였다. 그가 신속하게 승리하면서 그의 이름이 널리 알려졌으며, 실질적으로 형주지역을 지배하였다. 그는 영토를 확장하는데 은혜와 위엄을 같이 사용하였다. 문화를 중시하고 학교를 세우며 재난이 심각한 형주 백성들에게 평안을 가져다주었다.

유표는 인품이 뛰어났으나 차지한 지역에서 자중하였으며 우유부단한 면이 컸고 진취적이지 않았다. 그는 재능이 있어 백성을 다스리는데 일가견이 있었고 국경을 지키는데도 방책이 있었다. 손견孫堅이 공격해 왔으나 그의 성벽 아래서 화살에 맞아 죽었다. 그러나 그의 재능은 국부적인 재능으로 기백이 부족하였으며 현상을 유지하는데 만족하여 더 크고 더 차원 높은 경쟁을 하려고 하지 않았다. 그가 유비에게 "내가 형주에 자리 잡은 것으로 만족합니다. 어찌 다른 것을 도모할 수 있겠습니까?"라고 말했다. 천하에 진정한 영웅들이 출현하고 나자 그의 부족함이 드러났다. 원소와 조조가 서로 다툴 때 그는 움직이지 않고 형세를 관망하였는데, 이로 인해 쌍방 모두에게 불만을 샀다.

천하의 패권을 다투는 것은 어려운 일이지만 천하를 보존하는 것은 더욱 어려운 일이다. 형주를 지키는 유표 역시 이 문제에 부딪혔다. 그는 인재를 기용하려고 하였다. 확실히 일군의 인재들을 기용하였었다. 예를 들자면 어느 정도 명성을 날린 괴월蒯越 미상~214년이 있는데 유표가 형주의 틀을 닦을 때 적지 않은 좋은 계책을 내 놓았다. 그러나 그의 주변에는 천하경영을 도울 수 있는 개척형의 인재가 부족하였다. 형주는 동한 말엽 인재가 많은 지역으로 천하에 이름이 난 지역이었다. 제갈량諸葛亮, 방통龐統같은 수많은 초일류의 인재들이 모두 그의 영역 내에 있었으나 그는 한 번도 그들을 초청하여 대업을 같이 이루자고 한 적이 없었다.

인재를 사용하는 유표의 스타일을 가장 잘 보여주었던 일은 유비와 같이 지냈던 일이다. 유비는 누구나 다 아는 인걸로 갈 곳이 없게 되자 그에게 의지하였다. 그는 너무 기뻐서 예의를 다해 융숭하게 그를 대접하였다. 유비를 감동시키려고 힘을 다 하였다. 이와 동시에 유비의 능력이 자신보다 훨씬 크다는 것을 알고 있었기에 줄곧 방어태세를 취해 손님이 오히려 주인이 되는 사태를 막으려고 하였다. 이로 인해 유비는 진퇴유곡의 처지가 되어 이러지도 저러지도 못하였다. 도와주자니 그렇고 방관하자니 그런 상황이었다. 유표의 의심하는 태도를 본 그의 작은 처남인 채모蔡瑁는 여러 차례 유비를 살해하려고 시도하였다. 시도가 실패하자 그는 다시 좋은 사람의 역할로 돌아섰다.

그는 유비를 적극적으로 기용하지도, 내버려 두지도 못하였다. 남겨놓자니 성의가 부족하고, 죽이자니 현자를 아낀다는 그의 명성이 무너질 것이며, 내보내자니 후환을 남길까 두려웠다. 서로가 서로를 방비하며 지내느라 서로 아주 어색하였다. 『구주춘추九州春秋』에 다음과 같은 기록이 있다.

조조가 오환烏丸을 정벌하려고 할 때 장군들이 유표가 유비를 파견하여 허창許昌을 습격할까봐 걱정하였다. 그 때 곽가郭嘉 170~207년 가 아주 심도 있는 분석을 하였다. "유표는 그저 자리를 보전하며 담론을 즐기는 자로 스스로가 유비를 다룰 수 없다는 것을 잘 알고 있습니다. 유비를 중용하면 일이 발생할까 두려워합니다. 유표가 높여 쓰지 않는데 유비가 그에게 힘을 다할 리가 없습니다. 근심을 안 하셔도 됩니다." 곽가의 말은 정확하였다.

유표는 어진 자였지만 철저히 어질지 못하였다. 정치적 감각이 있었지만 그 감각이 철저하지 못하였다. 너무 많이 생각하는 반면 너무 적게 행하였다.

그는 그래도 운이 좋은 편으로 죽을 때에 자기 눈으로 직접 형주가 함락되는 것을 보지 않았기 때문이다. 형주는 천하의 중심축이자 병력을 사방으로 움직일 수 있는 전략적 요충지로 일군의 영웅들이 이 비옥한 지역을 삼키려고 하였다. 여러 해 동안 전쟁을 하면서 제후들의 세력이 새롭게 짜여 지자 형주가 직면한 상황은 예전과 같지 않았다. 동쪽의 손권은 전초기지를 이곳까지 진격시키려 하였다. 북쪽의 조조는 이곳을 남쪽으로 내려가는 교두보로 삼고자 하였다. 측면에는 유비라는 불안정한 요소가 있었으며, 내부적으론 아내인 채씨 가족이 전권을 휘두르고 있었다.

설상가상으로 원소와 마찬가지로 유표도 후계 문제에서 잘못을 저질렀다. 그에게 두 아들이 있었는데 큰 아들 유기劉琦 미상~209년와 어린 아들 유종劉琮이었다. 그는 장자를 폐하고 어린 아들을 계승자로 세움으로써 아들들이 서로 갈라서게 하는 재난의 씨를 뿌렸다. 그가 두 다리를 뻗고 명을 다한 지 몇 개월 지나지 않아 유종은 삼촌 채모의 부추김으로 조조에게 백기를 들었다.

유장

유장劉璋 생졸년대 미상 동한말년 군벌의 아버지는 유언劉焉 미상~194년 익주목(益州牧)으로 한漢황실의 종친이다. 그가 동한 말기 자사를 맡게 되었을 때 익주益州 지금의 사천일대에 천자의 기운이 서려있다는 소문을 듣고는 익주로 가겠다고 요청하였다. 그러나 유언이 아무리 노력을 해도 천자의 기운은 조금도 그의 몸에 붙지 않고 늘 등창을 앓다 한을 품고 죽었다. 그가 죽은 후에 부하들이 셋째 아들 유장을 추대하여 아버지의 자리를 잇게 하였다.

유장의 재능은 아버지에 미치지 못하였다. 큰 형과 둘째 형이 이미 죽었기 때문에 유씨 가문의 가업이 된 익주를 관리할 수 있는 사람이 없게 되자 그가 이러한 책임을 맡게 된 것이었다. 그는 난세를 헤쳐 나갈 효웅 스타일의 사람이 아니었다. 그는 약한 마음을 지닌 자로 사람을 대하고 일을 처리하며 정사를 보살피는데 있어 은혜만을 베풀었다. 사람에게 은혜를 베푸는데 있어 위엄을 사용할 줄을 몰랐다. 은혜와 위엄이 마차의 두 바퀴이며 어느 하나도 부족하면 안 된다는 것을 알지 못하였다. 유장은 은혜를 지나치게 베풀어 부하들에게 좋은 것을 많이 주었지만, 그들은 다시는 은혜를 은혜로 여기지도 좋은 것을 좋은 것으로 여기지도 않게 되었다. 은혜를 베푸는 자에게 감사하지도 그를 존경하지도 않게 되었다. 결과는 익주의 정치가 난장판이 되었다. 내부가 헝클어지면서 외부도 헝클어 졌다. 한중漢中의 장로張魯 미상~216년 또는 245년가 그를 공경하지 않았기 때문에 아버지가 장로와 맺고 있던 연합정책을 깨고 그의 모친과 동생을 죽이면서 원수가 되었다. 위엄을 사용해야 할 때 은혜를 베풀고, 은혜를 사용해야 할 때 제멋대로 위엄을 부리면서 유장은 대내외적으로 모두 곤란에 빠졌다.

『삼국연의』에서 유장은 그가 대내외적으로 곤란에 빠진 상황에서 등장한다. 첩자가 장로가 군사를 일으켜 사천을 공격하려 한다고 보고하였다. 그는 급한 상황에 속수무책이었으며 어찌할 바를 몰랐다. 부하인 장송張松 미상~212년이 계책을 올렸다. 조조가 군사를 내어 한중을 취하게 하여 조조와 두터운 관계를 맺어 장로를 꼼짝 못하게 하라는 것이었다. 병이 중하면 아무 약이나 쓴다고 유장은 그 계책에 고개를 끄덕였다. 장송을 사절로 보내 일을 처리하도록 하였다. 장송이 이러한 계책을 올린 것은 근본적으로 주인을 위한 것이 아니었다. 그는 아주 총명한 사람으로 익주의 국면이 감당키 어려울 정도로 어지러운 상황이어서 조만간 다른 사람 손에 넘어갈 판임을 알고 있었다. 선수를 쳐서 조조에게 익주를 바쳐 자신이 더욱 큰 앞날을 얻으려는 생각이었다. 유장을 얕잡아 보았으며 은밀히 유장을 팔아 치우려하였다. 그러나 장송이 허창許昌에 도착한 후에 크게 실망하였다. 조조는 그에게 멋진 관직을 주지 않았을 뿐만 아니라 냉담하게 대하면서 아주 오만하였다. 그는 발길을 형주로 돌려 익주의 지도를 유비에게 바치면서 친한 벗인 법정法正 176~220년, 맹달孟達 미상~228년과 함께 내응하겠다고 하였다.

장송이 익주로 돌아와 사절의 일을 보고하면서 유장이 유비에게 익주로 와서 자신을 보호해달라고 하라고 요구하였다. 유비가 인자하고 후덕하며 장자로서의 풍격이 있다는 이야기를 들은 유장은 한마디로 허락하였다. 그는 조금도 장송의 '행위'를 살펴보지 않았으며, 유비의 '어짐'에 대해서도 전혀 의심하지 않았다. 사람의 마음이 얼마나 '음험'한지 조금도 알지 못하였다. 신료인 황권黃權 미상~240년이 익주를 잃게 될 것이라고 간언하였으나 그는 들으려고 하지 않았으며, 왕누王累 미상~211년가 익주성문에 거꾸로 매달려 죽음을 각오하고 간언하였으나 죽게 내버려 두었다. 그는 조금도 흔들림 없이 말하였다.

"현덕은 나의 형님뻘이다. 어찌 나를 해칠 수 있겠는가? 다시 언급하는 자는 반드시 참수하겠다."

유비가 초청에 응해 사천에 오자 그는 일백 여일을 성대한 잔치를 베풀었으며 무수한 물자를 유비에게 보내면서 장로를 치도록 하였다.

유비의 입장에서 보면 익주는 본래 제갈량이 '융중대책隆中對 제갈량이 유비를 위해 천하형세를 분석한 것으로 먼저 형주(荊州)를 취하여 근거지를 마련하고 다시 익주를 취하여 삼국정립의 형세를 만든 후에 중원을 도모하는 전략구상을 말함'에서 제시한 전략 목표로 방통 역시 상중하 세 개의 방책을 제시하였다. 그는 패업을 이루는 것이 요긴한 일이었기에 어질고 아니고를 고려할 겨를이 없었다. 상징적으로 장로를 한번 공격한 후에 군대의 칼날을 돌려 익주로 밀려왔으며, 성을 공략하고 땅을 빼앗으면서 거칠 것이 없었다.

유장은 일이 미묘해졌음을 알게 되었고 고발을 통해 장송이 사전에 음모를 꾸몄다는 것을 알게 되었다. 이에 장송을 살해하였으며, 현실에 부딪히면서 법정, 맹달도 장송과 함께 주인을 팔아넘겨 영화를 구하였음을 알게 되었다. 유비는 본래 인의도덕을 주장하지 않는 늑대라는 것도 알게 되었다. 마침내 그는 늑대를 집안으로 끌어들인 결과를 알게 되었다. 그는 한탄, 분노, 후회에 휩싸였으나 이미 늦었으며 모든 것이 끝난 상황이었다. 그는 병력을 집결하여 체면 가리지 않고 저항하였다.

전쟁은 3년을 끌었다. 마지막에 유비의 군대가 익주성 아래에 도달하였다. 유장은 익주성을 보전하면서 백성들이 민생도탄에 빠지지 않도록 좋은 일을 하였다. 당시 익주성에는 정병 3만이 있었으며, 일 년을 사용할 수 있는 식량과 비단이 있었다. 군대와 백성들도 죽기를 각오하고 싸우려 하였다. 유장은 백성의 고통을 덜어주려 하였다.

"우리 부자가 촉蜀 땅에 있은 지 이십여 년이 되었지만 군사들과 백성들에게 은덕을 베푼 것이 없었다. 3년을 싸워 군인들과 백성들의 피가 초야에 뿌려지고 시체가 나뒹굴고 있는데 모두 나의 잘못이다. 내가 어찌 이를 견딜 수 있겠느냐? 투항하여 백성을 편안케 하는 것이 낫다."

이 말을 듣는 사람들의 마음은 아렸으며, 동정심이 일어났다. 그는 이 말을 마치자 익주를 유비에게 바쳤다.

유장은 너무 착하고 너무 약하였으며, 너무 천진하였으며 지나치게 쉽게 사람을 믿었다. 권모술수가 횡행하는 세계의 주역은 아니었다. 능력 없는 자가 어쩔 수 없이 자리에 올라 한 지역의 제후가 되었으나 땅도 백성도 지위도 모두 잃었으며 아버지가 어렵게 다투어 얻은 기업을 전부 다른 사람에게 바쳤다. 부친은 황제가 되려하였지만 되지 못하였고 그는 한 지역의 제후자리를 보전하려고 하였지만 역시 이를 얻지 못하였다. 그래도 다행히 유비가 순진한 유장을 속인 것과 권모술수로 먼 친척뻘 되는 유장의 토지를 빼앗은 것에 대해 부끄러움과 미안함을 느껴 관대하게 유장의 생명을 보전해 주었다.

천자의 기운은 유언의 몸이 아니라 유비의 몸에 붙어서 훗날 유비는 익주에서 황제를 칭하게 된다.

장로

민간의 전설에 따르면 도깨비와 두억사니(야차)를 쫓아내려면 응당 '장천사張天師'에게 술법을 행하게 해야 한다고 한다. 이 '장천사'는 원래 장로張魯의 할아버지인 장릉張陵으로, 그는 도교의 창시자 중 한 사람이다. 무릇 그에게 도道를 배우는 자들은 누구나 다 쌀 다섯 말을 내야 했다. 그래서 사람들은 이를 '오두미도五斗米道'라고 불렀다. '오두미도'는 할아버지부터 손자까지 전해져 내려와 장로의 수중에 전해졌다.

장로는 할아버지, 아버지보다 더욱 식견이 있었다. 가정에서 보고 자라면서 강렬한 종교적 소양을 갖추었을 뿐만 아니라 동한 말엽의 난세에 성장하였기에 농후한 정치적 의식도 갖게 되었다. 그는 정치와 종교를 하나로 합치는 형식으로 '오두미도'를 개조하여 한중漢中 사천성 동북부을 통치하는 조직으로 만들었다. 그는 스스로를 '사군師君'이라고 칭하여 이 조직의 최고 지도자가 되었다. 도를 배우러 온 교도들을 '귀졸鬼卒'이라 부르고, 중간층에 '제주祭酒'란 두령을 두었으며, 많은 무리를 이끄는 자를 '치두대제주治斗大祭酒'라고 불렀다. 여기에는 의사가 없었는데 사람이 만일 병이 나면 고요한 장소에서 문을 걸어 닫고 사색을 하게 한 후에 제주에게 자신의 죄과를 털어놓게 했다. 마치 기독교에서 참회하는 것과 유사했으며, '간령제주奸令祭酒'가 그를 위해 기도하였다. 무릇 병이 낫게 된 자는 쌀 세말을 치료에 대한 감사로 내놓아야 했다. 이곳에는 관청이 없었으며 일체의 사무는 제주가 처리하였다. 영내에 범법자가 있으면 세 번은 용서해주었으며 만일 다시 죄를 지으면 그때서야 형벌을 가하였다. 이곳에서는 길가에 숙소인 의사義舍를 설치하였는데 쌀밥, 땔감, 고기를 갖추어놓았다. 지나가는 행인이 먹은 만큼만 거두어들였는데, 더 많이 거두어들이면 사형天誅에 처할 수 있었다.

장로는 남다른 새로운 것을 생각해 냈다. 종교로 정치를 감싸고 정치로 종교를 지원하면서 한중을 복숭아꽃이 없는 무릉도원으로 만들어 난세 속에 안정적인 지역으로 만들었다. 사람들의 마음이 장로에게 쏠리면서 백성들이 장로를 떠받들었으며 장로는 정식의 호칭 없는 '한중왕漢中王'이 되었다. 그는 한중에서 삼십여 년을 웅거하였다.

한중漢中은 사천의 동쪽이어서 동천東川이라 불렸고 익주는 서쪽이어서 서천西川이라 불렸다. 동천의 역량은 서천의 상대가 되지 못하였다. 장로는 익주의 유언에게 머리를 수그리고 신하가 되었다. 그가 유언에게 붙었지만 유언의 자리를 이은 유장은 얕보았다. 유장은 이에 화가 나서 장로의 모친과 동생을 죽였으며 이로 인해 두 가문이 낯빛을 바꾸어 원수가 되었다.

장로는 왕을 칭하지 않았지만 왕을 칭하고 싶어서 책봉을 받을 호칭도 모두 정해 놓았다. '한녕왕漢寧王'이란 칭호였다. 그는 조조가 진격하여 한중을 취할까봐 의심하여 한녕왕의 명의로 출병하여 대응하려고 준비하였다. 부하 염포閻圃가 조조는 강대하고 유장은 혼용하고 유약하니 먼저 익주를 취하여 자본을 삼고 그런 연후에 왕을 칭해도 늦지 않다고 아뢰었다. 장로는 그의 말대로 시행하였다.

『삼국지』의 『위서·장로전』에 따르면 동한정부는 장로를 제압할 힘이 없어서 그에게 한녕태수漢寧太守 직위를 주었다. 장로가 한녕왕이 되려고 하자 염포는 그가 제환공齊桓公, 진문공晉文公의 수법을 배워 왕을 칭하여 화를 불러오지 말라고 권하자 그때서야 왕이 되려는 생각을 접었다.

장로의 군대가 출발도 하기도 전에 유장이 유비를 불러왔다. 장로가 유비를 맞아 싸우는데, 일정시간이 지나자 유비가 방향을 돌려 유장을 공격하였다. 유장이 막다른 골목에 몰리자 체면불구하고 원수 사이인 장로에게 타협을 요청하면서, 옛 원한을 잊고 같이 이 외부에서 온 강력한 용龍과 맞서자고 하였다. 순망치한脣亡齒寒, 입술이 없으면 잇몸이 시리다고 장로는 이에 응하여 양쪽 지역의 지방 세력이 손을 맞잡았다. 연합이 제대로 이루어지기도 전에 유비가 이미 익주를 점령하였다.

풍운이 갑자기 변하면서 조조의 대군이 한중의 대문을 두드렸다. 적군은 강하고 아군은 약하였다. 역량이 현저히 차이가 나서 양쪽 군대가 맞붙자 조조의 군대가 전쟁을 압도하면서 깊숙이 직선으로 쳐들어 왔다. 장로의 군대는 성

城도 땅도 잃어버리고 병사와 장군들이 죽어가면서 계속 패퇴하였다. 대세가 이미 정해지자 장로는 감히 단독으로 나서서 승부를 보려고 하지 않았다. 계란으로 바위치기 같은 짓이었기에 싸움을 멈추고 한중을 바치며 항복할 준비를 하였다. 그때 동생인 장위張衛가 반대하고 나섰다. 장위가 출전하였으나 한중성 아래에서 죽었다.

장로는 최후의 중요한 순간에 총명한 일을 하면서 자신을 위해 뒷날을 남겨 놓았다. 그가 포위망을 뚫고 도망가기 전에 창고를 전부 봉인하여 보존하고 조조에게 바치게 하였다. 멀리 가지 못해 추격을 당하였다. 조조는 그가 창고를 봉인한 심정을 생각하여 그를 상빈으로 떠받들고 일만 호를 거느리는 제후 자리를 주었다.

장로는 영토를 보전하는 주인이지 패업을 다툴 재목은 아니었다. 그는 백성을 다스리고 정무를 보살피는 도리는 알았지만 사나운 장수 강한 군사를 통솔하는 도리는 알지 못하였다. 그는 귀가 얇아서 생각이 자주 변하였다. 시기심도 강하여 소인들이 도발을 하자, 진솔한 마음으로 항복한 마초馬超 176~222년가 화가 나서 달아나게 만듦으로써 유력한 조력자를 상실하였다. 그는 '어짊'의 방책을 알지 못하고 그저 장수의 힘만 사용할 수 있었다. 그러나 장수의 마음을 거두어들이지 못해 기개가 있던 방덕龐德 미상~219년이 조조에게로 가게 하였다. 그는 작은 국면에서는 일을 잘 처리하였으나, 폭풍이 몰아치자 속수무책으로 한발 한발 패망의 길로 걸어갔다.

장로가 만호의 제후가 되자 '무릉도원'도 '오두미도'도 사라졌다.

오호장군五虎將軍

관우

"내 머리를 돌려다오! 내 머리를 돌려다오!"

처량하면서도 강력한 음성이 구름을 뚫고 울려 퍼졌다. 실패하여 죽은 영웅 중의 영웅이 하늘에서 소리치고 있었다.

이 대영웅은 누구인가? 그는 너무도 명성이 높은 관우關羽 미상~220년로 후세에 신으로 추앙받는 관공關公이었다.

관우는 보잘 것 없는 가문 출신이었다. 이로 인해 많은 압박을 받았으며, 나중에는 이를 참지 못하고 사람을 죽이고 강호를 떠돌았다. 수레를 끌고 짐을 날라주는 것으로 생계를 삼았다. 앞날이 막막했던 관우가 인재를 찾고 있던 유비와 큰일을 이루어보려는 장비張飛 165~221년와 만났다. 세 사람은 하나로 합쳐졌다. 도원桃園에서 의형제를 맺었으며 맹세하여 말하기를 같은 해, 같은 달, 같은 날에 죽기로 맹세하였다.

이 맹세를 지키기 위해 관우는 그의 일생을 다 바쳤다.

관우는 영웅의 기상을 타고났다. 키가 9척, 수염이 2척이었으며 얼굴이 짙은 대춧빛이었고 입술은 기름을 바른 것 같았으며, 붉은 봉황의 눈에 꿈틀거리는 짙은 눈썹이 있었다. 당당한 용모 늠름한 기세. 한헌제漢獻帝 유협劉協 181~234년 동한 마지막 황제 은 그를 칭찬하여 아름다운 수염이 있는 자란 뜻의 '미염공美髥公'의 칭호를 주었다.

관우의 무공은 세상을 덮었다. 그는 완전히 자신의 실력을 바탕으로 혈전을 치루며 한 발 한발 발자국을 남겼으며 수레꾼에서 제후들이 듣기만 해도 두려워하던 '만인의 적'이 되었다.

그가 이름을 날리게 된 싸움은 소위 '술잔이 아직 따뜻한데 화웅華雄 미상~191년 동탁의 부하, 동탁을 토벌하는 연합군의 하나인 장사(長沙)태수 손견(孫堅)과의 전쟁에서 죽었으나 삼국지연의에서는 관우에게 죽은 것으로 묘사을 목베다'라는 이야기를 만든 싸움이었다. 그 후에 유비, 장비와 함께 한 여포呂布와의 싸움, 안량顔良 미상~200년, 원소의 부하로 조조와 싸울 때 조조의 모사인 순유(荀攸)의 경기병에게 습격을 당한 후 관우에게 죽임을 당함과 문추文丑 미상~200년 조조를 추격하다 순유의 계책에 걸려 대패하고 난군 중에서 죽었으나 삼국지연의에서는 관우에게 죽은 것으로 묘사됨의 목을 벤 싸움, 관문 다섯 곳을 돌파하며 여섯 명의 장수를 벤일, 우금于禁 미상~221년 조조의 부하로 관우가 양(襄),번(樊)을 수공(水攻)하였을 때 사로잡힘.을 격퇴시키고, 방덕龐德 미상~219년 마등(馬騰), 마초(馬超)의 부하였으며, 마초가 장로(張魯)의 수하로 갔다가 유비에게로 갔지만 그는 계속 남아 있다가 관우에게 사로잡혀 죽임을 당함을 사로잡은 싸움, 동탁董卓 미상~192년의 정신을 쏙 빼놓은 싸움, 원소의 장수들을 연달아 격파한 일, 조조가 그 기세에 눌려 수도인 허창을 옮기려 했던 싸움이 있었다.

유비의 다섯 장군 중에서 첫손 꼽히는 장수로 녹색전포를 입고 적토마赤兔馬를 타고 청룡언월도靑龍偃月刀를 휘둘렀다. 책상 위에는 늘 『좌씨춘추전左氏春秋傳』을 펴놓고 있었으며 화하華夏, 강동江東을 압박하였다.

관우는 죽은 후에 그 지위가 수직상승하였는데 그의 무공이 절륜하거나 전적이 휘황찬란해서 그런 것이 아니라 형제와 친구에게 시종일관 '의義'를 지켰으며, 신하로써 철저하게 '충忠'을 지켰기 때문이다. 큰 글씨로 써내려간 '충忠'과 '의義'로 인해 비교할 사람이 없는 '충의忠義'의 대표가 되었다.

당초 도원결의를 위해 그가 하비下邳, 강소성 서주(徐州)시 일대를 지킬 때 조조군에게 포위되자 형(유비)의 가족을 지키려고 치욕을 참고 조조에게 항복하였다. 조건은 유비가 어디 살아있다는 소식을 들으면 달려가서 모일 수 있도록 허락한다는 것이다. 조조는 금은보화를 계속 보내주며 3일에 한 번 작은 연회, 4일에 한 번 큰 연회를 열어주고 작위를 내리고 장군으로 임명하는 등 후대하였으나 이 모두 그를 붙들어 둘 수 없었다. 그는 손안에 있는 부귀영화를 다 버리고 혼자서 말 타고 천릿길을 두 형수를 호송해 궁한 처지에 있는 유비를 찾아갔다. 맥성麥城 호북성 당양(當陽)시 일대에서 포위되어 사로 잡혔을 때 그는 손권의 항복권유를 물리치고 죽음을 택하여 절의를 지켰다. 생명과 붉은 피로 '충의' 두 자를 써 내려갔다.

관우는 유비와 장비에 대해서만 그런 것이 아니라 다른 사람에 대해서도 똑같이 대하였다. 백문루白門樓 하비(下邳) 남문 누각 위에서 그와 교분이 있던 장료張遼 169~222년가 조조에게 목 베임을 당할 순간에 그는 몸을 굽혀 무릎 꿇는 것을 개의치 않고 사정을 하여 칼날 아래서 장료를 구해냈다. 조조가 화용도華容道 호북성 형주(荊州)일대에서 패주할 때 그는 사형에 처해지는 위험을 무릅쓰고 군령을 어기며 조조를 놓아주어 지난날의 은혜를 갚았다. 장사長沙에서 싸울 때, 맞붙게 된 적장 황충黃忠 미상~220년의 말이 넘어졌으나 그는 그 기회를 이용하지 않고 황충이 말을 바꾸어 타고 다시 싸우도록 하였다.

대장부의 기개, 굽힘 없는 사나이의 품격. 이러한 것들이 관우에게 전형적으로 나타났다. 그 자신도 특별히 이러한 기개와 품격을 추구하였다. 번성樊城을 공략할 때 독화살을 어깨에 맞았으나 그는 화타華佗 145년경~208년 동한말기 명의에게 뼈를 긁어내며 치료하도록 하면서 자신은 마량馬良 187~222년 마속(馬謖)의 형과 술을 마시며 바둑을 두었다. 피가 철철 흘렀으나 그는 태연하게 웃으며 담소하였는데 얼굴에 조금도 아픈 표정이 없었다. 이로 인해 그는 '천신天神'이라는 아름다운 칭호를 얻었다.

그러나 이러한 기개와 품격을 지나치게 추구하다보니 지나치게 오만해졌다. 관우는 가장 오만한 사람이라고 할 수 있다. 그는 유비에게서 형주荊州를 지키라는 중책을 맡아, 표면적으로는 제갈량이 오나라와 연합하여 위나라에 대항하라는 정책을 받아들였으나 실제로는 전혀 이를 고려하지 않았다. 그는 오나라 사람을 늘 '오나라 개'라고 욕했으며, 손권이 관우의 딸과 자신의 아들을 결혼시키자고 요구하였을 때 이를 거절하면서 "호랑이의 딸이 어찌 개의 아들에게 시집가겠느냐?"고 하여 오나라와의 관계를 경색시켰다. 그는 관직을 가진 자를 경시하였으나 병사들은 아주 잘 대해주어 일반 사람들과 다른 강직함을 보여주었다. 이로 인해 형주의 날개에 해당되는 지역인 강릉江陵, 공안公安을 지키는 장군인 미방糜芳 생졸연대 미상, 부사인傅士仁 생졸연대 미상에게 미움을 사게 되었다. 관우가 조조의 군대를 상대로 대단한 용맹을 떨칠 때, 손권이 여몽呂蒙 178~220년 괄목상대(刮目相待) 숙어의 주인공을 파견하여 형주를 습격하자 미방, 부사인

관제묘關帝廟 수(隋)때 세워짐. 산서성 운성(運城)시 소재 출처:百度 www.baidu.com

두 사람은 관우 구출에 나서지 않았을 뿐만 아니라 오나라에 투항함으로써 관우가 오갈 곳이 없게 하였다. 어쩔 수 없이 맥성으로 쫓겨 들어갔으나, 구원병이 오지 않아 마지막에는 손권에 의해 단두대로 보내졌다.

관우는 용맹과 위엄과 강직함을 뽐냈으나 대패하고 죽임을 당했다. 그러나 그는 패하고도 이에 불복하였으며, 죽음을 받아들이기 어려웠다. 그의 영혼이 구름을 떠돌며 "내 머릴 돌려다오!"라고 외치는 듯하였다.

사람이 한번 죽으면 다시 살아날 수 없으니 머리가 되돌아올 리 없었다. 그러나 그의 이러한 죽음은 성과를 얻게 되는데, 죽은 후에 그의 몸값이 날이 갈수록 더욱 높아져 '성인 관우關聖', '황제 관우關帝'가 되었으며 누구나 다 아는 이름이 되었기 때문이다. 여기저기 그의 사당이 세워지고 향불 연기가 하늘로 올라갔다.

관우에게는 아들 셋이 있었는데 장자는 관평關平 178~220년으로 관우 신변에서 활약하던 뛰어난 장수였으며, 그와 함께 손권의 손에 죽었다. 둘째는 관흥關興 생몰연대 미상으로 유비가 오나라를 정벌할 때와 제갈량이 여섯 번 기산祈山에서 출진할 때 대장이었다. 그는 질병으로 죽었다. 셋째 아들은 관색關索으로 제갈량이 남쪽을 정벌할 때 선봉에 섰었다. 『촉기蜀記』에 따르면 방덕의 아들 방회龐會가 종회鍾會 225~264년 조위(曹魏)의 군사전략가, 태부 종요(鍾繇)의 아들, 등애鄧艾 197년경~264년 조위의 군사전략가, 장군 를 따라 촉나라 정벌에 나섰으며, 촉을 손에 넣은 후에 아버지의 원수를 갚기 위하여 관씨 가족을 전부 살해하였다.

관우를 거론하면 사람들은 즉각 주창周倉 정사에는 기록이 없으며 『삼국연의』에 등장하는 인물을 떠올리게 된다. 그는 석탄처럼 검은 용모의 건장한 사나이로 곱슬거리는 수염을 가지고 있었으며, 두 어깨로 천근을 들 수 있는 힘이 있었다. 그가 황건적에 가담하여 산채에서 왕을 참칭할 때 관우을 따르게 되었으며 줄곧 관우를 위해 칼을 들었다. 충성심에 불타던 그는 관우가 마지막에 살해를 당하자 맥성을 굳게 지키다 싸움에 지자 자살하였다.

(참고: 중국 유명 역사가 뽀양(柏楊)의 관우에 대한 비판적 평가)
관우는 2, 3세기 교차기 동한왕조 말엽의 명장으로 그의 용맹함은 당시는 물론 후대에도 인정을 받고 있다. 중국역사에서 그의 지위와 중국인들의 마음속의 이미지는 천추에 길이 빛나고 있다. 1,800여년의 세월을 거치면서도 그 찬란한 빛이 사방에 비치고 있다. 그의 용맹함 때문이 아니라 그의 유비에 대한 개인적인 충성 때문인데 이러한 충성은 '도의(道義)'로 해석되고 있다. 특히 17세기 청(淸)왕조가 만주족(滿洲族)으로 한족(漢族)을 제압한 후에는 그들이 관우에게서 정치적 구호를 찾아내는 경향을 보이면서 도의를 강조하였다. 즉, 만주인과 한인이 도의로 결합되어 있음을 강조하였다. 바다물이 마르고 바위가 문드러질지라도 정의(情義)는 변하지 않는다는 것이었다. 중국인이 관우를 숭배할 뿐만 아니라 한반도에도 도처에 관우묘가 있으며 수많은 사람들이 향을 사르고 있다. 종교적인 지도자를 제외하면 국경을 넘어 영웅으로 대접 받는 사람은 관우가 첫째로 꼽힌다.
그러나 영향력이 가장 큰 소설인 『삼국연의』를 옆으로 제쳐 놓고, 정통 역사서에 실린 자료만을 보자면 관우는 역사에서 한 자리를 차지할 자격도 없다. 그는 비록 용맹하긴 하였지만 사실상 거칠고 경솔한 자에 불과하다. 모략도 인격수양도 부족한 자로 마음이 넓지 못하였으며 전체국면을 파악하는 눈이 부족하였다. 그의 시각에는 한 명의 주인만 있을 뿐이며 몇 명의 그룹만 있을 뿐이었다. 처음에는 제갈량을 배척하였으나 유비가 설득하였으며, 계속해서 황충(黃忠)을 배척하였는데 만일 비시(費詩 생몰년대 미상, 자는 공거(公擧), 촉의 간의대부(諫議大夫) 벼슬)가 도리를 들어 잘 이야기 하지 않았다면 상황이 어떻게 변했을지 누구도 예측할 수 없었다. 만일 유비가 관우를 지지하지 않았다면 관우가 딴 마음을 품을 수도 있었고, 황충의 편을 들지 않았다면 황충이 배반을 할 수도 있는 상황이었다. 미방(麋芳 생졸연대 미상, 촉의 남군(南郡) 태수, 부사인이 손권에게 항복하자 미방도 손권에게 항복), 부사인(傅士仁 관우의 중용을 받았으나 멸시를 당하면서 손권에 투항)이 그러한 예이다.
충성을 다한다는 것은 반드시 충성을 받는 대상이 이익을 얻어야 진정한 충성이 되는 것이다. 만일 단지 자신에 대해서만 이익이 될 수 있다면(두목 보시오 우리는 당신을 위해 젖 먹던 힘까지 다했습니다!) 그것은 진정한 충성이 아니고 어리석은 피가 끓는 것을 나타낼 뿐이다. 그 결과는 왕왕 충성을 받는 대상이 피해를 입게 되며, 충성을 받는 대상 대신에 천하의 모든 사람들이 죄를 뒤집어쓰게 하는 것이었다. 관우가 손권과 노숙(魯肅 172~217년 자는 자경(子敬) 삼국 중 오나라의 전략가)을 대한 것이 그러하였다. 본래 서로 친밀하게 지낼 수 있는 가까운 친척과 친구가 될 수 있었는데 도리어 어리석고 거친 수단을 사용함으로써 억지로 원수 사이가 되게 하였다. 육손(陸遜 183~245년 오나라 명장, 정치가)의 겸손하고 비굴한 편지 몇 통을 받자 관우는 기뻐하며 흡족해했는데 이러한 것만 봐도 그는 얕은 접시 같은 자였다. 실패한 후에 사람을 여몽(呂蒙)에게 보냈는데, 여몽이 이 사절을 이용하여 관우의 불리한 상황을 알려주는 전령으로 삼자 관우의 전군이 붕괴되었다. BC482년 춘추시대 오왕(吳王) 부차(夫差 BC528~BC473년. 춘추오패 중 한 사람)가 황지(黃池)에 주둔하고 있을 때 정탐하는 마병이 급히 달려와서 오의 수도인 고소(姑蘇 강소성 소주(蘇州))가 함락되었다고 보고하였다. 부차는 즉각 그 보고병사를 주살하여 입을 막았는데 소식이 새어나가 군심이 동요할 것을 두려워했기 때문이다. 관우가 만일 조금만이라도 머리가 있었다면 봉쇄하기도 부족한 상황에서 사절을 오가게 하고 그것도 여러 차례 오가게 했는가? 그가 도대체 이를 통해 무엇을 얻으려고 했는지? 대군이 철수하는 때에 조인(曹仁 168~223년 조위(曹魏)의 명장)이 추격을 하지 않았는데 형세가 초한이 패권을 다툴 때 팽성(彭城 강소성 서주(徐州))이 유방의 손에 들어가자 항우가 회군하는 것과 같은 상황이었다. 항우는 일거에 유방의 부대를 격파하였으나 관우의 대군은 이리저리 정처 없이 다니며 흩어져버렸는데 도대체 이러한 통솔자가 어디 있는가?

관우는 대병력을 이끌고 작전을 해 본 적이 없었다. 갑자기 나라를 멸망시킬 기세로 대병력을 이끌고 상대방이 방비를 못하는 틈을 타서 전국을 뒤흔드는 기적을 창조하였다. 그러나 서황(徐晃 미상~227년)은 이류의 배역에 불과하였기에 관우의 적수가 되지 못하였고, 어쩔 수 없이 번성(樊城)의 포위를 풀었다. 여몽이 배후에서 아직 손을 쓰기도 전에 관우는 이미 전장터에서 패한 상태였으며 설사 이겼다 할지라도 대군을 끌고 북진하게 되면 전쟁터의 노장인 조조와 맞붙어야하는데 관우가 반드시 이길 수 있다고 확신할 이유가 없었다. 관우의 지능이 부족한 것을 보여주는 사건은 근거지를 그에 대한 원한이 깊으며 그에게 멸시를 당한 두 장군 미방, 부사인에게 맡겼다는 것이다. 유방이 성공한 것은 소하(蕭何 미상~BC193년 서한 개국공신, 초한의 전쟁 시에 그가 후방에서 지속적으로 군량과 병력을 보충해 주었다.)가 굳게 지킨 관중(關中)지역이 있었기 때문이며, 유수(劉秀 BC5~AD57년 유방의 9세손, 동한 건국자, 광무제(光武帝)가 성공한 것은 구순(寇恂 미상~36년, 동한 개국시 명장)이 굳게 지킨 하내(河內)가 있었기 때문이며, 조조가 성공한 것은 조지(棗祗 생몰연대 미상, 조조를 도와 둔전제 실시. 젊은 나이에 죽음.)가 굳건히 지킨 허현(許縣)의 둔전(屯田 사병과 땅이 없는 농민들이 황무지를 개척하고 경작하게 한 제도)이 있었기 때문이다. 그런데 관우는 자신의 기지를 모래위에 세웠던 것이다. 유방은 소하의 관직을 끊임없이 올려주고 작위를 높여 주었는데 목적은 소하를 꼭 붙들어두어 그가 변화를 부리지 않도록 하려는 것이었다. 관우는 도리어 회군하면 성을 지키고 있는 두 명의 장군을 처벌하겠다고 선언하였으니 산전수전을 다 겪은 대장 같지 않고 도리어 제멋대로 구는 벼락부자 같았다.

관우의 최대 잘못은 제갈량이 십년 전에 헌책한 『융중대책(隆中對)』을 망쳤다는 것이다. 만일 『융중대책』의 설계와 같이 손권과 화목하게 지내고 한중(漢中) 방면에서 같이 출격하였다면 국면이 바뀌었을 것이다. 관우 한 사람의 충동적인 행동으로 전체적인 전략이 헛된 것이 되고 말았다. (출처: 柏楊版 資治通鑑 3,850~3,851 페이지)

장비

팔 척의 키, 표범머리 고리눈에 제비 같은 턱과 호랑이 수염, 우레 같은 목소리, 질주하는 말과 같은 기세. 사람들은 이러한 묘사를 보게 되면 장비張飛 미상~221년의 형상이 눈앞에 떠오른다.

장비의 직업은 원래 술을 팔고 돼지를 잡는 것이었는데 여윳돈이 생기게 되자 상당량의 밭을 사서 어느 정도 가산을 이루었다. 그는 타고난 성격과 직업적인 이유로 화가 폭발하면 대단했다.

사실 그는 자신이 중시하는 사람을 만나면 상당히 다정다감하였다. 유비, 관우 세 사람이 만난 후에 그가 먼저 의형제를 맺자고 제안하였으며, 자신의 전 재산을 가져다가 그들의 공동사업에 투입하였다.

도원결의桃園結義는 『삼국연의』가 크게 알려지면서 후세에 아주 익숙한 이야기가 되었다. 그러나 『삼국지·촉서蜀書』의 관우, 장비 두 사람의 전기를 보면 이와 같지 않다. 유비는 본거지에서 그 지방의 용감한 사람들을 모으고 있었는데 관우와 장비가 좌우에서 그를 모시며 부하들을 나누어 통솔하고 있었다. 유비와 두 사람은 같은 침상에서 잤으며 형제와 같이 정이 깊었다. 관우가 몇 살 위였기 때문에 장비는 그를 형으로 대우하였다. 정사 『삼국지』에는 『삼국연의』의 의형제 맺은 이야기가 전혀 없다.

장비는 평소에 성격이 괄괄하여 자기 마음에 들지 않는 사람들은 전혀 용납하지 못하였다. 무릇 눈에 거슬리는 일, 마음에 들지 않는 사람을 만나면 노발대발하여 아무것도 개의치 않고 성질을 부리며 감정에 기대어 사람과 일에 대응하였다. 유비가 독우督郵 태수를 대신하여 산하의 현(縣)과 향(鄕)을 감찰하는 관리의 직을 갖고 있는 관리에게 모욕을 받자 화가 머리끝까지 치밀어 관아로 달려가서 독우를 엄청 두들겨 팼다. 삼고초려 때 제갈량이 오랜 동안 잠을 자며 일어나지 않자 더 이상 참으려야 참을 수 없었던 그는 집에 불을 놓아 제갈량을 일어나게 하려 하였지만 유비의 저지를 받고서야 이런 망나니짓을 멈추었다. 조운趙

雲, 趙子龍 미상~229년이 장판파長板坡, 호북성 의창(宜昌) 당양(当阳)부근에서 유비의 아들 아두阿頭 유선(劉禪)를 구했을 때, 누군가가 조운이 조조에게 항복하러 갔다고 의혹을 제기하자 장비는 자초지종을 알아보지도 않고 조운을 창으로 찔러 죽이려고 하였다.

장비가 전쟁을 할 때 특징은 용맹함이어서 사람들은 그를 '맹장비猛張飛' 즉 '용맹한 장비'라고 불렀다. 그는 유비의 오호장군五虎將軍 다섯 명의 용장 중 하나였다. 유비가 당양當陽에서 패하여 도망가면서 아내와 아들을 버리고 가게 되었다. 조조가 직접 대군을 이끌고 끝까지 쫓아오자, 장비가 이십여 기의 기병을 이끌고 장판파 다리를 지키며 큰 소리로 외쳤다.

"내가 연인燕人 장익덕張翼德이다. 누가 나와 죽기로 싸우겠느냐?"

그 큰 소리에 조조의 장군 하후걸夏候杰 미상~208년이 간담이 파열되어 말 아래로 거꾸로 떨어졌다. 조조군이 이에 놀라 뒤로 물러나면서 자기들끼리 서로를 짓밟는 상황이 되었다. 그는 제갈량에게 군령장을 쓰고, 병사 삼천을 이끌고 무릉武陵을 취하러 갔다. 그는 무릉성 앞으로 말을 몰고 가 창을 꼿꼿이 세우며 한판 붙자고 하였는데 그 소리가 마른하늘에 날벼락이 치는 듯하였다. 싸움을 하러 나왔던 무릉태수 김선金旋 미상~209년이 그 소리에 크게 놀라 감히 맞아 싸우려 하지 않고 말을 돌려 도망갔다.

거친 야성적 용모, 큰 목소리 때문에 장비는 확실히 전쟁터에서 적지 않은 도움을 받았지만 그는 보기만 좋은 떡이 아니라 진정 자신의 실력이 있었다. 그의 지위와 명성은 칼과 창으로 싸우며 얻어낸 것이다. 유비, 관우와 더불어 여포와 싸울 때 그는 제후들에게 얼굴을 보여주기 시작하였다. 수많은 시간을 전쟁터에서 보낸 생애 속에 그의 여덟 장丈 길이의 창날 아래 죽은 적장들의 명단은 길고 길었다. 제일 뛰어났던 싸움은 가맹관葭萌關, 사천성 광원(廣元)시 소화(昭化) 옛 성에서 마초馬超 176~222년와 맞붙은 것으로 정말로 난형난제의 적수였다. 뛰어난 인재를 만나 대낮부터 늦은 저녁까지 수백 합을 겨루었다.

거친 가운데 세밀함이 있었고 용맹함 속에 지혜를 갖고 있었다. 이것이야 말로 장비의 진정한 기질이었다. 그와 제갈량은 병력을 둘로 나누어 사천으로 들어가 유비를 도와주었다.

그는 계책으로 파군巴郡 현재 중경과 사천 일대을 점령하였으며 의기로 노장군 엄안嚴顔 미상~219년을 풀어주었다. 엄안은 이에 감사하여 그를 위해 연도에 있던 험한 관문을 지키던 장수들이 항복하도록 설득하였다. 병사들이 칼에 피를 묻히지 않으면서 곧바로 낙성雒城 사천성 광한(廣漢)시 으로 가게 되었으며 제갈량 보다 앞서 도착하였다.

그가 파서巴西를 지킬 때 조조의 장군 장합張郃 미상~231년이 달려와 싸움을 돋우었으나 꿈적도 하지 않고 지키면서 거짓으로 술 취한 척하는 계책을 써서 상대를 안심시킨 후 적의 성채를 격파하여 장합이 삼만 병력 중 이만을 잃게 하였다.

장비는 직선적인 사나이였다. 그의 장점은 옳고 그름이 분명하였으며 악한 일을 원수처럼 여겼으나, 잘못된 것을 알면 바로 인정하였다.

방통龐統 179~214년 호는 봉추(鳳雛)이 현령이 되어 매일 술만 마시고 일을 하지 않아 공무가 산처럼 쌓이자, 장비는 명령을 받고 그곳에 가서 그를 엄히 처벌하려고 하였다. 그런데 방통이 반나절 만에 그 많은 공무를 다 깨끗이 처리하자 장비는

장비묘張飛墓 사천성 랑중(랑중) 소재 자료:百度 www.baidu.com

급히 자리에서 일어나 불경을 저지른 죄를 사과하였다.

『장비전』중 관우와 장비의 사람됨에 대해 쓴 구절이 있는데 그의 사람됨을
아주 적절하게 묘사하였다.

'관우는 병졸을 잘 대우해 주었으나 사대부들에게는 오만하였다. 장비는
군자를 공경하였으나 부하들을 아끼지 않았다.' 관우의 말로는 이와 관련 있었
으며, 장비의 종국도 역시 이와 관련 있었다.

장비는 부하들에 대해 상당히 거칠어서, 걸핏하면 채찍으로 후려치거나 죽
였다. 유비가 일찍이 그에게 그렇게 하는 것은 화를 불러오는 일이라고 경고하
였지만 그는 그 말을 듣지 않고 자기 좋을 대로 행하였다. 관우의 원수를 갚기
위해 출병하려던 전날 밤에 이로 인해 부장인 장달張達, 범강范彊에게 살해되었다.
그들은 그의 머리를 가지고 동오에 투항하였다.

조운

유비의 오호장군 중 한 사람이 담력으로 가득 찬 조운趙雲 미상~229년이다.

조운은 그의 담력으로 유명했을 뿐만 아니라, 싸웠다하면 승리를 하였으며, 신중하고 침착한 성격으로 이름을 날렸다. 또한 사적인 욕심이 없었으며, 공적인 일을 법에 맞게 처리하고, 시작과 끝을 잘 맺은 사람으로 유명하였다. 정말 보기 드문 우수한 장군의 재목이었다.

조운과 유비의 교분은 상당히 깊어서 관우, 장비에 버금갔다. 영웅들이 여기저기 일어나자 능력을 발휘하려던 조운은 이름만 영웅이었던 공손찬에게로 갔다. 그

곳에서 진짜 영웅이었던 유비를 알게 되었으며, 같이 출정하던 날들 속에서 조운은 유비의 사람됨과 지도자적 기개와 품격을 높이 샀다. 유비는 조운이 용감하고 지략이 있으며 장수로서 좋은 소질을 가지고 있음을 파악하고는 풍운이 부는 시기에 미래의 군신 간에 마음을 주고받았다. 공손찬이 허명뿐이었기에 유비가 그에게서 떠나갔다. 조운 역시 그에게서 떠나갔다. 앞서거니 뒤서거니 떠나가며 훗날 만날 것을 기약하였다.

조자룡 출처:百度www.baidu.com

조운은 각양각색의 전쟁에 모두 참여하였지만 그의 이름을 역사에 길이 남기게 된 것은 당양當陽 호북성 의창(宜昌)소재 장판파長坂坡에서 치른 일전이다. 이 전쟁에서 그는 아직 강보에 쌓인 유비의 큰 아들 유선劉禪 207~271년을 구하려고 겹겹이 쌓인 조조의 군대를 직접 뚫고 들어가 양면의 대장기를 칼로 쓰러뜨리고, 창으로 찌르고 칼로 베면서 조조 군영의 50여명 이름난 장수들을 죽였다. 이 일전은 전쟁 역사에서 혼자서 작전을 성공시킨 사례가 되었다.

홀로 작전을 하던지 병사를 이끌고 싸우던지 간에 조운은 모두 비상한 담력을 보여주었다. 한중漢中을 공략할 때 황충黃忠 등이 조조군대의 식량을 빼앗으려다 포위당하자, 조운은 적군을 공격하며 겹겹의 포위망 안으로 뛰어들어 황충과 장저張著를 구출해서 본진으로 돌아왔다. 조조가 직접 대군으로 압박해 오자, 조운은 깃발을 내리고 북소리도 내지 않으면서 조용한 가운데 본진 영채의 대문을 열었다. 이에 복병이 있을까 조조 군이 퇴각을 하는 순간에 조운이 북과 나팔을 동시에 울리며 하늘을 뒤흔들 듯 함성을 울리며 화살과 노弩를 강력히 발사하였다. 조조군은 자신들끼리 서로가 서로를 밟으며 셀 수 없이 많은 자들이 한수漢水에 빠져죽었다. 그 다음날 유비가 전쟁터와 영채를 시찰한 후에 놀라워하며 말했다.

"자룡은 온몸 가득 담력이야!"

이 전쟁 후에 조운은 군대 안에서 '호위장군虎威將軍 호랑이 같이 위엄있는 장군'으로 명예로운 이름을 얻었다.

조운의 담력은 하룻강아지 범 무서운 줄 모르는 무지한 망동이나 개인 영웅주의의 모험도 아니었다. 그의 담력은 개인적인 이해를 따지지 않는 용감함과 정통한 병법의 융합물이다.

그는 일단 출전하면 가장 앞에서 진격하였으며 물러설 때는 가장 뒤에서 물러섰다. 이를 통해 부대의 전투력을 격려하였으며 부대의 완정성을 보증하였다. 사지에 처한 후에야 살아난다는 뜻을 깊이 이해하였다. 위험하면 할수록 그 지역이 어느 때는 더욱 안전하다는 것을 잘 알고 있었으며, 적은 병력으로 대병력을 공격할 때 절대로 두려워하면 안 된다는 것을 깊이 깨닫고 있었다. 제갈량이 가정街亭 감숙성 천수(天水) 소재을 잃은 후에 각 부대가 붕괴되어 전열을 가다듬지 못하여 손실이 심각하였을 때 유일하게 조운만이 직접 후방을 차단하면서 그가 거느린 군대의 사람과 물자를 온전히 데리고 돌아왔다. 이로 인해 제갈량에게 상당한 칭찬을 받았다.

높게 평가할 수 있는 부분은 이 '호위장군'이 한 자루의 긴 창과 한 자루의 청강검青鋼劍에 기대어 온몸 가득한 담력으로 전쟁터에서 적군들이 호랑이가 변신한 대영웅이라고 여기게 하였을 뿐만 아니라, 정치적 식견을 지니고 국가와 백성을 위해 근심하는 경지에 이르렀다는 것이다.

유비가 익주益州를 얻은 후에 성도成都성 안팎의 가옥과 전답을 전공을 세운 장령들에게 나누어 주려고 하자 조운이 반대하였다. 그는 가옥과 전답을 백성들에게 돌려주어 백성들이 안심하고 생업에 종사케 하여 민심을 얻고 난 후에 적당하게 세금을 거두어들이라는 것이었다. 그의 말이 도리가 있자 유비는 그의 말을 따랐다.

사마의와의 싸움에서 가정街亭을 잃은 후에 그의 부대만 유일하게 한명의 병사도 잃지 않고 돌아오자 제갈량은 그와 그의 병사들에게 후한 상을 내리려 하였으나 그가 거절하였다. 전쟁에 패한 상황에서 상을 받는 것은 부당하며 그럴 경우 상벌이 불명확해진다는 이유였다.

『삼국지』중 촉서蜀書 조운전趙雲傳의 별첨 주석인 『운별전雲別傳』에 다음과 같이 기록되어있다. 유비가 동오東吳를 정벌하려고 할 때 조운은 이를 반대하는 의견을 내놓았다. 주요 적은 위나라로 먼저 위를 멸하면 동오는 자연히 항복할 것이라는 것이었다. 만일 오와 싸운다면 일단 전쟁이 벌어지면 다시는 화해할 방법이 없다는 것이었다. 유비가 패한 후에 그는 군대를 이끌고 나아가 그를 맞아들였다.

조운은 담력이 크면서도 세심하였으며 일을 처리하는데 있어 주도면밀하였다. 여색을 가까이 하지도 재물을 탐내지도 않았으며 자신만을 위해 한 일은 거의 없었다. 유비는 그를 심복으로 여겼다.

그가 계양桂陽을 정복하였을 때, 투항한 태수 조범趙范이 천하의 미인인 과부 형수를 그에게 보내자 그가 엄한 말로 거절하였다.

유비가 동오에 가서 결혼을 할 때 그는 호랑이굴에 깊숙이 들어가 유비를 호위하였으며, 제갈량의 안배에 맞추어 적시에 신혼부부를 호위하여 돌아왔다. 유비가 그를 믿었으며 제갈량 역시 그를 믿었다.

제갈량 외에 조운이 유일하게 촉한蜀漢의 두 군주 모두와 깊은 관계를 가진 원로였다. 유비와는 어려움을 같이 겪을 때 서로 알게 되었으며, 이 후에 긴밀하게 그를 따랐으며, 유비가 나라를 세울 때 공신 중의 공신이었다.

그는 유선을 두 번이나 구했다. 한번은 장판파에서 한번은 촉을 떠나 동오로 돌아가던 손부인의 손에서였다. 그는 유선의 생명을 건져준 큰 은인이었다. 그는 유비에 대해 공을 세웠으나 이를 내세워 자만하지 않았으며, 대단히 겸손하고 신중하였다. 유선에게 은혜를 끼쳤으나 그는 한 번도 그 은혜를 통해 총애를 얻으려 하지 않았으며 아주 소박하고 담백하기 그지없었다. 그는 유씨 가문의 부자에게는 정말로 얻기 어려운 공신이자 충신이며 난세의 진흙탕 속에 보기 드물게 피어오른 연꽃이었다.

조운은 나이 들어 병사했는데, 다섯 용장 중에서 최후에 세상을 떠난 사람이다. 제갈량이 소식을 듣자 털썩 주저앉아 통곡하였다.
"자룡이 죽다니……국가의 한 기둥이 없어졌구나. 나 역시 한 팔을 잃어버렸도다."

마초

마초馬超 176~222년는 전쟁터에 출전하자마자 비범한 실력을 보여주었다. 당시 이십 세에도 못 미치는 청년이 동탁의 잔당과 대치하였을 때 상대편의 장수를 베거나 사로잡으면서 연달아 감탄을 금치 못하게 하는 전공을 세웠다.

마초는 장군 가문에서 태어났는데 서량西涼태수 마등馬騰 미상 ~212년 복파(伏波) 장군 마원(馬援)의 후손의 아들이다. 마등이 허창許昌에서 조조에게 반기를 들었으나 일이 사전에 새어나가 온 가문이 죽임을 당하였으나, 마초만이 서량에 있어서 죽음을 면하였다. 그는 아버지의 군대를 이끌고 한 지역의 제후가 되었다.

부친과 형제들의 원수를 갚기 위하여 마초는 서량의 병마를 일으키고, 현지의 또 다른 제후이자 부친 마등의 오랜 친구인 한수韓遂 미상~215년와 연합하여 장안長安을 공격하여 탈취하였다. 연이어 조홍曹洪 미상~232년, 조조의 사촌동생, 위나라 명장, 서황徐晃 미상~227년, 위나라 명장의 구원부대를 대파하고 동관潼關 섬서성 위남(渭南)시 소재, 군사요충지을 점령하였다.

조조가 직접 대군을 이끌고 뒤이어 도착하였으며, 쌍방이 결전을 벌였다. 마초가 첫 전투는 승리를 거두었다. 우금于禁 미상~221년, 관우에게 생포당함을 패배시키고 이통李通의 목을 베었으며 조조의 군대가 붕괴되어 사방으로 흩어졌다. 조조는 수염을 깎고 전포를 벗어던지는 등 사력을 다해 도망쳤다.

두 번째 전투에서 조조는 앞뒤에서 협공하는 계책을 펼쳤으나 마초가 이를 역으로 공격하여 조조군이 다시 패배하였다. 조조를 거의 생포할 뻔하였다.

세 번째 전투에서 조조는 복병전술을 사용 마초와 맞붙었으나 마초는 계책에는 계책으로 맞서 조조 군영을 불살라 버리며 대승을 거두었다.

네 번째 전투에서 마초는 허저許褚 미상~227년와 대판 붙었는데 싸움이 격렬하여 사람도 말도 피곤하여 말을 갈아타고 다시 싸웠다. 그 후에 혼전 속에서 조조군의 반 이상을 소멸시켰다.

연속해서 전개된 네 번의 전투와 그에 앞선 두 번의 전투에서 마초와 한수는 긴밀히 협력하여 위세를 드러냈으며 명성을 날렸다. 조조의 머리를 숙이게 할 정도였으며, 조조가 감탄하며 말했다. "마초는 여포에게 전혀 뒤지지 않는 용장이다!" 또한 길게 탄식하며 말하였다. "마초 저 아이가 죽지 않으면 내가 죽어도 묻힐 곳이 없을 판이다!"

정면 전투도 안 되고 군사적 계책을 써도 안 되자, 노련한 조조는 방법을 바꾸어 정치적 모략과 군사적 계책을 혼합한 이간계離間計를 써서 마초와 한수의 관계를 갈라놓았다. 풍부한 세상 경험이 있는 한수였지만 그만 계책에 걸려들었다. 사회경험이 부족한 마초도 덩달아 걸려들었다. 두 사람이 서로 반목하면서 원수가 되었고 서로가 서로를 공격하였다. 조조는 그 기회를 틈타 마초를 포위하였으며, 마초에게 병력을 잃은 한수가 조조에게 투항하면서 겨우 삼십 기의 기병만 남은 마초가 황망히 도망쳤다.

마초가 조조와 대격전을 벌였을 때가 그의 인생 절정기였다. 또한 그의 이름을 널리 알린 시기였다. 이후에도 여전히 혈기 왕성하였지만 점차 내리막길을 걸어갔다.

황망히 달아난 마초는 옛 근거지로 돌아가 다시 깃발을 내걸고 병력과 말을 모으기 시작하였다. 그는 강족羌族 등 소수민족들의 인심을 깊이 얻고 있었기 때문에 강력히 호소하자 도처에서 이에 응하였다. 그는 새로이 조직된 군대에 기대어 농상隴上 섬서성, 감숙성 및 서부 일대 전체를 점령하였다.

그러나 그의 재기는 천년에 한번 피는 우담바라 꽃이 잠시 피었다 지듯이 극히 짧은 시간에 물거품이 되었다. 부대 안에서 변란이 발생하여 가족 모두가 살해되었으며 그는 돌아갈 곳이 없는 난처한 신세가 되었다.

마초馬超 출처:百度 www.baidu.com

돌아갈 곳이 없는 마초는 먼저 한중漢中의 장로張魯를 찾아가 몸을 의탁하였다. 장로는 그의 용맹함이 필요하였으나 또한 그에 대해 방비하기 위하여 그를 파견하여 유장劉璋을 구출하고 유비를 치도록 하였다.

마초의 얼굴은 분을 바른 듯 희었으며, 입술은 주사를 바른 듯 붉었고, 가는 허리에 넓은 어깨를 가지고 있었으며, 큰 목소리와 강력한 힘을 가지고 있었다. 갖추어 입은 옷도 아주 멋졌다. 사자깃털의 투구와 짐승가죽의 혁대에 은빛 갑옷에 하얀색의 전포를 입었다. 유비가 마초를 보자 자신도 모르게 감탄하였다.
"사람들이 금마초錦馬超 비단같이 멋진 마초라고 하더니 정말 이름 그대로구나!"

가맹관葭萌關 사천성 광원(廣元)시 소화구(昭化區) 소재에서 '비단 같은 마초'와 '맹렬한 장비'가 격렬한 싸움을 벌였다. 대낮에 이백여 합을 겨루었으나 승부를 보지 못해 밤에 다시 등불을 환히 밝히고 다시 맞붙었다. 누가 누구인지 분별하지 못할 정도로 격렬히 싸웠으며 도저히 승부를 가를 수 없었다. 유비가 마초를 마음에 들어 하여 싸움을 멈추게 하였다. 그는 유세객을 보내 이해득실을 논하여 호랑이 같은 장수 마초가 항복하도록 하였다. 마초는 창끝을 돌려 유장을 공격하였으며 유장은 문을 열고 항복할 수밖에 없었다.

가맹관의 싸움이 마초의 인생 속에서 최후의 큰 전쟁이었다. 유비에게 귀순한 후에 그는 비록 신분, 무예, 공로 및 서북지역 소수민족에 대한 그의 영향으로 오호상장五虎上將으로 임명되었지만, 이후로는 기세가 웅장하고 규모가 큰 전쟁에서 물러나 있었으며, 다시는 사람들을 놀라게 할 만한 일을 하지 못하였다.

오호장군 중에 기타 네 장군은 모두 줄곧 중임을 맡았지만 마초만은 작은 전투들만 맡았고 사람이 부족할 때 그 지방을 대신 지켜주곤 하였다. 이것은 사람의 속을 깊이 꿰뚫어보는 유비가 그에 대해 방심을 하지 않았으며 중임을 맡기려 하지 않은 탓이었다. 그가 배반하여 일을 일으킬까봐 방비를 한 것이었다. 마초는 마음속으로 이를 명확히 알고 있었으나 시비를 피하고 냉정하게 지내며 규례에 맞춰 행동하였다. 재능과 모략이 뛰어난 문관 팽양彭羕 184~220년이 유비에게 불만을 품었는데 다른 사람을 찾지 않고 마초를 찾아갔다. 문과 무가 서로 연합하여 안팎으로 호응하여 유비에게 반기를 들자는 것이었다. 마초는 움직일 생각도 과감히 행동에 나서지도 않았다. 그 일 후에 바로 위에 상황을 보고하였으며 팽양은 감옥에 갇혀 주살되었다.

마초는 47세에 병이 들어 죽었다. 유언은 일가 모두가 조조에게 살해를 당하였기 때문에 유일하게 남은 사촌동생 마대馬岱를 잘 보살펴달라고 유비에게 부탁하는 것이었다.

마대는 용감하면서도 침착하고 훌륭한 장수로 마초가 조조와 싸울 때 그는 상당한 힘을 발휘하였다. 촉나라로 귀의한 후에 제갈량의 깊은 신임을 받아 늘 선봉에 서는 대임을 맡았으며 여러 차례 공을 세웠다. 남쪽 정벌 시에 그는 두 차례나 맹획孟獲을 사로잡았다.

뒷날 제갈량이 준 유언 속의 계책에 따라 자리를 이동하라는 명령을 듣지 않는 위연魏延 미상~234년을 참수하여 촉나라 대군이 손실 없이 회군하는 것을 확실하게 하였다. 강유姜維 202~264년 촉한의 명장으로 대장군의 지위에 올랐다. 촉한을 점령한 위나라의 종회(鍾會)가 다른 마음을 품는 것을 이용하여 촉한의 부흥을 꾀하였으나 실패하여 죽임을 당했다.가 위魏나라를 정벌할 때 그는 주요 대장 중의 한 사람이었다.

황충

황충黃忠 미상~220년은 특수한 이미지를 갖고 있었다. 몸은 늙었지만 그에 굴복하지 않고 도처에서 공을 세웠다. 그는 삼국시대의 염파廉頗 BC327~BC243년 전국시대 조(趙)나라 명장라고 해도 과언이 아니다. 그의 칼이 늙지 않았으며, 노익장을 과시하며 그 기운이 오래도록 지속되었다.

후세에 늙음에 굴복하지 않은 사람하면 황충을 본보기로 삼고 있다.

황충 출처:百度 www.baidu.com

황충은 젊은 날에도 뛰어났지만 이름을 떨칠 기회가 없었다. 그는 늙고서야 뜻을 얻은 그런 사람이었다. 장사長沙를 지키는 일정에서 그는 세상이 주목하는 화제의 인물이 되었다. 왜냐하면 그의 상대가 이미 명성이 혁혁하였던 관우였기 때문이다. 관우가 사용한 것은 큰 칼인 청룡언월도靑龍偃月刀 40근이나 나갔다고 한다였는데 황충이 사용한 것 역시 큰 칼이었다. 큰 칼과 큰 칼이 맞부딪치면서 기예가 출중하고 깊었던 두 사람의 칼춤이 벌어졌다. 기예의 높고 낮음을 구분 지을 수 없었으며 승부를 결정짓기 어려웠다. 이름 없는 자가 유명한 자와 싸울 때 지지만 않는다면 이름 없는 자가 유명한 자가 되게 된다. 황충이 이름을 얻게 된 것은 관우의 대명에 힘입은 것이다.

현대인이 좋아하는 옛말에 '천리마

는 늘 있으나 백락은 늘 있지 않다.千里馬常有而伯樂不常有 한유(韓愈)의 잡설(雜說)에 나오는 명구로 천리마가 있어도 이를 알아보는 명인 즉 백락이 없으면 소용이 없다는 뜻으로, 지도자는 인재를 알아보는 식견이 있어야 함을 지적하고 있다.'라는 말이 있다.이 말을 가져다 황충에다 쓰면 아주 딱 맞는 말이 된다. 그가 장사長沙에 있을 때 비록 태수인 한현韓玄이 그를 중용하였지만, 한현이 무능한데다 의심과 시기심이 많아 근본적으로 그를 신임하지 않았기 때문에 인격을 존중받고 뭐고 할 수 없었다. 그가 자신의 말이 넘어졌으나 관우가 죽이지 않은 은혜를 갚기 위하여 그의 신기에 가까운 궁술로 관우의 투구 끈만을 연달아 맞추었다. 결과는 한현에게 끌려 나가 참수될 상황이었으나 다행히 위연이 한현을 죽임으로써 겨우 목숨을 건질 수 있었다.

똑같은 황충, 똑같은 능력이지만 사람을 알아보고 잘 사용하였던 유비를 만나자 완전히 다른 모습이 되었다. 유비는 그의 능력을 높이 샀을 뿐만 아니라 더욱 중요하게는 황충의 사람됨이 충직하며, 노고를 마다하지 않고 원망도 두려워하지 않는 기풍과 죽을지라도 전혀 후회하지 않으며, 인정이 풍부한 마음씨를 가지고 있는 것을 높이 샀다.

한현이 오해하여 그를 죽이려하자 '달게 죽음을 받을지언정 결코 원망하지 않았던' 황충이 자기를 괴롭혔지만 상사였던 한현을 장사지내게 해달라고 유비에게 요구하자 유비는 그의 도량에 감탄하여 그를 극도로 좋게 보았다. 유비는 황충을 기용하자마자 그를 크게 사용하였다. 촉을 향하여 진군할 때 그에게 전방부대를 이끄는 중책을 맡겼다. 황충이라는 '천리마'가 마침내 유비라는 '백락'을 만난 것이다.

'백락伯樂'을 만난 '천리마' 황충은 자기를 알아주는 기쁨으로 빠르게 네 말발굽을 지쳐나갔다. 유비가 병력을 돌려 성도成都를 향해 공격에 나서자 자신을 늙었다고 의심하는 위연의 논조를 반박하였을 뿐만 아니라 첫 번째 접전에서 적장 등현鄧賢을 참수하고 위연을 구출함으로써 첫 공을 세웠다. 조조가 익주를 탈취하려고 하자 가맹관을 지키고 있는 맹달孟達이 위급함을 알려오자 황충은 자신을 늙었다고 의심하는 제갈량의 논조를 반박하고, 엄안嚴顔과 협력하여 두 백발의 노장이 합심하여 장합張郃 미상~231년을 격파하고 적군이 식량을 비축한 중요 지역인 천탕산天蕩山을 계책을 써서 빼앗았다.

유비가 한중을 쟁취하려고 하자 황충은 다시 한 번 자신을 늙었다고 의심하는 제갈량의 논조를 반박하고 법정法正 176~220년의 '반객위주反客爲主, 손님이 도리어 주인 노릇을 한다는 뜻. 자신의 수동적인 상황을 능동적으로 바꾸어서 주도권을 장악하는 전략'의 전략을 채택하여 맞은편 산을 점령하는 전법을 써서 조조의 대장 하후연夏候淵 미상~219년의 목을 베고 중요한 전략적 의미가 있는 정군산定軍山, 섬서성 한중시 면현(勉縣) 남쪽 5km 지점, 해발 833m, 삼국시대 전쟁터. '정군산을 얻으면 한중을 얻게 되며, 한중을 얻게 되면 천하를 얻게 된다.(得定軍山則得漢中,得漢中則定天下)'는 말이 있다.을 점령하였다. 대규모 전쟁에서 엄청난 실력을 발휘하여 유비가 한중을 획득하는데 큰 공을 세웠다.

이를 통해 촉한정권을 건립하는데 성공적인 서곡을 연주하였다.(근대의 경극京劇 중에 유명한 『정군산』은 바로 이 이야기를 말하는 것으로 늙은 황충 역시 이로 인해 누구나 다 아는 사람이 되었다.)

황충이 공을 그것도 큰 공을 세우자 유비가 논공행상을 할 때 군대에서 가장 높은 칭호인 오호상장五虎上將을 수여하여 관우, 장비, 조운, 마초와 어깨를 나란히 하게 하였다. 자격을 논하자면 황충은 단숨에 구름으로 뛰어 오른 격이어서 유비와 가장 오랜 세월을 보낸 관우는 이를 받아들이지 못하였다. 비시費詩, 생몰연대 미상, 촉한의 관원, 간의대부(諫議大夫) 벼슬에 올랐음의 권고와 해석을 듣고 나서야 관우는 비로소 이러한 사실을 받아들였을 정도였다. 길이가 상당히 짧은 『삼국지』의 촉서蜀書 황충전黃忠傳에는 다음과 같이 기록되어있다.

유비가 이러한 결정(황충을 오호상장으로 제수하는 결정)을 내릴 때 제갈량이 타당하지 않다고 여겼다. 황충의 명성이 다른 네 사람과 비교할 수 없으며, 장비와 마초는 촉 땅에서 자신들의 눈으로 황충이 공을 세우는 것을 보았기에 그러한 조치를 하는 것이 그런대로 문제가 없었으나, 멀리 형주荊州에 있는 관우는 아마 기뻐하지 않을 것이라고 여겼기 때문이다. 유비는 괜찮다고 하면서 자신이 이를 조정할 방법이 있다고 하였다. 유비는 오호상장 수여 건을 확고하게 결정하여 황충이 더욱 마음에서 우러나서 그를 위해 목숨을 다하도록 하였다.

유비는 황충을 대단히 신임하여 그가 직접 군대를 이끌고 출정할 때는 항상 황충을 데리고 갔다. 이전에 군대를 휘몰아 촉 지방을 공략할 때도 그러하였고 그 후 한중漢中을 빼앗을 때와 마지막으로 동오東吳를 토벌할 때도 그러하였다.

늙은 주인이 늙은 신하를 기용하자, 늙은 신하는 목숨을 다하였다. 그가 말하기를 "소신이 비록 칠십여 세이지만 여전히 고기 열 근을 먹을 수 있고 두 개의 석궁을 같이 쏠 수 있으며, 말을 타면 천리를 달릴 수 있사오니 늙었다고 할 수 없습니다."라고 하였다.

그는 유비가 그가 늙었다고 한 말을 받아들이지 못하고 칼을 빼들고 말을 타고 나가 다시 한 번 공을 세웠다. 그러나 그가 진짜 늙긴 늙어서 이전에 반쯤 늙었을 때와 비교할 수 없는데다가 자기 멋대로 일을 처리하기까지 하여, 그 다음에 벌어진 전투 중에 오나라 군대의 매복에 걸려 화살을 맞고 중상을 입었으며 그날 밤에 군영 내에서 죽었다.

황충은 공적을 이룰 때도 늙은 것에 불복해서였고, 패한 것도 늙은 것에 불복하였기 때문이었다.

제3부

대나무 숲의 바람

제3부

대나무 숲의 바람

대나무 숲의 현자들
절교의 배후
사마가문과 죽림칠현
추악한 주신酒神

대나무 숲의 현자들

비록 굴원屈原 BC340년경~BC278년, 이백처럼 이름이 널리 알려지지 않았으며, 진시황이나 한무제처럼 그 명성이 멀리 전해지지 않았다할지라도 죽림칠현은 위진魏晉 시기 명사들의 대표로서 역사와 문학의 세계를 흔들었으며, 현학玄學의 세계를 지배하면서 장구한 세월이 흘러도 그 명성이 쇠퇴하지 않고 있다. 죽은 후에도 그 이름이 청사에 기록된다는 것은 당연히 대단한 일이라고 할 것이다. 그러나 이러한 대단함은 살아생전에 겪었던 불행 위에 세워진 것이다. 그들은 난세에 태어났기에 뛰어난 재능이 있었으나, 세상의 조류를 따르려하지 않으면서 세상과 충돌하고 다른 이들과 부딪히며 내심의 아픔을 겪게 되었다. 그 격렬한 부딪힘은 옛사람들을 넘어섰으며, 뒤에 오는 자들에게 인생의 계시를 주기에 족하였다. 나는 20세기 말에 『죽림칠현竹林七賢』이란 책을 발간하여 그들의 상황과 뜻과 어려움을 드러냈었지만, 그 후에 여전히 그들의 모습이 메아리쳐와 죽림칠현 한 사람, 한 사람에 대한 짤막한 전기를 다시 쓰게 되었다.

혜강

혜강嵇康 223~262년은 자가 숙야叔夜로 초국譙國질銍 현재의 안휘성 숙현(宿縣) 서남 지역 사람이다. 선조의 성은 원래 실奚이며 호적은 회계會稽 상우上虞 지금의 절강성 지역였는데, 현지인들과 원수관계가 되었기에 해를 피하려고 온 가족이 질銍 지방으로 피난하였다. 그곳에 있는 혜산嵇山 기슭에 거주하였기에 혜를 성으로 삼았다. 혜강의 형은 혜희嵇喜 생몰년대 미상로 당시에 재주가 뛰어난 사람으로 널리 알려졌었으며 강하江夏태수太守, 태복太僕, 종정宗正 등의 관직을 지냈다.

혜강은 어린 나이에 아버지를 잃었기 때문에 어머니와 형의 손에 자랐다. 장성한 후에 그의 용모는 품위가 있었으며, 경쾌한 몸놀림을 갖고 있어 사람들이 놀라움을 금치 못하고 그를 천신天神이라고 여길 정도였다. 그러나 그는 자신의 모습을 꾸미지 않았으며 자연스러움에 내맡겼다.

성격이 침착하고 욕심이 없으며 분수를 넘어서지 않고 삶의 즐거움을 누렸다. 외적인 수치를 잘 참으면서 겉으로 드러내지 않았으며 도량이 엄청 컸다. 조위曹魏 황실의 눈에 들어 황가 일원의 사위가 되었으며 중산대부中散大夫의 벼슬을 받았다.

당唐 손위孫位의 죽림칠현도 부분 출처:百度 www.baidu.com

수많은 책들을 섭렵하였으며 독학으로 일가를 이루어 아름다운 문장과 시를 썼으며, 매번 시문이 세상에 발표될 때마다 사람들이 앞 다투어 읽었다. 청담淸談에 뛰어나 그윽한 철리를 깊이 파고들었으며 높은 격조와 아득한 경지에 교묘하게 도달하였다.

음률을 잘 다루었는데 특히 칠현금을 너무 잘 뜯어 『광릉산廣陵散』곡조로 세상에 명성을 날렸다. 처음엔 유학儒學에 전념하였으나 후에 도가를 따르게 되어, 부귀영화가 화禍의 근원이란 식견을 가지고 세상 밖에서 유유자적하였다. 신선술을 배우고 산과 들을 다니며 약초를 캐고 '양생養生'을 통해 장생을 추구하였다.

산양山陽 지금의 하남성 초작(焦作) 동쪽지역을 택하여 거주하였는데 그 곳에 대나무 숲이 있어 뜻이 맞는 현자들과 같이 노닐었다. 사람 수가 일곱이어서 세상에서는 죽림칠현이라 칭하였다.

사마司馬가문이 정권을 장악하고 조위曹魏 황실을 핍박하면서 예교를 빌어 신하들과 백성들을 꼼짝 못하게 하였다. 분한 마음이 일어나자 은나라 탕왕, 주나라 무왕, 주공, 공자를 공격하는 글을 써서 형식적 가르침에서 벗어나 자연에 맡겨야한다는 논지를 폈는데, 사실은 그 속에 사마정권을 공격하는 은근한 풍자와 조롱의 뜻을 담고 있었다.

정권을 잡은 자들과 협력을 거부하면서 가정이 빈한해지자 집의 뜨락 안 큰 버드나무 아래 대장간을 열었다. 거칠 것 없는 통달한 모습을 세상에 보여주면서 한편으론 철을 두드리며 생계에 보탬을 주고자 하였다.

『고사전찬高士傳贊』을 기술하여 자신의 뜻을 명확히 하였다. 산도山濤가 그를 이부랑吏部郞으로 추천하였을 때 그는 이를 받아들이지 않고 결연히 그와 절교하였다.

권력집단에 새로이 들어간 종회鍾會 225~264년가 혜강의 명성을 듣고 여러 차례 그와 사귀려하였으며, 나중에는 무리를 이끌고 대장간을 방문하였으나 혜강의 냉대를 받았으며, 거기에 언어적 조롱까지 당하자 그에 대해 악감정을 품게 되었다.

혜강의 친한 친구 여안呂安의 아내가 그의 배다른 형 여손呂巽 사마소의 휘하에 있었다에게 겁탈을 당했으나, 오히려 여손이 여안을 불효자의 죄목으로 관청에 고발하여 체포된 후에 유배를 가게 되었다. 혜강은 관청에 가서 친구 여안을 변호하려고 하였으나 오히려 한 패로 몰려 감옥에 갇히게 되었다.

사마소는 본래 혜강이 자신에게 협력하지 않는 것에 화가 나 있는 상황에서 종회가 모반죄와 사회예절을 위반하였다는 죄로 혜강을 고발하자, 본래 무죄였던 그에게 죄를 더하고 거기에 대역죄까지 씌워 그를 단두대에서 처형하였다.

혜강은 태연하게 죽음을 맞았는데 그때가 경원景元 3년(262년)으로 40세가 막 되었을 때이다. 일찍이 중산대부 벼슬을 하였기 때문에 후세에 그를 혜嵆중산中散이라 불렀다.

현재 『혜강집嵆康集』이 남아 있으며 그 가운데 '여산도절교서與山濤絶交書', '금부琴賦', '양생론養生論', '성무애락론聲無哀樂論', '관채론管蔡論', '태사잠太師箴', '가계家誡' 등의 명문장과 '유분시幽憤詩' 등 명시가 실려 있다.

남조南朝 송宋의 안연년顔延年 384~456년 은 『오군영五君咏혜중산嵆中散』에서 다음과 같이 읊었다.

> 세상을 잘못만난 혜중산 中散不偶世
> 본래 속세 밖에 있기 때문이라. 本自餐霞人
> 묵묵히 신선술을 닦아 해탈에 이른 것은, 形解驗黙仙
> 양생론으로 정신을 한 곳에 집중함이라. 吐論知凝神
> 속세의 의론과 빗겨서 살았으나, 立俗迕流議
> 깊은 산 속에선 은자와 마음이 맞네. 尋山洽隱淪
> 난새의 날개, 어느 땐가 꺾이기도 하지만, 鸞翮有時鎩
> 그대의 기골찬 성품, 누가 길들일 수 있었으랴 龍性誰能馴

완적

완적阮籍 209~263년의 자는 사종嗣宗으로 진류陳留 위씨尉氏 지금의 하남성 사람이다. 동한 말기 이름을 떨쳤던 건안칠자建安七子 동한 말 건안시기(196~220)의 공융(孔融), 진림(陳琳), 왕찬(王粲), 서간(徐干), 완우(阮瑀), 응양(應瑒양), 유정(劉楨) 일곱 명의 뛰어난 문학가를 지칭. 의한 사람인 완우阮瑀 165~212년의 아들이다.

기골이 장대하고, 호방한 성격과 초연한 기질을 갖고 있으며 기쁨과 슬픔을 얼굴에 드러내지 않았다. 청안靑眼 정상적인 눈동자와 눈빛과 백안白眼 눈을 하얗게 뒤집거나 훌겨보는 눈을 능숙하게 하여, 친한 친구에게는 눈을 반짝이며 청안으로 대했고, 속물들에겐 백안으로 대했는데 이를 '백안시'라 하였다.

독서를 좋아하였다. 특히 문을 걸어 닫고 책읽기를 좋아했는데 몇 개월이고 문밖으로 나가지 않았다. 돌아다니며 노닐기를 좋아해 산에 오르거나, 강물을 구경하면서 그 즐거움에 집으로 돌아가는 것을 잊곤 하였다. 노자와 장자를 떠받들며 물고기가 대붕이 되어 날개를 펴고 높이 날아오르는 것을 상상하며 초연히 세상밖에 머물렀다.

술을 좋아하여 흠뻑 젖도록 마셨으며, 취한 속에서 삶의 변화를 추구하였다. 휘파람을 잘 불어 늘 바위골짜기에서 긴 휘파람을 불곤 하였는데 백 걸음밖에서도 들을 수 있었다. 황당한 행적이 많아 가문의 사람들이 그를 바보로 여겼으나, 가문의 형인 완문업阮文業은 그를 높이 평가하며 칭찬하였으며 비로소 세상 사람들이 그를 알게 되었다.

태위太尉 장제蔣濟 188~249년가 그를 선발하려 하자 어쩔 수 없이 그의 휘하에 들어갔다가 얼마 되지 않아 물러났다. 조상曹爽 미상~249년 대사마 조진(曹眞)의 아들, 조위(曹魏)의 권신이 참군參軍의 직위로 그를 기용하자 병을 핑계로 자리에서 물러나 전원에 은거하였다. 사마의司馬懿 179~251년가 태부太傅가 되자 그를 종사중랑從事中郎으로 임명하였다. 사마의의 큰 아들 사마사司馬師 208~255년가 권력을 잡자 그에게 대사마종사중랑大司馬從事中郎, 관내후關內侯, 산기상시散騎常侍의 직위를 주었다. 형을 이어 사마소司馬昭 211~265년가 권력을 잡자 조정안의 분쟁이 가속화

되면서 상당수의 명사들이 목숨을 잃었다. 완적은 본래 천하를 구하려는 큰 뜻을 갖고 있었으나 그 뜻을 펼치기 어려움을 알게 되자, 방향을 바꾸어 더 이상 세상사를 묻지 않고 더욱 술에 빠져 들어갔다.

사마소가 아들 사마염司馬炎 236~290년의 부인으로 완적의 딸을 원해 난처한 처지에 빠지게 되자 완적은 일부러 60일이나 계속 술을 마시며 대취하여 거기서 벗어났다. 사마소의 측근인 종회鍾會 225~264년가 세상사를 그에게 물어보며 그의 약점을 잡으려고 하였지만 그때 마다 크게 술에 취하여 이를 피해 갔다.

동평상東平相 산동성 태안(泰安)지역 동평의 재상직의 지위를 사마소에게 요구해 그것을 얻게 되자 나귀를 타고 임지에 갔으며, 동평군에 부임하자 바로 관청의 담을 다 허물어버리고 안팎이 서로 바라볼 수 있게 하였다. 얼마 지나지 않아 그 자리를 떠나 낙양으로 돌아갔다. 사마소가 그를 대장군종사중랑大將軍從事中郎으로 임명하였다. 보병 부대에 좋은 술이 있다는 소문을 듣자 사마소에게 보병교위步兵校尉직을 요구하였다.

세상의 예의범절에 얽매이지 않았다. 모친이 죽었을 때 비록 남달리 슬퍼하였지만 여전히 술을 마셔댔다. 늘 웃통을 벗은 채 산발을 하고는 가부좌를 하였다. 세상 예법의 울타리를 깨뜨렸다. 술집에 가면 늘 취해서 주막집 여주인 옆에 눕곤 하였다. 마차를 몰고 들판으로 나가 제멋대로 다니다가 막다른 길이 나오면 대성통곡하며 돌아오곤 하였다. 형수와 헤어질 때 다른 사람이 그것을 조롱하자 "예절이 어찌 나를 위해 만들어진 것이겠느냐!"라고 대꾸하였다.

비록 일반 예법을 준수하지 않았으나 그가 내뱉는 말은 현묘하고 심원하였다. 그는 다른 사람들에 대해 일절 인물평을 하지 않았다. 이로 인해 사마소가 그를 중하게 여겼으며 예법을 따지는 인사들이 떼거리로 그를 공격하였을 때도 사마소가 그를 보호하였기에 편안히 지냈다.

사마소가 조위의 황제로부터 진공晉公에 책봉되자 거짓으로 몇 번 이를 사양하였다. 그러나 그의 신하들이 진공의 작위를 받으라고 계속 권하였으며, 완적에게 권진표를 쓰게 하였다. 이를 거절하려 완적이 대취하였지만, 사마소의 부하들이 강요하자 어쩔 수 없이 권진표를 쓰게 된 완적은 일필휘지, 한 달음에 명문장을 써내려갔다.

항우와 유방이 격전을 벌였던 광무산廣武山 하남성 형양(榮陽) 소재에 올라 길게 탄식하였다. "시대에 영웅이 없으니 잔챙이가 명성을 얻는구나!"

위로는 조식曺植 192~232년 조조의 셋째 아들, 유명한 시인을 이어받고 아래로는 도연명陶淵明 352(또는 365)~427년에게 길을 열어주면서 오언시에 상당한 공헌을 하였다.

경원景元 4년(263년) 54세로 세상을 하직하였다. 일찍이 보병교위를 지냈기에 후세 사람들이 그를 완보병阮步兵이라고 칭하였다.

오늘날 『완적집阮籍集』이 전해지고 있는데, 명문장인 '구부鳩賦', '미후부獼猴賦', '청사부淸思賦', '대인선생전大人先生傳' 등이 실려 있으며, 유명한 '영회시詠懷詩' 82수가 수록되어 있다. 남조南朝 송宋의 안연년顔延年은 『오군영五君咏완보병阮步兵』에서 다음과 같이 읊었다.

완보병의 종적 사라졌으나 阮公雖淪迹
그의 식견은 치밀하고 통찰력은 깊고 깊었네 識密鑒迹洞
술에 침잠하여 그 빛남을 묻어놓는 듯 沈醉似埋照
비틀어 쓴 말로 세상을 비꼬곤 하였지 寓辭類托諷
긴 휘파람 소리 사람을 그리워하는 듯 長嘯若懷人
세상의 예의범절 개의치 않아 뭇 사람 놀라게 했네 越禮自驚衆
세상사 드러내놓고 말할 수 없음에 物故不可論
막다른 길로 마차 몰아 울곤 하였네 途窮能無慟

산도

산도山濤 205~283년의 자는 거원巨源으로 하내河內회현懷縣 지금의 하남성 무척(武陟)시 서남지역사람이다. 부친 산요山曜는 완구현령宛句縣令을 지냈다.

아버지가 일찍 죽어 고아가 되었으며 모친과 서로 의지하며 살았는데 아주 가난하게 살았다. 가정을 이루게 되자 아내에게 말하였다. "가난과 배고픔을 참고 나면, 언젠가는 삼공三公이 될 것이요. 그런데 그때 가서 그대가 삼공의 부인 역할을 감당할 수 있을지 모르겠소!"

어려서부터 도량이 컸으며, 사람됨이 주변 사람들보다 훨씬 뛰어났다. 노자와 장자를 대단히 좋아하여 은둔자를 앙모하여 이를 배우고자하였다. 혜강과 여안을 한번 만나자 서로의 뜻을 알게 되고 다시 완적을 만나자 죽림의 노님을 시작하였다.

나이 사십에 비로소 벼슬길에 올라, 하내군河內郡에서 주부主簿, 공조功曹, 상계연上計掾을 지냈다. 효렴孝廉 효렴을 추천하는 것은 서한 문제(文帝)가 처음 만든 인재선발제도였다. 무제(武帝) 때 정식으로 제도가 확립되었으며 동한, 위, 진에서 이를 이어 받았다. 거효(擧孝)는 효성이 지극한 사람을 선발하는 것이며, 거렴(擧廉)은 청렴함으로 이름이 높은 관원을 선발하는 것으로 인원제한이 엄격하여 군국(郡國)단위로 매년 한 명 내지 두 명을 선발하였다.으로 선발되었으며, 좋은 평가를 받아 주州의 종사從事로 발탁되었다. 그러나 당시 조상曹爽과 사마의司馬懿간의 권력내부 싸움이 한창이어서 병을 핑계로 스스로 벼슬에서 물러나 은거하며 세상사를 묻지 않았다.

사마사司馬師가 집권한 후에 사마가문과 먼 인척관계로 인해 수재秀才로 천거되어 랑중郎中을 맡았고, 뒤이어 표기장군종사중랑驃騎將軍從事中郎으로 전직되었다. 사마소司馬昭가 정권을 장악하자 그를 조나라의 재상趙國相으로 임명하였으며, 뒤이어 상서이부랑尙書吏部郎으로 자리를 옮기게 하였으며 그를 대단히 중시하였다.

종회鍾會 225~264년가 촉蜀나라에서 반란을 일으키자 사마소가 정벌에 나섰는데, 그 때 행군사마行軍司馬로 임명되어 업鄴성에 가서 그 지역에 모여 있는 조위曹魏종실 사람들을 관리 감독하였다. 그 공적을 인정받아 신답자新畓子의 작위를 받았으며 상국좌장사相國左長史가 되었으며 특별대우로 별도의 병마를 거느리게 되었다. 사마소가 후사를 세우는 문제로 주저주저할 때 적장자 제도의 전통을 들어 설득함으로써 사마염司馬炎이 후사로 세워지게 하였다.

사마염이 서진西晉 266~316년을 세우자 조위의 마지막 황제인 진류왕陳留王을 업鄴성으로 호송하였으며, 임무를 마치고 낙양으로 돌아가 봉차도위奉車都尉 녹봉 2000석의 무관를 제수 받았으며, 신답백新畓伯의 작위를 받았다.

양호羊祜 221~278년가 정권의 핵심을 맡았을 때 그와 뜻이 맞지 않게 되면서 기주자사冀州刺史 겸 영원장군寧遠將軍의 직위를 받고 외직으로 나갔다. 기주에서 업적을 세우면서 북중랑장北中郎將, 독업성수사督鄴城守事의 직으로 옮겨갔다.

다시 내직으로 들어와 시중侍中이 되었고 뒤이어 상서尙書가 되었다. 모친이 연로함을 들어 십여 차례 사직서를 올렸으나, 받아들여지지 않고 비교적 시간이 있는 의랑議郞의 직분을 받았다. 이러한 예우를 받자 그의 숭고한 뜻(효도)이 세상에 널리 알려졌다. 태상경太常卿이 되었으나 병을 이유로 직위를 받지 않았으며 모친상을 당하여 고향으로 돌아갔다. 이부상서吏部尙書에 강압적으로 임명되어 어쩔 수 없이 다시 관직을 맡았는데 천거하는 인재들마다 조정에 적합한 자들이었다.

함녕咸寧 서진 무제(武帝) 사마염(司馬炎) 시기 연호 275~280년시기에 태자소부太子少傅가 되었으며 산기상시散騎常侍를 겸하였다. 그 뒤에 제상서복사除尙書僕射를 제수 받았으며 시중侍中을 겸직하면서 이부吏部를 이끌었다. 다시 질병을 이유로 사직서를 올리길 십여 차례, 윤허를 받지 못하였다. 이부를 십여 년간 이끌면서 관원을 선발할 때, 본인이 직접 천거하는 사람의 인물평을 써서 황제에게 올렸는데, 이를 사람들이 『산공계사山公啓事』라고 일컬었다. 당시 조정에서 분쟁이 점차 일어나기 시작하였는데 중립을 지켰으며 정치를 외척인 양준楊駿 미상~291년 동한 태위 양진(楊震)의 후예. 진무제 양 황후의 부친에게 맡기면 안 된다고 간언하였으나 받아들여지지 않았다. 연로함을 이유로 사직서를 올리며 계속 허락하여 달라고 요구하였으나 거절당하자 어쩔 수 없이 조정에 나와 일을 처리하였다.

태강太康 280~289년시기에는 우복사右僕射로 자리를 옮겼으며 광록대부光祿大夫을 겸하면서 여전히 시중侍中과 이부吏部를 이끌었다. 여러 차례 표를 올려 사직을 청하였으나 허락을 받지 못하였다. 높은 관직에 있었으나 검소 질박함을 좋아하였으며 첩을 들이지 않았고 급여와 하사받은 물품에 여유가 있으면 이를 친족들에게 다 나누어 주었다. 후에 사도司徒로 제수되었으나 계속 사양을 하였으나 다시 강제로 임명되었다.

질병을 안고 귀향하였으며 태강4년(283년) 79세로 생을 마감하였다.
정부에서 장례를 장중하게 치러 주었으며, 사도직을 추증하고 '강康'이란 시호를 내려주었다.
『산도집山濤集』이 있었으나 원본은 사라졌고, 일부 편집된 글이 남아있다.

철진轍塵은 『보이군영산사도補二君咏山司徒』에서 다음과 같이 묘사하였다.

> 산사도는 은거하려 했으나 司徒原臥隱
> 어찌해도 가난과 추위를 벗어날 수 없네. 但怎解貧寒
> 텅 빈 대나무 숲에 기대어 꿈을 꾸다가 借得空林望
> 위나라 조정의 관리로 옮겨갔네. 移來魏闕冠
> 순박한 마음속에 세상의 빼어남을 지닌 채 淳心携世杰
> 괴로운 마음, 여러 차례 관직을 사양하였지. 苦意讓朝官
> 삼공이 되려는 꿈을 이미 이루었으나 既合三公夢
> 그의 혼은 옛 땅에 떠도는구나. 驚魂故土殘

완함

완함阮咸의 자는 중용仲容이며 생몰년도는 알려져 있지 않다. 진류陳留 위씨尉氏 사람이다. 완적의 조카로 부친 완희阮熙는 무도武都태수太守를 지냈다.

일생의 행위는 '일탈' 두 글자로 요약할 수 있다. 숙부인 완적을 따라 '거칠 것 없이 제멋대로' 살며 죽림의 노님에 끼어들었다.

완씨 일족은 한 곳에 모여 살았는데 그 가운데 큰 길이 나있었다. 길을 중심으로 북쪽에 사는 완씨들은 모두 부유하였으나 완적과 함께 남쪽에 사는 사람들은 심히 가난하여 무어 자랑할 물건이 없었다.

친구 사귀는 것을 별로 좋아하지 않았으며 한가로울 때는 친척과 친한 친구와 악기연주를 곁들여 술 마시는 것을 즐겼다. 숙부 완적 외에 조카인 완수阮脩와 가장 잘 어울렸다.

일탈은 예법에 구애를 받지 않는 것이다. 모친상을 치르는 기간에 고모의 선비족 하녀와 몸을 섞었다. 그 하녀가 임신을 하게 되자 고모가 그녀를 데리고 돌아갔다. 그 소식을 듣자마자 상가에서 손님을 맞아들이는 일을 내팽개치고 말을 타고 바로 쫓아가 안면몰수하고 고모에게서 그녀를 빼앗아 자기 말에 같이 태우고 돌아왔다. 술을 좋아하여 일가들과 둘러 앉아 술을 마시는데 큰 함지박에 술을 가득 채우고는 입을 대고 마셔댔다. 그 함지박을 땅에 놓았기 때문에 돼지 떼가 몰려와 마시자 마침내는 돼지들과 다투며 술을 마셔댔다.

예법을 개의치 않았기 때문에 사람들에게 예법을 어기는 자로 간주되어 여러 차례 비난에 싸이게 되었다. 이로 인해 벼슬길이 막혀있었으나 서진이 건국되고 나자 산기시랑散騎侍郎의 직위를 얻었다. 욕심이 적고 담백하여 세상과 다투지 않았으나 인물들의 사람됨을 잘 알아보는 눈이 있었다. 산도가 이를 높이 사주어 이부랑吏部郎으로 추천하였으나 지나치게 일탈적이란 이유로 사마염이 허락하지 않았다.

그는 음률을 잘 이해해 '신神적 경지에 이른 해석가'로 불렸다. 비파를 잘 뜯었으며 훗날 '완함'이라 불리는 악기를 만들었다.

중서령 순욱荀勖 미상~289년 서진 건국공신. 광록대부(光祿大夫), 의동삼사(儀同三司) 등의 벼슬을 지냈다.은 음악으로 이름을 떨쳤는데 완함보다 다소 부족한 면이 있었다. 이로 인해 질투심이 있었는데 이런 연유로 중앙정부 관료에서 시평태수始平太守 지금의 섬서성 함양 부근지역란 외직으로 쫓겨났다. 시평태수 임기 중에 집안에서 편안히 눈을 감았다. 관직이 시평태수로 끝났기에 후세에 완시평阮始平이라고 불렀다.

남조 송의 안연년은『오군영五君咏완시평阮始平』에서 다음과 같이 읊었다.

완중용은 높은 꿈을 가진 그릇 仲容靑雲器
뛰어난 품성 도드라진 인물이네. 實稟生民秀
음률에 정통한 깊이, 얼마나 깊던지 達音何用深
가락에 담긴 그 미묘한 차이를 알아냈네. 識微在金奏
곽혁*은 그로인해 마음이 도취되었고 郭弈己心醉
산도는 그 인물됨을 제대로 알아보았네. 山公非虛觀
여러 번 천거해도 고위직엔 오르지 못하고 屢薦不入官
오히려 한번 지적으로 시평태수로 좌천되었네. 一麾乃出守

*곽혁: 곽가(郭嘉)의 아들로 상당한 재주가 있었으나 젊은 나이에 죽었음.
**음률에 정통하고 비파를 잘 탔던 완함은 음악해석의 신묘한 경지로 세상에 널리 알려졌다. 그러한 연유로, 후대에 악기 중에 '완함'이란 악기가 생겨났다. 산도가 여러 차례 그를 관리들을 선발하는 자리에 추천하였으나 진(晉)무제(武帝) 사마염의 동의를 받지 못하였다. 산기시랑(散騎侍郞)일 때 당시 권력의 핵심인사이자 음률의 대가인 순욱(荀勖)의 음률이 틀렸음을 지적해내 그의 미움을 사면서, 시평태수로 좌천되었다.

완함 출처:百度 www.baidu.com

유령

유령劉伶의 자는 백윤伯倫이며 생몰년대의 기록이 없다. 패국沛國 지금의 안휘성 숙현(宿縣)사람이다. 신장은 육척이었으나 용모가 너무 추악하게 생겨 흙과 나무로 빚어놓은 듯하였다. 풍모를 중시하던 시대에 살았기에 태어나면서부터 늘 손해를 보았다.

사람됨이 말이 적었으며 친구도 별로 없었으나 우연히 완적, 혜강을 만나면서 완전히 변하여 빛을 발했다. 서로 늦게 만난 것을 원망할 정도였으며 그들과 함께 대나무 숲에서 노닐었다.

가정형편을 돌본 적이 없으며 술만 있으면 되었다. 늘 술을 허리춤에 꿰차고 사슴이 끄는 수레를 타고 다니면서 하인에게 명령하였다. "내가 죽으면 그 자리에 바로 묻어라." 아내가 그의 음주가 지나쳐 몸을 상할까봐 술을 다른 사람에게 주어버리고 술 사발은 전부 깨어버리면서 술을 절제하도록 권하였다. 그 권고를 받아들이는 척 하면서 귀신에게 제사지낼 수 있게 술과 고기를 준비해주면 술을 마시지 않겠다는 서원을 하겠다고 하였다. 아내가 이에 속아 술과 고기를 준비하자 그 자리에서 귀신에게 서원을 하였다.

"하늘이 나 유령을 낳아 술로 명성을 떨치게 하였습니다. 한 번에 한 말을 들이키고, 전부 다섯 말은 마셔야 제정신이 들게 하셨습니다. 아녀자의 말을 절대 받아들이지 마시옵소서."

말이 끝나자 제상에 올려놓은 고기를 손으로 잡고 술을 다 마셔버렸다.

비록 늘 혼몽한 상태여서 아주 어리석어 보였지만 일단 말을 하면 상당한 임기응변이 있었다. 다른 사람과 다투지 않는데 한번은 우연히 다른 사람과 불쾌한 일이 생겼다. 그 사람이 주먹을 쳐들어 그를 때리려 하자 "그대의 존귀한 주먹으로 보잘 것 없는 닭갈비를 치려하는가?"라고 하였다. 이에 그 사람이 박장대소하면서 떠나갔다.

제멋대로 굴고 모습이 정갈치 못하였지만 심지는 특별히 굳고 뜻이 높아 우주를 늘 좁게 여겼으며 능히 만물과 자신을 같게 여겼다. 평생에 『주덕송酒德頌』이란 딱 한편의 문장을 지었는데 하늘을 장막으로 삼고 땅을 방석으로 삼는 큰 기개를 설파하였다. 방에 있을 때는 나체로 있는 경우가 많았는데 한번은 손님이 와서 이를 나무라자 반대로 그를 희롱하였다. "나는 천지를 집으로 삼고, 집으로 내 옷을 삼는데 그대가 어째서 내 옷 속으로 들어왔는가?"

일찍이 벼슬자리에 나서 건위참군建威參軍직을 한 적이 있다.

서진西晉 초기, 조정에서 인재를 뽑는 대책對策 정사나 경전의 뜻에 대한 문제를 제시하여 시험에 응시한 자가 답을 하게 하여, 이를 보고 인재를 뽑는 방식으로 서한시대부터 주로 인재 선발책으로 시행 되었다.에 참여하여 무위無爲의 통치를 논한 적이 있다. 다른 사람들은 모두 합격하였는데 언사가 부적당한 부분이 있어 그만 홀로 낙방하였다.

벼슬길이 순탄치 않았으나 오히려 오래 살았다.

일찍이 건위참군의 관직을 지냈기에 사람들이 유참군이라 불렀다.

남조 송의 안연년은 『오군영五君咏유참군劉參軍』에서 다음과 같이 읊었다.

> 유령은 세상과 떨어져 있기를 좋아해 劉伶善閉關
> 깨끗함을 품고 외부의 잡소리 멀리하네. 懷淸滅聞見
> 북과 종소리도 그를 즐겁게 하지 못하고 鼓鍾不足歡
> 부귀와 여색도 그를 현혹할 수 없었노라 榮色豈能眩
> 깊은 지혜 감추고 늘 술 속에 잠겨있으니 韜精日沈飮
> 그 잔치가 비범하다는 것을 누가 알겠는가 誰知非荒宴
> 술을 찬양한 주덕송은 짧은 문장이지만 頌酒雖短章
> 그의 깊은 속내를 여기서 엿보리라 深衷自此見

상수

상수向秀 227년경~272년경의 자는 자기子期로 하내河內회현懷縣 지금의 하남성 무척(武陟)시 서남지역사람이다.

이목구비가 깨끗하며 이해력이 높은 머리와 멀리 내다보는 식견을 갖고 있었다. 어린 시절에 이미 산도山濤에게 좋은 평판을 얻었으며 장성한 후에는 혜강嵇康과 알게 되어 대나무 숲에서 같이 노닐게 되었다.

평생 노장老莊의 학설을 좋아하였는데, 좋아하는 것에 그치지 않고 홀로 깨우침을 얻은 것이 있었다. 『장자莊子』가 세상에 유행할 때에, 많은 사람들이 그 시류를 쫓아갔으나 장자의 진정한 핵심을 이해하지 못하였다. 상수가 『장자주莊子注』를 지어 그 기묘함을 드러내면서 뚜렷이 일가를 이루게 되었다. 책이 완성된 후에 현학玄學이 크게 일어나게 되었으며 그 책을 읽는 자마다 큰 깨달음을 얻게 되어 심령을 중시하고 부귀를 가볍게 여기게 되었다.

혜강과 양생養生 병에 걸리지 아니하도록 건강 관리를 잘하여 오래 살기를 꾀함에 대해 논변을 하였으며, 이에 『난양생론難養生論』을 지어 혜강이 더욱 높은 수준의 담론을 하도록 유도하였다.

벼슬자리에 나가지 않고 혜강과 함께 산양山陽 또는 낙양洛陽에서 대장장이 일을 하였다. 그는 풍구를 돌리면서 조수역할을 하였으나 서로서로 흔쾌한 마음으로 어울렸으며 마치 곁에 다른 사람이 없는 듯이 하였다. 또한 여안呂安과 산양에서 농원을 꾸렸으며 이를 통해 생계를 해결하였다.

혜강, 여안이 죽임을 당한 후에 죽림의 모임은 종말을 고하였다. 생계를 위해 어쩔 수 없이 군郡의 인재천거 제도를 통해 벼슬길에 나섰다. 사마소司馬昭가 비꼬듯 면전에서 물어보았다.

"그대는 기산箕山 기산은 요임금의 선양을 거절한 유명한 선비 허유(許由)의 은거지였다.의 뜻을 품고 있었는데 어찌해 스스로 굴복해 이곳에 오게 되었는가?"

상수는 진땀이 나는 것을 느끼며 답했다.

"소부巢父, 허유許由 부귀영화를 마다하는 사람을 비유적으로 이르는 말. 성천자(聖天子)라고 추앙받는 중국의 요임금이 허유에게 천하를 주겠다고 하자 허유는 더러운 말을 들었다고 하여 영수강(潁水江)물에 귀를 씻었으며, 소부는 허유가 귀를 씻은 더러운 물을 소에게 먹일 수 없다고 하여 소를 끌고 돌아갔다는 데서 유래한다.는 강개한 선비지만 저는 그들이 요임금의 뜻을 살피지 못했기 때문에 떠받들기가 어렵습니다."

관직에 올라 산기시랑散騎侍郎, 황문시랑黃門侍郎, 산기상시散騎常侍를 지냈다. 그러나 구체적인 업무에 관여하지 않았다. 인생의 발걸음이 닿는 곳을 찾았던 것이며 봉록을 받아 생계를 유지하려 했던 것이다. 관에서 지내는 것이 울적하였다. 죽림에서 거닐며 혜강, 여안과 어울리고 싶었다. 일이 있어 출장을 가면서 산양山陽을 찾아 갔었는데 온갖 감정이 교차하였다. 이에 『사구부思舊賦』를 써내려갔다.

태시泰始 8년(722년) 오십이 되지 않은 나이에 부임지에 가다 사망하였다.

관직이 산기상시에 이르렀기 때문에 후대에 그를 상向상시常侍라 칭하였다. 상수의 『장자주』는 사라졌으며, 후대에 곽상郭象 252~312년 서진 현학가이 개인 소장본에 근거하여 이를 살짝 고친 후에 자기가 지은 것이라고 칭하며 세상에 내놓았다. 오늘날 존재하는 『장자주』는 상수과 곽상이 같이 주해한 것이라고 볼 수 있다.

남조 송의 안연년은 『오군영五君咏상상시向常侍』에서 다음과 같이 읊었다.

> 상수는 담백하고 거친 것도 달게 여기며 向秀甘淡薄
> 깊은 속내를 흰 종이에 써내려갔네 深心托豪素
> 도를 탐구함에 그윽하고 현묘함을 좋아하고 探道好淵玄
> 책을 읽음에 세세한 형식에 구애받지 않았네 觀書鄙章句
> 여안과 사귐은 기러기 날아가듯 交呂旣鴻軒
> 혜강과 만남 역시 봉황이 날아가듯 攀嵇亦鳳擧
> 도성으로 돌아가는 길에 하내에 머무르며 流連河裏游
> 슬픔가득 사구부를 지었네 . 惻愴山陽賦

왕융

왕융王戎 234~305년의 자는 준충濬冲이며 낭야琅琊임기臨沂 지금의 산동성 임기사람
이다. 조부 왕웅王雄은 유주자사幽州刺史를 지냈고 아버지 왕혼王渾 생졸년대 미상, 이
름이 같은 왕혼(王渾 223~297)은 사공 왕창(王昶)의 아들로 서진(西晉)초기 명신으로 왕융의 아버지와는
다른 인물임은 량주자사凉州刺史를 지냈으며 정릉정후貞陵亭侯의 작위를 받았다.

어려서부터 총명하고 당당한 모습이 뿜어져 나왔다. 태양을 바라보아도 어
지러움을 느끼지 않았으며, 사람들은 그의 눈이 바위 밑에 번개가 있는 것 같
다고 칭찬하였다. 일곱 살 무렵 호랑이가 울부짖는데도 조금도 놀라지 않고 태
연자약하여 위魏명제明帝의 인정을 받았다.

완적은 그의 부친 왕혼과 친구였는데, 왕혼의 집을 방문하였을 때 왕융의
나이가 막 열다섯 살이 되었을 때이다. 같이 말을 나누다 의기투합하여 나이를
벗어난 친구가 되었으며완적과 왕융은 25세나 차이가 난다, 이에 따라 대나무 숲에서
같이 어울리게 되었다.

아버지가 죽자 문도들과 옛 부하들이 수백만관의 부의금을 보내왔으나 이
를 전부 돌려보냈는데 이로 인해 이름을 날리게 되었다. 키가 작은 편이지만
격식을 따지지 않는 자유로움으로 청담을 잘 하였으며, 매번 그 말 속에 핵심
이 있었다. 낙수洛水의 수계修禊 고대로부터 전해져 내려오는 의식으로 봄과 가을 두 계절에 요
사를 물리치기 위해 물가에서 드리는 제사이다. 수계 후에 음주가무를 즐기며 선비들이 재주를 뽐냈다고
한다.에 당시 뛰어난 자들이 모여들었을 때, 그는 계찰季札 BC 576~BC 484년 춘추시대
오(吳)왕 수몽(壽夢)의 넷째 아들로 세 번이나 왕의 자리를 사양하였다. 현자로 명성을 날렸다., 장량張良
미상~BC189년 서한 개국공신, 한신(韓信), 소하(蕭何)와 함께 서한초기 3명의 걸출한 인재로 불림을 논
하여 갈채를 받았다.

인생초반에는 깨끗하고 낭랑함으로 완적의 찬사를 받았으나 시간이 지나면
서 속물근성이 조금씩 드러났으며 완적에게 속물이란 비난의 소리를 듣게 되
었다.

종회鍾會가 촉을 정벌하기에 앞서 그에게 계책을 물어보자 "도가에 업적을 이루고도 자랑하지 않는다는 말이 있습니다. 성공하는 것이 어려운 것이 아니라 이를 유지하는 것이 어렵습니다."라고 하였다. 훗날 종회가 촉을 정벌한 후 반란을 일으켰으나 멸망함으로써 이 말이 현실로 입증되자, 사람들이 왕융의 말을 철리를 담고 있는 말로 여기게 되었다.

아버지의 작위를 이어 받아 상국연相國掾으로 부름을 받은 후에 이부황문랑吏部黃門郞, 산기상시散騎常侍, 하동태수河東太守, 형주자사荊州刺史를 역임하였다. 관리를 파견하여 자신의 주택을 수리한 일로 면직이 될 뻔 하였으나, 속죄금을 내고 이를 면하였다. 예주자사豫州刺史로 자리를 옮겼으며 건위장군建威將軍을 겸임하였다. 황제의 조서를 받고 오나라 정벌에 나섰으며, 무창武昌 등 지역을 공략하는데 큰 공을 세워 안풍현후安豊縣侯의 작위를 받았다. 그 후에 새로 얻게 된 오나라 땅을 안정시키는데 수완을 보이면서 조정으로 부름을 받아 시중侍中이 되었다. 수뢰혐의로 탄핵을 받게 되어 조사를 받았으며, 뇌물을 받지 않은 것으로 나타나긴 하였으나 그로 인해 그의 명성에 금이 갔다.

조정안에서 뚜렷한 업적은 없었으나 일상적인 업무를 지속하였다. 후에 광록훈光祿勳, 이부상서吏部尚書가 되었으며 모친의 상을 당해 벼슬을 떠났다. 효성스러웠으나 예법에 얽매이지 않고 술을 마시고 고기를 먹었다.

사마염이 죽고 아들 사마충司馬衷 259~307년 진혜제(晉惠帝)이 제위를 잇고, 외척 양준楊駿 미상~291년이 정권을 잡자 왕융은 태자태부太子太傅의 직을 제수 받았다. 동안공東安公 사마요司馬繇 미상~304년 사마의의 손자, 제갈탄(諸葛誕)의 외손자가 권력을 제멋대로 휘두르자 간언하였다. "대사를 치른 후에는 마땅히 일처리가 깊고 멀리 내다보아야 합니다." 사마요는 그의 말을 듣지 않았으며, 결국 멀리 유배되었다. 훗날 복권되었으나 성도왕成都王 사마영(司馬穎) 279~306년)을 토벌하러 갔다가 패배하여 처형당하였다.

왕융은 중서령中書令으로 자리를 옮겼으며 광록대부光祿大夫가 되었고, 상서좌복사尚書左僕射로 자리를 옮겨 이부吏部를 지휘하였다. 그는 관제를 개혁하여 '갑오제甲午制'를 실시하였다. 요점은 관원(승진)선발을 할 때, 백성을 다스린 경력이 있는지를 우선조건으로 하였다. 그러나 그의 의도와는 달리 일대 혼란을 초래하면서 탄핵을 받게 되었다.

가남풍賈南風 257~300년 진 혜제 사마충의 황후과 친분이 있어 사도司徒로 승진하였다. 태자가 가남풍 손에 죽게 되었으나 그는 단 한마디도 하지 않았다. 조왕趙王 사마윤司馬倫 미상~301년 사마소의 배다른 동생이 수도에 입성한 후에 가남풍이 주살되자, 관직이 박탈되었다. 사마윤이 피살당하고 사마충이 복위하자 상서령尙書令으로 임명되었다.

팔왕의 난이 일어나자 그는 관직과 몸을 보전하기 위하여 침묵하였으며 시체처럼 지냈다. 사도로 제수되었으나 아랫사람에게 일을 전부 맡기고 자신은 평복을 하고 밖으로 돌아다녔다. 사람이 인색하여 돈을 모을 줄만 알았지 베풀 줄을 몰라 수많은 웃음거리를 만들어냈다.

동해왕東海王 사마월司馬越 미상~311년이 진혜제 사마충司馬衷을 데리고 업성鄴城에 있던 성도왕成都王 사마영司馬穎 279~306년을 토벌하러 가자 왕융도 그를 따라서 갔으나, 왕융의 군대는 패하였다. 업성에 들어간 후에 사마충은 낙양으로 돌아갔다. 하간왕河間王 사마옹司馬顒 미상~306년의 대장 장방張方이 사마충을 협박하여 장안長安으로 그를 옮겨가자 왕융은 겹현郟縣 하남성 소재으로 도망갔다.

영흥永興 2년(305년) 겹현에서 72세로 세상을 떠났다.
관직이 사도에 이르렀기 때문에 후세 사람들이 그를 왕사도라 불렀다.

철진轍塵은 『보이군영왕사도補二君詠王司徒』에서 다음과 같이 묘사하였다.

　　왕융의 총명함, 어린 나이에 드러나니　濬沖穎童轉
　　그 낭랑한 말로 완적과 사귀게 되었네. 朗言結阮公
　　맑은 술 푸른 대나무 속에서 술잔 기울이며 清酒洒碧竹
　　기묘한 도리로 그 깊고 깊은 속을 드러냈네. 妙諦揭玄衷
　　오나라를 정벌하였던 청렴한 명예를 무너뜨리고 毁譽平吳地
　　서진의 조정에서 부침을 거듭했네. 沉浮向晉宮
　　팔왕의 난, 그 칼끝 아래 구차하여져서 八王戈下苟
　　인색함으로 취미 삼는 노인이 되어버렸네. 吝趣作高翁

절교의 배후

1

혜강嵇康을 이야기할 때면 그 유명한 『산도와의 절교서與山巨源絶交書 혜강이 생을 마감하기 2년 전인 서기 261년에 쓴 절교서』를 거론하지 않을 수 없다.

혜강이 역사적 명성을 얻게 된 것도, 죽음이라는 화를 당하게 된 것도 모두 이 절교서와 관계가 있다. 어떻게 평가하더라도 이 절교서는 혜강의 인생과 중국 문인文人역사의 이정표라고 할 수 있다.

이 이정표의 토대 위를 걸어가노라면 대나무 잎이 흔들리는 속에 '일곱 현자'의 모습이 나타난다. 흔들리는 버드나무 곁에서 쇠를 두드리는 소리가 들려온다. 망나니의 칼날이 허공을 하얗게 가르자 『광릉산廣陵山』의 여운이 영원을 휘감아 돈다.

홀연히 나타났다 홀연히 사라지는 혜강의 그림자가 그 절교서를 들고 불안스럽게 압박해 온다. 혜강의 이 절교서는 산거원山巨源에게 써준 것으로, 산거원은 바로 죽림칠현의 한 사람이자 혜강의 좋은 친구인 산도山濤를 말한다. 사실 혜강과 산도는 좋은 친구 정도가 아니라 정말로 막역한 사이였다. 그런데 어째서 갑자기 절교를 하게 되었나?

만일 이 문제를 길 가는 사람들에게 물어본다면 틀림없이 다음과 같이 대답할 것이다. "산도가 혜강의 이익을 저버렸으며, 혜강을 해코지했다. 적어도 산도가 혜강에게 미안한 일을 한 것이다." 내막을 잘 모르는 학자의 대답도 별반 다르지 않을 것이다. 혜강과 산도가 절교한 이유는 상호 이익관계의 변화, 정파입장의 변동, 도덕윤리의 상실에 있으며 책임 또한 산도에게 있다고 할 것이다.

그러나 역사서를 펼쳐 그 까닭을 살펴보면, 그야말로 문인과 관리들을 깜짝 놀라게 할 일이 전개된다. 문제의 발단은 산도가 혜강에게 관리 선발을 맡는 이부랑吏部郎이란 요직에 나가도록 요청한 데서 비롯되었다. 이 자리는 원래 산도가 맡고 있었으나 그가 좀 더 높은 벼슬로 올라가면서 혜강이 그 자리를 대신하도록 천거했던 것이다. 산도는 혜강을 단순히 추천하는데 그친 것이 아니라 이 요직을 확실하게 혜강에게 주려고 하였다. 산도가 모든 것을 잘 주선해 놓았기 때문에 혜강이 승낙만 하면 즉시 부임할 수 있는 상황이었다.

산도의 정치적 경험, 그의 친구의 어려운 환경에 대한 이해에 따르면 어느 관점에서 보더라도 혜강은 산도의 아름다운 뜻을 받아들여야 했다. 혜강은 그 당시 중산대부中散大夫라는 벼슬에 있었다. 벼슬길에 오르지 못한 자의 눈에 그의 자리는 상당한 위치였지만 정권의 중심에 선 자의 관점에서 보면 벼슬이라고 말하기도 뭣한 한직에 불과한 고문직으로 관료사회의 장식품에 불과한 것이었다.

혜강은 중산대부 벼슬을 버리고 산도의 천거를 받아들여야 했다.

관리가 중심인 국가에서 벼슬을 한다는 것은 재물, 지위, 명예를 누리는 것을 의미하였다. 여기서 말하는 관직은 당연히 실권이 있는 진정한 관직을 의미하며 있으나마나한 벼슬은 아니었다. 그 시대에는 고급으로 살기위한 모든 것이 관직에 걸려있었다. 가문과 조상을 빛내거나, 아내와 자식을 영화롭게 하거나, 부귀를 누리거나, 나라를 다스리며 천하를 호령하려면 모두 벼슬이 필요하였다. 벼슬길에 오르지 않는다면 모든 아름다운 꿈은 이야기 할 필요가 없었다. 아주 사소한 일일지라도 높은 사람들에게 뻔뻔스러운 얼굴로 머리를 조아리며 요청해야하니 벼슬이 없으면 최소한의 인격도 없었다. 혜강은 비록 중산대부란 벼슬에 있었지만 너무도 박봉이어서 가정형편을 맞출 수 없었다. 생활이 너무 곤란하여 대장장이를 하며 겨우 생계를 꾸려갈 수밖에 없었다.

혜강은 중산대부 벼슬을 버리고 산도의 천거를 받아들여야 했다.

혜강은 노장老莊과 신선술을 배워 아무런 구속도 받지 않은 채 속세 밖에서 노닐고 싶어 했다. 그러나 신선술을 배우고 단약을 다려먹는 것은 상당한 지출이 따르는 일이다. 재원이 충분치 않아 풀뿌리를 씹으며 허연 죽을 먹는 상황에서 선계에 들어가려고 바라는 것은 그림의 떡으로 배를 채우려는 것과 다름이 없었다. 하안何晏 미상~249년은 노장과 신선 숭상을 창시한 사람이라고 할 수 있다. 그 역시 벼슬을 했으며, 가능한 방법을 다 동원해 높은 벼슬자리를 얻으려고 했다. 높은 벼슬에 따른 두둑한 녹봉에 기대어서야 비로소 신선이 되려는 일을 멋지게 할 수 있었기 때문이다. 중산대부의 녹봉, 대장장이의 수입으로는 열등한 인간생활을 할 수 있을 뿐이었다.

혜강은 중산대부 벼슬을 버리고 산도의 천거를 받아들여야 했다.

이왕 벼슬을 하려면 관직을 관리하는 자리에 앉아야한다는 속말이 있다. 이부랑이란 직책은 관리들의 '출세 길'을 쥔 중요한 자리였다. 이 '출세의 길목' 아래에 수많은 물고기들이 늘 머리를 쳐들며 힘을 다해 뛰어오르려고 하였다. 벼슬이 없는 자는 벼슬을 얻으려고, 낮은 벼슬을 가진 자는 높은 자리로 가려고, 높은 벼슬에 있는 자는 귀한 자리로 가려고 하였다. 이부랑이 되고나면 비교할 수 없는 존엄함을 갖게 된다. 벼슬을 하려거나 높은 자리로 올라가려는 자들이 늘 주변에 늘어서서 떠받들게 되는데, 이부랑의 안색 살피기를 자신의 부모들 받드는 것보다 더 열심이었다. 누구나 꿈에도 잊지 못하고 그 자리를 얻으려고 했지만, 얻으려 해도 얻지 못하는 게 바로 이부랑의 자리였다.

혜강은 중산대부 벼슬을 버리고 산도의 천거를 받아들여야 했다.

혜강은 조위曹魏 220~265년황실의 패왕沛王인 조림曹林 미상~256년의 사위였다. 조림은 조비曹丕 187~226년 위 문제(文帝)의 배다른 형제로 위나라의 귀한 신분이었지만 당시 사마가문당시 삼국지의 중심인물 중 하나인 사마의(司馬懿)의 아들 사마소(司馬昭)가 정권을 장악하고 있었다. 이 정권을 장악하고 있었기에 철지난 시든 꽃에 불과하였다. 그러니 조림의 사위라는 것은 망해가는 용 위에 올라탄, 거론할 가치도 없는 일이었고, 더더욱 즐거운 일은 아니었다.중국에서는 귀한 신분 집안의 사위가 되는 것을 승룡쾌서(乘龍快壻)라고 했는데 조림의 사위가 된 것이 결코 즐겁지(快) 않다는 뜻이다. 사실 망해가는 용 위에 올라타는 것은 번쩍이는 비단 안장에 바람결을 가르고 달리는 천리마를 타느니만 못한 것이었다.

혜강은 중산대부 벼슬을 버리고 산도의 천거를 받아들여야 했다.

당시 정치대세의 변화로 위曹魏황실의 위세는 이미 기울어져 황제의 귀하신 몸인 고귀향공高貴鄕公 조모曹髦 241~260년는 기껏해야 허수아비 역할밖에 하지 못하고 있었다. 정권의 주역은 사마소司馬昭 211~265년로 바뀌어 있었다. 황제를 갈아치우는 일이 언제라도 발생할 수 있었다. 조위 황실의 방계 인척이 된 혜강은 조위정권은 기댈 곳이 못되며 심지어는 그에게 치명적인 위험을 가져다 줄 수 있다는 것을 알고 있어야 했다. 걸출한 인물이라 함은 시대의 상황이나 형세를 제대로 파악할 수 있는 능력을 갖춰야 한다는 것이다.

혜강은 중산대부 벼슬을 버리고 산도의 천거를 받아들여야 했다.

황실에 충성을 다하고 정통을 지키는 일은 먹고사는 문제가 우선인 수많은 벼슬아치들에게는 기껏해야 계층적 도덕을 지키는 것에 불과했다. 만일 세상에 정말로 절대적인 도덕이란 것이 있었다면 조조가 천자를 위협해 제후들에게 명령한 일이나 조비가 동한을 무너뜨리고 자기 왕국을 세운 일을 어떻게 해석해야 하는가? 사마씨들의 일들이나 행위가 비록 여론의 비난을 받고 있었지만, 실제적인 관점에서 본다면 시간과 장소와 사람만 바뀐 것으로, 위가 동한에게 했던 일을 반복하고 있을 뿐이었다. 때문에 이를 지나치게 책망하기는 어렵다. 또한 책망할 일을 보고도 책망하지 않아야 비로소 대장부의 기개가 드러나게 된다고 할 것이다.

2

산도가 혜강을 천거한 이유는 개인적인 친분이 작용했겠지만 공정하게 말하자면 꼭 그렇다고만 할 수 없다. 이부랑은 천하의 공인公人들을 장악하는 중요한 자리로 이를 맡는 사람은 높은 덕망을 가지고 있어야하며, 문제를 종합적으로 살펴볼 수 있어야 하고, 군자의 도를 가지고 선발 대상을 헤아려 볼 수 있어야 한다. 노장을 숭상하는 혜강이야말로 이러한 요구 조건들을 모두 충족하는 인물이었다. 그는 당대에 대단히 명망 있는 인사로 청담淸談에 정통해 있었으며, 사람 됨됨이가 소탈해 구애됨이 없고 생각이 깊었다. 또한 기쁨과 슬픔을 겉으로 드러내지 않는 사람으로 조정과 재야에서 상당한 명성을 얻고 있었다. 혜강이 종교적 색채의 언어로 솔직 담백하게 펼쳐놓은 이야기를 한번 살펴보자

> 대저 군자라 함은 마음을 옳고 그름을 따지는데 두지 않으면서, 행동은 도를 벗어나지 않는 자를 일컫는다. 무엇을 일컫는 말인가? 대저 마음이 편안하고 안정된 자는 외양적인 것에 마음을 두지 않는다. 몸가짐이 바르고 마음이 곧은 자는 그 감정이 욕망에 흔들리지 않는다. 외양을 마음에 두지 않는 까닭에 명분을 넘어서 자연스럽게 일을 처리할 수 있게 된다. 감정이 욕망에서 벗어난 까닭에 귀하고 천한 것을 살펴볼 수 있고 사물의 정리에 통달할 수 있게 된다. 사물의 정리에 잘 통하게 되면 그 도를 행함에 어그러짐이 없게 되며, 그 마음이 명분을 초월해서 자연스럽게 되는 까닭으로 옳고 그름을 따지지 않게 된다. 이러한 까닭으로 군자는 따지지 않는 마음을 중심으로 하고 사물의 정리에 통하게 되는 것을 아름다움으로 삼는다고 하는 것이며, 소인은 있는 그대로를 숨기므로 그르다고 하고 도리에 벗어남으로 잘못되었다고 하는 것이다. 어째서 그런가? 있는 그대로를 숨기고 보잘것없는 것을 아끼는 것이 소인의 악함이 되는 것이며, 빈 마음으로 시비를 가리지 않는 것이 군자의 독실함이 되는 것이다.
> 따라서 대도大道로써 말하게 된다. "나에게는 얽힐 외물이 없으니, 내 어찌 무엇을 근심하리요?" 『진서晉書·혜강전嵇康傳』

개인적인 정으로 본다면 혜강은 산도가 너무나 잘 아는 지기知己였다.

산도는 20여 년을 머물렀던 산양山陽에서 혜강과 같이 노닐던 죽림을 잊지 않고 있었다. 서로의 마음을 기울여 주고받던 인생에 관한 이야기들을, 같은 기질로 서로를 격려하던 글들을 마음에 아로새기고 있었다. 비록 의견 차이로 불쾌한 일도 있었지만 산도는 혜강을 높이 평가하고 아껴주었다. 또한 이렇게 고매한 정신을 소유한 친구가 있다는 것에 기쁨과 위안을 느꼈다. 아니 그것을 넘어 자랑으로 여겼다. 죽림을 떠나 조정에 들어간 뒤에도 산도는 단 한순간도 옛 친구를 잊지 못했다. 늘 그의 소식에 관심을 갖고 있었으며 마음속으로 그가 잘 살아가기를 바랐다. '부귀하게 되더라도 서로를 잊지 말라.' 혜강과 그 사귐을 귀중하게 여기던 산도는 좋은 기회가 생기자 제일 먼저 옛 친구를 떠올리게 되었다. 물론 다른 여러 가지 정황도 고려하고 있었다.

산도는 관료 사회에서 여러 해를 지내면서 복잡다단한 벼슬길의 쓴맛을 깊이 맛보았다. 어느 계파에 속하지도 않고 혼자였던 그는 처신이 어려움을 뼈저리게 느꼈다. 눈앞에서 던져지는 창과 뒷덜미로 은근히 날아오는 화살들을 막기 어려운 상황이 한두 번이 아니었기 때문이다. 자신의 정치세력이 없었기에 정파의 틈새를 가까스로 헤쳐 나갈 수 있었을 뿐이었다. 한 명의 뛰어난 인물이 나오려면 여러 명의 조수가 있어야 한다는 말처럼, 혜강을 불러들이면 정말 강력한 조력자를 얻게 되는 것이었다.

산도는 혜강을 마음에 들어 했으며, 그를 추천하는 일을 신중하게 고려했다. 또한 공정성과 사적인 우의를 전부 감안했다. 산도는 혜강이 그의 천거를 받아들여 즉시 부임하기를 충심으로 기대하고 있었다. 절교라는 결과가 생기리라고는 전혀 생각지도 못한 채 말이다.

3

산도의 천거는 결코 짧다고 할 수 없는 과정을 거친 것이다. 혜강이 여안呂安 등 친구들에게서 소식을 들은 때로부터, 혜강이 정식으로『산도와의 절교서』를 보낼 때까지는 약 4년의 세월이 있었다. 혜강이 산도의 천거를 거절하고 붓을 들어 절교서를 쓸 때까지 겪은 심란함이란 외부인에게 쏟아 놓기 극히 어려운 것이었다.

완적을 빼고는 오랜 세월 혜강이 가장 중시한 인물은 바로 산도였다. 나이로 보더라도 산도는 죽림칠현 중에서 가장 위였다. 완적보다 네 살, 혜강보다는 열여덟 살 위로, 나이를 떠나 맺어진 우정이었다. 처음 죽림을 거닌 것은 혜강·완적·산도 세 사람으로 상수·유령·완함·왕융 네 사람은 뒷날 합류한 것이다. 함께 어울리는 세월 동안 혜강은 산도에게 적지 않은 가르침과 도움을 받았다. '죽림'의 풍모가 빛을 발할 수 있었던 데는 산도의 공이 상당히 컸다.

단순히 이부랑 천거건만 봐도 알 수 있듯이 산도는 정말 지극 정성을 다했다. 도량이 큰 산도는 혜강의 재능을 질투해 본 적이 없었으며 변함없이 그의 올곧음을 받아들이고, 연장자의 품격으로 정성을 다해 보살펴주었다. 가슴에 손을 얹고 생각해 봐도 산도가 자기를 박하게 대하지 않았다는 것을 혜강은 알고 있었다. 그렇다면 왜 그가 산도의 천거를 거절하고 절교라는 행동을 취했는가?

누군가는 혜강이 정신이 나갔다고 했다. 명성과 명예를 얻으려고 말이다. 누군가는 혜강이 신선술을 배워 이미 속세인의 정을 느끼지 못했으며, 좋고 나쁨을 구분하지 않게 되었기 때문이라고 했다. 또 누군가는 혜강이 산림에 은거하려 부귀를 거절했다고 했다. 그러나 이것은 어느 한편에 기운 이야기거나 마음대로 추측한 것들이었다. 당사자인 혜강만이 씁쓸하고 떨떠름한 괴로움을 갖고 있었다.

혜강을 시대 전체의 배경 속에 놓고 살펴보지 않으면 그를 깊이 이해하기 어렵다. 혜강의 심리 세계를 열어보지 않는다면 산도와 절교하게 된 미묘한 이유를 들여다볼 수 없다.

혜강이 아무것에도 구애받지 않는 호방함을 가졌다던가, 초탈한 풍모를 가졌다던가, 신선과 같다던가, 자연스럽고 대범한 삶을 살아 일반 사람은 도저히 그의 경지에 이를 수 없다고 여기는 것은 잘못된 생각이다. 사실 그는 줄곧 상당히 비관적으로 자기가 때를 만나지 못했다고 생각했다. 정말 보기 드문 말세에 태어나 살아간다고 여겼으며, 이로 인해 살을 도려내는 듯한 아픔을 여러 차례 표현했다.

> 그러나 세상을 다스리는 대도大道가 이미 쇠했고, 교사스러운 지혜만 넘쳐나고 있다. 세상의 풍속이 나빠지고, 사람들의 욕망이 끝이 없다. 이익이 있는 곳이면 (사람들은) 마치 보통의 새들이 난鸞새의 자리를 탐하듯 이익을 추구한다.(『복의卜疑』중에서)

> 부귀는 사람들이 바라는 바이다. 대체로 말세에는 (사람들이) 가난함과 비천함을 혐오하고 부귀를 좋아하기 때문이다.(『답난양생론答難養生論』중에서)

> 왕도의 덕이 쇠해지고, 세상을 다스리는 대도가 땅에 떨어졌다. 지혜를 날마다 동원하지만, 점차 자기와 친한 사람만을 중하게 여긴다. 만물이 자기로부터 벗어날까봐 두려워하며, 어깨를 걷어붙이고 자비와 인의를 숭상한다. 탐욕과 거짓이 더욱 심해지고 번잡한 예절이 점점 많아진다. 형벌과 교육이 실시되면서 사람의 본성과 참됨이 망가졌다. 말세에는 대도가 행해지지 않고……(『태사잠太師箴』중에서)

혜강은 자기가 살던 시대를 낮추어 보았다. 눈을 들어 바라보면 사람들이 추구하는 것은 오로지 돈과 권력과 명성과 이익뿐이었다. 사람들은 몸 밖에 있는 사물은 무엇이든지 추구하지만, 유일하게 신앙, 즉 인간 본연에 대한 추구는 없었다. 사람은 일종의 동물, 식욕과 성욕만을 아는 동물, 탐욕과 향락만을 아는 동물이 되었다. 심지어는 비천하고 쌍스럽기가 동물만도 못한 존재가 되었다. 동물의 욕망은 생존을 유지하기 위한 것이지만 사람의 욕망은 인간의 존엄을 해치기 위한 것이었다.

　인간의 욕망이 넘쳐나면서 비리고 퀴퀴한 냄새가 세상에 가득 찼다. 이러한 썩은 냄새 가득한 욕망을 감추기 위해 인간들은 천을 하나씩 들고 나왔다. 정치와 형벌로, 명분으로, 예의로 이리 감추고 저리 덮으려고 했지만, 가리지 못해 염치가 없게 되었으며 오히려 거짓과 간사함, 도덕이 없는 교활함과 완고함만을 만들어냈다. 솔직하고 참된 혜강은 이러한 모습과 냄새를 참지 못해 도피하려고만 했다. 정신적으로는 노장의 날개 아래로, 신선의 깨끗한 경지로 도피하려 했으며, 실제로는 대나무의 성긴 그림자 속으로, 버들가지 늘어진 길가의 대장간으로 도피했다. 혜강은 원래 고독하고 도도한 성격이었는데, 사회생활로 인해 거듭되는 자극을 받으면서 그 고독은 더욱 깊어갔다. 따라서 그와 뜻이 맞는 친구가 아주 적었으며, 도도함은 하늘을 찌를 듯했다.

　혜강은 사회로부터 도피했다. 도피하는 것 또한 상당히 피곤한 일이었지만 완강한 의지력으로 겨우 자신의 기질을 안정시켰다. 그런데 뜻밖에도 산도가 다시 그를 세상으로 '불러내려'했던 것이다. 혜강은 산도가 자신을 추천하려는 뜻을 거두어주기를 희망했지만 산도는 혜강의 마음을 전혀 모른다는 듯이 단념하지 않았다. 혜강은 더 이상 참을 수 없는 지경에까지 이르게 되었다. 이리 뒤척 저리 뒤척 잠을 이루지 못하는 수많은 밤을 보내고 나서 그는 마침내 붓을 들었다.

　죽림칠현 중 나이가 가장 어린 왕융王戎은 일찍이 감탄하여 다음과 같은 말을 한 적이 있다.
　"혜강과 이십년을 지냈지만 한 번도 얼굴에 기뻐하거나 화를 내는 모습을 본 적이 없다."
　기쁨과 분노를 드러내지 않는 것이 혜강의 품격이었다. 그는 상당한 도량을 지니고 있어서 누구에게도 화를 낸 적이 없었다. 글을 써서 산도와 절교를 할 정도까지 되었다는 것은 그의 마음속이 분노로 가득 차있어 이를 억제하기 어렵다는 것을 보여 주었다. 마음속의 아픔도 떨쳐버릴 수 없었다.

붓을 들기는 하였지만 혜강의 손은 천근만근 무거웠다. 전대미문의 절교서를 쓰는 일은 그에게도 어려운 일이었다. 그는 본래 문장을 쓰는 데 민첩했다. 게다가 스승 없이 수많은 책을 통해 독학한 기초가 있어 평소에 시를 지으면 물이 흘러가듯 단숨에 써내려갈 수 있었다. 그러나 이번에는 붓을 들었다 놓기를 여러 번, 반나절 동안 단 한자도 쓰지 못했다.

혜강이 누추한 초가집 방문을 나서서 뜨락의 사립문을 열고 밤하늘을 바라본다. 별빛이 드문 하늘, 옅은 안개가 달빛을 가리고 한줄기 바람이 불어오면서 산비탈의 대나무들이 희미한 파도소리를 내기 시작했다. '아! 저 파도 소리는 예나 지금이나 같건만 산도는 변했구나.' 혜강은 일종의 계시를 받는 듯 생각이 점차 또렷해지는 것을 느꼈다.

그는 책상 앞으로 돌아와 붓을 휘갈겨 쓰기 시작했다. 절교서가 다 써졌다. 특별한 품격을 지닌 글이었다. 산문 같기도 하고, 잡문 같기도 하고, 논문 같기도 하였다. 아니 전혀 격식이 없는 글이었다. 혜강류의 글이라고나 할까. 혜강은 오늘을 빌려 옛 것을 논하고, 옛 것을 들어 오늘을 말했다. 이를 대강 나누어보면 절교서는 대체로 세 겹의 내용을 가지고 있다.

4

혜강의 절교서에 나타난 첫 겹은 산도를 향한 것이었다. 그는 사실에 입각해 사물의 득실을 논하는 일반 형식을 깨고, 바로 산도의 사람 됨됨이를 드러내며 산도의 인격을 평가했다. 겉으로는 칭찬하는 것이었지만 실상은 그를 깎아내리는 내용이었다. 산도를 비꼬는 수법을 사용했던 것이다.

혜강은 우선 글 첫머리에서 산도는 자신의 지기가 아니라는 사실을 명확히 했다.

> 선생은 예전에 선생의 숙부*에게 내가 벼슬을 원하지 않는다고 말했습니다. 나는 늘 이 일이 우리 사이에 서로를 잘 알고 하는 일이라고 여겼습니다. 하지만 내가 벼슬하지 않겠다는 것을 선생에게 이야기한 적이 없었는데, 어디서 알게 되었을까 하고 늘 이상하게 생각했습니다.
>
> *영천(潁川 하남성 허창(許昌)) 태수를 지낸 산금(山嶔)

혜강은 당초 산도와 헛되이 지기가 된 것이었다. 지기란 무엇을 일컫는가? 바로 서로의 마음을 알아주는 사귐을 말하는 것이다. 같은 종류의 사물이 서로 감응하듯, 의기투합해 서로의 마음과 추구하는 바, 상대방의 경지를 이해하는 것을 말한다. 그러나 이번 일을 겪으면서 비로소 원래 지기라고 일컫던 일들이 커다란 오해에 불과했다는 것을, 근본적으로 서로가 서로를 모른다는 것을 알게 되었다. 자신과 산도가 지기라는 사실을 반박하기 위해 혜강은 단호하게 말했다.

> 선생과는 우연히 알게 되었습니다.

혜강의 눈에 드는 사람은 많지 않았다. 그는 지기들과만 친구로 지냈는데 산도는 원래 그 중 한 사람이었다. 그러나 이제는 산도가 지기일 수 없기 때문에 이전의 사귐은 의미를 잃어버리게 되었다. 혜강은 두 사람의 성격이 너무나 달라 도저히 일반 기준으로는 잴 수 없다는 데 유감을 느꼈다.

선생은 마음이 넓어서 일을 처리함에 받아들이는 것이 많고 책망하는 것은 적습니다.

한 사람은 세상 물정에 밝고 원만해 세상일에 책망할 것을 보고도 책망하지 않고 인정과 이치에 순응하지만, 다른 한 사람은 직선적인 성격으로 자기주장을 굽히지 않고, 세상에 타협하거나 순응하지 않으며, 자기 마음에 거슬리는 일은 하지 않으려 해서 수많은 일들을 그냥보아 넘기지 못할 뿐만 아니라 도저히 용납하지 못하였다. 성격의 차이가 이다지 큰데 어찌 지기가 될 수 있겠는가?

예전에 책을 읽을 때 세상을 잘 다스릴 수 있으면서도 심성이 바르고 곧은 사람#介之人이 있다는 것을 배운 적이 있습니다. 그런 사람은 이 세상에 있을 수 없다고 생각했는데, 오늘에서야 이러한 사람이 정말로 있다는 것을 알게 되었습니다. 세속의 어떤 일은 본성으론 감당할 수 없기에 이를 강요할 수는 없는 것입니다. 지금 세상 사람들은 세상일을 다 용납하는 달인이 있다고 말하면서, 겉모양은 일반인과 다르지 않으나 마음으로는 정도를 잃지 않고 세상 물결과 같이 흘러가면서도 해를 당하지 않는다고 합니다. 그러나 그것은 빈말입니다.

혜강은 산도를 '세상을 잘 다스릴 수 있으면서도 심성이 바르고 곧은 사람'이라고 표현했다. 하지만 그는 야유를 보내고 있는 것이었다. 산도가 정말로 보기 드문 '달인'이어서 겉으로는 능히 다른 사람들의 의중을 헤아리고 누구에게나 두루 곱게 보이는 처세로 세상인심에 따르지만, 안으로는 원칙을 갖고 이념을 굳게 지키며 도의를 다하고 있다고 은유적으로 비꼬고 있었다. 큰 속됨과 큰 우아함이 어우러져 밑바닥까지 속되고 우아해 물결 가는 대로 파도치는 대로 가면서, 화를 없애고 복을 취하는 당대에 빼어난 기인이라고 말하고 있는 것이다. 혜강은 이러한 반어적 표현을 통해 산도를 향한 감정을 생생하게 드러냈다. 그는 기억하고 있었다. 그 옛날 대나무 숲에서 거닐던 산도를, 속세를 달관한 그 표일한 모습과 깨끗함이 가득 찬 그의 말, 꼿꼿이 그 지조를 말하고, 산림에서 평생을 지내겠다던 그의 기개를……

산도는 여러 해를 견디며 마흔이 넘은 중년에 이를 때까지 그 기개를 간직했지만, 끝내는 물질의 궁핍함과 적막하기 그지없는 환경, 세상 사람들의 무관심을 견뎌내지 못하고 벼슬길로 들어서고 말았다. 자기가 했던 일을, 자기가 내뱉었던 말들을 깡그리 잊어버린 채! 아니, 그 정도가 아니다! 그는 은사隱士라는 것을 밑천으로 하여 명성을 얻었으며, 죽림을 구름판 삼아 한달음에 조정 관직을 손에 넣었다. 욕망과 이익을 위해 죽림을 배반한 것이다. 적어도 나 혜강을 배반한 것이다. 자기가 흙탕물에 빠져 뒹구는 것이야 내가 무어라고 말할 수 없지만, 다시 돌아와 나까지 그 흙탕물에 끌어들이려고 하다니……

혜강은 다시 자신의 입장을 써내려갔다.

> 노자, 장자가 내 스승이며 유하혜柳下惠*, 동방삭東方朔** 이 내 친구입니다. 그들은 낮고 비천한 직위에서도 편안히 거하면서 유유자적하였습니다. 정말 내게는 가장 좋은 모범이 되는 사람들입니다. 통달한 때는 선을 베풀되 평생 변함이 없으며, 실의에 빠졌을 때는 스스로 자족해 근심함이 없습니다.
> *유하혜:BC720~BC621년 춘추시대 노(魯)나라 인물
> **동방삭:BC161~BC93년, 한 무제 때 문장과 골계로 일세를 풍미했던 인물

'실의에 빠졌을 때는 스스로 자기수양을 쌓고, 통달한 때는 세상에 널리 선을 베푼다.'는 맹자의 명언을 혜강이 해체해 사용했다. 그는 벼슬길에 오르려는 자는 스스로 그 길을 택해 끝까지 갈 수 있으며, 은둔하려는 자는 아무리 적막할지라도 절대로 마음 어지러이 번민할 수 없다고 생각했다. 세상은 너무나 넓으며, 생활 형식 역시 다양한 것이어서 사람들은 자기의 뜻이나 취향에 따라 그 길을 선택할 수 있다. 누구를 막론하고 모두 벼슬길에 뛰어들 수도 없으며, 또 그럴 필요도 전혀 없는 것이다. 허유許由 요임금시대 은자는 요堯임금의 양위를 거절하고 바위굴로 숨어들어갔다. 장량張良, 미상~BC189년 서한 개국공신은 유방

劉邦을 도와 공신이 되었다. 접여接輿는 길을 막고 미친놈처럼 노래를 부르며 공자에게 은둔하라고 권유했다. 그 모두가 각자 자신이 하려는 일을 한 좋은 예들이다.

벼슬길에 들어서면 거기에 빠져 그 밖으로 나오지 않으며, 산림에 은거하면 속세로 다시 돌아가지 않습니다.

산도, 당신이 좋아하는 것은 부귀공명이니 그 속에서 심신의 만족을 얻고, 나 혜강은 맑은 바람 밝은 달을 사랑하니 그 속에서 심신의 편안함을 얻고…… 사람이란 각자의 뜻이 있는 것으로 다른 사람을 어려움에 처하도록 강요해선 안 됩니다. 좋은 관직—당신 자신은 그것을 위해 살고, 묘한 경관—나 자신은 거기에 거닐고…… 서로가 서로에게 방해가 되지 않고 각자 자기의 길을 가면 되는 것입니다.

혜강의 뜻은 명확했다. 노장학의 상당한 경지에 이른 산도에게 주의를 환기시키고 있는 것이다. 가는 길이 같으면 같이하고, 가는 길이 다르면 서로 같이 일을 꾀하지 않는다는 도리를.

뻥탕후루

혜강은 두 번째의 의도를 절교서에 써내려갔다. 죽순 껍질을 벗겨가듯 전혀 비껴감 없이 자신이 고관이 되기에 부적합한 까닭을 밝혔다. 비록 어투는 평온하였지만 그 속에 맹렬히 부딪히는 무언가가 있었다. 마치 표면은 거울 같이 평화로워 보이지만 그 속은 급류가 휘몰아치는 하천과 같았다. 비록 글자 하나하나에 골계가 넘쳤지만, 그 속에서 슬픔과 고통이 배어나오고 있었다. 마치 **뻥탕후루**氷糖胡蘆 일반적으로 과일 표면을 설탕으로 덧입혀 만든 먹거리로 달콤하면서도 시큼한 맛에 중국 어린 아이들이 좋아한다.같이 달콤한 맛이 다하면 새콤한 맛이 뚫고 나온다. 가벼운 곡조 속에 심각한 변주가 있는 음악이라 할 수 있었다.

나는 매번 상자평尚子平, 대효위臺孝威의 이야기를 읽을 때 마다 감개무량하여 그들을 앙모하고 그런 사람이 되려 했습니다.

혜강은 직언을 서슴지 않았다. 그 자신은 은자들을 무척이나 경모한다고, 특히 지위가 낮지만(출세 못 해도) 초조해하지 않는 은자들을 경모한다고. 거친 들판에 살지만 스스로 즐거워하고 만족해하는 그런 은자들을 경모하며, 부귀를 싫어하고 가난을 사랑하며 조정의 부름을 회피하는 그런 은자를 경모한다고…… 혜강은 동한東漢 25~220년시대의 이 두 은자를 우러러보는 이유를 자신의 경력, 품행, 기호가 그들을 따라 하기에 적합하기 때문이라고 생각했다.

어려서 아버지를 여의고, 모친과 형이 나를 키웠는데, 온갖 사랑을 받으면서 자라 스스로 교만해져 유가의 경서들을 읽기 싫어했습니다. 성격이 야물지 못하고 몸이 둔하고, 근육도 단단하지 못하며, 머리나 얼굴이 그리 가렵지 않아 목욕하기를 싫어했습니다. 한 달에 보름정도는 씻지 않고 지내는 것이 보통이었으며, 침상에 누우면 언제나 소변을 참는데 방광 속에서 소변이 계속 순환토록 하다가 정말로 참을 수 없을 때가 되어서야 몸을 일으키곤 했습니다.

제멋대로 뒹굴며 살아온 지가 오래되어 오만 방탕한 습성이 몸에 배어(세상의) 예법에 맞게 살지 못하고 도리어 게으르고 오만한 것에 적합하게 되었으나, 다행히도 동년배들이 잘 이해해 주고 나의 허물을 공격하지 않았습니다.

본래 이러한 습성을 이미 감당하기 어려운 판인데, 노장의 글까지 읽게 되어 날이 갈수록 더욱 방종하게 되었습니다. 이로 인해 부귀영화를 얻으려는 진취심이 날로 약해지고, 실무적인 생각만이 더욱 굳어지게 되었습니다. 이것은 마치 들판의 사슴이 어릴 때 훈련을 받으면 조련사의 말을 잘 듣지만, 다 자라고 나서 속박을 받게 되면 미친 듯이 울부짖으며 물불 가리지 않고 아무데나 마구 뛰어들며, 금줄 고삐나 맛있는 먹이를 하찮게 여기고 숲속과 풍성한 품을 그리워하는 것과 같습니다.

나는 다른 사람의 단점 지적하기를 좋아해, 다른 사람의 잘못을 이야기하지 않는 완적의 기풍을 본받으려고 하지만 아무리해도 그러기가 쉽지 않았습니다. 완적은 이러한 기풍으로 인해 다른 사람들에게 미움 받는 경우가 적으며, 단지 예법을 지키지 않는 일로 여론의 공격을 받지만 대장군이 이것을 막아주고 있습니다.

나는 완적의 장점은 없는데도, 오히려 오만하고 게으른 단점을 가지고 있으며, 더욱이 세상인심을 알지 못하고 처세의 도리를 이해하지 못하며, 행동과 말을 삼갈 줄을 모르면서, 늘 다른 사람의 단점을 낱낱이 폭로하고 있습니다.

이와 같은 식으로 오래 일을 하게 된다면 반드시 시시비비가 일게 되어, 비록 자신은 재앙에서 멀리 떨어지려고 원할지라도 그리 하기 어렵게 될 것입니다. 또한 인륜관계는 예법의 구속이 있으며, 조정에는 법도가 있어 어떠한 일을 하든 심사숙고해 규칙과 틀을 따라야 하는데 나는 그리하기가 너무나 어렵습니다.

행하기가 매우 어렵지만 억지로 해야 한다고 강요해도, 도저히 참아낼 수가 없는 일곱 가지와 절대 불가한 두 가지가 있습니다.

일곱 가지 참아낼 수 없는 것은 무엇인가?

새벽에는 침상에서 빈둥거리며 누워 있기를 좋아하는데 문을 지키는 하급관리가 어서 일어나라고 재촉하니 이것이 참아낼 수 없는 첫째 일이요, 야외에서 거문고를 뜯으며 음률을 읊조리며 새와 물고기를 잡으려 하지만 역졸들이 쫓아다니며 지켜보니 마음 내키는 대로 하지 못하는 것이 참아낼 수 없는 둘째 일입니다.

(관청에서) 일을 처리할 때는 오랫동안 단정하게 앉아 있어야 하는 까닭에 다리가 마비되지만 조금도 꿈쩍할 수 없으며, 몸에 이가 많은데도 긁적거리거나 옷을 벗어 이를 잡지 못하고, 도리어 관복으로 몸을 감싸고 윗사람에게 연신 머리를 조아려대야 하니 이것이 참아낼 수 없는 셋째 일입니다.

원래 서찰을 잘 꾸미지도 못할 뿐만 아니라 편지 쓰기를 싫어하지만, 다양한 인간관계는 늘 많은 서찰, 서신 더미가 책상에 쌓이게 만드는데, 이에 대해 회답을 하지 않으면 예절에 어긋나며, 억지로 회신을 하려고 하면 일일이 대꾸할 능력이 없으니 이것이 참아낼 수 없는 넷째 일입니다.

초상집에 문상하는 것을 좋아하지 않는데, 세상 사람들은 이를 중하게 여기는지라 다른 사람들이 나의 이러한 태도를 용서해주기 어렵고, 비록 다른 사람에게 비방을 받을까봐 두려워하지만 본성을 고칠 수 없어 본심과 달리 속세의 예법을 따르려고 하면 본성이 충돌을 일으키니, 어찌하더라도 허물도 없고 명예도 없는 경지에 다다르지 못하니 이것이 참아낼 수 없는 다섯째 일입니다.

속된 사람들을 싫어하나 그들과 같이 일을 해야 하거나 좌중에 손님들이 가득 찰 때, 그 소란스럽고 시끄러움이 귀를 피로하게 하며, 여기저기 속된 모습을 드러내며 자기 재주들을 뽐내는 꼴들이 눈앞에서 전개되는 것을 참아낼 수 없는 것이 여섯째 일입니다. 내 마음은 번잡함을 견디어 내기 어려운데, (벼슬을 하게 되면) 공무로 바빠지고, 정무가 마음을 얽어매면 세상사가 번뇌를 불러일으키니 이것이 참아낼 수 없는 일곱째 일입니다.

그러면 절대 불가한 일 두 가지는 무엇인가?
나는 늘 상商탕왕湯王과 주周무왕武王을 비난하고, 주공周公과 공자를 낮추어 보는데, 세상이 이러한 언론을 받아들이지 않기 때문에 세상의 주류를 이루고 있는 유가들의 배척을 받게 될 것이니 이것이 불가한 첫째입니다. 직선적이고 올곧으며, 악을 원수 보듯이 싫어하고, 경솔할 정도로 거리낌 없이 바른 말을 내뱉는 성격이어서 일단 마음에 맞지 않는 일에 부닥치면 바로 발작하니 이것이 절대 불가한 둘째입니다.
이와 같이 절대 참아낼 수 없는 일곱 가지와 불가한 두 가지가 합쳐져 아홉 가지 근심이 됩니다.

나는 속이 좁고 이런 아홉 가지 근심을 갖고 있어, 비록 외부적 요인으로 인한 재앙이 없다 할지라도 내심의 병을 막기 어려우니 이래서야 어찌 벼슬길에 오래도록 있을 수 있겠습니까?
오직 득도한 스승의 가르침을 따르고, 도술을 연마하고, 단약神丹을 먹으며 장수를 구할 뿐입니다. 산과 호수를 거닐며 물고기와 새를 감상하면서 마음의 즐거움을 얻는 길뿐입니다. 일단 관리가 되고 나면 이런 길이 다 없어질 터인데 어찌 즐거움을 버리고 두려워하는 일을 해야 한다는 말입니까?
병치레가 많은 이 몸, 지금과 같이 누추한 곳을 계속 지키면서 자손들을 가르치고 키우며, 때때로 친지들과 한가로이 이야기를 나누고 인생을 이야기하고, 술 한 잔 기울이며 칠현금을 뜯으면 그것으로 나는 족합니다.
제일 좋기로는 내 스스로 신선의 날개를 달고 저 멀리 속세 밖으로 날아가는 것입니다.

6

혜강의 세 번째 의도는 특정한 문단의 단락을 형성하지 않고 그때그때 절교서의 행간에 끼워 넣는 식으로 나타난다. 명확하게 드러내 말하는 것 같기도 하고, 마치 그 말끝을 흐리듯이 아무것도 말하지 않는 것 같기도 하다.

그는 아주 명확하게 산도에게 이야기 한다. 나는 당신이 번거로움도 마다하지 않고 나를 추천하는 것에 대해 감사를 느끼지 않을 뿐만 아니라 도리어 당신을 깊이 원망한다고, 당신이 나를 정치권으로 끌어넣으려는 것은 나를 도와주는 것이 아니라 망치는 일이라고……

선생이 괜스레 나를 욕보이며 사망의 골짜기로 굴러 떨어지게 할 필요는 없습니다. 일단 이런 일을 강요받으면 틀림없이 내가 발광을 할 것입니다.

선생이 쓸데없는 일을 만들어 내어 나를 잘못된 길로 들어서게 해 장차 죽어도 몸 둘 곳이 없게 하고 있습니다. 나는 결코 인생이 이렇게 끝장나기를 원치 않습니다. 선생이 기어코 그렇게 일을 진행한다면 난 틀림없이 미친병이 도질 것입니다. 나는 부귀도 두려워하고, 명예와 지위도 두려워하며, 권력도 두려워하고, 당신들이 그리도 좋아서 미치는 모든 것을 두려워합니다. 이런 것들을 두려워하는 것은 다른 일 때문이 아니라 화가 내게 미칠까봐 그것을 염려해서 그런 것입니다.

사람들이 세상에서 제일 귀중한 것으로 여기는 그런 것들을 누군들 생각하지 않고 누군들 원하지 않겠는가? 문제는 그런 것들이 그저 조금밖에 없어서 서로 빼앗고 뺏기고, 재판을 하고, 사람의 목숨을 앗아가고 나중에는 대재앙을 불러일으킨다는 것이다. 역사를 살펴보면 이와 같은 대재앙의 이야기는 무궁무진할 뿐만 아니라 오늘날까지도 끊임없이 연출되고 있다. 혜강은 부귀가 화를 불러온다고 두려워하는 심리 상태를 말로 표현하거나 시문을 통해서 드러냈다.

영화와 명성은 몸을 더럽히는 것이며, 榮名穢人身
높은 지위는 재앙을 늘리는 것이다. 高位多災禍
　　　　　　(『혜강집嵇康集』『오언일수五言一首여완덕여與阮德如』)

부함은 좀을 쌓이게 하고, 富爲積蠹
귀함은 다른 사람의 원한을 쌓이게 한다. 貴爲聚怨
　　　　　　(『혜강집嵇康集』『복의卜疑』)

　혜강이 부귀가 재앙을 불러올까봐 두려워한다는 것, 그가 산도와 절교하게
된 주요한 이유가 여기에 있다는 것, 그리고 이 말이 진심에서 우러나온 말이
라는 것을 알 수 있는 글이다. 이러한 이유로 혜강과 산도는 절교를 하였으며
세상 사람들은 이를 두고 말이 많았다.

　어떤 사람은 이를 아쉽게 여겼다. 산도는 좋은 뜻으로 천거를 한 것인데,
이러 하책을 들고 나올 필요까지 있는가? 그렇게 재앙이 두렵다면 벼슬길에
나아가지 않으면 되는 것 아닌가? 혜강은 자신이 갖고 있는 문학적 재능을 살
려 산도에게 감사의 편지를 쓰고 서로의 우정을 남겨 놓는 것이 좋았다. 앞길
이 창창한데 크게 성공한 친구를 둔다면, 장래에 예측하기 어려운 일들이 발생
했을 때 기댈 수도 있지 않겠는가.

　어떤 이는 이 일을 이해하지 못했다. 혜강의 이야기가 도리에 맞지만, 절교
서에 써내려간 이유만으로 산도와 절교를 하는 지경에까지 이른다는 것은 근
본적으로 말이 안 된다고 생각했다.

　어떤 이는 혜강을 비난하고 나섰다. 혜강은 산도의 천거를 거절했지만 여
전히 중산대부라는 관직에 머물러 있지 않았는가? 이 직위가 아무리 낮고 천
하더라도 관직은 관직이며, 조정에서 정식으로 임명해 얻은 자리다. 그가 관직
에 연연해하지 않는다면 어째서 이것마저 같이 차버리고 철저한 은자가 되지
않았는가?

이런 말들을 듣는 혜강은 그저 쓴웃음만 지을 뿐이었다. 해야 할 말은 모두 다 했다. 그러나 절교서의 문자만으로는 그가 가슴에 담아둔 말들을 모두 드러낼 수 없었으며, 어떤 말들은 직접 이야기할 수 없어 행간에 숨겨 놓아야만 했다.

사실 혜강은 벼슬을 거절하지 않았다. 그는 일찍이 다른 사람보다 앞서가겠다는 강렬한 생각을 가지고 있었다. 부귀, 명성, 이익과 같은 다른 사람들이 추구한 모든 것을 추구했다. 그렇지 않다면 그가 왜 조위曹魏 황실 사람과 혼인했으며 중산대부라는 직위를 받았는지 해석하기 어렵게 된다. 시간이 흐르고 상황이 변하자 그는 사마司馬씨가 주는 관직과 사마씨가 베푸는 부귀와 명리를 거절했던 것이다. 그가 중산대부직을 고수하고 있었던 이유는 절대로 벼슬에 연연해서 그런 것이 아니라, 조위황실이 정권을 장악하고 있을 때 내려준 직책이기 때문이었다. 그는 그 직위를 무척 중시했는데, 그 이유는 직위의 높고 낮음 때문이 아니라 역사적 정분과 일종의 사회적 도의 그리고 자신의 양심에 따른 것이었다. 그는 조위황실이 자신에게 은혜를 베풀었다고 느꼈으며, 그 은혜가 많든 적든 대장부가 은혜를 입었으면 그에 대한 보답을 하는 것이 도리라고 생각했다. 조위황실이 정권을 유지하기 어려운 상황에서 다른 높은 직위를 바라는 기술을 부릴 수 없었던 것이다. 중산대부는 별달리 할 일이 없는 자리였다. 정말 구하려 해도 얻을 수 없는 자리이기에 그는 도리에 어긋나지 않는다는 편한 마음을 가지고 지낼 수 있었다. 물론 아주 적은 봉록이지만 텅 빈 부뚜막을 조금이나마 채울 수 있다는 대단히 실제적인 고려도 있었다.

혜강이 정말 외치고 싶었지만, 내뱉을 수 없었던 한마디는 사마가문을 경멸하며 절대로 협력할 수 없다는 말이었다. 이때 세상일을 잘 아는 친구가 이런 그를 일깨워주었다. 왕조가 바뀌는 일은 역사에서 늘 보는 일이다. 황제의 씨가 따로 있는 것이 아니라 힘 있는 자가 그 자리에 앉는 것이다. 네가 충성을 바치고 있는 것은 조위황실이지만 조조 부자가 힘으로 동한의 세상을 취해 대신한 것이다. 지금 사마씨의 행위에 비록 부당함이 있을지라도 조씨가 걸어간 길을 다시 걸어가는 것에 불과하다. 시대가 이렇거늘 무얼 그리 지나치게 그러는가.

그러나 혜강의 생각은 달랐다. 그는 조변석개하는 것과 옛것을 버리고 새로운 것을 받아들이는 것을 싫어했다. 일신의 이익을 위해 공도를 저버리는 행태를 혐오했다. 사람다운 사람이 되려면 인격의 완정성을 추구하는 것이 필요하며 주변의 환경이 불리하든 유리하든 응당 앞뒤가 일관된 태도를 견지해야 한다고 생각했다. 비록 조위 정권이 음모와 폭력으로 쟁취된 것에는 그가 관여할 능력이 없었지만, 사회의 기강이 순박함을 향해 나아가려면 네가 속이고 내가 속이는 그런 일들을 끝내야 한다고 생각했다. 혜강이 겉으로 드러내놓고 세상의 기풍을 어지럽게 하는 사마씨 집단을 책망할 수 없었지만 그들 정권과 손잡는 일 또한 결코 할 수 없는 것이었다.

혜강이 산도를 용서할 수 없는 이유는 산도가 이전의 도덕적인 약속을 저버렸기 때문만이 아니었다. 산도가 벼슬과 이익을 위해 자리바꿈을 한 것이라든가, 뻔뻔스럽게도 자기를 유혹하려 했다는 것 때문만도 아니었다. 더욱 깊은 이유는 산도가 혜강의 특수한 입장을 이해하지 못했다는 데 있다. 그는 전형적으로 조위曹魏황실에 연계된 사람이기 때문이다. 도의적인 것을 제쳐놓더라도 정치세력에서도 약속이란 것이 있다. 정치투쟁의 풍향은 복잡하게 뒤섞여 분명히 구별할 수 없는 것으로 쌍방의 힘겨루기가 아직 끝나지 않은 상황에서, 만일 사마씨 집단이 무너져 내리면 혜강은 장차 조위황실의 엄청난 죄인이 되는 것이었다. 그때 가서 어떻게 그가 얼굴을 들고 인간 세상에서 목숨을 부지해 갈 수 있겠는가? 산도의 천거는 그를 너무나 난처한 입장에 놓이게 했던 것이다. 절교, 오직 절교만이 혜강 자신의 처세 표준을 드러내놓을 수 있는 것이며 난처한 입장에서 벗어날 수 있는 방법이었다. 이로써 절교가 산도의 천거에 대한 혜강의 답변이 되었다.

7

절교서가 전달된 후에 사람들은 혜강과 산도의 관계가 완전히 끝장났다고 생각했다. 산도는 절교서를 받아들고 오랫동안 마음 아파했다. 이 절교서가 혜강이 사마 정권에 미움을 받는 가장 큰 요인이 되었기에 산도는 더욱 가슴이 저려왔다.

사실 혜강은 그저 말로만 절교를 했을 뿐이며 마음속에서는 여전히 산도를 그리워했다. 이러한 이야기에 무슨 증거가 있는가? 혜강이 처형되기 전에 뱉은 한마디가 그 증거이다.

형장에서 혜강이 『광릉산』을 마지막으로 연주하고 난 후에 아비를 잃게 되는 자기의 아들 혜소嵇紹 253~304년 군계일학(群鷄一鶴) 고사의 주인공에게 태연자약하게 말했다.
"거원巨源이 있으니 네가 결코 외롭지 않을 것이다."

혜강의 예상대로 그가 죽은 후에 산도는 마음을 다해 혜소를 돌보아주었으며 (죄인의 아들을 벼슬자리를 못 맡게 하는)금기를 무릅쓰고 비서승秘書丞으로 발탁했다. 또한 여러 해가 지난 후에 미안함을 품고 이야기 했다.
"자네를 도와주려 생각한 지 오래네. 천지와 사계절도 왕성함과 쇠함이 있는데 하물며 사람이야 일러 무엇 하겠는가?"

실제상황을 연구해 보면 절교서가 세상에 알려진 후에도 혜강과 산도는 여전히 우정을 굳게 지키고 있었다. 아주 명확한 점은 혜강의 『산도와의 절교서』는 산도를 향해 쓴 게 아니라는 것이다. 그는 억누르고 있은 지 오래된, 어디에도 쏟아낼 수 없었던 비분강개한 심정을 이때 이런 방식을 빌려 폭포처럼 쏟아낸 것으로 잠시 산도가 그 대상이 되었던 것이다.

이 절교서는 하나의 깃발이었다. 지조를 굳게 지킨 깃발이고, 품격을 널리 알리는 깃발이며, 당시 정권과의 협력을 거절한 깃발이었다.

대장부의 뜻과 기개는 부탁을 할 수는 있어도, 빼앗을 수 없는 것이다!

이절교서는 하나의 선언이다. 속세를 떠나 고고한 생활을 한다는 선언이며, 가난하지만 굽히지 않겠다는 선언이며, 온 세상을 깜짝 놀라게 하려는 뜻을 가진 선언이다.

속세 사람들이 모두 부귀영화를 좋아한다 할지라도 만일 나 혼자만은 이를 멀리 할 수 있다면 이 어찌 통쾌하지 않으랴!

이 절교서를 통해 '혜강'은 통속적인 의미의 이름에서 벗어났다. 그의 이름은 중국 지식인에게 일종의 특수한 정신적 기호가 되었다. 이 기호는 나머지 죽림칠현과도 구별되는 것이며, 풍류를 즐기는 명사들과도 다른 것이었다. 혜강은 문화라는 산맥 중 눈에 번쩍 띄는 석벽 위에 새겨진 기호이며, 당대와 후대 문인들의 영혼을 자극하는 표지가 되었다.

사마가문과 죽림칠현

1

중원에 있는 광무산廣武山 현재의 하남성 영양(榮陽)시 동북쪽 소재 은 산세가 높지 않으나 동서로 각기 두 개의 성城이 있었다. 그 간격이 장정의 걸음으로 200보 정도인데 그 사이를 비집고 한줄기 계곡 물이 흘러 내려와 두 성을 가지런히 나누고 있었다. 오랜 시간이 흘러 전화戰禍를 겪고 풍화되면서 그 두 성은 무너진 담벼락만 남아 폐허가 된 유적지처럼 황량하기 그지없다.

광무산은 높지 않으나 이 두 성으로 인해 유명해졌으며, 성은 비록 훼파되었으나 심령을 흔드는 역사적 풍운이 응결되어 있다. 초楚와 한漢이 천하를 다툴 때 초나라 군대가 동쪽 성을 한나라 군대가 서쪽 성을 차지하고 수년간 대치하면서 피비린내를 풍겼다. 여기서 유방劉邦과 항우項羽 두 사람이 천하를 얻기 위해 서로 다투고 있는 상황을 어떻게 해결할 것인지를 담판했다. 바로 이곳에서 유방은 동쪽 성 위의 항우를 향해 그의 죄상을 낱낱이 열거하며 격앙된 어조로 비난했다. 격분한 항우는 그 자리에서 활을 뽑아 힘껏 잡아당겼으며 하마터면 유방의 목숨이 날아갈 뻔했다. 중요한 것은 여기서 두 사람이 홍구鴻溝를 경계로 천하를 양분하기로 약속했다는 것이다. 그러나 얼마 지나지 않아 유방이 그 약속을 헌신짝처럼 팽개쳐버리고 말을 몰아 홍구를 넘어 공격해 왔다. 무방비상태였던 항우는 해하垓下 하남성 영벽(靈璧)로 쫓겨 갔으며 한나라 군대에 포위되어 어쩔 수 없이 그곳에서 사랑하던 여인을 죽이고 자신은 오강烏江 가에서 자결하게 된다.

광무산廣武山과 홍구洪溝 출처:百度 www.baidu.com

　어느 날 정오 한 사람이 광무산을 찾아와 심각한 모습으로 옛길을 따라 한 걸음 한걸음 걸어 올라가고 있었다. 산꼭대기에 오르자 구름이 태양을 반쯤 비껴서 가리고 있었다. 그 가려진 빛이 산 위에 뿌려지면서 눈앞에 옅은 금빛이 깔려 있는 듯했다. 풍경의 윤곽은 또렷했지만 몽롱함이 감싸고돌아 예스러움이 한껏 감돌았다.

　바람이 점점 거세게 일면서 날카로운 소리를 내기 시작했다. 넓은 품의 옷을 입은 그의 옷자락들이 바람에 춤을 추기 시작했다. 장대한 골격에 뛰어난 용모를 가진 그가 옷소매로 바람을 가리려고 했다. 그럴수록 그 모습이 더욱 범상치 않게 보였으며 기개가 돋보였다. 눈길을 아래로 주어 발밑을 내려 보다, 머리를 들어 넓은 하늘을 바라보다하기를 반나절. 그의 입에서 깊은 탄식이 흘러나왔다.

　"시대에 영웅이 없으니, 잔챙이가 이름을 얻는구나! 時無英雄,使竪子成名"

　그 사람은 바로 당대의 대명사인 완적阮籍이었다. 옷자락을 걷어 올리고 천천히 산을 내려가기 시작했다. 머리 위에서 밝게 빛나던 태양이 어느새 기울어 잿빛 감도는 석양이 되고 있었다. 그때 돌연히 바람이 휘몰아치면서 나무와 수풀들이 마치 천군만마가 엉켜 싸움을 하는 듯한 소리를 내었다. 동쪽의 광무산과 서쪽의 낙양洛陽을 비치며 황혼이 지고 있었다.

2

완적이 광무산에서 내뱉은 탄식은 후세에 명언으로 떠받들어진다. 명인의 명언은 범상치 않은 매력을 갖추고 있는 법이다. 그러나 이 명언에는 많은 수수께끼가 담겨 있다. 도대체 '어느 시대'를 말하는 것인지, 어느 시대에 영웅이 없다는 것인지, 잔챙이는 누구이며, 어떻게 잔챙이가 이름을 얻게 되었다는 것인지, 완적은 죽을 때까지 이 수수께끼에 대해 이야기를 한 적이 없었다. 그 지역이 초와 한이 격전을 치렀던 지역이니 아마 영웅과 잔챙이는 항우와 유방이 아니었을까?

앞 구절인 '시대에 영웅이 없으니'는 항우가 영웅이 아닌 것을 가슴 아파하고 아쉬워한 것이리라.

산을 뽑을 정도의 힘, 용감한 배수의 진, 천하무적으로 제후들을 땅에 엎드려 떨게 했던 영웅, 서초패왕西楚覇王으로 천하에 이름을 떨치며, 천하를 거의 손아귀에 움켜쥐었던 그는 기실 영웅의 이름만 있었지 진정한 영웅은 절대로 아니었다. 그는 전술은 이해했지만 전략적 안목이 없었다. 그는 매우 용감하고 엄청난 힘이 있었지만 아녀자처럼 어질었다. 이미 얻은 것에만 매달려서 자신의 수중에 있는 것은 절대 손해보려하지 않았다. 허구적인 대의에 매달려 적을 끝까지 궁지로 몰아넣지 않았던 탓에, 마지막 순간에 대업을 이루지 못하고 나라가 망하고 패가망신하는 참극을 겪게 되었다.

항우조차 영웅이라고 할 수 없다면 당시 어떤 영웅이 있었단 말인가?

뒤 구절인 '잔챙이가 이름을 얻는구나!'라는 구절은 유방이 이름을 얻은 것을 유감스럽게 여기는 것이리라.

음풍농월이나 하다가 전란을 틈 타 군사를 일으키고, 기본적인 신의도 없으며, 부친과 처자의 생명도 개의치 않으며, 간사함으로 가득 찬 가슴을 안고 깡패 같은 기질로 잔챙이로서 빛을 발하며 이익을 얻어냈다. 그는 필요한 경우 전혀 구애받지 않고 사람을 이용하였으며, 어려움을 만나면 다른 이에게 얼른 머리를 숙였으며, 득의만만해지면 제멋대로 날치며 사람들을 갖고 놀았고, 형편에 따라 자기의 감각을 변화시킬 수 있었다. 형세에 따라 요구되는 대로 맞추어 하되, 전혀 위축되지 않았다. 또한 기분 내키는 대로 일처리를 하지는 않았고 자신을 함부로 낮추지도 않으면서 마침내 백골이 나뒹구는 땅에서 원숭이가 모자를 썼다.

영웅은 영웅이 되지 못하였고, 잔챙이가 이름을 얻도록 해주었다.

잔챙이가 명성을 얻자, 완적은 진정 이러한 것을 받아들일 수 없었다. 정말 받아들일 수 없어서 이와 같은 탄식이 나온 것일 것이다.

이러한 탄식은 예사로운 것이 아니다. 터져 나오는 소리는 곧고 낭랑하며, 가슴 가득 찬 기개와 격앙된 감정을 쏟아낸 것이었다. 역사가들이 이 구절을 알게 된 후에 앞 다투어 역사서에 기록하였다.

3

옛 것을 생각하는 그윽한 감정은 반드시 현시대의 감정에 기대야한다.

옛 것으로 오늘의 상황을 비유하는 방법은 문인들이 고압적인 정치 환경 아래서 언어를 비틀어 표현하는 것이다.

옛 것으로 오늘의 상황을 풍자하는 것은 문인들이 언론이 자유롭지 않은 환경에서 자신의 속마음을 은폐할 수 있는 간접적인 항의이다.

완적이 광무산에서 세상을 놀라게 한 탄식을 발한 것은 결코 순수하게 과거의 역사를 돌아보며 탄식한 것이 아니다. 순수하게 세상사의 온갖 변천에 탄식을 발한 것도, 영웅이나 세상에 대해 탄식을 발한 것도 아니다. 완적 자신의 처지와 본인이 느끼게 된 것들이 없었다면 결코 이런 말을 내뱉을 수 없었다.

문인으로서, 고압정치에 오랜 기간 눌려 지내며 마음대로 말하지 못했던 우울함 속에, 완적은 가장 일반적으로 심리상태를 표현했던 문인들의 방법을 사용한 것이었다. 천지를 향해 탄식을 내뱉는 그 순간 완적의 기세가 고양되었으며 눈썹이 활짝 펴졌다.

한마디를 내뱉는 그 쾌감으로 평소 긴장되어있던 얼굴의 근육이 펴지고, 마음 속 깊은 곳에 갇혀있던 우울함을 털어낼 수 있었으며, 마음과 육체가 가장 좋은 상태가 되게 할 수 있었다.

한마디를 내뱉는 그 쾌감은 문인들이 이 세상에서 가장 크게 누리는 쾌감이다.

한마디를 내뱉는 그 쾌감은 어떤 모양으로든 깊은 우울함에 있는 사람이라면 누구든지 이러한 욕망을 없애기 어렵다.

황막하고 고적한 폐허위에서 완적은 쾌감을 주는 한마디를 내뱉었으며, 고발당할 위험도 없었기에 하늘과 사람이 하나가 되는 즐거움을 가질 수 있었다.

그러나 이러한 즐거움은 사실 너무나 짧았으며 순식간에 사라졌다.

4

완적이 영웅이 없음을 탄식한 것은 단순히 진秦나라 말기만을 지적한 것이 아니라, 자신이 살던 위魏나라 시대를 가리킨 것이기도 하다. 위나라에는 영웅이 나타났었다. 치세에는 유능한 신하요 난세에는 간웅이었던 조조曹操, 그가 하늘을 가르고 이 세상에 등장한 대영웅이 아닌가? 천하가 들끓는 시기에 권모술수와 군사력, 두 역량을 가지고 적은 병력으로 대병력 황건적을 맞아 이를 격퇴시켰으며, 30만 명의 적군을 자기편으로 거두어 들였다. 또한 약세인 군대를 가지고 관도官渡의 일전을 통해 당시 최대 강적이자 제후였던 원소袁紹를 격파했다. 점을 면으로 확대하면서 여포 등 각지에 있던 세력들을 청소한 후에 북방을 통일했다. 만일 조조가 없었다면 북방은 갈대 우거지고 이리와 늑대가 출몰하는 지역이 되었을 것이다. 만일 그가 없었다면 얼마나 많은 사람들이 황제를 칭하고, 왕을 칭했을지 모를 일이었다. 조조가 영웅이 아니었다면 대명사였던 완적의 아버지 완우阮瑀가 절대로 그의 아래로 들어가지 않았을 것이다.

위 문제文帝 조비曹丕는 '위왕'의 호칭을 버리고 '위제魏帝'로 등극하면서 새로운 기상을 지닌 신왕조를 열었다. 그러나 그 수단이 좋지 않아 장면이 그리 빛나지도 전해져 내려오는 이야기가 그리 아름답지도 않았다.

후계자에 대해서는 오대십국五代十國시대 남한南漢의 군주 유척劉陟 889~942년이 죽음을 앞두고 걱정했던 것과 같았다.

"어찌하여 내 자손들은 하나같이 나보다도 못났단 말이냐? 나라의 훗날이 마치 쥐가 소뿔 안으로 기어들어가듯이 점점 작아지겠구나!"

조비曹丕 출처:百度 www.baidu.com

위나라 조정에 의탁한 몸이라 군주가 뛰어나 조정이 흥왕하여 자신의 재주를 펼칠 수 있기를 원하였지만, 대단히 유감스럽게도 완적은 아버지처럼 영명한 군주를 만나는 운이 없었다. 자신이 성인이 되었을 때 오히려 쥐가 소뿔 안으로 들어가려는 입구에 있었다.

명제明帝 조예曹叡 204~239년가 비록 조금 이룩한 것이 있다고 말할 수 있을지 모른다. 그러나 그가 저지른 잘못에 비하면 이룩한 것은 사실 아무것도 아니었다. 대규모 토목공사와 궁궐 및 누대를 건축했으며, 여자를 좋아해 여관을 임명하여 민가의 아녀자들을 뽑고, 향락에 빠져 있었다. 감관을 자극할 수 있는 것은 무엇이든지 피로함을 느끼지 않았으며, 특히 노래와 음악, 연극을 즐겼다. 그러나 이 모든 것을 다하면서도 백성은 조금도 돌보지 않았다. 농사철을 중시하지 않았고, 내우외환에 전혀 관여하지 않았다.

만일 명제를 쥐에 비유한다면 한 마리 큰 쥐라고 할 수 있다. 이 큰 쥐는 하늘의 변화도 수도의 지진도 운석의 떨어짐도 대신들의 간언도 전혀 듣지 않고 끈질기게 토목공사를 일으키고 여인을 갖고 놀며 백성들의 피와 땀을 갖고 놀면서 하늘이 노하고 백성들의 원망이 자자한 지경에 이르게 하였다.

이러한 큰 쥐가 어찌 영웅의 호칭에 짝할 수 있겠는가?

정계의 영웅이 영웅인 까닭은 혜안을 가지고 있다는 데 그 핵심이 있다. 인재를 알아보고, 충신을 알아보며, 간사하게 아첨하는 자들을 식별하고, 아침저녁 시시각각 변하는 얼굴 뒤의 실질을 파악하고, 구불구불하고 어둡고 깊숙하며 뜨겁고 차가운 그 뱃속을 꿰뚫어볼 수 있어야 한다.

명제는 혜안을 가진 듯 했지만 사실 사람들이 칭찬하는 혜안은 기억력이 좋다는 것뿐이었으며, 근본적으로 사람을 꿰뚫어보는 눈은 가지고 있지 못했다. 그렇지 않다면 그가 임종 시에 황제를 보필하는 보정대신輔政大臣이란 중요한 지위를 조상曹爽 미상~249년과 사마의司馬懿 179~251년 두 사람에게 준 것을 어떻게 해석할 수 있겠는가?

그 근본을 추적해보면 명제가 혜안이 부족했던 것은 어느 정도 위 문제 조비의 흐린 눈을 이어받았다고 할 수 있다. 당초 문제가 죽을 무렵 사마의를 네 명의 보정대신 중 하나로 세웠던 것이다. 당시 자신을 보좌했던 사마의를 자기

아들의 보정대신으로 삼았다는 점에서 명제는 어느 정도 위나라 몰락에 대한 책임을 피할 수 있을지는 모른다. 그러나 사정이 어떠하든 혜안을 갖추지 못한 군주는 분명히 영웅의 칭호를 받을 수 없는 것이다.

마차를 몰아 위나라* 옛 도읍으로 달려가 駕言發魏都
남쪽을 바라보니 위왕이 즐겨 놀던 취대가** 서 있구나. 南向望吹臺
악기들의 음률이 아직도 취대를 감도는 듯 簫管有遺音
아! 당시의 위나라 왕은 지금 어디에 있는가? 梁王安在哉
병사들은 거친 음식을 먹게 하고, 戰士食糟糠
현신들은 들나물을 뜯게 하더니, 賢者處蒿萊
노래와 춤이 끝나기도 전에 歌舞曲未終
진나라 대군이 물밀 듯 몰려왔네. 秦兵復已來
취대 앞의 아름다운 뜰은 다른 사람의 것이 되었고, 夾林非吾有
호화롭던 궁궐은 먼지 속에 묻히게 되었네. 朱宮生塵埃
화양*** 터에서 군사가 패하니, 軍敗華陽下
왕의 몸도 흙더미로 변하고 말았네. 身竟爲土灰

(『오언영회시五言詠懷詩』 중에서)

*위(魏)나라: 전국시대 위나라를 말함. 완적은 전국시대 위나라를 가지고 당시의 위나라(曹魏)를 비유했다.
**취대(吹臺): 위왕이 연회를 하던 누대. 범대(范臺), 번대(繁臺)라고도 일컬었다. 하남성 개봉(開封)시에 있다.
***화양(華陽): 전국시대 한(韓)나라의 읍 이름. 지금의 하남성 정주(鄭州)시 남쪽 일대

이렇게 황당한 군주의 예지는 이미 사라졌고, 이성도 이미 다 말라버렸으며, 웅대한 기상도 제거되었다. 향락을 첫째로 삼고 말 잘 듣는 신하만 가장 가까이에 두며 지냈으니, 영명한 기상이 있다 할지라도 기껏해야 호랑이 가죽에 싸인 양의 몸에 불과했으니 영웅칭호는 고사하고 후환만 후대에 남겼다.

완적은 비참한 심경이었다. 옛 고사를 들어 글이나 쓸 뿐 다른 방법이 없었다.

사마가문과 죽림칠현의 생존연대

	高平陵 政變 249	촉 멸망 263	오 멸망 280
사마의	179 — 251		
사마사	208 — 255	위 멸망 265	
사마소	211 — 265		
사마염	236 — 290		
혜강	223 — 262		
완적	210 — 263		
산도	205 — 283		
상수	227 — 272		
완함	미상		
유령	221 — 300		
왕융	234 — 305		

5

명제가 조상과 사마의를 보정대신으로 삼은 것은 나름대로 정치적인 뜻이 있어서였다. 한 사람은 황실의 빼어난 인재이며, 조상의 아버지인 조진曹眞 미상~231년 조조의 양아들, 위나라 명장이 일찍이 자신의 보정대신이었기 때문에 어느 모로 보나 혈통 보장이 되었다. 다른 한 사람은 신하 중에서 가장 빼어난 자로 보정대신을 역임한 바 있어 경력이 검증된 자였다. 두 사람이 제일 중요한 두 세력을 대표하고 있었기 때문에 서로 하나로 연합할 수 있다면 하늘을 떠받치는 두 기둥처럼 사직을 떠받들어 새 군주가 직접 통치하기 전의 과도기를 양호한 정치적 환경으로 만들어 낼 수 있을 터였다. 만일 그중 한 사람이 일을 만들면 다른 사람이 견제하는 보완관계가 될 수 있을 것이며, 이를 통해 그가 그리는 청사진을 따라 새로운 시대로 접어들 수 있으리라 생각했다.

명제는 이것저것 여러 가지를 다 생각해 보았으나 그 두 사람이 그렇게 빨리 얼음과 불의 관계로 변하리라고는, 조상이 그렇게 쓸모없는 인물이며 사마의가 자신의 유언을 배반하리라고는 전혀 생각지 못했다.

뒷날 발생한 일들을 보면, 잘못은 명제가 두 개의 수레바퀴를 바탕으로 정국을 설계한 것에 있었다는 것을 알 수 있다. 명제는 전혀 문제가 없을 것으로 보았으나, 실제 이러한 정국 설계는 일반적 정서상의 상식이 결여된 잘못이었다. 명제는 두 사람이 동시에 보정대신이 되면 음과 양이 서로 보완되어 장점은 살아나고 단점은 제거되어, 서로 마음을 같이하여 협력하게 된다고 보았다. 만일 한 사람이 다른 마음을 품으면 다른 한 사람이 이를 제재해, 권신이 군주를 가지고 노는 현상이 발생하는 것을 피할 수 있으리라고 여겼던 것이다. 그러나 사실은 그렇지 않다. 두 사람이 공동으로 조정을 다루게 되면 반드시 권력이 분할되는 모순이 있게 되고, 누가 높은지 따지는 모순이 발생하게 되어 권력투쟁을 피하기 어렵게 되며, 서로 기세 싸움을 하며 나아가 당파를 결성하여 전면적인 대결을 하게 된다. 만일 한 사람이 득세하게 되면 그 책임과 죄명을 전부 패한 사람의 머리에 씌우게 된다. 또한 두 사람 사이에 분쟁이 생겼을 경우 군주는 난처한 입장에 빠지게 되며 어느 한편을 돕기도, 벌하기도 어렵고 그 둘을 모두 내치기도 어렵게 되어 적합한 방법을 찾지 못하게 된다. 일단 잘못한 편을 들었다가 편든 쪽이 실패하게 되면, 성공하게 된 자들이 군주에 대해 한을 품게 되고 그 뒤에 어떠한 일을 벌일지 모르게 되기 때문이다.

두 대신이 같이 황제를 보좌해 정국을 다스리게 되면 결과는 필연적으로 조정과 천자가 불안해진다.

명제는 이 일을 너무 간단하게 생각했던 것이다. 그는 너무 단순해 역사란 거울을 들여다보지 않았던 것이다. 역사의 거울은 가까이에도 멀리에도 있었는데 말이다.

역사상 성공한 예를 보면 영명한 군주는 자기가 죽은 뒤 어린 아들을 보필하는 대신으로 한 사람을 두었다. 한 사람에게만 맡기면 권력을 혼자 쥐게 되지만 반드시 책임도 혼자 져야 하며, 나이 어린 새 군주에게 불만을 갖게 되더라도 옛 군주의 유명을 받들어야 한다는 의무감을 갖게 된다. 야심이 커지더라도 반드시 자신의 명성을 고려하게 된다. 결론적으로 한 사람의 보정대신만 있을 경우 그는 구실을 찾을 상대방이 없어 제멋대로 할 수도 없게 된다.

바로 은殷 탕왕湯王이 그리했다. 그는 이윤伊尹 BC1649~BC1550년 한 사람에게 어린 아들을 맡겼다. 이윤은 태갑太甲 태갑은 탕왕의 아들이 아니라 아들인 태정(太丁)의 아들이다. 즉 손자이다.을 보좌하게 되었을 때, 태갑이 포악무도하고 덕이 없자 그를 쫓아냈다. 태갑이 회개를 해 새로운 사람이 된 후에야 그를 다시 왕으로 영접했으며 그를 일세의 명군이 되게 했다.

주周의 무왕武王 역시 주공周公단旦 한 사람에게 아들을 맡겼다. 주공은 힘을 다해 성왕成王 성은 희(姬) 이름은 송(誦). 무왕 희발(姬發)의 아들로 모친은 읍강(邑姜 강태공 강상姜尚의 딸)이다.을 보필했으며 심혈을 기울여 새로운 국면을 연후에 성왕에게 정권을 넘겨주었다.

이는 오래전 이야기지만 바로 눈앞에도 그런 사례가 있었다. 가까운 예로 유비가 자기 아들을 제갈공명 한 사람에게만 맡긴 것을 들 수 있다. 촉나라가 이릉彜陵 호북성 의도(宜都)의 전쟁221~222년에서 동오에게 대패한 후에 유비가 백제성白帝城 중경시 봉절현(奉節縣) 백제진(白帝鎭)으로 퇴각해 목숨이 경각에 달려있을 때 성도成都에 있던 제갈공명을 불러와 자기의 아들 유선劉禪을 맡기면서 말했다.

유비劉備 출처:백도 www.baidu.com

"공의 재주는 조비보다 훨씬 앞서니 나라를 안정시키고 대사를 이룰 수 있소. 만일 내 아들이 재능이 있다면 보필하고, 그렇지 않다면 공이 나라를 맡으시오!"

그 한마디에 제갈공명은 바늘방석에 앉아 있는 듯했다. 그는 눈물을 흘리며 땅바닥에 엎드려 황급히 아뢰었다.

"신이 어찌 모든 힘을 다 바치지 않겠습니까? 죽을 때까지 충성과 지조를 다하겠습니다."

유비는 이와 같이 부탁을 했고, 제갈공명은 유선을 보필하는 동안 두 마음을 품지 않고 충성을 다했다. 은의 탕왕은 영웅이었고, 주 무왕도 영웅이었으며 유비도 영웅이었다. 완적은 명제가 이들 영웅들 근처에도 가지 못했기에 그를 낮추어 보았던 것이다.

6

명제가 마음에 들어 했던 조상은 사실 빛 좋은 개살구 같은 인물이었다. 외모를 보면 영웅의 기상과 신중함과 도타움이 흐르며 상당한 책략이 있는 것 같았고, 황실에서는 보기 드문 인재처럼 보였다. 몇 안 되는 국가의 기둥으로 새 군주를 보필할 최선의 선택인 듯했다. 명제는 그를 상당히 총애하였다. 낮은 직위인 산기시랑散騎侍郎에 있던 그를 한달음에 고위직인 무위장군武衛將軍으로 발탁했다. 고굉股肱, 즉 가장 믿고 중하게 여기는 신하를 키워 뒷날 사직의 든든한 보루가 되게 하려는 뜻이 있었다. 앞길이 활짝 열리면서 조상은 벼슬길에서 앞섰던 자들을 전부 뛰어넘어 얼마 되지 않아 권력의 정점에 선 총아가 되었다.

명제의 병세가 위중하자 조상이 침실로 불러들여져 유명遺命을 받았다. 대장군大將軍, 가절월假節鉞, 도독중외제군사都督中外諸軍事, 녹상서사錄尙書事를 제수받았으며, 태위太尉인 사마의와 같이 어린 황제를 보필하게 되었다. 제왕齊王이 즉위하고 나서 그의 감투는 더욱 빛을 발하였다. 원래 벼슬에 시중侍中의 직위가 더해지고, 무안후武安侯로 봉해져 식읍으로 1만 2천호를 받았다. 칼을 차고 군주를 알현할 수 있고 군주 앞에서 종종걸음을 하지 않아도 되며, 절을 할 때 자신의 이름을 아뢰지 않아도 되었다.

같은 보정대신인 사마의에 대한 조상의 태도는 처음에는 공손했으나 후엔 180도 바뀌어 오만하게 되었다. 그는 젊었고 태위는 늙었다. 그는 명성이 낮았으나 태위는 명성이 높았다. 그는 세상사를 모르나 태위는 온갖 일을 다 겪었다. 그의 뿌리는 얕았지만 태위는 뿌리가 깊었다. 황실의 한 사람이라는 것 외에는 태위와 비견할 수 있는 것이 전혀 없었다. 처음 권력을 잡았을 때는 그래도 상황 판단이 명확한 편이어서 태위에게 겸손하게 양보했고, 태위를 부친처럼 여겨 일이 있든 없든 찾아가 상의를 했으며, 가르침을 청했다. 한동안 두 사람은 상당히 융화를 잘 이루었다.

그러나 이런 시간은 오래가지 못했다. 조상이 자기의 측근으로 하안何晏 미상~249년 현학가, 등양鄧颺 미상~249년 동한 명장 등우(鄧禹)의 아들, 이승李勝 미상~249년, 정밀 丁謐 미상~249년 상서(尚書), 필궤畢軌 미상~249년 량주자사(涼州刺史)같은 선비들을 기용하면 서부터 상황이 변하기 시작했다. 이들 인사들은 조상에게 현실에서 동떨어진 책에서 배운 것만을 말하기 시작했다. 대권은 바짝 움켜쥐어야 하는 것이며 다른 사람과 나누면 안 된다는 것이었다. 조상은 그 말 속에 도리가 있다고 느끼면서 사마의와 거리를 두기 시작했다. 둘 사이가 소원해지자 점차 방어벽을 치기 시작하였다. 조상이 태위의 직위를 태부太傅로 바꾸어 겉보기에는 높여주는 것 같이 했으나, 사실은 그의 권력을 줄이는 조치를 취하였다. 사마의가 권력의 중심에서 벗어나 주변에서 쉬도록 했던 것이다. 이와 동시에 정부 내의 주요 요직을 자신의 친신들에게 나누어 주었다.

이때부터 조상은 자신의 주장을 강하게 펼치기 시작했으며, 조정을 한 손에 움켜쥐었다.

이때부터 그의 친신들은 공적인 일을 구실삼아 개인적인 원한을 갚아나갔으며, 좋은 논밭을 집어 삼키고 자신의 산업을 늘리는 위세를 빌어 마음대로 행동하였다.

제어장치가 없어진 조상 집단은 거리낌이 없었다.

제어장치가 없어진 조상 집단은 닻줄이 끊어진 배가 되었으며, 고삐 풀린 말이 되어 제멋대로 행동하였다.

권력을 얻고 나자 눈이 흐려진 조상은 철저히 변했다. 근신하던 모습은 사라지고 자랑을 일삼았다. 신중하던 그의 태도가 경박하게 변했다. 천자의 격식과 음식을 모방했으며, 심지어는 명제의 여인들, 가기歌妓, 악공, 병사들을 자신의 소유로 삼기까지 했다. 처첩이 후원을 가득 채우고 악기와 놀이기구가 집안을 가득 채웠으며 밤낮을 가리지 않고 노래와 춤이 이어졌다. 사실 이것은 아무것도 아니었다. 양갓집 여자 수십 명을 뽑아 기녀단을 구성하기도 하고, 조서를 위조하여 재인才人 50여 명을 뽑아 특수한 목소리 훈련을 시키기도 했다. 황제만이 사용할 수 있는 악기太常樂器를 제멋대로 사용하고, 황궁의 병사를 자기의 호위대로 삼기도 했다. 또한 별도의 동굴을 만들어 사면을 귀한 비단으로 장식하고 하안 등과 함께 연회를 베풀고 술을 마시며 즐거움에 취해 지냈다.

보다 못한 조상의 동생인 조희曹羲 미상~249년가 음란함에 빠지면 반드시 화를 불러오게 되니 근신하라는 글을 올렸다. 하지만 조상은 여전히 음란에 빠져 밤낮을 보냈다. 권력을 휘두르며 법을 어기면서 부패한 조상 집단은 철저히 썩어 문드러졌다.

이렇게 썩어빠진 집단은 왕성한 생명력이 부족하여 근본적으로 전투력이 없었다. 조상의 무리가 천자를 따라 고평릉高平陵 낙양 낙수(洛水)남쪽 대석산(大石山)으로 명제의 제사를 지내러 갔을 때, 사마의가 궁궐 문을 닫아걸고 군사를 동원해 그들의 죄를 묻는 글을 발표하였다. 조상은 놀라서 어찌할 바를 몰랐다. 모사인 환범桓范 미상~249년이 천자를 옹위하고, 천하백성에게 사마의를 토벌하자고 호소해야한다는 계책을 올렸으나 조상은 이를 거절하였다. 권력이 없어도 부자로서 일생을 마치면 된다는 생각에 순순히 궁궐로 들어가 사마의에게 투항하였다. 성으로 돌아가 부자로 살아가는 것은 간혀 지내는 것일 뿐이었다. 그나마 간혀 지내는 부자 노릇도 얼마 가지 못했다. 사마의는 정국을 안정시키고 나자 조상과 그를 따르던 무리들의 삼족을 멸했다.

당시 조상에게 사직서를 올리고 은거하기 전에 완적은 조상이 너무나 탐욕스럽게 사는 것이 정말 무료하기 그지없는 일임을 보았으며, 그가 절대로 사마의의 적수가 되지 못하며 무너질 날이 멀지 않았음을 인식하였다. 조정과 은거지를 오간 완적은 조상이 흥성했다 멸망하는 전 과정을 지켜보았다. 이와 같이 대권을 쥐고 있었으나 반대로 대권에 의해 쓰러지는 해를 당한 쓸모없는 자와 영웅과는 정말 거리가 멀어도 멀었다.

부친 완우阮瑀는 조조의 중요 신하였으며, 완적 자신은 일찍이 조상의 휘하에서 일을 한 적이 있다. 부자 양 대에 걸쳐 한 성씨를 섬겼는데 어느 정도는 어쩔 수 없는 부분이 있었을지라도 어쨌든 모종의 이익을 얻었으며 모종의 감정을 갖게 되었다. 조씨 가문이 이런 정도로까지 몰락하게 되자 완적은 조씨 가문의 자손들에게 비애를 느끼게 되었으며, 또한 그들을 동정하는 눈물을 뿌리게 되었다.

깊고 맑게 흐르는 장강 물 湛湛長江水

양안에 단풍나무 무성하며 上有楓樹林

물가의 난초는 오가는 길을 덮었는데, 皐蘭被徑路

준마가 끄는 마차들이 이를 짓밟고 지나가네. 青驪逝駸駸

그 광경 보는 이의 마음 아프게 하니, 遠望令人悲

봄날이건만 내 마음도 아프네. 春氣感我心

뛰어난 재사들 많았던 초나라였지만, 三楚多秀士

음란한 기운 덮였어라. 朝雲進荒淫

붉은 꽃 그 향기를 짙게 날리는 때에, 朱華振芬芳

정신없이 고채*에서 환락을 좇는구나. 高蔡相追尋

목숨이 경각인데 여전히 모이를 쪼느라 정신없는 참새 一爲黃雀哀

그 모습, 눈물을 어쩌지 못하게 하네. 涕下誰能禁

(『영회시詠懷詩』 중 13)

*고채: 지금의 하남성 상채현(上蔡縣)

　이시는 완적의 여타 시와 마찬가지로 문면으로만 보면 도대체 그가 구체적으로 무엇을 이야기하는지 알기 어렵다. 그러나 시 속에 드러나는 분위기, 전거, 감정으로 인해 후대의 수많은 시화가들은 이 시는 완적이 조씨 가문을 위해 아쉬움을 느끼고 나아가 그들의 억울함을 위해 울며, 조씨 가문의 자녀들을 위해 탄식한 것이라고 하였다.

　완적은 조씨 가문을 위해 울었으며, 그들의 세력이 쪼그라든 것을 보고 울었다. 또한 자신을 위해 울었으며, 자신이 때를 만나지 못한 것을 한탄하며 울었다. 소리 높여 시가를 읊는 것으로 그 울음을 대신하였다. 완적은 울며 극도로 상심하였다.

7

将帥之才野雄之志
将政専権見利忘義

사마의 출처:百度 www.baidu.com

명제가 마음에 들어 했던 사마의는 정말 보통내기가 아니었다. 사마의는 보통내기가 아니었기 때문에 이후에 역사의 비바람을 불러오게 된다.

사마의는 제갈공명과 장기간 대치했다. 그는 위의 정권을 찬탈하고 진晉을 세우는 서막을 열었기 때문에 역사상 부정적인 위치에 서게 되었으며, 죽은 후에도 끊임없이 사람들에게서 욕을 먹었다.

완적은 사마의가 큰 재능을 가지고 있는 인물이라고 생각했으나, 기껏해야 유방의 아류에 지나지 않는 말 그대로 잔챙이에 불과하다고 보았다. 명제도 조상도 영웅이 아니었기에 이 잔챙이가 이름을 떨치게 되었다. 잔챙이란 말은 다른 사람을 욕하는 말이지만, 욕을 먹을 수 있다는 것, 그것도 큰 욕을 먹을 수 있다는 것은 반대로 그 사람이 굉장한 능력을 가지고 있다는 것을 증명하는 것이기도 하다.

완적이 유방을 잔챙이라고 욕한 이유는 영웅이 없었던 시대에 이름을 날렸기 때문이다. 그러나 그는 확실히 다른 사람보다 뛰어난 점이 있었는데 그 핵심은 사람들의 마음을 사로잡는 능력이 있었다는 것이다. 자신의 언행으로 호걸들의 마음을 얻는 능력이 바로 그것이다. 넓은 마음과 대범한 행동으로 회왕懷王의 마음을 샀으며, 삼장約法三章 유방이 진을 멸망시킨 후 '살인한 자는 사형에 하고, 남을 해친자는 그에 상응한 벌을 받으며, 도적질한 자는 처벌을 받는다.'는 세 가지 법률로 진의 복잡한 법을 다 없애어 민심을 얻었다. 그러나 유방 통치시기에도 법률은 이보다 훨씬 더 복잡하였다. 으로 된 간략

한 법률로 학정에 시달리던 진秦나라 백성들의 마음을 얻었다. 기개 있게 베풀어 제후들의 마음을 얻었으며 조정을 잘 정돈하여 천하의 인심을 얻었다.

완적에 의해 잔챙이로 비쳐진 사마의의 최대 능력도 여러 수단을 써서 인심을 얻었다는 데 있었다.

태화太和 원년(227), 농사와 길쌈을 장려하고 사치를 금했다.

청룡靑龍 3년(235), 관동 지역에 대 기근이 들자 장안에서 조와 쌀 500만 곡斛 휘곡이라 하며 열말 분량을 경사京師로 운송했다.

청룡 4년(236), 명제가 궁궐을 크게 고쳐 지으려 하자, 백성들의 생계가 어려움을 고려해 이를 중지하라고 간언했다. "옛 주공周公은 낙읍洛邑을 소하蕭何는 미앙궁未央宮을 지었으나, 오늘날 궁궐이 잘 갖추어지지 못한 것은 신의 잘못입니다. 그러나 황하 이북의 백성들이 궁핍한 상황이며, 대내외적으로 노역과 군역이 있고, 국세가 강성치 못한 상황이오니 잠시 대내적인 일을 그치고 급한 일을 먼저 구해야합니다."

경초景初 2년(238), 60세 이상의 병사 천여 명을 귀향시켰다.

정시正始 원년(240), 노역에 종사하던 만여 명을 집으로 돌려보내고, 호화로운 기물들을 폐기처분하였으며, 근검절약을 주창하며 온 힘을 다해 농사에 힘쓰도록 상주문을 올렸다.

정시 4년(243), 힘써 곡식을 비축하고 둔전屯田을 확대했다. 회양淮陽, 백척百尺 두 물길을 만들어 영수潁水 남북으로 제방을 쌓고 비탈을 일군 것이 3천여 만 평에 달했다. 이로부터 회북淮北에 곡물 창고들이 빼곡이 들어서게 되었으며, 수양壽陽에서 경사京師까지 둔전이 서로 이어지게 되었다.

이러한 조치들로 사마의는 세상 사람들의 찬사를 받았으며, 반대파들도 사마의가 품은 큰 뜻과 민심 획득을 인정할 수밖에 없었다.

민심은 누가 주느냐에 관계없이 이利를 얻을 수 있는 곳으로 쏠리게 된다. 잔챙이든 아니든 민심을 얻는 자가 천하를 얻게 되는 것이다. 완적은 조씨 가문이 민심을 등한시하고 도리어 잔챙이가 얻도록 방치한 데 실망을 금치 못했다. 완적은 사마의의 능력을 부인하지 않았다. 심지어는 그의 능력에 두려움을 느꼈다. 사마의가 조정을 장악하는 것은 시간문제이며, 위나라에서 지내는 한 그의 손바닥에서 벗어날 수 없다고 생각했다. 이러한 능력을 갖고 있기 때문에 사마의와 대항한다는 것은 계란으로 바위를 치는 것이나 다름없었다. 그렇지 않았다면 사마의가 완적을 막료로 불렀을 때 순순히 그 명령을 따른 것을 해석할 방법이 없다.

완적은 마지못해 사마의의 휘하로 들어갔다. 가긴 갔지만 '마음은 조씨에게 가 있었다.' 조씨 가문에 대해 그들이 적극적으로 다투지 않은 데 대해 화가 치밀었으며 그들의 불행을 슬퍼했지만 그 뿐이었다. 그 역시 현실 속에서 생활을 해나가야 하며 자기의 생을 이어가야만 했기 때문이다. 따라서 그는 잔챙이로 여기는 사마의와 잘 지내야만 했으며, 아무리 억울하더라도 그 주위를 맴돌아야만 했다.

감탄은 감탄이고 잘 지내는 것은 잘 지내는 것일 뿐, 완적은 속으로 사마의를 경멸하고 있었다. 그 이유는 단순하고도 복잡했다. 단순하게는 유방 같은 인물들과 그를 같은 격으로 보는 것이었으며 복잡하게는 다른 이유가 있었다. 사마의는 특별히 겉으로 꾸미기를 잘했다. 강력한 주인이 있을 때는 그의 손자처럼 굴었고, 조정에 나가서는 충신인 체했다. 그리고 동료들과 같이 있으면 장자인 척, 민간에서는 현인인 척했다. 꾸미는 기술이 최고봉에 달해 능수능란했다. 하지만 뱃속에는 병서에 나오는 권모술수로 가득 차 있었다. 권모술수로 세상을 경영하고, 연속으로 문제文帝 조비(曹丕) 187~226년와 명제明帝 조예(曹叡) 204~239년의 어린 아들을 보좌하는 고명대신이 되었다.

명제는 자신의 병세가 위중하게 되자 사마의를 급히 찾았다. 당시 하내河內에 있던 사마의가 400리 길을 하룻밤 새에 달려왔다. 황제의 침실에 들어서자 명제가 그의 손을 잡으며 말했다.

"짐의 병이 깊어 죽을 수밖에 없었으나, 이를 견디며 그대가 오기를 기다리고 있었소. 이후의 일은 그대에게 맡기니 조상曹爽과 함께 어린 아들을 잘 보좌해 주기를 바라오. 짐이 그대를 보고 나니 죽어도 한이 없구려!"

사마의는 얼굴 가득 눈물을 흘리며 머리를 조아리고 자신의 경력을 들어 명제를 위로했다.

"폐하! 선제께서 신에게 폐하를 부탁하셨던 것을 보지 않으셨습니까?"

말은 많지 않았으나 믿음을 강력하게 주는 맹세여서 믿지 않을 수 없었다. 그러나 그 말을 한 지 몇 년 되지 않아, 명제의 무덤가에 심은 나무가 아직 자라지도 않았을 때, 사마의는 조상에게 대권을 내놓도록 강요했으며, 그가 보좌하던 제왕齊王을 꼭두각시로 만들었다.

옛적 미남자가 있었네. 昔日繁華子
바로 초나라 안릉군과 위나라 용양군*일세. 安陵與龍陽
그 미모는 복숭아꽃보다 더 또렷하고, 夭夭桃李花
고운 모습은 반짝이는 빛이 비치는 듯. 灼灼有輝光
부드러움으로 남을 즐겁게 함은 따뜻한 봄날 같으며, 悅懌若九春
예의를 차리면 그 공손하고 엄숙함이 서릿발 같다. 磬折似秋霜
아리따운 눈길 그 고운 모습 드러내고, 流眄發姿媚
미소 띤 말끝마다 묻어나오는 향기. 言笑吐芬芳
왕과 손 마주잡고 즐거움과 사랑을 나누며, 携手等歡愛
밤이 이슥하도록 같은 옷으로 지내네. 宿昔同衾裳
두 마리 새가 되어, 願爲雙飛鳥
날개를 같이하고 높이 날고 싶어라. 比翼共翺翔
역사에 남은 맹세의 말, 丹青著明誓
생이 다하도록 서로 잊을 수가 없네. 永世不相忘

(『오언영회시五言詠懷詩』 16)

완적은 격분해서 은유적인 수법으로 사마의를 춘추전국 시대 초楚선왕宣王 미상~340년의 남색 대상이었던 안릉安陵君과 위魏안리왕安釐王 미상~BC243년의 남색대상이었던 용양龍陽君에 비교했다. 주인의 환심을 사기위해 색으로 섬기는 일을 마다하지 않고 온갖 교태와 추태를 부리며 영원히 잊지 않겠다는 말도 되지 않는 맹세를 했던 그들에게 비유했던 것이다.

남색으로 총애를 받는 이런 건달들은 신의라는 것을 말할 것이 없다.

사마의가 바로 이런 건달로 신의라는 것을 말할 것이 없다는 의미였다.

완적은 자신을 고답적인 선비로 생각하였는데, 고답적인 선비가 이런 건달에게 의지하여 살아야했기에 그의 마음 속 고충은 말로 표현할 길이 없었다.

8

사마가문의 지도자가 사마의에서 사마사司馬師 208~255년 자 자원(子元) 사마의의 장자이며 사마소(司馬昭)의 형 로 바뀌었다. 이에 따라 완적도 사마사의 막료로 바뀌었다. 완적의 입장에서 이러한 변화는 표면적인 변화로 실제적 의미가 없는 변화였다. 직접 목격하고 겪으면서 완적은 사마가문의 아들들이 아버지에 비해 별로 더 나은 것이 없다고 여겼다. 그러나 사마사는 세상사를 처리하는데 있어 보다 직설적이었으며, 속에 담아두기 보다 강한면모를 겉으로 드러냈으며, 예의를 덜 따지며 좀 더 난폭하였다.

사마사와 그의 아버지는 비슷한 솜씨와 능력을 보여주었으나, 완적의 눈에는 모두 잔챙이 그 자체였다. 그러나 완적은 사마사가 세상인심을 얻는 방면에 일가견을 가지고 있으며 절대 아버지에게 뒤지지 않는다는 것을 인정하지 않을 수 없었다.

> 가평嘉平 4년(252), 문무백관에게 현명한 인재를 추천하도록 하였으며, 가난하고 외로운 자들을 돌보게 했으며, 억울한 옥살이가 없도록 이를 살피고, 어른에 대한 공경을 주창했다.

> 정원正元 원년(254), 황제에게 사치를 추구하지 말고 검소함을 숭상하길 간언하였다.

특히 사마사는 사람을 잘 기용했다. 제갈탄諸葛誕 미상~258년 양주(揚州)도독, 관구검毌丘儉 미상~255년 양주(揚州)도독, 왕창王昶 200~259년 , 진태陳泰 200~260년 , 호준胡遵 미상~256년을 도독으로 삼아 중요 도시를 다스리도록 했고, 왕기王基 190~261년, 주태州泰 미상~261년, 등애鄧艾 미상~264년, 석포石苞 미상~273년로 하여금 주군州郡을 관리토록 했다. 노육盧毓 183~257년 노식(盧植)의 아들, 이풍李豊에게 인재발탁을 맡도록 하였으며, 부하傅嘏 209~~255년와 우송虞松에게는 군사참모 역할을 하도록 했다. 종회鍾會 225~264년, 하후현夏候玄 209~254년 현학의 선구자, 왕숙王肅 195~256년, 진본陳本, 맹강孟康, 조풍趙酆, 장집張緝 미상~254년은 정사를 돕도록 했다. 그야말로 적재적소, 있어야 할 곳에 있어야 할 사람을 기용했다.

사마사는 선정을 베풀었고 사람됨이 기인이어서 '온 세상에 힘을 쏟았기에, 조정과 재야가 다 존경하였다.四海傾注朝野肅然'란 여덟 자로 된 찬사를 받았다. 세상 사람들이 복종할 수밖에 없었고 완적 역시 승복할 수밖에 없었다. 사마사에게 종사중랑從事中郎으로 불려갈 때 완적은 거절하지 않았다. 얼굴은 자비가 가득한 표정이었지만 마음이 음험했던 그에게 뒷날 보복을 당할까 두려웠기 때문이다. 아비보다 더욱 거리낌이 없었던 사마사의 명령이어서 완적은 도망갈 방법이 없었다. 일단 그의 눈에 나면 생명을 걸고 싸우는 길 외에는 적극적인 저항이든 소극적인 저항이든 모두 쓸데없는 일이었기 때문이다.

이러한 실례는 이전에도 있었다. 사마사가 군대를 이끌고 동쪽 지방으로 정벌에 나섰을 때 특별히 상당上黨 사람인 이희李喜를 종사중랑으로 불렀다. 명사 이희는 사마의의 부름을 거절했던 적이 있었으나, 사마사가 부르자 순순히 휘하로 들어왔던 것이다. 사마사가 힐난조로 물어보았다.

"이전에 선친께서 그대를 불렀을 때는 오지 않더니, 오늘 과인이 그대를 부르자 오는 이유는 무엇인가?"

이희는 솔직하게 대답했다.

"부친께서는 예로써 대우했기에, 예로써 들어가고 물러남을 정할 수 있었습니다. 그러나 공께서는 법으로 옭아매기 때문에, 법을 두려워해 오게 되었습니다."

법으로 옭아매기에 이희는 두려워했고 받아들일 수밖에 없었다.

법으로 옭아매기에 완적은 두려워했고 받아들일 수밖에 없었다.

사마사의 휘하에 있었기 때문에 완적은 버틸 수밖에 없었다. 마치 처녀가 시집을 가면 시어머니와 관계나 감정이 어떠하든지 시댁의 사람이 되어 대외적인 영광과 치욕을 같이 해야 하는 것과 같았다.

사마사의 휘하에 머물고 있는 완적은 염색 통으로 굴러 떨어진 옷감처럼, 온몸이 사마가문의 정치색채를 띨 수밖에 없었다.

가평 6년, 즉 정원 원년(254년) 사마사가 제왕齊王 조방(曹芳)을 쫓아내고 고귀향공高貴鄉公 조모(曹髦) 241~260년을 황제로 옹립한 후에 조정에서 논공행상을 했을 때, 완적도 섭섭지 않게 관내후關內侯로 봉해지고 산기상시散騎常侍직으로 옮겨졌다. 제왕을 폐위시키는 데 공이 있었다고 받은 것이다. 완적의 의사와는 무관하게 고귀향공의 상을 받은 후에 외부에서는 그를 사마씨 집단의 일원으로 간주하게 되었다. 이미 기정사실이 되었기에 완적은 황하黃河에 가서 이를 씻어낼 방법이 없었다.

봉지*호숫가를 천천히 걸으며, 徘徊蓬池上
옛 도읍 대량의 터를 바라보노라. 還顧望大梁
푸른 물은 큰 물결을 일으키고, 綠水揚洪波
넓은 들은 정말 망망하여라. 曠野莽茫茫
들짐승들은 짝을 지어 이리저리 뛰어다니고, 走獸交橫馳
어깨를 같이한 새들은 무리를 지어 높이 날아오르네. 飛鳥相隨翔
지금은 남쪽 하늘 가운데로 순화**가 자리하는 시절, 是時鶉火中
해와 달이 서로 서로 마주하고 있네. 日月正相望
북풍이 휘몰아쳐 추위를 몰아오고, 朔風厲嚴寒
음울한 기운이 짙어지며 엷은 서리가 내리네. 陰氣下微霜
밖으로 떠도는 나그네 길, 같이 할 짝이 없으니, 羈旅無儔匹
굽어보아도 우러러보아도 모두 슬픔만 어리네. 俯仰懷哀傷
소인들은 공명과 부귀를 꿈꾸고 생각하나, 小人計其功
군자는 고상한 인격을 쫓는구나. 君子道其常
어찌 평생 초췌한 모습이라고 한탄하리오? 豈惜終憔悴
영탄의 마음으로 이 시를 쓰노라. 咏言著斯章

(『영회시咏懷詩』20)

*봉지: 봉래지(蓬萊池)를 말하며 장안 대명궁(大明宮) 봉래전(蓬萊殿) 부근 호수
**순화·별자리. 고대에 28개 별자리(宿)중에서 정(井), 귀(鬼), 유(柳), 성(星), 장(張), 익(翼),진(軫)의 일곱 자리를 주작칠숙(朱雀七宿)이라고 일컬었는데 이 중 유·성·장 세 자리를 순화라고 했다. 순화가 남쪽 하늘 가운데로 오는 시절이 9,10월의 교체기이다. 순화중(鶉火中)은 춘추시대에 진나라가 괵(虢)나라를 없앤 것을 이용해 당시의 정세를 암시한 말로 보이며, 일설에는 비슷한 계절에 사마사가 위 황제인 조방을 몰아내고 고귀향공을 세운 일을 빗대고 있다는 지적도 있다.

완적의 경력과 마음 상태를 이해한다면 시에 그려낸 뜻이 명확하게 드러난다. 그가 비록 사마씨 집단의 '연못蓮池'를 배회하고 있을지라도 그는 언제나 조씨 가문의 '대량大梁'을 그리워하고 있으며, 사마씨 집단의 흉폭한 맹수들이 여기저기 휘젓고 다니고 있으니, 완적 자신과 같은 세와 힘이 약한 '비조飛鳥'가 어찌 그것을 감당할 수 있겠는가? 북풍이 휘몰아치고 서리가 내릴 때 자기만이 홀로 얼어붙은 망망한 대지 위를 거니니 슬퍼하는 것 외에는 무엇을 할 수 있겠는가? 세상일은 탐욕스러운 소인들이 만들어내는 것이며, 자기 같이 도를 얻으려 노력하는 군자와는 상관이 없지 않는가?

슬퍼하기만 하며 초췌하게 지내야 아무 소용이 없으며, 글로라도 증거를 남겨야 했다. 문자란 본시 어찌할 수 없는 지경에 이르러야 쓰게 되는 것으로, 가련하기 그지없지만 이러한 문자들이 있고나서야 후대 사람들이 비로소 완적의 참모습을 알게 되기 때문이다.

조씨 가문과 사마씨 가문의 은원 관계

이름	생몰연대	제위	사마가문과 관계
조조 曹操	155~220		사마의가 가장 두려워한 대상
조비 曹丕	204~226	문제(文帝)	222년 동한으로부터 나라를 빼앗음. 위(魏)나라건국. 조조의말을 어기고 사마의 중용 및 고명대신으로 삼음
조예 曹叡	204~239	명제(明帝)	사마의와 조상(曹爽)을 고명대신으로 삼음
조방 曹芳	232~274	제왕(齊王)	251년 명제의 릉인 고평릉 제사 시 사마가문이 반란 일으킴(조씨일족 멸문. 조상,하안 등 조씨 세력멸망. 조방 퇴위)
조모 曹髦	241~260	고귀향공 (高贵乡公)	사마소 관저 포위 공격했으나 사마소의 친신 가충(賈充)의 부하(성제)에게 창에 찔려 죽음
조환 曹奐	246~302	진류왕 (陳留王)	267년 사마염에게 제위를 넘김. 위나라멸망.

9

완적과 정치적으로 가장 깊숙하고 복잡하게 얽힌 사람은 사마사의 친동생인 사마소司馬昭였다. "사마소의 마음은 길가는 사람도 다 안다.司馬昭之心路人皆知"는 말로 당시를 떠들썩하게 했고 후세에도 그 말로 회자되는 사마소다.

조조, 유비, 손권 세 영웅이 차례차례 세상을 떠나고, 지혜의 화신인 제갈공명의 천명도 다하고, 걸출한 인물인 부친 사마의, 형 사마사가 세상을 하직한 후의 삼국시대에는 그가 첫손 꼽히는 정치적 인물이었다.

과감한 의지가 필요하면 과감하게, 모략이 필요하면 모략으로, 세력이 필요하면 세력을 통해 사마소는 천하를 휘어잡고 있었다. 아버지와 형의 대업을 이어받은 그는 이전에 어떤 생각을 가지고 있었던지 간에, 운명이 그를 몰고 갔을 때 다른 선택의 여지가 없었다. 유업을 이어받아 아버지와 형의 대업을 더욱 빛내야하며 그렇지 못할 경우 자신은 사마가문의 죄인이 될 수밖에 없었다. 당연히 이렇게 해야만 자신의 인생에 대해서도 얻기 쉽지 않은 가치를 부여하게 되는 것이었다.

그러나 그가 사마가문을 위해 온 힘을 다 기울이고 남에게 미룰 수 없는 사명을 완성하려 할 때, 조씨 왕조를 어떻게 대우하고 처리해야 하는가라는 어려운 문제가 남아 있었다. 아무리 신통한 법력을 가지고 있다 할지라도 신하된 몸으로 한 왕조를 없애려 할 경우 도덕적·윤리적 문제를 피할 수 없게 된다. 살아서는 여론의 비난을 받고, 죽어서는 후세에 두고두고 욕을 들을 수 있었기 때문이다.

도덕적으로는 무조건 기존의 왕조를 보호해야 한다. 그러나 현실의 왕조들은 흥망성쇠를 거듭하지 않았는가? 한손에는 번쩍거리는 권력의 지팡이를 쥐고 등에는 무거운 짐을 진 채 사마소는 정치와 도덕 사이에서 어려운 걸음을 내딛고 있었다. 경영 특히 큰 구도의 경영에서는 사람을 쓰는 것, 능력 있는 사람을 쓰는 것, 무엇보다도 이름이 널리 알려진 당대의 명사를 쓰는 것이 중요하다. 대명사는 실용성은 크지 않으나 정치적 포장 용도로 제격이었다. 그들을 사용하면 일단 자기 진영의 구색을 갖출 수 있고, 인심을 얻기 위해 최선의 노력을 하고 있음을 세상에 보여주게 된다. 이렇게 한다고 해서 꼭 기대한 효과를 얻는 것은 아니지만, 그렇게 하지 않는 것보다는 나으며, 자신들의 체면에 보탬이 될 수 있었다.

조씨 가문에서 사마씨 가문으로 황제위를 가지고 오는 일은 시간문제였다. 그러나 일은 결정적인 시기를 포착하는 것이 중요하다. 가장 상징적인 변화를 주는 것이 중요했다. 바로 조씨 황제의 영향력을 약화시키고 사마씨 가문의 정치적 호소력을 증가시키는 것이었다. 구체적 방법은 조씨 황제에게 유형무형의 시련을 주어 그의 타고난 우세를 제거하는 것이다. 특히 정치적·인격적 우세를 제거해 열악한 상황에 처한 조씨 황제의 모습을 세상에 보이면 세상 사람들은 그의 다해가는 운세를 느끼게 될 것이다. 이와 동시에 대권을 이용해 사마씨 집단이 더 우월하다는 분위기를 조성하고, 자신들의 머리 위에 좀 더 멋진 모자를 씌워 아낌없이 사람들의 마음을 끌어 모은다. 세상 사람들은 사마가문이 운수 대통했으며, 천명의 보살핌을 받는다는 느낌을 갖게 될 것이다. 이 모든 것은 반드시 차근차근 진행해야 한다. 만일 자신이 이 최종 목표를 달성할 수 없다면, 주周문왕文王이 무왕武王을 기다렸듯, 조조가 조비를 기다렸듯, 아들 사마염을 기다리면 되었다.

바로 이러한 단계에서 명사를 기용해야 한다. 그러나 명사를 기용할 때는 그들의 특성에 유의해야 한다. 명사들은 논설을 펴는 것과 자신의 식견을 자랑하기를 좋아한다. 그 외에도 대체로 성질들이 오만하여 불만족스러우면 쉽게 소란을 피운다. 의논하기를 좋아하든, 소란을 피우든 그것은 정권을 잡고 있는 자에 대한 평론이 되기 쉽다. 이러한 평론은 대부분이 정권을 잡은 자들에게 불리한 것이었다. 그래서 명사를 기용해 정권을 장식하려면 세밀한 부분까지 장악해야하며, 시대적 분위기도 고려해야 한다.

명사들은 사마씨 집단에 관한 것만 아니라면 모든 논의에서 자유로웠다. 만일 이렇게 하지 않으면 사마씨 집단의 정치적인 행위가 공격을 받아 만신창이가 되며, 어렵게 확립한 사마씨 집단의 상징들이 크게 비틀어지게 된다. 그리고 겨우 얻게 된 얼마간의 인심도 흩어져 돌이킬 수 없게 된다.

원칙은 하나다. 제멋대로 떠들면 안 된다. 그럴 경우 가차 없이 처리할 수밖에 없다. 공자의 후예라고 스스로를 높게 여기던 공융孔融 153~208년 문학가, 공자의 20세손이 대명사로 자처하고 눈앞의 모든 것을 우습게보며 제멋대로 말을 내뱉자 조조가 참다못해 죽여 버린 일도 있지 않은가? 조조가 공융을 죽인 것에 대해 어떤 사람들은 도량을 잃은 지나친 처사이며 훈계로 삼기 어렵다고 말했다. 그러나 조조와 대항했던 제갈공명은 오히려 공융의 행위가 옳지 않다고 생각했다. 그가 죽임을 당한 것은 그 잘못이 공융 스스로에게 있다는 뜻이다.

사마소가 마음속으로 생각하던 것을 끄집어내자 하나의 법규적 틀이 되었다. 이 틀은 모든 명사들은 물론 죽림칠현에게도 적용되었다. 당시 그 명성이 누구보다 자자했던 죽림칠현에 대해 사마소는 상당한 관심을 가지고 있었다.
'산도山濤는 현실을 꿰뚫어보는 능력이 있으니 중책을 맡길 수 있다. 왕융王戎은 벼슬에 마음이 있으니 고위직을 주어 회유할 수 있다. 유령劉伶은 늘 술에 취해 게걸거리니 제멋대로 놔두어도 된다. 완함阮咸은 도가 없고 미친놈 같으니, 제 성질대로 놀라고 놔두어도 된다. 상수向秀는 잘못을 뉘우치고 새로운 길을 가려 하니, 옛 잘못을 들추어낼 필요가 없다. 혜강嵇康은 호의를 모르고 제멋대로 말을 지껄여대니 본때를 보여주어야겠다.'

사마소가 가장 관심을 갖고 있던 인물은 완적이었다. 그는 본래 혜강에게 관심을 갖고 있었으나, 혜강이 그의 회유를 거절하자 모든 관심이 완적에게 쏠리게 되었다. 완적을 자기 쪽으로 끌어들일 수 있다면, 혜강을 끌어들이지 못한 유감을 어느 정도 덜 수 있었다.

현학에 대해 이야기하자면 완적의 조예는 결코 혜강보다 못하지 않았다. 현학은 유가의 『주역』, 도가의 『노자』, 『장자』 이 세 경전을 중시했다. 이에 상응해 완적은 『통역론通易論』, 『통노론通老論』, 『달장론達莊論』을 저술했다. 그의 학설은 기개가 있으며 중용의 입장을 표명하면서 우아하고 유려한 맛이 있었다.

또한 한곳으로 치우치지 않고, 궤변을 늘어놓거나 망령된 이론을 전개하지 않았다. 따라서 완적은 정시正始의 현학을 잇는 일인자가 되었다.

완적의 나이는 산도보다 적었으며 풍격은 혜강에 못 미쳤지만, 죽림칠현의 진정한 우두머리는 그였다. 그를 휘하로 들어오게 하면 죽림칠현을 거반 무릎 꿇게 할 수 있다고 해도 과언이 아니었다.

완적은 도道를 논할 수 있는 사람, 언론을 불러일으킬 수 있는 사람으로 쏟아내는 말들이 폭포수와 같이 거침없었다. 그 내용은 세상사에 얽매여 있지 않은 오묘한 것들로 흥미와 이치와 도리를 담고 있었다. 그러나 자세히 그 말을 파고들면 너무도 아득하고 먼 것들을 다루어 모든 것을 다 말한 것 같으면서도, 또한 아무것도 말한 것이 없는 듯해 그 바닥까지 더듬어낼 수가 없었다. 그는 극히 말을 삼갔다. 그와 말을 나누다 보면 사람들의 허물을 이야기하거나, 민감한 사안을 이야기하는 것을 전혀 들을 수 없었다. 이에 사마소가 감탄하며 말했다.
"근신하는 것으로 보자면 이 세상에 완사宗嗣阮宗 완적만한 사람이 없다. 그와 말을 나누면 매번 그 말의 깊고 아득함을 느끼게 된다. 세상사의 좋고 나쁨을 논하거나, 인물에 대해 비평하는 것을 들어본 적이 없다. 참으로 말을 삼가는 정도가 지극하다!"

사마소는 현실에서 우연히 찾게 된 완적이 자신의 곁에 있으니 더할 나위 없이 좋았다. 이러한 인물을 조정의 모범으로 삼으면 제멋대로 지껄이거나 비평을 좋아하거나, 비방을 일삼는 자들이 경계심을 갖게 될 것이다. 경계심이 높아지면 조정에 공융 같은 자나 혜강 같은 자가 적어질 것이며, 여론의 파고를 약화시킬 수 있어 자신의 사업을 별다른 저항 없이 끝까지 밀고 갈 수 있게 된다.

엄청난 쓸모가 있었기에 사마소는 완적을 중시했다. 이에 따라 완적이 요구하는 것들은 가능하면 전부 만족시켜 주려했다. 동평東平 산동성 태안(泰安)의 재상이 되겠다고 하자 그곳으로 보내주었으며, 재상 노릇을 계속하지 못하고 되돌아오자 예전과 마찬가지로 크게 환영했다. 또한 보병교위步兵校尉가 되겠다고 하자 그 자리를 맡겼다. 일은 안 하고 곤죽이 되도록 술이나 퍼마시고 지내도 자기 멋대로 하도록 놔두었다.

이는 명사들의 거드름이라고 할 수 있는데, 만일 이러한 거드름이 전혀 없다면 대명사처럼 보이지 않았다. 모든 일은 좋은 점과 나쁜 점이 균형을 이루어야 한다. 정치 국면에 전혀 해를 주지 않는 이런 일들은 한 눈은 뜨고 한 눈은 감고 처리해야 한다. 너무 지나치게 옥죄면 절대 안 된다. 지나치게 옥죄어 조정의 꽃병인 명사들을 화나게 하면, 꽃병이 깨질 수 있고 그 경우 전혀 수지가 맞지 않게 된다.

사마소의 입장에서 명사가 자기 정권의 선봉이 되거나, 정탐꾼이 되거나, 졸병이 되는 것은 필요치 않았다. 그저 명사들이 완적처럼 정권과 잘 지내며 자족하기를 바랄 뿐이었다. 꽃병은 꽃병 이상도 그 이하도 아니다. 사마소의 생각은 명확했다.

10

사마사가 갑자기 죽은 후에 운명의 사슬은 완적을 사마소와 묶어버렸다. 사마소에 대한 완적의 느낌은 사마의나 사마사에 대한 것보다 복잡하였다. 사마소는 아버지 사마의의 교활, 위선, 예절을 갖추고 있었지만, 형 사마사의 결단력, 강함, 냉정함도 갖추고 있어서 대처하기가 극히 곤란했다.

완적이 볼 때 그는 결코 영웅은 아니며 잔챙이에 불과하였다. 잔챙이 일뿐만 아니라 여자만도 못하였다. 여자는 정분과 의리를 갖게 되면 총애를 얻은 후에도 여전히 은혜로서 이를 갚으며 한 남자를 끝까지 지켜 가는데 비해 그는 위魏왕조의 중신으로 수많은 은혜를 입었지만 그 은혜를 원수로 갚았으며 군주와 신하 사이의 의를 잊어버리고 자신의 주인을 숨도 못 쉴 정도로 압박하고 있지 않은가?

강변을 거니는 두 선녀 二妃遊江濱
자유자재로 바람결에 날아오르네. 逍遙順風翔
정교보*가 두 선녀가 준 옥패물을 가슴에 품으니 交甫懷環珮
젊고 아름다운 두 여인의 향기가 풍겨나네. 婉變有芬芳
열렬한 애정 몸을 휘감아 뜨겁게 사랑하니, 猗靡情歡愛
영원히 서로 잊을 수 없네. 千載不相忘
미녀중의 미녀가 온 성안 사람들을 미혹하니 傾城迷下蔡
그 아름다운 얼굴을 영원히 마음에 새기네. 容好結中腸
감정이 깊어지면 질수록 근심이 생겨나 感激生憂思
근심을 잊게 해주는 풀을 방 앞에 심네. 萱草樹蘭房
도대체 누구를 위하여 머리를 감나? 膏沐爲誰施
마치 빗속에서 태양이 나타나지 않는다고 원망하는 듯. 其雨怨朝陽
어찌 그렇게 굳세었던 사랑이 如何金石交
하루아침에 끊어져 애상에 잠기게 하느냐. 一旦更離傷
(『영회시詠懷詩』2)

*중국 전설상의 이야기로 한수(漢水)가에 두 선녀가 있었는데 정교보(鄭交甫)라는 사람이 이들과 연분을 맺으려 선녀들이 차고 있던 옥장식을 요구하자(결혼을 요구하는 뜻이 있음), 선녀들은 이에 화답해 장식을 풀어주었으나 정교보가 옥장식을 가슴에 품고 수십 보를 걸어가다 다시 옥장식을 보려 하자 그 장식이 없어졌으며 선녀들도 홀연히 사라졌다는 이야기에서 인용해 온 시이다.

사마소와 교류하면서 완적은 한시도 마음을 놓지 않았다. 자신의 모든 능력을 다해 상대방을 화나게 하지 않는 동시에 적절히 자신의 인격을 지키려고 하였다. 결코 쉽지 않은 일이었지만 그렇게 지내는 것 외에는 탈출구가 없었다. 부러질망정 굽히지 않았던 혜강의 처세에 따른 결말을 피하고, 정권에 전력을 다해 협력하는 산도의 난감함을 피하기 위해 완적은 다른 선택의 여지가 없었다. 오직 새로운 방법을 시도할 수밖에 없었다. 기왕지사 벼슬길에 나섰고, 그것도 사마씨가 정권을 장악한 조정에서 벼슬살이를 하면서 몸을 팔지 않으려면 지혜와 용기가 필요했다. 완적은 자신이 충분한 지력과 용기를 가지고 있으며, 사마소와 그것을 겨룰 수 있다고 생각했다. 완적은 사마소가 자신은 물론 자신의 정책과 정치적인 내막에 대해 신하들이 발설하는 것을 금하고 있음을 명확히 이해하고 있었다.

말조심으로 정권과 타협하고, 미친 짓으로 인격을 추구하면서 완적은 사마소와 모종의 보이지 않는 거래를 하고 있었다. 사마소가 어떤 사람인데 완적의 그러한 심사를 꿰뚫어 보지 못하겠는가? 그는 내막을 이해하고 있었기 때문에 주저함 없이 그 거래에 응하였다. 이로 인해 사마소는 완적을 감싸 안았으며, 그에게 특별한 대우를 해주었다. 한번은 조정회의에서 사법부문의 장관이 아들이 어미를 죽인 일을 보고하면서 형량을 어떻게 할지를 물었다. 사마소는 관례에 따라 신하들에게 각자 의견을 말해 보라고 하였다. 그러자 완적이 웃음을 띠면서 말했다.

"흥! 아비를 죽이는 것도 가능하거늘, 어찌 어미를 죽일 수 없단 말인가?"

이 한마디에 온 신하들의 낯빛이 하얗게 질렸다. 사마소가 물어보았다.

"아비를 죽이는 것은 천하의 극악무도한 대죄이거늘 그대는 어찌 가능하다고 하는가?"

완적은 전혀 서두르지 않고 이를 해명했다.

"짐승은 어미만 알고 아비는 알지 못합니다. 따라서 아비를 죽이는 것은 짐승과 같은 자들입니다. 그러나 어미를 죽이는 것은 짐승만도 못하기에 그러하옵니다."

이 한마디에 온 좌중의 얼굴색이 놀라움에서 기쁨으로 바뀌었다. 효도로 천하를 다스린다는 방침을 제창하는 시대였기 때문에, 사마소가 그를 포용해주지 않았다면 완적이 절대 이런 희롱조의 말로 자식과 부모의 윤리관계를 해석하지 않았을 것이다. 만약 그렇지 않았다면 완적은 죄를 얻게 되었을 것이다.

사마소는 당시 권력을 잡고 있는 신하로, 행동거지 하나하나가 거창해 천자와 비교해 조금도 못하지 않았다. 그의 친신들은 물론 덕망이 높은 늙은 신하들이나 조정의 문무백관들도 그의 앞에서는 예의를 다했다. 오직 완적만이 사마소가 나타나는 장소에서도 비스듬히 앉았고, 갑자기 소리 높여 노래를 부르거나 휘파람을 불었으며, 술을 벌컥벌컥 마시거나, 고기를 게걸스럽게 뜯어먹는 등 제멋대로 굴 수 있었다. 완적이 아무 거리낌 없이 구는 사람이라도 위세가 대단했던 사마소가 그를 특별히 대우해 주지 않았다면 그런 정도까지 하지 않았을 것이다.

거래는 거래일 뿐, 사마소는 그 거래에만 머물러 있지 않았다. 정치하는 사람은 본래 계약 같은 것에 구속을 받지 않는 법이다. 사마소는 완적이 마음에 들었다. 그의 웅대한 기상, 호방한 풍격, 골계와 유머, 문학적 재능과 정감이 마음에 들었다. 그리고 무엇보다도 꽃병 역할을 잘 감당하는 것을 좋아 했다. 바로 이것 때문에 완적이 더욱 다른 사람의 이목을 집중시키는 꽃병이 되기를 바랐다.

완적은 본래 어쩔 수 없어 꽃병 노릇을 하는 것이었다. 이는 그에게 더 이상 받아들이기 어려운 짓을 하고 있는 것으로, 만일 더 큰 꽃병 노릇을 해야 한다면 버틸 수 없었다. 하지만 사마소가 하려는 일을 간단히 뒤집을 수 없는 노릇이었다. 이를 뒤집으려면 더욱 묘한 술수가 필요했다.

사정은 이러했다. 사마소는 세자, 즉 그의 큰 아들인 사마염司馬炎 236~290년 진무제(晉武帝)을 위해 여자를 맞아들이려 했다. 이리저리 고심한 끝에 완적의 딸을 선택했다. 정치권의 중요 인물들의 입장에서 보면 정략결혼은 우선 지위를 고려하게 된다. 사마소가 이 혼인을 통해 얻으려는 이익은 명사와 한층 더 깊은 관계를 맺어, 사마씨 집단이 명사들의 인정을 얻도록 하는 것이었다. 혼인 상대를 완적의 딸로 정한 것은 사마소가 완적을 당시 명사들의 우두머리로 인정했기 때문이다. 일단 명사들의 우두머리와 사돈관계를 맺는다면, 명사들이 어떻게 생각하든 명사계층과 사마집단이 손을 잡았다는 것이 확실한 사실이 된다. 다시 말해, 완적이 이 혼사에 동의한다면 그가 어떤 술수를 부려 자기와 거리를 유지한다 할지라도 그 모든 것이 쓸모없게 되는 것이다.

사마소의 중매쟁이가 연이어 완적의 집으로 달려갔다. 완적은 그 혼인을 원치 않았다. 사마소가 감추고 있는 올가미를 명확히 알고 있었기 때문이다. 만일 이 올가미에 걸려들면 장차 명사 무리에서 완적의 처지는 불을 보듯 뻔했다. 사마씨 집단과 명사들 중 선택을 하라면 생각할 것도 없이 당연히 후자였다. 만일 이 올가미에 걸려든다면 여지없이 사마씨 집단의 배에 올라타게 되고 그 일원, 그것도 상당히 주목받는 일원이 된다. 그것은 안 될 말이었다. 정치적인 각도에서도 역시 취할 수 없는 것이었다. 사마씨 가문과 조씨 가문 간의 쟁탈전은 당장에는 사마씨가 우세했지만, 조씨 및 조씨 가문에 충성을 다하는 세력이 끊임없이 반항을 했다. 밖으로는 왕릉王淩 172~251년, 관구검毌丘儉 미상~255년 등이 회남淮南 지역에서 사마씨를 토벌하려 군대를 일으켰으며, 안에서는 이풍李豊 미상~254년, 장집張緝 미상~254년 등이 정변을 도모했다. 이풍과 장집의 정변은 연달아 실패하긴 했지만, 이것은 사마씨 가문의 권위와 명망이 아직 완전히 확립되지 않았다는 것을 보여주는 것이 었다.

또한 꼭두각시 같은 천자 고귀향공高貴鄉公 조모(曹髦) 241~260년 의 거동을 살펴보면 그가 가슴 속에 분한 마음을 품고 있음을 어렵지 않게 알 수 있었다. 그는 절대로 이러한 현실을 그대로 참고 지낼 인물이 아니었으며 조만간에 무언가를 획책할 가능성이 있었다. 회남에서 군대를 장악하고 있던 제갈탄諸葛誕 미상~258년 역시 남에게 무릎을 꿇고 지낼 자가 아니었다. 겉으로는 사마소와 화합한 듯 보였지만 생각이 서로 달라 조만간 움직일 것 같았다. 전체적 형세를 살펴보면 권력이 최종적으로 누구의 손으로 들어갈지 예측하기 어려운 상황이었다. 사마씨 집단과 하나로 얽히게 되었을 때, 만의 하나 조씨 가문이 잿더미 속에서 불길이 일 듯 다시 일어난다면, 앞 시대에 채옹蔡邕 133~192년이 동탁董卓 미상~192년에게 붙거나 하안何晏 미상~249년이 조상曹爽 미상~249년에게 의지했다가 멸망당한 교훈이 장차 자기가 그리는 그림이 될 판이었다.

완적은 거절하기로 결심을 굳혔다. 그렇다면 어떻게 행동으로 옮길 것인가? 사마소가 트집을 잡을 수 없게 하려면 아주 세밀한 방법을 생각해야 했다.
완적은 대명사다운 방법을 썼다.

술을 꿀꺽꿀꺽 들이마시고 대취해 인사불성 상태가 되었다. 그러기를 60일이나 계속했다. 중매를 서러왔던 자가 그저 눈만 멀뚱거릴 수밖에 없었다. 사마소도 어쩔 수 없이 완적에게 두 손을 들고 혼사를 없었던 일로 했다.

마침내 완적이 이긴 것이다. 목숨을 걸고 싸운 끝에 그가 이긴 것이다. 어떤 이는 아쉬움을 드러냈다. 완적이 사마소의 뜻을 따랐다면 진무제晉武帝 사마염이 등극한 후 완씨 가문에 황후가 그것도 진나라 초대 황후가 출현했을 텐데 하고 말이다. 어떤 이는 완적에게는 다행한 일이었다고 말했다. 왜냐하면 훗날 진무제가 죽은 후에 그의 첫 부인의 전 가족이 진혜제晉惠帝 사마충司馬衷 259~307년의 부인 가남풍賈南風 257~300년에 의해 몰살을 당하는 참극이 발생했기 때문이다.

11

완적은 그 한 판을 이겼지만 그로 인해 다른 한 판을 지게 되었다. 그는 술을 방패삼아 자기를 보호했다. 그러나 그런 수법을 너무 자주 쓰자 사람들이 그 증상을 눈치 채고 아무리 술을 많이 마시더라도 개의치 않게 되었다. 방패가 효용을 상실하게 된 것이다. 방패의 효과가 사라지게 되자 어쩔 수없이 사마소를 위해 자신의 힘을 쏟게 되는 일이 발생했다.

경원景元 4년(263년) 10월 겨울에 사마가문의 대업을 이루기 위해 노력해 온 사마소가 새로 옹립된 천자(진류왕陳留王 조환(曹奐) 246~302년)에 의해 진공晉公의 작위를 받았고, 또한 자신의 나라(제후국)를 세울 수 있게 되었다. 정계의 관례에 따르면 작위를 받는 사람은 이를 여러 번 사양해 겸양과 공경함을 세상에 드러내야 했다. 따라서 사마소는 관례에 따라 작위를 사양했다. 공경대부들과 문신, 무장들이 다시 여러 차례 권하였으나 그는 여전히 작위를 받아들이지 않았다. 사공司空 정충鄭冲 미상~274년 역시 과거의 관례에 따라 문무백관을 거느리고 가서 작위를 받도록 권유할 준비를 하고 있었다. 장대한 모습을 연출함으로써 민심이 그에게 향하고 있다는 것을 증명해 사마소가 대세에 따라 작위를 받아들이도록 하려는 의도였다. 이러한 계획을 실행에 옮기기 위해선 일단 모든 신하들이 그가 작위를 받는 것에 찬성한다고 서명한 『권진표勸進表』가 있어야만 했다.

『권진표』는 문장이 유려하고 논리적 설득력이 있어야 할 뿐만 아니라, 그 어조에 절절함이 묻어나와 사람을 감동시켜야 하므로 쓰기가 쉽지 않았다. 당대의 문호로 알려진 완적 외에는 이런 문장을 쓸 만한 사람이 없었다. 더욱 완적은 사마소가 아끼는 인물이 아닌가? 책임을 남에게 전가시킬 수도 없으며, 당연히 해야 할 일을 해야 하지 않는가?

이에 따라 정충은 『권진표』 작성을 완적에게 맡겼다. 그러나 몇 날이 지나도 완적이 조정에 들어오는 것을 볼 수 없었다. 정충은 마음이 급해졌다. 사람을 보내 빨리 『권진표』를 가져오도록 했다. 사람이 완적의 집으로 갔으나 허탕을 치고 말았다. 온 성내를 다 뒤지고 나서야 당시의 명사인 원효니袁孝尼 서진에서 급사중(給事中) 벼슬을 지냄 집에서 완적을 찾아냈다. 그러나 완적은 이미 코가 삐뚤어지도록 술을 마셔 송장처럼 완전히 뻗어 있었다. 원효니는 완적이 그 전날 밤새도록 술을 퍼마셨으며 술에 취해 하룻밤을 지냈다고 했다. 하지만 완적을 데리러 간 사람 역시 녹록한 인물이 아니어서 그를 강제로 일으켜 세웠다. 술 깨는 탕을 먹였는지 어떤지 모르지만 강제로 그를 깨워서는 『권진표』는 어찌 됐냐고 물었다. 그러자 완적은 잊어버렸다고 대답했다. 완적을 데리러 간 그 사람은 이것저것 따지지 않고 붓을 그의 손에 쥐어 주면서 어서 쓰라고 재촉했다. 이런 형세가 되자 완적은 더 이상 버틸 수 없었다. 게슴츠레한 눈을 억지로 뜨고 글을 써내려갔다. 완적은 시원스러운 사람이었다. 일단 쓰기 시작하자 단 한 자도 고치지 않고 단번에 써내려갔다. 이런 필법이 당시 사람들에게 전해져 '신필神筆'이란 찬사를 듣게 되었다.

정충 등이 삼가 아뢰옵니다. 조정의 아름다운 칙명이 공의 영광을 드러내었으나, 공께서 사양하셨다는 이야기를 들었습니다. 정충 등은 오직 한 마음으로 진실하고 정성스런 마음을 가지고 있습니다. 이전의 성현과 제왕이 제정한 예법은 수많은 세대가 흘러도 똑같이 전해지고 가르쳐졌기 때문에 현명하고 덕스러운 자를 높여주며, 공을 세운 신하를 상주는 것은 그 까닭이 있다고 생각합니다.

이전의 이윤伊尹은 유신有莘씨가 시집갈 때 데리고 간 신하에 불과했으나 탕왕湯王을 보좌하는 공을 세움에 따라 '아형阿衡'이란 칭호를 받았습니다. 주공周公은 당시에 형성되어 있던 유리한 형세를 이용해 주왕이 세운 왕업을 안정되게 하고 자신의 봉토封土인 곡부曲阜의 이름을 드러내며, 노魯땅의 구산龜山, 몽산蒙山 지역을 갖게 되었습니다. 여상呂尚은 번계磻溪에서 낚시를 하던 노인에 불과했는데 대권을 갖고 전군을 지휘하게 되자 봉토인 영구營丘를 얻게 되었습니다. 이후로 공은 적으면서 상을 많이 받는 자들이 수없이 나타났습니다. 그러나 현철들께서는 (그러한 일들을) 여전히 좋은 일로 이야기했습니다.

하물며 이미 고인이 되신 상국相國대로부터 (사마씨 가문은) 대대로 재능과 덕을 겸비한 사람이 있어 위魏왕실을 보좌해 천하를 안정시키고, 조정에선 실정失政이 없으며, 백성들의 비방하는 말이 없었습니다.

지난 몇 년간 명공께서는 서쪽으로 영주靈州를 정벌하시고, 북으로는 사막까지 이르러 유중楡中 서쪽의 각 족속이 그 명성에 놀라 강羌족, 융戎족들이 동쪽으로 달려와 조정에 귀순케 했습니다. 동쪽으로는 역적 제갈탄諸葛誕을 주살하고 그 휘하의 전 군대를 항복시키는 대승을 거두었으며. 오吳왕의 장군을 사로잡고 정예부대를 격파함으로써 그 위세가 남해南海를 놀라게 했고, 그 명성이 멀리 동해 연안까지 미쳤습니다. 나라 안으로는 평안함을 가져와 포악무도한 일들이 벌어질 수 없었습니다. 이로 인해 멀리 이방에서 우리 주공의 위세를 두려워하고 동이의 각 족속들이 사람을 보내 춤을 바쳤습니다. 그래서 지금의 황제께서 이전의 예법과 제도를 살펴보시고, 명공을 위해 제후국을 세우고 주거를 크게 하시어 그 이름을 이곳 태원太原에서 빛나게 하셨습니다. 명공께서는 응당 성상의 뜻을 받들어 이와 같은 큰 복을 받으셔야 합니다. 그것이 하늘의 뜻과 사람들의 소원에 합당한 일입니다. 공의 너무나 크고 빛나는 업적, 이에 공이 얻게 되는 제후국이란 상에 대해 조정 내외에서는 모두 명공과 일치하며, 어떤 잘못도 어그러짐도 없다고 생각합니다.

이로써 역적을 정벌해 위엄을 갖추어 관복을 입은 채 강江을 건널 수 있게 되었으며, 오군吳郡과 회군會郡을 청소함으로써 멀리 서쪽 변경 장강의 발원지인 민산岷山을 바라보며 제사를 지낼 수 있게 되었습니다. 칼과 창을 돌려세우고 군대를 멈추게 해 천하를 지휘하니 멀리는 복종하지 않는 자가 없으며, 가까이는 정숙하지 않은 자가 없습니다. 위나라의 덕은 요순시대 보다 빛나며, 명공의 업적은 제나라의 환공桓公이나 진나라의 문공文公보다 더욱 위대합니다. 더욱이 친히 창주滄州에 가서 제위를 지백支伯에게 내주려 하고, 기산箕山에 가서 허유許由에게 제위를 내주려했던 요순과 비견되니 그 어찌 덕이 더욱 빛나지 않겠습니까? (지금의 일은) 무척 공평공정한 일로써 그 누구도 명공과 비교될 수 없으니, 힘들여 이 작은 것조차 받으려 하지 않으시는 것은 지나침이 있습니다. 정충 등은 큰 도리를 알지 못해 감히 명공에게 이를 들고자 말씀드리는 바입니다.

『위정충권진왕전爲鄭沖勸晉王箋』중에서

*여상: BC 1156년경~BC 1017년경 주왕조 개국공신

**상국: 사마의(司馬懿)

*영주: 지금의 영하 회족자치구 부근

*유중: 지금의 내몽고 하투(河套) 동북안

*남해: 광주, 조주, 혜주 등 당시의 동오의 땅

*민산: 사천성에 있는 산 이름. 이 구절은 사마소가 촉나라를 멸망시키려는 뜻이 있음을 비유적으로 보여주고 있다.

『권진표』가 올라오자 사마소는 흔쾌히 제후국과 작위를 받는 것에 동의했다. 사마소가 구실을 갖추게 되자 정충의 심사가 해결되었고 문무백관의 임무도 덩달아 완성되었다. 그러나 완적은 마음의 병을 앓게 되었다. 공개적으로 사마소를 위해 큰 수고를 했기 때문이다. 이 수고는 그가 피할 수 없는 일이었다. 만일 이를 회피했다면 공개적으로 사마소와 등을 지게 되어 장차 고립무원의 상태에 빠지게 되고, 아무도 그를 도와줄 수 없게 될 판이었다. 이 시기에 사마소는 이미 제갈탄의 회남淮南 반란군을 진압했고, 철저하게 지방의 저항 세력을 청소하고 있었다. 또한 황제였던 고귀향공高貴鄉公을 길거리에서 죽인 후에 말 잘 듣고 쓸모없는 진류왕陳留王을 황제 자리에 앉혀놓은 상태였다. 더욱이 혜강嵇康을 처형해 천하의 명사들에게 항거하지 말라는 신호를 보내기도 했다. 사마소는 하늘에 떠있는 해와 같은 존재였기에 완적은 이를 벗어날 수 없었다. 신필을 휘둘러 시와 문장으로 마음속을 써내려가고 산수를 읊조려 왔지만, 정치집단을 위해 수고를 아끼지 않은 것은 이번이 그의 인생에 있어 처음이자 마지막이었다.

12

완적이 『권진표』를 썼다는 소식이 알려지자 극과 극의 평판을 얻게 되었다. 칭찬하는 사람들은 그 문장에서 바른 기운이 솟아나오며 시경 〈대아大雅〉의 구도를 깊이 드러내고 있다고 평했다. 문장의 행간에 즐거움과 분노가 녹아 있고, 풍자의 뜻이 가득 차 있으나 표면적으로는 마음을 끌어당기는 정론처럼 보여 문학적 소양이 낮은 사마소가 문장을 보고 만족해 어떠한 시빗거리도 잡아내지 못했다. 하지만 후대의 수준 높은 명사들은 그 속뜻을 알게 하려고 쓴 것이라고 평했다.

> 완보병阮步兵이 이 글을 회피하지 않은 것은 글을 빌려 진정으로 말하려고 한 것이 있었기 때문이다. 그 말들은 깊은 뜻을 갖고 있다. 시경 『대아』의 구도를 깊이 드러내고 있어 아첨하는 글, 꾸며 쓰는 글과는 거리가 멀다

이것은 명明대 모곤茅坤 1512~1601년의 평이다.

> 진왕晉王 사마소가 천자에게 구석九錫을 하사 받자, 대신들이 (그에게) 왕의 자리에 오르도록 권하고 사종嗣宗이 글을 지었는데 그 표현이 완곡했지만 풍자를 잘하고 있다. 사마씨는 어린 황제를 저버리고 악한 행실로 분노를 사고 있었으니 그 이상 더 할 수 없었다. 사람들을 감동케 하는 그 바른 말이, 옛 환관 맹자시경 『소아小雅』에 나오는 시 가운데 귀족이었지만 억울하게 궁형을 당해 환관이 된 사람이, 스스로를 맹자(孟子)라고 칭하며 충성스런 마음을 드러낸 『항백(巷伯)』이란 시가 있다. 의 충성스런 시보다 훨씬 낫지 않은가?

이것은 명明대 장부지張溥之의 평이다

> 그 언사에는 풍자와 욕설이 담겨 있다고 할 수 있지만, 사마소가 그 대의를 받아들이면서도 죄를 묻지 못하게 했으니 후대에 길이 전해질 재사라고 할 수 있다.(『시비흥전詩比興箋』 권 3 『총변완사종진정자피방

지무總辦阮嗣宗陳正字被謗之誣』)

이것은 청淸대 진정경陳廷經의 평이다.

완적을 공격하는 사람들은 『권진표』를 쓴 것이 그가 사마소에게 완전히 빌붙
었다는 명확한 증거라고 여겼다. 그는 완전히 소인이고, 그 '어정쩡해' 보이는 수
단은 지극히 주도면밀한 계획아래 이루어진 것이며, 이전의 모든 탈속한 듯한 언
행은 모두 거짓으로 진정인 체 한 것이라고 생각했다. 혜강과 비교하면 큰 차이를
보이며, 역사적으로 비판을 받아야한다고 여겼다.

> 완적은 동평상東平相을 하려 하지는 않았으나, 진문왕晉文王의 종사중랑
> 從事中郞이 되었으며, 뒤에는 드디어 대신들을 대신해 『권진표』를 썼다.
> 만일 혜강 앞에서 이를 논한다면, 마땅히 그 스스로 곤장을 맞고 죽
> 어야 하리라.

이것은 송宋대 섭몽득葉夢得 1077~1148년 호부상서 등 역임한 사인(詞人)의 평이다.

> 완적이 사마소 대장군의 종사로 있을 때 보병步兵의 주방에 좋은 술
> 이 있다는 이야기를 듣고는 그곳의 교위校尉가 되려 했다. 역사에서는
> 그가 그곳으로 가 교위 직을 맡은 후, 늘 그곳에서 거닐며 아침저녁
> 으로 (술을) 즐겼고, 이를 통해 능히 세상사를 떨쳐버렸다는 것을 아
> 름다운 이야기라고 쓰고 있다. (그러나) 이러한 평가는 그의 궤계, 즉
> 사마소를 멀리하는 척 하면서도, 실은 그에게 빌붙은 것을, 사모하는
> 마음으로 다시금 사마소와 조화를 이루어나갔던 것을 모르고 한 소리
> 이다. 오랜 세월 앞에서 소인의 그러한 꾸밈은 드러나게 마련이다. 완
> 적과 혜강은 당대 일류 인물이었는데, 예법을 따지는 사람들은 완적
> 을 원수와 같이 여겼다. 그러나 그럴 때마다 사마소가 어째서 (그를)
> 매번 보호한 것일까? (그에 반해 같은 일류 인물인) 혜강은 그저 종회
> 의 몇 마디 편벽된 말만으로도 재난을 피하지 못했는데 말이다.
> 완적이 『권진표』를 쓴 진정한 뜻을 이로 미루어 짐작할 수 있다.

완적은 『대인론大人論』을 쓰면서, 예법을 따지는 선비들을 바짓가랑이 속의 이蝨의 무리로 묘사했다. 완적이 사마소에 빌붙은 이라고 한다면, 어쩌다 바짓가랑이를 태우는 재난을 만나지 못한 것일 뿐이다. 만일 왕릉王凌, 관구검毌丘儉 등이 득세했다면, 완적이 어찌 밥을 먹고 살 수 있었겠는가?

이것은 명明대 장수張燧의 평이다.

사람됨을 놓고 이야기 하자면, 완적이 사마소를 도와 『권진왕전權晉王箋』을 쓴 것은 ……, 소인배다. 소인이 쓴 글들이므로, 모두 찢어버려도 부족할 것이 없다.

이것은 청淸대 반덕여潘德輿 1785~1839년 문학가의 평이다

이러한 평가들은 각자 한쪽으로 치우친 말들로 칭찬과 비평이 섞여 있고, 평하는 사람들의 감정이 실려 있다. 수많은 평론 중에서 완적의 시대와 그리 떨어져 있지 않았던 진晉 왕조 사람 고개지顧愷之 348~409년 수묵화의 비조의 평이 비교적 중용을 지켰다고 할 수 있다.

완적의 『권진표』는 큰 뜻을 품고 있는 글이나, 돌려서 말한 이유는 서서히 밀려오는 두려움이 배어 있었기 때문이다.

격분과 두려움, 멸시와 친근함, 풍자와 떠받듦. 완적은 그 사이를 오가고 있었다.

13

『권진표』를 쓸 때 완적의 나이는 그리 많지 않은 54세에 불과했다. 하지만 그는 이미 늙을 대로 늙어 당년 광무산廣武山에서 보여주었던 호방하고 웅혼한 자세는 사라지고 없었다. 늙었다고는 하지만 그는 여전히 그때 내뱉었던 말을 뇌까리고 있었다.

"영웅이 없으니, 잔챙이가 명성을 얻는구나!"

그는 조씨 가문을, 혜강을, 모든 죽림의 친구들을 그리워했다. 마음속에서는 불쑥불쑥 인생의 시고 쓴맛, 무어라 이야기할 수 없는 감정들이 일어나곤 했다.

한낮이 지나면 또 아침이 오고, 一日復一日
황혼이 지나면 또 새벽이 찾아오네. 一昏復一昏
평소의 모양처럼 낯빛을 바꾸니, 容色改平常
나도 모르게 정신이 가라앉는구나. 精神自飄淪
가득 찬 술잔을 내려다볼 때 어리는 처량한 슬픔, 臨觴多哀楚
옛적 그 좋던 친구들을 생각하노라. 思我故時人
아름다운 술이 있어도 할 말이 없으며, 對酒不能言
마음은 슬픔이 가득 차 쓰리고 아프구나. 凄愴懷酸辛
원래 논밭을 갈며 농사나 짓고 싶었지만, 願耕東皐陽
더불어 참다운 도를 지킬 자가 없구나. 誰與守其眞
근심과 어려움은 그저 이 한때, 愁苦在一時
높은 덕행을 고집해야 내 몸만 상하네. 高行傷微身
어찌해 속세에 묻혀 시류를 따라가는가? 曲直何所爲
그 속에 몸을 숨기고 살아가려는 뜻이 있어서일세. 龍蛇爲我隣

(『영회시詠懷詩』 64)

시절은 이미 엄동설한의 계절, 함박눈이 쉼 없이 허공을 가르고 있었다. 하늘도 하얗고, 땅도 하얗고, 나무도 하얗고, 집도 궁궐도, 모든 세계가 참혹할 정도로 하얗게 변했다. 그 하얀 세계를 창밖으로 내다보던 주름 가득한 눈에서 뜨거운 눈물이 솟았다. 말없이 흘러내리는 눈물줄기가 '인생이 도대체 무엇이란 말인가'라는 감상을 나타내는 부호였다. 그리고 한 달여 그는 세상과 작별했다. 이로 인해 누군가는 『권진표』가 완적의 인생을 마감하는 절필이었다고 말했다.

추악한 주신酒神

1

나는 누구인가? 어디서 와서 어디로 가는 것일까?

20세기 문단에선 흔한 물음이었지만, 세월을 거슬러 3세기에 살았던 유령劉伶 221년경~300년경에게 이 말을 적용해 보아도 딱 들어맞는다.

출생, 가문, 심지어 세상을 떠난 기록도 없다. 역사가들이 소중히 여기는 기록이 유령에게는 전혀 없다. 신화 속 인물처럼 천지간에 갑자기 나타났다. 세상으로 갑자기 뛰어나온 유령은 말 그대로 못난 인물이었다. 생긴 모습이 썩은 고목이나 진흙을 이겨놓은 듯 추악하기 그지없었고 신장은 6척 정도였으며, 사람이 또렷하지 못하고 큰 병이 있는 듯 걸을 때마다 흔들거렸다.

모습은 그러했으나 마음에 담긴 뜻은 높고 높았다. 우주를 좁게 여기고 만물과 같이하며 당대의 누구도 그와 어깨를 겨룰 수 없을 정도로 뜻이 높았다. 조물주는 추악한 몰골과 높은 뜻을 한 화로에 넣어 유령을 빚어냈다.

시대를 잘못 만나기는 했으나 어찌 보면 시대를 잘 타고 난 것이다. 왜냐하면 정시正始 240~249년 이후에 청담淸談과 어우러지던 일탈의 행위를 무수한 명사, 대신들이 행하면서 사회 전체에 이런 일탈의 기풍이 가득 차 있었기 때문이다. 유령은 이러한 사회 기풍 속에서 자신의 고뇌와 답답함을 보았다. 추악하게 생긴 자의 고뇌와 답답함만이 아니라, 선비된 자들의 고뇌와 답답함, 재능은 있으나 기회를 얻지 못하는 자의 울적함, 부귀로 인해 화를 입게 되는 자의 고뇌, 세력에 빌붙어야 하는 힘없는 자의 번뇌, 수없이 많은 무어라 이름 지을 수 없는 고뇌와 울적함을 보았다. 유령은 일탈을 일삼기 시작했고 나름대로의 특별한 품격을 갖추게 되었다. 그가 저지른 일탈의 행위들은 당시 사람들의 화젯거리가 되었다.

그러나 이러한 일탈 행위들은 잠시 동안만 고뇌와 울적함을 털어 버리는 방법 아닌 방법이었다. 일탈자는 울적함을 뱉어내기는 하지만, 길이 없는 곳에서 길을 가야하기 때문에 그 길은 한줄기 가시밭길이었다. 벼슬길이 순탄치 못한 자들에게 그 길은 꾸불꾸불하지만 그윽한 곳으로 이르려는 방책이었으며, 명사가 되기 위해 노력하는 길이었다.

일탈을 일삼기 시작했다. 그것도 아주 뛰어나게.
일탈을 일삼기 시작했다. 먼저 그 길을 갔던 사람들을 앞서면서
그가 일탈한 일들이 어느새 사람들의 입에 오르내리는 화제가 되었다.

유령劉伶 출처:百度 www.baidu.com

2

유령이 드디어 명사가 되었다.

명사가 된 그는 더욱 일탈을 일삼았으며, 더욱 과묵해졌고 모든 일을 홀로 행했다. 집안은 늘 쓸쓸했으며 한 사람의 친구도 없었다. 다른 사람들이 그와 사귀기 싫어했기 때문이 아니었다. 명사가 되고 나서 사람들이 찾아와 사귀려고 했으나 사귀기에 적합한 사람이 없다고 이를 모두 거절했다.

하지만 혜강과 완적을 만나게 된 후 이런 상황에 조금씩 변화가 왔다. 천신이라 일컬어지는 혜강과 풍채가 당당한 완적은 유령의 추함을 조금도 혐오하지 않았다. 당대 대명사인 두 사람은 그의 일탈에 진정한 명사적 뜻이 담겨 있고, 그의 격조가 세상 밖에서 유유자적 거니는 소요유의 신운을 얻었다.

혜강, 완적 두 사람의 눈에는 그가 호남자로 보였다. 속이 가득 차 빛나는 멋진 남자로, 진정한 기인으로, 천지와 그 기운을 같이하는 남자로 보였다. 그들은 마치 오래 전부터 알아왔던 것처럼 자신들의 고답적 태도를 버리고 끈기 있게 그와 사귀었으며, 빈 마음으로 대화를 나누고 마음을 쏟아 그와 함께 지냈다. 유령은 그들의 태도에 감동을 받았다.

미남 중 미남인 혜강, 추남 중 추남인 유령. 그 둘이 짝을 이루자 흥미진진한 그림이 되었다. 그는 죽림의 노님에 끼어들었다. 죽림, 이 특수한 대나무 숲이 그에게 새로운 생기를 불어넣었다. 사실 대나무 숲이 특수한 것이 아니라, 특수한 사람들이 그 속에서 느끼는 생활, 정신, 철학 등이 특수한 것이었다.

죽림에 들어가 그곳에서 각각 그 풍채를 드러내고 있는 현자들이 집합체가 되면서 유령은 변해갔다. 활발해졌으며, 정신이 새로워졌다. 그의 변화는 이전과 비교했을 때 그렇다는 것이지 완전히 환골탈퇴 했다고 할 수는 없었다. 여전히 추악한 모습이었지만 유령은 더 이상 자신의 모습 때문에 열등감을 갖지 않았다. 죽림을 통해 빛을 발하면서 명사로서 등급은 한 계단 더 상승했다.

3

죽림으로 들어간 후에도 유령은 여전히 일탈을 일삼았다. 그 모습은 다양했지만 그 중에서도 술이 최고였다. 죽림칠현은 모두 술을 좋아했는데 그 선봉에 섰던 사람이 유령이다. 그는 온몸을 휘감고 도는 울적함을 술로 씻어내려고 했다. 그는 큰 뜻을 펴지 못하고 깊은 구렁에 빠져 있었기에 술에서 위안을 얻으려 했다. 그는 친구들과 술로 우의와 우정을 다지려 했다.

한마디로 술꾼이었다. 하루 종일 술 속에 묻혀 사는, 술을 자신의 생명처럼 여긴 보기 드문 술꾼이었다. 술에 취해 서 있는 유령은 술독이었고 술에 취해 누워 있는 유령은 술지게미를 펼쳐놓은 것이었으며, 술에 취해 비틀비틀 걸어가는 유령은 술기운 그 자체였다. 어떤 모양을 하든 모두 술의 모습이었다. 술은 그를 지칭하는 이름이 되었다. 그리고 술은 마침내 유령을 대명사의 반열에 올려놓았다. 동진 시대 왕효백王孝伯 미상~398년 진(晉) 효무제(孝武帝)의 황후인 왕법혜(王法慧)의 오빠, 태보(太保) 벼슬은 술과 명사와의 관계를 체득한 말을 남겼다.

"명사는 기이한 재주를 필요로 하지 않는다. 늘 한가함을 빌려 술을 통쾌하게 마시며 굴원屈原 BC 340년경~BC 278년의 『이소離騷』를 즐겨 읽으면 명사라고 할 수 있다."

유령은 술을 마시며 적잖게 우스갯거리들을 만들어냈다.

그는 먹고살기 위해 다른 사람의 문객이 되었다. 급여는 계산치 않았으며 오로지 마실 술만 있으면 그것도 크게 취할 기회만 있으면 된다는 간단한 조건을 주인에게 내걸었다.

"내가 어느 날 크게 취해볼 수 있겠습니까?"

주인은 소원을 들어주겠노라 답했다. 그래서 하인에게 술을 빚어 큰 독에 담도록 했다. 술이 다 익은 후에 사람을 시켜 술독을 유령의 방에 가져다 놓게 했다. 이튿날 주인이 그의 방에 들어가 보니 술독의 술은 이미 동이 나 있었고, 술지게미 위에 쓰러질 듯이 앉아 있던 유령이 히죽거리며 반문했다.

"그대가 일찍이 나더러 크게 취하게 해준다고 했는데 어찌 이렇게 한가로이 앉아 쉬게 한단 말인가?"

이 일은 우스갯거리가 되어 뒷날 골계를 다루는 책에 기록되었다.

밖에서는 술로 인해 명성을 얻었지만 집 안에서는 아내가 술로 인해 속을 끓이고 있었다. 그녀는 여러 차례 남편에게 술을 삼가도록 권했으나, 유령은 건성으로 대답할 뿐이었다. 그녀는 더는 방법이 없자 집안의 술을 모두 나누어 주고 술잔, 술독 등을 모조리 부수어버렸다.

술 중독 상태였던 유령은 정말 참을 수가 없었다. 그는 죽어가는 표정을 지으며 아내에게 술을 구걸했다. 그녀는 눈물을 흘리며 남편에게 권고했다.

"그대는 술을 지나치게 마셔 양생의 도를 가로막고 있으니, 반드시 술을 끊어야 합니다."

유령이 이에 답했다. "자네의 말이 참으로 좋으이. 그러나 내 스스로는 술을 금할 수 없고 귀신 앞에서 맹세를 해야 술을 끊을 수 있소. 그러니 자네는 제사를 지내게 술과 고기를 준비해 오구려."

그녀는 남편의 말이 도리에 맞는다고 생각했다. 그래서 술과 고기를 준비해 귀신 화상畫像 앞에 배설해 놓고는 남편이 귀신에게 맹세하기를 기다렸다.

유령이 무릎을 꿇고 입으로 제문 비슷한 것을 읊기 시작했다.

"하늘이 저 유령을 낳아 술로써 이름을 얻게 했습니다. 한번 마시면 열 말을 마시며, 다섯 말은 마셔야 술의 갈증을 풀 수 있습니다. 신이시여 아녀자의 말을 절대로 듣지 마시옵소서!"

그는 맹세가 끝나자 제사상의 진설물을 끄집어내려 큰 술잔에 담긴 술을 벌컥벌컥 마시고 큰 조각으로 찢어진 고기를 허겁지겁 먹어댔다. 얼마 지나지 않아 제사상 아래 취해 널브러졌다. 이 꼴을 본 유령의 아내는 울지도 웃지도 못했다. 이때부터 그가 술을 마시든 말든 더 이상 관계치 않았다.

이 이야기는 역시 우스갯거리가 되어 책에 기록되었다.

이러한 우스개들은 당대는 물론 후대에까지 전해지면서 적지 않은 부분이 첨가되었으며, 사람들이 더욱 배를 잡고 웃게 했다. 이런 우스운 이야기 속에서 유령의 모습이 더욱 생생하게 드러난다.

4

유령은 혼자서 마시지 않았다. 죽림칠현과 함께 마셨다.

죽림칠현 한 사람 한 사람이 술의 고수였다. 그들이 같이 모이게 된 데는 의기투합이 주요한 원인이지만 술을 좋아했다는 것도 중요한 요소 중 하나였다. 죽림칠현에 관한 기록, 그 중에서도 일곱 사람을 모두 기록한 사료들은 그들이 늘 죽림에 머물렀으며, 아무런 거리낌 없이 흡족할 때까지 술을 마셨다는 것을 기록하고 있다. '죽림칠현'의 이름은 여기에서 유래되었다.

죽림칠현은 주림酒林칠현이라고 할 수도 있는 것이다. 남북조 시대 남조 량 南梁 502~557년의 심약沈約 441~513년은 『죽림칠현론』에서 다음과 같이 쓰고 있다.

> 혜강, 완적 두 사람은 그 뜻을 자기 보존에 두어, 일찍이 내적 자취를 중시했기 때문에 당연히 그 외적 형식 갖춤을 게을리 했다. 형식의 훼파에는 반드시 술이 따라야 하는 까닭에 종일 술잔을 채우고 또 채웠으며, 늘 취해 비틀거리는 몸짓을 했다.
> 술의 쓰임새는 혼자서 마시는 데 있는 것이 아니라 짝을 얻어야 하며, 짝을 얻은 후에는 즐거워하는 것이다. 유령의 술을 대하는 풍격은 그윽한 맛이 있었으며, 상수 역시 같이 술을 하는 친구였다. 산도와 왕융 두 사람은 그런 풍류를 좋아해 그리로 왔으며, 같이 하되 서로 어그러짐이 없었기에 어깨를 같이해 무리지어 노닐었다. 술잔을 머금고 술대접을 받드는 극치에 이르러선, 이 세상의 기묘하고 재미있는 것을 보고도 못 본 체했다.

심약의 글은 음주의 정치적 용도, 친구들과 함께 마시는 술의 즐거움을 이야기했으며 술잔을 품고 드는 가운데 느껴지는 그 기묘한 진리를 이야기했다. 또한 그들 각자가 같이 술자리를 하는 데 맡았던 역할을 설명했다. 이들은 많을 때는 일곱 사람이 모두 모였지만, 적을 때는 다섯이나 둘, 셋이 모였다. 혼자서 마시거나 외부인들과 함께 마셨다.

죽림칠현 모두 술을 잘 마셨으나 그중에서도 유령이 으뜸이었다. 술을 잘 마신 탓에 그가 죽은 후 산양 땅에 '유령이 술에서 깬 곳劉伶醒酒臺'이라 부르는 명승지를 남기게 되었다.

> 천문산天文山은 오늘날 백가암百家巖이라 부르는데 산양현山陽縣 서북쪽 37리 되는 곳에 위치해 있다. 바위 아래 백여 집이 들어설 정도의 장소가 있어 그로써 백가암이란 이름을 얻게 되었다. 그 위에 정사精舍가 있으며, 또한 쇠를 담금질하던 곳이 있어 사람들이 혜강이 거처하던 곳이라고 일컬었다. 『도경圖經』에는 산 아래 유령이 술에서 깨어난 곳醒酒臺, 도사 손등孫登이 휘파람을 불던 곳長嘯臺, 완적의 죽림, 혜강이 검을 담금질하던 연못이 이 절 주변에 있다고 기록했다. (『태평환우기太平寰宇記』권 53)

유령이 술을 마신 이유는 취하기 위해서였다. 따라서 곳곳의 이름을 '유령이 술에서 깨어난 곳'이라 하는 것은 부적절하며, 마땅히 '유령이 술 취한 곳劉伶醉酒臺'이라고 해야 할 것이다. 사실 그는 지나치게 마셔댔기 때문에 취했다가는 깨고 깨었다가 취했다. 어디까지가 취한 것인지, 어느 때까지가 깨어 있는 것인지 구분이 가지 않았다. 상황이 그러했으니 그 유적지의 이름을 고치지 않아도 그뿐이리라.

5

죽림칠현은 모두 술을 잘 할 수 있었는데, 각자 술 품격과 술 덕酒德을 갖추고 있었다. 술의 품격은 각자의 성격에 따라 정해졌으며, 술의 덕은 각자의 처세태도에 따라 이루어졌다.

혜강嵇康은 술을 사랑했다. 혜강은 술을 통해 정치적 소용돌이를 피해갔으며, 취한 걸음으로 죽림의 오솔길과 궁벽한 길을 밟고 다니면서 그 술기운을 산양의 푸른 산 누런 흙 위에 흩뿌려놓았다. 그러나 양생養生에 대한 사색을 통해 술과 색色이 하나이며, 그 둘은 모두 사람의 골수를 마르게 하는 독물毒物이란 것을 깨우치게 되었다. 따라서 그는 이렇게 갈파했다.

> 몸을 절제하지 않고 제멋대로 굴리면 일찍 죽지 아니하는 자가 없다. 술과 색이 어떠한 것인가? 그 자체로는 죄가 없지만, 술과 색이 사람을 쇠망케 한다고 말할 수는 있으리. 縱體淫姿莫不早徂. 酒色何物,自令不辜. 歌以言之酒色令人枯.
> (『추호행칠수秋胡行七首』중 네 번째 시의 일부)

술과 색은 공空이다. 혜강은 술과 색이 모두 공이라는 기초 위에서 한걸음 더 나아가 명성과 지위는 사람을 더욱 꼬이게 하는 낚싯밥이란 것을, 일단 그 미끼를 물고 나면 재앙의 강물 속으로 빠져 들어간다는 것을 인식하게 되었다. 따라서 술과 색, 명성과 지위에 대처하는 가장 좋은 방법은 철저히 이것들을 잊어버리는 것, 머리를 돌려 전혀 보지 않는 것이라는 사실을 깨우쳤다. 따라서 그는 다시 한 번 이렇게 말했다.

> 따라서 옛 현인들은 주색을 달콤한 독주로 여겨, 버린 물건처럼 대했으며, 명예와 지위를 미끼로 여겨, 그것에게서 아주 멀리 떠나 돌아보지 않았다.

모두 헛된 것, 혜강은 술을 단념하고 신선술을 배우러갔다.

완적阮籍은 술에 탐닉했는데 그 성격은 대체로 혜강과 같았다. 그러나 관리 사회에 깊이 속해 있었기 때문에 술을 빌려 화禍를 피하려는 동기는 혜강보다 한층 더 절실했다. 권신 사마소司馬昭가 그의 딸을 며느리로 맞아들이려 했을 때 그는 대취해 이를 막아냈으며, 간사한 종회鍾會가 그에게 흠집을 내리고 했을 때에도 역시 대취해 이를 넘겨냈다.

완적의 가슴에는 항상 묵직한 것이 쌓여 있었다. 정치적 근심과 분노로 답답하게 쌓인 것, 세상의 풍파를 헤쳐 나오며 맺힌 것들을 술로 희석하지 않으면 안 되는 크나큰 매듭이 있었던 것이다. 동진東晉시대 완적의 글과 술을 논한 이들이 있었다.

왕효백王孝伯이라는 사람이 물어보았다. "완적과 사마상여司馬相如를 서로 비교하면 어떠합니까?"

왕대王大라는 사람이 대답했다. "완적의 가슴속에는 쌓인 것이 있었소. 술로 풀지 않을 수 없었을 것이오."

완적의 가슴에 묵직하게 자리 잡은 것은 술을 마셔도 씻겨내려 가지 않고 더욱더 묵직해져만 갔다. 그는 양생하려 하지 않았다. 풍성한 술과 안주의 잔치 속에서, 술병을 싣고 홀로 떠나는 푸른 하늘 아래에서, 깎아지른 절벽 위에 술병을 들고 서서 자신의 몸이 망가지기를 바랐다. 그래서 이 싫은 세상과 영원한 작별을 고하려 했다.

완적은 미친 듯한 태도와 술로 이름을 날렸다. 그를 우러러보든 아니면 공격을 가하든 세상 사람들이 완적과 같은 눈높이에서 그를 보려하는 경우는 드물었다. 중국 현대 문인인 욱달부郁達夫 1896~1945년는 세상에서 겪은 일을 통해서 문인의 할아버지라 할 수 있는 완적을 이해하고는 다음과 같은 글을 남겼다.

가련타! 완적 그대의 미친 듯 날뜀이여, 憐他阮籍猖狂甚
쓸쓸한 무덤을 대하여 취언醉言을 건네오. 來對荒墳作醉談.

『기요춘지상記耀春之殤』

'가련'하다는 말로 '미친 듯함'이라는 말의 속내와 '취했다'는 말이 내포하고 있는 뜻을 드러냈다.

산도山濤는 술을 잘했다. 그러나 그가 술을 마신 이유는 자신의 심심함을 달래거나 세인들과 교제하기 위해서였으며, 응대가 필요한 관리세계에서 살아남기 위해서였다. 그의 주량은 굉장했으나 늘 분수를 지켜 마셨기에 꼬꾸라지도록 술 취한 경우는 드물었다. 산도의 주량은 여덟 말이나 되었는데 그 전에는 절대 취한 모습을 보이지 않았고, 여덟 말을 마시면 바로 술잔을 내려놓고 더 이상 마시지 않았다.

산도가 이렇게 절제할 수 있다는 말을 들은 사마염은 산도의 술 취한 모습을 보고 싶다는 호기심이 발동했다. 그래서 술자리를 마련해 사람을 시켜 몰래 여덟 말을 재도록 하고 겉으로는 술의 량을 재지 않고 마시도록 명령했다. 산도는 술을 천천히 마시기 시작했다. 그는 술의 량을 재지는 않았지만 여덟 말을 마시자 자연스럽게 술잔을 내려놓았다.

산도는 고관이 되려 했던 사람이다. 풍향을 예측할 수 없는 벼슬세계에서 관료가 되려면 모든 면에서 자기를 제어할 수 있어야 했고, 거기에는 술을 마시는 데서의 자기 통제도 포함되어 있었다.

완함阮咸은 술을 탐했다. 그는 줄곧 예교의 속박에서 벗어나려 했으며, 사람됨이 호탕하고 구애받지 않는 성격이었다. 따라서 술 마시는 것 역시 호탕했다. 특히 숙부인 완적의 정신을 배워 세상에서의 일탈을 일삼았기에 술 마시는 것 또한 그러했다.

일찍이 그가 친족들과 함께 술을 마셨는데 흥이 돋자 늘 사용하던 술잔을 치워버리고 큰 함지박을 가져와 거기에 술을 가득 붓고는 서로서로 둘러앉아 마음껏 마셔댔다. 함지박에 얼굴이 묻혀 술 마시는 모양이 보이지 않았으며, 머리를 들자 술이 목 줄기로 줄줄 흘러내리며 옷이 흠뻑 젖었다. 술을 마시는 중간에 한 무리의 돼지들이 술 향기를 맡고는 몰려와 함지박의 술을 마시기 시작했다. 이를 본 완함은 다급해졌다. 돼지들이 술을 다 마셔버릴까 봐 그 사이로 비집고 들어가 돼지들과 함께 술을 마셨다.

겉으로 보기에는 체면을 중시하지 않는 행동처럼 보이나 사실은 체면을 지극히 중시한 행동이었다. 체면을 던져버리고 술 마시는 방식을 통해 더욱 큰 체면, 명사의 일원이 되는 체면을 구하려 했던 것이다.

유령은 술을 사모했다. 술을 사모하고 또 사모해 주신酒神이 되었다. 주신이 된 후에는 죽음의 신과 가까워졌다. 그는 질식할 듯 숨 막히는 말세를 술을 위해 살아갔다고 할 정도였다. 술이 없다면 산 것이 죽느니만 못했다. 한가할 때면 그는 늘 사슴이 끄는 수레를 몰면서, 술 한 병을 꿰차고는 목적지 없이 여기저기 돌아다녔다. 하인에게 삽을 들고 그를 쫓아다니도록 하면서 거리낌 없이 분부했다.

"내가 죽게 되면, 바로 그 자리를 파고 나를 묻어라!"

그는 생명의 질質을 중시했다. 그리고 그 질을 표시하는 지표로 술이 있어야 했다. 술이 있으면 생명의 여로가 길고 짧은 것은 문제가 되지 않았다. 생명에 대한 그의 태도는 시원시원해, 술에 취해 죽게 되는 것이 가장 큰 복이라고 여길 정도였다.

상수向秀는 술을 즐겼다. 그가 술을 즐기지 않았다면 표면상 술과 하나가 되었던 죽림칠현에 들어가지 못했을 것이다. 그러나 죽림칠현 중에서 술에 대해 가장 담담했던 사람이 그였다. 그가 술을 마시는 경우는 대부분 죽림칠현과 같이 할 때였다. 그러나 술을 마신다기보다는 여럿이 함께 술을 마시는 그 느낌을 마셨다고 하는 게 옳을 것이다. 장면이 농익으면 그도 따라서 농익어갔다. 그러나 그가 노장학설의 요체를 들어낸 사람이라는 점을 떠올리면 틀림없이 주량이 적지 않았을 것이다.

왕융王戎은 술에 미혹되었다. 술에 미혹된 그는 만화경처럼 다양한 모습을 보여주었다. 어느 때는 미친 듯이 마구 마셔댔는데 그럴 때는 산도와 유사했다. 여럿이 어울려 마실 때는 상수의 모습을 닮아 있었다. 그러나 그는 자신만의 특징인 속됨을 보여주었다.

그는 인색하기 짝이 없었다. 돈쓰기가 아까워 좋은 술을 사마시지 않았으며 듬뿍 마시지도 않았다. 그는 혼자서 마실 때도 많이 마시지 않았고 거의 취하지 않았다. 돈을 절약하느라 그런 면도 있지만 한 순간도 편히 있을 수 없는 난세에 고관이 되었기에, 한눈을 부릅뜨고 관료세계 속의 격랑을 지켜보면서 자신의 배가 가라앉지 않도록 해야 했기 때문이었다.

죽림칠현은 혼란한 시기에 태어나 험악한 세상을 살아갔기에 수많은 근심과 걱정을 안고 있었다. 그들은 더욱이 남보다 재능이 뛰어나 근심에 근심이 더해졌기에 부득이 술에 기대어 근심을 달래는 방법도 다를 수밖에 없었다. 그들은 술을 빌려 취한 세계에서 거닐고, 만화경 같은 변화를 구했다. 송宋의 섭몽득葉夢得 1077~1148년 이를 잘 묘사했다.

> 진晉나라 사람들이 술 마시는 것을 두고 심지어는 아주 취하는 자를 놓고 많은 이야기를 해왔으나 그 본뜻이 반드시 술에 있었다고 할 수는 없다. 당시 세상이 어지러워 사람들 각자가 화를 입을까 두려워했으며, 오직 술에 취해야 세상의 일을 어느 정도 멀리 할 수 있었기 때문이다. 이와 같이 술을 마시는 자는 반드시 마시는 것 자체에 뜻을 둔 것이 아니며, 취한 자가 반드시 술 취하는 것에 마음을 둔 것이 아니다.(『석림시화石林詩話』 하권)

이렇게 보자면 주신이란 유령은 정신이 말짱한 채 주신酒神이 되었고 죽림칠현, 이들 주선酒仙들은 정신이 말짱한 채 주선이 되었다.

6

죽림의 노님이 시작되기 수십 년 전인 동한 말에 술 잘하기로 유명한 대명사 공융孔融 153~208년이 일찍이 말한 바 있다.

"자리에는 늘 손님이 가득하고, 술잔은 늘 차 있으니 내 근심할 것이 없노라!"

그는 조조가 내린 금주령에 반대하며 반복해서 말했다.

"하늘에는 술을 나타내는 별이 있고 땅에는 술의 샘酒泉 감숙성에 있는 지역이 있고 사람에게는 맛 좋은 술을 즐기는 덕이 있다."

공융이 앞선 시대에 술 마시는 깃발을 세웠다면 죽림칠현은 후 세대에 이에 호응한 것이다.

죽림칠현 사백여년 후에 당唐 초엽 태평성세기 '시성詩聖' 두보杜甫 712~770년가 당시 술 마시는 것으로 유명하였던 하지장賀知章 659~744년 당대 시인, 서예가, 스스로를 '사명광객(四明狂客)'이라 칭함, 이진李璡 미상~750년 종실대신, 예종(睿宗) 이단(李旦)의 적장손, 이적지李適之 694~747년 종실 당태종 이세민의 증손자, 재상 역임, 이임보의 탄핵에 걸려 자살, 최종지崔宗之 생졸년도 미상, 재상 최일용(崔日用)의 아들, 시어사(侍御史) 역임, 소진蘇晉 당(唐)대 시인, 이백李白 701~762년, 장욱張旭, 초수焦遂 여덟 명을 거명하여 『음중팔선가飮中八仙歌』라는 시를 지어 그들의 음주 전후의 배를 움켜잡을 우스운 모습들을 묘사하면서도 그럴듯하게 그려냈다.

> 거나하게 마신 하지장의 말 탄 모습은 배를 탄 것처럼 흔들리며
> 눈이 어지러워 우물에 떨어져도 물에 잠겨 잠을 잔다네.
> 여양왕 이진은 세말 술을 마시고서야 조정에 나갔고
> 누룩 실은 수레 길에서 만나면 침을 흘렸으며
> 술 샘이 있다는 주천이 임지가 못된 것을 한스러워 했다네.
> 좌상 이적지는 흥이 나면 하루 잔치에 만금을 썼고
> 고래가 강물을 들이키듯 술을 마셨으며
> 잔을 입에 머금고 청주를 즐기며 세상의 현자라고 칭했네.
> 최종지는 시원한 기품의 미소년으로

잔 들고 흰 눈으로 푸른 하늘을 올려보면
깨끗하기가 옥으로 만든 나무가 바람에 흔들리는 듯하네.
소진은 수놓아진 불상 앞에서 오랫동안 재계를 하였는데
술 취한 김에 참선하다가 도망치곤 하였다네.
이태백은 술 한 말에 백편의 시를 썼고
장안의 술집에서 곯아떨어지기 일쑤였는데
천자가 불러도 취하여 배에 오르지 못할 정도였고
스스로 칭하기를 자신을 술 속의 신선이라 하였네.
장욱은 석잔 술에 휘갈겨 쓴 글씨로 초서의 성인으로 전해지고
모자를 벗어 맨머리를 왕이나 귀족들 앞에 내보였고
붓으로 휘갈기면 구름과 연기처럼 초서가 피어올랐네.
초수는 다섯 말 술을 마셔야 또렷해져
고담준론과 웅변으로 주위를 놀라게 했다네.

知章騎馬似乘船/眼花落井水底眠

汝陽三斗始朝天/道逢麴車口流涎/恨不移封向酒泉

左相日興費萬錢/飮如長鯨吸百川/銜盃樂聖稱世賢

宗之瀟灑美少年/擧觴白眼望靑天/皎如玉樹臨風前

蘇晉長齋繡佛前/醉中往往愛逃禪

李白一斗詩百篇/長安市上酒家眠/天子呼來不上船/自稱臣是酒中仙

張旭三盃草聖傳/脫帽露頂王公前/揮毫落紙如雲烟

焦遂五斗方卓然/高談雄辯驚四筵

　그 근원을 찾아가보면 죽림칠현은 공융의 진수를 전수받았으며, 역사의 물결을 따라 흘러가 당나라 시대 여덟 주선은 죽림칠현의 풍조를 이어 받았다.
　당나라 여덟 주선은 죽림칠현과는 너무나 멀리 떨어진 시대, 너무 다른 세태에 살았지만 삶의 곤혹감, 심리상의 우울함, 생명의 공허감은 다를 것이 없었다. 이렇게 같은 것이 많은데 어찌 술 마시고 취하는 것을 배우지 못했겠는가? 마시고 취한 그 모양과 그 심사가 죽림칠현이 어떠했나를 보여주는 간접적 증거가 된다.

술을 좋아한 사람은 예전부터 각지에 있었지만, 단체를 형성해 주야를 구분하지 않고 마셔대며 각자의 풍격을 드러낸 선비들은 죽림칠현이 그 시초였다. 먼저 그 물길을 터놓자, 그 물길이 강을 이루며 거세게 흐르기 시작하였다.

동진東晉 317~420년시대 장계절張季節은 완적의 행동을 본떠 술을 좋아하고 거칠 것 없는 일탈을 일삼았다. 당시 사람들은 그를 '강동의 완적江東步兵'이라고 불렀다. 누군가가 그에게 한마디 했다.

"그대는 마음 내키는 대로 제멋대로 살며, 죽은 후의 명성은 전혀 생각하지 않는구려."

그의 대답은 "죽은 후에 얻는 명성이 지금 한 잔의 술만 못하이."

동진시대 필세무畢世茂 게(蟹)를 목숨처럼 좋아해 게의 신(蟹神)이라 불렸다. 는 이부랑吏部郎의 자리에 있을 때 술을 훔친 죄로 붙잡힌 적이 있었다. 그는 "한 손에 게를 들고, 한 손에는 술잔을 들고 술 연못 가운데로 노를 저어간다면 일생이 족하다 할 수 있다."고 말한 적이 있다.

죽림의 일곱 주선, 그들은 입에 술을 머금고 술 안개를 피워냈다. 또한 술바람을 일으키고 술 비를 내리게 하면서 스스로 취하고 다른 사람도 취하게 했으며, 당시 사람들을 취하게 하고 후세 사람들을 취하게 했다. 이러한 풍조는 동진을 거쳐 남북조南北朝 420~589년 남조(420~589년) 유송(劉宋), 남제(南齊), 남량(南梁), 남진(南陳), 북조(439~581년) 북위(北魏), 동위(東魏), 서위(西魏), 북제(北齊), 북주(北周)로, 수당隋唐 시대로 이어져 내려갔다. 그들이 남긴 풍격이 세상을 가득 채우면서 도연명陶淵明 365년경~427년이 나타나고, 사영운謝靈運 385~433년이 나타나고 이태백이 나타났다.

7

술 주酒자 외에는 유령이 세상과 다툴 것이 없었다. 세속, 세상, 사람들, 시대와 다툴 이유가 없었다. 이러한 경지에 이른 것은 그가 노장철학의 무위無爲의 도를 철저히 깨우쳤기 때문이었다. 한 몸의 술기운이 하늘과 땅 사이를 이리저리 지향 없이 흘러 다닌다. 다투지 않음은 그가 열심히 노력해 얻게 된 경지이다. 술을 마셔 몽롱해지면 슬며시 다투려는 생각이 일어났다. 그럴 때마다, 다툼 없는 경지가 저절로 생겨나면서 다투려는 생각을 없애버렸다.

어느 날 꼭지가 틀어지도록 술을 마신 그가 길을 가다 한 사람과 마주쳤는데, 어찌 된 일인지 말다툼이 일어났다. 그 사람은 힘쓰기를 좋아하는 사람이어서, 자신의 완력으로 약해 빠진 유령을 혼내주려 주먹을 불끈 쥐고 때리려고 했다. 그러나 유령은 전혀 싸우려는 자세를 취하지 않고 태연한 낯빛으로 천천히 말했다.

"어찌 그 존귀한 주먹으로 계륵(닭갈비)을 치려고 하십니까?"

돌연히 이런 말을 듣게 되자 상대방은 웃음을 터뜨리면서 주먹을 거두고 돌아갔다. 이렇듯 유령이 다투지 않았다고 했지만 사실 일반 사람은 감히 다툴 수 없는 특별한 다툼을 벌이고 있었다. 그는 우주와 세월과 다툼을 했던 것이다. 그가 인간을 넘어선 초자연의 웅장함과 다툼을 벌였던 그 호기는 원천적으론 자신의 천성에 따른 것이지만 후천적 힘은 술을 통해 얻은 것이었다.

술이 없었다면 이러한 영웅적 배포를 갖지 못했을 것이다. 술이 있었기에 그가 남들에게 조롱받는 못생긴 사람에서 만물을 다 끌어안는 대영웅으로 변할 수 있었다. 술이 거나하게 취하면 위대한 기상이 머릿속에서 커져갔다. 그는 참을 수 없는 마음으로 술을 찬미했으며, 술이 그에게 준 큰 덕을 칭찬했다. 술은 덕을 가지고 있다. 문필을 휘두른 적 없는 그가 생애 유일한 문장인 『주덕송酒德頌』을 써내려갔다.

대인大人선생이 있었는데 그는 광활한 천지를 집으로 삼고, 만 년을 잠깐으로 여기며, 일월을 집 안의 창문으로 여기고, 온 천지사방을 정원의 작은 오솔길로 여겼다. 그는 다닐 때 흔적을 남기지 않았으며,

집 같은 것 없이 하늘을 장막 삼고 땅을 침대 삼아 마음 내키는 대로 뜻 가는 대로 하려는 바를 다 했다. 머물러 있을 때는 네 되들이 술통이나 두 되들이 술통을 쥐고 있으며, 움직일 때는 작은 술 주발이나 술병을 갖고 다니며 종일 술을 마셔댔으니, 다른 일에 어찌 관여했겠는가?

존귀한 자와 벼슬아치들이 대인선생에 대한 소문을 듣고는 그의 행위에 대해 의론을 하면서, 옷자락과 소매를 격하게 휘두르며 노한 눈을 부릅뜨고 이빨을 갈면서 예법을 늘어놓고 비평하는 말들을 주절거렸다.

이러한 때 대인선생은 술병을 받쳐 들고 술 도가니에서 술을 받아 입을 다시며 새로운 탁주를 맛보고, 머리를 풀어헤치고 다리를 쩍 벌리고 앉아, 술누룩을 베개 삼고 술지게미 위에 누워 아무런 근심도 염려도 없이 흔쾌한 마음으로 희희낙락하고 있었다.

그는 깊이 취해 혼곤히 있다가 갑작스레 깨어난다. 조용히 주변의 소리를 들으나 뇌성벽력의 소리를 듣지 못하고, 먼 곳을 주시하지만 태산의 모습을 보지 못한다. 추위와 더위가 피부에 와 닿음을 느끼지 못하고, 영리와 욕망이 성정을 감동시킴을 느끼지 못한다. 복잡하고 어지러운 만물을 굽어보며 큰 강물에 떠 있는 부평초처럼 여기고, 존귀한 자와 벼슬아치가 모시고 서 있는 것을 마치 나나니벌이 애벌레를 데리고 가는 것처럼 여긴다.

'대인선생'은 다름 아닌 바로 유령 자신으로 하늘을 이불 삼고 땅을 침대 삼는 큰 모습으로 그려져 있다. 그는 '대인선생'을 통해 술 구름과 누룩 안개를 타고 가면서 천인합일의 장쾌한 뜻을 풀어냈으며, 서로 다투며 공격을 일삼는 예법이나 따지는 자들을 흘겨보고 생각도 근심도 없는 신선의 즐거움을 묘사했다. 유령은 단순히 말만 한 것이 아니라 이를 행동으로 옮겼다. 이런 생각을 입 밖으로 내뱉었을 때 많은 사람들을 놀라게 했는데, 이를 다시 행동으로 나타내면서 더욱 세상을 놀라게 하였다.

그는 혼자 집에 있을 때는 늘 실오라기 하나 걸치지 않은 채 술을 맘껏 퍼마시며 영혼의 자유로움을 누렸다. 손님이 그를 보러 와서는, 알몸을 고스란히 드러내고 있는 추남을 보고는 어쩔 줄 몰라 하거나 부끄럽게 여겨 돌아가곤 했다. 또는 좋은 말로 권유하거나 비웃거나 했다.

"나는 천지를 집으로 삼고 집을 내 바지로 생각하는데, 그대는 어찌하여 내 바지 안으로 들어오는가?" 어느 때는 도리어 더 말을 붙였다.

"나는 천지를 집으로 삼고, 집을 바지로 삼는데 그대가 응당 내 바지 안으로 들어오지 않았어야하며, 이미 들어왔다면 어찌 수치스럽게 여기는가?"

말을 내뱉은 그의 얼굴에는 득의만만함이 가득했다. 이렇듯 알몸을 드러내는 행위는 완적에게서 배운 것이었다. 사람이 부끄러움을 알게 된 이래로, 동한東漢말 북을 치며 조조曹操를 욕하던 미형彌衡 173~198년을 제외하면 이렇게 대담하게 굴었던 대장부가 일찍이 없었다. 유령은 대담하게 자연으로 돌아갔던 것이다. 대중들 앞에 금기시함이 없이 사람의 본색을 드러내 자신의 깨끗함을 보여주며, 문명의 허례허식과 싸워나가고 위선적인 도덕의 울타리를 벗어버렸다. 깨끗함을 자연으로 되돌려주려는 속내는 당唐 시대 가장 자유분방했던 이백李白이 잘 이해하고 있었다. 그는 이를 다음과 같은 시에 담아 말했다.

> 백우선을 한가로이 흔들며, 懶搖白羽扇
> 나체가 되어 푸른 숲 속에 있네. 裸體靑林中
> 건巾벗어 석벽에 걸어두고, 脫巾掛石壁
> 시원한 솔바람 맨 이마로 맞아들이네. 露頂灑松風.
> 『하일산중夏日山中』

하늘과 땅으로부터 빼어난 품성과 탁주의 기이한 성질을 얻지 못했다면, 결코 완적은 그렇게 하지 않았을 것이며 유령 또한 배우려 하지 않았을 것이다. 완적, 유령 둘 다 세상의 기인이 되었다. 그러나 유령의 나체에 대한 해석은 완적보다 더욱 높은 경지였다. 이로 인해 일탈행위로 그치지 않고, 장자의 질박함과 진실함으로 돌아가려는 뜻을 명확히 하여, 알몸뚱이로 천지를 대하고 옛것을 이어받아 길이 남기려 했다. 하늘, 땅, 사람 삼자가 그의 몸을 통해 하나가 되어 진실한 통일을 이루었다,

한껏 마셔대는 풍조에 휩쓸린 것과 마찬가지로, 유령 역시 청담의 풍조에 휩쓸렸다. 유령은 알게 모르게 청담에 빠져들었는데, 그는 혜강의 지혜, 완적의 원만함, 상수의 명철함, 완함의 깊은 식견, 왕융의 웅장함과는 다른 자신만의 원대함—천지일월과 같이하는 원대함을 가지고 있었다. 그의 청담은 임기응변이 뛰어나 한 바탕의 변설로 다른 사람을 앞서갔다. 다른 사람이 볼 때 마치 흐리멍덩한 듯했으나 한번 부딪혀보면 거듭거듭 깨우침이 생겨났다.

유령은 강해를 한 적은 없지만 담론의 형식은 다소 산도山濤와 비슷했다. 즉, 고의로 남을 놀라게 하는 말을 하지도 않았으며, 현묘하고도 현묘한 청담을 일상적 말에 담았다.

유령이 가장 잘 논했던 명제는 무위無爲 즉, '하지 않음으로 하지 않는 것이 없다.'는 바로 그 '무위'였다. 이러한 명제에 대해 그는 비록 상수와 같이 빼어난 『장자주莊子注』를 쓰지는 않았으나, 이와는 다른 길을 찾아내었다. 즉, 유가의 천인합일天人合一의 사상을 빌려와 현묘함의 이치를 논했던 것이다. 죽림칠현은 모두 무위를 믿었는데 유령은 특히 여기에 빠져들었다. 그렇지 않았다면 그가 천지를 집으로 삼고, 집을 바지로 삼고, 탁주를 생명으로 여길 수 없었을 것이다.

무위를 숭상하는 것은 바로 '무無'를 떠받드는 것이자 '유有'를 반대하는 것이다. 이러한 주장은 위진魏晉 시대 정시正始 240~249년 기간의 명사 중 우두머리인 하안何晏 미상~249년 현학의 대가. 사마의에게 죽임을 당했다.이 그 뜻을 발전시켰으며 죽림칠현의 대표자격인 완적 등이 그 중심을 이어받았고, 서진西晉의 명신으로 이름을 날렸던 왕연王衍 256~311년 왕융(王戎) 사촌동생으로 서진 말기 중신. 석륵(石勒)에게 생매장당해 죽었다.이 그 흐름을 펼쳐갔다.

무위란 철학 이론상으로는 인간세상의 번잡함에서 멀리 떠나, 양생을 하고 단약을 먹으며, 장수를 구하고 신선을 따라하는 것을 강조하는 것이었다. 관방의 정치행위에서도 이를 실천하여 청담에 탐닉하고 예법을 지키지 않았다. 구속됨이 없이 일탈을 일삼고 자리만 차지하고 소임을 다하지 않으면서도 국록을 받아먹는 일이 비일비재하였다.

왕융의 사위인 배외裴頠 267~300년는 이러한 사회적 기풍을 못마땅해 했다. 아무도 당시의 정치에 관심을 기울이지 않고, 아무도 실무를 하려고 하지 않았으며, 조정안에는 총명한 밥통들만 가득 차 있었다. 이에 안타까움을 느껴 『숭유론崇有論』을 저술해 '무'에 반박을 가했다. 그러나 '무'가 이미 사회의 기풍이 되어버린 상황에서 배외 혼자 이를 반대 방향으로 돌릴 수 있었겠는가?

청담을 통한 보신保身과 청담으로 인한 국사의 어그러짐은 서진이 멸망할 때까지도 계속 이어졌다. 청담은 서진이 멸망하게 된 원인 중 하나이다. 특히 후세 사람들의 주의를 끈 것은 왕연이 죽기 전에 남긴 후회의 말 한마디였다.

왕연은 가장 높은 삼공三公의 자리까지 올랐던 보기 드문 인물이었다. 그는 풍격이 고아했다. 재능이 빼어난 데다 잘 생겼으며, 그 깨우침의 능력이 발군이었고 현묘한 말을 잘해 조정과 재야에 명성이 자자했다.
왕융이 일찍이 그를 칭찬했었다.
"태위太尉의 신묘한 자태는 고아해서, 마치 옥구슬로 된 나무처럼 자연스럽게 빼어난 외물外物이라 할 수 있습니다."

이렇게 출중한 인물이 진晉 말기 전쟁의 참화에서 갈羯족 무장 세력의 수령인 석륵石勒 274~333년 후조(後趙) 개국 황제에게 붙잡혀 생매장되기 전에 침울하게 말했다.
"아! 우리 시대가 옛사람만 못했다 할지라도 일찍이 헛된 것을 숭상하지 않고, 힘을 기울여 천하를 다스렸다면 오늘과 같은 일을 당하지 않았으리라."

왕연의 죽음은 청담의 풍조가 서진西晉에 멸망의 재난을 가져다준 원인이었음을 상징한다. 그 근본을 추적해 보면 청담의 풍조는 정시正始의 명사와 죽림칠현에서 발원했다. 후대의 학자들은 비판의 화살을 직접 그들에게 돌렸다.

비판자도 두 무리로 나뉘었다. 한 무리는 동진東晉의 범녕范寧 339~401년을 대표로 하는데 그들은 하안, 왕필王弼을 우두머리로 하는 정시의 명사들에게 그 죄가 있다고 주장했다. 그들의 죄가 하夏왕조의 폭군 걸桀이나 상商왕조의 폭군 주紂보다 더 커서 도저히 잘 봐줄 길이 없다는 것이었다.

> 왕필, 하안 그들은 정통의 문장을 멸시해 폐기처분했으며, 예의와 법도를 존중치 않았고, 내용 없는 화려한 말을 일삼아, 후대 사람들을 혼란으로 끌고 갔다. 화려하고 장식적인 말로 실질적인 것을 가렸으며, 어지러운 글로 세상 사람들을 미혹되게 했다. (여기에 물들은)벼슬하는 자들이 그 가야 할 길을 완전히 바꾸어, 공맹의 문화가 아득히 나락으로 떨어지게 되었다.
> 이에 따라 인의仁義가 나락으로 떨어지고, 유가의 우아함이 먼지를 뒤집어쓰게 되었으며, 예의와 음악이 무너지고 (마침내는) 중원이 뒤집히게 되었다. 옛 말에 이르기를 그 말이 거짓되면 변론을 일삼고, 그 행위가 간사하나 이를 고집하는 자들이 있다고 했는데 이들을 두고 한 말이 아니겠는가!······왕필과 하안은 세상의 헛된 명성을 얻기 위해 말의 성찬을 바탕으로 방종했으며, 있지도 않은 신선을 그려내는 것을 재주로 삼고, 무無법을 선동하는 것을 풍속으로 삼았다.
> (이를 보면) 정鄭나라의 그 음악이 음탕했다고 하는 것과, 구변이 좋은 자가 나라를 망하게 했다는 것이 참으로 있는 일임을 알 수 있지 않은가? 나는 정말 한 시대의 화로 그치는 것은 가벼운 일이지만 몇 대에 걸치는 죄는 무겁다고 생각하며, 스스로 다쳐 피를 흘리는 것은 작은 일이지만 대중을 미혹하는 죄는 실로 크다고 생각한다.(『진서晉書·범녕전范寧傳』)

고염무顧炎武 1613~1682년 명말청초 왕부지(王夫之), 황종희(黃宗義)와 함께 3대 유학자이며 고증학 주도자를 대표로하는 명明조 말엽, 청淸조 초의 사람들은 혜강, 완적을 대표로 하는 죽림칠현에게 그 잘못을 돌렸는데, 그들이 청담의 기풍을 불러일으켜 결국은 서진西晉이 멸망했다는 것이다.

위로는 국가를 망하게 했으며, 아래로는 교육이 무너지게 하는 데까지 이르렀다. 오랑캐들이 번갈아 호령하면서 군주와 신하가 여러 차례 바뀌게 되었는데, 이렇게 된 것이 죽림 현자들의 잘못이 아니면 누구의 잘못이란 말인가? (『일지록日知錄』권 13)

약간 후대 사람인 전대흔錢大昕 1728~1804년 청대 사학가, 한학자은 고염무보다 한 발 더 나아가 범녕의 논거 대상을 강제로 바꾸었다. 하안과 왕필을 비난의 대상에서 풀어주고 그 화살을 혜강과 완적에게로 돌렸다.

사마씨가 다스리던 진晉대의 사대부들은 청담을 나라를 잘 다스리고 백성을 고난에서 구하는 경세제민으로 여겼으며, 방종함을 큰 덕으로 여겼다. 이에 따라 앞 다투어 헛된 것을 좇았으며 법도를 닦지 않았다. 그리해서 집에서는 그 기강이 무너지고 조정에서는 공무가 수행되지 않았다. 이러한 논거를 가지고 현재의 세상 사람들을 경계토록 하는 것은 선한 일이라 하지 않을 수 없다. 그러나 이를 가지고 혜강과 완적에게 죄를 묻는 것은 가하지만, 왕필과 하안에게 죄를 묻는 것은 불가하다. (『잠연당문집潛研堂文集』권2)

이 학자들은 청담과 나라가 망한 것과의 관계를 따졌지만 모두 한쪽으로 치우친 말들이었다. 망국의 원인을 개인에게 돌렸을 뿐, 전체 역사적 배경을 검토하지 않았다. 청담을 당시 정국 및 체제와 결부시켜 종합적으로 고찰한 인물은 학자가 아니라 문인 임어당林語堂 1895~1976년 중국 현대의 대문호 『생활의 발견』, 『논어』등 작품 다수이었다. 유가 입장에서 그 문제를 평가하는 학자들이 청담이 나라를 망하게 했다는 비난의 논조를 펴는 것은 미인이 나라를 망쳤다는 비난의 논조를 펴는 것과 너무나 유사하다고 임어당은 지적했다. 그들이 결과를 뒤집어 원인으로 여겼을 뿐 청담은 잔혹한 정치 때문에, 제멋대로 날뛰던 무인들 때문에 어쩔 수 없이 생겨난 것으로 역사적 책임을 진 희생양이라는 점을 지적했다. 그의 논조는 이러했다.

혹자는 청담이 나라를 잘못되게 할 수 있다고 한다. 나는 청담이 나라를 잘못되게 할 수도 있으며, 청담이 아니라도 나라를 망칠 수 있다고 말한다. ……동진은 청담을 하는 사람들에 의해 망했다고 하지만, 남송은 청담을 하지 않은 사람들에 의해 망하지 않았던가? 망국의 죄를 청담의 머리에 씌우는 것은 잘못된 것이다. 주紂왕이 미녀인 달기妲己 때문에 망했다고 하는데, 잘 생각해 보면 이 폭군은 달기가 없었더라도 망하지 않았겠는가?

잔혹한 임금과 폭군이 나라를 망치지만 모두 그를 대신해 죄를 짊어질 희생양을 찾게 된다. 어리석은 임금과 폭군이 정치를 잘하지 못하고, 무인들이 날뛰게 하였기 때문에 혜강처럼 깨끗하기 그지없는 사람도 죽음을 피할 수 없었던 것이다. 폭정이 청담에서 생겨난 것이 아니라 청담이 폭정에서 생겨난 것이다. 종래로 유가는 결과와 원인을 뒤집어 놓는데 그 정도가 심하다 할 수 있다. (『독서여풍취讀書與風趣』)

보는 사람마다 그 상황을 다르게 보게 되고 각자 자기의 의견이 있게 마련이다. 사심 없이 평하자면 임어당이 말한 것이 인정에 맞는다고 볼 수 있겠다. 사대부들은 확실히 당시 환경에 의해 어쩔 수 없이 청담에 탐닉하여 각자 자신을 지켰다고 할 수 있다. 만일 소수의 사람들이 이러했다면 큰 문제가 되지 않았겠지만 그런 사람이 많아져 사회기풍이 되어버리면 누구도 천하의 더러운 일을 씻어 내려하지 않게 되고, 이로써 망국의 속도가 빨라지게 되는 것은 논쟁이 필요 없는 사실일 것이다.

9

죽림의 현자들은 모두 관리가 되었다. 유령도 당연히 관리가 되었다. 유령의 벼슬살이는 한껏 마셔대는 풍조에 휩쓸린 것과 마찬가지로 평생에 오직 한 번뿐이었다. 그가 해본 유일한 관직은 건위참군建威參軍직이었다. 참군의 정식 명칭은 참제군부사參諸軍府事로 서진의 관직제도 중 무관의 직위였다. 각 군부軍府의 대장이 명령을 받아 전쟁에 나설 때 임시로 설치하던 직위로 책임은 군사 참모였으며, 일이 끝나면 그 자리가 없어졌다. 임시 관직이었기 때문에 유령의 전기에는 건위참군을 한 적이 있었다고 쓰여 있다.

잠시 반짝했던 이 관직 역시 그가 죽림에서 얻은 명성에 따른 것이었다. 이 잠시의 군대생활을 제외하면 그는 줄곧 집에서 한가하게 지냈다. 그가 관직에 뜻이 없었던 것이 아니라, 벼슬길에 나설 기회가 없었던 것이다. 그가 관직으로 나아가려 한 이유는 진정 관리 노릇을 하려는 것이 아니라, 벼슬을 해 봉급을 받고 이로써 생계를 꾸려가며 더욱더 많은 술을 마시려는 데 있었다. 벼슬할 기회가 없자 그는 울적해졌으며, 현실에 불만이 커지면 커질수록 술로 인생을 풀어갔다.

기회가 있기는 있었으나 그 기회는 유령 앞에 나타나자마자 곧바로 연기처럼 사라져버렸다. 서진西晉 시대가 시작되고 나서 얼마 지나지 않아 사마염은 새 정부 관료들의 역량을 강화하기 위해 한漢문제文帝 BC 203~BC 157년 유항(劉恒). 유방의 넷째 아들로 한 혜제(惠帝) 유영(劉盈)의 배다른 동생 가 뛰어난 인재를 천거하기 위해 창설했으며, 사책射策과 나란히 시행했던 대책對策을 통해 천하의 인재를 뽑으려 했다.

사책은 사전에 준비된 문제를 대나무 쪽 위에 쓰고 문제의 크고 작음에 따라 갑甲, 을乙로 구분해 이를 섞어 숨긴 후에 수험생이 제비를 뽑으면, 그 대나무 쪽의 문제에 따라 답을 하도록 하고 우열을 가려 인재를 뽑는 제도이다. 대책은 시험관이 정치, 유가 경전의 각도에서 문제를 제기하고, 수험자가 답한 문장과 내용이 어떠한가를 보고 그 우열을 가려 인재를 뽑는 제도이다. 문장의 수준에 따라 우열을 정한다고 하지만, 여기에는 시험관의 주관적 선호가 크게 작용했다.

서한西漢 재상인 공손홍公孫弘 BC 200~BC 121년이 평민시절, 유학자의 신분으로 태상太常이 주재한 대책에 참가했다. 참가한 사람이 100여 명이었는데 그는 하등下等으로 분류되었다. 그러나 한 무제가 다시 답안들을 살펴보았을 때는 도리어 일등이 되었다.

정도는 달랐지만 시험관의 임의성이 유령에게도 영향을 주었다. 조정에서 대책으로 인재를 선발함에 따라 명사였던 유령도 참가하는 행운을 가졌다. 시험관이 낸 문제에 그는 노자의 무위無爲로 만물을 감화시킨다는 요지로 뛰어난 답변을 했다. 유령은 틀림없이 합격되리라고 믿었다. 그러나 합격자를 알리는 방榜에는 오직 유령만이 낙방했다는 결과를 알려 주었다.

유령은 답답하고 울적했다. 오랫동안 추측해 보았지만 여전히 그 이유를 알 수 없었다. 마침내 유령은 그 원인이 바로 눈앞에 있었다는 것을 깨우치게 되었다. 바로 의지할 부모가 없었다는 데, 그를 끌어줄 가족이 없었다는 데, 내세울 명문세가의 계보가 없었다는 데 있다는 것을 깨우쳤다. 그는 당시의 인재선발제도로 인해 손해를 보았던 것이다.

위魏나라 초기에 끊임없는 전쟁으로 인재를 선발하는 정부의 정상적인 통로가 무너졌다. 이에 따라 대신들의 건의로 새로운 인재선발제도인 구품중정제九品中正制를 실시했다. 주州, 군郡에 중정관中正官을 설치해, 인물에 대한 사회 여론과 가세家世, 문벌, 도덕, 재능 등을 기준으로 벼슬에 오른 사람과 아직 오르지 못한 사람의 등급을 아홉 가지로 평가하도록 한 제도였다. 상상上上, 상중上中, 상하上下, 중상中上, 중중中中, 중하中下, 하상下上, 하중下中, 하하下下로 평가하고 이를 정부에서 관원을 등용할 때 쓰는 주요한 참고자료로 삼았다.

이 제도는 위魏문제文帝 조비(曹丕)가 시행하던 초기에는 그래도 재능이 있는 자만 뽑아 쓴다는 원칙을 유지할 수 있었다. 그러나 세월이 흐르면서 문벌들이 정권을 농단하게 되고, 특히 사마씨 집단이 정치적으로 득세를 하게 되자 가세와 가문이 빠르게 이를 대체해 유일한 선발기준이 되었다. 이에 따라 구품중정제는 명문가족들이 관료세계를 장악하고, 정권을 조종하는 수단으로 변질되었다. 이른바 '보잘 것 없는 가문의 사람은 상품上品에 들어가지 못하며, 하품下品에는 명문세족의 사람이 없는' 그러한 국면이 되었다.

일반 선비들과 문벌 중에서 식견이 있는 사람들이 반대했으나 씨알도 먹히지 않았다. 세상의 별 볼일 없는 가문의 선비들이 모두 그런 손해를 보고 있는데 어찌 유령만이 예외일 수 있었겠는가? 원인을 명확히 알게 된 유령은 도리어 가뿐한 마음이 되었다. 진정한 은둔자는 벼슬을 하지 않는 평민이어야 한다. 이때부터 유령은 스스로 평민이 되었으며, 벼슬하려는 생각을 다시는 품지 않았다. 평온하고 고요한 마음으로 은자가 되어 그렇게 일생을 마쳤다. 단지 그는 술에 더욱 연연했다.

유령의 죽음에는 여러 설이 있다. 보병교위步兵校尉가 된 완적을 따라 보병의 주방으로 가 실컷 마셔댔으며, 그 결과 두 사람이 술에 취해 죽었다는 설이 있다. 이 설은 옛사람인 유효표劉孝標 463~521년 남북조 시대 양(梁)의 학자가 터무니없는 이야기라고 가려낸 바 있다.

유령이 술 취해 죽었다는 것은 이태백이 달을 건지기 위해 연못에 뛰어들어 죽었다는 것처럼 믿기 어려운 이야기지만, 사람들이 믿고 싶어 하는 아름다운 전설이다. 너무 아름다워 사실을 넘어서는 전설이 되었다. 사실 유령은 완적과 같이 취해 죽지 않았다. 그는 장수했으며 집 안에서 정상적인 죽음을 맞았다. 그의 전기는 '수를 다하고 죽었다.竟以壽終'는 말로 끝맺고 있다.

유령은 마음이 깨끗하고 욕심이 적었으며, 관료세계의 억눌림을 받지 않았기에 응당 남보다 10여 년은 더 살 수 있었다. 유령은 순박하고 진실했고, 예전의 속박을 받지 않았기에 응당 남보다 10여 년을 더 살 수 있었다. 유령은 하늘의 정기와 땅의 영靈을 받아 인간의 더럽고 불결한 기운을 받지 않았기에 응당 남보다 10여 년은 더 살 수 있었다. 이렇게 30여 세를 더하고 나면 유령이 장수하지 못할 까닭이 없었다. 주신 유령은 술로 나이를 먹고 장수옹이 되었다.

제4부

치세治世의 바람

드물고 기이한 원圓

힘차게 굴러가는 정치의 수레바퀴

종남산終南山의 도사들

색공비공色空非空

제4부

치세治世의 바람

드물고 기이한 원圓

1

『설문해자說文解字』에 보면 '현玄은 그윽하고 아득히 멀다'라고 풀이 되어 있으며, 또한 '붉은 색을 띤 검은 것'이라고 하였다. 『노자老子』에서는 '그윽하고 깊고 깊은 모든 변화의 문'이라고 하였다.

당唐숙종肅宗 상원上元 2년(761년), 이융기李隆基가 세상을 떠났다. '군신들이 표를 올려 시호諡號를 지도대성대명효황제至道大聖大明孝皇帝, 묘호廟號를 현종玄宗으로 하였다.'

사람의 재능은 한 개의 원圓으로 비유할 수 있다. 원에는 규칙, 불규칙, 완전, 부족의 구분이 있다. 사람과 사람의 비교는 각자의 원을 비교하는 것이라고 할 수 있다. 모든 재능을 갖춘 인재는 완전한 원에 가깝게 된다.

현종玄宗은 바로 이러한 기이하고 보기 드문 완전한 원이었다.

그는 정말 기재奇才였다. 그의 재능은 어떠한 국면 어떠한 장소에서도 잘 어울릴 뿐만 아니라 뛰어난 역할을 했다는 데 있었다. 그가 해낸 배역은 일부러 꾸민 것처럼 전혀 어색하지 않았으며, 내재된 천성에서 배어나오듯 자연스러웠다.

그가 처한 현실이 무슨 배역을 요구하든 그는 바로 그 배역에 몰입하였다.

그는 일종의 타고난 정치적인 소질을 갖고 있어서 칼과 피가 튀는 생사의 갈림길에 용감히 뛰어들어 길을 헤쳐 나갔다. 그는 정치에 대해 경지에 이른 이해력을 갖고 있었으며, 여론을 장난감 다루듯 하였고, 필요한 경우는 즉시 포기하는 태도도 가지고 있었다. 위韋황후, 태평공주太平公主 등이 최고 권력을 장악하려는 데 대해서는 '암탉이 새벽에 운다.牝鷄司晨'고 비난하였으나, 자신이 황실의 방계구성원으로 황제위에 오른 것에 대해선 명분 따위는 옆으로 차버렸다. 그는 성공이야말로 유일한 목표이며, 성공을 얻으려면 수단방법을 가리지 않아야하며, 친척이나 가족의 정분도 무시할 수 있고, 일반 상식도 뒤집을 수도 있다고 생각하였다.

정치경영이란 반드시 모험이 따르게 되며, 큰 성공을 거두려면 큰 모험을 거쳐야한다. 그가 여러 차례 정변을 성공으로 이끌 수 있었던 것은 위험을 회피하지 않고 용감하게 부딪쳐 간 덕분이었다. 전혀 두려움을 모르는 정신과 형세를 심도 있게 잘 살펴볼 수 있는 능력이 있었으며, 의지가 매우 강하고 큰일을 위해서는 치욕도 잘 참아냈다. 너무나 지혜로와 얼른 보기에는 어리석은 사람 같았다. 모험심과 근면함, 신중함이 한데 어우러지면서 조용히 있을 때는 산림 속에 묻혀 사는 처사 같았고, 일단 움직이면 포위망을 뚫고 달아나는 토끼 같은 경지에 올랐다. 울지 않으면 그 뿐이지만 일단 울었다 하면 세상을 크게 놀라게 하는 결과를 가져오곤 했다.

현종이 황제위에 오르게 된 것은 전부 좋은 기회를 만나서 된 것이라고 말할 수 없다. 만일 기회가 특별히 그에게만 찾아왔다고 말한다고 하더라도, 어느 정도는 그 기회들을 그가 만들어냈다고 할 수 있다.

조조를 본뜨고 싶어 스스로를 '아만阿瞞 조조의 어릴 적 이름'이라고 칭했던 현종은 풍부한 세상 경험을 쌓았으며 그 위에 막힘없는 성격을 지니고 있어서 여러 종류의 사람들과 사귈 수 있었다. 높은 자존심과 어진 사람들을 예의와 겸손으로 대하는 민첩함이 결합되면서 왕공귀족, 고관대작, 재야의 처사, 지위 낮은 관리, 지방의 호족, 노비, 환관 등 각계각층에서 큰 무리의 친구들과 추종자를 얻을 수 있었다. 의로써 의기투합하든 이익이 되는 것으로 유혹을 하던 간에 어떤 종류의 활동에서든지 그는 실력을 갖춘 정치집단을 형성할 수 있었다. 이로 인해 연속적인 승리를 얻을 수 있었고 세상을 지배하게 되었다.

당 현종 출처:百度 www.baidu.com

군주 노릇을 하게 된 현종은 삼매경에 빠진 듯이 통치술을 깊이 터득하였다. 강함과 부드러움을 같이 섞고, 은혜와 위세를 동시에 취하였다. 간언을 잘 받아들이면서도 자기의 주견을 같이 밀고 가는 가운데, 위아래 관리들의 절대적인 복종을 받았으며 재상들이 마음과 힘을 다해 그를 섬기도록 하였다. 그는 자신이 판단한 그때그때의 형세의 필요에 따라 재상을 골랐으며, 그 장점을 사용하였으나 얼마 지나면 다른 사람으로 바꾸었다.

기용할 때는 존경에 존경을 더 하였지만 바꿀 때는 헌신짝 버리듯 하였다. 그 변화를 추측할 수 없는 현종 앞에서는 요숭姚崇 651~721년의 변화무쌍한 권력도, 송경宋璟 663~737년의 강직함도, 장열張說 667~730년의 재간도, 한휴韓休 673~739년의 완강함도, 장구령張九齡 673~740년의 외고집도, 이임보李林甫 683~753년의 노회함도, 양국충楊國忠 미상~756년의 의기투합함도 모두 무색해지고 말았으며, 총명한 아이가 세상사에 닳고 닳은 어른 앞에서 연극놀이를 하는 것과 다름없었다.

'군주는 존귀하고 신하는 비천하다.尊君卑臣'는 군신의 도리를 현종은 깊이 인식하고 있었다.

제왕은 귀중하며 재상은 그 아래라는 이치 아래 현종의 황제권은 시종일관 유효적절하게 재상의 권한을 제한하였다.

강자가 강국의 용상에 앉게 되면서 현종은 세계적인 강자가 되었다. 평화, 전쟁, 협상, 회유 모든 분야에서 현종은 정통해 있었으며, 어느 시기에 어느 수단을 써야 하는지에 대해 자유자재였다. 마치 신경 쓰지 않고 손가는 대로 그대로 써 내려가도 명문장이 되는 것 같았다. 신라와는 평화를 유지하고, 일본은 어루만지고, 이번二蕃 거란(契丹)과 해(奚)은 떨게 하고, 발해渤海 698~926년는 제압하고, 돌궐突厥은 멸망시키고, 투루판吐蕃 618~842년은 제압하고, 대식大食 아라비아제국 632~1258년은 공격하고, 돌기시突騎施 돌궐의 10개 부족 중 하나는 제압하고, 서역지방을 통제하면서 현종은 일마다 멋들어지게 처리하였다. 마치 한편의 국제적인 연극을 감독하는 것 같았다.

전 세계가 주목하는 강대한 대제국. 강대한 세력의 대국에 신화 속의 인물 같은 군주가 등장하자 각국의 군주들은 그가 손색없는 '왕중왕天可汗'이라는 것을 인정하지 않을 수 없었다. 강자도 실수하는 때가 있으나 현종이 외교와 민족문제에 있어 실수를 한 것은 주로 만년에 정치를 돌보지 않던 때였다.

나라를 다스리는 요체는 경제를 중시하는 데 있었는데, 현종은 최상의 경제적인 두뇌를 갖고 있었다. 황제에 막 등극하였을 때부터 경제를 가장 중시하였다. 이는 국가와 백성을 위해 또한 자신을 위해 그러했으며, 황제자리와 작별을 고할 때까지 그러하였다. 요숭이 승려를 민간인으로 환속케 하여 노동력을 증가시킨 일, 우문융宇文融 미상~730년의 농경지와 호구戶口정리, 배요경裵耀卿 681~743년의 하천을 이용한 화물운반, 우선객牛仙客 65~742년의 식량구매법……이 모든 것에 대해 현종은 깊이 이해하고 있었고 적극 지지해 주었다.

'개원의 치세開元之治 712~741년. 현종의 증조부인 당태종의 정관의 치세(貞觀之治 627~649)와 흔히 병칭되는 국력이 왕성한 성했던 태평성세'는 한 편의 걸작이라 할 수 있다. 천보天寶 742~756년시대의 경제는 지속적인 호황국면을 보였는데, 이 역시 현종의 덕이 아니라고 할 수 없다. 당시의 경제발전을 단순히 관성적인 결과라든가 일부 사회적인 병폐를 들어 이러한 사실을 부정하는 것은 제멋대로 단정을 짓거나 공평성을 잃어버린 것이라고 할 수 있다.

현종은 군사방면에 정통한 사람이라고 할 수는 없으나 결코 문외한도 아니었다. 비록 실전경험이 없었으나 상당한 전략가적 식견을 가지고 있었다. 위구르를回紇를 도와주면서 동동궐東突厥 583~630년 567년 동서돌궐로 분리되었다.을 공격한 것, 남조南詔 738~902년의 실력을 키워주어 투루판吐蕃을 견제한 것, 흑수黑水 말갈족靺鞨族과 손을 잡으면서 발해를 제어한 것, 서역의 여러 나라를 지원하여 돌기시突騎施에 반대하게 한 것, 내부 분열을 일으켜 이번=蕃을 약화시킨 것 등은 모두 당 조정이 주동적으로 한 것이었다.

현종은 군사적인 일에 상당한 관심을 갖고 있었으며, 때로는 원거리에서 작전을 지휘하고 있는 듯한 착각을 느끼곤 하였다. 투루판과의 기련성祁連城 전투에서는 황궁에 앉아있는 그가 "이번에는 짐이 지도를 보고 전략을 세워 직접 장수들을 지휘하여 반드시 적을 격파하겠노라."고 하였다. 당나라 군대는 그의 작전에 따라 온 힘을 다해 싸웠으며 그의 호언장담은 결국 사실로 변하였다.

지나침은 모자람보다 못하다고 하였던가! 여러 차례의 군사적 승리로 인해 현종은 이성을 잃고 점차 무리하게 전쟁을 일으키는 경향을 보였다. 실제 상황이 허락하는지 여부와 관계없이, 또한 필요가 있는지 여부와 관계없이 자신의 헛된 체면을 위해 전쟁을 일으켰으며, 끝내는 당唐이 가가지고 있던 기력을 잃게 하였다.

2

'재기가 넘친다.'는 말은 현종에게 적용하여야 비로소 그 말의 뜻이 무엇인지 알 수 있을 정도로 현종의 재능은 뛰어났다.

만일 그가 군주가 되지 않았다면 틀림없이 재자才子가 되었을 것이다. 그는 군주가 되고서도 여전히 재자였지만 거대한 정치적 업적이 재능과 학문적인 업적을 덮어버렸다. 남당南唐 937~976년의 이李후주後主 937~978년 남당의 최후의 군주로 시가에 뛰어났다.나 송宋의 휘종徽宗 1082~1135년 그림에 뛰어났다.도 군주로서 재기가 뛰어났지만 현종과 같은 반열에서 논할 수는 없으며, 현종의 재기는 역대 군주들 가운데 으뜸이라고 할 수 있었다.

그는 오언율시五言律詩를 잘 지었는데, 그 격조가 기운차고 기개가 넘쳐흘러 기이하면서도 아름다운 구절들이 연이어 나타나곤 하였다.

> 나루터에 늘어진 나무엔 봄물이 오르고, 春來津樹合
> 지는 달, 망루는 고요에 잠겼네. 月落戍樓空
> 빛나는 말들 아침을 가를 때 馬色分朝景
> 닭 울음이 새벽바람을 흔드네. 鷄聲逐曉風
>
> 『조도포진관早度蒲津關』

> 천길 벼랑, 비취병풍을 두른 듯, 翠屛千仞合
> 붉게 피어난 다섯 봉우리. 丹嶂五丁開
>
> 『행촉회도검문幸蜀回到劍門』

이러한 시구는 모두 비평가들의 호평을 받은 것들이었다.

시선詩仙 이백李白 701~762년, 시성詩聖 두보杜甫 712~770년. 그 두 봉우리가 받치고 있는 가운데 대시인 맹호연孟浩然 689~740년, 왕유王維 701~761년, 저광희儲光羲 706년경~763년, 고적高適 704~765년, 잠참岑參 718년경~769년경, 왕창령王昌齡 698년경~757년경등 시인들이 앞을 다투어 출현한 것은 현종이 직접 시를 지었다는 상황에서 적지 않은 힘을 얻었다고 할 수 있다.

　개원시기에 장단구의 사패詞牌가 정식으로 출현하였다. 문학적인 깊은 소양과 고도의 음악적 조예가 있었던 현종은 악부樂府로부터 유래된 이 새로운 문학적인 체제와 관련하여 본인이 직접 시험적으로 『호시광好時光』이란 작품을 지어 보였다.

> 보석 장식 틀어 올린 머리, 궁중에 어울리네. 寶髻偏宜宮樣
> 연꽃같이 신선하고 부드러운 너의 얼굴. 蓮臉嫩
> 하얀 피부 밝은 홍조, 향기가 나네. 體紅香
> 푸른 듯 검은 눈썹 따로 그릴 필요 없이 眉黛不須張敞畵
> 타고난 그대로 가늘고 기네. 天敎入鬢長
> 뛰어난 미모를 너무 믿지 말고 莫倚傾國貌
> 다정한 남자에게 시집가게나. 嫁取個, 有情郎
> 서로 젊은 청춘일 때 彼此當年少
> 그 좋은 시간을 그냥 흘러 보내지 마시게. 莫負好時光

　현종은 전통적인 부賦 역시 잘 지었는데, 그 작풍이 재기에 차 있으면서 생기가 넘쳐흘렀다. 그 중 『희우부喜雨賦』가 손꼽히는 작품이다.

> ……초목을 적시는 비는 하늘에서 떨어지는 구슬방울 이슬방울인 듯 궁궐과 정자를 뿌연 안개처럼 휩싸고 도네. 적게 흩뿌리는듯하다가 퍼붓다가, 포근히 적시는듯하다가 들어붓다가, 멋대로 내리네.

　현종이 써 내려간 산문은 정감이 있고 논리가 있으며, 서경성이 있어서 감정이 배어있는 논리가 자주 나타났으며, 정감과 서경적 필치가 한데 어우러졌다. 얻기 어려운 형제관계를 칭송하기 위하여 그는 한 편의 『할미새 노래鶺鴒頌』를 지었는데, 내용이 아주 흥미진진하여 듣는 이들의 귀를 솔깃하게 하였다.

> 짐의 형제는 다섯뿐인데, ……매번 조정 일을 끝낸 후에 비빈들이 거처하는 궁궐에 들어 와 우의 좋은 형제의 뜻을 펼치고 형제애를 노래

하여, 산앵두 나무의 시를 읊조린다. 온화하고 부드럽고 너무도 기쁘고 유쾌하여 천륜인 형제간 사랑을 펼치게 한다.

현종 집권기에 부와 산문작가는 부지기수로 등장하였는데, 가장 이름을 날린 사람들은 '연허대문장가燕許大文章家'라 불리던 연국공燕國公 장열張說 667~731년과 허국공許國公 소정蘇頲 670~727년 및 소영사蕭穎士 717~768년와 이화李華 715~766년가 있었다.

현종의 서예솜씨 역시 절묘하다는 평을 들었는데, 특히 팔분체八分體 소전(小篆)과 예서(隸書)의 중간체는 명필이란 소릴 들었다. 매번 재상을 임명하기 전에 그는 팔분체를 사용하여 신임 재상의 이름을 결재서에 써놓았다. 팔분체를 군주가 애호하자 그 서체는 그 당시 유행으로 변해 아주 널리 사용되었다.

이때가 서예 기법상 최고조에 달했던 시대이며 풍성한 성과가 있었다. 장욱張旭 685년경~759년경, 회소懷素 737(또는 725)~799년(또는 785년)의 자유분방한 초서, 이양빙李陽氷의 소전小篆, 안진경顏眞卿 709~784년의 안체顏體, 이옹李邕 678~747년의 행서行書와 해서楷書, 서호徐浩 703~782년의 해서, 정천鄭遷, 정유鄭逾, 정우鄭遇 세 형제의 팔분체 등이 각각 신묘한 필체를 드러내면서 그 기이함과 절묘함을 다투었다.

현종은 화단畫壇에도 발을 들여놓았는데, 묵죽화墨竹畫의 선구자 역할을 했다. 화풍이 날로 새로움을 더해가면서 사실화적 경향이 명확해지고 기법이 다양해졌다. 화성畫聖 오도현吳道玄 680년경~759년의 불교화, 장훤張萱의 미녀도, 이사훈李思訓 651~718년의 청록산수화, 왕유王維, 장조張璪의 수묵산수화, 조패曹霸 704년경~770년경와 한간韓幹 706년경~783년의 승마도, 이담연李湛然의 화조, 곤충, 짐승 그림 등 현란하고 다채로운 그림세계를 구성하였다. 회화의 영향을 받아 조각에서도 '소조의 성인塑聖' 양혜지楊惠之가 출현하였다.

후세의 배우들은 현종을 '이원梨園'의 창시자로 받들어 모셨는데, 현종이 궁정악 가무조직을 창설하고 이를 '이원'이라고 이름 붙였기 때문이었다.

그는 음악을 무척 사랑하였으며 음악연구와 창작에도 몰두하였다. 그는 거문고를 잘 탔으며, 『금풍악金風樂』과 『황종우조곡黃鍾羽調曲』 두 수의 거문고 곡에 곡조를 붙였으며, 또한 궁조宮調 고대 5음의 하나 운지법指法을 소개하는 『금풍악

농金風樂弄』을 썼다. 그의 피리 부는 솜씨 역시 상당한 수준이었는데, 달을 벗 삼아 노는 『자운회紫雲回』, 아람퇴새섬서성 서안 일대 서식하는 작은 새의 울음소리를 모 방한 『아람퇴阿濫堆』, 안사의 난리를 탄식한 『적선원謫仙怨』에 곡을 붙였다.

그는 갈고羯鼓 마구리를 말가죽으로 메웠으며 받침 위에 올려놓고 치는 장구 연주하기를 가장 좋아하였다. 갈고를 연주할 때에는 그 분위기에 맞춰 연주하는데 힘을 쏟 아 봄이 한창일 때는 『찬란한 봄빛春光好』을 치기 좋아하였으며, 상쾌한 가을에 는 『가을바람 높고秋風高』를 연주하기 좋아하였으며, 92수에 달하는 갈고 연주 곡을 지었다. 그는 일찍이 "갈고는 8음의 우두머리로 다른 악기들은 이 갈고와 어깨를 겨루기 어렵다"라고 말한 적도 있다.

현종 주변에는 일군의 유명한 음악 대가들이 있었는데 하회지賀懷智는 비파 연주 기교에 중대한 개선을 가하였으며, 이모李謨는 피리연주의 새로운 경지를 열었다. 장야호張野狐는 현종이 촉나라 땅에 들어가면서 감상에 젖어 지었던 필 률篳篥 가로로 부는 피리로 앞면에 일곱 개, 뒷면에 한 개의 구멍이 있다.로 연주하는 곡인 『우림 령雨林鈴』을 연주하여 명곡으로 이름을 날리게 하였다.

궁중의 춤은 당초에는 10부 악으로 분리되어 있었는데, 현종이 이를 개혁 하여 좌부기座部伎와 입부기立部伎로 바꾸었다.당 현종이 연주자들을 두 줄로 나누어 당하堂 下에서 서서 연주하는 사람을 입부라 하였고, 당상堂上에서 앉아 연주하는 사람을 좌부기라고 하였다. 좌부가 입부보다 지위가 높았다. 그는 바라문의 춤을 밑에 깔고 도가의 곡조 일부를 혼합하였으며 또한 복식과 일련의 춤동작을 설계하여, 가무歌舞대곡인 『예상우 의무霓裳羽衣舞』를 성공적으로 창작하여 세상을 떠들썩하게 하였다.

진기한 꽃이 한 송이 한 송이 피어나는 듯한 춤동작, 칼춤 연기를 하는 공 손公孫이란 여인이 꽃 중의 왕이었다. 그녀가 매번 출연할 때마다 관중이 구름 처럼 몰려들었으며 물샐 틈 없이 둘러싸고 관람하였다.

융성기의 문학, 융성기의 예술은 융성기의 풍모를 과시하였다. 현종은 이러 한 풍모 중에서 각 분야의 장점을 흡수하여 자기의 풍모를 이루어 나갔다. 자 신의 재기로 사람들을 감탄하게 하였으며, 탄복하지 않는 사람이 없었다!

3

현종은 닭띠다. 닭띠에 대해서는 이런 속설이 있다. '수탉은 남성적인 면을 상징한다. 거의 무한대의 성적 능력을 갖고 있어서 고대에는 남성의 힘과 활력의 상징이었다.'

현종은 역량과 활력을 갖고 있었으며, 보기 드문 남성적 상징이었다. 죽고 죽이는 싸움에서 국가를 다스리기까지, 전쟁에서 평화에 이르기까지, 국내에서 국외에 이르기까지 그는 수탉식의 왕성한 투쟁정신을 실현하였다. 그는 위대한 사나이라고 할 수 있는 사람이었다. 위대한 사나이들은 모두가 아주 복잡한 사람들이다. 현종은 특히 더욱 복잡하여 어느 누구와도 비길 데 없이 복잡하였으며, 그 복잡함이 영원한 이야깃거리가 되었다. 그의 복잡함은 한편으론 다양한 성격적 모순에서 나왔으며 한편으론 끊임없는 변화에서 기인했다. 어느 시기에 어느 요소가 작용하는가에 따라 그 상황에 맞는 사람이 되었다.

만일 역사적인 사실이 분명하고 자세하게 기록되지 않았다면 사람들은 이 세상에 이처럼 기기묘묘한 사람이 존재했었다고는 믿을 수 없을 것이다. 그의 일생은 모순으로 가득 차 있었다. 안과 밖, 앞과 뒤가 너무 모순적이었다. 그는 모순을 통해 일세의 위업을 이루었으며, 또한 그 속에서 침몰해 갔다.

그는 일찍이 푹 빠져서 미친 듯이 권력을 추구하였다. 권력 추구에 성공한 후에 모든 방법을 다 동원하여 황권을 강화하려고 하였으며, 허울뿐인 황권을 '짐이 곧 국가'라는 정도가 되게 하였다. 이러한 과정에서 그는 대의명분을 전혀 개의치 않았다. 그때그때 정치의 향방을 장악하였으며, 다른 사람에게 조그마한 틈이라도 보여줄까 봐 걱정하였다. 대권을 완벽하게 손아귀에 쥐게 된 후에는 오히려 그 권력을 이임보李林甫 683~753년에게 맡긴 후에 구중궁궐에 깊이 파묻혀 갖가지 즐거움을 탐닉하였다.

실제적 감각이 이러한 변화를 가져왔다. 그는 두각을 나타내기 전에는 전체 사회와 사람 개개인이 모두 권력의 제한을 받게 되며, 권력이 없으면 그저 조역이나 할 수 있을 뿐이며, 심지어는 그 조역조차도 할 수 없다는 것을 잘 알고 있었다. 권력이 있으면 다른 사람을 지배할 수 있을 뿐만 아니라 존귀함과 영광을 얻을 수 있으며, 사람의 최대 욕망인 명예욕을 만족시킬 수 있다고 생각하였다. 여러 해 동안 정사를 다루면서 쉴 틈 없이 쏟아지는 잡다한 정무와 복잡하기 이를 데 없는 인간관계로 인해 점점 염증을 느끼기 시작하였다. 특히 큰 업적을 이룬 후의 자아도취와 백성들의 칭송 속에서 그는 일종의 종교적인 공허함을 서서히 느끼기 시작했다. 염증과 허무. 이로 인해 그는 어느 정도 세상의 허무한 이치를 파악하였으며, 정치적인 열정이 가무와 여색에 대한 흥취로 변해갔다.

현종의 자존심과 자신감이 극한에 다다르면서 현실생활 속에서 자유자재의 경지에 이르게 되었고, 험하고 절박한 상황에서도 한줄기 빛나는 탄탄한 길을 찾아 나설 수 있었으며, 국가를 아주 잘 다스려진 사회로 변화시킬 수 있었다. 그러나 그도 아주 강한 숙명의식을 갖고 있었다. 일을 꾸미고 노력하는 것은 사람에게 달려 있으나, 일을 성사시키는 것은 하늘에 달려 있다는 신조가 시종일관 그의 뇌리에 박혀 있었다. 또한 하늘과 사람 사이에 통하는 것이 있다고 믿었으며, 개개인의 생애를 하늘이 정하여 배치한다고 믿었다.

개원開元13년(725년), 그는 문무백관을 거느리고 아주 성대한 봉선封禪의 의식을 태산에서 거행했는데 자신의 업적을 알리는 것 외에, 주로는 하늘이 자신을 잘 보호해줄 것을 기원하기 위해서였다. 개원 17년(729년)에 그는 자신의 생일을 '천추절千秋節'로 정하였는데, 중국 역사상 최초로 군주가 자기 생일을 명절로 선포하는 선례를 만들었다. 이는 비록 군주와 백성이 같이 생일을 즐기자는 뜻이 있었다 할지라도, 주요한 목적은 개인숭배를 조장하여 자신이 하늘을 떠받치고 땅 위에 우뚝 서 있는 위대한 인물이란 것을 보여주는데 있었다.

두말할 것도 없이 그는 분투형의 인물로 노력하다가 좌절을 맛보면 그것은 숙명으로 돌려 자기 위안을 삼아 심리적인 평형을 얻었으며, 성공을 거두면 그때는 자신이 숙명적으로 천생의 귀인이라고 생각하여 즐거움을 누렸다.

이성과 지혜가 넘쳤던 현종은 고도의 자기 통제력을 갖추고 있었다. 그는 상황별로 생각할 수 있고, 말할 수 있고, 만들 수 있는 한계가 있다는 것을 이해하였으며 적시에 타당하지 않은 행위를 바로잡을 수 있었다.

황제가 된 후에는 사치를 반대하고 검소하며 소박한 생활을 제창하였다. 강남江南지방에서 진기한 새를 잡는 일로 백성을 괴롭히는 일을 중지시켰으며, 진기한 그릇이나 완구를 상납하는 것을 거절하는 등 극도로 명철하고 지혜로운 태도를 보여주었다. 그도 역시 아주 진한 인간미가 있었는데, 그 인간미가 표출될 때에는 한걸음 더 나아가 장난기까지 보였었다. 그는 놀이를 즐기고 닭싸움 보기를 좋아하였으며, 축구를 하고 바둑을 두었으며, 사냥을 즐겼는데 어느 것 하나 정통하지 않은 것이 없었다.

태상경太常卿 강회姜晦가 주관하는 잡기雜技집단에 머리 위에 긴 막대기를 세우고 춤추는 것으로 유명한 연기자가 있었는데, 한 번도 실수를 한 적이 없었다. 현종은 신하에게 쇠채찍으로 몰래 그 막대기를 내려쳐 놓으라고 시켜놓고는 시치미를 떼고 사정을 모르는 좌우의 신하들에게 "저 막대기가 곧 부러질 것이오."라고 말하였다. 그리고는 그의 말대로 되자 손뼉을 쳐대면서 크게 웃어댔다.

이성과 감성은 때를 가리지 않고 싸움을 벌인다. 통치 전반기에는 이성이 감성을 이기면서 현명하고 찬란한 정치적인 형상을 빚어냈었지만, 통치 후반기에 이르자 감성이 이성을 압도하면서 욕심 내키는 대로 하였다. 쾌락과 사치에 빠져들어 정사를 돌보지 않고 주색에 깊이 빠지면서 어찌해볼 도리가 없는 지경으로 추락해 갔다.

그럼에도 불구하고 그는 철저히 제왕이었다. 원대한 기상, 높고 멀리 내다보는 안목, 자석과 같은 응집력, 거스를 수 없는 의지는 일류 정치가로서의 매력을 형성하였다. 그는 동시에 재자가인으로 문장을 잘 짓고, 그림과 글을 잘하였다. 시를 읊고 노래를 부르며, 방랑의 모습으로, 우아함으로 낙을 삼고, 풍류로 즐거움을 이끌어냈다.

두 가지 소질이 그에게 같이 존재하면서 가치관과 취향의 변화에 따라 그의 생애 전반기와 후반기는 각각 극과 극으로 치달았다. 걸출한 정치가로서의 그는 아주 냉철한 현실주의정신을 갖고 전 국면을 계획하고 지휘하였다. 현명한 자를 발탁하고, 능력 있는 자를 임명하고, 허심탄회한 마음으로 간언을 받아들이며 당시의 폐단들을 개혁해나갔다.

뛰어난 재능을 지닌 재자가인으로서의 그는 낭만주의적 정조를 지니고 환상에 빠지곤 하였다. 어느 정도는 현실에서 벗어나, 감정에 치우쳐 일을 처리하였다. 쾌락과 여색에 깊숙이 빠져들어 국가의 명운과 관계되는 일들을 뒤편으로 밀어놓곤 하였다. 두 가지 소질이 충돌을 일으키면서 전반부에는 태종太宗 이세민李世民 598~649년의 업적을 이루는 영광을 얻었으나, 뒷날에는 남당의 마지막 군주인 이욱李煜 937~978년식의 망국의 치욕도 겪게 되었다.

모순! 조화를 이룰 수 있는 듯하면서도 조화를 이룰 수 없었던 모순으로 인해, 현종은 명군明君에서 혼용한 군주昏君로 변해갔다. 성공에서 실패의 길로 접어들면서 장엄하게 시작하였던 그의 시대를 비극으로 마감하였다.

힘차게 굴러가는 정치의 수레바퀴

요숭

'개원開元'으로 연호를 바꾸면서 새로운 시대가 시작되었다.

29년의 긴 세월에 걸친 이 연호는 그 이름과 정말로 딱 들어맞는 신기원을 이루어냈다. '개원의 치세開元之治 712~741년'는 중국 역사상 제일 휘황찬란한 이 정표로 새겨지게 된다.

'개원의 치세'는 '요송姚宋'으로 병칭되는 요숭姚崇 651~721년과 송경宋璟 663~737년 두 현명한 재상의 역할이 컸다. '요송'의 아름다운 이름은 서한西漢 BC 202~8년 초기 '소조蕭曹 서한 초기 명재상이었던 소하(蕭何), 조삼(曹參)'와 당나라 초기의 '방두房杜 당 태종 이세민 시대의 명재상이었던 방현령(房玄齡)과 두여회(杜如晦)'에 전혀 손색이 없는 이름이었다.

며칠이나 끊이지 않고 내리는 큰 비로 인해 장안성長安城은 물바다로 변하였고, 성내의 주요 도로가 한 자 깊이도 더 되게 진흙탕으로 변해버리는 바람에 재상 요숭은 이미 며칠째 입궐을 하지 못한 상태였다. 늘 침착함과 품위를 유지하고 있던 이융기도 이때만큼은 무언가를 잃어버린 듯 넋이 나가 있었다. 그는 초조하고 불안한 기색을 보이며 왔다갔다 궁전 안을 거닐다가 창가에 발걸음을 멈추고는 맞은편 지붕 위에 새겨지는 빗줄기와 무늬를 바라보면서 한동안 꼼짝도 않고 서 있었다. 그러기를 얼마, 갑자기 뒤돌아서며 큰 소리로 시종들에게 명령을 내렸다. 황제만이 타는 황제용 가마를 재상부宰相府로 보내 요숭을 데려오라는 명령이었다. 당시로서는 너무나 파격적인 이 일로 인해 조정 안이 술렁거렸다. 신하들은 서로 다른 심정으로 그 일을 바라보았으며, 그 일은 오래도록 이야깃거리가 되었다. 황제가 재상에게 베푼 이러한 특별한 영예는 정말 보기 드문 일이었기 때문이다.

유비劉備는 일찍이 무척 감격하여 말하기를 "제갈량諸葛亮을 얻은 것은 물고기가 물을 얻은 것과 같다!"라고 하였었다.

그런데 이융기와 요숭의 관계도 한때는 그러했다고 말할 수 있다.

요숭은 삼고초려三顧草廬를 한 경우는 아니지만 현종의 특별한 배려로 인해 삼대에 걸친 원로대신이 되었던 것이다. 그가 처음 재상이 된 것은 무측천武則天 624~705년, 당 태종 말년에 비빈이었으나, 고종의 병상에서 눈이 맞은 아들 당 고종 이치(李治)의 부인이 되었으며, 황후가 된 후에 당나라를 없애고 무주(武周)를 세워 여성으로 최초의 황제가 되었다.의 총애를 받았을 때이며, 두 번째 재상이 된 것은 예종睿宗 이단(李旦) 662~716년 당 고종 이치(李治)와 무측천의 막내 아들. 현종의 부친이 복위한 뒤였다.

그는 누구나 다 인정하는 능력있는 사람이었다. 고도의 정치적인 감각과 순간순간의 임기응변에 능하였으며, 사태의 본질을 정확히 파악한 후에는 여론을 개의치 않고 다른 사람들이 생각하지 못하는 결단을 내렸다. 엄숙하여 함부로 범접할 수 없었던 여황제 측천무후 앞에서 모두들 떨고 있는 가운데서도 그는 자신의 주장을 내세웠다. 한번은 조정안에 모반자가 없다는 것을 자기 가문 백여 명의 생명을 걸고 담보하겠으니 함부로 신하들을 죽이지 말라고 간언을 한 적도 있었다. 듣기 좋은 말만 듣는데 습관이 되어있었던 측천무후는 이 말에 화를 낸 것이 아니라 도리어 국정의 안정을 기하게 되었다고 고마움을 표시하였다.

그는 충신은 아니었다. 하지만 황제에게 충성한다는 인상을 잘 활용하여 정치적인 목적을 달성하였으며, 자신을 잘 보전하였다. 그는 정치도박의 원칙과 비결을 깊이 이해하고 있었다. 승부의 성패를 잘 헤아린 후에는 곁에 있는 사람들이 진땀을 흘릴 정도의 위험도 무릅쓰곤 하였다. 또한 다른 사람들이 생각할 수 없을 정도로 자신이 빠져나갈 길을 잘 만들어놓곤 하였다. 그는 시종일관 눈앞의 작은 손실은 개의치 않음으로써 훗날 더 큰 이득을 움켜쥐곤 하였다.

측천무후 말년에 그는 적극적으로 당 황실의 부흥운동에 참가하였지만 거사가 성공한 후에는 도리어 측천무후를 동정하는 눈물을 흘렸을 뿐만 아니라 이를 비난하는 사람들에게 "당신들과 함께 간악한 적들을 없애버린 것은 신하의 도리를 다하기 위한 것이었소. 이제 옛 군주를 위해 슬퍼하는 것 역시 신하의 마지막 도리라 하겠소. 이로 인해 죄를 짓는 것이 된다면 달게 벌을 받겠소."라고 하였다. 측천무후를 위해 흘린 눈물로 정권의 핵심적인 자리에서 밀려났지만 무씨 가문의 잔여 세력이 다시 집권을 하게 되었을 때는 화를 면하는 계기가 되었다.

그러나 정치라는 큰 바둑판에서 그는 사실상 가련하기 짝이 없는 존재였다. 왜냐하면 그는 바둑을 두는 사람이 아니라 바둑알 신세였기 때문이다. 실력자의 손아귀에서 제멋대로 놓아지는 바둑알 신세여서 조금도 자기 맘대로 할 수 없었기 때문이다.

두 번째 재상 생활의 꽃이 폈을 때, 그는 송경宋璟과 함께 태자 이융기李隆基 唐玄宗를 위해 태평공주太平公主 665년경~713년와 친왕들을 내쳐야한다는 계책을 올렸다. 그러나 뜻밖에도 이융기가 태평공주 측을 자극하지 않기 위하여 그들을 희생양으로 삼았다. 골육간의 정을 갈라놓는다는 죄명을 씌워 지방관으로 좌천시켜버린 것이었다.

정치가가 아무리 많은 정치적인 재간을 갖고 있더라도 그를 알아주는 기회의 도움이 없으면 아무것도 안 되는 법이다. 요숭의 진정한 기회는 개원開元 초기였다.

요숭을 재상으로 삼은 것은 현종이 깊이 생각한 결과였다. 정치 격랑 속에서 자라난 현종은 세상을 다스리는데, 특히 당시의 복잡다단하게 얽혀있는 세상을 다스리는데 어떤 스타일의 인재가 필요한지를 명확히 알고 있었다. 요숭은 관료사회에서 잔뼈가 굵은 인물로 정치영역, 군사계통, 경제부문 등 모든 분야에서 일을 해보았으며, 풍부한 역사지식을 통해 백성들의 정서와 풍습을 잘 알고 있었다. 더욱이 실무를 잘 처리하는 능력을 갖추고 있어 여러 분야에 뿌리 깊은 정치관계를 맺고 있었다. 그는 일찍이 당 황실 회복에 도움을 주었었기 때문에 공신들이 운집한 조정에서 자기의 위치를 확립할 수 있는 충분한 자본을 갖고 있는 셈이었다. 그는 대인 관계도 상당히 좋아서 어느 정파에도 가담하지 않았지만 비교적 쉽게 각 정파에서 그를 받아주었다. 그는 문장도 잘 썼는데, 그의 문학적 재질은 뛰어난 관료들 가운데서도 다른 사람들을 감탄시킬 정도였다.

수렵의 기회를 빌려 오래시간 서로 보지 못했던 황제와 신하가 다시 만나게 되었다. 그날 밤 촛불이 밝게 비치는 임시 거처 안에서 세상의 온갖 풍상을 다 겪어본 요숭은 황제 앞에 무릎을 꿇고 10가지 정치개혁 방안을 제시하였다.

-인의와 도덕에 기초한 정치를 펼칠 것
-향후 수십 년간은 전쟁을 일으켜 공을 세우려는 일은 하지 말 것
-환관의 정치 간섭을 허용하지 말 것
-비정상적으로 벼슬길에 오르는 것을 철저히 없앨 것
-법과 사회기강을 확립할 것
-뇌물을 주고받는 풍습을 엄격히 금할 것
-사찰과 도교사원과 궁전 건축을 중지할 것
-대신들의 인격을 존중할 것
-황제에게 상소하는 언로를 넓게 열어줄 것
-외척의 정치 참여를 제한할 것

현종은 흡족한 미소를 지으면서 그가 내놓는 개혁방안을 하나하나 받아들였다. 그 자리에서 요숭에게 내린 재상임명서는 군주와 신하 간에 한 마음으로 세상을 다스리자는 정치계약서가 되었다.

재상의 주요한 직능은 정사를 총괄하는 것으로, 현종은 요숭이 그 요체를 파악하기를 희망하였다. 복잡하게 얽힌 일을 단순 명쾌하게 잘 처리하는 요숭이었지만 웅장한 스케일을 갖고 있는 군주에 대해서는 말로 표현할 수 없는 경외심을 갖고 있었던 것 같다. 따라서 업무처리를 할 때는 앞뒤를 신중하게 재어보고 처리하는 소극적인 면을 견지했다.

관리들을 승진시키는 문제로도 여러 차례 군주의 의견을 구했다. 어느 날 요숭이 황제의 재가를 요청하였을 때 현종은 궁중의 천장만 바라보면서 그의 말을 전혀 못들은 척 하였다. 요숭은 영문을 몰라 불안해하면서 그 자리를 떠났다. 한 쪽에서 궁금증에 가득 차있던 환관 고력사高力士 684~762년가 황제에게 여쭈어 보았다.

요숭姚崇 출처:百度 www.baidu.com

"재상의 주청奏請에 가부간 답변을 하셔야 하는데, 폐하께서 단 한 마디도 하지 않으시는 것은 어찌된 일입니까?"

현종은 "짐이 요숭에게 정사를 처리토록 하였으면, 국가의 큰일이야 의당 같이 의논하여 처리해야겠지만, 작은 일들마저 일일이 와서 상의하려 할 필요가 있겠느냐?"고 답하였다.

고력사를 통해 이 말을 들은 요숭은 그때서야 황제의 마음 씀씀이를 헤아리게 되었으며, 이때부터 처리해야 할 일을 주저하지 않고 과단성 있게 처리하면서, 재상의 직무를 훌륭하게 수행하였다.

역사 속에서 자주 볼 수 있는 현상 중에 묘한 점은 능력 있는 재상의 조수는 대부분 평범한 사람이라는 점이다. 그래서 재상이 명령을 내리면 조수는 이에 협조하는 주종의 국면이 형성되곤 하였다. 현종의 시대에도 이러한 현상을 빈번히 볼 수 있었다.

요숭의 조수(차석 재상)는 노회신盧懷愼 미상~716년으로 청렴결백한 관리였다. 그는 인재를 잘 알아보는 능력과 매사를 신중히 처리하는 겸손한 군자형의 인물이었다. 자신의 재능이 요숭에게 못 미친다는 것을 잘 알고 있었던 그는 일 처리에 있어 자기주장을 펴는 법 없이 늘 조연 역할을 하였다. 이에 따라 사람들은 그를 '들러리 재상伴食宰相'이라고 비웃기까지 하였다. 노회신은 사실 평범한 사람은 아니었으나 드러난 객관적인 조건만 놓고 비교하여 보면 평범하게 보였던 것이다.

위로는 군주의 지지를 받고 아래로는 조수가 받들어줌에 따라 요숭은 자신의 뛰어난 능력을 발휘할 곳을 찾게 된 것이었다. 실질을 추구하는 성격으로 인해 세상을 깜짝 놀라게 할 만한 개혁정책을 펼친 적은 없었지만, 그는 현실적인 상황에 근거하여 사람들의 갈채를 받은 몇 가지 걸작품을 만들어냈다.

첫 작품은 봉급만 축내는 무능한 관리들을 대거 정리하여 정부기구가 효율적으로 굴러가도록 한 것이었다. 두 번째 작품은 수많은 중앙관리와 지방관리를 맞바꾸는 조치를 취한 것으로 중앙의 정책이 각 지방에서 깊이 이해되고 시행되도록 함으로써 사회분위기를 활기차게 한 것이었다. 세 번째 작품은 정치의 기본방향을 명확하게 한 것으로, 요숭 자신이 몸소 실행하는 가운데 군주와 신하 사이에 언로가 넓게 열리도록 하였으며, 조정안에 밝은 기운이 가득차게 하였다. 네 번째 작품은 규모가 큰 정책으로 절과 도교사원을 정리하여 수많은 승려와 도사들이 가사를 벗고 일반백성으로 돌아가 농사를 짓게 한 것이었다. 또한 온 천지를 뒤덮었던 메뚜기 떼를 깨끗이 쓸어버리고 굶주림과 추위에 떠는 이재민들이 정부의 구호물자를 받도록 하였다. 이런 결과 농산품 수확이 전에 없이 풍성해지게 되었다.

'개원의 치세' 첫걸음은 이렇게 형성되었고, 요숭의 공로가 절대적이었다.

그가 정사를 처리하는 특징은 변화를 잘 준다는 것이었다. 모든 일을 일마다 그에 상응하는 방법을 사용하였으며, 결코 옛 방법을 그대로 따라서 하는 법이 없었다. 그의 능력은 조정에서 군계일학이라 할 정도로 빼어난 것이었다. 그가 아들의 장례를 치르기 위하여 열흘간 휴가를 갔을 때, 조수인 노회신은 한 가지 일도 제대로 처리하지 못하고 쩔쩔매고 있었는데, 휴가가 끝나고 돌아온 요숭은 아주 쉽게 잔뜩 쌓여있던 정무를 순식간에 처리하여 버렸다.

이에 득의만만해진 요숭이 '해결사'란 별명으로 유명했던 제한齊澣 개원시기에 중서사인(中書舍人)벼슬을 하였으며 조정의 대사가 있으면 그에게 꼭 물어보아야한다고 해서 해결사란 별명이 붙었다.에게 물어보았다.

"나와 관중管仲 BC723~BC645년 춘추시대 제(齊) 환공(桓公)을 도와 패업을 이룬 명재상. 포숙아(鮑叔牙)의 친구로 관포지교(管鮑之交)의 주인공, 그리고 나와 안영晏嬰 미상~BC500년 제(齊)의 정치가을 서로 비교하면 어떠한가?"

"관중과 안영이 정사를 처리한 방법은 비록 후세까지 전하여 시행할 수는 없었지만 그들의 일생 동안은 사용할 수 있었는데, 대감의 정사 처리방법은 늘 변하는 바 아마 그들에게는 못 미치는 것 같습니다. 대강 평하자면 정책시행의 때를 잘 아는 재상이라 할 수 있을 것입니다."

그 말에 요숭은 쓰던 붓을 옆으로 밀어 놓으며 기쁜 낯으로 입을 열었다.

"때를 잘 아는 재상의 명성도 얻기 어려운 법이지!"

'때를 잘 아는 재상救時宰相'이란 말은 발 없는 말이 천리를 간다고 순식간에 전국적으로 퍼져나갔다. 한 때는 여러 지방에서 그의 화상畫像을 복과 도움을 주는 신주神呪로 모시는 향불이 여기저기 피어오를 정도로 그 영예가 비길 데 없을 정도였다.

그러나 정치세계 역시 날씨와 마찬가지로 앞날을 예측하기 어려운 법이다.

노회신이 인재를 존중하는 분위기가 조정에 계속되기를 바란다는 유언을 남긴 채 병으로 세상을 떠났다. 그의 뒤를 이어 재상이 된 사람은 원건요源乾曜 미상~731년로 정치기풍이 기본적으로 노회신과 같아 요숭에 대해 겸손하게 처신하며 지극히 공경하는 태도를 보였다. 그가 재상에 오른 후에 황제는 대부분의 일을 요숭에게 의견을 구하도록 하였다.

요숭은 현종을 도와 정치쇄신을 하면서 신하가 얻을 수 있는 최고의 예우를 받았다. 매번 정사를 의논하려고 조정에 들어갈 때마다 황제가 일어나서 그를 맞아 들였으며, 퇴궐할 때도 전각의 문까지 나와 환송을 해 주었다. 뭇 신하들의 선망의 눈초리 속에서 그는 예전에 누려본 자가 없었던 영광을 누리게 되었다.

영광 속에 취해 있던 요숭은 모든 것이 극에 달하면 변화가 생기기 마련이란 옛 말을 조금도 개의치 않고 있었다. 그러나 보좌에 앉아있던 이융기는 그에게 예의와 존경을 표하는 동시에 이미 재상을 바꾸려 하고 있었다.

현종이 재상을 바꾸려는 생각을 한 것은 일시적인 기분에 치우친 것이 아니라 풍부한 정치경험을 통해 요숭이 계속 집정하기에는 적합한 국면이 아니라고 판단하고 있었기 때문이다. 당시는 현종 집권초기의 얽히고설킨 국면이 기본적으로 정리되어 국가통치의 전체적인 틀이 잘 갖추어졌으며, 정부의 업무역시 훌륭한 성과가 나타나는 등 일체가 호조를 보이고 있는 상황이었다. 이러한 안정된 정국을 매사 순간적인 변화를 잘 추구하는 재상이 계속 이끌고 나가도록 하는 것은 정사 처리에 도움이 되지 않으며, 오히려 쓸데없는 곁가지를 돋게 하여 좋은 국면을 망가뜨릴 가능성이 있다는 것이 현종의 판단이었다. 이 외에도 현종은 요숭의 대중이미지가 빠르게 상승하는 것에 대해 밖으로는 드러내놓을 수 없는 씁쓸한 맛을 느끼고 있었다. 지극히 높은 위치에 있을 뿐만 아니라 모든 일을 자기 마음대로 처리할 수 있는 황제로서는 어지러울 정도로 빛을 내뿜는 요숭을 계속 받아주기 어려운 상황이 되었던 것이다.

요숭을 물러나게 하려면 합당한 구실이 필요했다. 이리저리 궁리하던 현종은 간접적인 표현을 통해 암시하는 방법을 채택하기로 했다. 요숭의 두 아들이 뇌물을 받은 적이 있었는데, 발각 당시에는 죄를 묻지 않았었다. 그런데 시간이 지난 그 일을 다시 문제를 삼았으며, 요숭의 손발 같은 부하인 조해趙海를 외국사신으로부터 뇌물을 받았다는 죄명을 물어 사형 판결을 내렸다. 인생의 절정기에 있던 요숭은 갑작스레 깊은 늪으로 빠져들게 되었다. 평소 결단성이 있고 시원시원하던 태도를 잃어버리고 어찌할 바를 몰라 했다.

이때 제한齊澣이 군주와 신하 사이에 일어난 미묘한 변화를 눈치 채고는 적시에 해결책을 제시하였다. 큰 혼란에 빠져있던 요숭에게 늙었다는 것을 이유로 재상직을 사임하라고 암시를 주었던 것이다. 개원 4년(716년)말 사직서가 받아들여졌다. 원건요源乾曜도 정사에 힘쓰지 않는다는 질책과 함께 재상에서 물러나게 되었다.

새를 다 잡고 나면 활을 창고에 넣어버리고, 토끼사냥이 끝나면 사냥개를 삶아 먹는 법이다. 요숭은 물러난 후에도 여전히 굉장한 영예와 생활에 부족함이 없는 후한 대접을 받았지만 정치가로서 정치생명을 잃어버렸다는 관점에서 본다면 그의 말로는 문종文種 미상~BC 472년 춘추전국시대 월(越)의 대신으로 구천(句踐)을 도와 오(吳)나라에게 망하였던 월나라를 부흥시켰으나 결국 역신으로 몰려 죽임을 당하였다.이나 한신韓信 BC 231~BC 196년 한(漢)고조(高祖) 유방(劉邦)을 도와 천하통일을 하였으나 결국 부귀를 누리지 못하고 내쳐졌으며 여(呂)태후에게 죽임을 당했다.의 말로와 같다고 해도 과언이 아닐 것이다.

송경

후임 재상의 임명서 중 한 장은 송경宋璟 663~737년에게 다른 한 장은 소정蘇
頲 미상~727년에게 내려졌다. 이들은 서로 간에 묵계가 이루어진 정치적 파트너
였다.

송경이 임명된 것은 요숭의 추천에 의한 것으로 그야말로 현종의 의도에
딱 맞는 인물이었다. 송경은 정직하기로 유명한 인물로 부러질지언정 굽히지
않는 성격이었다. 하지만 그는 굽힌 적도 부러진 적도 없었으며, 위험이 가득
했던 무주왕조武周王朝 690~705년 무측천 즉 측천무후의 집권시대 때도 기적적으로 살아남
았었다.

그는 장역지張易之 미상~705년 무측천의 친신이자 침실 파트너와 옳고 그름을 겨루는 싸
움을 통해 정직하다는 명성을 얻게 되었다. 장열張說 667~730년이 간신인 장역지와
무고사건의 진상을 가리는 싸움을 하고 있을 때 그는 정의감에 가득 차서 그를 격

송경宋璟 출처:百度 www.baidu.com

려하였을 뿐만 아니라 같이 죽음
을 무릅쓰고 싸웠다. 장역지가 개
인적으로 점괘를 본 죄를 지었을
때도 대담무쌍하게 소환 명령을
내렸다. 여황제 무측천은 송경이
자신의 친신에게 이렇게 대하는데
대해 무척 불쾌하게 여기기는 하
였지만 그의 품격에는 크게 감동
을 받았다. 이런 상황에 힘입어 송
경은 크고 작은 수많은 모함 속에
서도 살아남게 되었던 것이다.

그는 타고난 자부심과 강직한
기질을 갖고 있었다. 정의로운 기
질과 결합된 자부심과 강직함으로
인해 품격을 갖추지 못한 권력자

를 깔보는 태도가 항상 말씨에서 드러났으며, 자기의 지위도 아끼지 않으며 죽음도 두려워하지 않는 태도를 보였다. 또한 이러한 굳센 기상을 조금도 숨기려 하지 않았다.

현종의 재상임명 명령을 받고 광주廣州에서 중앙정부로 부임할 때, 잔인하기로 유명했던 환관 양사훈楊思勛 654~740년이 그를 영접하러 나왔으나, 송경은 도중에 그에게 단 한마디도 건네지 않았으며 전혀 모르는 사람처럼 대하였다. 양사훈이 화가 머리끝까지 나서 현종에게 그에 대한 원망을 반나절이나 쏟아 놓을 정도로 냉랭하게 대하였던 것이다. 현종은 양사훈의 불평을 귀담아 듣지 않았을 뿐만 아니라 오히려 재상과의 연회석상에서 황제가 사용하는 금수저 한 벌을 하사하여 그의 정직함을 높여 주었다.

자부심과 강직한 기질을 갖고 있다는 것과 인정미가 없다는 것은 별개의 것이었다. 송경은 자기가 다스리는 백성들에 대해서는 인정미가 넘쳐흘렀다. 그의 인정미는 아녀자의 어짐이 아니라 강직함과 정의를 겸비한 박애라고 할 수 있었다. 그는 부임지마다 법을 어기고 풍기를 문란하게 하는 관리들을 법으로 꼼짝 못하게 하였을 뿐만 아니라, 정말로 몸에 와 닿는 조치를 통해 백성들에게 이익을 주어 백성들이 편안하게 생활할 수 있도록 보살펴주었다. 광주는 대나무와 짚으로 만든 가옥이 많은 지방이어서 화재가 자주 발생하였는데 그가 도입한 벽돌구조의 건축물로 인해 화재발생 횟수가 대폭 감소하였다.

백성들에겐 관리를 보는 눈이 있으며, 덕정德政을 그들의 가슴속에 깊이 간직하게 된다. 백성들은 송경을 '따스한 선정을 펴는 사람脚陽春'이라고 칭송하였다. 그 이름에 걸맞게 송경은 어디를 가든 그곳에서 따스한 덕정을 베풀었다.

백성들은 송경을 환영하였으며 현종 역시 그를 환영하였다. 지방정부에서 발휘한 정치적 업적을 중앙정부에서도 크게 발휘하기를 바라며 환영하였다. 그러나 현종의 환영은 백성들처럼 순박하고 실제적인 것이 아니라 공리적이며 정치적인 동기를 갖고 있는 것이었다.

군주 입장에서 보는 재상은 그때그때의 상황에 잘 적응하는 천성을 갖춘 사람이어야 하며, 결코 고정적인 방식을 가진 사람은 아니다. 현종이 송경을 중시한 것은 그가 정직하고 강직하기 때문에 잔꾀를 부리지 않으리란 점을 중시하였기 때문이었다. 즉, 이런 특징을 갖춘 송경이야말로 전임 재상 요숭이 정해놓은 시정방침을 큰 변화 없이 철저하게 시행해 나갈 것이며, 자기 스스로의 견해를 내세워 다른 정책을 내세우는 일이 없을 것이라는 점을 고려했던 것이다.

서한西漢 BC202~8년초기의 '소하蕭何 미상~BC193년 서한 초기 승상(丞相)가 정해놓은 정책을 조삼曹參 미상~BC190년이 그대로 따른다.蕭規曹隨'라는 말처럼 전임자가 세운 정책을 그대로 변경 없이 시행한 것이 송경의 재상 재임기간 중 정책의 주요 특징이었으며, 이를 통해 '개원의 치세'가 찬란한 빛을 발하도록 하였다. 그러나 이러한 '전임자의 정책을 고수'하는 데에는 송경의 개성과 재능, 그의 관점이 혼합되어 들어갈 수밖에 없었으며, 또한 그의 기쁨과 슬픔으로 표출되었다. 소하는 한고조 유방이 초패왕 항우와 싸울 때 후방 보급을 맡았으며, 한나라의 성립 후에도 초기 국면의 안정에 절대적인 공헌을 하였다. 그의 후임인 조삼은 원래 소하와 관계가 별로 좋지 않은 인물이었으나 소하가 임종 시에 유방에게 그를 승상으로 천거하였으며, 그의 기대대로 기존 정책을 잘 집행하여 한나라의 기틀을 튼튼히 다졌다.

황제가 일어서서 맞아들이고 일어서서 배웅하는 예우를 받으면서도 그는 결코 그런 대우에 놀라워하지 않았다. 현종이 그를 요숭의 후임으로 정한 데는 재상의 권한을 억제하려는 뜻이 있음을 직감적으로 느끼고 있었기 때문이었다. 따라서 그는 황제의 권위를 높이고자하는 현종의 마음을 헤아려 그때그때 최선을 다해 만족시켜 주었다.

한번은 현종이 장안에서 낙양으로 행차하는 도중에 황제의 방대한 행렬이 좁은 골짜기에서 옴짝달싹 못하게 되는 상황이 벌어졌다. 그 일로 행차일정을 책임지고 있던 관리가 직무를 소홀히 하였다는 문책을 받게 되었다. 그때 송경이 나서서 그들의 용서를 빌었으며, 현종은 이를 덮어두기로 하였다. 송경의 건의로 황제의 용서가 결정된 바로 그 순간에 그는 다시 한 번 조용히 현종에게 아뢰었다.

"폐하께선 벌을 주려고 하셨는데 소신이 아뢰어 저들이 풀려나게 된다면, 백성들이 폐하의 은혜에 감사하는 것이 아니라 저를 칭찬하게 되는 결과가 생기게 되오니 이는 타당치 않다고 사료됩니다. 먼저 그들의 죄를 물어 벌하신 뒤에 다시 그들의 관직을 원래대로 복귀시켜 주신다면 백성들이 폐하의 은덕과 위엄에 모두 감복할 것입니다."

전혀 사사로움이 개재되지 않은 송경의 이러한 행동을 보고 현종은 한동안 감동하였다.

노예를 부리기는 쉽지만 인재를 부리기는 어려운 법이어서, 인재를 잘 다스리는 사람이야말로 진정한 인재라고 할 수 있다. 송경은 세상에 이름이 별로 알려지지 않은 인물, 이름이 널리 알려진 유명한 인물, 온순한 사람, 강경한 사람……각양각색의 인물들을 모두 적합한 자리에 배치하여 그들의 능력을 발휘하도록 하였다.

이렇게 할 수 있었던 비결이 있다면 그가 다른 사람들의 됨됨이를 잘 파악하는 재능을 갖고 있었다는 데 있다. 사람들마다의 개성과 재능을 그것에 맞는 업무와 잘 짝지어 주었던 것이다. 아첨을 잘하며 윗사람의 비위를 잘 맞추는 사람들, 비속하고 저열한 무리들은 좋은 지위를 차지하려 해도 소용이 없었다. 송경이 그들을 경멸하였기 때문이었다.

군주의 사업은 정직한 신하를 필요로 하지만 군주의 허세와 영예는 정직한 신하를 포용하기 어려운 법이다. 사람마다 정직함이 얼마나 귀한 일인가를 알지만, 정직함에 내재되어 있는 날카로운 칼날을 피할 수 있는 사람은 아주 드물다. 중국의 관리사회에서 정직한 인물은 오래 버티어 내기가 쉽지 않았는데, 송경도 예외가 아니었다.

송경은 정직함으로 인해 현종의 찬사를 받았지만 그와 동시에 전제군주 시대의 금기사항을 범하고 말았다.

그는 정치란 국가의 정치이며, 개인의 정치가 아니기 때문에 군주와 신하 사이에 사사로운 의논은 최소화되어야 한다고 생각하였다. 송경의 강력한 주장으로 당 태종의 '정관의 치세貞觀之治' 당시 운영되었던 의정제도가 부활되어 대신의 정책건의, 언론관의 탄핵 등이 모두 공개적으로 진행되었으며, 또한 사관이 이를 자세히 기록하도록 하였다. 그는 이렇게 하는 것이야말로 대신이 군주를 속이는 일과 관원들이 대신을 모함하는 일을 막을 수 있기 때문에 좋다고 말하였다.

그것이 좋다는 것은 현종 역시 알고 있었다. 좋지 않았다면 현종이 그 제도의 회복을 허락하지 않았을 것이다. 그러나 정치라는 무대는 검은 베일에 싸인 부분이 없을 수 없으며, 그 검은 베일이 없다면 군주의 신성함도 있을 수가 없는 법이었다. 송경은 이런 도리를 알고 있기나 했던 것일까? 현종은 남에게 말 못할 고충을 안게 되었던 것이다.

한번은 일식이 일어났다. 현종은 하늘이 군주에게 경고를 준 것이라고 생각하여 관례에 따라 선행을 베풀고 욕망을 절제하는 일을 하였다. 또한 침식을 잊고 하늘에게 은혜를 베풀어 달라고 기도하였다. 그러나 송경은 황제가 이렇게 하는 것이 좋은 일이긴 하지만 일식 때문에 그렇게 할 필요는 없으며 더욱이 정부의 업무에 지장을 주어서는 안 된다고 여겼다. 평상시에 정성을 다해 덕을 쌓아 나가야 되는 일이지, 일이 발생하고 나서야 부처님 다리를 붙잡고 살려달라고 비는 식이 되어서는 안 된다는 생각이었다.

군주와 신하 사이에 관점의 차이가 생긴 것이었다. 견해가 다르다는 것은 관계 변화를 나타내는 일종의 신호였다.

자신이 온 힘을 다해 국가와 군주와 백성을 위해 일한다고 생각하는 송경은 이러한 관점의 차이가 어떤 결과를 불러오리라는 것을 전혀 고려하지 않았다. 그는 이치에 맞는다고 확신하면 끝까지 일을 밀고 나가는 성격으로, 자기가 옳다고 여기면 그대로 시행할 뿐만 아니라 주위 사람들이 좋아하든 원망하든 개의치 않았다.

현종은 자신의 감정을 꾹 누르고 있었다. 비록 날이 갈수록 기분이 나빠지고 있었지만, 겉으론 전혀 내색하지 않았다. 여전히 부드럽고 반가워하는 낯빛으로 송경을 대하였으며, 그의 강직한 주장에 대해 가능한 자기의 존귀함을 굽혀가면서 그대로 시행하였다.

현종은 하늘 가운데 떠있는 태양과 같이 명성이 쟁쟁한 재상을 멋대로 쫓아내는 것을 원치 않았다. 이는 자신의 명성에 불리하였기 때문이다. 현종은 기회가 오기를 기다리고 있었다.

소정은 송경에 대해 가슴 가득한 존경심을 갖고 있었다. 문단에서 이름을 드날리던 명신 소괴蘇瑰 639~710년의 아들인 소정은 황제의 조서를 상당히 잘 쓰는 재능을 갖고 있었으며, 마음과 정성을 다해 조연의 역할을 하였기 때문에 늘 송경의 높은 평가를 받았다.

두 재상이 마음과 힘을 다해 협력했지만 자신들의 운명을 극복하기는 어려웠다. 개원 8년(720년) 그들은 아주 곤란한 일에 부딪치게 되면서 정치생애를 마감하게 되었다.

당시에는 불량화폐가 범람하였었다. 불량화폐 문제는 국가를 운영하고 백성들을 다스리는 능력에 있어 일대 장애가 되었다. 송경과 소정은 이와 같은 국면을 전환하여 빠른 시일 내에 공을 세우려고 불량화폐 사용을 금지하는 규정을 만들었다. 규정이 선포되자 화폐유통이 줄어들면서 각 지역의 상업거래가 정지되었으며 물가가 폭등하였다. 엄청난 사회여론의 파도와 형세에 밀려 두 사람은 이에 대한 책임을 지고 물러날 수밖에 없었다.

현종은 조금도 만류하는 기색 없이 그들의 사직서를 받아들였다.

장구령

칭찬하는 사람들은 장구령張九齡 673 또는 678~740년이 깨끗하고 뛰어난 품격과 학문의 깊이와 넓이, 재능을 골고루 갖추었으며, 정직한 풍모를 갖추고 있다고 말하였다. 그를 반대하는 사람들은 장구령은 편협하고 작은 일에 얽매이며, 감정으로 일을 처리하여 상대하기가 어렵다고 말하였다.

현종시대 마지막 문학가 재상인 그는 그가 정한 길은 오직 그 한길이란 식의 일처리를 좋아하였다. 그는 장열張說 667~730년의 문하생으로 문단에서 그 명성을 떨쳤으며, 정계에서도 주도권을 쥐고 있었다. 그러나 이런 득의만만한 기세가 총명하지만 변통을 모르는 그에게 있어 꼭 좋은 것만은 아니었다.

재상에 임명되었을 때 그는 다른 사람들이 부러워하는 특수한 영예를 누렸다. 군주가 몸소 주재한 경학經學과 그 시절의 중요 업무에 대한 경연經筵활동에서 장구령은 흥미진진하고 감동적인 고담준론과 매우 세밀하고 조리 있는 분석으로 우승자에게 준비된 일곱 자 높이의 보석과 구슬이 가득 상감象嵌되어 있는 자리山座로 걸어 올라가는 영예를 누렸으며 전면적인 승리를 거두었다.

장구령은 사상의 깊이와 열정을 갖고 있었으며, 대담함도 가지고 있었다. 그는 앞의 재상들이 불량한 돈무게를 속이는 돈을 금지하려다 번번이 실패한 교훈에 근거를 두고 놀랍게도 그 동안의 일관적인 정부정책과는 반대로 개방책을 주장하였다. 즉, 민간인들이 개별적으로 돈을 만들 수 있도록 허용하여 정부가 백성과 이익을 다투지 않도록 해야 한다는 것이었다. 현종은 이러한 제안에 대해 가부간의 대답을 하지 않고 신하들에게 이 안의 옳고 그름을 의논하라고 하였다. 조정안에서는 한바탕 격론이 벌어졌는데, 여러 사람이 개방책은 황당무계한 것이라고 비난하고 나섰다. 배요경裴耀卿 681~743년도 개방책이 실시되어 사적으로 돈을 제조하는 것이 일단 허용되고 나면 사람들이 농사짓는 일은 포기하고 이익만 쫓게 되어 불량한 돈이 더욱 넘쳐나게 될 것이라고 주장하였다. 반대의견이 거의 대부분을 차지하자 장구령은 아무도 도와주지 않는 외로운 입장에 서게 되었다. 결국엔 현종이 중재에 나서 민간의 동전 주조 금지정책을 계속하게 되었다.

어려서부터 유가의 정통적인 교육을 받고 자라난 데다 성격마저 곧은 장구령은 온 힘을 다하여 황제에게 간언諫言을 하였으며, 조금도 두려움 없이 간언하는 신하가 되려 하였다. 그가 보기에 현종은 사리사욕 없이 간언을 잘 받아들이는 훌륭한 군주였다. 그래서 그는 명군과 충신이 함께 하면 이상적인 정치국면을 만들어갈 수 있으리라는 일방적인 바람을 갖고 있었다.

이에 따라 그는 끊임없이 간언을 하였으며, 대소사를 막론하고 간언하였다. 현종이 마음속으로 귀찮게 여기

장구령張九齡. 출처:百度 www.baidu.com

고 심지어는 기분 나쁘게 여길 정도로 간언하고 또 간언하였다. 그는 현종의 얼굴빛이 변하는 것도 무시하였으며, 자기 앞에 재상을 하다 쫓겨난 한휴韓休 673~740년의 교훈을 무시하였다. 뿐만 아니라 천하대사를 모두 자기가 다 맡은 것처럼 계속해서 간언하였으며, 군주가 자신의 의견을 받아들여야 비로소 그만두는 식으로 간언하였다.

문학을 숭상하는 기풍과 여러 사람이 인정해주는 자신의 문학적 성취로 인해 장구령은 자기 자신을 대단하게 여기는 가운데 일종의 편견을 갖게 되었다. 즉, 문학적 재질을 갖춘 사람만이 고위 요직을 맡을 수 있으며, 과거를 거치지 않은 관료나 서리는 비속하고 배우지 못한 무리들이라는 편견이었다. 이러한 견해로 인해 현종이 이임보李林甫 683~753년를 (차석)재상으로 거명하였을 때 격렬히 반대하였다.

"재상은 아주 중요한 자리로 사람을 잘못 쓰면 국가가 재앙을 맞게 됩니다. 이임보를 재상으로 등용하면 훗날 국가사직이 위태롭게 될까 두려움을 금할 수 없습니다."

장구령은 겉으로는 그를 아주 존경해주는 군주가 사실은 그의 재능과 실력을 감상하는 것에 불과하다는 것을 시간이 흐르면서 점차 깨닫게 되었다. 마치 영롱하게 빛나는 꽃병을 세워두듯 현명한 신하를 기용하고 있다는 선전용으로 자신을 군주 곁에 세워둔 것이지 진심으로 대해주지 않고 있다는 것을 점차 깨닫게 된 것이었다.

한번은 군주가 재상을 접대하는 소규모 연회자리에서 그가 공개적으로 불만을 표시한 적이 있었다. 술잔이 여러 차례 돌고 나서 현종이 앞쪽의 연못을 가리키면서 "연못 속의 고기들이 신선하고 활기차며 아주 귀엽구려."라고 하였다. 이임보는 그 말을 받아서 "폐하의 은혜로 키워져서 그러하옵니다."하고 아뢰었다. 그러나 장구령은 지그시 입술을 깨물며 말을 비틀었다.
"연못 속에 노는 물고기가 마치 폐하께서 사람을 부리는 것과 같습니다. 보기 좋게 단장한 것일 뿐 아이들의 놀이와 다를 바 없습니다."
그 자리에 있던 황제와 신하들은 그의 말에 서로 얼굴만 바라볼 뿐 말을 잇지 못하였다. 연회가 제대로 이루어질리 없었다. 서로 흐지부지 헤어지고 말았다.

고정관념과 서로의 견해까지 차이가 나면서 장구령과 이임보의 관계는 점차 미묘해지기 시작했다. 경전과 역사서를 늘 읽고 공부한 장구령, 그가 아무리 생각해도 이해할 수 없었던 것은 현실 정치에서 '자신이 문학과 학문에 정통하지 못한 이임보의 적수가 되지 못한다.'는 것이었다.

장구령과 이임보 사이에 첫 번째 실력대결은 아버지를 대신해 원수를 갚은 사람에 대한 처리에 관한 것이었다. 예禮로써 나라를 다스려야 한다고 주장하는 장구령은 그를 석방시켜야 한다고 주장한 반면, 법法을 강조하는 이임보와 배요경은 죽여야 한다고 주장하였다. 그 결과 군주는 후자의 손을 들어주었다.

두 번째의 실력겨룸은 현종이 정부를 낙양에서 장안으로 옮기려고 할 때였다. 이번에는 장구령과 배요경이 같은 편에 서서 농번기가 지나 겨울이 되면 다시 거론하는 것이 좋겠다는 의견을 내세운 반면, 이임보는 은근히 현종의 의견을 지지하였다. 정부기구를 서쪽으로 옮긴다는 명령이 며칠 지나지 않아 백성들에게 선포되었다. 이러한 명령은 현종의 신임이 철저하게 이임보 쪽으로 기울고 있다는 것을 뜻하는 것이었다.

장구령이 당초 이임보의 재상 임명에 반대했던 것이 문벌과 관련된 견해였다면, 하서절도사河西節度使 우선객牛仙客 675~742년의 승진을 반대한 것은 당파싸움에서 비롯된 것이었다. 현종은 우선객이 변경지역을 다스리는데 능력이 있다는 말을 듣고 그를 중앙으로 불러들여 상서尚書로 임명하려고 하였다. 장구령은 '우선객은 변방 시골의 작은 관리에 불과하며 아는 것이 없는 자'라는 이유를 들어 임명이 불가하다고 강력히 주장하였다.

이임보가 비밀리에 군주에게 아뢰었다.

"우선객은 재상의 재능을 갖고 있는 자입니다. 어찌 상서尚書로 그치겠습니까? 장구령은 서생의 기질만 있지 대국적인 면을 알지 못하는 자입니다."

장구령이 다시 반대의 뜻을 내세웠을 때 현종은 노여움을 띠면서 말했다.

"설마 무슨 일이든 재상이 말하는 대로만 해야 되는 것은 아니겠지요?"

우선객은 '무식한 자'가 되었으며, 장구령은 '대세를 파악하지 못하는 자'가 되었다. 현종의 마음속에는 '무식한 자'보다 '대세를 파악하지 못하는 자'가 더욱 혐오스러웠다. 이로 인해 현재의 중추기구 인물들을 다시 개편할 생각을 갖기 시작하였다.

한 번, 두 번 거듭되는 실패로 장구령은 이전에 없던 고독감과 비굴함을 느꼈다. 자기의 운명은 일반 사람과 다르며 나라를 위해 모든 일을 자신이 떠맡겠다던 예전의 정신은 깨끗이 사라지고, 재상직을 보전하겠다는 생각뿐이었다. 어쩔 수 없이 그 고상한 머리와 곧았던 허리를 굽히며, 이임보에 대해 미묘한 양보의 자세를 보였다. 그는 비유적인 필법으로 이임보에게 '귀연歸燕'이라는 시를 지어 보냈다.

갈매기가 비록 작지만 海燕雖微妙
봄바람 타고 돌아왔네. 乘春亦暫來.
어찌 진흙탕의 더러움을 알았으리오 豈知泥滓賤
대궐의 높은 문이 열린 것만을 보았지, 只見玉堂開.
같이 벼슬길에 올라 綉戶時雙入
정사政事를 나누기 얼마이던가. 華堂日幾回.
세상사 다툴 마음 없으니 無心與物競
솔개와 매처럼 서로 물어뜯지 말구려. 鷹隼莫相猜

정적이 보내온 울분을 꾹 참는 시구를 보자 이임보는 내심 미소를 지으며 그 시문을 한쪽으로 집어 던졌다. 정치투쟁이란 인정사정이 없는 법, 그는 이전의 잘못은 더 이상 거론치 않았지만 이후로 실질적인 공세를 더욱 강화하였다. 현종은 이임보의 공세로 장구령, 배요경 등이 무리를 지어 사사로운 이익만을 도모한다는 잘못된 느낌을 갖게 되었고, 그들을 중추기구에서 내쫓았다.

장구령은 강등에 강등을 거듭하면서 울적한 가슴을 안고 타향에서 객사하였다. 이임보는 큰 짐을 벗어버린 듯한 기분이었다. 그러나 현종은 장구령에 대해 일종의 애잔한 감정을 갖고 있었으며, 이미 고인이 된 그의 품격에 대한 기억이 날로 더해갔다. 매번 중추기구에서 새 관원을 추천할 때마다 "이 사람의 품격이 장구령에 비견할 수 있는 자인가?"라고 묻고는 하였다.

장구령의 영혼이 만일 이런 현종의 모습을 보았다면 어떤 감정이었을까?

이임보

　권신權臣이라고 하지만 권력은 처음부터 끝까지 군주의 손안에 있었다. 간사한 재상이라고 하지만 의외로 수많은 사람들이 그를 믿고 따랐다.

　만일 영역을 나누지도, 잘잘못을 가리지도 않고 말한다면 이임보의 지명도는 이백李白, 두보杜甫와 거의 대등하다고 할 수 있었다. 그는 예로부터 지금까지 사람들의 입에 늘 오르내리는 인물이요, 화젯거리였다.

　황실의 먼 친척이었기 때문에 가문이 비천하다고 할 수는 없었으나, 문학을 숭상하는 시대에 문학에 능통하지 못하였기 때문에 사람들에게 번번이 무시당하였다. 이러한 이유로 잠재의식적으로 문학을 하는 사람들에 대해 뿌리 깊은 적대 심리를 갖고 있었으며, 평생 동안 그 심리 상태에서 벗어나지 못하였다. 우문융과 장열을 공격하고, 우선객을 발탁하여 장구령을 쫓아낸 일이 비록 벼슬길에서 잘 나가기 위해서요, 재상의 권한을 제멋대로 휘두르려는 의도였지만 문학적 인물들에 대한 그의 적대심리가 작용하지 않았다고 하기는 어렵다.

　상대방의 마음을 잘 헤아리는 특수 능력은 타고난 것 같으며, 가정 배경 때문에 사회경험을 두루두루 익히게 되었다. 그는 고도의 개념과 추상적인 이론으로 사회를 해석할 수는 없었지만 직감을 통해 인간관계의 요체를 체득할 수 있었으며, 현실적 감각은 고상한 서생 무리들을 훨씬 앞서고 있었다. 어린 시절 겪었던 냉대를 통해 그는 인간의 악함에 대해 살을 저미는 듯한 아픔을 갖게 되었으며, 상대의 악랄함을 악랄함으로 제어하고, 상대의 나쁨을 나쁜 것으로 제어한다는 것이 그의 인생의 신조가 되었다.

　그는 냉정한 인생관을 갖고 있었으며, 실질적인 것을 중시하고 헛된 이름을 쫓지 않았다. 교육부문에 근무할 때 당시 최고 학부인 국자감國子監의 교육 기강을 바로 잡는데 힘을 기울여, 그 전의 느슨하고 허풍떠는 분위기를 새롭게 바꾸었다. 학생들은 감탄과 존경의 뜻으로 선생격인 이임보의 공덕비를 세웠다. 이임보는 이를 안 연후에 엄하게 꾸짖었다.

"나 이임보가 무슨 덕과 능력이 있어 공덕비를 세웠단 말이냐? 누가 생각해 낸 것인가?"

학생들은 이에 화들짝 놀라서 공덕비 위에 새겨진 글자들을 밤새워 문질러 없애버렸다. 그 결과 눈에 보이는 비석은 사라지고, 그 대신 보이지 않는 입으로 전해지는 '비석'이 있게 되었다.

그는 재상의 자리를 맡고서도 이러한 태도를 유지하였는데, 높은 직위에 있었기 때문에 그 모양이 더욱 크게 빛났다. 그는 결코 뒷날 사람들이 비난하듯 제멋대로 기분 내키는 대로 일을 처리하는 인물은 아니었다. 그가 어떻게 당시의 정치국면을 움직여 나갈 수 있었는가를 생각해보면 알 수 있는 일이다. 그는 매사를 제도와 규정에 따라 처리하였을 뿐만 아니라 거의 지나치다 싶을 정도로 융통성을 부릴 여지가 조금도 없었다. 관원을 선발하는 데 있어서도 정해진 선발규정을 철저히 따랐으며, 자기 멋대로 자기와 친하거나 자기에게 충성을 다한 사람을 선발한 적이 없었다. 외부로 드러나는 모든 일에 있어서 흠잡을 데 없이 일을 처리하였으며, 조금도 공격당할 만한 일을 하지 않았다. 그래서 사람들은 그가 불공정하며 사리사욕을 쫓아 법을 제멋대로 주무른다고 공격할 방법이 없었다.

그는 사회질서란 그때그때 제멋대로 변하는 인정에 따라 유지할 수 없으며, 응당 확실하고 믿을만한 제도로서 질서를 확립하여야 한다고 주장하였다. 이러한 까닭으로 그는 유가儒家의 예치주의禮治主義를 반대하였으며, 법가法家의 법치주의法治主義를 취하였다. 그의 길고 긴 정치생애 중에서 자신이 직접 대규모의 법률수정 작업을 주재하여 신법률 추진을 쉽게 한 『격식율령사류格式律令事類』를 편집하였다. 이와 동시에 앞사람들이 완성하지 못하고 남겨놓은 행정법전인 『당육전唐六典』편찬 작업을 지휘하여 완성하였다.

이임보는 탁월한 실무능력으로 인해 마음에서 우러나오는 칭찬을 황제로부터 얻게 되었다.

밤낮 나라 일을 위해 노력한 지 30여 년, 현종은 안정 속에서 신속한 발전을 하고 있으며, 어떠한 시대보다도 휘황찬란한 성적을 거두고 있는 자신의 국가를 바라보면서 이루 말로 표현할 수 없는 만족감을 느꼈으며, 만족한 나머지 피로함을 느끼게 되었다. 이제는 긴장을 풀고 싶었으며, 사업을 성공시킨 뒤라 편안하고 고요한 생활의 즐거움을 맛보고 싶었다. 그는 현재의 국면에는 자신과 같은 초일류 인재가 마음을 쏟을 필요까지는 없으며, 국가의 정사는 그저 성실하고 실무 능력이 뛰어난 이임보에게 전적으로 맡겨도 된다고 생각하였다. 그는 각종 반대 의견을 물리치고 정말로 그렇게 하였을 뿐만 아니라 이상하다 싶을 정도의 결단과 안심을 표하였다.

이임보는 대권을 장악하게 되었으며, 그 권력은 역대 어느 재상보다도 강력하였다. 그는 있는 힘을 다해 제국을 이끌어가는 중책을 담당하였다.

이임보가 한비자韓非子 등 선진先秦의 법가학설을 마음을 다해 연구하였는지는 알 수 없는 일이지만, 확실히 법가학설의 요체는 장악하고 있었다. 법法, 술術, 세勢가 하나가 되었으며, 그 운영에 있어서도 최고의 경지에 도달하였다. 일 처리 능력은 발군이었으며, 기교와 사리분별이 명확하였다. 이러한 까닭으로 인해 이임보는 유례가 없었던 19년이란 최장기간 재상을 할 수 있었다.

그는 군주에게는 군주의 뜻을 절대 거스르지 않는 태도를 취하였다. 조그만 일이라도 윗사람의 뜻을 거스를까봐 조심하였다. 군주의 견해와 심사가 어떠한지를 파악하기 위하여 곁에서 시중드는 자들에게 아낌없이 거금을 써서 예측하기 어려운 군주의 정서를 그때그때 알아냈으며 상황에 맞는 적절한 방법으로 대처하였다. 이렇게 하는 외에도 인생의 즐거움을 누릴 수 있는 조건들을 만들어내어 군주가 웬만해선 정사를 물어보지 않도록 하였다.

조정에서는 자신의 강성 이미지를 숨기고 부드러운 이미지를 부각시켰지만, 그 속에 강함을 갖고 있었다. 사람들과 같이 지낼 때는 윗사람으로서 봄바람처럼 따스하게 대했으나, 그 속에는 스산한 기운이 스며있었다. 공무를 이야기할 때는 논리가 엉망진창이어서 사람들에게 지혜 많은 사람이 도리어 어리석은 법이란 느낌을 주었다. 표면과 속이 전혀 반대되는 이러한 행동은 기묘하게도 절대적 권위를 형성하였으며, 양신긍楊慎矜 미상~747년, 왕홍王鉷 미상~752년, 길온吉溫 미상~755년, 나희석羅希奭, 안록산安祿山 703~757년, 양국충楊國忠 미상~756년 등 날고기는 수많은 인물들이 그에게 무릎을 꿇거나 그의 문하가 되어 그가 하자는 대로 자신들을 맡기는 정도였다.

정적과 경쟁상대에 대해 이임보가 정면충돌을 한 적은 없었다. 표면적인 선심과 선의를 미끼로 상대방을 낚시 바늘에 걸려들도록 하였으며, 상대방이 자신들의 이익을 위해 힘쓰다 제풀에 깊은 나락으로 빠져들게 하였다. 오랜 세월 동안 수많은 대신과 재능 있는 인사들이 그의 발아래 무릎을 꿇었으며, 영문도 모르는 사이에 할 말조차 찾지 못한 채 패배하였다. 이러한 일을 제일 뼛속 깊이 느꼈던 인물들은 한때 절정에 있었던 이적지李適之 694~747년, 엄정지嚴挺之 673~742년, 배관裴寬 681~755년, 위견韋堅 미상~746년, 왕충사王忠嗣 706~749년 등이었다. 그의 발아래 쓰러지거나 그의 압제를 받은 사람들은 그가 은밀히 사람을 해친다고 원망하였으며 그를 '살 속에 칼을 감춘 사람', '오만하고 무례한 생각을 갖고 늘 상대를 찾는 싸움닭','얼굴에는 미소를 짓고 있지만 돌아서선 칼을 가는 사람'이라고 불렀다. 이러한 까닭으로 고사성어 사전에 '말은 달콤하게 하면서 늘 남을 해칠 생각만 한다.口蜜腹劍'란 말이 실리게 되었다.

종실의 한 사람이었기 때문에 과거에 응시할 수 없었던 그로서는 과거를 통해 관리가 되는 것이 영광스러운 것으로 여겨지고 있던 시대였기에, 과거를 반쯤은 경멸하고 반쯤은 원망과 꺼리는 뒤섞인 감정을 갖고 있었다. 현종이 천하의 인재들을 널리 구하라는 하교를 내렸을 때, 그는 주시험관에게 "과거를 보는 사람들 대다수가 비천하고 우매하여 못된 말로 폐하께 누를 끼칠까 두렵다."라고 말하면서, 과거를 엄격하게 치러 모래 속에서 금을 골라내듯이 인재를 선발하라고 주문하였다.

그 결과 과거시험 문제가 역사상 유례가 없는 어려운 문제, 한쪽으로 치우친 지엽적인 문제가 출제되었다. 그 결과 한 명도 합격자 명단에 오른 사람이 없게 되었다. 이임보는 즉시 군주에게 세상에는 이미 더 뽑을 인재가 없다고 축하를 하였다. 현종은 바다 속에 물고기가 없다는 듯한 설법을 믿어 의심치 않았으며, 인재를 이미 전부 등용하였다고 득의양양하여 즐거워하였다. 이런 수단을 통해 이임보는 정상적으로 인재를 선발하던 과거제도를 이름뿐인 허울로 만들어 버렸으며, 이로 인해 정부에서는 새로운 관리를 충원하는 데 곤란을 겪게 되었다. 이러한 상황은 새로운 인재를 등용하면 기존의 정치국면에 변화가 일어날까봐 이를 두려워한 이임보의 의도가 짙게 깔려있었다.

정치생활이란 음모를 중시하지만 도덕관념의 제약을 받기 때문에 일정한 한도가 있어야 한다. 이임보는 이러한 한도를 무시하였기 때문에 비록 정적들을 하나하나 격파하면서 재상의 지위를 공고히 하는 데는 성공하였지만, 도리어 이로 인해 무수한 원수들을 만들게 되었다. 이러한 상황으로 인해 어떻게 해도 벗어나기 어려운 위험에 처하게 되었으며, 심각한 심리적 압박을 받게 되었다. 그의 아들인 이수李岫가 아버지의 앞날에 대해 걱정을 하자, 호랑이 등에 올라탄 형세여서 이제는 어떻게 해 볼 도리가 없다고 말하였다.

다른 사람들이 그를 해치는 것을 막기 위하여 그의 집에 여러 기관들을 만들어 놓았으며, 잠잘 때에도 침실을 자주 옮겼으며, 밖에 나갈 때에는 길에 사람들을 못 다니게 하고서 다녔다. 심리적인 균형을 유지하기 위하여 그때그때 오락을 즐겼으며, 여색에 깊이 빠져들어 갔다.

권세 등등한 재상의 하루지내기가 그 얼마나 어려운지! 그러나 그는 이를 유지해 나가야만 했으며, 조그만 이익도 절대로 놓칠 수 없다는 식으로 재상직을 유지해갔다. 한편으론 그러한 생활 속에서 권력을 누린다는 크나큰 즐거움을 찾아나가고 있었다.

이임보의 정치적 파트너는 3명이 있었는데 이들의 운명은 상당히 달랐다.

장구령의 뒤를 이어 중추기구에 들어온 사람은 우선객牛仙客 675~742년이었는데 그는 정치적 자본이 가장 별 볼일 없었던 재상이었다. 말단 관리 출신으로 문화수준이 높지 않았으며, 빛나는 업적도 없었을 뿐만 아니라 강력한 배경도 없는 사람이었다. 그러나 그는 매사에 열심이었으며, 착실하였고, 힘든 일이라도 불평불만 없이 해나갔고 소박하였으며, 하서河西지방을 잘 다스렸다.

이임보는 그를 마음에 들어 하였다. 장단점 모두를 마음에 들어 했으며, 성실히 일을 처리 할 수 있으면서도 경쟁력이 없는 것을 마음에 들어 하였다. 어전에서 그를 추천한 이임보의 말은 간단명료하였다. 천자가 인재를 등용할 때는 학문에 구애될 필요가 없으며 재능과 식견이 있으면 그것으로 족하다는 것이었다.

현종 역시 그를 마음에 들어 하였다. 글줄이나 하는 자들의 세상물정 어두운 면이나, 한쪽에 치우치거나, 스스로만 옳다고 나서는 경향이 그에게는 전혀 없었기 때문이다. 또한 그가 국가의 부富를 창조해낼 수 있다는 점을 마음에 들어 하였다. 이로 인해 현종은 장구령을 희생시키고 그를 중추기구로 불러들이게 되었다.

우선객은 6년간 재상 자리에 있었는데, 적당히 분수를 지켜서 이임보가 지시한 공무는 힘을 다해 처리하면서도 사적으론 전혀 당파를 이루지 않아 정치적 소용돌이에 빠지는 일을 피하였다. 그는 사람은 많고 땅은 적은 관중關中지역에 양식구매법을 실시하여 식량문제를 해결하면서, 양자강과 회화淮河로 양식을 운반해오는 부담을 가볍게 해주었다.

그는 일개 변방의 장군으로 재상에 임명된 마지막 경우였으며, 이후로는 중추기구 최고위층 인사는 문관 계통에서 철저히 장악하게 되었다. 또한 그의 재상 임명은 그동안 재상부宰相府의 구성이 삼두마차 체계로 균형을 이루던 관계에서 주종관계의 이두마차로 다시 돌아갔다는 것을 보여주었다. 우선객과 이임보는 줄곧 별 충돌 없이 잘 지냈으며, 우선객이 병으로 죽을 때까지 그러하였다. 훗날 고력사高力士는 "우선객은 하급 관리 출신으로 재상의 재목은 아니다."라고 평가하였다.

죽은 자를 대신하여 재상직에 오른 사람은 이적지李適之 694~747년였다. 그는 황족으로 실력이 뛰어난 사람이었다. 작은 것에 구애되지 않는 성격일 뿐만 아니라 풍부한 경험으로 인해 세상물정에 밝았다. 매일 매일의 공무를 그날에 다 처리함으로써 그의 책상에는 공문이 쌓여 있는 적이 없었다. 그가 재상이 된 것은 현종의 의도였다. 그와 이임보가 혈연관계인 점을 고려하여 둘이 마음을 합해 황실을 위해 그 책임을 감당해 나가기를 희망해서였다. 그러나 이렇게 두 이씨를 재상에 등용한 방법은 기대한 효과를 전혀 거두지 못하였다.

두 이씨는 모두 다른 사람 밑에 있으려고 하지 않는 사람들이어서 자연히 충돌이 일어났으며, 관계가 날로 딱딱해져갔다. 어느 날 이임보가 친절하면서도 신비로운 태도로 이적지에게 말하였다.

"화산華山에 금광이 있는데, 이를 캐면 나라를 부강하게 할 수 있을 텐데⋯⋯ 폐하께서는 아직도 모르고 계시니⋯⋯"

꼼꼼히 떠져보는 성격이 아닌 이적지는 깊이 생각해보지 않고 공로를 세우려는 급한 마음에 '나라를 부강하게 할 대책'을 군주에게 보고하였다. 이에 흥분한 현종이 이임보에게 이런 일을 아는지 물어보았다. 이임보는 간곡한 어조로 말하였다.

"신이 이 일을 안지는 오래됩니다. 그러나 화산은 제왕의 기운이 있는 산으로 폐하의 운명과 관계되어 있사오니 결코 파헤칠 수 없습니다. 이러한 연유로 신이 감히 보고드릴 수 없었던 것입니다."

화산에서는 매장된 광물을 채광한 적이 없었던 데다 금광 역시 진짜로 있는지 여부도 알 수 없었다. 이후로 황제는 부주의하고 경솔한 이적지를 멀리하기 시작하였다.

마지막에는 이임보가 세심하게 짜놓은 음모에 걸려들어 이적지 일파의 인물들은 깡그리 청소되었으며, 이적지도 사직서를 제출할 수밖에 없게 되었다.

이적지와 교체된 사람은 나약한 성격으로 자기주장이 전혀 없는 진희열陳希烈 미상~758년이었다. 그가 재상이 된 것은 중추기구의 공석이 된 자리를 메꾸는 것에 불과했던 것으로 별다른 실질적 의미는 없었다. 그가 하는 일이란 매일매일 공무를 열람하는 것으로, 이임보가 결정한 문건에 부수적인 사인을 하는 것이 고작이었다.

이임보는 그가 정사에 관여하지 않는 점을 좋아하였으며, 현종은 그가 도교道敎에 일가견이 있는 점을 높이 샀다. 완전히 꼭두각시에 불과한 인물이 등장한 후에 이임보는 천하가 태평하다는 구실로 매일 관청에 나오자마자 출석부에 도장을 찍고는 곧바로 재상관저로 돌아가 집안에서 모든 국가대사를 결정하였다.

그렇게 이임보의 관저는 작은 조정으로 변해갔고, 관리들은 이임보의 집으로 가서 업무를 보았으며 진희열만이 재상부에 남아 자리를 지키고 있었다. 재상부는 마치 다 쓰러져가는 절간 구석처럼 찾는 사람이 드물었다.

이임보도 결코 자신의 권세가 늘 상승세이며, 결코 무너지지 않으리라고 생각했던 것은 아니었다. 하지만 무뢰배인 양국충楊國忠 미상~756년, 칠칠치 못한 진희열의 손에 자신이 패하리라고는 꿈에도 생각지 못했으며 패한 사실을 이해할 수조차 없었다.

세상일이란 물극필반物極必反 즉, 한 쪽 극에 달하면 다른 쪽 극을 향해 반대로 돌아서게 되는 법, 기세등등하던 권세 뒤에 찾아온 것은 산더미 같은 고소 고발장이었다. 죽은 후에는 관직을 삭탈당하고 평민의 조그만 관으로 묻혔으며, 가족들은 이리저리 뿔뿔이 흩어져 유랑하게 되었고, 자신은 역사에 욕된 이름만 남기게 되었다.

이전의 역사서는 이임보가 실각한 진상을 명확히 밝히지 않고 양국충의 역할만을 과대평가하였다. 하지만 세력기반이라든가 정치적 권모술수, 어느 면을 보더라도 양국충은 이임보의 적수가 될 수 없었다. 만일 현종이 모종의 암시를 주지 않았다면, 양국충이 마치 왕개미가 나무를 흔들려는 식의 어리석은 일을 전혀 하지 않았을 것이다.

이임보 역시 자신이 한 일이 아주 올바르다고 생각해선 안 될 것이다. 전권을 위임받아 정무를 처리하는 정도가 지나쳐서 독재로 변해버린 실수, 즉 절대 범해서는 안 될 금기(군주의 지배아래 있는 사람이 절대 저지르면 안 되는 실수)를 범하였던 것이다. 현종이 어찌 이런 일을 못 본 척할 수 있었겠는가?

양국충

　먼 친척 누이동생인 양옥환楊玉環 楊貴妃 719~756년이 천자의 총애를 받게 되자 서남지역 부대에서 굴러다니던 망나니 양국충의 몸값은 갑자기 치솟았으며, 현지의 최고 군정장관인 장구경章仇瓊은 그를 귀한 손님으로 깍듯이 받들어 모셨다.

　충분한 여비와 풍성한 뇌물을 가지고 양국충은 수도로 올라가 벼슬자리를 옮기려는 활동을 전개하였다. 운수가 트이면서 매사가 순조롭게 진행되어, 감찰어사 자리를 건지게 되었다. 그는 양귀비의 친척으로 군주의 총애를 받는 사람이 되자 재상의 식객이 되었으며 사람들이 부러워하는 중요인물이 되었다.

　그는 청소년 시절에는 불량배들과 어울려 가족들에게조차 버림을 받고 시장바닥과 군대에서 굴러다니면서 타락한 생활을 하였었다. 사회의 멸시를 받고 세상의 고난을 겪으면서 다른 사람들에게 머리를 굽힐 수 있는 것이 습관이 되었다. 세월이 지나 권세를 얻게 되자 점점 다른 사람 위에 군림하려는 습성이 배어나오기 시작하였다. 귀족의 관점에서 보면 그의 인품은 지나치게 저질스러웠으며, 느글느글하고 유들유들하기 이를 데 없는 시정잡배에 불과하였다.

　막다른 골목까지 몰렸던 양국충은 돈이 바로 권력인 수도에 오게 되자, 친척 누이(양귀비)의 도움을 받아 재정을 담당하는 15가지 직무를 맡게 되면서 부호의 행렬에 끼어들게 되었다. 그는 군주를 위해 정성을 다하였다. 그는 지방의 조세를 비단과 특산품으로 바꾸어 바치도록 하였으며, 이에 따라 창고에 없는 것이 없을 정도로 값진 물건들이 가득 차게 되었다. 그는 이러한 것들을 현종에게 개인적인 용도로 바쳤다.

　현종은 미소를 함빡 머금게 되었으며, 그를 재정전문가로 인정하게 되었다.

　기세등등한 이임보 앞에서 양국충은 온순하고 공손하였으며, 이전의 마졸과 같은 태도로 몇 차례 피비린내 나는 큰 사건을 일으키면서 이임보의 정적들을 없애줌으로써 두둑하게 인사치례를 하였다.

이임보는 웃음을 띠면서 양국충을 좋은 협력자로 여기게 되었다.

황제의 처남은 일단 기반을 굳건히 하자 자기의 발전을 추구하기 시작하였다. 여건이 성숙해지자 이임보를 제거하기로 마음먹었다. 이임보를 원수로 생각하는 사람들이 세상에 널려있는 점을 이용하였다. 수석재상인 이임보가 불량화폐의 유통을 금지시킴으로써 시장의 혼란을 불러 왔을 뿐만 아니라, 변방의 장군 아포사阿布思의 반란 및 조정대신 왕홍王鉷의 모반사건과 관련이 있다고 고발하였다. 너무도 죄상이 커서 이임보는 싸울 힘을 잃어버렸으며, 초조한 나머지 중병에 걸려 일어나지 못한 채 낭패하여 죽고 말았다.

권력을 제멋대로 휘두르던 일세의 재상 이임보의 독재에 종지부를 찍음으로써 양국충은 자신의 이름을 세상에 널리 알리게 되었다. 조정의 문무 대신들이 그를 다시 평가하게 되었으며, 이임보의 원수들은 그를 구원의 별로 여기게 되었다.

치마끈이 옥대玉帶로 변하였다. 황제의 처남이 수석재상이 되었던 것이다.

양국충을 재상으로 삼은 것은 현종의 또 다른 실험이었다. 그는 일찍이 관료, 진사, 문인, 군인, 하급벼슬아치, 종실 친인척을 고루 기용해보았으며, 이제는 외척을 기용하였다. 이러한 결단을 내리는 데 있어 현종은 정치적인 것 외에 다른 방면의 고려를 하였던 것이다. 외척은 군주에 대해 특수한 의존성을 갖고 있었기 때문이었다. 황제가 총애하는 양귀비의 환심을 사는 데 있어 양국충은 비범한 재정능력을 갖고 있었다. 이러한 재능은 그가 깊은 궁궐 속에서 즐거움을 누리는데 유리하게 작용하였다.

정부 중추기구의 제일 높은 인물의 자리바꿈은 인간관계 짜임새에 별다른 변화를 가져오지 않았다. 단지 황제가 움직이는 기미를 미리 포착하여 그대로 시행하던 이임보를, 시키면 시키는 대로 하는 양국충으로 바꾸었다는 것뿐이었다.

이임보를 쓰러뜨리는데 있어 힘을 아끼지 않고 공로를 세웠던 진희열陳希烈은 여전히 재상의 말석을 차지하였다. 이년 후 양국충과의 관계가 미묘해지자 그 기미를 알아차린 진희열은 볼썽사나운 모습으로 생애가 끝나는 것을 피하기 위하여 사표를 제출하였다.

그의 뒤를 이은 사람은 명문가 출신의 진사인 위견소韋見素 697~762년였다. 그는 세상과 다투지 않는 사람으로 온화한 성격의 소유자였다. 양국충의 결정에 대해 일절 이의를 제기하지 않았으며, 서명이 필요한 서류에만 서명하는 것이 고작이었다.

이러한 동반자 관계는 현종 시대에 여러 차례 있었던 일로 드문 일이 아니었지만, 이것이 마지막 동반자였다. 자신을 훌륭한 인재로 여기고 자만하며 제멋대로 굴던 양국충은 자신을 드러낼 기회가 있으면 그것을 놓치지 않았다. 그는 확실히 능력이 있는 사람이었기에 사람들은 그를 극진히 떠받들었다. 반감을 가졌던 사람들은 그가 깊은 생각 없이 아무렇게나 행동한다고 여겼다.

이전 집정자의 스타일과 현저하게 달랐던 것은 세상에서 그가 겪었던 경험을 갖고 일반적인 규칙을 깨뜨렸다는데 있었다. 관리를 뽑는 방식은 재상과 이부吏部와 병부兵部의 책임자가 각기 세 차례에 걸쳐 심사를 하도록 규정하고 있었는데, 이러한 과정은 봄, 여름의 두 계절이 소요되었다. 그러나 그는 관련 인사책임자들을 전부 불러 모은 후에 그가 정한 사람에 대해 거수로 가부를 결정토록 하여, 관리 선발 과정을 하루 만에 해치웠다. 이에 따라 인사를 망치는 일이 많았으며 잘못이 상당수 발생하였다.

그러나 현종은 오히려 양귀비의 친척인 그를 지지하면서, 번잡하고 불필요한 관리 선발 방식을 개혁하였다고 칭찬하였다.

양국충은 모든 일은 질질 끌어서는 안 된다는 정신을 공무처리에 있어서도 보여주었다. 심사숙고하여 처리해야하는 일인지 여부를 막론하고 그는 모든 일을 그 즉석에서 처리하였으며, 다른 사람들이 이의를 제기하는 것을 허용하지 않았다. 이의를 제기하는 경우 그의 능력에 대해 의심하는 것으로 여겼다. 고위관리들은 숨을 죽이고 그대로 따라갔으며 시키는 대로 그대로 집행할 뿐이었다.

그는 충성심이 가득한 자세로 현종을 궁궐 안에만 있도록 하였으며, 자신의 정치성적에 불리한 요소가 있는 상소문은 군주에게 전달되지 못하도록 하였다. 현종이 연속되는 가뭄과 홍수에 본능적으로 근심을 표시하자, 그는 싱싱

하게 자란 벼이삭을 보여주면서 가뭄이나 홍수가 대세에 전혀 지장을 주지 않는다고 아뢰었다. 태수太守 방관房琯 697~763년은 이를 사실대로 보고하였다가 사법기관의 심문을 받기까지 했다.

양국충은 이임보가 그랬던 것처럼 위세를 부렸으나, 단지 표면상으로만 통하였으며, 사람들의 마음속에 뿌리를 내리지 못하였다. 진사進士인 장단張彖은 양국충에게 기대려는 사람들을 공개적으로 비난하였다.

"당신들은 양 재상을 태산처럼 여기지만, 나는 빙산으로 생각할 따름이다. 일단 작열하는 태양이 떠오르면 당신들은 기댈 곳이 없게 될 것이다!"

양국충은 자신의 정치체계를 고심하여 경영해 나갔는데, 자신보다 재능이 뛰어난 사람들은 배척하였다. 자기세력이 아닌 사람은 공격하였으며, 경쟁자는 무참하게 짓눌러 버렸다. 그는 남을 공격하면서 매번 성공을 거두어 성공가도를 달렸다. 의기양양해서 정치계를 좌지우지하였으며 나중에는 적수가 없음을 깨닫게 되었다.

그러나 강력한 군대를 거느리고 있던 북방의 장군이며, 군주의 총애를 받고 있던 신하인 안록산安祿山 703~757년에게 공격의 화살을 돌렸을 때, 이러한 행동이 역사상 너무나 큰 작용을 하여 온 세상이 뒤집혀지는 대변화 , 장기간의 내전안록산-사사명의 난(安史之亂)으로 755~763년을 가져오리라고는 생각하지 못하였다.

시대의 최강자는 이렇게 해서 갑작스런 종말을 고하였던 것이다. 안록산의 난 때(756년) 병사들에게 참살 당하였으며, 양귀비는 마외역馬嵬驛에서 목졸려 죽었으며 그의 일가 모두 참살 당하거나 자살하였다.

종남산終南山의 도사들

매 시대마다 은사(은둔자)가 있었으며, 현종시대에도 예외는 아니었다.

꼬불꼬불한 산길, 낚시와 자갈밭, 말술과 향기로운 차, 초가집과 거문고. 은둔자의 모습은 신비스럽고, 구속됨이 없으며, 바라볼 수는 있어도 도달할 수는 없는 것으로 보인다. 그러나 잔뜩 낀 구름과 안개의 휘장을 걷어내고 보면 은자가 된다는 것이 그리 간단한 일이 아님을 비로소 알 수 있게 된다. 속세의 일을 꿰뚫어보고 은둔하는 사람이 있는가 하면, 언젠가는 자기를 알아주리라 기다리며 명예를 낚고 있는 자가 있으며, 뜻을 이루지 못해 은둔하는 자가 있으며, 때를 기다리며 치욕을 참고 절치부심하는 자도 있었다. 각양각색 있을 것은 다 있었다.

어떤 사람이 말하기를 이름을 후세에 남긴 자들은 별 볼 일없는 은사들이며, 진정한 은사는 이름을 드러내지 않는다고 하였다. 이 말은 어느 정도 일리가 있는 말이다.

노장용

깎아지른 듯한 절벽이 자태를 뽐내며 비단병풍처럼 둘러싼 종남산은 장안 長安 남쪽 교외까지 산자락이 펼쳐져있는 절묘한 경승지이다.

등왕각滕王閣, 강서(江西)성 남창(南昌)시 소재. 당 태종 이세민의 동생 등왕(滕王) 이원영(李元嬰) 지어서 그러한 이름을 얻었다. 황학루(黃鶴樓), 악양루(岳陽樓)와 함께 강남 3대 누각으로 불린다.이 유 명한 것은 건물 자체가 훌륭하다기보다 당의 시인 왕발王勃 650년경~676년경의 유 명한 글 『등왕각부滕王閣賦』때문인 것처럼, 종남산이 문인묵객들의 찬양을 받은 것은 그 기묘한 풍경 때문이 아니라 '종남산 지름길終南捷徑'이라는 고사에서 연 유한 것이다.

'종남산 지름길'
묘하기 이를 데 없는 말이다.

현종이 태평공주太平公主 665년경~713년, 당 고종과 측천무후의 작은 딸. 정치적 야심이 컸었 으나 조카인 당 현종을 제거하려다 실패하여 사사되었다.의 잔당을 거론할 때 상서성尙書省의 고위관리인 노장용盧藏用 664년경~713년경을 주요 인물로 지적하여 처음에는 사형 을 내렸다가 후에 이를 바꾸어 유배를 보냈다.
이 일은 풍자성이 강한 비극이었다. 사정을 잘 아는 사람들은 이 일을 보 고는 머리를 흔들며 탄식하였다.

노장용은 일세의 재사로 총명함과 기지로 당시 상류사회에서 이름이 널리 알려져 있던 인물이었다. 그는 진사급제를 한 후에 뜻밖에도 종남산에 들어가 은거를 하면서 신선이 되는 길을 연마하였다.

하지만 이 모든 것은 사람들의 눈과 귀를 가리려는 것이었다. 그는 결코 은사가 아니었으며 근본적으로 홀로 있는 외로움을 참을 수 없었다. 세상사에 관심이 많았던 그는 정국의 변화를 늘 주시하고 있었으며, 일찍이 여황제(측천무후)에게 글을 올려 백성들을 잘 보살필 것을 요구하였었다.

꾸불꾸불한 길은 보다 깊은 곳으로 통하는 법이다. 그는 은둔하면서 오히려 이름을 날리기 시작하였으며, 그 높아진 명성으로 높은 벼슬을 얻을 수 있으리라 기대하고 있었다. 그의 마음 따로 행동 따로의 모습을 눈이 밝은 사람이라면 그 의미를 파악할 수 있었다. 사람들은 그를 '벼슬을 쫓는 은둔자'라고 은밀하게 불렀다.

그의 도박은 정확했다. 마침내 기회를 잡아 곧바로 벼슬길로 유유자적 걸어 올라갔다. 그는 적극적으로 속세에 뛰어 들었으며, 문장을 통해 사회를 다스리는 데 대한 그의 관점을 밝혀나갔다. 그는 자유자재로 뜻을 펴나갔으며 명성을 날리는 관리가 되었다.

입산에서 환속까지를 그는 인생 가운데 가장 아름다운 순간으로 생각하였다. 그는 득의만만하여 종남산을 가리키면서 도사인 사마승정司馬承禎 639~735년 도교 상청파(上淸派)모사종(茅山宗) 12대 종사에게 말하였다.
"저 곳은 대단히 좋은 곳이오."
도사는 시원시원한 어조로 그 말을 이어 받았다.
"제가 보기에는 관리가 되는 지름길에 불과합니다."
노장용은 부끄러움으로 얼굴이 붉어졌으나 결코 후회하지 않았다.
그러나 후회하지 않은 것은 잠시였을 뿐, 유배당하여 가는 길에서 그는 환속한 것을 깊이깊이 후회하였다.
사실을 말하자면 현종은 은사들을 그리 좋아하지 않았다. 특히 '종남산 지름길'을 이용하는 은사들을 좋아하지 않았다. 현종은 이들이 허위에 가득 차있으며, 정정당당하게 벼슬길에 나서지 않고 산 속에 처박혀 있으면서 우선 명성을 얻은 후, 명성을 이용해 벼슬을 얻는 우회전술을 쓰는 것은 권모술수를 부리는 것이며 군주를 희롱하는 것이라고 여겼다.

너는 은둔자로 살고 나는 군주로 살면 된다고 여겨 서로 간섭하지 않으면 될 것 같으나 현실의 사정은 그렇게 간단하지 않았다. 전통관념 속에서 은사는

종남산 서안 남쪽 진령(秦嶺)산맥 소재. 태을산(太乙山), 남산(南山)이라고도 함. 주봉은 해발
2,604미터이며 동서 230km에 달한다. 출처:百度 www.baidu.com

왕왕 현명한 사람으로 여겨졌으며, 깊이깊이 은둔하면 할수록 그 이름은 점점
더 높아졌다. 이들 은사들을 기용하지 않으면 바로 현명한 사람들을 존경하지
않는 것이 되고, 덕을 숭상하지 않는 것이 되며, 재능 있는 자를 아끼지 않는
것이 되어 훌륭한 군주가 아닌 것처럼 여겨지게 되었던 것이다. 이러한 은사들
의 머리 아프면서도 우스운 내면적 동기를 현종은 아주 명확하게 꿰뚫어보고
있었으나 그렇다고 드러내놓고 이야기할 수는 없었기에 완곡한 방법으로 일을
처리하였다.

은사들은 지혜와 술수를 부렸으나 현종 역시 모략이 없는 것은 아니었다.
현종은 연극을 진짜처럼 꾸미는 방법으로 그들을 대하였다.
'너희들이 벼슬하라는 것을 거절함으로써 지명도를 높이지 않았는가? 그렇
다면 물길을 따라 배를 밀어주듯 자연스레 너희들의 지명도를 완성시켜주마.
이렇게 하면 나는 현자를 존경하고 재능 있는 자를 아낀다는 명성을 얻게 되고,
너희들은 은사 노릇을 계속하게 되는 것이니……'

한 수 위인 현종을 만난 은둔자들은 마음속의 난감함을 드러내놓고 말할
수 없었다.

노홍일

숭산嵩山에 은거하였던 노홍일盧鴻一은 그저 소림사少林寺에 빌붙어 살던 거사居士가 아니었다. 소림사가 멀리 바라보이는 곳에 초가집을 짓고 사는 도사道士로 도학道學 연구에 있어 이미 그 이치를 통달하였다고 알려졌다. 그의 명성이 너무나 높아 누구도 감히 그와 토론을 하려 하지 않았다. 더욱이 그는 속세와 멀리 떨어져 있었기 때문에 그러한 기회 역시 사실상 많지 않았다. 비록 그를 만나는 행운이 있더라도 공손히 그의 말을 새겨듣고 있어야 할 뿐 감히 논쟁을 벌일 수는 없었다.

또한 그의 서예솜씨가 정말 뛰어나서 전서篆書, 해서楷書 모두 일가를 이루고 있었다.

현종은 학술로 말하자면 대학자요, 서예로 말하자면 예술가인 사람을 못 본 척 놔두어 자기가 하고 싶은 대로 하도록 내버려두려 하지 않았다. 황제의 지위가 튼튼하게 다져지자 그를 초청하려는 황제의 조서가 계속 숭산으로 날아갔다. 그러나 조서는 행방이 묘연해진 것처럼 되고 선물을 보내는 족족 되돌아왔다. 도사 노홍일은 장엄하고 화려한 궁궐에 대해 조금도 마음이 없으며 산야의 초가집에 계속 마음이 쏠려있는 듯했다.

정성이 지극하면 쇠도 녹이고 바위도 깨뜨릴 수 있는 법. 현종은 지극한 인내심을 갖고 예전과 다름없이 성의를 표시하였으며, 마침내 연속으로 보내진 조서에 철석같이 굳은 마음이 움직였다. 노홍일이 황제가 머물고 있는 낙양으로 가겠노라고 답을 하였던 것이다.

숭산에서 낙양까지 별로 먼 길이 아니었다. 그런데, 아마도 이 도道가 높은 도사의 행동이 특별히 신중한 탓이었으리라. 산을 나선 이번 행차가 낙양까지 닿는 데는 꼬박 1년이 걸렸으며, 그 다음 해에야 군주는 비로소 도사를 만날 수 있었다.

황제를 알현하는 방식도 역시 독특하여 노홍일은 허리만 굽혀 인사하였지 무릎을 꿇어 절하지는 않았다. 사람들을 놀라게 한 이러한 행동에 대해 그는 이렇게 말하였다.

"노자老子가 말하기를 예의에 대해 진정으로 충성과 신의가 있는 자는 형식적인 예의범절에 크게 구애받지 않는 것이라 하였습니다. 초야에 묻혀 사는 신 노홍일은 감히 진정한 충성과 신의로 폐하를 뵈옵고자 합니다."

현종은 미소로 답하고는 그를 내전內殿으로 불러들였다. 주연을 베푸는 자리에서 그에게 간의대부諫議大夫라는 관직을 제수하였다. 손님은 이를 은사에게 적합한 것이 아니라고 거절하였다. 현종은 의례적인 권유의 말을 한 번 더 하고는 더 이상 강요하지 않았다. 도사의 지조와 뜻을 존중한다고 말하였다.

노홍일은 황제가 하사한 100석의 쌀과 50필의 비단, 은둔자의 복장, 초당 및 명목상의 간의대부란 직함을 갖고 산으로 돌아갔다. 군주는 그에게 조정의 일에 관심을 좀 더 쏟아줄 것과 만일 잘못이 있다면 즉시 충고를 아끼지 말아 달라고 요청하였다.

옛사람이 말하길, '뛰어난 인물을 높여주면 세상 사람들의 마음이 돌아온다.'라고 하였다. 현종은 당당하게 이 글귀를 도사를 송별하는 문서에 써 넣었다.

맹호연

석양에 소나무 그림자가 짙어진 영주郢州 호북성 종상(鍾祥), 경산(京山)현 일대자사刺史의 정자는 쓸쓸하면서 그윽한 느낌을 풍겨내고 있었다. 벽에는 아직도 먹물이 마르지 않은 인물의 초상화가 있었는데, 그 모습은 미친 듯 거칠 것이 없어 보였으나, 그 속에 우울함과 실망스러움도 깃들어 있었다. 시인 왕유王維 701~761년는 화구를 수습하고 초상화를 대하여 추모제를 지낸 후 한동안 탄식하다가 몸을 돌이켰다.

이 초상화가 그려진 후에 자사의 정자는 '호연정浩然亭'으로 불리게 되었다.

맹호연孟浩然 689~740년은 처음에는 은사였다가 훗날 시인이 되었는데, 이 두 가지가 동시에 빛을 발하면서 세상에 그의 이름이 널리 알려지게 되었다. 비록 명성이 자자하였지만 득의양양한 면은 없었다. 그가 희로애락을 들어내지 않은 것이 아니라 근본적으로 뜻을 이루지 못하였기 때문이다. 그는 녹문산鹿門山 호북성 양양(襄陽) 동남 15km 소재에서 40세까지 은거하였으나 국가를 위해 일을 하라는 조정의 부름을 끝내 받지 못하였다. 그의 인내심이 바닥을 드러내면서 더 이상은 산과 물, 고기와 나무를 벗 삼아 지내고 싶지 않았으며 늙어죽을 때까지 초가집에 지내고 싶지 않았다. 행장을 꾸린 후 장안으로 가서 기회를 엿보았다.

인문이 발달한 장안에 온 그는 태학의 초청을 받아 부賦와 시詩를 짓게 되었는데, 짓는 것마다 명문장이어서 주변을 놀라게 하였다. 문단은 이로 인해 일대 소동이 벌어졌으며, 그의 호방하고 깨끗한 시는 도처에서 사람들이 서로 서로 읊조리는 바가 되었다. 화제의 인물로 부상하자 문인들이 앞 다투어 그와 교분을 가졌다. 당시 수준이 무척 높은 시인으로 자타가 인정하던 장구령張九齡, 왕유王維 두 사람의 입에서도 좀처럼 듣기 어려운 찬사가 연발되었으며, 그들은 그를 군주에게 추천하려고 하였다.

왕유와 맹호연은 서로 너무 늦게 만난 것을 한탄하였으며 참된 벗이 되었다. 하루는 왕유가 개인적으로 맹호연을 그의 집무실로 초청하였다. 두 사람이 막 이야기를 나누려는 찰나에 밖에서 황제의 어가가 도착하였다는 소리가 들려왔다. 맹

호연은 당황하여 급한 가운데 체면이고 뭐고 없이 침상 밑으로 숨어 들어갔다. 그러나 숨는 시간이 다소 늦어서 현종이 이를 알아차리게 되었으며, 왕유에게 이것이 어찌된 일이냐고 책망하였다. 현종은 침상 밑에 숨어있는 사람이 맹호연이라는 것을 알고는 기뻐하며 말하였다.

맹호연孟浩然 출처:百度 www.baidu.com

"짐이 그 이름을 들은 지 오래되었으나 그 사람을 보지 못하였는데, 그는 어찌 두려워하여 숨었는가?"

맹호연은 군주가 이렇게 말하는 것을 듣고는 난처한 표정으로 침상 밑에서 기어 나와 큰절을 하였다. 간단히 문답을 나눈 후에 현종은 흥취가 동하는 듯 즉석에서 그에게 시를 한 수 지으라고 요청하였다. 맹호연은 잠깐 생각을 가다듬은 후에 깊은 뜻을 갖고 있는 '종남산으로 돌아가려네. 歸終南山'라는 글을 적어내려 갔다.

폐하께 상소도 올리지 않고, 北闕休上書
남산의 누추한 오두막에서 숨어서 사옵니다. 南山歸敝廬
폐하께서 초야에 버려두시므로, 不才明主棄
병든 몸은 벗도 사귀지 않고 있습니다. 多病故人疏
백발이 늙음을 재촉하여, 白髮催年老
여생도 길지 않은 몸입니다. 靑陽逼歲除
한없는 근심으로 잠들지 않는데, 永懷愁不寐
달빛에 소나무 그림자만 쓸쓸히 창에 비칩니다. 松月夜窓虛

현종은 시의 깊은 뜻을 알아들었다. 그러나 맹호연은 작시의 목적을 이루지 못했을 뿐만 아니라 도리어 반대효과를 불러왔다. 현종은 이 시가 불만의 소리라는 느낌을 받았으며, 특히 폐하께서 (맹호연을) 초야에 버려두시므로'라는 구절에 기분이 상한 현종은 돌연히 낯빛을 바꾸어 책망하듯 말하였다.

"경이 벼슬을 구하지 않았으며, 짐 또한 경을 미워한 적이 없거늘 어찌 이러한 글귀로 짐을 무고하는고?"

우연한 만남은 서로 불쾌한 가운데 끝났으며, 결과는 낙향이었다. 맹호연의 장안행은 실패하였으며, 더욱이 영원히 만회하기 어려운 실패였던 것이다.

관리사회로 진입하지 못하게 되자 은사의 몸값은 한 푼의 값어치도 없는 것으로 떨어졌다. 그의 시는 무료해서 지은 것으로 여겨졌으며, 어떤 다른 의미도 발견할 수 없었다. 맹호연은 이러한 실패로 타격을 받고는 마음이 허해지고 몸이 노곤해져서 세상을 탓하면서 방랑하였다. 그는 마침내 문학적 재질과 관리가 되는 것은 서로 다른 일이란 것을 깨달았다. 자신은 결코 관리를 할 기질과 재능을 갖추지 못하였다는 것을, 벼슬에 오르는 문을 두드리는 기술조차 전혀 갖추지 못하였는데 다른 기술은 더 이상 말해봐야 의미가 없다는 것을 깨닫게 되었다.

그러나 채방사採訪使인 한조종韓朝宗 686~750년은 그렇게 생각하지 않았다. 시인의 처지는 기회의 문제일 뿐이라고 생각하였으며, 직접 그를 데리고 장안으로 가서 군주에게 정식으로 추천하기로 마음먹었다. 같이 가기로 약속한 시간이 되었을 때 맹호연은 자기 친구와 술을 마셔 주흥이 오를 대로 올라있는 상황이었다. 그때 친구가 그의 주의를 환기시키며 말하였다.

"자네와 한공 간에 약속이 있지 않은가?"

그는 손을 저으면서 이야기하였다.

"이미 술을 마신 마당에 그 일은 개의치 말게!"

한조종은 기다리다 지쳐서 화를 내고는 혼자 가버렸다. 이 일이 있은 후에 맹호연은 아무 일도 없었다는 듯이 지냈다. 어쩔 수 없이 구름과 새를 벗 삼았던 이 대시인에게는 훗날 무슨 관직이라고 하기도 어려운 관직이 있었는데, 장구령이 재상에서 물러나 형주荊州 지금의 호북성 강릉시(江陵市)일대 행정장관으로 부임했을 때 그를 막료로 불렀던 것이다. 그것도 잠깐이었다. 장구령이 죽은 후에 그는 다시 세상을 방랑하기 시작하였으며, 등창이 도져서 고생하면서 죽을 때까지 세상을 떠 돌아다녔다.

하지장

은사 노릇을 하면서 벼슬길을 바라는 것은 마치 불가佛家에 몸을 담고서 모든 것이 공空이란 것을 믿지 않고 계집과 술과 재물을 추구하는 것과 같다. 먼저 관리가 되었다가 속세의 허무함을 깨닫고 다시 산에 들어가 자연을 품에 안는 자는 진정으로 은사라고 할 수 있으며, 길을 잃었던 양이 바른 길로 들어선 것과 같다고 할 수 있다.

하지장賀知章 659년경~744년경이 바로 이러한 철저히 대오한 은사였다.

하지장은 선천적으로 은사의 소질을 갖추고 있었다. 그의 깨끗하고 고결함은 그 스스로가 깨끗하고 고결하다는 것이 아니라 다른 사람들이 인정해주는 깨끗함과 고결함이었다. 그의 풍류風流는 결코 화류계를 찾아다니는 풍류가 아니라 세속을 초월한 풍류였으며, 호방함도 고의로 으스대는 호방함이 아니라 흥미진진한 이야기가 어우러지는 호방함이었다. 다른 사람들과는 남다른 소질로 당시 명사들의 호감과 존경을 한 몸에 받았다. 그의 먼 친척인 육상선陸象先 665~736년 당 재상 은 완전히 탄복하여 일찍이 다음과 같이 말한 적이 있었다.

"하지장의 언론은 너무나 흥미진진하고 호방하여 진정으로 풍류를 아는 선비라 할 수 있다. 하루라도 만나지 않으면 생활이 비속해짐을 느끼게 된다."

그는 술 마시기를 좋아하였는데, 몇 잔으로는 성이 차지 않았으며 크게 취하도록 마시기를 좋아하였다. 이렇게 마시고 나면 고주망태가 될 수밖에 없었지만 도리어 가물가물하고 희미한 환상적 감각을 통해 자연과 융합되는 경계에 들어섰다. 글을 쓰면 기묘한 문장을 단숨에 써 내려갔으며 주옥같은 글자들이 기기묘묘한 모양을 보여 날아오르는 용인 양, 꾸불꾸불 기어가는 뱀인 양, 초서草書와 예서隸書의 극치를 보여주었다. 사람들은 이러한 재주에 놀라고 감탄하면서 그가 술이 취하면 신이 도와주는 모양이라고 말하였다.

그러나 유감스러운 것은—다른 사람에게 뿐만 아니라 자기 자신에게도—그의 반평생은 헛된 영광 속에서 지나가 버렸다는 것이다. 그는 기본적으로 자기 자신을 이해하지 못하였다. 재능이 있기 때문에 무슨 일을 하든지 다 할 수 있다고 생각하였으며 정치도 예외가 아니라고 생각하였다. 사실 그가 가지고 있던 것은 문학적 재능뿐으로 정치 분야에서는 문외한이었다. 아무리 노력을 해도 정치적인 일은 배우지 못하는 저능아였다. 그는 정치에 포함된 복잡한 관계를 이해할 수 없었으며, 이로 인해 피할 수 없는 비극들이 발생하였다.

> 봄바람에 달리는 말발굽도 신이 나서　春風得意馬蹄急
> 하루의 구경으로 장안의 꽃을 다 보았네. ―日觀盡長安花
> *당나라 시인 맹교(孟郊)가 세 번째 만에 과거시험에 합격하고 득의양양해서 지은 시의 일부.

그는 과거시험에 단번에 합격하여 진사進士가 되었으며, 특별시험에서도 각종 과목을 모조리 다 통과하였다. 관직을 제수 받고 다시 한 번 의기양양해 했으며, 황가皇家의 음악기구인 태상서太常署의 박사博士가 되었다.

이때가 그의 일생 중 가장 순조로웠던 시간이었다. 그 이후로 그의 관직은 한걸음 한걸음 높아져갔지만 관직이 높아지면 높아질수록 좌절을 더 겪게 되었으며, 높아지면 높아지는 만큼 마음고생을 겪게 되었다. 장열張說의 초청으로 여정서원麗正書院에 들어가 『당육전唐六典』을 수정 편찬하는 일에도 참여하였으나 수년간의 시간을 들였음에도 아무런 성과도 얻지 못하고 끝났다. 예부시랑禮部侍郞으로 일할 때는 관리 선발이 적절치 못하여 선발 대상들로 부터 공격을 받아 몹시 낭패를 당한 적도 있었다.

하지장賀知章 출처:百度 www.baidu.com

그의 자기 각성능력은 상당히 높았던 것으로 보이는데, 이러한 일들이 거듭되면서 하지장은 자신을 되돌아보기 시작하였으며 점차 자기의 결점을 알아차리게 되었다. 즉, 하고자 하는 마음은 있어 열심히 하지만 인내력이 없어 오래가지 못하였으며, 성격이 활달하였지만 탄력적이지 못한 결점으로 인해 복잡다단한 관료사회 곳곳에서 장애에 부딪혔던 것이다. 자기각성이 깊었지만 처세철학은 전혀 고치지 않았기에 도리어 더욱더 극단적인 행동을 하였다. 마침내는 자신의 개성을 자유로이 발휘하면서, 다시는 자기의 뜻을 굽혀 관료사회의 필요성에 영합하려고 하지 않았다. 이러한 태도는 만년에 이를수록 더욱 뚜렷해졌다. 그는 사대부의 외관을 개의치 않고 죽림칠현竹林七賢처럼 세상에 구애받음이 없이 분주하게 골목골목을 누비고 다녔다. 하지장은 자신의 호를 '사명광객四明狂客'사명산은 절강성 소흥(紹興) 지방에 있다. 명(明)대 유명한 유학자 왕수인(王守仁)의 경우 사명산 양명동에서 수양을 쌓았던 연유로 왕양명(王陽明)이라고 불리웠다. 하지장은 절강성 항주(杭州) 사람이다. 이라고 하였다.

'사명광객'이 미친 듯이 자기의 본 모습을 드러내고 이름을 날리게 되면서 사람들은 그의 지위가 무엇인지 잊어버렸으며, 그저 하지장이란 이름으로만 부르게 되었다.

기이한 처신으로 그는 자연히 정통 관리들의 공격과 비난을 받았으나 이를 전혀 개의치 않았다. 너희가 무엇이라고 하던지 나는 나의 길을 간다는 식이었다. 미친 것처럼 행동함으로 인해 많은 것을 잃어버린 대신 심리적인 안정을 얻었다. 말하자면 사회적인 가치를 희생하여 자아가치를 얻은 것이었다. 그러나 자아가치를 얻는 동시에 또한 더욱더 사회를 적대시하게 되었다. 왜냐하면 사람이 사회에서 받아들여지지 않고 혼자서 배회하게 되면 결국은 고통스러운 것이기 때문이었다.

하지장을 지극히 칭찬하고 아껴주었던 현종은 점점 그에게 불만을 갖게 되었다. 자신의 재능을 믿고 세상을 깔보는 그의 태도가 지나친 점이 있다고 생각하게 되었던 것이다. 세상을 업신여기고 예의를 갖추지 않는 태도는 국가 고급관리로서의 위상에 손상을 줄뿐만 아니라, 그 속에는 군주에 대한 일종의 불만이 섞여있는 것 같았기 때문이었다. 그러나 현종은 이러한 생각을 겉으로 드러내어 재능 있는 인재를 용납하지 못한다는 비난을 받고 싶지는 않았다. 하지장은 당시 손꼽는 인재 중 하나라 할 수 있었기 때문이다. 그의 참신하고 뛰어난 기질은 조정의 품격을 더해줄 수 있었으며, 그의 초서와 예서 솜씨는 누구나 다 인정하는 진품이었다. 현종은 그를 조정에 남겨두는 것이 결코 손해가 되지 않고, 그를 떠나게 할 때 이득이 될 것이 없는 상황에서 중용할 필요까지는 없지만 찬밥을 먹일 수도 없다고 생각했다.

　한편 하지장은 세상에 대해 미친 척한 것이었을 뿐 정말로 그러한 것은 아니었다. 혼자 조용히 있을 때마다 말로 표현할 수 없는 염세감을 느끼곤 하던 그는 군주가 자신을 구색을 맞추기 위한 인물로 삼고 있다는 것을 읽어내고 있었다. 사람들이 그를 떠받들고 있지만 그저 시류에 따라 그럴 뿐 실제로 자기를 아무도 진정으로 원하지 않고 있다는 것을 알고 있었다. 그는 사회를 떠나 한가로이 살고 싶었다. 시끌벅적한 속에서 고독하게 지내기보다 산천에 정을 붙이고 바람과 달을 친구로 삼는 것이 낫겠다고 생각하였다. 그는 아무런 이유도 없이 은사가 되겠다고 하면 군주의 체면을 세워주지 못하는 일이 될 수도 있다고 생각하였다. 은사 보다는 역시 도사道士가 되는 것이 바람직하다고 여겨 당시의 풍습인 완곡한 방식을 사용하여 벼슬자리를 물러나기로 하였다. 정황상 그렇게 하는 것이 무리가 없었으며, 하지장 본인도 도교에 적지 않은 흥미를 갖고 있었다.

　이러한 사직서가 올라가자 현종은 늙은 대신의 심정을 이해한다는 표시와 함께 친히 송별시를 지어주었으며, 거기에 서문까지 곁들였다. 하지장이 고향으로 돌아가는 길목에는 황태자가 문무백관을 거느리고 송별식을 해줌으로써 누리기 어려운 영예를 누리도록 하였다.
　궁궐 내에 있던 현종은 입맛을 다셨다. 가뿐한 마음에서인지 아니면 상실감에서인지는 모르지만……. 어쩌면 그 둘 다였을 것이다. 그러나 한 가지 분명한 사실은 누구든지 은둔자가 되려는 사람은 가서 잘 해보라는 것이었다.

이백

공부를 한 사람, 더욱이 공부를 많이 한 사람들은 어찌하든 사회를 이해하게 되었다고 느끼며, 그 후에는 자기의 사업을 일으키고 싶어 하게 된다. 더욱이 기회가 닿으면 보다 큰 사업을 일으켜 집안을 세우고 난 후에 국가를 다스리고 세상을 평안케 한다는 수신제가치국평천하修身齊家治國平天下의 신념을 갖고 있었던 것이다.

아쉬운 사실은 '몸을 수양하고 집안을 다스리는 것'은 대부분 능히 할 수 있지만 '국가를 다스리고 세상을 평안케 한다.'는 것은 결코 쉬운 일이 아니었으며, 대부분의 서생들은 현실의 벽에 부딪히고 말았었다. 벽에 부딪혀 머리가 터지고 피를 흘리게 되면 관리사회가 암흑과 같다고 비난하고 인심이 옛날과 같지 않다고 한탄하면서 재능은 있으나 시대를 만나지 못하였다고 길게 탄식하곤 한다. 하지만 자신이 관리로서의 소질이 부족하며, 노련하고 원활한 사회경험이 없으며 일을 집행함에 있어 우유부단하여 그저 책상 위에서만 세상을 논하고 있다는 점을 반성하는 사람은 거의 없었다.

샌님 기질이 있는 서생은 쓸데없이 일을 하겠다고 나서는 것보다 가만히 있는 것이 더 낫다.

이백李白 701~762년은 신선의 기질—신선이 되겠다는 소망—을 갖고 있었으며, 누가 그를 만나더라도 모두 그렇게 이야기하였다. 하지장은 그를 만난 후에 "이 사람이야말로 하늘에서 쫓겨난 신선이다."라는 말을 했을 정도이다.

이백, 그는 사람 자체가 신선의 기질을 갖추고 있었고, 시에도 신선의 기질이 배여 있어서 이 둘이 하나로 합쳐져 '시선詩仙'이 되었다. '시선'의 영예는 후대까지 이어졌으며, 그에 대한 연구는 이루 셀 수 없을 정도로 많다.

'꿈속에서 신선한 꽃을 그려냈다.'고나 해야 할 정도로 이백의 재기는 하늘이 도와주는 듯했다. 그는 이러한 것을 자랑스럽게 여겼으며, 그와 어깨를 겨룰 사람이 없을 정도였다. 자부심은 자존심을 불러 일으켰으며, 그의 말끝마다 이

런 것들이 표출되어 나왔다. 이러한 기세는
듣는 사람을 알게 모르게 억누르는 듯한
기세를 형성하였으며, 가까이 있는 사람들
이 속되기 그지없고 자질구레한 것에 휩싸
여 있는 사람으로 비쳐지게 되었다. 모든
권세가와 재력가들도 그의 앞에만 서면 위
풍이 사라질 지경이었다. 권력, 지위, 금전
들이 길가의 돌멩이나 마른풀 같아 전혀
그들의 몸값을 높이는데 도움을 줄 수 없
었다.

이러한 식으로 이백은 자기도 모르게
수많은 적대관계를 만들어냈다. 그가 황제
앞에서 시를 지을 때 당시 권력이 막강했던

이백李白 출처:百度 www.baidu.com

환관 고력사高力士 684~762년에게 그의 신발을 벗기라고 갑자기 소리친 적이 있었다.
고력사는 여러 사람 앞에서 체면을 잃었으며, 그와 풀 수 없는 원수관계가 되고 말
았다. 현종 역시 이백의 행위가 지나치다고 여겼으며 등 뒤에서 "궁상맞은 사람이
다."라고 비웃었다.

그의 시적 재능은 상당히 뛰어나 자기 나름의 특성을 지닌 두보杜甫 712~770년
를 제외한 다른 시인들은 마치 하늘의 태양과 달처럼 그를 우러러보았으나, 그의
정치적 재능은 아무도 받들어 주려고 하지 않았다. 이백은 '시의 신선'이었지만 정
치 방면에서는 자신의 천분이 미치지 못함을 알지 못하였다. 처음부터 끝까지 자
신이 세상을 경영할 수 있는 전략을 갖추고 있으며, 나라를 안정시킬 재능을 갖추
고 있다고 생각했다. 즉, 정치적 재능이 시적 재능에 못 미칠 것이 없다고 생각하
였다.

황제의 조서를 받고 장안長安으로 불려 올라 갈 때 그는 자신에 가득 차서
아래와 같은 시구를 남겼다.

하늘 향해 한바탕 웃으며 문을 나서노라. 仰天大笑出門去
나 같은 자가 어찌 초야에 묻혀있으리? 我輩豈是蓬蒿人

장안에 도착하자마자 그는 각계 인물들의 대대적인 환영을 받았다. 군주의 은총을 받게 되자 그는 기분이 더욱 좋아져 그 화려한 장면을 정치무대로 잘못 알게 되었으며, 금 술잔에 좋은 술로 대접받는 것을 정치생활의 전부로 여겼다. 그는 득의만만하였다. 자신의 문학적 성과를 바탕으로 정치적인 요직을 얻어 재능을 펼쳐보려고 시도하였다.

그러나 벼슬길은 예상했던 것만큼 순탄치 않았으며, 한림대조翰林待詔라는 한직에서 더 이상 한걸음도 내딛지 못하였다. 어떤 사람들은 이러한 상황은 고력사가 그를 가로 막았기 때문이라고 하면서, 그의 방해가 없었다면 자기의 큰 뜻을 펼칠 수 있었을지 모른다고 하였다.

고력사가 확실히 암암리에 이백을 가로막았지만 이에 장단을 맞추어준 사람은 결국 현종이었다. 만일 현종이 이백을 정말로 높이 평가해주었더라도 그의 운명을 바꾸지 못했을 것이다. 일찍이 현종은 이백의 명성을 높여 주었었다. 현종이 직접 음식을 그에게 나누어 주었으며, 여러 차례 사적인 잔치를 열어 줌으로써 그의 몸값이 하늘 높은 줄 모르고 치솟았다. 현종은 그의 재능을 너무나 깊이 아꼈다. 그에게 푹 빠져 군주의 신분을 돌보지 않을 정도로 그를 아꼈다. 그러나 거기에는 넘어서지 못하는 한계가 있었다. 바로 이백의 문학적 재능만을 아꼈지 정치적 능력에 대해선 조금도 중시하지 않았던 것이다. 아니 거들떠보려고 조차 하지 않았다. 하늘과 땅만큼이나 큰 태도의 차이로 인해 현종과 이백의 관계는 겉으론 뜨거우면서 안으로는 냉랭함이 흘렀다. 냉랭하였다가 갑자기 뜨거워지는, 앞에서는 뜨거웠다가 뒤에 가선 차가워지는 기이한 광경을 계속 연출하였다.

현종은 역사상 가장 복잡한 성격과 재능을 가진 군주로 남당南唐의 이후주李後主 송(宋)에 멸망당한 남당의 군주 이욱(李煜) 937~978년나 송휘종宋徽宗 조길(趙佶) 1082~1135년과는 달리 문단의 고수로만 그치지 않았으며, 진시황秦始皇영정(嬴政) .BC259~BC210년이나 한무제漢武帝 유철(劉澈) BC156~BC87년와도 달리 정단의 전문가만이 아니었으며, 한 몸에 예술가와 정치가의 재능을 다 갖추고 있었다. 문인의 소질은 이백을 일단 만나자 너무 늦게 만났다고 한탄할 정도로 서로가 의기투합하였으나, 정치가의 소질은 이백과 부합되는 것이 없어 간격이 크게 벌어지게 하였으며, 마지막에는 서로 각자의 길로 돌아서게 하였다.

이백, 총명하기 이를 데 없는 재능을 가진 이 시선은 현종을 이해할 수 없었을 뿐만 아니라 자기 자신조차 정확히 이해를 못해 혼자 일방적인 꿈을 꾸면서 군주가 중용해 주기를 희망하였다. 그는 심지어 일관적으로 유지했던 자존심 높은 태도를 고치기도 마다하지 않고 군주에게 아첨이라고까지 할 찬양을 하였다.

한번은 연회석상에서 현종이 "나와 천후天后 武則天를 서로 비교하면 어떠한가?"라고 물었다. 이에 이백이 잔을 높이 들어 칭송하였다.
"천후의 조정에는 간사함과 영특함을 권도權道로 여겼으며, 사람 등용하기를 마치 어린애가 과일 사듯이 맛은 관계치 않고 무조건 큰 것만을 고르듯 하였습니다. 폐하의 조정은 인재등용하기를 마치 모래 속에서 금을 찾아내듯, 돌 속에서 옥을 집어내듯 그 진수를 다하였습니다."
현종은 이백의 떠받드는 말에 계면쩍어하며 대꾸하였다.
"학사의 비교함이 지나치구려."
일방적인 사랑은 좋은 결과를 가져 올 수 없는 법. 이백의 꿈은 끝내 깨지고 말았다.

시선은 꿈이 깨지자 술을 빌어 근심을 달래게 되었다. 본래 주객酒客이었던 그가 이제는 주선酒仙으로 변하여 밝은 대낮, 캄캄한 밤을 가리지 않고 술을 마셨으며, 조정에서든 민간에서든 관계없이 마셔댔다. 하늘에 떠있는 것인지 속세에 머물러 있는 것인지를 구별하지 못할 정도로 마셨다. 그는 술 취한 세계로 깊이 빠져 들어갔다. 이로 인해 하지장賀知章, 이적지李適之, 이진李璡, 최종지崔宗之, 소진蘇晉, 장욱張旭, 초수焦遂와 더불어 '8대 주선酒仙'이라 불렸다.

몸은 취하지만 마음은 취하지 않고…… 그는 자기의 포부를 버릴 수 없었으나, 기회가 주어지지 않고 어쩔 수 없는 상황이 되자 현종과 헤어졌으며, 번화한 장안을 떠나 강호를 방랑하였다.

안록산安祿山, 사사명史思明의 어지러운 전란 중에 그는 한줄기 정치적인 빛을 보았다. 모수자천毛遂自薦 자기가 자기를 추천함식으로 강남江南에서 거병한 영왕永王 이린(李璘) 720~757년의 휘하로 들어갔다. 그는 치세에 잃어버렸던 기회를 난세에 얻어 볼 수 있으리라 여기고, 자신의 포부를 펼쳐보려고 하였다. 좋은 상황은 오래가지 못했다. 이린은 정권을 세운 이후에 반역죄로 진압되었으며, 이백도 이에 연루되어 유배당하게 되었다.

그는 유치하기 짝이 없었고 최소한의 정치적인 능력조차 갖추지 못했던 것이다. 북방의 정통정권인 숙종에게 가서 힘을 바치지 않고 도리어 호화롭게 자란 아이인 이린에게 의지하여 이러한 참패를 당하였으니 돌을 들어 자기 발등을 내려친 격이었다.중국의 정치가이자 대학자인 곽말약(郭沫若 1892~1978년)이 쓴 『이백과 두보』 (바른글방 오상훈 역 P87~112)에 따르면 '이백이 모수자천 식으로' 영왕의 휘하에 들어갔다고 하기에는 무리가 있다. 영왕이 그를 세 번이나 자기 휘하로 들어오라고 사신을 보냈으며 이에 따라 그가 영왕과 뜻을 같이하려고 결심하였기 때문이다. 또한 영왕이 강남에서 거병하였다는 것 역시 다소 무리가 있는 말로, 안록산의 난으로 인해 사천(四川)으로 도망가던 현종이 자기 아들들에게 반격을 명하면서 북쪽은 숙종(肅宗) 이형(李亨 711~762년)이 남쪽은 영왕이 군사를 모집하여 진격하도록 명령하였던 것으로 중요지역을 점거하였던 영왕의 죽음은 숙종이 동생에게 모반죄를 씌워 제거한 의혹이 짙다.

신선이란 마땅히 하늘로 가야 하는 법. 속세는 '쫓겨난 신선'을 받아들이기 어려웠던 것이다.

엄정지

푸른 불빛에 누런 책. 인생말년에 불교에 심취하였던 엄정지嚴挺之 673~742년
는 자신의 묘비명을 직접 썼는데 그 중에 다음과 같은 글이 있었다.

> 나이 칠십, 세상에 뜻을 펼치지 못하였으니, 정말로 슬픈 일일세!
> 春秋七十無所展用爲人士所悲

면벽하고 지나간 일을 돌이켜보며 엄정지는 탄식하였다.

과거를 한 번에 척 붙고, 그것도 가장 영광스러운 진사進士시험에 합격하였
다. 친척친지의 도움 없이 어려운 가정환경 속에서 고생하며 공부한 끝에 붙었
던 것이다. 고생스럽게 공부하여 공명을 이루었으나 그저 책만을 의지하였던
것은 아니었다. 그는 실무적인 능력과 자세도 갖추고 있었다. 처음으로 벼슬길
에 올라 현위縣尉가 되었을 때 이미 '재목'이란 명성을 얻었다.

벼슬길에 오르면서 다른 사람에게 도움을 받아 직위가 올라가는 것을 '사
람을 알아주는 은혜'를 받았다고 하는데, 엄정지의 경우에는 그런 은혜를 내린
인물이 요숭姚崇이었다. 두 사람은 모두 권문세가 출신이 아니었으며, 개인적인
사귐 또한 없었으나 요숭은 그가 억센 기질과 천성적인 책임감을 갖고 있다는
점을 마음에 들어 하였으며, 그가 간관諫官으로 적임자라고 생각하였다. 이렇게
해서 현위 신분에서 순탄하게 중앙정부에 참여하게 되었으며, 중서성中書省의
우습유右拾遺가 되었다.

요숭의 사람 보는 눈은 정확하였다. 엄정지는 간관의 책임을 다하였으며,
그 뛰어남으로 명성을 날렸다. 예종睿宗, 현종玄宗 부자 두 사람 모두 한때 연등
회와 가무에 깊이 빠졌었는데 그 때 그는 군주의 체면을 조금도 살려주지 않
고 비평을 가하였으며, 그 비평으로 말미암아 천자 스스로 자신의 잘못됨을 인
정하고 그 일을 바로 잡도록 하였다.

그 일로 인해 박수갈채를 받던 그 때에 그는 쓸 데 없는 일에 참견하는 잘못을 저질렀다. 천자조차 그의 간언을 받아들여 행동을 고치는 상황이라면 어떤 사람, 어떤 일이든 잘잘못을 지적하지 못할 것이 없다고 생각하였던 것이다. 사회기강을 주관하던 시어사侍御史 임지고任知古가 사대부들의 부패한 기풍을 들어 공격을 가하자, 엄정지가 시시비비를 가리지도 않은 채 사대부들을 대신하여 변호에 나섰던 것이다. 시어사가 사대부의 명예를 떨어뜨리려는 저의를 품고 있다고 반격하였던 것이다. 어사대御史臺는 자신들의 존엄을 지키기 위하여 그가 공무를 방해하였다고 탄핵하였으며 그를 외지로 쫓아냈다.

처음으로 중앙정부에 들어갔다가 부닥친 첫 번째의 좌절로 인해 엄정지는 다소 의기소침해졌으나 결코 다시 못 일어날 타격은 아니었다. 그가 외지에서 이루어낸 탁월한 실적으로 중앙의 인사관리 부문이 다시 그를 주목하게 되었던 것이다. 더욱이 그가 사대부를 위하여 희생된 것이었기 때문에 강력한 사대부 집단이 그를 도와주면서 그는 아주 빨리 중앙으로 되돌아왔던 것이다.

옛 관직으로 복직하는 것만으로는 쫓겨났던 치욕을 씻지 못하는 법, 엄정지는 이전보다 더욱 중요한 자리인 과거시험을 관리하는 고공원외랑考功員外郞으로 임명되었다. 그 다음해에 그는 그때까지 머리 숫자를 채우는 식의 과거기풍을 바꾸어 학문과 재능이 없는 자는 모두 낙방시킴으로써 인재선발의 내용을 확실히 하였다. 과거시험장을 진동시켰던 일은 합격된 사람 수가 이전의 반에 불과했다는 것이었다. 합격된 사람들은 정말로 인재들이었으며 조정 안팎에서는 그를 '공평타당하다.'고 평가하였다.
'공평타당'이란 간단해 보이지만 쉽지 않은 일이다. 엄정지의 관직은 위쪽을 향해 움직이기 시작하였다. 몇 번의 이동을 거쳐 그는 문하성門下省 급사중給事中이 되었다.
급사중과 중서성의 중서사인中書舍人은 비록 오품관五品官에 불과했지만 업무처리 면에 있어서는 실권을 쥐고 있는 요직이었다. 더욱이 사람들의 관심을 끄는 일은 이 두 자리가 모두 재상이 되는 중요한 계단이란 점으로 이 자리를 가볍게 여기는 사람은 없었다.

엄정지 역시 예외가 아니어서 그는 한마음 한뜻으로 그 직위를 잘 맡아 하고자 하였다. 그러나 일은 그가 원하는 바와 어그러져 갔는데, 객관적인 조건이 이를 허용치 않았던 것이다.

당쟁, 파벌간의 싸움이 벌어지면 밖에 있는 사람들은 누구나 다 깊이 생각하지 않고 비평을 가하거나 혹은 좋은 마음과 좋은 뜻으로 이와 관련이 있는 친구나 친지에게 그 흙탕물 속에 빠져들지 말라고 권고를 할 수 있다. 그러나 싸움 속의 당사자는 나름대로의 고충이 있는 법이다. 태어나면서부터 싸우기를 좋아하는 것이 아니라 일단 모종의 지위, 이익, 정의, 우정, 사업 등의 문제에 얽히게 되면 어쩔 수 없이 그 무리 속으로 섞여 들어가게 되는 것이며, 초연하게 외부에 있기란 아주 어려운 것이다. 권면하는 사람이 만일 동일한 위치에 있게 되면 그 역시 필연적으로 자기와 관계없는 무리 속으로 빨려 들어갈 것이다.

재상 두섬杜暹 미상~740년과 이원굉李元紘 미상~733년의 충돌 중에 엄정지는 이러지도 저러지도 못하는 곤경에 빠져들어서 어떠한 행동을 취하기가 어렵게 되었다. 만일 그가 계속해서 이쪽에도 저쪽에도 치우치지 않는 태도를 취한다면 양측 공동의 희생물이 될 판이었다. 그는 이리저리 생각해 본 끝에 자기의 윗사람인 두섬의 편을 들어 당쟁의 현장에 뛰어들었다. 그는 당장 이원굉이 소인배인 송요宋遙 683~747년를 중서사인으로 임명하였다고 비난하였다. 송요는 이원굉의 주요 심복으로 그들이 반격을 가하여 그를 다시 중앙에서 쫓아냈다. 두섬은 그를 도와줄 능력이 없었으며, 두 눈 멀쩡히 뜬 채로 엄정지가 자리를 걷고 떠나가는 것을 지켜만 보았다.

시시비비가 빈번한 곳을 떠난다고 해서 꼭 좋은 일이라고 말하긴 어렵다. 그는 지방에서 몇 차례 임지를 옮겨 다녔다. 그의 위엄이 있으며 과묵하고 별로 웃지 않는 태도로 인해 가는 곳마다 관리들이 그를 무서워하며 복종하였다. 그는 현종에게 왕모중王毛仲 미상~731년 고구려인, 좌금오위대장군 등을 지냈으나 고력사 등의 미움을 사서 결국 사사되었다. 일파의 음모증거를 비밀리에 보고하였으며, 이로 인해 다시 한 번 중앙으로 되돌아 왔다.

그러나 그는 다시 한 번 정쟁의 수렁에 빠져들었다. 장구령張九齡과 이임보李林甫 간의 투쟁에서 그는 전자 편을 들었다. 그는 상대편이 문화적 소양이 부족한 정객이라고 얕잡아 보았으며, 기회를 포착하여 상대방의 핵심간부인 호부시랑戶部侍郎 소경蕭炅이 글을 잘못 읽었다는 추문을 들어 그를 지방관으로 좌천시켰다. 이 일로 인해 이임보는 그에 대해 깊은 원한을 갖게 되었다. 장구령은 그를 재상의 반열에 끌어들이고자 이임보에 대해 공세를 늦추는 계책을 쓰기도 하였다. 엄정지에게 이임보의 재상부宰相府를 드나들면서 이임보의 저항력을 감소시키라고 권하였다. 그러나 그는 장구령의 말을 쫓지 않았으며, 공적인 일이 없으면 결코 이임보의 재상공관에 발길을 두지 않았다.

새집이 뒤집어지면 남아나는 알이 없듯이 장구령이 물러나게 된 후에 그도 억울한 사건에 연루되었으며, 그로부터 영원히 중앙조정을 떠나게 되었다.

서생의 기질로는 정객들의 권모술수를 당해내기 어려운 법. 엄정지는 여러 차례 재상부의 문을 두드렸으나 끝내 그 문을 넘어서지 못하였다.

그가 자기 묘비명을 직접 쓴 것은 속세를 일탈하였기 때문이 아니라 의기소침하였기 때문이었다.

색공비공色空非空

불가佛家에서는 지地, 수水, 화火, 풍風의 네 가지가 우주를 형성하며 모든 것이 공空이요 색色은 더더욱 공이라고 한다.

남녀 사이의 일이란 항상 사람들의 흥미를 불러일으키는 것이며, 정치가와 여인의 관계는 더더욱 사람들의 흥미를 끄는 것이다. 풍류남아 셋째 도련님李三郎 현종의 사랑역사는 오랜 세월 동안 수없이 이야기해도 싫증이 나지 않는 화제가 되어왔다.

군주가 국가를 잘 다스리면 비록 일련의 애정에 얽힌 스캔들이 있다 할지라도 사람들은 이를 이상하게 보는 것이 아니라 반대로 당연한 일로 생각한다. 국가를 잘못 다스리면 사람들은 습관적으로 군주가 가장 가깝게 지냈던 여인에게서 문제를 찾고 화근을 찾아낸다.

현종의 일생에는 수많은 애정 이야기가 있다. 그 이야기 중에서 현종의 애정의 대상이 되었던 여인들의 지명도에 있어서는 하늘과 땅만큼 큰 차이가 있다. 그가 정치적으로 휘황찬란한 빛을 발할 때의 여인들은 모두 아무런 소문도 없었으나, 그의 정치적 형상이 암울하였을 때 도리어 양옥환楊玉環 양귀비이란 여인이 이름을 날렸다.

왕황후

현종의 일생에는 한 사람의 황후만이 봉해졌었으며, 황후가 중도에 죽자 이 자리는 줄곧 비워놓았다. 만일 그가 애정에 몰두한 것이 죽은 처를 잊지 못 하여 그렇게 하였다고 생각한다면 그것은 잘못된 것이다. 처의 죽음에 대해 일 말의 가책을 느껴 미안한 마음으로 자리를 비워놓았다고 한다면 어느 정도는 일리가 있다고 할 수 있다. 그러나 사실 다시 황후를 세우지 않은 것은 조건이 맞지 않았기 때문이다.

황후의 성은 왕王씨로 사족土族출신이며 이융기李隆基 현종 가 임치왕臨淄王 시절에 왕비가 되었다. 노인들의 설법에 따르면 왕씨의 운명은 확실히 고생을 겪는 운명으 로 꽃가마에 실려 시댁으로 들어갔을 때가 마침 남편이 당唐황실을 위해 목숨을 걸 고 싸울 때여서 그녀도 어쩔 수없이 정치적 풍랑에 휩쓸리게 되었다. 그러나 그녀는 강인한 여자였다. 비교적 심원한 정치적 견해를 갖고 있었을 뿐만 아니라 남편이 고 민할 때에 그를 위로하고 그를 위해 계책을 내놓았다. 이러한 험악한 환경 속에서 그녀는 남편의 부담이 되지 않은 것은 물론 지지자가 되어 현명하게 내조하였다.

왕비의 정치적 소질과 어려움을 같이하는 미덕으로 인해 남편은 그녀를 아 주 존경하였다. 존경은 애정과 서로 다른 것으로 이융기는 왕비에 대해 존경은 있었으나 사랑은 없었다. 그가 정을 쏟았던 여인은 노주潞州에서 받아들였던 예 기藝妓 조여비趙麗妃였다. 조여비는 여색과 예술적 기교를 모두 갖추고 있었는 데, 기생이 되기 위해 받았던 훈련과 경력을 통해 남자들이 필요로 하는 것이 무엇인지를 잘 알고 있었다. 어여쁜 용모와 물과 같은 부드러움 거기에 교태 섞인 투정에 현종은 마음을 홀딱 빼앗길 정도로 미혹되었다.

임치왕은 이 외에도 두 여인을 좋아하였다. 한 사람은 황보덕의皇甫德儀였으 며, 다른 한사람은 유재인劉才人이었다. 좋아한 원인은 간단하기 그지없었는데 매우 아름다웠기 때문이었다. 존경하든 사랑하든 간에 임치왕은 정치에 무척 바빴기 때문에 여인들은 두 번째 관심사였다. 이러한 무의식적인 여인 취급방 식은 반대로 좋은 효과를 가져와 처와 첩들이 별 일 없이 잘 지내게 하였다.

임치왕이 황제가 되자 그의 내당은 황궁으로 옮겨갔으며 처와 첩들은 지위도 크게 상승되었다. 왕씨는 황후의 봉황관을 쓰게 되었으며 다른 여인들은 그에 상응하는 비빈이 되었다.

아니 땐 굴뚝에 연기가 난 것인지, 아니면 완전히 헛소문이었는지 모르지만 개원 2년(714년) 조정안에는 황제가 민간의 여자들을 선택하여 내궁을 채울 것이란 말이 쫙 퍼졌었다. 현종은 이 소문을 듣자 즉시 크게 반박하며 미인을 뽑는 일은 얼토당토않은 이야기라고 선포하였을 뿐만 아니라 일부 궁녀들을 궁궐 밖으로 내보내기로 결정하였다. 궁녀를 태운 마차가 차례차례 궁궐 밖으로 나가자 소문은 수그러들었다.

황후의 봉황관을 머리에 쓸 때만 잠시 기뻤을 뿐 왕 황후는 전에 없는 고적함을 느꼈다. 정치적인 지위의 상승이 오히려 실제적인 지위의 하강을 초래한 것이었다. 대사가 이미 결정되었기 때문에 그녀의 남편에 대한 정치적 역할도 없어져버렸으며, 이로써 부부간의 유일한 연결고리가 느슨해지기 시작하였다. 서로간의 교감이 흐르지 않게 되자 겉으로 예의를 주고받는 것을 빼고는 부부간이 길가에서 만난 남남처럼 되어갔다. 이 모든 것을 스스로 자제하고 견딜 수 있다 할지라도 다른 한 가지, 그녀가 잠재적인 위협으로 느낄 수밖에 없었던 것은 그녀가 결혼한 지 여러 해가 되었지만 아기를 낳지 못하였다는 것이었다. '어미는 아들로 인해 귀하게 된다.'는 무수한 선례가 후사가 없는 황후가 좋은 종말을 맞기가 얼마나 어려운가를 설명해 주고 있었다.

왕황후는 꿈속에서도 불안을 느꼈으며, 하루를 보내는 것이 마치 몇 년을 보내는 것 같았다.

그녀의 처지가 조여비의 처지와 선명하게 대비되었다. 조여비는 운수가 더욱 트여 그녀가 낳은 아들 이영李瑛 706~737년 훗날 무혜비(武惠妃)의 모함을 받아 사사되었다.이 태자로 책봉되었으며, 그녀의 침궁에서는 늘 남편의 모습을 볼 수 있었다. 황보덕의, 유재인 역시 모두 귀한아들을 얻었으며 남편의 보살핌을 받았다.

얼마 후 새로운 인물이 나타나자 이 불행하고 외로운 사람은 절망적인 경지에 빠졌으며, 행복했던 사람들 역시 불행하게 되었다. 새 인물은 막 묘령의 나이가 된 궁녀 무武씨로 빼어난 자태로 인해 현종은 그녀에게 전부의 정감을 쏟아 붓게 되었다. '이 꽃이 활짝 피니, 피었던 모든 꽃들이 빛을 잃네.'라는 구절처럼 무씨의 출현으로 황후와 비빈들 모두가 황제의 냉대를 받게 되었다.

왕황후는 더욱 불안해졌으며, 쓰디쓴 맛을 느끼게 됨으로 인해 생겨난 질투와 원래 가지고 있던 근심이 더해지면서 무씨를 뼈에 사무치도록 미워하게 되었다. 그리하여 기회란 기회는 다 찾아내어서 공격을 하였다. 자신의 뒷날을 고려하여 반드시 무씨를 제거하려고 결심하였다. 그녀는 다방면으로 궁중의 아랫사람들을 자기편으로 끌어들여 여론의 지지를 끌어내려고 하였다.

그녀의 행동은 마치 나무 위에서 고기를 구하는 꼴이어서, 오히려 현종의 반감을 빚어내게 되었으며, 그와 무씨간의 감정은 날이 갈수록 깊어져만 갔으며 이와 동시에 그는 제일부인에 대해 억제하기 어려운 혐오감을 갖게 되었다. 이에 따라 황후를 폐하려는 준비를 하는 상황이 되었다. 그는 공신인 강교姜皎 미상~722년와 이를 협의하려고 하였는데, 강교가 대궐 밖에서 비밀을 누설하는 바람에 현종은 그를 죽여 입을 막는 수밖에 없었다.

상황이 심각해지자 왕씨의 오빠인 부마도위 왕수일王守— 미상~724년이 전 가족의 지위를 보전하기 위하여 '병이 중하면 아무 의사나 써 본다.'는 식으로 궁궐에서 금기로 여기는 짓을 저지르고 말았다. 화상인 상명오尙明悟에게 주술로 사람을 복종시키는 술법을 부탁하였던 것이다. 저주 섞인 말과 현종의 이름을 나무 조각에 새겨 동생에게 차고 다니도록 하자 왕씨는 소원을 빌면서 말하였다.

"이것을 차고 나서 아들을 낳는다면 측천무후와 비교될 수 있다."

그러나 그 비밀을 지킬 수 없었다. 현종은 구실이 없었던 참에, 이 문제를 구실 삼아 개원 12년(724년)에 공개적으로 왕씨를 서민으로 폐하였으며 왕수일은 자결하도록 하였다. 오빠는 죽고 자신은 황후의 지위를 잃자 왕씨는 울분에 차 죽고 말았다.

궁인들은 왕씨의 은덕을 잊지 못하고 사적으로 애도하였다. 현종 역시 일말의 후회하는 감정을 가졌지만, 무씨의 매력에 푹 빠져 아주 빨리 아주 깨끗하게 그녀를 잊어버렸다.

무혜비

그림이 남아있지 않아 그녀가 꽃도 고개를 숙이고 달도 부끄러워 할 만큼의 모습이었는지 어떠하였는지 확정적으로 말하긴 어렵다. 또한 특별히 문자로 묘사된 기록도 없어서 그녀가 고기가 부끄러워 숨고 기러기가 놀라 떨어질 정도의 자태를 갖고 있었는지도 증명하기 어렵다.

그러나 확실한 것은 적어도 그녀가 미인이라 할 수 있었으며, 그것도 사람의 혼을 쏙 빼앗아가는 매력을 갖고 있었다고 말할 수 있다. 그렇지 않았다면 풍류남아인 이융기가 그녀의 석류 빛 치마폭에 싸여 지냈다는 것과 그녀가 등장함으로서 다른 미인들이 모두 빛을 잃을 수 있으리라고는 상상할 수 없는 일이기 때문이다.

그녀는 신분이 낮은 궁녀 무武씨였다. 그녀의 신분이 낮다는 것은 단지 거쳐야할 계단이 높다는 것일 뿐 그녀의 출신 가문은 결코 낮은 집안이 아니었다. 부친 무유지武攸止은 측천무후의 조카로 항안왕恒安王에 봉해졌었다. 그녀는 본래 왕가의 금지옥엽으로 자라야 했으나 부친이 중년에 병으로 죽었기 때문에 당시 관례에 따라 궁중으로 보내져 양육되었다. 팔자가 사납다고 해야 할지 궁중에서 양육된 지 몇 년이 되지 않아 측천무후의 주周왕조가 뒤집어지고 무씨 가족의 최고 어른이 정치풍랑에 의해 침몰되었다. 이에 따라 이 조그만 소녀는 한 푼의 가치도 없는 존재로 변해 아무도 주의를 기울이지 않는 궁녀로 몰락하고 말았다.

처음에 현종은 이 궁녀가 재미있고 독특한 정취가 있다고 느꼈을 뿐이었으나 장난 같은 몇 차례의 대면을 통해 그녀에게 정말로 흥미를 갖게 되었다. 하루나 이틀만 보지 못하면 정신이 멍해져 마치 넋이 나간 듯하였다. 그는 그녀를 필요로 하였으며 옆에서 같이 있는 것을 필요로 하였다. 그녀가 옆에 있으면 현종은 활력을 얻을 수 있었으며, 격정에 싸였고 이루 말로 표현할 수 없는 위로를 느낄 수 있었다. 그녀를 사랑했으며, 총애하였다. 이에 따라 그녀에게 현격한 지위를 주었다.

무씨의 지위는 수직상승하여, 신속하게 조여비, 황보덕의, 유재인을 넘어섰으며 왕황후를 넘어섰다. 새사람이 옛사람을 넘어서자 그녀들은 새사람을 좋아하고 옛사람을 싫어하는 남편을 책망치 못하고 도리어 그 원한을 새사람에게 집중하였다. 세 여인은 무씨와 높고 낮음을 다투려하지 않고 그 원한을 암암리에 소란을 피우는 것으로 바꾸었다. 왕황후는 이 원망스런 감정을 속으로만 삭이려 하지 않았다. 아니 불길한 예감이 자꾸 들어 그렇게 할 수 없었다. 무씨가 자기 자리마저 빼앗을지도 모른다는 불길한 예감…… 왕황후는 예감이 사실이 되는 것을 막기 위하여 애정의 바다에 전함을 띄우고 무씨에 대한 공격을 가하였다.

연적이자 정적인 황후의 도전에 무씨는 노련하게 대응하였다. 쌍방의 우열 조건을 비교한 후에 장점을 취하고 단점을 피하는 대응전략을 구사하였다. 그녀는 왕씨가 정통의 황후이며 자기는 일개 후궁에 불과하다는 것을 정확히 헤아렸다. 황후가 남편의 환심을 잃어버렸으며, 반대로 자기는 남편의 정신적 의지처가 되었다는 것이 장점이었다. 그녀는 왕씨와 어떠한 정면충돌도 발생하지 않도록 주의하였으며, 있는 힘을 다해 자기에 대한 남편의 진정한 애정이 깊어지도록 하였다. 왕씨와 자신에 대한 강렬한 정감의 대비 속에서 남편이 자기에게 유리한 결정들을 하도록 유도하였다.

그녀는 자기가 약자라는 것을 힘닿는 데까지 나타내서 남편이 최대한 연민을 느끼도록 하였다. 그녀는 온 힘을 다해 부드러운 방법을 동원하였으며, 이를 통해 왕씨가 악독한 여자로 드러나도록 하였으며, 부드러움으로 강함을 제압하는 식으로 남편을 정복하는 효과를 거두었다.

약자로서 부드러움을 사용하는 비결을 통하여 무씨는 성공을 향해 다가갔으며, 왕씨는 남자들의 심리를 이해하지 못하고 황후에서 서인으로 굴러 떨어졌다.

무씨는 득의양양하여 고귀한 혜비惠妃의 칭호를 받게 되었다. 뿐만 아니라 황후와 똑같은 대우를 받았다. 무씨는 이에 만족하지 않고 실제와 명성이 같기를 바랐다. 혜비에서 황후가 되기를 바랐다. 무씨가 이러한 생각을 갖게 되자 현종 역시 그녀와 손잡고 그 뜻을 이루어주려 하였다.

황후를 다시 세우려 한다는 것, 그것도 측천무후의 후예를 황후로 세우려 한다는 소식이 신속히 퍼져 나갔다. 얼마 지나지 않아 온 조정이 다 알게 되었다. 그 소식에 조정이 물 끓듯이 끓어올랐으며 수많은 대신 특히 정통유학자들이 떼를 지어 반대하였다. 그들은 측천무후가 당나라를 뒤엎고 주周나라를 세웠던 기억을 떠올리며 혜비가 여황제 무측천의 길로 갈까봐 두려워하였다. 그들은 황후의 죽음을 상당히 동정하였으며, 암암리에 무씨가 황후를 죽게 한 괴수라고 비난하였다. 그들이 제일 근심하였던 것은 일단 무씨가 황후가 되면 태자인 이영李瑛 706~737년 현종의 둘째 아들의 지위가 위태로워질 것이라는 것이었다. 어찌하든 무씨가 황후가 되면 조정이 편안할 날이 없으리라 생각하였다.

각각의 이유 있는 상소문이 속속 날아들자 현종은 결정을 하지 못하고 망설였다. 혜비는 더욱더 간절한 마음이 되어 재상에서 물러나 집에서 쉬고 있는 장열張說의 지지를 얻고자 하였다. 장열은 무씨를 도와주고 황후를 세우는 공을 통해 다시 한 번 조정의 핵심부로 진입하려고 하였다. 그러나 이 전략은 타는 불에 기름을 붓는 격이었다. 조정안에 적을 많이 만들었던 장열이 다시 한 번 조정에 들어오는 것을 막기 위하여 정적들이 무씨가 황후가 되는 것을 더욱 반대하였다.

현종은 여론과 정치적인 세력에 밀려 어쩔 수 없이 무씨를 황후로 세우려 던 당초의 생각을 단념할 수밖에 없었다. 개원 25년(737년) 곱게 생긴 중년부 인이 된 혜비는 마지막 숨을 토하면서 현종을 남긴 채 이 세상과 작별하였다.

매비

　전하는 바에 따르면 현종에게는 매비梅妃라는 후궁이 있었다고 한다. 정사 正史에는 이 여인에 대한 기록이 전혀 없다. 아주 모호한 언급조차도 없다. 그러나 야사野史의 기록은 명확하며 흥미롭고 정취가 있다.

　매비가 나타나기 전에 현종은 견디기 어려운 감정적인 적막기를 겪었다. 무혜비가 죽은 후에 현종은 거의 넋이 나가있었으며, 정신을 추스를 수 없었다. 내궁에 있는 수천 명의 미녀 중 어느 누구도 그의 근심과 걱정을 풀어줄 만한 사람이 없었다.

　그는 정원을 거닐면서 울적함을 풀곤 하였는데, 여유롭게 꽃밭 속에서 거닐 때 앵무새를 보자 '금의공자金衣公子'라고 불렀다. 정원에는 한 그루 작약芍藥이 있었는데, 어느 날 갑자기 한 쌍의 줄기에 꽃이 피어났다. 그런데 그 꽃이 하루에 네 번씩 색이 변하였다. 새벽에는 짙은 홍색이었다가 오후가 되면 짙은 푸른색으로 변하였다가 저녁이 되면 짙은 황색이 되었다가 밤이 되면 하얀색을 드러냈으며, 은근한 향기가 가슴속 깊이 스며들어 신선한 감동을 주었다. 꽃을 구경하는 사람들이 누구나 다 기이하게 여겨 놀라워했지만 현종은 덤덤하게 "이것은 꽃이 요사스러운 것이다. 기이할 바가 없다."라고 하였다.

　마음을 주고받을 수 있는 사람을 잃게 되자 매일 저녁의 잠자리가 맛이 없어져 버렸다. 허다한 비빈과 궁녀들에 대해 기껏해야 욕정을 느꼈을 뿐 애정은 갖지 못하였다. 잠자리 모시기는 한 명의 여인이면 족할 뿐 구체적으로 누가 되어야 할 필요가 없었다. 이로 인해 수많은 꽃을 애정 없이 갖고만 놀았다. 봄, 여름에는 내궁에서 만찬을 하면서 비빈들이 머리에 꽃을 꽂고 참가토록 하였다. 그런 뒤에 미리 잡아다 놓은 나비를 그가 직접 날려 나비가 앉는 꽃을 꽂은 여인과 하룻밤을 같이 하였다. 가을과 겨울에는 비빈들에게 내기를 하도록 하여 이긴 여인이 시중을 들도록 하였다.

애써 생각해낸 방법으로 표면적인 적막함은 없애버릴 수 있었지만 마음속의 적막함은 흩어버릴 수 없었다. 현종은 정사를 돌보고 내궁으로 돌아오면 적막하기 이를 데 없었다. 군주의 심사를 누구보다 잘 아는 고력사는 적시에 이를 해결하는 공을 세웠다. 환관의 우두머리는 군주를 위해 미인을 뽑는 사명을 갖고 있었다. 고력사는 이러한 사명을 갖고 각지를 몰래 방문하였는데 민閩 지방에 이르러 강채평江采苹 710~756년을 만나게 되었다.

호적을 조사하고 관상을 보고 기예를 시험해 보는 등 각종 관문을 통과한 강채평이 궁중으로 불려 올라갔다. 당시에는 다소 비만한 것을 아름다움의 표준으로 하였는데, 그녀는 말라보였으며 깨끗하고 수려하게 보였다. 그녀는 속세를 벗어난 고아함을 보여주었는데 얼음처럼 차면서 깨끗한 옥과 같은 여인이었다. 사실 그녀는 말랐다고 말하기는 어려우며 정확히 말하자면 호리호리하였다.

그녀가 마치 깨끗한 하얀 말과 같이 황제의 앞에 서 있을 때 현종은 자신의 마음속에서 물결이 이는 것을 느꼈으며 즉각 이를 알아차렸다. 그녀가 때맞춰 나타나자 현종은 그녀를 필요로 하게 되었으며, 한 눈에 반하여 정을 나누었다. 마른 장작이 불에 붙듯 두 사람은 너무도 빨리 사랑의 강물로 빠져들어 갔다.

강채평은 매화를 좋아하였는데 미치게 좋아하였다. 자기 집 주변에 매화나무를 가득 심었다. 현종은 사랑하는 첩의 거처에 '매화정梅花亭'이란 편액을 써주었으며, 그녀에게 매비梅妃라는 애칭을 지어주었다.

매화의 정서와 아주 비슷한 매비는 고독한 아름다움을 좋아하였으며, 깨끗하고 고고한 가운데 우울한 전형적인 차가움을 주는 미인이었다. 그녀는 문학적인 자질이 뛰어나 아홉 살에 『이남二南 시경의 주남(周南), 소남(召南)』을 외워 읊조렸으며, 동진 사도온謝道韞 사안(謝安)의 조카딸. 왕희지(王羲之)의 둘째 아들 왕응지(王凝之)의 처. 시를 잘 지었으며, 눈 내리는 날 사안이 눈 내리는 풍경이 무엇과 같으냐고 물어보았을 때 '마치 버들꽃잎이 바람에 날리는 것 같다(未若柳絮因風起)'는 시구로 답한 것이 유명하다.비견되었고 『매화梅花』 등 부賦 7편을 지었다. 그녀는 음악과 춤 솜씨 역시 뛰어나서 현종은 늘 그녀를 데리고 왕공들의 만찬에 참여하였으며 희극적인 말로 칭찬하였다.

"그녀는 매화의 정령이 변한 것이다. 백옥피리를 불며 경홍무驚鴻舞를 추면 연회장에 빛이 가득 찬다."

매비의 빛나는 시절은 사막의 신기루처럼 홀연히 나타났다가 신속히 사라졌다. 마치 조여비가 무혜비를 만나 노래를 마치지 못하고 물러났듯이, 매비는 양옥환楊玉環 양귀비(楊貴妃) 719~756년을 만나자 돌아서서 속으로 울음을 삼킬 수밖에 없었다.

두 미인이 서로 부딪치자 애정의 바다에 질투와 시기의 파도가 거세게 일어나면서 격렬한 싸움이 벌어졌다. 양옥환은 매번 승리를 거두었으며 매비는 패퇴를 거듭하였다.

현종이 결코 고의로 양옥환을 감싸고 돈 것이 아니었으나 그녀가 궁에 들어온 후에 현종은 이전에 느끼던 매비의 멋이 없어졌다고 느끼게 되었다. 이전에 좋아하였던 장점들이 모두 단점으로 보였던 것이다. 그녀의 기예는 평범하게 보였으며, 그녀가 제멋대로 화를 잘 내며 사람의 마음을 알아주지 못한다고 느끼게 되었다. 심지어는 용모조차 마음에 들지 않게 되었다.

현종이 새것을 좋아하고 낡은 것을 싫어한다고 할 수도 있겠지만 꼭 그런 것만은 아니었다. 그가 매비를 좋아한 정도는 본래 사랑과 사랑하지 않는 경계선상으로 아직 진정으로 사랑하는 여인을 만나지 않았을 때의 대체물이었다. 아무리 보아도 싫증이 나지 않는 양옥환을 얻고 나자 현종은 자기 스스로도 어찌 할 수 없는 감정이 되어 그녀에게 애정을 쏟게 되었던 것이다. 매비를 섭섭하게 하는 것은 어쩔 도리가 없는 일이 되었던 것이다.

현종은 옛정을 잊지 못하였다. 아니 양심이 허용치 않았으며 애정의 줄이 옛정을 잊지 못하도록 하여 몰래 매비와 하룻밤을 지냈다. 동녘이 터 올 무렵 양옥환은 현종이 조정에 들지 않는다는 이유로 매비의 죄를 물으려 하였으며 현종은 놀라서 그녀를 감추었다.

이때부터 황제와 매비는 아주 가까운 거리에 있었지만 서로 만날 수 없었다. 매비는 원망도 하고 한탄도 하였다. 현종의 애정이 박한 것을 원망하였으며, 양옥환이 그 은총을 빼앗아간 것도 한탄하였다. 그녀는 원망과 한탄 속에 붓을 들어 심금을 울리는 『루동부樓東賦』를 써 내려갔다.

> 아름다움에 시기질투 가득 차서, 奈何嫉色庸庸, 妒氣沖沖
> 내 사랑과 행복을 빼앗고, 奪我之愛幸
> 나를 후미진 구석에 버려두네. 斥我幽宮
> 옛날의 즐거움 생각 속에서만 있어, 思舊歡之莫得
> 꿈에라도 볼까 해도 흐릿할 뿐이네. 想夢着乎朦朧

꿈도 몽롱하고 현상도 몽롱한 채 냉궁에 버려진 매비는 인생을 눈물로 몽롱하게 흘려보냈으며 세상살이도 몽롱하였다. 그녀는 황제인 남편이 마음 돌리기를 멍하니 기다렸으나, 기다림 끝에 온 것은 안록산安祿山, 사사명史思明의 난이었다.

양귀비

칠월칠석 장생전, 七月七日長生殿
인적 없는 한밤중 친밀한 말 나눌 때, 夜半無人私語時
하늘에서는 비익조 在天願作比翼鳥
땅에서는 연리지가 되고 싶네.在地願爲連理枝
*비익조: 금슬 좋은 부부의 비유
*연리지: 두 나무가 한 가지로 붙은 것으로 사랑하는 부부를 말함

백거이白居易 772~846년 호 낙천(樂天) 당왕조 대시인 대표작으로 장한가 외에 『비파행(琵琶行)』 등 수많은 작품이 있다의 『장한가長恨歌』는 작품을 읽는 자로 하여금 그 정감에 붙들리게 하면서, 처량함과 애정, 한恨을 읊어내어 현종과 양귀비의 애정을 오랜 세월동안 전해지도록 하였다. 사람들이 중국의 4대 미인 중 한 사람으로 꼽는 양옥환은 확실히 아름답게 생겼으며, 용모가 예쁘고 몸매가 잘 빠졌다. 자질도 뛰어나 속과 겉 모두 충실한 전체적인 아름다움을 갖고 있어서 다른 사람의 정신과 혼을 빼앗았으며, 자제력을 잃게 하였다. 그러나 만일 그녀가 현종을 만나지 못했다면 아무리 아름다웠다 할지라도 아마 역사 속에서 이름을 전혀 날리지 못하였을 것이다.

그녀는 본래 세상에 전혀 드러나지 않았어야 했다. 몰락한 관료의 집안 배경 속에 아버지가 일찍 죽자 그녀는 어려서부터 작은 아버지 집에서 자랐다. 이러한 신분으로 보면 귀한 집안의 도련님과 결혼하기 만해도 이미 상당한 조화를 부렸다고 할 만하였다. 그러나 중매할멈이 줄을 잘 연결하여 그녀를 현종이 애지중지하는 아들 수왕壽王 이모李瑁 미상~775년와 결혼하도록 하였다. 황제의 며느리이자 왕비가 된 것이었다. 양옥환은 이 모든 것에 아주 만족하였으며 하늘의 돌보심에 감사하였다.

그녀는 시아버지인 황제가 그녀를 마음에 들어 하여, 갑자기 상황변화가 생겨나리라고는 생각조차 할 수 없었다. 꿈에도 생각하지 못한 일이었다. 운명

에 결혼을 두 번 하도록 정해졌다는 것이 얼마나 터무니없든지 간에 그녀는 이를 받아들였으며, 오히려 흔쾌히 너무나 자연스럽게 받아들였다.

현대인들은 당나라 시대의 풍속을 이해하지 못하고 현종이 난륜亂倫을 저질렀다고 비난한다. 그러나 당시의 혼인관계는 오늘날처럼 엄격하지 않아 계모를 아내로 맞거나 며느리를 부인으로 맞는 일이 적지 않았다. 매번 다 그러했다고 말할수는 없지만 확실히 그러한 일들이 기록되어 있다. 그러나 이를 꺼리는 생각도 어느 정도 있어서 모종의 형식을 통해 이를 해소했다. 예를 들면 당 고종이 무측천을 절로 보내어 승려를 만들었던 일이나作家의 서술과 달리 당 고종이 무측천을 절로 보내려고 보낸 것이 아니라 당시에는 황제가 죽으면 아이가 없던 첩들은 절로 보내 여생을 보내도록 하였다., 현종이 양옥환을 도교사원에 보내어 여관女冠 도교의 여도사이 되게 하여 '태진太眞'이란 호를 내린 것 등이 이에 속한다.

'태진'. 얼마든지 할 수 있는 것이었다. 양옥환은 일정 기간을 거쳐 궁중으로 맞아들여졌다.

왕비가 황비로 변한 것이었다. 양옥환의 머릿결이 아름답게 빛났다. 옛 시대의 일상적인 말로 하면 '성을 허물어지게 하고, 나라를 망하게傾城傾國之色'하는 여인이 된 것이다. 이 말은 그저 우스갯소리로 말한 것이 아니며, 먼 훗날 정말로 그 효력을 나타냈다.

양귀비. 이 여인은 옥으로 조각된 듯한 얼음같이 차가운 스타일의 미인이 아니라 활력이 충만하고 매력이 차고 넘치며, 예술적인 감각이 풍부하고 열정이 뿜어져 나오는 미인 중의 미인이었다. 노래를 기막히게 잘 부르고 춤을 절묘하게 잘 추었으며, 피리도 잘 부르며 상당히 높은 수준의 음악적인 조예를 지니고 있었다. 만일 이러한 재능만으로 생애를 보냈다 해도 말 그대로 음악과 춤의 대가가 될 수 있었을 정도였다.

남편도 음악가, 아내도 음악가여서 황제부부는 서로가 서로에 화답하는 금슬 좋은 부부였다. 애호하는 것이 같고 취미도 같으니 서로 공통의 언어가 있게 되었다.

현종은 양옥환을 너무 늦게 만난 것을 한탄하였으며 모든 사랑을 그녀에게 다 쏟아 부었다. 그녀의 지위는 수직 상승을 거듭하였으며, 궁중의 아래위 모두 그녀를 존경하여 '부인娘子'이라고 불렀으며 황후와 동급의 예우를 받았다.

'부인'이란 칭호가 누구에게나 익숙해진 연후에 현종은 그녀를 빛나는 명칭인 귀비貴妃로 책봉하였다.

양귀비는 중국 역사상 그 이름이 가장 널리 알려진 여인 중 하나이다. 이 여인이 유명한 여인이 된 데에는 풍류남아였던 이융기의 그녀에 대한 애정의 집착에 힘입은 바 크다. 애정은 일종의 교류이며 적당한 자극으로 끊임없이 서로간의 교제에 활력을 유지하는 것이 필요하다. 이융기와 양옥환의 애정이 상록수 같을 수 있었던 것은 바로 이런 활력의 유지가 가능했다는데 있었다.

화청지(華淸池)의 양귀비 조각상
출처:百度 www.baidu.com

양귀비는 이러한 애정의 원리를 잘 알고 있었으며 천성과 선천적인 조건으로 이러한 원리를 가장 아름답게 발휘하였다. 그녀의 애정의 바람은 아주 여러 가지여서 현종을 마치 날마다 새사람을 만나듯이 빠져들게 하였다. 그녀는 궁녀들에게 말하였다.

"애정의 강물 속에서 물새들인 너희들이 어찌 이불 속의 원앙인 나를 알겠느냐?"

그녀는 다른 사람의 뜻을 잘 헤아렸으며 현종이 마치 자기의 마음을 속속들이 아는 친구를 만난 듯 느끼게 하였다. 현종의 이런 느낌은 연못가에 서서 "연꽃이 비록 아름답기는 하나 어찌 나의 속뜻을 헤아리는 살아있는 꽃解語花에 비하겠느냐?"라고 양귀비를 일컫는 정도가 되었다. 그녀는 한恨이 애정의 촉매제라는 것을 알고 있었다. 때에 따라 감히 황제의 뜻을 어기고 거역하였다. 이로 인하여 두 번이나 궁궐 밖으로 쫓겨났었는데, 일단 사람이 가고 누각이 비게 되면 현종은 밥이나 차 마실 생각도 없어지는 상실감에 빠져들었다. 이때 양귀비가 다른 사람을 통해 그녀의 청실靑絲을 현종에게 보내오면 그것을 본 현종은 애정이 발동하여 마치 전기에 온몸이 감전된 듯 바삐 대궐문을 열고 그녀를 맞아들였다. 한이 물러가고 애정이 생겨나면서 그 애정은 새록새록 깊어져 갔다.

양귀비는 이러한 이치를 정말 잘 활용하였는데, 더욱 중요한 것은 현종에게 이러한 방법이 먹혀들었다는 것이다. 현종은 황제의 귀한 몸이었으며 또한 위대한 군주여서 뛰어난 사람이 갖추어야할 재능, 소질, 의지 및 정신을 갖추고 있었으나 그 역시 일반 사람으로 범인과 같이 평범한 인간사에 파묻혀 있었으며 온갖 애증과 욕망을 갖고 있었다. 그는 황제로서 천하를 호령하며 모든 것을 다스려나갔지만 동시에 정감의 세계에서는 고독하기 이를 데 없었다. 자기를 알아주는 사람도 친구도 없었으며 망망한 사람의 바다 속에서 마치 사막에 있는 듯이 황량하기 그지없었다. 천재적인 인물들은 모두 고독한 법이다. 그는 따뜻한 애정을 필요로 하였으며, 자기의 고뇌를 호소하고 심적인 교제를 나눌, 자기를 진정으로 신이 아닌 사람으로 여겨주는 사람이 필요하였다. 권위를 유지하여야 하는 까닭에 이러한 사람을 동성 가운데서는 찾아낼 수 없었으며 이성 가운데서만 찾아낼 수 있었다.

현종은 그러한 복이 적지 않아서 늘 대상을 찾아냈는데, 처음에는 무武혜비惠妃를 찾아냈으며 나중에는 양楊귀비貴妃를 찾아냈다. 양귀비는 무혜비의 역할을 대신하였는데 더욱 뛰어나게 해내었다. 그녀는 남편의 인격을 존중한다는 전제하에 그를 애인으로 삼았고 친구로 삼았으며, 서로 평등한 관계를 유지하며 무슨 말이든 다 나누었다. 감정을 조절할 수 있었으며 같이 즐겁게 지내면서 감히 비평도 할 수 있었다. 또한 그에게 따사로운 감정을 주고 관심을 주면서 편안함을 줄 수 있었으며 정감을 불어넣어 주어 그를 적절하고 알맞게 다루며 편안하면서 느긋함을 갖게 하였다. 그가 새사람을 찾고 옛사람을 싫어하는 감정을 가질 수 없도록 그녀 곁을 도저히 떠날 수 없도록 하였다.

현종은 그녀를 필요로 하였으며 그녀를 자기 생명의 일부분으로 간주하였다. 현종과 양귀비의 연분, 그 연분은 그들 상호간에 서로를 드러나게 하고 애정이 변함없이 유지되도록 하였다.

양귀비가 목욕하였다는 화청궁 목욕탕 유적 출처:百度 www.baidu.com

제5부

난세亂世의 바람

난세의 모습

축록중원逐鹿中原의 효웅들

지방의 강자들

제5부

난세亂世의 바람

난세의 모습
축록중원의 효웅들
지방의 강자들

난세의 모습

1

대당제국의 깃발이 넓고 넓은 땅위에 흩날린 지 거의 삼백년. 오래되고 찢어지고 조각이 난 깃발이 눈발처럼 사방으로 흩어져 땅에 녹아든다.

큰 깃발이 사라지자 이를 대신해 새로운 깃발들이 나타나기 시작했다. 중원에선 후량後梁, 후당後唐, 후진後晉, 후한後漢, 후주後周의 깃발이 휘날렸으며, 주변과 남방에선 오吳, 남당南唐, 전촉前蜀, 후촉後蜀, 남한南漢, 초楚, 오월吳越, 민閩, 형남荊南, 북한北漢의 깃발이 휘날렸다. 또한 황제, 왕, 패주霸主, 의병, 족장, 도적들의 각양각색의 깃발이 휘날렸다.

피로 얼룩졌으며 해골이 여기저기 뒹구는 거리와 가시가 무성해진 궁전과 까마귀의 울부짖는 소리가 시끄러운 산골짝에 각양각색의 깃발이 세워졌다.

어지러이 흩날리는 깃발아래 누군가는 슬피 울었고 누군가는 기뻐하였다.

배부른 것을 천명으로 삼는 백성들은 너무도 고생스러워 근심 가득한 얼굴로 말하였다: 정말 지독한 난세야, 완전히 뒤죽박죽이야. 사람이 사람을 잡아먹는 정말 살아갈 수 없는 세상이야.

권력을 추구하는 사나운 자들은 즐거워서 주먹과 발을 내지르며 말하였다: 정말 좋은 시절이야. 힘을 쓸 수 있는 곳이 널려있고, 부패를 척결하고 기존

세력을 몰아낼 수 있는 활력이 충만한 세월이야.

사람들이 어떻게 생각하든 각종 깃발이 눈앞에서 춤을 추었다. 힘차게 휘날리든 처량하게 매달려 있든 펄럭펄럭 소리치며 날리던 깃발들은 송宋의 깃발이 출현하고 나서야 비로소 하나 둘씩 사라져갔다.

역사는 이 시대를 중원의 다섯 정권이 교차되면서 세워졌기에 5대라 불렀으며, 남북에 들쑥날쑥 열개의 정권이 세워졌기에 다시 이름을 바꾸어 '5대10국'이라 불렀다.

오대 십국 연대표 ⓒ곽복선

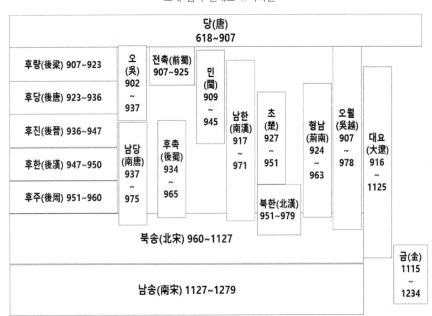

2

난세는 하나의 과정이자 누구도 이를 되돌릴 수 없는 과정이다. 역사가 이 단계에 이르면 온 세상의 백성들이 감당할 수 없는 세력의 조류에 휩쓸려 갈 수밖에 없었으며 조금도 본인이 본인의 거취를 결정할 수 없었다.

한 사회가 난세로 변하게 되는 것은 그 사회가 시작하자마자 완전히 뒤죽박죽이 되는 것이 아니다.

일체의 난세의 원인은 앞선 시대의 쇠퇴기 때문이다. 쇠퇴기에 접어들면 문제가 여기저기 발생하지만 여전히 표면적인 질서를 유지할 수 있으며, 어느 때는 거짓된 번영의 모습도 나타날 수 있다. 이를 칭송하는 자들은 이를 중흥이라 불렀지만 실제는 해가 지기 전 잠깐 반짝인 것에 불과하였다.

시간이 흘러 백성들의 기본생활이 날이 갈수록 어려워지고 관료들의 부패가 더 이상 참을 수 없을 정도가 되어 사람들이 보편적으로 불만을 느끼게 되면 생존본능이 사회적 책임감을 압도하게 된다. 물욕이 공공도덕을 넘어서고 짐승 같은 본성이 인간성을 대신하고 사회적 묵계가 발아래로 떨어지게 되면 서로가 서로를 잡아먹게 되며 국가는 한 걸음 한걸음 난세로 빠져들어 가게 된다.

난세가 정상질서를 무너뜨려 무질서가 기조가 되면 정치조직 상하가 헐거워지고 윤리도덕관념이 사라지면서, 국가기구의 기능이 약화되고 사회를 구속하는 기제가 위축되게 된다.

중앙정부의 지방에 대한 통제력 상실, 군대에 대한 통제력 상실, 황제의 신하들에 대한 통제력 상실, 관료들의 백성들에 대한 통제력 상실, 제후들의 부하들에 대한 통제력 상실……강자가 왕이 되고 모험정신이 풍부한 자가 실력을 갖게 되고, 정치무대에 잠시라도 서 있을 수 있는 자는 세상을 향해 큰 소리를 칠 수 있게 된다.

내일을 알 수 없는 세상에선 사실상 강자는 없으며 모든 사람이 약자이다. 소위 '강자'라 불리는 자들도 천년에 한번 그것도 잠시 나타났다 사라지는 우담바라 꽃으로 그 역시 결국 약자로 변하게 된다.

지고무상의 황제도 환관들의 가련한 간판이나 군벌들의 도구나 권신들의 노리개가 되었다. 존엄은 말할 것도 없고 최소의 생명안전 역시 보장할 수 없었다.

황제를 폐위시키고 새로 세우는 장난질을 하던 환관들은 그 횡포가 지극히 제한적이어서 일단 군벌들의 칼날이 원을 그리기 시작하면 그들의 머리 없는 시체들이 한구한구 줄지어 늘어서기 마련이다.

신神처럼 여겨지던 권신의 재주도 연약한 옛 주인 앞에서나 효능이 있지 살기등등한 새 주인이 권좌에 오르면 그 역시 아주 잽싸게 노비처럼 두 무릎을 꿇어야한다.

칼과 창을 쥐고 있는 군벌들도 큰 물고기가 작은 것을 잡아먹고 작은 물고기가 새우 같은 것들을 잡아먹는 상황에서, 다행스럽게 몇 차례 전쟁에서 승리하더라도 자신의 집안 도적들의 해코지를 막기 어려웠다.

보통 백성들은 더더욱 살아가기 어려웠다. 하루 살아있으면 하루를 버틴 것으로 행운이라 느끼며 살았고 그러한 행운도 끝나면 나중에는 나무껍질을 갉아먹었다. 앞길을 헤쳐 나가든 못 헤쳐 나가든 그저 그렇게 몇 날 더 사는 것을 추구하였다.

난세에는 사람이 거의 야수와 같게 되어 원래의 야만성을 적나라하게 드러내서 정말 무시무시하였다. 약육강식은 예의와 체면을 필요로 하지 않았다. 생존을 위해 하지 못할 것이 없었고, 어떤 수단이라도 다 써야 했다. 공포, 음모, 흑막, 잔혹은 이미 별다른 일이 아니었다. 더 이상 배를 채울 것이 없을 때는 당당하게 사람을 잡아먹었으며 아무런 죄책도 없이 서로 앞 다투어 잡아먹었다. 남자가 여자를, 부모가 아이들을, 힘센 자가 약한 자를 병사들이 백성들을 잡아먹었다. 이런 상황이 되면 생명은 잡초와 같이 되고 선혈이 탁류가 되어 흐르며 백골이 거리에 널려있게 되어 모든 것이 전부 다 경중을 구분할 수 없는 지경이 된다.

난세! 난세는 '난亂 즉, 어지러움'에 있다.

어지러움은 일종의 대가이며 아주 큰 대가이다. 그러나 이런 큰 대가를 치르는 것은 큰 의의를 가지고 있다. 오래되어 시대에 적합하지 않은 상태를 깨뜨리게 되고, 새로운 인문 생태계를 배양하는 영양분을 제공하게 된다.

사회가 혼란할 때, 혼란으로 혼란을 극복하는 것은 늘 나타나는 잘못된 현상을 교정하는 방식이다. 혼란으로 혼란을 극복하는 것은 아무런 극복 방법이 없는 것보다 나은 편이다. 큰 난리가 지나고 나면 결국 좋은 상황이 등장한다. 오대가 종식되고 송宋왕조가 등장한 것이 바로 혼란 후 얼마 되지 않아 나타난 사실이다.

난세와 치세는 사회변환이란 마차의 두 바퀴이다. 긴장과 이완은 역사의 물결을 장강의 물결처럼 돌연히 격랑이 하늘로 치솟게 하거나, 돌연히 바닥 깊은 곳에서 회돌이 치게 하면서, 인류가 생물이 가져야할 원시적 생명력을 유지하고 자연과 사회에 대한 도전력을 유지하게 한다.

나관중羅貫中 1330년경~1400년경 『삼국지연의』작가의 명언 '분열이 오래되면 반드시 합쳐지게 되고, 합쳐진 것이 너무 오래되면 반드시 분열된다.分久必合,合久必分'는 말은 중국 수천 년의 왕조사를 개괄하는 말이다.

'분열'은 통일을 좋아하는 중국인들이 원통하게 여기는 단어로 중국인들이 5대10국을 멸시하는 것은 그 분열상황이 엄청났기 때문이다. 그러나 어쩔 수 없이 분열될 수밖에 없는 상황에 이르면 분열하지 않으려해도 분열되며, 이것은 통일을 열망하는 사람들의 소망에 의지하여 저지할 수 있는 것이 아니다.

난세에는 영웅이 출현하는데 한 지역의 영웅이 천하의 일부를 점거하면서 분열의 상황이 형성된다. 만일 당唐왕조 중기와 말기에 부패로 인해 통일을 이루는 접착제를 상실하지 않았다면 각 지역의 영웅들이 무력을 사용할 곳이 없었을 것이다.

통일 왕조에 분열이 발생하는 주요 원인 중 하나는 최고권위의 결핍이다.

사람은 같이 모여 사는데 같이 살려면 생활 질서를 규정하는 주재자가 있어야 한다. 특히 고대중국처럼 전체주의적 국가에서 일단 최고의 권위가 사라지면 사람들의 구심력에 필연적으로 혼란함이 발생하며, '강자'들은 누구도 다른 강자에게 복종하지 않게 된다. 이렇게 되면 군웅이 할거하게 되며 중원의 권력을 잡으려고 서로 다투게 된다. 최고 인물이 되려, 다른 이들의 기반을 빼앗으려, 백성들을 차지하려 서로 싸우게 되며 칼과 피와 불로 새로운 권위를 결정하게 된다. 이렇게 분열이 다시 통일을 향하여 가게 된다.

새로운 권위가 나타나지 않는 날 수만큼 폭력이 그치지 않게 된다.

제후들이 대통일의 체계를 깨뜨리고 하나하나 지역적인 통일의 국면을 만들어갔다. 비록 작은 규모의 통일이 전국통일에 비길 수는 없었지만 통일이 없는 것보다 훨씬 나았다. 분열은 일종의 과도기이며 이 과도기가 일정 시기에 이르러 형세의 필요로 인해, 하늘의 뜻에 따르며 백성에게 순응하는 위대한 인물이 나타나 사회단결을 이루어 가면 다시 대통일의 국면이 조성된다.

분열과 통일을 통해 역사란 사슬의 음양이 서로 얽히고, 어둡고 밝음이 얽히면서 왕조의 흥망사를 엮어갔으며 국가의 흥망성쇠를 이루어 간다.

5대10국의 위치

축록중원逐鹿中原의 효웅들

주전충

후량後梁 태조 주황朱晃 852~912년의 원래 이름은 온溫이며 젖먹이 때 이름은 주삼朱三이었고 후에 전충全忠이란 이름을 하사받았다. 송주宋州 탕산碭山, 안휘성 탕산 오구리午溝里 사람이다. 아버지 주성朱誠은 유학자로 시골에서 훈장을 했으며 모친은 왕王씨이며, 그는 셋째 아들로 첫째 형이 주전욱朱全昱, 둘째 형이 주존朱存이었다.

부친이 일찍 죽어 주온 삼형제는 고아가 되었으며, 어머니를 따라 같은 현의 유숭劉崇에게 의탁하였으며 품삯을 받는 일꾼이 되었다. 다른 사람의 울타리 아래서 성인이 된 주온은 사람됨이 교활하고 거리낌이 없으며 품행이 나빠, 늘 말썽을 일으켜서 동네 사람들에게 무뢰배로 간주되었고 여러 차례 주인에게 매를 맞았다. 사람들은 모두 그를 경멸하였다. 그의 가족들조차 그를 그렇게 여겼다. 그러나 유일하게 유숭의 모친만은 그를 다르게 보아 "주삼은 보통사람이 아니다. 주의하여 대접해 주어야한다."고 하였다.

당희종唐僖宗 이엄(李儼) 862~888년 건부乾符 874~879년 시기에 산동에 대가뭄이 들어 벌거벗은 땅이 천리에 달했으며, 정치적으로도 흑암에 싸여 백성들이 살아가기 어려웠다. 황소黃巢 820~884년가 굶주린 백성들을 이끌고 죽창을 높이 들고 반란을 일으키자 주온과 주존 형제는 함께 반란군에 가담하였다. 일상생활에서 어딜 가나 다른 사람의 경멸을 받아오던 주온이 환경이 바뀌자 오히려 힘을 쓸 수 있는 땅을 얻었다. 그는 전쟁을 함에 있어 매우 용감하여 매번 앞자리에서 돌진하였으며 공을 세움에 따라 부대장隊長으로 승격되었다. 광주廣州지역 싸움에서 둘째 형 주존이 사망하였다.

황소 반란군이 장안長安을 공격하여
점령한 후에 황소는 주온을 동남면행영
선봉사東南面行營先鋒使로 임명하였다. 그
는 휘하 병력을 거느리고 동주同州, 지금
의 섬서성 대려(大荔)를 공략하였으며, 동주
방어사同州防禦使로 제수되었다. 이러한
과정 속에서 출정, 저항 및 격퇴, 항복
유도, 땅 개척을 하면서 그는 매번 하
는 일마다 성공을 거두었다. 여러 차례
성공을 한 후에는 반란군 중에서 다른
사람들의 이목을 끄는 대장군이 되었으
며 그의 부대는 반란군 중 주력의 하
나가 되었다.

주전충朱全忠 출처:百度 www.baidu.com

득의만만한 주온은 오히려 얼마 지나지 않아 곤경에 처하게 되었다. 당시 촉蜀
으로 피난 가있던 당 희종이 여러 번진藩鎭에 같이 힘을 합해 반란군을 토벌하라고
호소하였다. 주온이 하중절도사河中節度使 왕중영王重榮 미상~887년과 맞부딪힌 후에는
싸우는 족족 패하였다. 그는 본진에 연속해서 10개의 긴급문서를 날려 보냈으나,
이 부분의 군사업무를 맡고 있던 맹해孟楷가 매번 이를 처리하지 않고 미루어 놓았
다. 강적이 구름떼처럼 모여 있고 반란군 내부 역시 부패하고 혼란한 상태가 되자
진퇴유곡에 빠진 주온은 반란군이 이미 내리막길로 가는 것을 보고 자신의 생존문
제를 고려하기 시작하였다.

막료인 사동謝瞳이 그의 심사를 알아차리고는 건의하였다."황씨는 일개 필
부로 반란군을 일으켜 당이 쇠퇴하는 시기를 엿보아 빈틈을 뚫고 장안을 취하
였습니다. 결코 그가 공덕을 세워 왕업을 이룬 것이 아니니 그와 같이 일을 도
모하기에 부족합니다. 오늘날 천자께서 촉에 계시고 각 곳의 병마가 날이 갈수
록 다가오고 있음은 당唐황실이 아직 백성들에게 버림을 받지 않았음을 설명해
주고 있습니다. 장군은 외부에서 힘을 다해 싸우고 있는데 안에서는 오히려 보
잘 것 없는 자에게 견제를 받고 있으니 이것이 바로 이전에 장감章邯 미상~BC205

년 진나라 명장이 진秦을 배반하고 초楚에게 항복한 원인입니다."

사동의 조리정연한 말에 주온은 그 주장을 받아들여 왕중영에게 항복하였다. 주온이 항복했다는 소식을 듣자 당 희종은 흥분해서 말하였다. "이것은 하늘이 내게 준 것이다!" 희종은 즉시 조서를 내려 주온을 좌금오위대장군左金吾衛大將軍, 하중행영초토부사河中行營招討副使의 직을 내리고 전충全忠이란 이름을 하사하였다.

당唐으로 귀순한 이후에 주온은 창을 거꾸로 들고 당나라 각지에서 온 병력들과 함께 장안을 포위하였다. 일찍이 생사를 같이했던 반란군들을 죽이기 시작하였다. 황소는 지탱하지 못하고 겹겹의 포위망을 뚫고 남쪽으로 퇴각하였다. 주전충은 승기를 잡아 추격을 하였으며 몇 차례 큰 승리를 거둔 후에 군대를 이끌고 그의 근거지인 변주汴州 하남성(開封)로 들어갔다.

옛 주인과 전쟁을 벌이던 시기에 주전충은 영원히 풀 수 없는 원수를 만들었다. 당시 이극용李克用 856~908년이 당 희종의 명령을 받들어 주전충과 연합작전을 통해 왕만도王滿渡 현재의 하남성 중모(中牟) 북부지역에서 황소군에게 대승을 거두었다. 전쟁이 끝난 후에 주전충은 그 지역의 주인으로서의 우의를 다하여 이극용을 변주로 초청하여 군대를 정돈하고 휴식을 취하도록 하면서 연회를 베풀어 접대를 하였다. 자부심과 자만심이 가득했던 이극용이 술을 몇 잔 들자 오만한 말들을 내뱉었다. 주전충은 겉으로는 그 말들에 대해 논쟁하지 않았다. 그러나 손님이 여관으로 돌아간 후에 사람을 시켜 여관에 불을 질러 태우도록 명령하는 동시에 군대를 동원하여 공격을 하였다. 아마도 이극용의 생명이 끊어져선 안 되는 것처럼 마침 그 때에 폭우가 쏟아지며 바람이 미친 듯이 불어댔다. 그는 번개가 치는 것을 틈타 담을 넘어 도망하였다. 그를 따르던 수백 명의 부하들은 모두 재난을 맞아 살해당하였다.

이로써 두 사람 간에 수십 년에 걸쳐 진행된 전쟁의 서막이 열렸으며, 싸움은 후량後梁이 멸망할 때까지 계속되었다.

황소가 전쟁에서 패해 죽자 진종권秦宗權 미상~889년이 당唐에 저항하는 깃발을 이어받았지만 이미 반란을 일으킨 원래의 뜻은 전혀 없었다. 가는 곳마다 백성을 해치고 온갖 못된 짓을 하였으며, 안하무인격으로 스스로 황제가 되었다. 그는 병력이 많고 땅도 넓었기에 주전충과 힘을 겨루었다. 주전충은 세력이 현저하게 차이나는 것을 돌아보지 않고 약한 것으로 강한 것을 공격하고 소수로 다수에 저항하는 여러 차례의 크고 작은 전투를 거쳐 마침내 쌍방 간의 역량을 바꾸어 놓았다. 진종권을 공격하여 자라가 목을 움츠리듯 채주蔡州 하남성 신채현(新蔡縣)로 쪼그라들도록 하였으며, 최종적으로는 진종권을 격파하여 기초를 정립하였다.

이어서 군벌 사이에 혼전이 벌어졌다. 주전충은 끊임없이 일어나는 혼전 속에서 정치와 군대를 모두 장악하면서 연합과 분열을 꾀하면서 연합할 수 있는 사람과는 모두 연합하였다. 제일 주요한 적을 격파한 후에는 연합했던 쪽을 하나씩 하나씩 격파하였다. 그가 서주徐州를 공략했을 때 성이 함락되자 시부時溥 미상~893년가 스스로 불을 질러 죽었으며, 운주鄆城 현재 호북성 안육(安陸)의 주선朱瑄 862~897년 천평군(天平軍)절도사는 그에게 붙잡혀 참수되었다. 연주兗州 지금의 산동성 서부, 하남성 동북부,하북성 동남부 지역의 주근朱瑾 867~918년 태녕군(泰寧軍)절도사은 땅을 잃고 도망갔으며, 유주幽州의 유인공劉仁恭 미상~914년은 군대를 잃고 대패하였으며, 위박魏博 지금의 하북성 대명현(大名縣) 일대의 나소위羅紹威 877~910년는 마음을 다하여 그에게 복종하였다. 진주鎭州 하북성 정정현(正定縣) 일대의 왕용王熔은 인질을 바치고 동맹을 맺기를 청하였으며, 정주定州 하북성 보정시(保定市) 산하 정주시 왕처직王處直 862~922년은 두 손 들고 투항하였다. 양주襄州 호북성 소재의 조광응趙匡凝은 군대를 물리고 휴전을 요청하였으며 청주靑州 산동성 소재의 왕사범王師范 874~908년은 돈을 바치고 복종하였으며……

이러한 혼전 중에서 주전충은 지기도하고 이기기도 하였지만 승리가 많았고 패배가 적었다. 그는 승리의 깃발을 날리며 한 귀퉁이의 평범한 인물로부터 수많은 싸움을 통해 천하에 가장 강한 '제후'가 되었다.

중원의 패권을 차지하는데 있어 승리를 확신한 후에 그는 정치중심인 장안으로 관심을 돌렸다. 봉상鳳翔 섬서성 보계(寶雞)시 일대에서 할거하던 이무정李茂貞 856~924년의 수중에서 소종昭宗 867~904년 이엽(李曄) 의종(懿宗)의 일곱째 아들을 빼앗은 후에 삼국시대 조조曹操의 모양을 본 따 천자를 옆에 끼고 '제후'들을 호령하기 시작하였다. 그는 환관, 종실, 조정의 신하들을 대량 학살하였다. 이로써 철저하게 당唐의 정치기반을 제거하였다. 유효적절하게 천자를 조종하기 위하여 그는 강제로 소종을 낙양으로 옮겨가게 했다. '제후'가 복종하지 않으면 동맹을 맺은 후에 군대를 일으켜 토벌하였다. 그는 한편으론 전쟁을 준비하면서 다른 한편으로는 남보다 먼저 손을 써서 사람을 시켜 소종을 죽이고 어린아이인 애제哀帝 이축(李柷) 892~908년를 옹립하였다.

일정기간 과도기를 둔 후에 주전충은 시기가 무르익자 개평開平 원년(907년) 4월 당의 옛 관료들과 부하들의 추대 속에 황제의 보좌에 앉았다. 자신의 이름을 황晃으로 바꾸었으며 국호는 대량大梁으로하고 개봉開封을 도읍으로 정했다.

양梁왕조의 건립으로 당 왕조는 종말을 고하였다.
양 왕조의 건립은 오대五代시대의 개막을 알렸다.

양 왕조는 중원지역을 기본 범위로 하는 작은 조정에 불과하였다. 비록 작기는 하였지만 북방을 정치 중심지로 여기던 전통적인 관념 속에서 양 왕조는 정통의 왕조가 되었다.

지위가 변하자 일을 처리하는 방식도 일을 처리하는 관점도 따라서 변하였다. 줄곧 효웅梟雄의 자세로 세상을 대하였던 양梁 태조 주전충은 정통 중원 왕조의 위치에서 나라를 안정시키고 잘 다스려 천하를 평정시키려는 일련의 조치들을 취하였다. 그는 자신이 피와 땀을 쏟으며 얻은 국가를 계속 확대하여 전국을 통일한 국가가 되어서 영원히 존재하기를 바랐다.

군주가 된 그는 이전의 군사업무를 편제하던 입장에서 정치를 벼리로 하는 입장이 되었다. 백성과 토지가 그의 근본적인 재산과 부요함이 됨을 이해하였다. 그는 일체의 노력을 쏟아 농업생산을 발전시켜 백성들이 전쟁의 틈새에서 일정한 휴식을 얻도록 하였다. 또한 이를 통해 국가전체에 필요한 물자를 안정적으로 제공하였다.

그는 천하를 얻으려면 무장이 필요하지만 천하를 다스리려면 문신文臣이 필요하다는 것을 인식하고 있었다. 이에 따라 그는 수차례에 걸쳐 모든 군인들에게 명령하였다. 지위가 얼마나 높든지 병력과 말이 아무리 많든지 군인들의 지위를 소재지 지방장관 밑에 두었다. 이를 통해 지방관의 권력과 작용을 강화하였다.

당唐 말기에 교만한 군대와 사나운 장수들이 여러 차례 시끄러운 일을 벌였으며, 절도사들의 세력이 커져서 처리할 수 없는 상황이 되었던 것을 거울삼아 이러한 일들이 그의 치세에 재연되지 않도록 그는 많은 병력을 장악하고 있는 장수들에 대해 고도의 경계심을 유지하였다. 조금이라도 의심할만한 싹이 보이면 그는 바로 행동에 나서서 죽이거나 감금하거나 하면서 환란이 일어나지 않도록 방비하였다.

전쟁과정에서 탄생한 왕조는 나라를 세운 후에도 왕왕 옛날처럼 전쟁에서 벗어나지 못하였다. 양 태조가 황제에 등극한 행동은 수많은 사람들의 분노를 자아내어 더욱 많은 적을 만들어 냈다. 유인공劉仁恭, 유수광劉守光, 이무정李茂貞, 조광응趙匡凝, 왕건王建, 양행밀楊行密 등이 분분히 그와 대적하였으며, 이로 인해 그는 시종일관 전쟁의 소용돌이 속에 빠질 수밖에 없었다.

양 태조와 가장 강력하게 싸웠던 대상은 이극용李克用 856~908년, 이존욱李存勗 885~926년 부자로 그들과 계속 전쟁을 하였다. 특히 그들과 벌인 협성夾城의 전쟁, 백향柏鄕의 전쟁으로 양梁 왕조는 원기가 크게 상하였으며, 우월적 위치에서 열세로 바뀌게 되었다.

각각의 전쟁을 전체적으로 보면 양 태조가 승리하였으며 대승을 거두었지만 특정시기 특정 지역에 그쳤기 때문에 전체를 좌지우지할 수 있는 전략적인 진전을 이루는 데는 도움을 주지 못하였다.

작은 조정이었던 양 왕조는 끝내 큰 조정을 이루지 못하였다.

나라를 다스리느라 힘을 다 썼으며, 전쟁을 하느라 모든 힘을 다 썼다. 그러느라 피로해진 정신을 조절하기 위해 색을 즐겼던 것이 버릇이 된 주온은 제위에 오른 후에 조금도 거리낌 없이 색을 즐겼다. 끝내는 며느리들을 애인으로 삼아 누가 더 잘 모시느냐에 따라 그녀에게 더욱 은혜를 더 하였으며, 그녀의 남편이 이득을 보게 하였다. 이러한 일을 지속하면서 며느리들이 자기와 어떻게 하느냐를 통해 제위 계승자의 표준을 삼았다. 양아들 주우문朱友文 미상~912

년 주온의 양자의 아내가 그의 환심을 가장 많이 샀다. 그는 주우문을 후계자로 세울 준비를 하였다. 다른 아들인 주우규朱友珪 884~913년 주온의 둘째 아들가 장래에 화를 입을까봐 정변을 일으켜 그를 암살하였다.

양 태조는 오대시대 첫 번째 황제이다. 그는 생존을 최고의 원칙으로 삼았으며, 어떠한 정치적 신념도 없었다. 생존하기 위하여 그는 반란군에 가담하여 당 조정을 반대하였다. 그다음에는 생존을 위해 당 조정으로 뛰어들어 자기가 모셨던 황소黃巢를 공격하였다. 생존하기 위하여 당 조정을 뒤엎고 자신이 황제의 보좌에 앉았다. 그는 개성과 매력, 수단과 추진력이 있어 수많은 무리가 그를 위해 목숨을 바치도록 끌어들일 수 있었다. 수많은 '제후'들을 땅바닥에 뒤집어엎을 수 있었으며 대업을 이룰 수 있었다. 그는 환관들을 모두 다 죽여 당나라의 70여년에 걸친 환관정치의 화禍를 끝냈다. 그는 사족士族을 대량 살육하여 수백 년간 존재하였던 사족문벌이 다시는 존재하지 못하도록 하였다. 그는 마지막에는 난륜을 행하여 아들의 손에 폭사하였다.

(참고:주온의 죽음)일세의 효웅이었던 양(梁)태조 주온(朱溫)은 중원에 왕조를 세운 후에 마음껏 가무와 여색의 즐거움에 빠져들어갔다. 그러나 그가 가지고 즐겼던 대상은 비빈이 아니라 며느리들이었다. 그는 여러 명의 아들을 낳았으며, 당시의 풍속에 따라 또한 몇 명의 양아들이 있었다. 전쟁으로 인해 변경을 지킬 필요가 커짐에 따라 아들들은 거의 모두 외지로 파견되었다. 이러한 상황아래 그는 며느리들에 대해 시아버지의 책임을 다하지 않았을 뿐만 아니라 그녀들을 불러 자기 시중을 들게 하였다. 시간이 길어지면서 그와 며느리들 사이에 결국은 남녀관계가 발생하였다. 이들 며느리들은 이를 부끄럽게 여기지 않았을 뿐만 아니라 서로 총애를 얻으려고 서로 앞 다투어 모시면서, 시아버지의 얼굴은 기쁨으로 웃음이 가득하게 되었다. 그중 양아들 주우문(朱友文)의 아내 왕(王)씨의 미모가 제일 뛰어나, 주온의 환심을 가장 많이 얻었다. 게다가 그는 줄곧 주우문을 편애하여 태자로 세우려고 준비하였다. 셋째 아들 주우규(朱友圭)의 아내 장(張)씨가 옆에서 그 징조를 알아채고서는 비밀리에 남편에게 편지를 보냈다. 주우규는 첫째는 태자가 되고 싶어서, 둘째는 살해당하는 화를 피하기 위해 심복을 데리고 입궐하여 음란에 빠져있던 아버지를 찔러 죽였다. 주온은 30년 넘게 세상을 주름잡았던, 수많은 영웅호걸들도 감히 맞설 수 없었던 인물이었는데, 최후에는 윤리도덕을 위반한 것으로 인해 갑자기 죽게 되었으며, 이원호와 동일한 결말을 맞게 되었던 것이다. (『치마폭에 흐르는 중국역사』 자오지엔민 저, 곽복선 역, 마인드탭 출판 P49~50)

석경당

　　석경당石敬瑭 892~942년은 석랑石郎으로 불렸으며 조상들이 서쪽 변경의 이민족이었다. 아버지 얼열계臬捩雞는 이극용의 부장이었으며 전공을 세워 명주洺州 하북성 영년현(永年縣)자사를 지냈다. 석경당은 얼열계의 둘째 아들로, 석경당이란 이름은 자신이 진짜 한인漢人이라는 것을 표시하기 위하여 스스로 지은 이름이다.

　　아버지의 직무를 이어받아 군대에서 자란 석경당은 장성한 후엔 이사원李嗣源 867~933년 후당(後唐) 명종(明宗)의 부대로 들어가 복무하였다. 그는 사람됨이 과묵하여 말 수가 적었으나 가슴에 큰 뜻을 품고 있었으며 병법서 읽기를 좋아하여 고대의 명장인 이목李牧 미상~BC229년, 주아부周亞夫 BC199~BC143년를 숭배하였다. 이사원은 이 젊은이를 좋아하여 자신의 심복으로 삼았으며 자기의 딸을 그와 맺어주었다. 또한 자신의 군대 중 전투를 잘하는 '좌사군左射軍'을 맡도록 하였다.

　　이존욱李存勖 885~926년 후당(後唐)장종(莊宗), 이극용(李克用)의 아들이 하북河北을 얻은 후에 후량後梁의 상장군 유심劉鄩 858~921년의 습격을 받았을 때 군진을 펼칠 시간이 없어 심각한 손실을 입었다. 전군이 전멸할 상황에서 군대를 따르고 있던 석경당이 십여 기의 군사를 이끌고 강력하게 적진으로 돌진하였다. 자루가 긴 창을 비껴들고 적진을 동서로 오가며 막아서면서 상대방의 기세를 꺾어 본진이 위기에서 벗어나도록 하였다. 군대를 구한 큰 공! 이존욱은 석경당을 크게 표창하였으며, 그의 군대 내에서의 명성이 자자해졌다.

석경당石敬瑭 출처:百度 www.baidu.com

석경당은 이존욱을 구출했을 뿐만 아니라 이후 수년간의 종군생활에서 여러 차례 그의 장인인 이사원의 목숨을 구해주어 장인이 더욱 그를 중시하게 되었다. 피 튀기는 격전이 벌어지는 전쟁터에서 석경당은 얻기 쉽지 않은 용장이었다. 예측 불가능하게 변하는 정치계에서 그는 통찰력을 가진 모략가였다.

이존욱의 시기와 의심을 받는 시기에 이사원이 겨우 허락을 받아 군대를 이끌고 위박魏博 하북성 대명(大名)일대의 군사변란을 진압할 때, 이사원의 본진에서도 소란이 발생하였다. 이러지도 저러지도 못할 상황에 빠진 이사원은 낙양으로 돌아가 군주에게 자신의 마음을 표명할 준비를 하였다. 석경당은 이런 어리석은 방법에 반대하면서 이 기회를 틈타 깃발을 내걸고 대업을 이루어야한다고 생각하여 비밀리에 장인에게 말하였다. "군대를 이끌고 출병하였으나, 그 군대 내에서 소란이 발생하였는데 전체를 지휘하는 장군 혼자만 무사한 일이 어디에 있습니까? 머뭇거리는 것은 병가에서 꺼리는 것입니다. 지금 바로 남쪽으로 쳐내려감만 못합니다. 제가 삼백 여 기병을 이끌고 먼저 변주汴州 하남성 개봉(開封)로 진격하고자 합니다. 그곳은 천하의 요충지로 일단 우리 손에 넣으면 대업을 반드시 이룰 수 있습니다."

사위의 가르침을 얻은 이사원은 마음이 탁 트이면서 결단을 내렸다. 석경당이 선발대를 이끌고 먼저 떠나고 이사원이 그 뒤를 이어 대군을 몰아가서 제 때에 변주를 손에 넣었다.

이사원이 천하를 얻은 후에 석경당은 '진충건책흥복공신盡忠建策興復功臣'의 칭호를 받았다. 아끼는 장수이자, 사위이며, 공신이란 세 가지 특별한 명분을 한 몸에 가지게 된 석경당은 새 왕조에서 지위가 혁혁하였으며 덕망이 높았다. 그는 먼저 섬서陝西지역으로 들어가 최고군정장관이 되었는데 청렴한 정치를 폈다. 일 년이 못되어 그 지역의 통치가 잘 이루어졌다. 그 뒤에는 위박魏博지역을 다스렸는데 그 지역은 백성들이 사납고 송사가 많은 지역이어서 안건이 무수히 쌓여 있었으나 그는 부임하자말자 바로 이들을 전부 처리하여 안건이 대폭 줄어들게 하였다.

어디로 가든 석경당은 늘 육군제위부사六軍諸衛副使라는 직함을 가지고 있었다. 이 직위는 금군禁軍의 부장관 중에서 가장 높은 자리로 중요하기 그지없는 자리다. 금군의 최고장관은 이사원의 아들인 진왕秦王 이종영李從榮 미상~933년이 맡고 있었는데 석경당은 그의 사람됨을 잘 알고 있어서 조만간에 일을 저지를 것이라고 예측하고 있었다. 그래서 그는 완곡하게 이 직위를 거절하고 여러 대신의 도움을 받아 하동河東절도사로 전직하여 태원太原 산서성 태원으로 가서 군사업무를 맡았다.

태원은 북방의 군사중심이자 후당의 발원지여서 석경당은 부임한 후에 외부로는 거란에 대한 방어업무를 주재하면서 내부로는 현지의 민정을 관리하였다. 그는 생활이 검소 질박하였으며 여색과 오락을 가까이 하지 않았고 연회를 열지 않았다. 일이 끝난 후에는 늘 막료들을 불러 백성들의 어려움과 정치의 득실을 논하였다. 그는 일처리에 있어 총명하고 결단력이 있었으며, 겉모습에 미혹되지 않았다. 그가 내리는 판결은 원고와 피고 모두 마음으로 흔쾌히 받아들일 수 있었다. 정무처리를 잘 하면서 석경당은 인심을 얻었으며 그 명성이 더욱 커졌다.

당 명종이 죽자 그의 다섯째 아들인 이종후李從厚, 914~934년 민제(愍帝)가 제위에 올랐으나 이사원의 양아들인 이종가李從珂, 885~937년 폐제(廢帝)가 이에 승복하지 않았다. 몇 개월 지나지 않아 그가 봉상鳳翔에서 군사변란을 일으켰으며 낙양을 향해 진격하였다. 민제는 이를 당해낼 수 없어 성문을 열고 도망쳤다. 도망치는 길 위에서 마침 수도로 가던 석경당을 만났다. 석경당은 형세와 조정의 세력상황을 헤아려 본 후에 손을 뻗쳐 이 어린 황제를 도와주지 않았으며 반대로 그를 위주衛州 지금의 하남성 신향(新鄉), 학벽(鶴壁) 일대에 감금하고 그의 수종들을 전부 살해하였다.

이종가는 황제가 된 후에 형세를 살펴보았다. 강력한 군대를 거느렸을 뿐만 아니라 인심을 얻고 있는 석경당이 그에게 최대 위협이 된다고 여기게 되었다. 이에 온갖 계책을 세워 석경당이 기대고 있는 근거지인 태원에서 그를 분리시키려고 하였다. 폐제의 기세등등한 압박에 대한 석경당의 방침은 우선 이를 모른 척 하는 것이었으며 일단 어찌할 수 없는 지경에 이르면 거란과 연합하여 공동으로 조정에 대항하는 것이었다. 그는 부하들에게 말했다. "지금의 천자가 나를 의심하여 그 압박이 날이 갈수록 심해지고 있다. 내 본래 다른 뜻이 없었으나 조정에서 스스로 사단을 일으키고 있다. 태원은 험준한 지역이며, 비축한 곡식도 상당히 많다. 만일 조정에서 관대하게 나를 대한다면 내가 당연히 조정을 떠받들 것이다. 만일 반드시 군대를 보내오겠다고 하면 나는 장차 인근 국가에 이를 알리고 북쪽의 강적과 연합할 것이다."

그는 중앙의 이동 명령에 병이 나서 움직일 수 없다고 하였다. 이에 폐제는 그의 관직과 작위를 삭탈한다고 명령을 내리고 부대를 보내 태원을 포위하였다. 석경당은 미리 계획했던 방안대로 행동하였다. 그의 심복인 상유한桑維翰 898~947년을 거란에 보내 야율덕광耶律德光 902~947년과 담판을 하였다. 밀고 당기고 한 끝에 상대방이 제시한 굴욕적인 조건에 동의하였다. 석경당이 야율덕광을 아버지로 모시고 연운燕雲 16주를 떼어주며, 매년 30만 필의 비단을 바친다는 조건이었다.

연운 16주는 지금의 하북河北성, 산서山西성의 광활한 땅으로 유주幽州, 지금의 북경 일대, 계주薊州, 지금의 하북성 계현, 영주瀛州, 지금의 하북성 하간(河間), 막주莫州, 지금의 하북성 임구(任丘), 탁주涿州, 지금의 하북성 탁현, 단주檀州, 지금의 하북성 밀운(密雲), 순주順州, 지금의 북경 순의(順義), 신주新州, 지금의 하북성 탁록(涿鹿), 규주嬀州, 지금의 하북성 회래(懷來), 유주儒州, 지금의 하북성 연경(延慶), 무주武州, 지금의 하북성 선화(宣化), 울주蔚州, 지금의 하북성 울현, 운주雲州, 지금의 산서성 대동(大同), 응주應州, 지금의 산서성 응현, 환주寰州, 지금의 산서성 삭현(朔縣) 동쪽의 마읍진(馬邑鎭), 삭주朔州, 지금의 산서성 삭현등 지역이다.

장흥長興7년(936년) 야율덕광이 직접 군대를 이끌고 석경당을 구원하러 왔으며 후당의 군대를 대파하였다. 중원을 지배하기 위하여 야율덕광은 석경당을 무대로 올려 친 거란 정권을 건립하기로 결정하였다. 그가 석경당에게 말했다. "내가 삼천리를 달려와 난을 제압하였으니 네가 반드시 성공할 것이다. 너의 모습과 식견을 보니 진정한 중원의 주인이다." 석경당은 한 바탕 양보하는 척 몸짓을 한 후에, 야율덕광이 그를 위해 마련해 놓은 보좌에 올라 '아들 황제'가 되었으며, 국호를 대진大晉이라 하고 연호를 천복天福으로 하였다. 아들황제는 45세였고 아버지 황제는 34세로 아들의 나이가 많고 아들의 나이가 적어

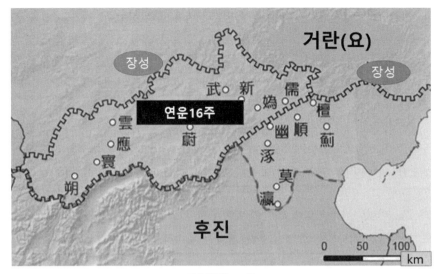

연운(燕雲) 16 주

중국역사상 드물게 보는 골계를 연출하였다.

　황제에 오른 후에 거란이란 산에 기대어 석경당은 낙양을 향해 대반격을 하였다.

　후당의 군대는 계속해서 패배하였으며 폐제는 스스로 불을 질러 죽었다. 후당 군대의 남아있는 역량을 소멸시키거나 항복을 받으면서 석경당은 수도를 개봉開封으로 정하였다. 석경당은 마침내 황제의 꿈을 이루었다. 그러나 이 꿈은 엄청난 대가 즉, 북방의 요충지인 연운 16주를 거란의 손에 넘겨준 데다 끝도 없이 공물을 바치는 대가로 얻은 것으로 정부와 백성들에게 너무 무거운 짐을 지게 하였다. 장군 안중영安重榮 900~942년은 "중국을 낮추고 오랑캐를 높이어, 백성을 어려움에 빠뜨리고 자신의 끝없는 욕망을 채운 이 진晉나라는 만고의 치욕이다!"라고 말하였다.

　'아들 황제' 노릇을 하기는 쉽지 않았다. 석경당은 온갖 억울함을 겪었다. 거란의 사절이 진나라에 오면 의기양양하여 마음 내키는 대로 진나라 조정에 욕설을 퍼붓고 모욕을 주었으나, 석경당은 거듭거듭 몸을 낮출 수밖에 없었으며 그저 듣기 좋은 말만 하였다. 거란의 실력과 끊임없는 쥐어짜기로 인해 조정안은 주전파와 주화파 둘로 나뉘어졌다. 그는 모욕을 당할 수밖에 없었다. 주전파와 주화파 사이를 오갔지만 끝끝내 거란에 대해 전쟁을 선포하지 못하고 울분을 삭이면서 계속해서 '아들황제' 노릇을 하였다.

통치권을 지키기 위하여 석경당은 후당 명종의 일부 정책을 회복하였다. 농업을 발전시켜 창고를 채웠으며 상인들에게 편리함을 주어 화물의 유통이 원활히 이루어지게 하여 중원지역에 약간의 생기가 돌게 하였다. 그러나 등극한 후에 그 자신의 생활이 방탕해졌으며 사치가 극에 달하여 궁전 전체를 금과 옥, 비취로 장식하였다. 누군가가 반란을 일으키는 것을 막기 위하여 수많은 머리털을 곤두서게 하는 잔혹한 형벌을 만들어냈다. 예를 들면 코에 물 붓기, 혀 자르기, 신체 해체, 살을 후벼 파내기, 불에 태워 죽이기, 삶아죽이기 등등이었다. 그는 문관들을 믿지 못하였다. 문관들은 대부분 나라가 아니라 그들의 자손을 위해 일을 도모한다고 여겨서 대량으로 환관을 등용하여 환관이 다시 궁정에 가득 차게 하였다.

천복天福 7년(942년) 석경당은 거란의 압박으로 인해 우울해 하다 병을 얻어 죽었다.

진晉 고조高祖 석경당은 후진의 건립자이다. 그는 용맹함, 권모술수를 통해 여러 차례 공을 세웠고 명종明宗 이사원의 사위로 후당 정치계의 고위층이었다. 그는 정치생애 전기에는 청렴하게 자신을 관리하고 백성의 심정을 잘 헤아려서 백성들을 위하여 유익한 일을 할 수 있었다. 후기에는 자신을 보호하기 위하여 또한 권력의 정점에 오르기 위하여 자기나라의 이익을 팔아먹는 것도 아끼지 않았다. 거란의 지지를 받아 부끄러움도 없고 청렴함도 없이 후대에 추하고 더러운 냄새를 남긴 '아들 황제'가 되었고 끝내는 역사의 치욕스러운 기둥 위에 못 박혔다.

시영

시영柴榮 921~959년은 나중에 곽영郭榮으로 이름을 바꾸었다. 후세에서는 시柴 세종世宗으로 불렸으며, 형주邢州 용강龍崗 지금의 하북성 형대(邢臺)사람이다. 부친은 시수례柴守禮로 사회의 하층민이었다.

가세가 완전히 기울자 젊은 시영이 곽위郭威 904~954년 후주(後周) 태조(太祖)에게 시집간 고모에게 몸을 맡겼다. 그는 용모가 당당하면서 사람됨이 공손하고 함부로 굴지 않는 기질과 덕스러움이 있었다. 말이 많지 않았고 일처리가 성실하여 곽위가 그를 심히 좋아하여 양아들로 거두어 들였다. 당시의 곽위는 아직 이렇다 할 지위가 없었던 상황으로 가계 형편이 별로였다. 시영이 양아버지를 위해 장사를 하여, 강릉江陵으로 가서 찻잎 등 화물을 판매 운송하였다. 그는 장사를 하면서도 다른 한편으로는 문무를 열심히 익혔다. 이런 훈련을 통해 그는 말 타기와 활쏘기 등 무예에 정통하였으며, 역사서와 도교(황로黃老)의 저작들을 대량으로 읽었다.

후한後漢 건국 후에 양아버지가 정권의 핵심인물이 되자 그는 상업계를 떠나 좌감문위대장군左監門衛大將軍직을 맡았다. 양아버지가 업도鄴都 하남성 안양(安陽)시 북쪽 일대에서 군사를 움직여 개봉으로 쳐들어 갈 때, 그는 업도를 지키도록 명령을 받아 세력 근거지의 일을 주재하였다. 양아버지가 후주後周 황제가 되자 그는 일련의 빛나는 직무를 맡게 되었다. 양아버지는 아들들이 전부 후한 은제 隱帝 유승우(劉承祐) 931~951년에 의해 살해되었기 때문에 그가 유일한 계승자여서 진왕晉王으로 책봉되었다.

현덕顯德 원년(954년) 후주 태조가 붕어하자 진왕이 유명에 따라 문무백관의 추대로 황제위에 올랐다. 후주 세종이 제위에 오른 후에 개인적인 소망을 세워 하늘이 그에게 30년의 시간을 주기를 원하였다. "과인이 10년의 시간을 들여 천하를 개척하고, 10년의 시간을 들여 백성을 보살피며, 10년의 시간을 들여 태평성세를 이루고자 한다."

새 황제가 등장하자 사회에 새로운 기상이 나타났다. 5년여의 통치 생애 중에 그는 힘을 다하여 국가를 잘 다스려 가면서 마침내 역사의 새로운 국면을 열어갔다.

후한이 망한 후에 유숭劉崇 895~954년을 우두머리로 하는 세력이 남아 태원에 북한北漢정권을 건립하였다. 유숭은 후주를 극도로 적대시 하였다. 세종이 등극한 후 얼마 되지 않아 유숭이 석경당을

세종柴榮 출처:百度 www.baidu.com

본 떠 거란과 연합하여 공동으로 후주를 공격해 왔다. 세종은 화해하라는 의견을 물리치고 직접 군사를 이끌고 나가 적과 싸웠다. 두 군대가 서로 맞닥뜨리자 고평高平 지금의 산서(山西)성 지역에서 대규모 전쟁이 발발하였다.

적군의 연합세력은 강력한 군사와 날랜 말들로 그 기세가 흉흉하여, 단번에 주나라 군대를 집어삼킬 기세였다. 주나라 군대는 그들에 비해 군사가 적고 얼핏 보아도 세력이 아주 빈약해 보였다. 유숭은 자신의 강력함을 드러내려고 자기의 군대만으로도 승리를 얻을 수 있다고 말하면서 거란군은 옆에서 구경하라고 하였다. 후주 세종은 직접 갑옷을 입고 싸움터로 나가 군사들을 독려하였다. 싸움이 개시되자 북한 군대가 강력한 공세를 펼치면서 주나라 군대의 우익을 허물어뜨렸다. 형세가 지극히 위험한 순간에 세종이 군사들의 사기를 돋우려고 직접 병력을 이끌고 우익을 향해 돌진해 갔다. 조광윤趙匡胤 927~976년 송(宋) 태조(太祖), 장영덕張永德 928~1000년 후주, 북송초기 명장 등 장수들이 목숨을 걸고 싸우면서 마침내 무너진 전열을 가다듬게 되었으며, 뒤에 도착한 구원군의 협력하에 그 기세를 업고 역공을 가하면서 적군을 전면적으로 붕괴시켰다. 유숭은 머리를 감싸고 태원으로 달아났다.

고평의 전쟁을 승리하면서 후주는 온 천하에 군사적 우위를 확립하였다.

세종은 전쟁 중에 드러난 군대의 결함과 '제후'들의 세력이 커서 이를 없애기 어려운 현상에 대처하기 위하여 대폭적으로 군대제도를 개혁하였다. 그는 번진藩鎭에 있는 가장 전투력이 강한 병사들을 중앙으로 보내도록 명령을 내렸으며, 그 병사들을 기초로 하여 노약한 병력을 도태시켜 절대적 우세를 지닌 금군禁軍을 구축하였다. 이로써 그는 기본적으로 중앙이 지방을 유효적절하게 통제할 수 있게 하였다. 그는 장수들과 신료들을 다루는데 있어 은혜와 위엄 두 가지를 사용하였다. 할 말이 있으면 그 자리에서 바로 말하였고, 상을 받아야 할 자에게는 상을 주고, 벌을 주어야 할 자에게 벌을 줌으로써 자신의 위신을 확고히 세우게 되면서, 그 당시의 병폐였던 다스리기 어려운 교만한 병사와 사나운 장수들을 휘어잡았다.

이와 동시에 세종은 태조의 정치와 경제개혁 정책을 계승하였고 심화확대하기 시작하였다.

그는 좋은 천자, 좋은 정부, 좋은 관리의 형상을 세우려고 노력하였다. 자신이 앞장서서 검소 질박한 생활을 하면서 밑에서 그에게 진상하는 진귀한 보석, 기물 및 맛있는 음식을 거절하였다. 식견이 있는 선비를 파격적으로 선발하여 일처리가 효율적인 정부를 구성하였다. 과거시험을 정비하여 재능이 있는 자들이 입신하는 길이 열리도록 보장하였다. 『대주형통大周刑統』을 수정하여 형벌의 남용과 가혹한 법을 없앴다. 관리들이 행정을 깨끗하게 시행하도록 제도를 정비하였으며, 부패하고 법을 제멋대로 적용하는 관원들에 대해선 조금도 봐주는 것 없이 타격을 가하였다. 예를 들면 세수를 주관하는 대장군 맹한경孟漢卿이 정해진 세금 외에 백성들에게 더 많이 거두어들인 일이 발생하자, 그를 극형에 처했다.

그는 관원들 각자가 '군주 노릇하기 어렵고 신하 노릇하기 쉽지 않다爲君難爲臣不易論'는 제목의 문장을 한편씩 쓰도록 하였다.

그는 국가가 강대해지려면 가장 기본적으로 백성에게 의지해야하며, 그들이 생산을 발전시키는데 기대어 국가의 부를 증가시켜야 한다는 것을 알았다.

이에 따라 그는 각 부문에 손을 써서 백성들의 생존환경을 조정하여 그들의 생산조건을 개선하였다. 세금을 낮추고 불합리한 비용들을 없앴다. 『균전도均田圖』를 반포하여 경작자가 땅을 갖도록 노력하였다. 유랑하는 사람들을 모아서 노동력의 부족을 해결하였다. 수리시설을 정비하고 새로 만들어 황하와 변하汴河의 물길을 잘 다스렸다. 구리로 만든 불상들을 녹여 동전을 주조하여 상업유통을 촉진시켰다.

매 조치마다 효과가 있었다. 매 조치마다 조리가 있던 세종은 몇 년 지나지 않아 국가를 부강하게 만들었다. 국력이 강해지면 일하기가 수월해진다. 세종은 점차 증가하는 국력에 기대어 그의 원대한 구상 즉, 남북 정벌을 통해 전국을 통일한다는 구상을 향해 진군하기 시작하였다.

첫 전략적 발걸음으로 군대를 서쪽으로 발진시켰다. 서쪽의 진秦 지금의 감숙성 천수(天水), 봉鳳, 지금의 섬서성 봉현(鳳縣) 동쪽지역, 성成 지금의 감숙성 성현(成縣), 계階 지금의 감숙성 무도(武都)의 네 개 주州는 원래 중원정권에 속하는 지역이었지만 거란이 중원에 침입한 후에 후촉後蜀으로 복속되었었다. 현지에선 후촉이 과중하게 세금을 거두어들이는 것을 감당할 수 없으니 중원으로 복귀하자는 백성들의 소리가 날이 갈수록 커졌다. 세종은 이러한 유리한 바람을 이용하여 대군을 보내이 땅들을 수복하였다. 불과 반년의 시간 만에 네 지역의 성벽위에 후주의 깃발을 가득 꽂게 되었다.

두 번째 전략적 발걸음으로 군대를 남방으로 보냈다. 남방으로 가서 싸운 대상은 남당南唐이었다. 남당은 큰 나라이고 실력이 강해서 싸우기 어려웠으며 굉장히 어려운 싸움을 하였다. 2년 5개월의 오랜 기간 싸움을 하였는데 세종 본인이 세 차례나 직접 정벌에 나섰다. 첫 번째 정벌에서 후주군의 강력한 작전을 통해 적지 않은 지방을 빼앗았으나 여러 가지 원인으로 얻었던 땅을 다시 잃었다. 성공을 눈앞에 두고 실패하고 말았다. 두 번째 친정에서 후주군이 수륙 양군을 동원하여 수주壽州등 지역을 얻었으나 기후의 문제로 철군하여 북으로 돌아갔다. 세 번째 친정 시에는 후주의 군대가 힘을 내서 강북지역 10개 주를 정복하였으며 동시에 수백 척의 전선을 장강에 진수시켜 도강을 준비하였다.

금릉金陵 지금의 강소성 남경(南京). 남경은 이외에도 건강(建康), 강녕(江寧), 응천부(應天府),천경(天京),건업(建鄴), 석두성(石頭城) 등으로 불렸다.에 있던 남당의 군주 이경李璟 916~961년, 남당 제2대 황제은 사태가 심상치 않음을 보고 '남아있는 강산'을 지키기 위하여 아주 말을 잘 하는 대신 종모鍾謨, 이덕명李德明을 파견하여 강화를 요청하였다. 세종은 사절들이 입을 열기도 전에 먼저 기풍 있고 위엄 있게 말했다. "너희들이 교묘한 말로 과인이 군대를 물리길 바라고 있는데, 이는 과인을 육조시대의 어리석은 놈들과 비교하고 있는 것이다. 어찌 이렇게 사람을 볼 줄 모른단 말이냐? 너희는 더 말할 필요가 없다. 속히 돌아가서 너희 주인에게 이야기하라. 그로 하여금 바로 와서 과인에게 절하게 한다면 그나마 사정이 좋을 것이다. 그렇지 않다면 과인이 금릉성을 반드시 내 눈으로 볼 것이며 창고에 있는 것으로 군대에게 상을 내릴 것이다. 그때 가서 너희는 후회하지 말라!"

이경은 더 이상 대항할 방법이 없자 땅을 떼어주고 강화를 요청할 수밖에 없었기에 기타 네 주를 한꺼번에 세종에게 헌납하였다.

세종은 세 번째 정벌에서 남당의 14개 주를 얻었다. 광光 지금의 하남성 황천(潢川), 수壽 지금의 안휘 수현(壽縣), 려廬 지금의 안휘성 합비(合肥), 서舒 지금의 안휘성 잠산(潛山), 기蘄 지금의 호북성 기춘(蘄春), 황黃 지금의 호북성 황강(黃岡), 저滁 지금의 안휘성 저현(滁縣), 화和 지금의 안휘성 화현(和縣), 호濠 지금의 안휘성 봉양(鳳陽) 동쪽, 사泗 지금의 강소성 우이(盱眙) 맞은 편, 초楚 지금의 강소성 회안(淮安), 양揚 지금의 강소성 양주(揚州), 태泰 지금의 강소성 태주(泰州), 통通 지금의 강소성 남통(南通).

그는 세 번째 단계 전략으로 병거를 북쪽으로 돌렸다. 북쪽지역은 거란으로 세종이 여전히 직접 정벌에 나섰다. 북벌이 대단히 순조로워 불과 40여일 사이에 손쉽게 거란의 손에서 와교瓦橋 지금의 하북성 웅현(雄縣), 익진益津 지금의 하북성 패현(覇縣), 어구淤口 지금의 하북성 패현 동쪽의 신안진(信安鎭)의 세 관구, 녕寧 지금의 하북성 청현(靑縣), 막莫 지금의 하북성 임구(任丘) 북쪽, 영瀛 지금의 하북성 하간(河間) 3주 등 지역을 획득하였다.

깃발을 죽 펼치면서 그는 여전히 유주幽州를 직접 취하려고 하였지만 그만 병이 들어 남쪽으로 철군할 수밖에 없었다.

개봉으로 돌아온 후에 세종이 병들어 죽었다. 겨우 39세였다.

세종柴榮, 郭榮은 오대 시대 가장 실력을 발휘한 정치가이다. 그는 장기간 세상을 떠돌며 경험을 쌓았기 때문에 민간의 질곡을 깊이 알고 있었으며, 시대의 흐름을 깊이 알고 있었다. 제위에 오른 후에 그는 시대조류에 순응하여 태조의 계보를 이어 전면적으로 개혁을 진행하였다. 개혁에 기대어 후주의 국력을 신장시켰으며 또한 상승하는 국력에 기대어 그는 전쟁의 힘듦과 어려움을 사양치 않고, 자신이 직접 대군을 이끌고 남북을 정벌하여 이전에 없던 군사적 성취를 이루었으며, 분열을 끝내고 천하를 통일하는 서막을 열었다.

지방의 강자들

양행밀楊行密

양행밀楊行密 852~905년은 자가 화원化源이며 원래 이름은 행민行愍으로 여주廬州 합비合肥 지금의 안휘성 합비사람이다. 그는 어려서부터 고아로 집안이 찢어지게 가난하였다. 그는 기골이 장대하고 힘이 좋아서 백근을 가볍게 들 수 있었으며, 하루에 삼 백리를 갈 수 있었다. 당唐 건부乾符 874~879년 시기에 강회江淮 양자강회하 일대 지역은 사람들이 살 수 없을 정도로 민심이 흉흉한 상황이었다. 여기저기 도둑들이 떼거리로 나타났으며 생활 기반이 없던 양행밀도 강도일당에 가입하였다. 강도를 하다보면 결국은 실수하는 경우가 있는데 한번은 관청에 붙잡혔다. 이치에 따르면 엄한 벌을 받아야 마땅했지만 자사刺史 정계鄭棨 생졸년대미상 건부시기 여주(廬州)자사 가 그의 생김새가 건장하고 비범한 것을 보고, 참으로 기이한 일이라고 여겨 그를 놓아주었다.

주州에서 병사를 모집할 때 달리 갈 곳이 없었던 양행밀은 이에 응모하였고 현지의 부대에 편제되었다. 신체가 크고 힘이 세며 특히 담이 커서 본부대가 진종권秦宗權 미상~889년과 전쟁을 치룰 때 그는 싸움 때 마다 매번 적군을 포로로 잡았으며 이로 인해 졸병에서 대장隊長으로 승진하였다. 그 후에 그는 삭방朔方 지금의 영하 자치주 영무(靈武) 서남쪽의 변경으로 파견되었다. 그곳에 간지 일 년 후에 돌아왔는데 돌아 온지 얼마 지나지 않아 그의 상사가 그를 싫어해서 그에게 다시 변방으로 가라고 요구하였다. 그는 화를 내며 상사의 머리를 잘라버렸다. 그는 100여 명의 용감하지만 별 볼일 없는 군사들을 불러 모아 군사반란을 일으켰으며 자신을 '팔영도지병마사八營都知兵馬使'라 칭하였다. 이에 자사 랑유복郎幼復이 놀라서 성을 버리고 도망갔다. 그는 기회를 잡아 부대를 손아귀에 넣고

양행밀楊行密 출처:百度 www.baidu.com

성을 점거하였다. 조정은 사정이 급박하자 그를 여주자사廬州刺史로 임명하였다.

여주廬州는 회남淮南에 위치하여 있었고 그 중심이 양주揚州였다. 당시 양주는 당 말기의 명장인 고병高駢 821~887년이 통제하고 있었으나, 통치기간이 오래되면서 점점 더 혼용해졌고 더욱이 미신에 빠져 요괴를 믿으면서 엉망으로 정치를 하였다. 그의 부장인 필사탁畢師鐸 미상~888년이 그에게 배척을 받자 고우高郵에서 병사를 일으켜 선주宣州를 차지하고 있던

진언秦彦과 연합하여 양주를 점령하고 고병을 옥에 가두었다. 성이 함락되기 직전에 고병은 양행밀에게 구원을 요청하였다.

양행밀은 그를 구원하려고 부대를 이끌고 달려갔다. 성안의 연합군과 치열한 공방전을 전개하였으며, 계책을 써서 적군을 유인하여 성 밖으로 나와 싸우도록 하였다. 매복시켰던 병사를 동원하여 적군을 대파하였다. 필사탁은 혼자서 포위망을 뚫고 달아나, 성으로 들어간 후에 고병을 살해하였다. 양행밀은 전군에 하얀 옷을 입히고 성을 향해 3일간 크게 울게 하여 슬퍼하는 병사들의 기운을 북돋았다. 뒤이어 성을 공격하라는 명령을 내렸으며, 병력을 서문에 집중하여 맹렬히 공격하여 성으로 진격해 들어갔다. 필사탁은 진언과 함께 도망쳤다.

성안은 참혹한 광경이었다. 주민들이 오랫동안 굶주렸기 때문에 서로가 서로를 죽여 배고픔을 채웠다. 더욱 살 떨리게 하는 일은 남편이 아내를 아비가 자식을 끌고 가 백정에게 팔아 치면 백정이 산 사람을 마치 돼지나 양처럼 살을 잘라서 덩어리를 만들어 판매대에 걸어놓고 팔았다. 양행밀이 군량을 사용하여 백성을 구

제하였으나 장작더미에 한 사발의 물을 붓는 격으로 전혀 도움이 되지 않았고 그 저 억지로 버틸 뿐이었다.

외부의 원조를 얻기 위하여 그는 중원의 주온朱溫 후량 태조 주전충에게 복속한 다는 표를 올렸다. 주온은 그 때 이미 당조정을 향해 회남절도사의 관직을 요 구한 상황이어서 양행밀과 결맹하는 것을 겉으로는 동의하면서 암암리에 군대 를 보내 양주를 접수하려고 하였다. 양행밀이 그러한 단서를 보고는 명확하게 항명하며 불복종하는 입장을 표시하였다. 주온은 일시적으로 양주를 돌아볼 수 없는 상황이어서 어쩔 수 없이 양행밀의 회남에서의 지위를 인정하였다.

성안에 양식이 심각하게 부족하였고 외부로는 기댈 곳을 찾지 못하자 양행 밀은 성을 지킬 의지를 잃어버렸다. 성에서 나가 다른 곳에서 발전을 꾀하려고 하였다. 그러나 그가 결단을 내리기도 전에 진종권의 부장 손유孫儒 미상~892년가 자신에게 투항한 필사탁과 진언을 죽이고 그들의 잔여 병력을 집어삼킨 후에 대대적으로 양주로 진격해 와 성을 포위하였다. 성 바깥이 손유에게 점령당하 면서 양주는 완전히 고립되었다. 안팎으로 어려움에 처하여 양행밀이 어떻게 노력을 해도 도저히 이 성을 지킬 수 없게 되자 그는 한 줄기 길을 열어 근거 지인 여주廬州로 돌아갔다.

그는 여주에 의지하면서 전략적 배치를 다시 새롭게 하였다. 우선 선주宣州 지금의 안휘성 선성(宣城)를 공략하여 관할지를 확대하였다. 이후에 소주蘇州, 상주常 州, 윤주潤州, 저주滁州, 화주和州, 초주楚州 등 지역을 파죽지세로 취득하면서 세 력을 오늘날의 강소성, 절강성, 강서성, 호북성 등 지역으로 펼쳐나갔다.

손유는 양주를 계속해서 지켜나갈 수가 없는데다 양행밀의 세력이 커나가 는 것을 원하지 않았기 때문에 불을 놓아 성을 태워버리고 늙고 약하고 병들 고 불구인 백성들은 죽여 군량으로 삼았으며, 건강한 백성들은 가축 몰듯이 몰 아 양자강을 건너게 한 후에 50만 대군이라 칭하면서 선주宣州로 달려들었다. 세력이 현격하게 차이가 났기 때문에 몇 차례 싸움에서 양행밀의 장령들이 계 속해서 패배하였다. 양행밀은 대단히 비관적이 되어 선주를 포기하려고 하였다. 막료인 대우규戴友規가 반대하였다. "손유의 기세가 날카롭고 병력도 많은 상황이어서 그 칼날을 쉽게 감당할 수는 없지만 좌절시킬 수는 있습니다. 적의 무리를 제압할 수는 없지만 피곤케 할 수는 있습니다. 만일 이를 피하여 이곳을 버린다면 형세를 보건대 반드시 적에게 사로잡히게 될 것입니다." 장군 유위劉威도 이러한 관점에 동의를 표하면서 구체적인 전술을 내놓았다. "성과 해자垓子를 배경으로 삼아 울타리 방책을 구축하면 싸우지 않고 적군을 피로하게 할 수 있습니다."

양행밀이 그들의 주장을 받아들여 굳게 지키며 전혀 출병하지 않았다.

손유는 울타리 방책에 막혀서 반발자국도 나갈 수 없었다. 시간이 조금 더 흐르자 군대 내에서 전염병이 돌아 신속하게 군사의 수가 줄어들었으며 손유 본인 역시 병이 들어 일어날 수 없었다. 양행밀은 기회를 틈타 공세를 펼쳐 적군을 대파하고 손유를 사로잡았으며 그의 목을 쳐서 백성들에게 보여주었다.

손유를 없앤 양행밀은 한 걸음에 양주로 들어갔다. 승리자의 자세로 양주에 다시 돌아간 양행밀은 두 분야의 일에 착수하였다. 사람의 종적이 거의 단절된 회남淮南을 목표로 그는 백성과 함께 휴식을 취하는 정책을 실행했으며 유랑민들을 정착시키며 생산을 발전시켰다. 손유의 잔여 부대를 개편하여 날랜 장수와 강한 병졸들을 선발하여 친위부대를 만들고 검은 옷을 입혀 '흑운도黑雲都'로 불렀다.

백성을 너그럽게 대하고 군대를 정비하면서 양행밀은 독자적으로 한 파벌을 형성하여 맹주의 깃발을 세웠다. 성을 공략하고 땅을 빼앗으면서 회남 남쪽으로부터 양자강 동쪽까지 전부가 양행밀의 판도로 들어왔다. 싸우며 싸우고 또 싸웠다. 후량과 싸우고, 오월吳越과 싸우고, 제후들과 싸우고, 반군들과 싸우고…… 지리상의 변경선이 늘어나기도 줄기도 하였지만 회남은 처음부터 끝까지 양행밀의 천하였다.

누군가가 실력이 있고 기반을 가지고 있으면, 조정은 바로 그 사람을 인정하였다. 당唐소종昭宗이 연달아 조서를 내려 보냈다; 양행밀을 회남절도사로 제수하고 오吳왕으로 책봉하였다.

양행밀이 회남에서 땅을 점거하고 왕을 칭하는 것을 보고 줄곧 회남에 대한 기도를 포기하지 않고 있던 주온朱溫이 중원의 형세가 다소 안정되자 즉각 대군을 징발하여 진격해왔다. 그는 대장 갈종주葛從周 미상~915년 후량의 명장에게 군대를 이끌고 안풍安豐 지금의 안휘성 수현(壽縣) 남쪽지역에 주둔하면서 기회를 기다리다 수주壽州 지금의 안휘성 수현(壽縣)를 공격하라고 명령하였으며, 대장 방사고龐師古 851~897년에게는 군대를 이끌고 청구淸口 지금의 강소성 회음(淮陰)의 서쪽지역에 주둔하면서 양주揚州를 목표로 삼도록 하였으며 자신은 직접 주력부대를 이끌고 후방에서 전방의 좌우군과 호응하였다.

태산이 찍어 누르는 듯한 기세로 몰려오는 적군에 대하여 상대적으로 역량이 부족한 양행밀은 우세한 병력을 한 곳에 집중하여 각개 격파하는 전략을 취하였다. 그는 우선 청구를 공략하였다; 물이 많은 지리조건을 이용하여 큰 수로를 판 후에 방사고의 군대를 수몰시켰으며, 그 기회를 이용하여 적은 군대로 다수의 군대를 격파하였고 전장에서 방사고의 목을 베면서 대승을 거두었다. 그런 후에 여세를 몰아 소식을 듣고 이미 철수하고 있는 갈종주의 부대를 추격하여 대승을 거두었다. 후량 군대는 전 전선이 무너지면서 중원으로 퇴각하였다.

대외전쟁과 동시에 양행밀은 내부의 정치관계 정리에 착수하였다. 당초 그가 여주에서 군사를 일으킬 때 일군의 지방호걸들과 사귀었는데 그중에 전군田頵, 안인의安仁義, 주연수朱延壽, 유위劉威, 도아陶雅, 서온徐溫, 유금劉金 등이 있었으며 이들을 36 영웅이라고 불렀다. 수년간의 군사생애 속에서 그들은 양행밀을 위해 혁혁한 전공을 세웠다. 사업이 커져감에 따라 그는 전군, 안인의, 주연수의 세 사람이 아주 사납고 다루기 어렵다고 여기게 되어 그들을 제거하기로 결심하였다.

전군, 안인의 두 사람은 사태가 심상치 않음을 보고 반기를 들었으나 하나하나 진압되었다. 그는 또한 눈이 실명한 척하면서 거짓으로 대업을 주연수에게 주려한다고 속여서 주연수를 자기에게 오게 하여 그 자리에서 찔러 죽였다.

수하의 장군을 악주鄂州 지금의 호북성 무창(武昌)에 보내 그곳을 점거한 두홍杜洪을 잡아와 양주에서 참수한 후에 양행밀은 병이 들었다. 몇 개월 지나지 않아 그가 평생 힘들여 얻어 온 강산을 후세에게 남겨주었다.

그의 둘째 아들 양위楊渭가 등극한 후에 권신 서온徐溫 862~927년의 기획을 통해 오吳나라의 건국을 선포하였다. 그의 넷째 아들 양부楊溥 910~938년가 스스로 황제가 되어 아버지에게 '태조무황제太祖武皇帝'라는 존호尊號를 올려 주었다.

양행밀은 오대십국의 십국의 하나인 오吳나라의 기초를 놓은 사람이다. 정부의 핍박으로 백성이 어쩔 수없이 반란을 일으킬 수밖에 없었던 시대에 그는 담력과 힘에 기대어 생명의 위험을 무릅쓰고 싸워 영웅이 되었고 한 지역을 차지하는 자가 되었다. 그는 문화수준이 없었고 글도 읽지 못하였지만 뛰어난 호소력과 고도의 조직력, 정밀한 관찰력으로 수많은 인재를 끌어 모아 대사를 이루었다. 그가 회남을 차지한 후에 백성에게 혜택을 주는 관대한 정책을 취하여 오랜 기간 전쟁을 치르며 고통을 겪은 백성들이 어느 정도의 삶을 회복하도록 하였다. 회남淮南경제의 회복은 양행밀이 이렇게 할 수 있는 기초를 제공하였다.

왕건

왕건王建 847~918년은 자가 광도光圖이며 허주許州 무양舞陽 지금의 하남성 무양사람으로 가계에 관한 내용은 자세히 알 수 없다.

소를 도살하고 당나귀를 훔치고 사제 소금을 판매하면서 왕건은 나이가 적은데도 자신이 거주하는 지역에서 무뢰배로 이름을 떨쳤다. 집안에서 여덟째였기 때문에 사람들이 그를 '도적 왕팔賊王八'이라 별명을 붙였다. '도적 왕팔'의 이름은 듣기에 거북하였지만 사람됨은 도리어 민첩하고 용맹하였고 생기기도 아주 괜찮았다. 풍속에 어긋나고 금기에서 벗어나는 일을 얼마 정도한 후에 그는 군대와 도적떼가 본래 같은 종류라는 것을 보고 안전함을 얻기 위하여 충무군忠武軍에 응모하여 참가하였다. 진종권秦宗權은 후한 상을 주면서 용사들을 모집하였다. 그는 소속부대를 바꾸어 진종권의 군대로 가서 하급군관자리를 채웠다.

당시 황소黃巢가 반란을 일으켜 엄청난 난리를 일으키면서 장안長安을 함락시키자 당唐 희종僖宗이 사천의 촉나라로 도망갔다. 진종권이 감군 양복광楊復光을 원수로 삼고 군관 녹안홍鹿晏弘을 장군으로 삼아 부대를 이끌고 장안으로 가서 황제를 모셨으며 왕건은 이를 따라서 갔다. 그 일 후에 양복광이 부대를 8도都로 나누었다. 1도는 일천 명으로 구성되어 있었는데 왕건은 도두都頭로 임명되었다. 양복광이 죽은 후에 녹안홍이 전체를 이끄는 우두머리가 되었다. 왕건은 그와 화합하지 못하여 진휘晉暉, 한건韓建, 장조張造, 이사태李師泰 네 명의 도두와 함께 각각 자기 부대를 인솔하고 촉나라에 가서 당 희종에게 직접적으로 의지하였다.

여러 차례 껍데기뿐인 천자를 하였던 당희종은 크게 기뻐하면서 '황제의 어가를 따른 오도隨駕五都'라는 호를 내렸으며, 그들을 최고 군사장관인 십군관 군용사十軍觀軍容使 전령자田令孜 미상~893년의 직속으로 배치하였다. 전령자는 권력을 쥔 환관으로 이 몰락한 조정을 통제하고 있었다. 그는 왕건 등 다섯 명을 마음에 들어 하여 그들을 양자로 거두었다. 비록 추종하였던 사람이 어려움에 처한 이름뿐인 천자였지만, 왕건이 이쪽으로 감으로써 그의 신분이 크게 높아져서 이전의 그와 같이 논할 수 없었다. 제일 높은 정치상징의 신변에 있으면서 그의 식견이 늘어났으며 안목이 넓어졌다.

장안이 수복된 후에 당 희종은 수도로 되돌아갔으며, 왕건은 금군禁軍인 신책군神策軍의 주요 장령이 되어 군주를 보위하는 중책을 맡게 되었고 자사刺史들을 원격지시하는 직도 맡았다.

그러나 희종이 장안으로 돌아온 지 몇 년 되지 않아 전령자와 하중절도사河中節度使 왕중영王重榮 사이에 소금판매 이익을 놓고 싸움이 벌어져 서로 군대를 동원하는 일이 벌어졌다. 왕중영은 진晉의 군대와 연합하여 장안을 공격하였으며, 당희종은 어쩔 수 없이 다시 도망을 갈 수 밖에 없어 흥원興元 지금의 섬서성 한중(漢中)으로 도망갔다. 왕건은 청도사淸道使로 임명되어 군주와 옥새를 호위하였다. 도중에 큰 화재가 일어나 잔도棧道가 진한 연기에 휩싸였으며 거의 끊어지려고 하였다. 왕건은 자신의 몸으로 군주의 말을 지탱해주면서 겨우 잔도를 뚫고 나갔다. 희종이 피곤하여 잠이 들었는데 그는 자기의 무릎을 베개 삼아 군주를 보호하였다. 희종이 깨어나서 이 상황을 보고는 감동하여 뜨거운 눈물을 흘리며 어의를 벗어서 그에게 하사하였다.

목적지에 도착하자 전령자는 천자를 피난가게 한 책임을 벗어나고자 스스로 동생인 서천西川절도사 진경선陳敬瑄 미상~893년이 감군을 맡도록 제안하였다. 태감太監 양복공楊復恭이 군용사軍容使의 직책을 이어 받자 전령자의 세력을 청소하기 위하여 왕건 등을 외지의 자사刺史로 가게 하였다.

왕건의 임지는 천촉川蜀의 벽주壁州 지금의 사천성 통강(通江)로 이 지역은 한족과 이민족들이 섞여 사는 곳이었다. 그중 계동溪洞부락은 전투능력이 대단하였기 때문에, 그는 이 지역의 세력을 거두어 들여 팔천 명의 군대를 조직하여 자신의 독립적인 무장부대로 만들었다. 그는 이 혼합군대를 이끌고 나아가 인근의 두 개 주州를 삼켜버렸다.

천촉川蜀은 크게 동천과 서천 둘로 나뉘어져 있었는데 동천東川은 고언랑顧彦郎이 장악하고 있었고 다른 한 지역 서천西川은 진경선이 통제하고 있었다. 왕건이 발전을 도모하려면 반드시 그들과 접촉이 있어야만 했다. 그와 고언랑은 일찍이 장안에서 전쟁 중에 서로 알고 지냈기에 교분이 있었다. 고언랑은 왕건의 군사적 재능을 알고 있어서 금전과 물건을 보내주었으며 관계가 괜찮았다. 좋은 친구를 침범할 수는 없었기에 왕건은 다른 출로를 찾을 수밖에 없었다.

사천성 성도(成都)의 왕건묘 출처:百度 www.baidu.com

진경선은 이 새로 일어나는 군사세력을 우려하여 전령자와 대책을 상의하였다. 전령자가 말했다. "왕팔은 내 아들이다. 다른 심산이 없을 것이다. 그가 남쪽에서 도적질을 하고 있는 것이 실제로 이럴 수도 저럴 수도 없어서 그런 것이다. 내가 서신을 써 보내면 그를 너의 휘하로 들어오게 할 수 있다."

양아버지의 서신을 받자 고민하던 왕건이 순식간에 즐거워하였다. 사람을 보내 고언랑에게 말했다. "감군인 아버지가 편지를 보내 나를 부르니 성도成都에 가서 아버지를 뵈어야겠습니다. 이를 통해 능히 진경선에 의탁하여 큰 군郡 하나를 얻을 수 있게 되면 제 마음에 아주 맞는 일입니다."

그는 가족을 고언랑에게 위탁하고 정병 삼천을 뽑아 성도로 향해 진격하였다.

왕건이 성도에 가까이 다가오자 누군가가 진경선에게 말했다. "왕건은 오늘날 흉폭한 도적으로 전문적으로 다른 사람의 땅을 취하고 있습니다. 일단 도착하면 공께서 어떻게 대처하시려고 합니까? 그는 웅대한 마음을 품고 있어 결국은 다른 사람 밑에 있으려하지 않을 것입니다. 만일 장군으로 대접을 해준다면 호랑이를 키우는 것으로 후환이 두렵습니다."

진경선은 즉각 왕건에게 서신을 보내 원래 처소로 돌아가라고 하였다.

먼 길을 달려 온 왕건이 어떻게 순순히 후퇴하려고 하겠는가? 그는 고민을 한 후에 군대를 휘몰아 한주漢州 지금의 사천성 광한(廣漢)을 점령하였으며, 곧이어 경무장 병력을 뽑아 성도로 직접 향하게 하였다. 성도는 성벽이 높고 두꺼우며 게다가 이미 대비를 하고 있었기 때문에 일순간에 진격하지 못하였다. 그는 고언랑에게 지원을 요청하였고 대규모의 동천군들이 성도성 아래 모여들었다. 삼일 간 격전을 치렀지만 여전히 성만 바라보며 탄식을 할 수밖에 없었다. 그는 과감하게 철수명령을 내리고 한주를 근거지로 삼아 사방을 경영하였다.

왕건은 싸우면 싸울수록 강해졌으며 군대는 마치 눈덩이처럼 불어났다. 그가 재차 군대를 이끌고 성도로 쳐들어 왔다. 이 때 고언랑은 왕건이 성도를 점령하고 말 머리를 돌려 자신에게 대항할까봐 두려워하여, 표를 올려 조정에서 사람을 보내 서천절도사를 담당하도록 요구하였으며 쌍방이 병력을 거두도록 요구하였다. 재상 위소도韋昭度 미상~895년 가 명령을 받들고 왔지만 진경선은 절도사의 자리를 넘겨주기를 거절하였다. 위소도는 고언랑, 왕건 등 부대와 함께 진경선을 공격하였으나 여전히 함락시키지 못하였다. 왕건이 위소도에게 장안으로 돌아갈 것을 요청하였지만 위소도는 주저주저 결정을 못하였다. 이에 왕건이 부하를 시켜 그의 친신을 죽이도록 하자 위소도가 놀라서 절도사의 직인을 내어놓고는 낭패하여 떠나갔다.

절도사의 직인을 얻은 왕건은 사천에서 아주 당당하게 성들을 공격하고 땅을 빼앗으면서 사방에 있는 사람들에게 모두 그의 요구에 응하도록 요청하였으며 그런 후에 그 세력을 끼고 성도를 공격하였다. 성도는 이미 고립무원의 성이 되었다. 전령자의 조정을 거쳐 갈 길이 없었던 진경선이 문을 열고 항복하였다. 왕건은 성도에 들어 간 후에 먼저 사람을 파견하여 다른 곳으로 옮겨 가있던 진경선을 찔러 죽였다. 또한 사고처럼 꾸며 전령자를 감옥에 넣은 후에 산채로 굶겨 죽였다.

서천을 얻은 왕건은 동천의 지도를 보며 깊은 생각에 잠겼다. 고언랑은 자신에게 은혜를 베풀었으며 또한 혼인관계가 있는 친척으로 공략할 구실을 찾기가 어려웠다. 마침 그때 고언랑이 갑자기 병들어 죽었다. 그 아우 고언휘顧彦暉 미상~897년 동천절도사가 그 자리를 이어 받았다. 왕건은 창졸간에 손을 쓸 수 없어서 여러 형태로 도전하기 시작했다. 고언휘는 봉상鳳翔 지금의 섬서성 봉상을 중심으로 산남山南지역을 점유하고 있던 이무정李茂貞 856~924년과 동맹을 맺고 공동으로 왕건에게 대항하였다. 왕건이 적당한 구실을 얻게 되자 동천을 공격하기 시작했다. 고언휘는 동맹군의 지원에 의지하여 서천군의 공세를 저지하였다. 몇 년이 지나 이무정과 고언휘 사이에 갈등이 생기자 이무정이 군대를 파견하여 동천을 압박해 왔다. 병이 급하면 아무 약이나 쓴다고 고언휘는 왕건에게로 돌아서서 구원을 요청하였다. 왕건이 그 기회를 틈 타 군대를 출동시켜 산남군대를 대파한 후에, 기회를 보아 남의 것을 슬쩍 하듯이 동천의 근거지-재주梓州 지금의 사천성 삼태(三台)를 들어내고 고언휘를 포로로 사로 잡았다.

왕건이 동천을 겸병하면서 명실상부한 촉왕蜀王이 되었다. 당소종을 서로 빼앗기 위하여 주온朱溫의 군대가 봉상을 포위하여 이무정을 그 안에 가두었다. 그렇게 갇힌 채 몇 년이 지나갔다. 이 시기에 왕건은 정치적 수완을 부리기 시작했다. 한편으론 주온과 잘 지내면서 이무정을 비난하였고, 한편으론 이무정에게 굳게 지키면서 항복하지 말라고 하면서 자신이 병력을 보내 구원하겠다고 하였다. 사실상 이무정이 외각 지역을 돌 볼 겨를이 없는 어려운 지경에 처하여 있자 그는 산남의 여러 주州를 반 이상 잡아먹었다. 주온이 포위를 풀고 철수한 후에 이무정의 역량은 대폭 삭감되었으며 왕건이 재삼재사 공격하여 다른 주들도 함락하였다. 이무정에게 봉상성 하나만 남겨주었다. 말하자면 이무정이 그를 위한 방패가 되어 후량의 군대를 막게 하려는 뜻이었다.

군세가 왕성한 왕건은 형남荊南지역의 난을 틈 타 4개주를 공략하였다.

주온이 개봉에서 후량을 건국하자 왕건에게 사절을 통해 임명장을 보내왔다. 왕건은 후량을 승인하기를 거절하고 격문을 보내 '제후'들이 연합하여 이 반역자를 토벌하자고 호소하였다.

천복天復 7년(907년) 왕건은 삼국시대 유비의 이야기를 본떠서 황제가 되었으며 국호를 촉蜀으로 정하고 수도를 성도成都에 두었으며 그 다음해에 무성武成으로 연호를 바꾸었다. 뒤에 다시 한 번 국호를 한漢으로 바꾸었다.

뒷날 맹지상孟知祥 874~934년이 세운 후촉後蜀과 구분하기 위하여 사람들은 이를 전촉前蜀이라고 불렀다. 황제가 된 왕건은 유비와 비슷한 일련의 조치를 취하였다. 영토 내에 농업과 양잠업을 장려하여 생산조건을 개선하고 이를 통해 백성을 부유하게하고 나라를 강하게 하려고 하였다. 그는 관원들을 엄격히 관리하면서 문사들을 중용하고 사족士族의 지위를 높여주면서 이를 통해 사회질서를 안정시켰다.

촉의 황제로 11년을 지낸 후에 왕건은 세상과 작별하였다. 그 때 나이 72세였으며 묘호가 고조高祖였다.

왕건은 오대십국 중 하나인 전촉前蜀의 건국자로 걸출한 군사적 재능과 최고의 경지에 이른 정치수완의 두 장점을 발휘하면서, 서천과 동천 및 산남과 형남 등 지역을 얻었다. 그는 유비와 조비曹丕가 대등한 지위로 서로 대항하였던 사례를 본떠 성도에서 황제로 등극하여 중원의 주온과 대항하였다. 실제로 그가 외친 구호는 많았으나 행한 것은 적었으며, 구호들을 빌어 정치적인 호소력을 증가시킨 것뿐이었다.

그가 황제를 칭한 후에 확실히 일련의 정치업적을 이루었으며 일정한 정도 문화도 보존하였다. 그러나 만년에는 오히려 상당히 혼미해져서 여색을 좋아하고 환관을 중용하였으며 태자를 죽이는 등 여러 가지 문제들을 불러 일으켰다.

전류

전류錢鏐 852~932년는 어릴 적 이름이 파류婆留이며 자는 구미具美 또는 거미ㅌ 美로 항주杭州 임안臨安 지금의 절강성 임안 사람이다. 아버지는 전관錢寬으로 농사짓고 물고기 잡는 것을 업으로 하였다.

전류는 젊었을 때 정상적으로 노동하고 생산하는 것을 싫어하였으며 주먹을 휘두르고 제멋대로 노는 것을 좋아하였다. 도참서적들을 읽고는 협객처럼 의를 위해 싸우기 시작하였으며 다른 사람들의 불만을 해결해 주려하였으나 고향의 어른들은 그를 무뢰배로 보았다. 주먹이나 막대기를 의지해서는 먹고사는 문제를 해결할 수 없었던 그는 강호江湖의 친구들에게 이끌려 사제 소금을 판매하는 무리에 들어갔다.

당唐왕조 말엽에 농민과 군인들이 죽창을 들고 여기저기서 봉기하였다. 절서浙 西, 절강성 서부의 군관 왕영王郢이 부대를 이끌고 반란을 일으키자, 현지 부대의 장관인 동창董昌 847~896년이 토벌에 참가한다는 명분으로 고향에서 병사를 모집하면서 기회를 이용하여 자기의 세력을 확대하면서, 당시 이름이 꽤 알려진 전류를 편장偏將으로 불렀다. 부대가 증편된 후에 전선을 확대하면서 전류는 전공을 세웠다.

왕영의 반란이 실패한 후에 황소黃巢 반란군의 일부가 절동浙東 절강의 동부으로 진입하여 임안을 압박하였다. 동창의 유능한 장관인 전류는 적군은 많은데 우리는 적은 수이니 강력히 맞서기보다 복병을 배치해 맞받아치자고 하였다. 그는 20명의 용감한 병사들을 데리고 좁은 산골짜기에서 매복하고 있다가 상대방의 선두부대를 패퇴시키고 수백 명의 목을 베었

전류(錢鏐) 출처:百度 www.baidu.com

다. 그런 후에 그는 자기의 부대를 '팔백리'라는 땅으로 진격시켰다. 그는 이 지명으로 허세를 부렸고 적군은 이에 놀라 임안을 포기하고 우회하여 다른 지역으로 갔다.

왕영, 황소반군들과의 전쟁에서 동창은 고향을 지킨다는 명분으로 순조롭게 실력을 키웠으며 항주지역의 여덟 개 현을 통제하였다. 그는 매 현마다 천 명을 모집하고 한 명의 도都를 두어 '항주 8도'를 구성하였고 전류를 최고 대장인 도지휘사都指揮使로 임명하였다.

의병을 일으켰던 일은 연기처럼 사라졌으나 강소 절강 일대의 실력을 갖춘 자들이 각자 세력을 확장하려 하면서 그들 간의 갈등이 날이 갈수록 깊어졌으며 마지막에는 불가피하게 내분이 일어났다. 월주越州 지금의 절강성 소흥(紹興)관찰사 觀察使 유한굉劉漢宏 미상~886년이 먼저 동창과 전쟁의 서막을 열었다. 두 군대는 전당강錢塘江을 사이에 두고 대치하였다. 전류가 전권을 받아 군대를 이끌고 강을 건너가서 적군으로 위장하고 적 진영에 들어가 공격을 하자 유한굉이 군대를 버리고 주방장의 옷을 입고 도망갔다. 이년 후에 전류가 군대를 이끌고 월주越州로 진격해 깊숙이 쳐들어갔다. 거칠 것 없이 휩쓸어 버리면서 상대방의 오랜 근거지를 깨뜨리고 유한굉을 참수하였다. 유한굉을 소멸시키자 동창이 그의 직무(관찰사)를 취하여 월주로 이동하였으며, 전류가 동창의 직무를 이어받아 항주자사가 되었다.

항주에 웅거하고 있던 전류는 지혜가 많고 모략이 풍부한 성급成及을 조수로 삼았고 용감하면서 싸움을 잘하는 두릉杜棱, 완결阮結, 고전무顧全武를 무장으로 삼았다. 또한 명성이 높았던 심숭沈崧, 피광업皮光業, 임정林鼎, 나은羅隱 833~910년 당대 유명 문학가을 고문으로 삼았다. 문무인재를 두루 갖춘 정치집단을 구축하였다.

전류는 본래 다른 사람 밑에 있으려는 사람이 아니었다. 전쟁의 경험을 통해 그의 자신감이 크게 부풀어 올랐다. 그는 항주 한 구석에 처박혀 있는 것에 만족하지 않고 밖으로 팽창하려고 하였다. 그러나 남쪽은 절강성 동부지역浙東으로 그의 바로 위의 상사인 동창이 직접 관할하고 있었기 때문에 손을 댈 수 없었다. 비교적 가능성이 있는 것은 북쪽을 향하여 강소성 지역을 개척하는 것이었다. 이 시기에 장강 남쪽의 강소지역은 마침 큰 난리가 일어나고 있던 시기였다. 회남淮南의 서약徐約이 소주蘇州를 공격하여 획득하였으며, 윤주潤州 지금의 강소성 진강(鎭江)에서는 내부에서 변란이 발생하여 윤주장관인 주보周寶가 축출되어 상주常州로 도망갔다. 군사를 잘 지휘하는 전류는 혼란 그자체로 형세가 잘 구분되지 않는 국면을 접하자 그는 먼저 중앙을 돌파한 후에 양 쪽을 아우르는 지혜로운 전략을 채택하였다. 그는 위기를 구해준다는 기치를 내걸고 상주를 공략하여 주보周寶라는 정치자본을 획득한 후에 윤주를 탈취한 후, 다시 소주로 병력을 보냈다. 연달아 몇 개의 주州를 공략하자 전류의 이름이 크게 알려지면서 마침 혼전 중이던 양행밀, 손유가 감히 그의 경계로 들어오려 하지 않았다.

동창이 볼 때 전류의 전공은 자신의 성취였다. 확대된 판도를 바라보면서 그는 기쁜 나머지 자신의 실력이 실제로 어느 정도인지를 잊어버렸다. 술사 응지應智, 왕백예王百藝, 여자무당 한온韓媼의 꼬드김으로 그는 스스로 황제를 칭하고 국호를 나평羅平으로 하고 연호를 순천順川으로 하였다.

동창의 거동에 대해 전류는 뇌화부동하지 않았을 뿐만 아니라 반대로 이것을 동창의 계통에서 벗어나 자신이 크게 뜻을 펼칠 수 있는 좋은 기회로 여겼다. 그는 당唐 조정에 표表를 올려 강력하게 동창의 역적행위를 비판하였다. 소종昭宗은 조서를 내려 동창의 관작을 삭탈하고, 전류를 팽성군왕彭城郡王으로 책봉하였다. 또한 그에게 절강동도초토사浙江東道招討使의 직을 제수하여 조정을 위해 이 역적을 제거하라고 명하였다.

황제의 정식 명령을 받은 전류는 정의를 대표하는 기치를 얻었다. 그러나 자신이 결코 은혜를 저버리는 자가 아니라는 것을 증명하기 위하여 삼만의 대군을 월주성의 영은문 앞에 결집시켜놓고는 강력하게 공격을 하지 않고, 유세객을 월주성에 보내 동창이 대의를 깨달아 그가 스스로 잘못을 고치도록 권면하였다. 동창은 전류가 자기를 배반하리라고는 꿈에도 생각하지 못하고 있었기 때문에 맞서 싸울 준비를 전혀 하지 못하고 있었다. 게다가 용장과 정예부대가 전류의 수중에 있었기 때문에 그는 싸울 방법이 없었다. 그는 당장에 죄를 받는 자세를 보이며 이백 만전을 내어서 몰려 온 군사들을 위로하였으며, 별도로 응지, 왕백예, 한온 등을 전류에게 보내 처리하도록 하였다.

옛 주인의 이 같은 저자세에 전류는 더 이상 무어라고 말을 할 수 없어서 군대를 물려 돌아갈 수밖에 없었다.

전류가 떠나가기를 기다려 동창이 다시 황제의 칭호를 회복하였다. 또한 병력을 동원하고 장수들을 파견하여 요새와 관문들을 단단히 지키도록 하였으며 동시에 양행밀에게 구원을 요청하였다. 전류가 그 소식을 들은 후에 다시 군사를 월주로 진격시켰으며 동창과 양행밀의 구원군과 수년에 걸친 전쟁을 치렀다. 마지막에는 고전무 등의 장수들이 유효적절한 작전을 펼쳤을 뿐만 아니라 동창 집단의 내부 갈등을 이용하여 동창을 격파하고 그를 생포하였다. 동창은 다시 전류를 볼 면목이 없어 항주로 압송되어가는 도중에 물에 뛰어 들어 자살하였다.

동창의 황관을 땅에 뒹굴게 함으로써 전류는 항주와 월주 전 지역을 장악하였다.

전류가 조정에 대해 '큰 공'을 세우자 당 조정이 이에 회답하였다; 진해鎭海, 진동鎭東 양군의 절도사직을 제수하였다; 쇠로된 표를 주어 아홉 번 사형을 면할 수 있는 자격도 하사하였다; 이후에 연속해서 그를 월왕越王, 오왕吳王으로 책봉하였다.

한 지역의 제후가 된 전류는 그의 정부를 항주에 설치하였다. 그는 조상과 가문을 빛낸 자신의 휘황찬란함을 과시하기 위하여 고향의 이름을 의금향衣錦鄕으로 바꾸었고, 그가 거쳐 갔던 지역들의 이름을 차례로 의금영衣錦營, 의금성衣錦城, 의금군衣錦軍으로 바꾸었으며 자기 고향의 석감산石鑒山을 의금산衣錦山으로 개명하였다. 자기가 어릴 적 놀던 큰 나무에 의금장군衣錦將軍의 벼슬을 내렸다. 공업을 이루고 명성을 얻은 전류가 금의환향하였다. 수많은 사람들이 그 당당한 풍채를 보려고 서로 다투면서, 길가는 물샐틈없을 정도로 인파로 가득 찼다. 그러나 그의 부친 전관錢寬은 오히려 이 대열을 피해 아주 멀리 가려고 했다. 전류는 아버지의 이러한 거동이 이해가 되지 않아, 마차에서 내려 아버지를 쫓아가며 무슨 까닭으로 그러냐고 물었다. 얻게 된 응답이 "우리 집은 대대로 농사지으며 고기 잡는 것을 업으로 하여 이렇게 귀하게 된 적이 없다. 네가 지금 30주의 주인이 되었으나, 삼면으로 적을 맞고 있고 다른 사람들과 이익을 다투고 있는데 화가 우리 집안에 미칠까 두렵구나. 그래서 차마 너를 만나 볼 수가 없구나."였다. 금의환향한 전류는 그 자리에서 눈물을 터뜨리면서 늙은 아버지의 가르침에 감사하였다.

하층에서 싸움을 통해 헤쳐 나왔던 전류는 부유하고 귀한 지위로 올라가자 바로 즐거움을 누리기 시작하였다. 고향의 저택을 호화롭고 멋들어지게 다시 지었으며 궁정의 전각들을 아주 다양하게 지어 장관을 이루게 하였다. 그러나 그는 통치를 받는 백성들을 결코 잊지 않았으며, 농업수확을 보장하기 위하여 또한 자신의 장기적이고 안정적인 통치를 위하여 실질적이며 좋은 일들을 하였다. 특별히 광범위하게 수리시설을 만들고 개선하였다. 그 중에서 가장 주목을 받았던 일이자 후대가 계속해서 이익을 얻게 하였던 일은 전당강錢塘江변을 따라 바다를 막는 돌 제방을 쌓은 일이다. 둑을 건설하는 과정에서 파도와 풍랑이 너무 거세었기 때문에 공사하기가 지극히 곤란하였다. 둑 쌓은 일에 참가한 사람들의 믿음을 고무하기 위하여 그는 오백 명의 석궁수를 동원하여 파도를 향해 맹렬하게 석궁을 발사하도록 하였다. 뛰어난 장인匠人이 구체적인 기술적 난제를 해결하였다. 그는 거대한 돌을 담은 대나무 바구니와 큰 나무들의 목재를 섞어서 겹겹이 바다를 막는 둑을 쌓아 올렸다.

전류는 천하 형세를 면밀히 살펴 본 후에 자신의 실력이 결코 그렇게 강대하지 않아 천하를 제패하기 어렵다고 생각하였다. 오직 중원의 정권과 관계를 좋게 하는 길만이 이웃의 강적들과 균형을 이루며 자신의 땅을 지키는 것임을 인식하였다. 이로 인해 중원의 정치국면이 어떻게 변하든지 그는 변함없이 중원을 향해 '충심'을 유지하였다.

후량의 태조가 등극한 초기에 전류의 태도를 살펴 본 후에 즉각 그를 오월왕으로 책봉하였다. 어떤 사람이 전류에게 후량의 임명을 거절하고 공개적으로 독립의 기치를 내걸라고 하자 그는 웃으며 말했다. "내가 어찌 손중모孫仲謀 삼국시대 손권가 되는 실수를 저지르겠는가!"

전류는 장수하여 팔십일 세까지 살았다. 죽음이 임박하자 그는 그의 계승자에게 훈계하였다. "자손들이 중원을 잘 섬겨야 한다. 중원의 황제가 여러 차례 바뀐다고 해서 절대로 나라의 큰 방침을 고치면 안 된다."

전류는 오대십국의 하나인 오월吳越의 건국자로 그는 무뢰배에서 군벌이 되었으며 군벌에서 군주가 되는 길을 걸어갔다. 그는 정치와 군사를 이해하였으나 정치적 감성이 그의 군사적 재간보다 더욱 강하였다. 그의 상관이었던 동창이 황제를 칭하자 그 문제를 대처하는데 있어 도리와 은혜의 관계를 교묘하게 처리하여, 아랫사람으로서 윗사람을 범하려는 그의 야심을 가리었으며, 상관인 동창을 막다른 길로 몰아넣었다. 그는 중원 정권과의 관계에 있어서는 대국을 고려하여 양보하는 태도를 보였으며 적은 조공품과 어느 정도의 명분을 희생하는 대가로 지지를 받아내 자신이 삼면에서 적을 맞는 국면에서 근거를 확고하게 하였다.

진(秦)~서진(西晉)				
상태	국가	건국	멸망	성립기간
통일왕조	진(秦)	BC221	BC207	15
	서초(西楚)	BC206	BC202	5
	서한(西漢)	BC202	8	210
	신(新)	9	23	15
	동한(東漢)	25	220	196
삼국시대	조위(曹魏)	220	265	46
	촉한(蜀漢)	221	263	43
	동오(東吳)	222	280	59
통일왕조	서진(西晉)	265	316	52
5호 16국-북부지역(북조)				
상태	국가	건국	멸망	성립기간
북부분열	대(代)	315	376	62
	전량(前凉)	317	376	60
	전조(前趙)	304	329	26
	염위(冉魏)	350	352	3
	후조(後趙)	319	351	33
	전연(前燕)	337	370	34
	성한(成漢)	304	347	44
북부단일	전진(前秦)	351	394	44
북부분열	후량(後梁)	386	403	18
	서량(西凉)	400	421	22
	북량(北凉)	397	439	43
	남량(南凉)	397	414	18
	서진(西秦)	385	400	16
	환초(桓楚)	403	405	3
	서진(西秦)*	409	431	23
	하(夏)	407	431	25
	후진(後秦)	384	417	34
	서연(西燕)	384	394	11
	남연(南燕)	398	410	13
	후연(後燕)	384	409	26
	초촉(譙蜀)	405	413	9

북부단일	북위(北魏)	386	534	149
북부분열	서위(西魏)	534	556	23
	동위(東魏)	534	550	17
	북제(北齊)	550	577	28
	북주(北周)	556	581	26

위진남북조—남조				
상태	국가	건국	멸망	성립기간
남부단일	동진(東晉)	317	420	104
	유송(劉宋)	420	479	60
	남제(南齊)	479	502	24
	남량(南凉)	502	557	56
	진(陳)	557	589	33

수당.오대.북송				
상태	국가	건국	멸망	성립기간
통일왕조	수(隋)	581	618	38
통일왕조	당(唐)	618	907	290
	후량(後梁)	907	923	17
	후당(後唐)	923	936	14
	후진(後晉)	936	947	12
	후한(後漢)	947	950	4
	후주(後周)	951	960	10
통일왕조	북송(北宋)	960	1127	168

오대십국—십국				
상태	국가	건국	멸망	성립기간
남부분열	오(吳)	902	937	36
	전촉(前蜀)	907	925	19
	후촉(後蜀)	934	965	32
	남당(南唐)	937	975	39
	민(閩)	909	945	37
	남한(南漢)	917	971	55
	초(楚)	927	951	25
	형남(荊南)	924	963	40
	오월(吳越)	907	978	72
북부	북한(北漢)	951	979	29

찾아보기

저자 소개

자오지엔민(趙劍敏)

1955년 중국 상해에서 출생하였다. 주로 중국 문화, 역사, 역사인물, 고대 정치사상을 연구해 왔으며, 현재 상해대학교 교수로 재직 중이다. 저서로는 『개원의 치세(盛世魂)』, 『오대사(五代史)』, 『황관과봉관(皇冠與鳳冠)』, 『죽림칠현(竹林七賢)』, 『삼국지(三國志)』 등이 있다.

역자 소개

곽복선(郭福墠)

1960년 경기도 파주에서 출생하여, 성균관대학교 무역학과를 졸업하였다. 1986년 대한무역투자진흥공사(KOTRA)에 입사해 대만, 상해, 북경, 성도, 청도 무역관에서 근무했으며 경성대학교 중국학과 교수로 재직 중이다. 저서로는 『중국경제론(공저)』, 『중국의 환경보호산업』, 『현장에서 읽는 중국환경시장』, 『중국소비시장의 패러다임변화와 진출방안』 등이 있으며, 역서로는 『개원의 치세』, 『죽림칠현-빼어난 속물들』, 『치마폭에 흐르는 중국역사』, 『속물들이 빚어낸 어둠의 역사』 등이 있다.